Patrick Robertson

Was war wann das erste Mal?

Ein vergnügliches Lexikon

Ueberreuter

CIP-Kurztitelaufnahme der
Deutschen Bibliothek

Robertson, Patrick
Was war wann das erste Mal?:
e. vergnügl. Lexikon/[Patrick
Robertson]. – Wien, Heidelberg:
Ueberreuter, 1977.
Einheitssacht.: The shell book of
firsts ›dt.‹
ISBN 3-8000-3142-6
NE: HST

J 971/2

Umschlag von Herbert Schiefer
Aus dem Englischen von Waltraud Rieß
Originaltitel: THE SHELL BOOK OF FIRSTS,
erschienen in den Verlagen
Ebury Press und Michael Joseph Ltd.,
London 1974

Papier und Gesamtherstellung:
Salzer - Ueberreuter, Wien
Printed in Austria

Einleitung

»Was war wann das erste Mal« erhebt keinen Anspruch darauf, ein vollständiges Lexikon der Erfindungen zu sein. Hätte ich ein solches schreiben wollen, hätte ich weitaus mehr wissenschaftliche Entdeckungen und technologische Neuerungen in das Buch aufnehmen müssen. Die Absicht des Buches ist es nämlich, eine weitgespannte Chronologie der Erfindungen und Neuerungen zu erstellen, die das Leben ermöglicht haben, das wir heute führen, und besonders solche »Erfindungen« zu berücksichtigen, die die moderne Gesellschaft mehr oder weniger verändert haben.

Erfindungen sind in diesem Buch als die Erfindungen der modernen Welt zu verstehen. Wenn ein Gegenstand unter diesem Aspekt behandelt wird, heißt das nicht, daß ihn nicht schon alte Kulturen in einer früheren Form gekannt hätten.

Bei der Auswahl der Stichwörter bin ich nicht von der Tragweite der Themen ausgegangen, sonst hätte ich vieles wiederholen müssen, was in anderen Nachschlagewerken für jeden leicht zugänglich ist. Statt dessen habe ich jene Themen ausgewählt, die, wie ich glaube, auf allgemeines Interesse rechnen können und die in der Vergangenheit kaum gewürdigt wurden. Aus diesem Grund habe ich Schlagworte wie »Schönheitskonkurrenz«, »öffentliches Klosett« und »Fußballtoto« ausgewählt, hingegen Druckmaschine, Klimakammer und andere Schlagworte unberücksichtigt gelassen.

Viele Historiker haben mich davor gewarnt, eine Neuheit als eine Erfindung zu bezeichnen. Diese Warnung ist nicht ganz unangebracht, weil viele Erfindungen und Neuerungen fälschlicherweise Personen zugeschrieben wurden, die nur mehr Aufmerksamkeit erregten als der wirkliche Erfinder. Obwohl ich versucht habe, alte Vorurteile und falsche Meinungen auszumerzen, will ich trotzdem nicht so voreilig sein und behaupten, daß die Ergebnisse meiner Untersuchungen endgültig und unanfechtbar seien. Man kann nur in wenigen Fällen behaupten, daß eine Erfindung wirklich die erste auf der Welt war. Meine Ergebnisse sind die jeweils frühest datierbaren, die ich ausfindig machen konnte. Bei meinen Untersuchungen stand die Frage im Vordergrund, wer was zum ersten Mal praktisch anwendbar konstruiert, nicht, wer das Prinzipielle einer Idee zum ersten Mal erdacht hat. Die meisten Erfinder bauten auf Erkenntnissen ihrer Vorgänger. Die Frage, die ich hier stelle, lautet also nicht: Wer war der erste, der die Idee hatte?, sondern: Wer hat als erster die Idee in praktische Tat umgesetzt und für den Alltag nutzbar gemacht?

Korrekturen und Ergänzungen sind für spätere Auflagen jederzeit willkommen.

Ich bitte die Leser, immer im Auge zu behalten, daß das Buch die antike Welt unberücksichtigt läßt und daß eine Erfindung immer nur dann eine soziale Bedeutung für die Zukunft hat, wenn sie von einer breiten Masse nachgeahmt wird.

Wellington, Neuseeland, 1973 — Patrick Robertson
Richmond, Surrey, 1974

Achtstundentag

Der erste Achtstundentag für männliche Industriearbeiter wurde von den Steinmetzen des australischen Bundesstaates Victoria am 21. Mai 1856 nach einer viermonatigen Kampagne, die von James Galloway aus Melbourne angeführt wurde, erkämpft. Bis Jahresende hatten dann auch die Steinbrecher, Sattler, Pferdegeschirrerzeuger, Kutschenbauer und Hilfsarbeiter im Staatsdienst eine ähnliche Begrenzung der täglichen Arbeitsstundenanzahl durchgesetzt. Die Arbeiter von Victoria waren in einer besonders starken Verhandlungsposition, denn seit den Goldfunden der Jahre 1851/52 wanderten viele Männer in die Goldbergwerke ab, und es herrschte Mangel an Arbeitskräften.

Der bahnbrechende Sieg der Steinmetze von Victoria wurde allerdings von einer Einzelaktion in Neuseeland vorweggenommen: Dort hatte ein Zimmermann namens Samuel Palmer in Petone einen Einmannstreik für den Achtstundentag im Jahr 1840 erfolgreich durchgeführt.

Die erste bleibende Beschränkung der Arbeitszeit auf acht Stunden pro Tag erreichten im Jahr 1858 die Kohlenarbeiter von West Yorkshire in England. Diese Vereinbarung betraf nur die Häuer, alle anderen Bergarbeiter in West Yorkshire – darunter auch zehnjährige Knaben – mußten auch weiterhin eine Zehnstundenschicht arbeiten.

Die erste Fabrik, die den Achtstundentag einführte, war die Heye-Glasfabrik in Gerresheim im Jahre 1887.

Die erste gesetzliche Maßnahme, die die Arbeitszeit erwachsener Männer auf acht Stunden pro Tag beschränkte, war eine Verfügung des US-Kongresses, die für Hilfsarbeiter und Mechaniker in Staatsstellung galt und die Präsident Andrew Johnson am 25. Juni 1868 unterzeichnete. Sie wurde am 6. Juli desselben Jahres in den Marinewerften von Charleston in Kraft gesetzt.

Das Beispiel der US-Regierung fand vorerst nicht überall in Amerika Nachahmung, Amerika war aber dennoch der erste Staat, der den Achtstundentag allgemein verfügte, und zwar im Jahr 1916. Drei Jahre später folgten Deutschland, England und Frankreich nach.

Addiermaschine

Die erste Addiermaschine von brauchbarem Wert wurde von dem französischen Philosophen Blaise Pascal gebaut, und zwar im Jahr 1642 in Rouen, als Pascal gerade 19 Jahre alt war. Sein Vater war damals königlicher Steuerbeauftragter der Normandie und mußte sich laut eigener Aussage täglich bis zwei Uhr früh mit den umständlichen Berechnungen abplagen. Diese mühevolle Arbeit inspirierte den Jüngling zu seiner Addiermaschine.

Er baute insgesamt über 50 Modelle aus Holz, Messing, Elfenbein, Ebenholz und Kupfer. Ein Exemplar ist im Pariser Conservatoire des Arts et Métiers aufbewahrt. Es besteht aus einem polierten Messingkasten mit den Maßen $35 \times 12{,}5 \times 7{,}5$ cm und enthält acht Paar Zahnräder. Sechs Paare davon sind für einfache Rechnungen bestimmt, die Räder stellen die Einer, Zehner, Hunderter, Tausender, Zehntausender und Hunderttausender dar. Werden sie mit einem Griffel gedreht, zeigen sie in sechs den Rädern entsprechenden Fenstern die genaue Summe bis zur Zahl 999 999 an. Die restlichen zwei Räderpaare dienen zur Addition von Kleingeld.

Pascal begab sich sogar nach Paris, um seine »Pascaline« im Salon der Herzogin von Aiguillon öffentlich zu demonstrieren. Er ließ auch eine Broschüre drucken, in der die Fähigkeiten seiner Maschine angepriesen waren und der Leser zum Kauf aufgefordert wurde. Aber für 300 Livres war die »Pascaline« praktisch unverkäuflich, obwohl sie tatsächlich einwandfrei funktionierte. Pascal verlor daraufhin das Interesse an seiner Addiermaschine und befaßte sich mit den Geheimnissen des luftleeren Raums, eine Tätigkeit, die ihm als Naturwissenschaftler unsterblichen Ruhm eintrug.

Die erste gewerblich hergestellte Addiermaschine mit Tastatur wurde von dem 22jährigen Dorr E. Felt aus Chikago entworfen. Mit dem Bau des Prototyps begann er am Morgen des Erntedankfestes 1884 in der irrigen Annahme, daß er am Abend damit fertig sein werde. Als Gehäuse diente ihm eine alte Makkaronischachtel aus dem benachbarten Lebensmittelladen.

Der größte Nachteil der frühen Addiermaschinen war ihre langsame Arbeitsweise gewesen. Noch die ab 1870 patentierten Tastenapparate konnten lediglich eine einzige Reihe von einstelligen Zahlen addieren. Felts »Comptometer« wies keinen dieser Nachteile auf und stellte zweifelsohne die erste Maschine dar, die voll und ganz den geschäftlichen Erfordernissen entsprach.

Im Herbst 1886 begann Felt mit der Herstellung seiner Erfindung, er fertigte jedes Stück mit der Hand an, da er über keine Geldmittel zur Errichtung einer Produktionsanlage verfügte. Ein Jahr später waren acht Maschinen fertig, und im Januar 1888 wurde die erste einwandfrei arbeitende Addier- und Kalkuliermaschine an die Equitable Gas, Light and Fuel Co. in Chikago verkauft. Am 25. Januar 1889 gründete Dorr Felt zusammen mit Robert Tarrant die Produktionsfirma Felt & Tarrant Manufacturing Co. Das Unternehmen konnte sein Monopol auf dem Sektor der Tastenaddiermaschinen für die nächsten zwölf Jahre halten.

Schreibende Addiermaschine
Die erste brauchbare schreibende Addiermaschine brachten Felt & Tarrant im Dezember 1889 heraus. Auf einem Papierstreifen wurden sowohl die Einzelposten als auch die Endsumme festgehalten. Das erste Unternehmen, das einen »Comtographen« erwarb, war die Merchants and Manufacturers National Bank in Pittsburgh, Pennsylvania. Nach 17jähriger Dienstausübung wurde das historische Exemplar an Dorr Felt zurückgegeben und später im Nationalmuseum in Washington aufbewahrt.

Adreßbuch

Das erste allgemeine Adreßbuch veröffentlichte der Apotheker Blegny im Jahr 1691 in Paris unter dem Titel: »Livre commode des adresses de Paris«. Eine zweite Auflage erschien 1692, dann verschwand das Buch vom Markt, bis Ed. Fournier im Jahr 1878 eine Neuausgabe veranstaltete. Das erste Adreßbuch in Berlin erschien im Jahr 1704, in New York im Jahr 1786 unter dem Titel »New York Directory«. Im Jahr 1798 gab Johann Christian Gödecke in Weimar ein »Fabriken und Manufakturen-Adreß-Lexicon von Teutschland« heraus.

Alpenverein

Der erste Alpenverein wurde 1857 in London gegründet und nannte sich »Alpine Club«. Der erste Alpenverein in Kontinentaleuropa war der 1862 in Wien gegründete »Österreichische Alpenverein«. Der »Deutsche Alpenverein« wurde 1869 gegründet, schloß sich aber sehr bald zum »Deutsch-Österreichischen Alpenverein« zusammen, der zum größten Bergsteigerverein der Welt wurde.

Altpapier

Das erste Verfahren zur Wiederverwertung von Altpapier wurde 1774 von dem Deutschen Martin Heinrich Kleproth erfunden, indem er aus dem bedruckten Papier die Druckfarbe völlig herauswusch und daraus neues Papier herstellte. Dieses Verfahren wurde dann erstmalig von dem Papiermüller Schmidt in Kleinen-Lengden entwickelt.

Ansichtskarte

Die erste Ansichtskarte wurde von dem 21jährigen Nürnberger Franz Rorich graviert und von J. H. Locher im Jahr 1872 in Zürich herausgegeben. Sie zeigte sechs kleine Ansichten von Zürich; zwei weitere mit je drei Motiven der Stadt folgten. Noch im selben Jahr brachten Rorich und Locher Ansichtskarten von Genf, Basel, Schaffhausen, Rorschach, Neuchâtel sowie von Lindau und Nürnberg heraus.
Die 1872 entstandene Karte von Nürnberg (vom Mohrentor aus gesehen) ist die älteste noch erhaltene Ansichtskarte der Welt. Sammler führen zwar noch ältere Exemplare ins Feld, aber das sind entweder amtliche Postkarten (mit aufgedruckter Marke), die mit Werbebildern geschmückt waren, oder verzierte Feldpostkarten aus dem Deutsch-Französischen Krieg, die nicht als

Die erste Ansichtskarte, mit einem Bild von Zürich, 1872.

Die erste Ansichtskarte mit Schwarzweißfoto, auf der der Titisee abgebildet ist, 1889.

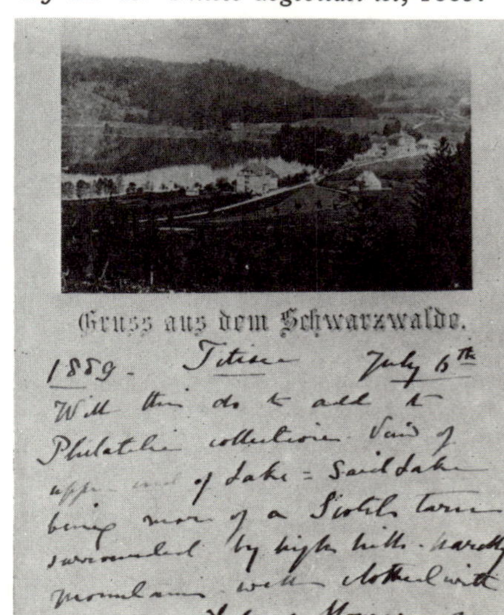

Die erste englische Ansichtskarte, 1894

Ansichtskarten im heutigen Sinn gelten.
Das Verschicken und Sammeln von Ansichtskarten hatte sich in Europa um 1895 gleichsam zu einer Manie entwickelt. Zu dieser Zeit durfte die Rückseite der Karte nur für postalische Zwecke, also nur für Adresse und Briefmarken, verwendet werden. Daher waren die Abbildungen klein, weil auf der Vorderseite noch Platz für Grußworte bleiben mußte.
Die Ansichtskarte in ihrer heutigen Form stammt von dem deutschen Drucker F. H. Hartmann, der sich in England als Postkartenhersteller niederließ. Er schlug vor, die Rückseite der Karte in zwei Felder aufzuteilen, und fand damit 1902 beim Postminister sofort Zustimmung.
Diese neue Form wurde bald im übrigen Europa nachgeahmt: die geteilten Rückseiten wurden 1904 in Frankreich, 1905 in Deutschland und 1907 in den USA eingeführt.

Ansichtskarte mit Schwarzweißfoto
Die erste Ansichtskarte mit einem Schwarzweißfoto stammt aus Deutschland und zeigt den Titisee im Schwarzwald. Der Poststempel stammt vom 6. Juli 1889. Die Fotografie ist 7,5 × 5 cm groß und läßt dem Schreiber noch genügend Platz für Grußworte.

Ansichtskarte mit Farbfoto
Die erste Ansichtskarte mit einem Farbfoto wurde von der deutschen Firma Rotophot herausgebracht und war im »Naturfarbenphotographie-Verfahren« von Miethe hergestellt. Das älteste uns bekannte Exemplar zeigt eine kleine Stadt und wurde am 16. Oktober 1904 in Hamburg abgestempelt.
Postkarten mit Kunstreproduktionen sind vermutlich um 1889 in Italien das erste Mal gedruckt worden. Die erste, uns noch erhaltene, stammt von Florenz aus dem Jahr 1891 und zeigt Raffaels Madonna della Seggiola.

Antibabypille

Die erste Antibabypille wurde von Gregory Pincus in Shrewsbury, Massachusetts, entwickelt. Pincus war im Jahr 1950 von der Worcester Foundation for Experimental Biology aufgefordert worden, wissenschaftliche Forschungen auf dem Gebiet der Familienplanung anzustellen: er sollte ein ideales Verhütungsmittel finden, das »unschädlich, absolut zuverlässig, einfach und praktisch zu handhaben, allgemein anwendbar und ästhetisch« sei. Fünf Jahre lang arbeiteten Pincus und sein Kollege John Rock an der Entwicklung eines oralen Verhütungsmittels, dessen Hauptbestandteile Progesteron und Östrogen bildeten. 1954 wurde mit den ersten klinischen Tests begonnen.
Die erste umfangreiche Versuchsreihe mit dieser Pille startete man 1956 in den Slums von San Juan, Puerto Rico, mit 1 308 Frauen, die sich freiwillig zur Verfügung gestellt hatten. Nach Abschluß der dreijährigen Testreihe waren von den 830 Frauen, die der Testgruppe bis zuletzt angehört hatten, nur 17 schwanger geworden.
Die erste für den Handel produzierte Antibabypille hieß Enovid 10 und wurde am 18. August 1960 von der Firma G. D. Searle Drug Co. in Skokie, Illinois, auf den Markt gebracht.

Arbeiterpartei

Die erste politische Partei, die eine Vertretung der Arbeiterklasse im Parlament zum Ziel hatte, war die »Politische Arbeiterliga« des Bundesstaates Victoria in Australien (Political Labor League of Victoria), die am 22. März 1859 unter dem Vorsitz des Stuckarbeiters Ben Douglas in Melbourne gegründet wurde. Die Geburt der Liga markierte ein völlig neues Kapitel in der Geschichte der Arbeiterpolitik: die Liga war nicht bloß eine Interessengruppe, die denjenigen Kandidaten unterstützte, der ihre Interessen am ehesten wahrnehmen würde, sondern eine eigenständige

Arbeiterpartei, die die Wahl von nominierten Kandidaten anstrebte. Ihr Parteiprogramm umfaßte folgende Forderungen: Besoldung der Parlamentsmitglieder, »die sofortige Aufhebung aller Klassengesetze«, die gesetzliche Einführung des Achtstundentages und, als oberstes Prinzip, »die Gleichheit aller Bürger«.
In der Praxis hatte die Arbeiterliga nur geringen Einfluß auf die politischen Vorgänge in Victoria; nach etwas mehr als einjährigem Bestehen (und einem einzelnen Abstimmungssieg) ging sie in der Landesreformpartei (Land Convention) auf.
Das erste Parlamentsmitglied, das einer Arbeiterpartei angehörte, war der Steinmetz Charles Jardine Don, der im Jahr 1853 von Glasgow nach Victoria emigriert war. Er wurde als Arbeiterliga-Kandidat für die Ortschaft Collingwood aufgestellt und am 26. August 1859 in die gesetzgebende Versammlung gewählt, wo er seinen Sitz auch nach dem Verschmelzen der Arbeiterliga mit der Landesreformpartei bis zum Jahr 1864 innehatte.
Einem Brief zufolge, den der Herzog von Newcastle am 24. Dezember 1861 an Sir Henry Barkly schrieb, hielt Don seine Antrittsrede »in der gekonnten, atemlosen Stille der Neugierde. Vor unseren Politikern stand die Verkörperung unserer Demokratie«. Er repräsentierte, so sagte er, einen neuen Machtfaktor im britischen Reich – den arbeitenden Handwerker, der in einer gesetzgebenden Versammlung für seine Gesellschaftsklasse sprechen und votieren würde. Don entsprach der Beschreibung des »arbeitenden Handwerkers« aufs Wort – er ging tagsüber seinem Beruf als Steinmetz nach und nahm nur abends an den Sitzungen des Parlaments teil.
Zeitweise gehörte er sogar zu dem Arbeitertrupp, der mit verschiedenen Reparaturen am Parlamentsgebäude beauftragt war. Nach Arbeitsschluß kletterte Don dann vom Gerüst, um sich ins Hohe Haus zu begeben.
Der erste sozialistische Premierminister war Anderson Dawson, Parlamentsmitglied des Kreises Charters Towers im Parlament vom australischen Bundesstaat Queensland. Er wurde am 28. November 1899 vom Gouverneur der Kolonie mit dem Amt betraut und bildete drei Tage später die erste verfassungsmäßig verankerte sozialistische Regierung. Noch am selben Tag, am 1. Dezember, weigerte sich das Parlament, sich auf einen Antrag von Dawson hin zu vertagen, worauf Dawsons kaum gebildetes Kabinett sofort zurücktrat. Dawson war schottischer Abkunft, stammte aus ärmlichen Verhältnissen und war im Bergbau beschäftigt gewesen. Obwohl er nur eine äußerst mangelhafte Ausbildung genossen hatte, war er bekannt für seine Begabung, sich treffsicher und knapp auszudrücken.
Die erste effektiv amtierende sozialistische Regierung der Welt, gebildet vom australischen Premierminister Christian Watson, war vom 27. April bis 17. August 1904 an der Macht.

Arbeitsamt

Das erste Arbeitsamt war das Bureau d'Adresse, das Théophraste Renaudot am 4. Juli 1631 in Paris eröffnete. Arbeitgeber, die Personal suchten, mußten eine Eintragungsgebühr von drei Sous bezahlen, ebenso Beschäftigungslose, außer sie waren zu arm, um den Betrag aufbringen zu können. Renaudots Ziele waren mehr philantropischer als gewinnsüchtiger Natur, er kümmerte sich besonders um die Bedürfnisse der Landleute, die zum erstenmal in die Stadt auf Arbeitssuche kamen.
Im Jahr 1639 erließ die Pariser Polizei eine Verordnung, derzufolge sich jeder beschäftigungslose Fremde, der in der Hauptstadt eintraf, beim Bureau d'Adresse registrieren lassen mußte, andernfalls er wegen Vagabondage eingesperrt wurde. Die Stellenabteilung des Büros vermittelte vorwiegend Haus- und Verkaufspersonal. Diese Adressenbüros beschäftigten sich auch mit der Vermittlung von Immobilien, Möbeln, Effekten, Reisearrangements usw.
Arbeitsämter, wie wir sie heute kennen, sind zuerst in den USA entstanden, das erste 1869 in Massachusetts. Seit 1888 besteht in Washington eine für die gesamte USA zuständige Arbeitsvermittlungsstelle. In Deutschland wurde 1892 die Reichskommission für Arbeitsstatistik gegründet, die 1918 in das im selben Jahr geschaffene Reichsarbeitsamt eingegliedert wurde.

Arbeitsunfallversicherung

Die erste Arbeitsunfallversicherung, die Lohnempfänger bei Verdienstausfall infolge eines Arbeitsunfalls entschädigte (gleichgültig, ob die Verletzung durch Nachlässigkeit des Arbeitgebers oder -nehmers verursacht worden war), wurde durch das Unfallgesetz eingeführt, das im Sommer 1884 vom Deutschen Reichstag verabschiedet wurde. Es beruhte auf Bismarcks Leitspruch, daß die Starken verpflichtet sind, die Schwachen zu schützen. Das Gesetz trat am 1. Oktober 1885 in Kraft und war zunächst auf Beschäftigte im Post-, Telegraphen- und Eisenbahndienst, in der Heeresverwaltung,

Inlandsschiffahrt und einigen anderen Handelssparten beschränkt. Durch spätere Zusätze wurde das Gesetz allmählich auf die Arbeiter fast aller Wirtschaftszweige ausgedehnt.
Die Prämien wurden ausschließlich vom Arbeitgeber an den staatlichen Versicherungsfonds entrichtet. Jeder verletzte Arbeiter hatte Anspruch auf zwei Drittel seines Normallohnes, die Auszahlung erfolgte ab der 14. Woche seiner Arbeitsunfähigkeit. Auch für die Kosten der ärztlichen Behandlung kam der Versicherungsfonds auf.
In Deutschland waren schon früher von Staats wegen Versuche unternommen worden, den Arbeitgeber im Falle schuldhafter Nachlässigkeit zum Schadenersatz zu verpflichten. Die Gesetze erwiesen sich jedoch als unwirksam, da ein verletzter Arbeiter ohne die nötigen Geldmittel für zivilrechtliche Maßnahmen kaum Ersatz von seinem Arbeitgeber erwarten konnte, der entweder die Verantwortlichkeit leugnete oder den Anspruch überhaupt zurückwies.

Aspirin

Das erste Aspirin wurde im Mai 1899 von der Firma Bayer in Leverkusen in Pulverform für den Handel hergestellt. Acidumacetylosalicylicum (»Aspirin« ist der gesetzlich geschützte Markenname) war schon im Jahr 1853 von dem Elsäßer Chemiker Karl Gerhardt auf synthetischem Wege hergestellt worden. Aber erst 1897 gelang es Felix Hoffmann von der Firma Bayer die Substanz in für therapeutische Anwendung ausreichender Reinheit zu erzeugen.
Ursprünglich war Aspirin nur in Deutschland und nur gegen Rezept erhältlich. In Tablettenform, 20 Stück pro Packung, brachte es Bayer erstmals im Jahr 1915 auf den Markt.

Atomkraftwerk

Das erste Atomkraftwerk wurde am 27. Juni 1954 in Obninsk, 90 km von Moskau entfernt, in Betrieb genommen. Es produzierte Strom für Industrieunternehmen und für die Landwirtschaft und hatte eine Leistung von 5 000 kW.
Das erste großangelegte Atomkraftwerk war Calder Hall in der englischen Grafschaft Cumberland. Die feierliche Eröffnung fand am 17. Oktober 1956 statt. Die Anlage bestand aus vier Reaktoren, zwei Turbinenhallen und vier Kühltürmen und sollte neben elektrischem Strom (70 000 kW) auch Plutonium für Militärzwecke erzeugen.

Aufklärungsunterricht

Der erste Aufklärungsunterricht wurde in der Schule von Abbotsholme in England von dem ersten Direktor Cecil Reddie am 1. Oktober 1889 eingeführt. Reddie führte zwei Hauptgründe dafür an: »Zu verhindern, daß durch eigene falsche Vorstellungen Illusionen entstehen; zu verhindern, daß von anderer Seite eine falsche Aufklärung erfolgt.«
Der Schuldirektor hatte am 30. Dezember 1888 ein Memorandum über dieses Thema verfaßt, in dem die Richtlinien für die zukünftige Aufklärungsarbeit in Abbotsholme festgesetzt wurden. Er unterteilt darin die Schüler in drei Altersgruppen, die folgendes erfahren sollten:
1. Jungen der Vorpubertät (10–13 Jahre) »die Wahrheit über Zeugung, Geburt und die Gefahren, von denen sie umgeben sind«;
2. Jungen in der Pubertät (13–16 Jahre) »die Gesetzmäßigkeiten der Gefühle, die sie nun erleben, denn in dieser Entwicklungsperiode ist es am besten, daß sie sowenig wie möglich an diese Dinge denken«;
3. Jungen der Nachpubertät (16–20 Jahre) »die Gesetze des späteren Lebens, so daß sie in diesem Punkt wohlgerüstet in die Welt treten«.
Reddie war ein einsamer Rufer in der Wüste im damaligen England. Er fand zu Lebzeiten nur wenig Nachahmer, doch merkwürdigerweise scheint sein Aufklärungsunterricht bei den Moralisten keinen Protest erregt zu haben.
Der erste offiziell unterstützte Plan zur Einführung des Aufklärungsunterrichtes an staatlichen Schulen wurde etwa 1900 in Breslau (Preußen) gefaßt. Die dortige Schulbehörde beauftragte Martin Chotzen, über das Thema Sexualhygiene Vorlesungen für 150 Lehrer auszuarbeiten. Die Vorträge behandelten folgende Themen: Aufbau des menschlichen Körpers, Entwicklung der sexuellen Instinkte, die häufigsten Perversionen, Geschlechtskrankheiten, Ermahnungen, sich zur Selbstkontrolle zu erziehen.
Der Sexualkundeunterricht wurde auf Grund der Empfehlungen der ständischen Konferenz der Kultusminister 1968 in der Bundesrepublik Deutschland eingeführt, in Österreich auf Grund eines Erlasses des Bundesministeriums für Unterricht und Kunst im Jahr 1970.

Aufzug

Um 1672 erfand der Mathematiker Erhard Weigel in Jena einen »Fahrsessel«, der in einer Wandnische angebracht war und der Beförderung

Das erste Bürogebäude, das Schnellfahrstühle hatte, das Boreel Building in New York, 1879

von Personen diente. Der erste Aufzug, über dessen Mechanismus wir Genaueres wissen, wurde 1743 im Schloß Versailles in den Privatgemächern Ludwigs XV. im Petite Cour du Roy installiert. Der König hatte für seine Mätresse Mme. de Châteauroux im zweiten Stock eine Suite einrichten lassen; der Fahrstuhl wurde eingebaut, um dem Herrscher von seinen eigenen, ein Stockwerk tiefer gelegenen Räumen Zutritt zu ihr zu verschaffen. Der Aufzug war in einem uneingesehenen kleinen Hof an der Außenmauer des Gebäudes angebracht, der König betrat ihn von seinem Balkon aus.

Der Mechanismus bestand aus einem sorgfältig ausbalancierten System von Gewichten, das in einem der Kaminschächte untergebracht war und durch das der Fahrstuhl ohne hohen Kraftaufwand per Hand hinauf- oder heruntergezogen werden konnte.

Der erste öffentliche Personenaufzug befand sich im »Coliseum«, einem Panoramaschauhaus, das von Decimus Burton entworfen und vom Schausteller William George Horner im Jahr 1829 im Regent's Park in London errichtet wurde. Panoramabilder waren beliebte Attraktionen; sie bestanden aus riesigen konkaven Gemälden, bei denen durch Beleuchtungseffekte eine Tiefenillusion erweckt wurde. Das erste Panoramabild, das zur Eröffnung des Coliseums gezeigt wurde, war »Ansicht Londons von der Kuppel der St.-Pauls-Kathedrale«. Zuschauer mußten zuerst in eine Nachbildung der Kuppel hinaufsteigen und konnten von dort aus das großartige Panorama von London bestaunen. Die mühsame Klettertour konnte man sich allerdings gemäß einem Fremdenführer von London aus dem Jahr 1835 auf folgendem Wege ersparen:

»Diejenigen, die zum Panoramabild gelangen wollen, ohne Stufen klettern zu müssen, können sich gegen die Gebühr von einem Sixpence in ein rundes, bewegliches Zimmer, in dem sechs oder acht Personen leicht Platz haben, hinaufbefördern lassen . . .«

Genauere Angaben über diesen Aufzug finden wir einige Jahre später in einer Beschreibung des Coliseums, das 1848 neu hergerichtet wurde:

»Das Aufzugszimmer kann zehn bis zwölf Personen befördern . . . und wird durch eine Geheimmaschine bewegt. Das Zimmer wurde jetzt in völlig neuem Stil ausgestattet, mit einem Dach aus farbigem Glas.«

Von dem Mechanismus dieser »Geheimmaschine« haben wir keine Kenntnis, doch wahrscheinlich beruht er auf dem Patent, das Horner am 27. Januar 1818 angemeldet hat für eine »Maschine, die auf kleinstem Raum mit geringster Reibung sehr hohe mechanische Kraft entwickelt, ohne Gefahr, auf volle Touren zu kommen, während sie Gewichte hinauf- oder hinunterbefördert«.

Es ist merkwürdig, daß diese Erfindung eines Personenaufzuges so wenig Aufmerksamkeit erregt hat, obwohl der Aufzug im Coliseum anscheinend bis 1875, als das Gebäude einem Brand zum Opfer fiel, in Betrieb war.

Um 1830 konstruierten Strutt und Frost in Derby, England, einen durch Maschinenkraft bewegten Aufzug für Personenbeförderung. Der erste Hersteller von Personenfahrstühlen war Elisha Graves Otis, der auch 1852 den ersten Aufzug mit Sicherheitsvorrichtung baute.

Aufzug im Warenhaus

Der erste Personenaufzug in einem Warenhaus wurde am 23. März 1857 von Elisha Graves Otis für das fünfstöckige Gebäude des Unternehmens E. V. Haughwout & Co. am Broadway in New York geliefert.

Der Preis für den Warenhausfahrstuhl betrug 300 Dollar.

Aufzug im Hotel

Der erste Aufzug in einem Hotel wurde am 23. August 1859 im sechsstöckigen Fifth Avenue Hotel in

New York von der Firma O. Tuft aus Boston installiert.

Aufzug im Bürohaus
Das erste Bürogebäude mit einem Aufzug gehörte der Equitable Life Assurance Society in New York. Es wurde 1868 mit einem Personenaufzug ausgestattet.

Paternoster
Den ersten kontinuierlichen Aufzug, bei dem mehrere Kabinen an einer sich ständig bewegenden Kette hingen, wurde von Turner 1876 für das Gebäude des General Post Office in London konstruiert.

Schnellfahrstuhl
Das erste System von mehreren Schnellfahrstühlen wurde im September 1879 von der Otis Elevator Co. in das Boreel Building in New York eingebaut. Es handelte sich um vier Fahrstuhleinheiten, die gleichzeitig betrieben werden konnten. Die Einführung von Schnellfahrstühlen hatte einen nachhaltigen Effekt auf die Städteplanung, da sie erst den Bau von Wolkenkratzern ermöglichte.

Elektrischer Aufzug
Der erste elektrisch betriebene Personenaufzug wurde von der Firma Siemens & Halske konstruiert und im Jahre 1880 in den 20 m hohen Aussichtsturm auf der Mannheimer Industriemesse eingebaut. Mit 0,5 m pro Sekunde beförderte er während der vierwöchigen Ausstellung 8 000 Passagiere ohne Zwischenfall.

Außenbordmotor

Der erste Außenbordmotor wurde im Jahr 1896 von der American Motor Co. in New York hergestellt. Es handelte sich um einen wassergekühlten Viertakt-Daimler-Bootsmotor. Wegen der geringen Nachfrage wurden nur 25 Stück gebaut.
Der Ausdruck »Außenbordmotor« wurde von Cameron B. Waterman geprägt, der auch als erster eine größere Anzahl solcher Motoren produzierte. 1906 wurden die ersten Waterman-Porto-Außenbordmotoren in Detroit erzeugt.
(Siehe Motorboot)

Auto

Das erste Auto mit gasbetriebenem Verbrennungsmotor wurde von dem belgischen Ingenieur Jean Joseph Etienne Lenoir in der Fabrik der Société des Moteurs Lenoir (siehe Motor) in der Rue de la Roquette in Paris gebaut und 1863 erprobt. Lenoir kam 1838 nach Paris, war dort in verschiedenen Berufen tätig und erfand 1847 ein neues weißes Email ohne Zinnoxyd. Später machte er Erfindungen auf dem Gebiet der Galvanoplastik und konstruierte unter anderem Elektromotoren, Wasserzähler und Telegrafen.
Im Jahr 1863 baute Lenoir seinen 1½-PS-Motor in einen kleinen vierrädrigen Wagen ein. Das Gas für den Motor wurde in einem Gasbehälter mitgenommen. Die erste Ausfahrt ging von der Rue de la Roquette durch den Bois de Vincennes nach Joinville-le-Pont über eine Distanz von rund 10 km. Die reine Fahrzeit für die Hin- und Rückfahrt betrug insgesamt drei Stunden, also war die Durchschnittsgeschwindigkeit etwa 6,7 km/h. Es erwies sich, daß der Motor, dessen Umdrehungszahl 100 pro Minute betrug, viel zu schwach war und außerdem viel zuviel Kühlwasser benötigte.
Im folgenden Jahr erhielt Lenoir seinen ersten Auftrag, die erste Bestellung der Welt für einen Kraftwagen, und zwar von niemand geringerem als dem russischen Zaren Alexander II. Wie der Zar von Lenoirs Wagen Kenntnis erhalten hatte, weiß man nicht, denn das Fahrzeug erweckte damals relativ geringes Aufsehen. Doch der Zar war für sein Interesse an technischen Entdeckungen bekannt,

Das erste Auto, gebaut von J. J. E. Lenoir, 1863

und viele Neuerungen, die er in Rußland einführte, gehen auf französische Vorbilder zurück. Der Wagen wurde gebaut und fuhr mit eigener Kraft zur Bahnstation von Vincennes. Dort wurde er in die Bahn nach Petersburg verladen. Was nach seiner Ankunft geschah, ist bis heute ein Rätsel geblieben. Es gibt keine Aufzeichnungen darüber, ob der Zar jemals in seinem Kraftwagen fuhr, und es ist durchaus möglich, daß es am Zarenhof niemanden mit ausreichenden technischen Kenntnissen gab, der das Fahrzeug hätte in Gang setzen können. Es ist auch nicht bekannt, ob wegen der Treibstoffversorgung irgendwelche Übereinkommen getroffen wurden. Anscheinend hat niemand von diesem Kauf gewußt, bis 1906 in Paris genaue Geschäftsunterlagen gefunden wurden. In Rußland setzte daraufhin eine fieberhafte Jagd nach dem Wagen ein, allerdings ohne Erfolg. Sollte er damals in einem Schuppen oder Lagerraum noch existiert haben, so ist es unwahrscheinlich, daß er die Wirren der bolschewistischen Revolution überstanden hat.
Lenoir selbst beschäftigte sich nicht weiter mit dem Bau von Kraftwagen, sondern nur noch mit der Entwicklung eines Motorbootes.

Benzinbetriebenes Auto
Das erste benzinbetriebene Auto wurde von dem aus Malchin in Mecklenburg, DDR, stammenden Mechanikermeister Siegfried Marcus im Jahr 1870 in Wien konstruiert. Marcus baute seinen direkt und einfach wirkenden Verbrennungsmotor in einen Handwagen ein. Der Motor hatte eine elektrische Zündung mittels Funkeninduktors, und das Benzin-Luft-Gemisch wurde in einem Oberflächenvergaser eigener Konstruktion hergestellt. Dieser erste Marcus-Wagen existiert nicht mehr; es sind jedoch von Siegfried Marcus eigenhändig signierte Fotos erhalten geblieben, die die Konstruktionsmerkmale erkennen lassen.
Marcus konstruierte dann einen zweiten Kraftwagen, in den 1888 sein Viertaktmotor mit elektromagnetischer Zündung und Spritzbürstenvergaser, der zur Erzeugung des Benzin-Luft-Gemisches diente, eingebaut wurde. Als Baujahr dieses Wagens wurde fälschlicherweise 1875 angegeben, was auch bedeuten würde, daß Marcus den eingebauten Viertaktmotor zu diesem Zeitpunkt erfunden hätte, also noch vor der Erfindung des Viertaktmotors im Jahr 1876 durch Nikolaus August Otto (Deutsches Reichspatent Nr. 532, angemeldet am 5. Juni 1876).
Die Legende über das Baujahr des zweiten Marcus-Wagens nahm 1898 ihren Anfang, als durch Vermittlung von Prof. Ludwig Czischek-Christen der Marcus-Wagen auf der Jubiläums-Gewerbeausstellung in Wien und 1900 auf der Pariser Weltausstellung als historisches Relikt aus dem Jahr 1875 gezeigt wurde. Dieses Datum wurde in der Folge von unzähligen Fachpublikationen übernommen, bis schließlich der österreichische Automobilhistoriker Dr. Hans Seper auf Grund von im Jahr 1961 aufgefundenen Dokumenten eindeutig beweisen konnte, daß der im Wiener Technischen Museum ausgestellte Marcus-Wagen mit Viertaktmotor 1888 gebaut worden war, und zwar von der Firma Marky, Bromovsky & Schulz in Adamsthal, ČSSR, die 1887 die Produktion der von Marcus für stationäre Zwecke entwickelten Viertaktmotoren übernommen hatte.
Die nächste historische Station im Kraftfahrzeugbau ist Frankreich, wo der 27 Jahre alte Edouard Delamare-Deboutteville, der Sohn eines Baumwollmühlenbesitzers, im Jahr 1883 einen benzinbetriebenen Kraftwagen baute. Die Baumwollerzeugnisse der väterlichen Fabriken wurden mit Pferdewagen von Montgrimont und Fontaine-le-Bourg zur Eisenbahnstation in Rouen gebracht, und der junge Delamare-Deboutteville zerbrach sich den Kopf über eine Alternativmöglichkeit des Transports. Mit Hilfe seines Mechanikers Charles Malandin modifizierte Delamare-Deboutteville einen stationären 8-PS-Gasmotor zum Betrieb mit Benzin und baute ihn in einen vierrädrigen Jagdwagen ein. Die Fahrversuche wurden zwischen Fontaine-le-Bourg und dem nahe liegenden Cailly unternommen. Das eisenbereifte Vehikel hielt jedoch den Belastungen auf dem holprigen Weg nicht stand und erwies sich als zu gebrechlich. Deboutteville baute daraufhin ein gummibereiftes Dreirad, doch jetzt war der Motor zu schwer, und der Rahmen brach. Nach diesen Rückschlägen gab der Erfinder die Idee eines selbstgetriebenen Wagens auf und wandte sein Interesse stationären Motoren zu; hiebei gewann er eine Reihe von Preisen für verschiedene Verbesserungen und wurde schließlich im Jahr 1896 in die Ehrenlegion aufgenommen.
Der erste erfolgreiche mit Benzin betriebene Wagen, dessen Bau zugleich den Beginn der stetigen Entwicklung der praktisch verwendbaren Kraftwagen markierte, wurde im Herbst 1885 von der Rheinischen Gasmotorenfabrik Carl Benz in Mannheim gebaut. Das dreirädrige Fahrzeug besaß einen wassergekühlten, einzylindrigen Viertaktmotor mit $3/4$ PS, hatte eine elektrische Summer-Zündung, ein mechanisch

betätigtes Einlaßventil, Hinterradantrieb und wog rund 250 kg. Ein besonders fortschrittliches Merkmal des Wagens war sein raffiniertes Differentialgetriebe. Am 29. Januar 1886 erhielt Carl Benz für seinen Wagen ein Patent.
Die erste öffentliche Demonstration des Benzschen Dreiradwagens fand am 3. Juli 1886 statt, als er in Mannheim eine Strecke von rund 1 km mit einer Geschwindigkeit von 15 km/h zurücklegte. In der »Neuen Badischen Landeszeitung« wurde von diesem historischen Ereignis am nächsten Tag in der Spalte »Verschiedenes« berichtet. Während des Winters 1886/87 baute Benz einen stärkeren Wagen mit 1½ PS; diesem folgte einer mit 2 PS, der im September 1888 bei der Münchner Industrieausstellung eine Goldmedaille errang.
Unterdessen hatte Gottlieb Daimler im August 1886 bei der Esslinger Maschinenfabrik den ersten erfolgreichen vierrädrigen und mit Benzin betriebenen Wagen gebaut. Der einzylindrige Motor war in eine gewöhnliche Kutsche eingebaut worden, doch Daimler wurde sich bald klar darüber, daß der motorisierte Verkehr nur dann Zukunft haben würde, wenn man die Fahrzeuge von Grund auf neu konzipierte. Sein Stahlradwagen von 1889 war in dieser Hinsicht richtungweisend, er war auch der erste Wagen mit einem schnelllaufenden 2-Zylinder-V-Motor. Der Wagen entwickelte die beachtliche Geschwindigkeit von 17,5 km/h und war bemerkenswert zuverlässig.
(Siehe Autoerzeugung)

Auto mit geschlossenem Aufbau
Das erste Auto mit geschlossenem Aufbau war der in Frankreich gebaute, zweisitzige Renault mit 2½ PS, der 1898 in Billancourt erzeugt wurde. Der kleine Wagen war außerordentlich robust gebaut, ein Modell legte im Jahr 1899 die 104 km lange Strecke zwischen Paris und Rambouillet in 2 Stunden, 49 Minuten, also mit einer Durchschnittsgeschwindigkeit von 37 km/h zurück. Der geschlossene Renault (es gab auch eine offene Version) war hauptsächlich für die Visitfahrten von Ärzten gedacht; er hatte einen sehr kurzen Achsstand, sein Aussehen wurde mit einem »Zylinderhut auf Rollschuhen« verglichen.

Limousine
Die erste Limousine normaler Größe war ein von der amerikanischen Firma Duryea Co. in Coventry, England, erzeugtes viersitziges Motorcoupé. Es wurde erstmals anläßlich der Stanley-Motorausstellung am 16. Januar 1903 ausgestellt. 1904 folgte der Argyll mit 12 PS. Er besaß zwei seitliche und eine rückwärtige Tür sowie eine bemerkenswert elegant gebogene Windschutzscheibe.

Auto im Wahleinsatz
Das erste Auto im Wahleinsatz war ein Müller-Benz, der von der Firma Müller Co. aus Decatur, Illinois, dem demokratischen Präsidentschaftskandidaten, William Jennings Bryan, zur Verfügung gestellt wurde. Dieser benützte ihn für seine Fahrten in der Umgebung von Decatur und auch als Rednertribüne bei seinem Besuch in Decatur am 23. Oktober 1896. Der Wagen hatte im ersten Autorennen der USA in Chikago im November 1895 den zweiten Platz belegt; auch Bryan wurde nur Zweiter, die Wahl gewann der republikanische Kandidat William McKinley.
(Siehe Hochzeit mit einem Auto)

Lastkraftwagen
Den ersten brauchbaren selbstangetriebenen Gütertransporter, der die Fracht nicht zog, sondern aufgeladen hatte, baute John Yule im Jahr 1870. Er verwendete ihn, um große Schiffskessel von seinem Werk in der Rutherglen Loan in Glasgow über die etwa 3 km lange Strecke zu den Docks zu befördern. Das Fahrzeug wurde von einer 2-Zylinder-Dampfmaschine mit 250 U/min angetrieben, die auf einem rund 9 m langen Chassis aus Rotkiefer montiert war; voll beladen bewegte es sich mit einer Geschwindigkeit von 1,2 km/h. Selbst bei dieser geringen Geschwindigkeit betrachtete Yule sein sechsrädriges Dampfgefährt als wirtschaftlich: die Kosten für 400 Männer, die gebraucht wurden, um einen 40 t schweren Schiffskessel zu den Docks zu schleppen, beliefen sich auf 60 Pfund, während die Heizkosten für eine Fahrt mit dem Dampfwagen auf 10 Pfund kamen – die Frachtkosten betrugen also nur noch ein Sechstel.
Der erste benzinbetriebene Lastwagen war ein Platauwagen von Panhard & Levassor mit Kettenantrieb, der im Pariser Panhard-Werk nach einem mit 13. Oktober 1894 datierten Entwurf gebaut wurde. Die Gesamtlänge des Fahrzeugs betrug 2,98 m, es besaß hinten eine offene Plattform von 1,5 m Länge. Der Lastwagen wurde erstmals am 10. Februar 1895 vom Chefingenieur der Firma, Monsieur Mayade, gefahren.
Der erste industriell erzeugte benzinbetriebene Lastkraftwagen wurde im Jahr 1896 von Daimler in Cannstatt hergestellt. Die Entwicklungsarbeiten waren zwar schon 1891 begonnen worden, man weiß aber nicht, ob in der Zwischenzeit auch ein Prototyp

fertiggestellt wurde. Ein Katalog vom September 1896 offerierte den Daimler-Güterwagen in vier Modellen: ein Modell mit 4 PS für eine Ladung von 1 500 kg, eines mit 6 PS für 2 500 kg, eines mit 8 PS für 3 750 kg und schließlich eines mit 10 PS für eine Nutzlast von 5 000 kg. Die Fahrzeuge wurden von einem 2-Zylinder-Phönix-Motor angetrieben, der hinten eingebaut war, und sie entwickelten eine Geschwindigkeit bis zu 12 km/h.
Als Extraausstattung wurde eine Heizung angeboten, die aus von heißem Wasser durchflossenen Röhren bestand, die am Fahrerhaus angebracht wurden. Das bot eine gewisse Annehmlichkeit bei kaltem Wetter, da die Fahrerkabine nicht geschlossen war.
Der erste Daimler-Lastwagen wurde im Frühjahr 1897 von der Stuttgarter Speditionsfirma Paul von Maur erworben. Der zweite, zugleich der erste motorisierte Bierwagen, ging an das Böhmische Brauhaus in Berlin.
Der erste Lastwagen mit Drehgestell wurde 1898 von der englischen Firma Thornycroft gebaut. Das Fahrzeug war ein 4 t schwerer Dampfwagen, bestehend aus einer zweiachsigen Zugmaschine auf einer einachsigen Anhängervorrichtung, die auf eine Drehscheibe hinter der Fahrerkabine paßte. Es nahm an der Prüfung für Schwerfahrzeuge in Liverpool teil, die die Gesellschaft für motorisierten Verkehr vom 24. bis 27. Mai 1898 veranstaltete, und gewann den ersten Preis.
Der erste Lastkraftwagen mit Dieselantrieb war ein 5 t schweres Fahrzeug, das von einem 50 PS starken Motor angetrieben wurde. Es wurde im August 1923 von Benz in Stuttgart hergestellt.
(Siehe auch Leichenwagen und Lieferwagen)

Auto mit elektrischem Starter
Das erste Auto mit elektrischem Starter, das serienmäßig erzeugt wurde, war der 1902 in Belgien hergestellte Dechamps. Er wurde von der Firma H. P. Dechamps in Brüssel gebaut. Es gab drei verschiedene Modelle mit 7, 9 und 14 PS, alle mit einem Dumont-Selbststarter ausgerüstet.
Charles Kettering, Mitarbeiter bei Cadillac, führte erstmals am 27. Februar 1911 den von ihm entworfenen Delco-Selbststarter vor. Dieser wurde oft fälschlicherweise als der erste in einem Serienmodell eingebaute Selbststarter bezeichnet. Dennoch kommt dem Delco-Starter eine spezielle Bedeutung zu, und zwar als Teil der ersten kompletten elektrischen Anlage, die die Funktionen der Zündung, des Startens und der Beleuchtung versah. Das System wurde als Standardausrüstung im Cadillac des Jahres 1912 angeboten.

Auto mit elektromagnetischer Zündung
Das erste Auto mit elektromagnetischer Zündung war der Marcus-Wagen aus dem Jahr 1888. Siegfried Marcus erhielt am 18. Februar 1884 das Deutsche Reichspatent Nr. 25947 auf einen »Magnet-elektrischen Zündapparat für Explosionsmotoren«. Die Erfindung geht auf den Marcus-Minenzünder zurück, auf den Marcus am 21. Juni 1864 ein österreichisches Privileg erhielt.
Gottlieb Daimler verwendete anfänglich für seine Motoren die Glührohrzündung und Carl Benz die elektrische Summer-Zündung. Die von Robert Bosch entwickelte Magnetzündung fand erst 1897 Eingang in den Automobilbau.

Auto mit Kompressormotor
Das erste Auto mit Kompressormotor war der Great Chadwick Six, der mit drei Kompressoren ausgerüstet war, die mittels Riemenantriebs mit sechsfacher Motorgeschwindigkeit liefen; gebaut wurden die Kompressoren von Lee S. Chadwick und seinem Mitarbeiter J. T. Nichols in Pottstown, Pennsylvania, im Winter 1907/08. Am 30. Mai 1908 wurde der Wagen vom Werksfahrer Willie Haupt beim »Giant's Despair Hillclimb«, einem Bergrennen bei Wilkes-Barre, erstmals in einem Rennen gefahren. Bei dieser Gelegenheit unterbot Haupt den früheren Rekord von 1 Minute, 59 Sekunden für benzinbetriebene Fahrzeuge um ganze 21 Sekunden. Am Ende der Rennsaison enthüllte Chadwick das Geheimnis seiner zahlreichen Erfolge bei Berg- und Kurzstreckenrennen. Er bot den »Blower«, wie der Kompressor genannt wurde, um 375 Dollar als Sonderausstattung für seine Modelle an und garantierte dabei eine Höchstgeschwindigkeit von 160 km/h. Rund ein halbes Dutzend Chadwicks wurden in dieser Weise modifiziert.
Das erste Serienmodell, das mit einem Auflader als Standardausstattung versehen war, war der Mercedes 10/45/65 aus dem Jahr 1922. Die Zahl 45 deutete die Motorleistung ohne Aufladung an (ratsam bei Geschwindigkeiten unter 60 km/h) und 65 die PS bei eingeschaltetem Kompressor.
Der erste in einem Grand Prix erfolgreiche Rennwagen mit Kompressor war ein Fiat, der am 9. September 1923 in Monza den Großen Preis von Europa gewann. Von da an verwendeten fast alle Rennwagen in den größeren Wettbewerben Kompressoren.

Auto mit Kreiskolbenmotor
Das erste Auto mit Kreiskolbenmotor (Rotationsmotor), der kommerziell verwertbar war, wurde 1957 nach den Konstruktionsplänen von Felix

Wankel von den NSU-Motorenwerken in Neckarsulm gebaut. 1964 kam das erste Serienmodell mit einem Wankelmotor, der NSU-Spider, auf den Markt. Es wurde von einem 64 kg schweren Rotationsmotor angetrieben, der 64 PS bei 5 000 U/min entwickelte. Die Spitzengeschwindigkeit lag bei 145 km/h. Im Jahr 1967 folgte der mit einem Zweischeiben-Wankelmotor ausgerüstete NSU R 80. Die Monatsproduktion betrug etwa 700 Stück.
Der 1967 von dem japanischen Unternehmen Toyo Kogyo hergestellte Mazda, ebenfalls mit einem Wankelmotor ausgestattet, erreichte eine Produktionsziffer von 10 000 Stück pro Monat.

Auto mit Stoßstange
Das erste Auto mit Stoßstange war der von der Wagenfabrik Schustala & Co. in Mähren (der nachmaligen Nesselsdorfer Wagenbau-Fabriksgesellschaft, bekannter als Tatra-Werke) 1898 fertiggestellte Nesselsdorfer Motorwagen. Er erhielt die Bezeichnung »Präsident« und wurde von einem zweizylindrigen, liegenden Original-5-PS-Benz-Viertakt-Boxermotor angetrieben. Der Erfindung war nur eine kurze Lebensdauer gegönnt, denn die (nur vorn) angebrachte Stoßstange ging auf der Fahrt nach Wien, die am 21. und 22. Mai 1898 stattfand (328 km), verloren und wurde nicht ersetzt.

Auto mit Vorderradantrieb
Das erste Auto mit Vorderradantrieb wurde von den Brüdern Carl, Heinrich und Franz Gräf 1897/98 in Wien gebaut. Die Kraftquelle dieses Gräf-Wagens war ein einzylindriger, stehender Viertaktmotor, Fabrikat De Dion, Paris. Er entwickelte bei 1 200 U/min etwa 3¼ PS. Im Gegensatz zur damals üblichen Praxis trieb der etwa über der Vorderachse sitzende Motor nicht die Hinterachse, sondern die Vorderräder an. Die Kraftübertragung lief vom Motor über eine Konuskupplung, ein Dreiganggetriebe, zum Differential und von dort über Kardangelenke, die in die Achsschenkel verlegt waren, zu den gelenkten Vorderrädern.
Das Pionierpatent auf den Vorderradantrieb, lautend auf »Carl Gräf in Wien, Antriebsvorrichtung für Lenkräder von Automobilen«, wurde am 30. November 1900 erteilt und trägt die Nummer 3183. Der Wagen ist erhalten geblieben und steht im Technischen Museum in Wien.

Autobahn

Die erste Autobahn, die ausschließlich für den motorisierten Verkehr bestimmt war, war die Berliner Avus (Automobilverkehrs- und Übungsstraße). Die zweispurige Stadtautobahn führte über 10 km von Grunewald nach Wannsee und wurde am 19. September 1921 dem Verkehr übergeben. Sie war bereits im Jahr 1909 geplant worden und stand knapp vor ihrer Fertigstellung, als der Ausbruch des Ersten Weltkrieges die Arbeiten zum Stillstand brachte.
Die Anregung zu diesem Projekt stammte von Karl Friedrich Fritsch, einem Motorenthusiasten, der vorgeschlagen hatte, die Autobahn sowohl als Rennstrecke wie auch als Teststrecke zu verwenden. Aus diesem Grund hatte sie an beiden Enden eine Schleife, so daß sie einen Rundkurs darstellte. Mit Kriegsende wurden die Pläne von dem Industriellen Hugo Stinnes übernommen. Nach ihrer Vollendung hatte die Bahn zwei 7,80 m breite Fahrbahnen mit geteerter Oberfläche, zwischen denen ein ebenso breiter Grünstreifen lag. In unregelmäßigen Abständen wurde sie von zehn Übergängen aus Eisenbeton überspannt. Die Avus dient nach wie vor dem öffentlichen Verkehr und auch verschiedenen Firmen als Versuchsstrecke; Rennen finden jedoch keine mehr statt.
Die erste interurbane Autobahn war die Autostrada Mailand–Varese; sie führte von Mailand zu den Seen der Lombardei, konnte ab 26. März 1923 befahren werden und wurde am 21. September 1924 vom italienischen König feierlich eröffnet. Dieser 48 km lange Abschnitt war Teil eines größeren Netzes, das die Seen der Lombardei verband und das einige Monate später fertiggestellt wurde. Die Gesamtkosten der drei Abschnitte beliefen sich auf 76 Millionen Lire; das Projekt besaß 33 Viadukte, 56 Tunnels und insgesamt 90 km Zufahrtsstraßen. Die 87 km langen Autobahnstrecken waren durchwegs einspurig, 10,80 m breit und hatten eine Betonoberfläche.
Die Pläne für die italienische Autostrada der Zwischenkriegszeit stammten ursprünglich von dem Mailänder Finanzmann und Ingenieur P. Puricelli und wurden offiziell von Mussolini unterstützt. Die Gesellschaften, die sie bauten, erhielten ihre Einnahmen aus Mautgebühren und aus dem Erlös der Vermietung von Reklametafeln entlang der Strecke. Obwohl die Autostrada keinen Mittelstreifen besaß und stellenweise nur über drei Fahrspuren verfügte, war sie doch eine Autobahn im modernen Sinne, da sie für hohe Geschwindigkeiten angelegt war und kontrollierte Zufahrten sowie kreuzungsfreie Abzweigungen hatte. Ihre Benützung war Motorfahrzeugen mit mindestens drei Rädern vorbehalten; Motorräder waren daher nicht zugelassen.

Im Jahr 1932, als in Deutschland die erste interurbane Autobahn von Bonn nach Köln (1928 begonnen) eröffnet wurde, besaß Italien bereits acht dem öffentlichen Verkehr übergebene Autobahnteilstücke mit einer Gesamtlänge von 530 km; das längste der Teilstücke war jenes von Mailand nach Turin mit 129 km.
Obwohl Hitler den Autobahnbau – im Gegensatz zur weitverbreiteten Meinung – nicht begonnen hatte, wurde ihm doch unter seiner Regierung die größte Priorität zuerkannt. Zu Beginn des Jahres 1938 waren die ersten 1 600 km Autobahnstrecken in Deutschland fertiggestellt, und als der Zweite Weltkrieg ausbrach, gab es bereits insgesamt 3 700 km. Alle waren zweispurig in jeder Richtung, sie hatten tragfähige Bankette, um ein Anhalten im Notfall zu ermöglichen, und sie gestatteten Geschwindigkeiten bis zu 160 km/h.
Außer in Deutschland und Italien gab es vor dem Zweiten Weltkrieg nur in den USA (den 1925 fertiggestellten, 25 km langen Bronx River Parkway), in Kanada (den 96 km langen Queen Elizabeth Way von Toronto nach Hamilton, 1939) und in den Niederlanden (110 km) Autobahnen.

Autobus

Der erste Autobus war ein achtsitziges Fahrzeug, das als »carrosse à cinq sous« bekannt war.
Diese Omnibusse wurden in Paris von einer Gesellschaft betrieben, die im Januar 1662 mit königlichem Privileg von dem französischen Philosophen und Wissenschaftler Blaise Pascal und seinem Freund und wichtigsten finanziellen Gönner, dem Herzog von Roannez, gegründet worden war.
Der fahrplanmäßige Dienst wurde am 18. März 1662 aufgenommen; in Intervallen von sieben bis acht Minuten waren in jeder Richtung Fahrzeuge unterwegs. Bei der Eröffnungsfeier wurde betont, daß der Fahrplan pünktlich eingehalten würde, ob die Wagen nun besetzt seien oder nicht. Der Fahrpreis betrug einheitlich fünf Sous für die Gesamtstrecke oder eine beliebige Teilstrecke; später kam noch eine Rundstrecke mit gestaffelten Tarifen hinzu.
Zunächst wurde die Idee eines städtischen Verkehrssystems von der Bevölkerung mit Ausnahme der Soldaten und Bauern, die den Bedingungen des Privileges entsprechend von der Beförderung ausgenommen waren, enthusiastisch begrüßt. Nicht selten ließen Adlige ihre eigenen Karossen an einer der Stationen stehen und nahmen die Unbequemlichkeit auf sich, sich auf engem Raum mit sieben anderen Mitbürgern geringeren Standes zusammenzudrängen, nur um die neue Einrichtung auszuprobieren. Sogar der König – Ludwig XIV. – selbst frönte der allgemeinen Leidenschaft und zählt damit zu den wenigen regierenden Monarchen, die jemals einen Omnibus benützten.
Am 5. Juli 1662 wurden vier weitere Strecken eröffnet, doch dann legte sich die Begeisterung, und als der Adel wieder zur konventionellen Art der Fortbewegung zurückkehrte, hörten auch die Bürger auf, die Aristokraten nachzuäffen, und gingen lieber zu Fuß, um sich den Fahrpreis zu ersparen. Beim Tode Pascals im August, also schon fünf Monate nach Beginn des Unternehmens, waren die Karossen nur noch halb besetzt; trotzdem konnte sich die Gesellschaft über Wasser halten, bis der betagte Herzog von Roannez sein Monopol schließlich nach fast 20 Jahren aufgab.
In Paris wurden keine Omnibusse mehr verwendet, bis Jacques Lafitte im Jahr 1819 den Betrieb einer größeren Anzahl von Fahrzeugen aufnahm, deren jedes 16 bis 18 Passagiere transportieren konnte.
Der Ausdruck »Omnibus« wurde von Stanislas Baudry geprägt, dem Besitzer von Heißwasserbädern in einem Vorort von Nantes. Er richtete 1823 einen speziellen Zubringerdienst für seine Kunden ein, der seine Endstation an der Place du Commerce im Zentrum der Stadt hatte. Da die Fahrzeuge nicht nur von seinen Badegästen, sondern auch von den Bewohnern der Vorstadt benützt wurden, entschloß er sich zu einer Ausweitung des Betriebes und suchte nach einer Bezeichnung, die den öffentlichen Charakter seines Dienstes passend ausdrückte. Die Station an der Place du Commerce lag vor dem Geschäft eines Monsieur Omnes, dessen Firmenschild den Slogan »Omnes Omnibus« trug. Baudry erkannte, daß »omnibus« ebensogut mit »für alle« wie mit »für alles« übersetzt werden konnte, und verwendete diese Bezeichnung fortan für seine eigenen Zwecke.
In Deutschland wurden die ersten Omnibusse (Kremser) im Jahr 1825 in Berlin eingeführt.

Kraftgetriebener Autobus
Der erste kraftgetriebene Autobus war der von Walter Hancock gebaute zehnsitzige, dampfbetriebene »Infant«. Er wurde 1831 auf einer Versuchsstrecke zwischen Stratford und London betrieben, ». . . um Vorurteile zu zerstreuen« (der Transport zahlender Fahrgäste war nicht gestattet).

Liniendienst mit kraftgetriebenem Autobus
Der erste fahrplanmäßige Dienst für zahlende Passagiere wurde am 22. April 1833 von der London & Paddington Dampfwagengesellschaft eingeführt, als Hancocks 14sitzige »Enterprise« auf der Strecke

Paddington–London eingesetzt wurde.
Während der nächsten dreieinhalb Jahre beförderten die Dampfwagen der Gesellschaft 12 761 Passagiere ohne Zwischenfall und legten dabei 4 200 Meilen zurück; unnötig harte Verordnungen ließen sie jedoch bald darauf aus dem Straßenbild verschwinden.

Autobus mit Oberdeck
Der erste Doppeldeckerbus wurde im April 1847 von der Firma Adams & Co. in Bow, London, für die Economic Conveyance Co. gebaut; er hatte auf dem Oberdeck, das sich auf dem Dach befand, Raum für 14 Passagiere, wobei die Sitzplätze Rücken an Rücken angeordnet waren. Der Fahrpreis betrug oben nur die Hälfte. Im Jahr 1851 wurden die Doppeldecker allgemein eingeführt, nachdem man sie mit einer Art Dachgalerie versehen hatte, um dem wegen der großen Weltausstellung stark gestiegenen Verkehr Rechnung zu tragen.
Waren alle Sitze besetzt, durften sich die Passagiere auch auf die Dachkante niederlassen, falls sie bereit waren, für Fensterscheiben zu bezahlen, die sie mit ihren herabhängenden Beinen eingeschlagen hatten.
Die ersten Autobusse mit geschlossenem Oberdeck wurden am 9. April 1909 von der Widnes Corporation eingeführt. Von der Polizei verfügte Beschränkungen führten aber dazu, daß sie in London erst am 2. Oktober 1925 in Dienst gestellt wurden.
Doppeldecker mit vollständig geschlossener Karosserie, das heißt geschlossenem Oberdeck, Stiegenaufgang und Fahrerkabine, wurden von der London General Omnibus Co. 1930 unter der Bezeichnung ST1 eingeführt.

Der erste benzinbetriebene Autobus, 1895

Benzinbetriebener Autobus
Der erste benzinbetriebene Autobus war ein 5 PS starker geschlossener Landauer der Firma Benz; er befuhr ab 18. März 1895 die 15 km lange Strecke Siegen–Netphen–Deutz im nördlichen Rheinland. Betrieben wurde er von der Netphener Omnibusgesellschaft. Er hatte sechs bis acht Sitze im Inneren und zwei weitere außen in der Fahrerkabine. Der Fahrer hieß Hermann Golze und stammte aus Netphen. Ein zweiter Autobus wurde am 1. Juli 1895 in Betrieb genommen. Die beiden Fahrzeuge verkehrten mit einer Durchschnittsgeschwindigkeit von 14 km/h (Aufenthalte nicht eingerechnet) und benötigten für die gesamte Strecke eine Stunde und 20 Minuten. Der Fahrpreis betrug 70 Pfennig für die ganze Strecke, 20 für Zwischenabschnitte. Die Busse waren im Winter geheizt, ein Luxus, der von den Postkutschen, die früher das einzige Transportmittel auf dieser Route darstellten, nicht geboten worden war. Es konnte aber auch passieren, daß die Passagiere darum gebeten wurden, den Wagen zu verlassen und mitzuhelfen, ihn bergauf zu schieben, wann immer dies notwendig war. Hohe Betriebskosten und häufige Pannen machten das Unternehmen jedoch so unwirtschaftlich, daß es schon am 20. Dezember 1895 seinen Betrieb einstellte. Bis zu diesem Zeitpunkt hatten die beiden Autobusse 10 600 zahlende Fahrgäste befördert.

Autobus mit heute üblicher Karosserie
Der erste benzinbetriebene Autobus mit der heute üblichen Karosserie verkehrte ab März 1898 zwischen Nantes und Velheuil in Frankreich; er entwickelte eine Leistung von 16 PS, hatte ein Gewicht von 6 t und konnte 18 Passagiere befördern.

Zwischenstädtischer Autobusverkehr
Der erste zwischenstädtische Autobusverkehr wurde im August 1898 von der London Motor Van &

Wagon Co. zwischen Clacton und London aufgenommen. Die Gesellschaft besaß vier Wagen, die jeden Freitag von Clacton nach London und wieder zurück fuhren. Die Fahrtdauer für die 112 km lange Strecke betrug 5½ Stunden in jeder Richtung. Dieser Kraftwagendienst wurde aber nur einige Wochen lang aufrechterhalten.
Der erste Langstreckenverkehr mit Autobussen wurde am 27. August 1900 zwischen London und Leeds von A. E. Wynn aus Knaresborough, Yorkshire, aufgenommen. Der Bus fuhr die 320 km lange Strecke einmal in der Woche in jeder Richtung, die Fahrt dauerte zwei Tage.
Eine Rückfahrkarte kostete 2 Guineas.

Autobusausflüge
Die ersten Autobusausflüge wurden von dem Unternehmen Blackpool Motor Car Co. veranstaltet, das in der ersten Augustwoche des Jahres 1897 mit einem Anfangskapital von 25 000 Pfund gegründet worden war. Innerhalb eines Monats hatte die Gesellschaft im Gebiet von Blackpool sechs Fahrzeuge laufen, die Einnahmen betrugen angeblich 40 Pfund pro Tag. Die Chauffeure erhielten 25 Shilling in der Woche, was dem durchschnittlichen Lohn eines Londoner Pferdebusfahrers entsprach.
Die erste Gesellschaft, die ganztägige Touren mit Autobussen organisierte, war die South African Car Co., die am 13. März 1898 mit regelmäßigen Sonntagsfahrten von Cape Town nach Somerset West Strand begann.
Der Preis von 16 Shilling für die 120 km lange Rundreise enthielt auch das Mittagessen in Somerset Strand, einem kleinen Küstenort gegenüber der False Bay am Kap der Guten Hoffnung. Die »schönen und bequemen Wagen«, wie es im Prospekt hieß, scheinen in Deutschland gebaute Daimler gewesen zu sein.

Autobusreise
Die erste Autobusreise war eine sechstägige Exkursion von Paris nach Aix-les-Bains; sie begann am 11. Juli 1898. Die Reise wurde gemeinsam von Thomas Cook & Son und von der Compagnie Nationale d'Automobiles veranstaltet und kostete 180 Franc; die Route führte über Fontainebleau, Sens, Auxerre, Avallon, Semur, Dijon, Dole, Salins, Saint-Laurent, Genf und Annecy. Das Fahrzeug war ein De-Dion-Dampfautobus mit vier nach vorn und zwei nach hinten ausgerichteten Sitzbänken. Die Seiten des Busses waren offen, hinten befand sich eine Glasscheibe, und auch der Fahrer war durch eine Glaswand von den Passagieren getrennt. Die Durchschnittsgeschwindigkeit auf ebener Strecke betrug 16 km/h, und der Reiseplan sah sechs Stunden reine Fahrzeit pro Tag vor. Das Reisegepäck war auf 20 kg pro Person begrenzt und wurde auf dem Dach untergebracht.
Diese Pionierfahrt scheint eine Ausnahme gewesen zu sein, denn es ist nicht bekannt, daß sie jemals wiederholt wurde. Das eigentliche Geschäft mit Autobusreisen begann erst 1910, als die Firma Chapman aus Eastbourne (die Firma hieß später Southdown Motor Co.) eine sechs Tage dauernde Reise durch Nordwales mit einem 22sitzigen benzingetriebenen Dennis-Autobus durchführte. Eine Reihe anderer Autobusgesellschaften teilten sich das Feriengeschäft im letzten Jahr vor dem Ersten Weltkrieg; sie verwendeten dabei im allgemeinen offene Fahrzeuge, wenngleich es Ausnahmen gab: Sussex Tourist Coaches annoncierten 1914 stolz, daß ihr Daimler-Bus »Silent Knight« »ein Dach und Glasfenster rundherum« besaß.

Schulbus
Der erste Schulbus war ein 20-PS-Dampfbus der Firma Serpollet, gebaut für die École St-Dominique et Lacordaire in Paris im Jahr 1903. Der Bus war mit Michelin-Luftreifen (damals für ein schweres Fahrzeug ungewöhnlich) und elektrischer Innenbeleuchtung ausgestattet und bot zwölf Kindern Platz. Er wurde wie die heutigen Schulbusse eingesetzt: die Schüler wurden morgens von zu Hause abgeholt und abends wieder heimgebracht.

Autodiebstahl

Der erste Autodiebstahl ereignete sich im Juni 1896 in Paris, als der Peugeot des Barons de Zuylen von seinem Mechaniker aus der Werkstatt, in der der Wagen in Reparatur war, gestohlen wurde. Dieb und Fahrzeug wurden später in Asnières entdeckt und sichergestellt.

Autoerzeugung

Die erste Autoerzeugung begann die Rheinische Gasmotorenfabrik Carl Benz in Mannheim im Jahr 1888, und zwar mit der Herstellung benzinbetriebener Fahrzeuge. Benz hatte zwar schon drei Jahre früher den ersten leistungsfähigen und kommerziell brauchbaren Kraftwagen erzeugt, doch der erste belegte Verkauf erfolgte laut Rechnungsdatum vom 16. März 1888 an Émile Roger in Paris. Der Wagen war ein dreirädriger Zweisitzer, hatte einen Einzylindermotor mit 2 PS und wurde, in vier Transportkisten verpackt, nach Paris gesandt. Nach seiner Ankunft stellte sich aber heraus, daß Roger nicht imstande war, den Wagen zusammenzubauen. Er brachte daher die einzelnen Teile zur Firma Panhard

Benz Victoria, 1893

& Levassor, um sich von den dortigen Mechanikern beraten zu lassen, doch blieb der Wagen fahruntüchtig, bis Carl Benz selbst im Mai dem Werk einen Besuch abstattete.
Ebenfalls im Jahr 1888 brachte Benz seinen ersten Katalog heraus. Ursprünglich waren die Wagen alle dreirädrig, doch 1893 wurden auch zwei vierrädrige Modelle, der »Victoria« und der »Vis-à-vis«, gebaut. Es gab kein Standardmodell, sondern jeder Wagen wurde nach den individuellen Wünschen der Besteller angefertigt. Mit Jahresende waren insgesamt 69 Benz-Fahrzeuge verkauft worden.
Das erste in Serienfertigung hergestellte Standardmodell war der »Benz Velo«, der ab April 1894 gebaut wurde. Der Wagen hatte einen 1½-PS-Motor, entwickelte eine Höchstgeschwindigkeit von rund 20 km/h und kostete 2200 Mark.
Im Jahr 1926 vereinigten sich Benz und die Daimler Motoren-Gesellschaft zur Daimler-Benz AG.
Den Markennamen »Mercedes« hatte Gottlieb Daimler schon im Jahr 1901 eingeführt.

Deutschland verlor seine anfängliche Führungsposition im Kraftfahrzeugbau wegen restriktiver Verkehrsgesetze, die einen weiteren Aufschwung dieser Industrie bremsten.
Bald war Frankreich anerkanntermaßen die führende Automobilnation der Welt.
Das Pariser Unternehmen Panhard & Levassor hatte im Jahr 1892 mit der Produktion von Kraftwagen begonnen, kurz darauf folgte die Firma Peugeot. Beide Unternehmen festigten ihren guten Ruf durch die Siege, die ihre Fahrzeuge bei den ersten Automobilrennen errangen.
Im Jahr 1900 wurden in Frankreich insgesamt 1500 Kraftwagen hergestellt, die überwiegende Mehrheit davon von sechs Unternehmen. An der Spitze stand De Dion mit 400 Stück, gefolgt von Peugeot mit 350, Panhard mit 300, Georges Richard mit 150, De Dietrich mit 150 und Mors mit 100 Autos. Wie in den meisten anderen Ländern wurden auch in Frankreich weitaus mehr Motorräder (4000) als Autos erzeugt.
Die ersten brauchbaren Vergleichsziffern im Bereich der Kraftfahrzeugproduktion stammen aus dem Jahr 1903: Frankreich produzierte damals fast dreimal soviel Motorfahrzeuge (30204) als die USA (11235), das war die Hälfte der Weltproduktion (61927). Großbritannien lag mit 9437 Stück hinter den USA an dritter Stelle, Deutschland (6904) an vierter, Belgien (2839) an fünfter und Italien (1038) an sechster Stelle.

Massenproduktion benzinbetriebener Autos
Die erste Massenproduktion benzinbetriebener Kraftwagen setzte in den USA und nicht in Frankreich ein. Dieser Umstand war symptomatisch für den wachsenden Einfluß der amerikanischen Automobilindustrie auf dem Weltmarkt. Das erste Modell, das in Massenproduktion erzeugt wurde, war der elegant geschwungene »Olds«, von dem ab April 1901 mehr als 10 Stück pro Woche erzeugt wurden. Gegen Ende des Jahres war die Gesamtproduktion auf 433 Stück angewachsen, 1902 stieg sie auf 2500 und 1904 auf die noch nie dagewesene Zahl von 5508 Autos an. Die Wagen wurden in Detroit von Ransom E. Olds gebaut und kosteten dank ihrer extrem einfachen Konstruktion nur 650 Dollar, also weitaus weniger als die anderen in der Leistung vergleichbaren Wagen. Die Höchstgeschwindigkeit des »Olds« betrug zwar kaum mehr als 32 km/h, doch verlieh ihm seine außerordentlich leichte Bauweise – der Wagen wog nur 400 kg – eine bemerkenswerte Steigfähigkeit.

Autoradio

Das erste Autoradio wurde von dem damals 18jährigen George Frost, Präsident des Lane High School Radio Club, im Mai 1922 in Chikago in die Tür eines Ford-T-Modells eingebaut. Im November desselben

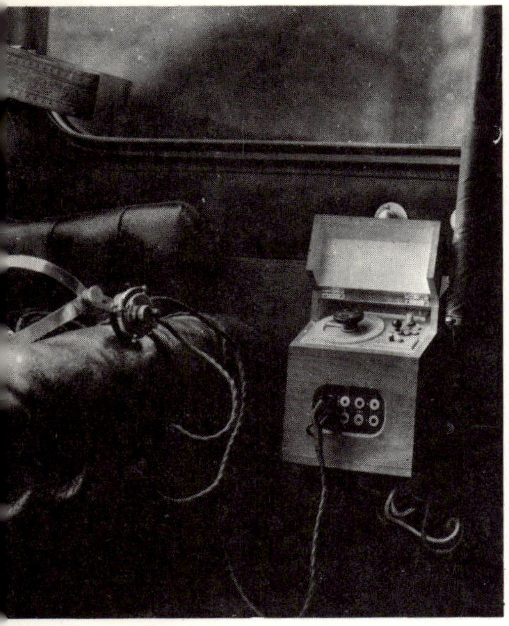

Marconi-Autoradio, 1923

Jahres wurde in England auf der Olympia-Motorausstellung eine Daimler-Limousine gezeigt, die mit einem Rundfunkgerät der Firma Marconiphone Co. ausgestattet war. Die industrielle Herstellung von Autoradios wurde erstmals von dem Unternehmen Storage Battery Co. in Philadelphia vorgenommen, das 1927 den »Philco Transitone« auf den Markt brachte. Im Jahr 1933 gab es in den USA angeblich bereits 100000 mit Radios ausgestattete Kraftwagen.

Autorennen

Das erste Autorennen wurde von Monsieur Fossier, dem Herausgeber des französischen Fahrradmagazins »La Vélocipède«, veranstaltet und am 20. April 1887 auf dem Kurs von Saint-James in Paris, entlang der Seine zur Brücke in Neuilly, abgehalten. Das Rennen endete mit einem Sieg ohne Gegner für Georges Bouton, den einzigen Teilnehmer. Er absolvierte die Strecke in seinem vierrädrigen, viersitzigen Dampfgefährt.
Das erste Rennen mit mehr als einem Bewerber wurde im folgenden Jahr von derselben Zeitschrift organisiert; Bouton, diesmal auf einem dreirädrigen De Dion, siegte über seinen einzigen Rivalen, der einen Serpollet-Dampfwagen steuerte; die Zeit betrug 30 Minuten für die 20 km lange Strecke zwischen Neuilly und Versailles.
Das erste Motorrennen, an dem benzinbetriebene Wagen teilnahmen, gleichzeitig das erste Langstreckenrennen, wurde vom französischen Automobilklub und der französischen Tageszeitung »Le Petit Journal« auf der Strecke von Paris nach Bordeaux und zurück vom 11. bis 14. Juni 1895 organisiert. Émile Levassor, der als erster den 1170 km langen Kurs in der Zeit von 48 Stunden, 45 Minuten bei einer Durchschnittsgeschwindigkeit von 24 km/h zurücklegte, wurde disqualifiziert, weil sein $3\frac{1}{2}$ PS starker Panhard-Levassor, ein Zweisitzer, für das Rennen nicht zugelassen war. Sein nächster Rivale, Koechlin, der einen viel langsameren Peugeot fuhr, wurde zum Sieger erklärt. Von den 23 gestarteten Wagen kamen acht Benzinfahrzeuge und ein Dampfwagen in Paris an.

Bahnrennen
Das erste Bahnrennen wurde am 7. September 1896 in Narragansett Park, Cranston, Rhode Island, über fünf Runden auf einer 1,6 km langen Sandbahn als eine der Attraktionen der Landesmesse von Rhode Island abgehalten.
Sieger wurde A. H. Whiting auf einem elektrischen Riker vor sieben anderen Bewerbern (sechs davon auf Benzinwagen); seine Siegerzeit betrug 15 Minuten und 1,75 Sekunden, bei einer Durchschnittsgeschwindigkeit von 32 km/h.

Internationales Rennen
Das erste internationale Mannschaftsrennen war der Gordon-Bennett-Cup-Bewerb, an dem Vertreter aus Frankreich, Belgien, den USA und Deutschland teilnahmen. Er wurde am 14. Juni 1900 auf der Strecke von Paris nach Lyon abgehalten. Von den fünf Bewerbern beendeten zwei das Rennen (jeder hatte einen Hund überfahren). Sieger wurde F. Charron aus Frankreich auf einem Panhard mit einer Durchschnittsgeschwindigkeit von 62 km/h.

Grand-Prix-Rennen
Das erste Grand-Prix-Rennen wurde vom französischen Automobilklub organisiert und vom 26. bis 27. Juni 1906 auf einem 104 km langen Dreieckskurs bei Le Mans abgehalten. Das Rennen ging über 1250 km, wobei an jedem der beiden Tage sechs Runden gefahren wurden. Sieger wurde der ungarische Berufsrennfahrer Ferenc Szisz auf einem 90 PS starken 13-l-Renault mit einer Durchschnittsgeschwindigkeit von 101 km/h.

24-Stunden-Rennen
Das erste 24-Stunden-Rennen war die Dauerprüfung bei Point Breeze, Philadelphia, am 25. Mai 1907. Es wurde von den Herren Brown und Moyes auf einem Autocar gewonnen. Die beiden schafften die 1265 km lange Strecke mit einer Durchschnittsgeschwindigkeit von 53 km/h.
(Siehe Autoveteranenrallye)

Autostraße

Die erste Autostraße der Welt wurde von französischen Straßenbauingenieuren auf der Insel Madagaskar zwischen dem Hafen Tamatave und der Inselhauptstadt Tananarivo gebaut, war etwa 200 km lang und wurde am 1. Januar 1901 eröffnet.

Die paradoxe Tatsache, daß die erste Autostraße ausgerechnet in einem so entlegenen Winkel der Erde angelegt wurde, stellt eine Parallele zur Entwicklung der Fluglinien in den unterentwickelten Ländern Afrikas und Südamerikas in den frühen zwanziger Jahren dar. Tamatave und Tananarivo waren nur durch eine halbfertige Eisenbahnlinie miteinander verbunden; die Franzosen entschlossen sich zu dem Wagnis, eine Straße zu bauen, auf der die Hauptstadt per Lastwagen mit Gütern aus dem wichtigsten Inselhafen versorgt werden sollte.
Den kühnen Plan zu dem Unternehmen faßte der tatkräftige und vorausschauende Gouverneur von Madagaskar, General Joseph-Simon Galliéni, der selbst ein begeisterter Autofahrer war und während seiner Dienstzeit auf der Insel einen Panhard-Levassor-Wagen benützte. Der General ist im übrigen auch dadurch berühmt geworden, daß er zu Beginn des Ersten Weltkrieges seine Truppen mit Taxidroschken an die Front schaffen ließ.
Der Bau der Straße war eine direkte Folge der Abschaffung der Sklaverei auf Madagaskar im Jahr 1896. Galliéni ordnete an, daß alle männlichen Einwohner zwischen 16 und 60 Jahren einen Nachweis über eine bezahlte Anstellung erbringen mußten. Diejenigen, die dazu nicht imstande waren – die Arbeitslosen und die Sklaven, die von ihren Besitzern noch nicht freigelassen worden waren –, wurden requiriert und für jeweils 50 Tage gegen Entlohnung beim Straßenbau eingesetzt. Nach Ablauf dieser Frist stand es den Männern frei weiterzuarbeiten. Viele der Sklaven blieben, weil sie sonst zu ihren früheren Besitzern hätten zurückkehren müssen. Auf diese Weise stand Galliéni ein riesiges Arbeitspotential zur Verfügung, mit dessen Hilfe er seinen Plan durchführen konnte.
Diese erste Autostraße war ein Meisterstück der Ingenieure, weil sie durch dichten tropischen Urwald führte und zwei steile Gefälle bewältigt werden mußten. Zunächst wurden die motorisierten Fahrzeuge, die die neue Straße benützten, zahlenmäßig bei weitem von Karren übertroffen, von denen die meisten händisch gezogen wurden, drei Männer für je 1 t Fracht. Im Jahr 1903 jedoch führte General Galliéni einen motorisierten Botenverkehr und einen Beförderungsdienst mit Kraftfahrzeugen ein. Die Kosten für den Gütertransport, die sich im Jahr 1895 noch auf 1 100 Franc per Tonne belaufen hatten, fielen im Jahr 1904 drastisch auf 250 Franc per Tonne. Bis zur Fertigstellung der Eisenbahnlinie im Jahr 1913 blieb die Autostraße die einzige durchgehende Verkehrsverbindung zwischen dem Haupthafen und der Hauptstadt.

Autotour

Die erste Autotour über eine größere Distanz mit einem benzinbetriebenen Fahrzeug wurde im August 1888 von Bertha Benz, der Frau des Erfinders Carl Benz, und ihren beiden Söhnen Eugen, 15, und Richard, 13, von ihrem Heim in Mannheim über eine Strecke von 180 km nach Pforzheim unternommen. Obwohl die beiden Jungen das Fahren gelernt hatten, durfte keiner bisher das Steuer eines der väterlichen Wagen übernehmen, es sei denn unter Aufsicht des Vaters oder seines Geschäftsführers. Da Frau Benz ohnehin ihre Verwandten in Pforzheim besuchen wollte, meinte Eugen, dies sei eine ideale Gelegenheit, einmal selbständig eine ausgedehnte Autofahrt zu unternehmen. Für eine Dame der damaligen Zeit war Frau Benz bemerkenswert unkonventionell, und sie schloß sich der Verschwörung bereitwillig an. Eines Morgens verließ sie mit ihren beiden Söhnen Mannheim in einem dreirädrigen Wagen mit 2 PS. Carl Benz wußte nichts von ihrem Vorhaben. Die Ausreißer hatten ihm einen Brief hinterlegt, in dem es hieß, sie hätten ihn nicht verlassen, sondern würden wieder zurückkehren.

Bertha Benz, die die erste Autotour mit ihren Söhnen Eugen und Richard machte, 1888.

Eugen saß am Steuer, Frau Benz auf dem Nebensitz, während Richard hinten über dem Motor thronte. Der erste Halt wurde in Heidelberg gemacht, wo eine Mahlzeit eingenommen wurde, dann ging es weiter nach Wiesloch. Von hier wurde die Straße steiler, und Frau Benz sowie Eugen mußten absteigen und das Fahrzeug den Hügel hinaufschieben, während Richard das Steuer übernahm. Die Bergfahrt gestaltete sich unvorhergesehenerweise gefährlich, weil die ledernen Bremsbeläge der

Belastung nicht gewachsen waren und sich schnell abnützten. Mehrmals mußten sie bei Schusterläden stehenbleiben, um sich neue lederne Bremsbeläge zu besorgen.
Es gab noch weitere Schwierigkeiten, als die Antriebsketten locker wurden. Etwas später war die Treibstoffleitung zum Vergaser verstopft, und man half sich mit einer Hutnadel von Frau Benz. Als dann ein Zündkabel durchscheuerte und einen Kurzschluß verursachte, benützte Frau Benz ihr Strumpfband, um den Draht wieder zu isolieren.
Während der ganzen Reise war die Familie Gegenstand ungläubigen Staunens, und sie löste fast einen Streit in einem Schwarzwälder Wirtshaus aus, als zwei Bauern heftig darüber zu diskutieren begannen, ob das Fahrzeug durch ein Federwerk oder durch überirdische Kräfte angetrieben würde. Die drei Ausreißer kamen sicher in Pforzheim an und fuhren nach einem fünftägigen Aufenthalt wieder nach Mannheim zurück.
Das praktische Ergebnis dieses Ausfluges war, daß sich Benz von seinen Söhnen davon überzeugen ließ, daß der Wagen für Bergfahrten untermotorisiert sei; er fügte daraufhin einen weiteren Gang hinzu.

Autounfall

Der erste Autounfall ereignete sich am 17. August 1896 beim Crystal Palace in London, als Mrs. Bridget Driscoll aus Old Town, Croydon, überfahren wurde und eine Schädelfraktur erlitt. Der Fahrer hieß Arthur Edsell und war bei der Anglo-French Motor Co. als Chauffeur für Vergnügungsfahrten mit einem Roger-Benz-Wagen beschäftigt. Edsells Sicht war durch zwei vor ihm fahrende Wagen behindert, und Mrs. Drsicoll stand vor Schreck erstarrt im Wege des herannahenden Fahrzeuges. Bei der Untersuchung stellte sich heraus, daß Edsell zum Zeitpunkt des Unfalls etwas über 6 km/h gefahren war. Das Untersuchungsergebnis lautete auf Tod durch Unfall.
Der erste bei einem Autounfall ums Leben gekommene Fahrer war Henry Lindfield aus Brighton, der am 12. Februar 1898 tödliche Verletzungen erlitt, als er bei einer Fahrt von London nach Brighton in Begleitung seines 18jährigen Sohnes Bernard mit seinem elektrisch angetriebenen Imperial-Wagen verunglückte. Lindfield war der Vertreter für International Cars in Brighton.
Die Untersuchung, gestützt auf die Zeugenaussage seines Sohnes, ergab:

»Nach Erreichen von Purley Corner fuhren sie einen Hügel mit ausgeschaltetem Motor und angezogenen Bremsen bergab. Nachdem sie etwa die Hälfte der abschüssigen Strecke zurückgelegt hatten, fiel die Reisetasche des Zeugen aus dem Wagen, und sein Vater versuchte, den Wagen anzuhalten; dieser kam ins Schleudern, die Lenkung versagte, der Wagen drehte sich ganz herum, durchstieß einen Drahtzaun und streifte einen eisernen Pfosten. Dadurch überschlug sich der Wagen und landete an einem Baum, wobei die Beine des Getöteten zwischen Wagen und Baum eingeklemmt wurden. Der Zeuge wurde über seinen Vater hinweggeschleudert, und letzterer war nicht imstande, sich zu bewegen, bis Hilfe kam und der Wagen zurückgeschoben wurde. Der Verunglückte war den Wagen nur zwei- oder dreimal gefahren.«

Lindfield wurde ins Spital gebracht, wo ihm ein Bein abgenommen wurde, er starb jedoch am nächsten Tag an den Folgen des Schocks. Entgegen der Aussage von Bernard Lindfield, daß der Motor zum Zeitpunkt des Unfalls abgeschaltet war, wurde bei der nachfolgenden Untersuchung der Gänge festgestellt, daß sein Vater mit Höchstgeschwindigkeit gefahren war.

Der 81jährige Carl Benz, der an der ersten Autoveteranenrallye teilnahm, München 1925.

Am 25. Februar 1899 ereignete sich am Grove Hill in Harrow, England, ein Autounfall mit tödlichen Folgen: Der Autoverkäufer E. R. Sewell von der Daimler Motor Car Co. führte einen achtsitzigen Daimler vor, wobei Fahrer und Beifahrer (der prospektive Käufer des Wagens) starben. In der Fachliteratur wird meist dies als erster Fahrerunfall angeführt.

Autovermietung

Die erste Autovermietung wurde im Januar 1896 vom Pariser Automobilklub eingerichtet. Sechs Fahrzeuge standen vor dem Klubhaus zur Vermietung bereit, der Tarif betrug inklusive Fahrer 3 Franc pro Stunde oder 30 Franc pro Tag.
Dieser Service des Automobilklubs diente vornehmlich dem Zweck, neue Interessenten für das Autofahren zu gewinnen. Ein Mietwagenservice auf rein kommerzieller Basis wurde im folgenden Monat von der Société Anonyme Française de Fiacres Automobiles in Paris gegründet. Der Mann, der dieses Unternehmen initiierte, war Émile Roger, der auch die erste Automobilvertretung innehatte. Er unterbot den Tarif des Automobilklubs und vermietete Benz-Wagen für 2 Franc pro Stunde.

Autoveteranenrallye

Die erste Autoveteranenrallye fand am 25. Juli 1925 in München zum 25jährigen Bestandsjubiläum des »Allgemeinen Schnauferlklubs« statt. An der denkwürdigen Sternfahrt nahm auch das älteste benzinbetriebene Automobil der Welt teil, ein dreirädriger Benz, Baujahr 1885, der von dem damals 81jährigen Carl Benz persönlich chauffiert wurde. Weitere Teilnehmer waren Karl Opel, Emil Stoewer, August Horch, Heinrich Kleyer und andere Pioniere des deutschen Automobilbaus.

Autowerkstatt

Die erste Autowerkstatt wurde im Dezember 1895 von A. Borol in Bordeaux in der Rue Sainte-Claire 1 eröffnet. Die französische Motorzeitschrift »La Locomotion Automobile« berichtete, daß Reisende ihre Wagen über Nacht in Borols Garage unterstellen konnten, und fährt fort:

> »Zusätzlich ist eine Werkstatt vorhanden, in der Service, Reparaturen und Reinigung aller Automobile vorgenommen werden können. Man kann sicher sein, jederzeit Brennstoff und spezielles Öl für die Motoren im Lager zu finden. Ein bemerkenswerter Vorteil für Touristen ist es auch, daß A. Borol jedem Autofahrer auf Wunsch Kraftstoff, Öl und Ersatzteile an den Ort der Panne liefert.«

Da Borol auch die Peugeot-Vertretung in Bordeaux innehatte, erfüllte er praktisch alle Voraussetzungen, die an einen heutigen Werkstattbesitzer gestellt werden.

B

Ballett

Das erste Ballett, das ohne Sprecheinlagen und Gesang lediglich auf Musik und Gestik beruhte, wurde am 2. März 1717 am Royal Theatre in London uraufgeführt. Es war John Weavers »The Loves of Mars and Venus« mit dem französischen Tänzer Louis Dupré als Mars und Hester Santlow als Venus; Weaver selbst tanzte den Part des Vulkan. Weaver wollte damit die Pantomime der römischen Kaiserzeit wiedererwecken und knüpfte an die italienische Tradition der Commedia dell'arte an, die schon Stücke für Mimik, Tanz und Akrobatik kannte. Die Musik des Balletts stammte von zwei Komponisten: Richard Firbank zeichnete für die Tanzmelodien verantwortlich, Henry Symonds, ein Mitglied des königlichen Orchesters, war für die symphonischen Passagen zuständig, die die »Leidenschaften und Gemütsbewegungen der Charaktere« musikalisch zum Ausdruck bringen sollten. Der Aufführung stand nur ein äußerst bescheidenes Budget zur Verfügung, weil Colley Cibber, der Leiter des Theaters, nicht viel Geld in einen völlig neuen Unterhaltungszweig stecken wollte. Das Publikum nahm Weavers Neueinführung recht positiv auf. Weaver allerdings, anspruchsvoller als seine Zuhörerschaft, war nicht ganz zufrieden mit den Leistungen seiner Tänzer, die wiederum, wie es scheint, seine Choreographie als zu avantgardistisch und verwirrend empfanden.

John Weaver war der erste Choreograph, der das Ballett als eine eigenständige, von der Oper unabhängige Kunstform betrachtete.
Es mutet zwar etwas seltsam an, daß ausgerechnet England, dessen Ballett-tradition bis zum 20. Jahrhundert kaum anerkannt war, der Geburtsort des klassischen »Ballet d'action« (Handlungsballetts) sein soll, es gibt jedoch Erklärungen dafür: Künstlerische Entfaltung war in England weniger als in anderen Ländern durch höfische und staatliche Vorschriften eingeschränkt, und im 16. und 17. Jahrhundert wurde in England bei höfischen Veranstaltungen mehr getanzt als im übrigen Europa.
Das erste Handlungsballett, das auf einer öffentlichen Bühne des europäischen Kontinents aufgeführt wurde, war »Pygmalion« von Marie Sallé, das im Januar 1734 am Covent-Garden-Theater in London und etwas später im gleichen Jahr in Paris unter François Riccobini im Théâtre Italien Premiere hatte. Etwa zur gleichen Zeit führte in Wien Franz Hilverding komische Ballette, aber auch pantomimisch dargestellte Tragödien und Dramen auf.

Tutu
Das erste Modell der heute üblichen klassischen Ballettkleidung, das Tutu, entwarf A. E. Chalon (anderen Quellen zufolge der Maler Eugène Lami) für Filippo Taglionis Ballett »La Sylphide«, das am 12. März 1832 an der Pariser Oper uraufgeführt wurde. Die Primaballerina, Maria Taglioni, und das Corps de ballet traten in schlichten weißen Musselinkleidern mit tiefem Dekolleté, wadenlangem Rock und bloßen Armen auf – eine radikale Abkehr von den prunkvollen Kleidern, die bis dahin von Ballettänzerinnen getragen wurden. Mit kleinen Modifizierungen blieb dieses Kostüm bis heute die

Standardausstattung jedes klassischen Ballettabends.
Das erste Tutu mit Reifrock trug die italienische Ballerina Virginia Zucchi in der Titelrolle von »La Fille du Pharaon« im Jahr 1885 in Petersburg.
Die erste Frau, die in einem Trikot auftrat, war die Schauspielerin Du Parc, ein berühmtes Mitglied der Truppe Molières. In »Erzwungene Heirat« trug sie ein Trikot mit Rock, der allerdings noch bis zum Boden reichte. Der Rock war jedoch an den Seiten geschlitzt, so daß man beim Tanzen ihre Schenkel sehen konnte.

Spitzentanz
Der erste Choreograph, der seine Tänzerinnen auf den Spitzen tanzen ließ, war Charles Didelot, und zwar in dem Ballett »Zéphyr et Flore«, uraufgeführt 1796 im Drury-Lane-Theater in London.
Der Luftgott Zéphyr glitt mit Hilfe einer speziell dafür konstruierten Maschine durch die Luft. Die Maschine hob den Tänzer auf die Spitzen und konnte ihn auch über die Bühne tragen. Nachdem sich diese Art zu tanzen als neues, anmutiges Element des Balletts bewährt hatte, verzichtete man schließlich auf das künstliche Hilfsmittel: der Spitzentanz war geboren. Didelots »Zéphyr et Flore« war übrigens auch die erste Choreographie, in der die Ballerina von ihrem Partner hochgehoben wurde.

Tanzschrift
Die erste Tanzschrift »erfand« der Choreograph Ludwigs XIV. und Leiter der »Académie Royale«, Charles Louis Beauchamps. Er gilt auch als der »Erfinder« der fünf Positionen der Füße als Grundlage der Ballettechnik. 1699 wurde die lineare Aufzeichnung von Choreographien zum erstenmal in Buchform veröffentlicht, und zwar von Raoul Auger Le Feuillet in seinem Werk »Chorégraphie«. Das Buch gibt Aufschluß über den Tanz der damaligen Zeit.
Vor der linearen Aufzeichnung, die bis zum heutigen Tag richtungweisend geblieben ist, gab es noch andere Versuche zum Aufzeichnen von Choreographien. Erhalten ist ein handgeschriebenes Tanzheft der Margarete von Österreich aus dem 15. Jahrhundert, in dem mit Hilfe von Buchstaben der Ablauf eines Tanzes festgehalten wurde. Die erste Tanzwegzeichnung befindet sich im »Ballerino« von Mario Fabrizio Caroso, erschienen 1605.

Ballon

Der erste Heißluftballon, eine Erfindung der Brüder Montgolfier, wurde am 4. Juni 1783 auf dem Marktplatz von Annonay, Frankreich, vom Stapel gelassen. Er stieg 1 800 Meter hoch in die Luft. Der Ballon bestand aus einem papierumhüllten Leinensack, der über einem riesigen Feuer mit Heißluft gefüllt wurde und zuletzt einen solchen Höhentrieb entwickelt hatte, daß ein Dutzend Männer ihn halten mußten.
Der Erfinder des Heißluftballons war Joseph Michel Montgolfier. Im Herbst 1781 machte er die Beobachtung, daß Papier- und Seidenreste, die er in den Kamin warf, von der Hitze hochgetrieben wurden. Zuerst glaubte er, ein neues Gas entdeckt zu haben. Er reiste zu seinem Bruder Jacque-Étienne nach Annonay, und die beiden begannen sofort mit Versuchen. Erst im Sommer 1783 entschlossen sie sich zu der obengenannten Vorführung vor Zuschauern. Die Montgolfiers nannten ihre Ballons, die von einem Netz von Schnüren umwunden und mit Starthalteleinen versehen waren, »aerostatische Maschinen«.

Ballonflug mit Tieren
Der erste Ballonflug mit Tieren an Bord fand am 19. September 1783 im Beisein König Ludwigs XVI. und des Hofes in Versailles statt. Um die Ungefährlichkeit des Fliegens zu beweisen, hatten die Brüder Montgolfier unter der Hülle des Ballons einen »Passagierraum« befestigt. Die ersten Fluggäste der Luftfahrtgeschichte waren ein Schaf, ein Hahn und eine Ente. Der Ballon landete nach 8 Minuten Fahrt und 4 km Strecke in einem Wäldchen. Die Tiere hatten das Abenteuer gut überstanden, bis auf den Hahn, dem ein Flügel gebrochen war.

Bemannter Ballonflug
Der erste bemannte Ballonflug fand am 21. November 1783 in Paris statt. Ursprünglich sollten zwei zum Tode verurteilte Schwerverbrecher im Ballon mitfliegen, die im Falle, daß sie den Flug überlebten, begnadigt werden sollten, doch dann meldeten sich drei junge Adlige freiwillig für dieses Experiment. Der Ballon war 22 m hoch (der größte, den die Brüder Montgolfier bisher gebaut hatten) und trug eine Gondel für die Mannschaft, mit einer Art Rundgang, in dem das Brennmaterial gelagert war. Denn es war das erste Mal, daß ein Ballon nicht nur mit Heißluft gefüllt, sondern auch ständig durch neue Antriebsenergie gespeist werden sollte. Als Brenner hing ein mit glühenden Kohlen gefülltes Becken genau unter der Ballonöffnung: Steigen und Sinken waren dadurch steuerbar geworden. Der erste Start mißglückte, doch dann flog der Ballon in 800 bis 1 000 Meter Höhe über die Seine, überquerte

Paris und landete sicher am Stadtrand. Die Flugdauer betrug 25 Minuten.
Der erste Flug mit einem lenkbaren Ballon gelang dem Franzosen Blanchard am 17. Januar 1785.

Ballonflug über den Ärmelkanal
Die erste Ärmelkanalüberquerung mit einem Ballon gelang im Januar 1785. Die beiden Piloten waren der Franzose Jean-Pierre François und der mexikanische Arzt Dr. Jeffries. Der Ballon startete von Dover aus. Die Annahme, daß die vom Atlantik zum Festland strömenden Winde den Ballon lenken würden, war zwar richtig, doch durch Wasserstoffabgabe büßte der Ballon seine Manövrierfähigkeit ein, so daß alle an Bord befindlichen Meßgeräte wie Luftruder, handbetriebene Luftschraube, Ballastsäcke, Nahrungsmittel und Kleidungsstücke abgeworfen werden mußten. Erst knapp vor der französischen Küste gewann der Ballon langsam wieder an Höhe. Etwa 12 Meilen östlich von Calais konnten dann die Ventile geöffnet und der Ballon zum Landen gebracht werden.

Balloncorps
Das erste »aerostatische Corps« wurde im Jahr 1794 in Meudon, Frankreich, gegründet und noch im gleichen Jahr in den Kämpfen gegen Österreich eingesetzt. Ein solcher Aufklärungsballon, den die Österreicher am 3. September 1796 »eroberten«, ist heute im Wiener Heeresgeschichtlichen Museum zu sehen.
Den ersten Aufstieg eines Ballons zu wissenschaftlichen Zwecken unternahm der Berliner Professor Wilhelm Jungius, der 1805 mit meteorologischen Instrumenten aufstieg und durch die aufgezeichneten Meßwerte mit reichhaltigem Forschungsmaterial wieder landete.

Luftschiff
Das erste mit einem Benzinmotor angetriebene Luftschiff wurde 1898 von dem Brasilianer Santos-Dumont konstruiert. Er montierte von einem seiner Autos den Benzinmotor ab und »spannte« ihn vor seine Luftschiffe. Daß er nach langer und zäher Arbeit damit Erfolg hatte, beweist seine Umkreisung des Eiffelturms.
Das erste starre, lenkbare Luftschiff, eine Erfindung des Württembergischen Kavalleriegenerals a. D. Ferdinand Graf von Zeppelin, startete am 2. Juli 1900 in Marzell am Bodensee.

Ballonfliegende Frau
Die erste ballonfliegende Frau war Madame Thible, die in Paris am 4. Juni 1784 in einer Montgolfière aufstieg und über den Köpfen der Menge eine Arie sang.

Banknoten

Die ersten europäischen Banknoten wurden am 16. Juli 1661 von der »Stockholms Banco« ausgegeben. Exemplare aus diesem Jahr sind nicht erhalten, aber elf Scheine aus den Jahren 1662 und 1663; der älteste im Wert von 5 Talern ist vom 6. Dezember 1662 datiert. Die Idee zur Ausgabe von Papiergeld ging von Johan Palmstruck, dem Gründer der Bank, aus. Er wollte damit eine Panik der Bevölkerung abwehren, die wegen der Abwertung des Münzgeldes auszubrechen drohte. Die Einlösung dieser offensichtlich zu zahlreich herausgegebenen Scheine brachte die Bank später in Schwierigkeiten, so daß ihre Geschäfte 1668 von den schwedischen Reichsständen übernommen werden mußten.
Im Jahr 1694 gab die Bank of England auch schon Banknoten aus; das Stammkapital der Bank bestand aus 1,2 Millionen Pfund, welche die Gründer als Staatsanleihe gezeichnet hatten. Der Staat zahlte dafür 8% Zinsen. Die Bank of England war nach der 1668 gegründeten »Sveriges Riksbank« die zweite öffentliche Notenbank, und sie war die erste Notenbank auf Aktien. Als Gegenleistung für die Übernahme von Staatsanleihen im Spanischen Erbfolgekrieg erhielt die Bank of England im Jahr 1707 ein wichtiges Privileg: In England und in Wales durfte außer ihr keine Bank mit mehr als sechs Teilhabern Banknoten ausgeben.
Papierscheine als Zahlungsmittel sind uns aber bereits aus früheren Zeiten bekannt. Die ersten waren die im Jahr 1482 in der von den Mauren belagerten spanischen Festung Alhama handschriftlich gefertigten Notgeldscheine, die Don Inigo Lopez de Mendoza herausgeben ließ, um seine Truppen zu bezahlen.
Bei Belagerungen waren handgeschriebene Notgelder auch in späteren Zeiten üblich. 1807 wurden in Colberg (bei Coburg) Packpapierbogen mit Schreibpapier beklebt, in kleine viereckige Stücke geschnitten und von Schülern des Lyzeums mit bunter Tinte je nach Wert beschrieben. Diese Zettel wurden dann von Mitgliedern des Magistrats und der Bürgerschaft unterzeichnet und auf der Rückseite mit dem Gouvernementssiegel beglaubigt.
Mit Papiergeld oder »Münzzetteln« versuchte man im 17. und 18. Jahrhundert die staatlichen Finanzen aufzubessern. Im Jahr 1690 gab der amerikanische Staat Massachusetts sogenannte »bills of credit« heraus, wenig später folgten weitere sechs amerikanische Staaten diesem Beispiel. Das Resultat war eine so starke Entwertung, daß niemand mehr Papiergeld annehmen wollte. Im Jahr 1701 wurden in Frankreich für

abgelieferte Münzen Quittungen ausgestellt, die sogenannten »Münzzettel«, die zum Umlaufmittel erklärt wurden – wobei die abgelieferten Münzen überprägt und dann mit erhöhtem Kurs wiederausgegeben wurden.
Etwa zur gleichen Zeit wurde in Köln von Kurfürst Johann Wilhelm die »Banco di giro d'affrancatione« errichtet und in Österreich die »Banco del giro«, die im Siebenjährigen Krieg »Bankozettel« als Zahlungsmittel in Umlauf setzte. Auch diesmal führte die zu große Zahl der Noten zur Inflation, so daß nur eine Umtauschaktion im Jahre 1811 den Staatsbankrott verhindern konnte.
Diese Umstände führten dazu, daß die Bevölkerung zum Papiergeld kein Vertrauen fassen konnte. Erst seit 1848 hat sich in Deutschland und in Österreich Papiergeld allgemein durchgesetzt. In einer zeitgenössischen anonymen Denkschrift aus Bayern heißt es:

»Gott schütze unseren König und sein Königliches Haus! Er erhalte uns die sparsamen Gold- und Silberstücke, welche uns der Krieg und die Teuerungsjahre übriggelassen haben! Er verderbe in unserem von der Papierpest noch freien glücklichen Lande alle Samen, aus dem dieses tausendfältig wuchernde Unkraut kommt! Damit nicht unter ihm die edle Frucht ersticke, aus der allein gesunde, stärkende Nahrung fließt!«

Nach 1848 gab jeder deutsche Kleinstaat und fast jede Privatbank eigene Banknoten heraus. Am 1. Januar 1872 trat das Banknotensperrgesetz in Kraft, und von den 33 Notenbanken, die im Jahr 1873 in Deutschland existierten, verzichteten 27 auf das Recht der Notenausgabe. Übrig blieben vor dem Ersten Weltkrieg die Reichsbank (ursprünglich Preußische Bank, die seit 1876 ihren Namen in Reichsbank änderte), die Badische Bank, die Bayerische Notenbank, die Sächsische Bank und die Württembergische Notenbank.

Barometer

Das erste Barometer wurde von Evangelista Torricelli aus Florenz konstruiert und erstmals in zwei Briefen an Michelangelo Ricci, datiert vom 11. und 28. Juli 1644, erwähnt. Im ersten der beiden Briefe schrieb er:

»Ich habe Dir schon angedeutet, daß eine Art philosophisches Experiment auf dem Gebiet des Vakuums angestellt worden ist. Ziel ist, nicht nur ein Vakuum herzustellen, sondern ein Instrument zu konstruieren, das die Veränderungen der Luft anzeigt, die einmal schwerer und rauher, dann wieder leichter und zarter sein kann.«

Es gibt keinen Beweis dafür, daß dieses Experiment im vorangegangenen Jahr stattgefunden hat, das im allgemeinen als das Erfindungsjahr des Barometers gilt. Die Briefe lassen vielmehr darauf schließen, daß die Versuche erst kurz zuvor abgeschlossen worden waren.
Das erste Barometer mit einer Skala zum Ablesen des Luftdruckes wurde von dem französischen Wissenschaftler René Descartes ersonnen. Descartes schrieb am 13. Dezember 1647 an seinen Freund Marin Mersenne:

»Ich schicke Dir eine 75 cm lange Skala aus Papier, die in Linien unterteilt ist. Ich selbst habe mir eine gleiche behalten, so daß wir feststellen können, ob unsere Beobachtungen übereinstimmen.«

Durch die Einführung einer Gradeinteilung machte Descartes den im Versuchsstadium steckengebliebenen Apparat von Torricelli zu einem brauchbaren meteorologischen Instrument.

Baugenossenschaft

Die erste Baugenossenschaft wurde in einer Anzeige erwähnt, die am 13. Juli 1778 in der »Aris's Birmingham Gazette« erschien und den Interessenten mitteilte, daß sie bei einer Versteigerung drei Anteile an einem Bauprojekt erwerben können:

»Bei einer Versteigerung im Gasthaus Golden Cross, Snow Hill, werden drei Anteile oder Teile einer Baugenossenschaft verkauft, und zwar am Donnerstag, dem 22. dieses Monats Juli, zwischen sieben und neun Uhr abends. Fragen Sie wegen Einzelheiten in besagtem Golden Cross.«

Am 26. Oktober 1778 und am 29. März 1779 erschienen zwei weitere Anzeigen dieser Gesellschaft. Aus der letzten geht hervor, daß ein gewisser Richard Ketley, Besitzer des Golden Cross, Eigentümer der Gesellschaft war. Ketleys Genossenschaft hat wahrscheinlich drei bis fünf Jahre bestanden. Man nimmt an, daß diese Gesellschaft im Jahr 1775 gegründet wurde, was demnach als Geburtsjahr der Baugenossenschaft gelten kann.
Anfangs gab es Baugesellschaften nur in Nordengland und in den Midlands. Man schätzt, daß gegen Ende des 19. Jahrhunderts etwa 50 Gesellschaften bestanden, keine einzige davon im Bereich von London.
Die ersten Gebäude, die mit Sicherheit durch eine Baugenossenschaft finanziert wurden, waren 20 Häuser in der Club Low, Longridge, Lancashire, die zwischen 1793 und 1804 in Viererblocks für die Mitglieder der »Longridge Building Society« gebaut wurden. Der Durchschnittspreis pro Haus betrug 97 Pfund 8 Shilling und 6 Pence. Da jedoch die Zinsen für das von der Genossenschaft investierte Kapital in Abzug gebracht wurden, mußte

jedes Mitglied schließlich nur 75 Pfund 3 Shilling bezahlen.
Wie alle frühen gemeinnützigen Baugesellschaften war auch die von Longridge eine auf Zeit gegründete Gesellschaft, das heißt, sie wurde nur zu dem Zweck ins Leben gerufen, jedem Mitglied (die Anzahl war festgesetzt) ein Haus zu bauen. Die Reihenfolge, in der die Häuser bei Fertigstellung zugeteilt wurden, ermittelte man durch das Los. Wenn alle Mitglieder ihr Dach über dem Kopf hatten und alle Verbindlichkeiten beglichen waren, lösten sich diese Gesellschaften wieder auf.
Die Mitglieder der Longridge-Gesellschaft, wie die anderer Baugesellschaften, setzten sich aus ehrsamen Handwerkern und kleinen Beamten zusammen. Sie bezahlten die nicht unbeträchtliche Summe von 2 Shilling und 6 Pence pro Woche, um ihren Traum vom eigenen Häuschen zu verwirklichen.
Die Tätigkeit der ersten Baugesellschaften beschränkte sich auf die Errichtung von neuen Häusern; Immobilien wurden nicht gekauft. Solange diese Baugesellschaften nur für einen bestimmten Zeitraum bestanden, konnten sie lediglich die Interessen von einigen wenigen Mitgliedern vertreten. Erst 1846 entwickelte Arthur Strachey, damals Geschäftsführer einer Lebensversicherungsanstalt, der Western Life Assurance and Annuity Society, einen realisierbaren Plan zur Errichtung dauernder Baugenossenschaften, den er im folgenden Jahr unter dem Titel »Treatise on Benefit Building Societies« der Öffentlichkeit vorlegte.
Die Feststellung der ersten kontinuierlichen Baugenossenschaft ist deshalb nicht möglich, weil eine Reihe von bereits bestehenden »Gesellschaften auf Zeit« sich ab 1848 nach Stracheys Vorschlägen in permanente Unternehmen umwandelten. Die Neuerung führte zu einer gewaltigen Expansion der Baugenossenschaften, etwa 2 000 neue Gesellschaften wurden in den nächsten zehn Jahren gegründet.
In Deutschland enstanden um 1860 auf Grund der Ideen und der Initiative von H. Schulze-Delitsch die ersten Baugenossenschaften. Der eigentliche Aufschwung setzte aber erst nach 1889 ein, nachdem für die Genossenschaften die beschränkte Haftpflicht gesetzlich eingeführt und damit das Risiko für die Mitglieder herabgesetzt worden war. Anfangs auf den Bau von Einzelhäusern ausgerichtet, die in das Eigentum der Mitglieder übergingen, stellten die deutschen Baugenossenschaften dann größere Mietswohnhäuser her. Die Zahl der Baugenossenschaften wuchs von 38 im Jahr 1889 auf 1 388 im Jahr 1919.

Bedürfnisanstalt

Die erste Bedürfnisanstalt wurde am 2. Februar 1852 in London in der Fleet Street 95 für Männer und am 11. Februar 1852 in der Bedford Street 51 für Frauen eröffnet. Die Initiatoren dieser von der »Society of Arts« gebauten öffentlichen Einrichtungen waren Sir Samuel Morton Peto, ein Bauunternehmer, der für den Bau der Nelson-Säule am Trafalgar Square verantwortlich war, und Sir Henry Cole, Schöpfer der Weihnachtskarte und einer der Hauptinitiatoren der 1851 stattgefundenen Weltausstellung im Crystal Palace. Dort hatte man erstmals Waschräume installiert, die so viel Anklang fanden, daß der Bau weiterer Anlagen in den Hauptverkehrsstraßen von London beschlossen wurde. Peto und Cole argumentierten, daß nicht nur ein dringendes öffentliches Bedürfnis nach derartigen Einrichtungen bestünde, sondern daß sie auch Gewinn einbrächten; die Toiletten im Crystal Palace hatten in nur 23 Wochen einen Reinertrag von 1 790 Pfund abgeworfen.
Die Vorkehrungen, die für Ausstattung und Betrieb der »Öffentlichen Warteräume«, wie die Society of Arts sie euphemistisch betitelte, getroffen wurden, waren bewunderungswürdig. Sir Peto persönlich überwachte die Installation der Toilettenanlagen in den mit poliertem Holz verkleideten Kabinen. Jede Anlage verfügte über einen Oberaufseher und zwei Wärter.
Der Preis, der für diese Annehmlichkeiten bezahlt werden mußte, nämlich 2 Pence für die Toilettenbenützung und weitere 2 oder 3 Pence für Händewaschen, Kleiderbürsten usw., weist darauf hin, daß die Neuerung vor allem den Angehörigen der Mittelklasse zugute kommen sollte. Leider zeigte es sich, daß die Manieren des Bürgertums einiges zu wünschen übrigließen, denn die Gesellschaft mußte die Polizei ersuchen, regelmäßig Kontrollgänge zu den Bedürfnisanstalten zu unternehmen.
Die Society of Arts legte großen Wert auf Reklame. Für die beiden ersten Bedürfnisanstalten wurde einen ganzen Monat hindurch dreimal wöchentlich in der »Times« mit Anzeigen geworben, nicht weniger als 50 000 Handzettel wurden verteilt, auf denen der Zweck der Bedürfnisanstalten erläutert wurde. Unglücklicherweise reagierte die Öffentlichkeit nicht im geringsten auf diese Werbemaßnahmen. Nur 58 Herren benützten im Februar 1852 die Anlage in der Fleet Street, bei den Damen in der Bedford Street sah es noch schlimmer aus: 24 Besucherinnen in der Zeit vom 11. Februar bis zum Ende des

Monats. Enttäuscht zog die Society of Arts die Konsequenzen und brach das Experiment ab.
Im Jahr 1855 griff William Haywood, ein Ingenieur der Londoner Stadtbehörde, die Idee wieder auf und ließ die erste gemeindeeigene Bedürfnisanstalt, gleichzeitig auch die erste Toilette an einer U-Bahn-Station, errichten. Ausgeführt wurde die Anlage von der Firma Jennings aus Brighton (die später durch die Einführung des Wasserklosetts mit Sockelsitz und Brillendeckel bekannt wurde). Die von Haywood eröffneten Anlagen waren die ersten, deren Benützungsgebühr 1 Penny betrug; diese Gebühr blieb für fast alle öffentlichen Toiletten bis zur Einführung des Dezimalsystems im Jahr 1971 gleich – vermutlich ein Rekord der Preisstabilität.
Vor diesen im 19. Jahrhundert aufgekommenen sanitären Verbesserungen hatte die Bevölkerung die Wahl gehabt, sich entweder nicht zu weit von zu Hause zu entfernen oder Zuflucht bei einem gewöhnlichen Abtritt zu suchen. Der letztgenannte Notbehelf war unter Umständen lebensgefährlich: ein gewisser John de Abydon wurde im Jahr 1291 in London Wall, Cripplegate Ward, von Wegelagerern überfallen und ermordet, als er einen solchen Abtritt verließ. Ein Abtritt wurde im 14. Jahrhundert auf der London Bridge direkt über der Themse errichtet. Die Verstrebungen wurden mit der Zeit so morsch, daß die ganze Konstruktion samt einem darin befindlichen Menschen eines Tages in den Fluß stürzte.
Eine besonders originelle Lösung der Probleme bedürfnisgeplagter Menschen ist aus dem Wien des 18. Jahrhunderts überliefert: Durch belebte Straßen, wie zum Beispiel im Prater, zogen vereinzelt Männer oder Frauen mit einer zugedeckten hölzernen Butte auf dem Rücken (oder mit einem Schubkarren) und riefen: »Wer will, wer mag um an Kreuzer in mei Buttn!«

Benzinpumpe

Die erste Benzinpumpe wurde von Sylvanus F. Bowser aus Fort Wayne, Indiana, USA, hergestellt und am 5. September 1885 dem ortsansässigen Ladenbesitzer Jake Gumper geliefert. Fast auf den Tag genau zur selben Zeit stellte Carl Benz seine ersten Versuche an, aus einem Verbrennungsmotor und einem Fahrgestell ein Automobil zu machen.
Trotzdem hatten die beiden denkwürdigen Ereignisse – zunächst – nicht das geringste miteinander zu schaffen. Jake Gumpers Problem, mit dessen Lösung er Bowser beauftragte, hatte vielmehr mit Kerosin und Butter zu tun. Das Faß mit dem Lampenöl in seinem Laden stand neben dem Butterfaß und hatte ein Leck. Die Folge davon war, daß sich die anspruchsvolleren Kunden über den Paraffingeschmack der Butter beschwerten. Die einfachste Lösung wäre wohl gewesen, eines der Fässer in eine andere Ecke des Ladens zu stellen; zum Glück für die Nachwelt scheinen weder Gumper noch Bowser auf diesen naheliegenden Gedanken gekommen zu sein. Statt dessen begab sich Bowser in einer nahe liegenden Scheune ans Werk und zerbrach sich den Kopf, wie man aus einem Faß problemlos Lampenöl abzapfen könnte. Das Ergebnis war ein runder Behälter mit einem innen angelöteten Zylinder und mit einer Abflußleitung oben. Im Inneren des Zylinders befand sich ein Kolben, der zwei Ventile aus Marmor und hölzerne Plunger regulierte. Wurde außen der hölzerne Griff hinaufgedrückt, flossen 4,5 l Öl in den Zylinder; wurde er gesenkt, floß das Öl über die Abflußleitung hinaus.
Obwohl Bowser bald ein blühendes Unternehmen besaß, das seine Erfindung in großer Stückzahl herstellte, dauerte es noch etwa 20 Jahre, bis Benzinpumpe und Automobil zueinanderfanden.
Erst 1905 wurde die erste speziell für Motorbrennstoff konstruierte Meßpumpe von der S. F. Bowser & Co. Inc. in Fort Wayne angefertigt.
Zwei weitere bedeutende Entwicklungen der Firma waren eine Benzinpumpe, die die abgegebene Benzinmenge mit Hilfe einer Zähluhr anzeigte (1925), sowie eine Pumpe, die automatisch den Preis anzeigte und am 1. November 1932 auf den Markt gebracht wurde.

Besserungsanstalt

Die erste Besserungsanstalt wurde von Jean Baptiste de la Salle im Jahr 1706 als Ergänzung zu seinem Internat in Saint-Yon bei Rouen eingerichtet. Die Anregung dazu kam von Pierre Camus, dem Parlamentsvorsitzenden der Normandie.
Ursprünglich gab es zwei Arten von Insassen: Kinder, die von ihren Eltern dort abgeliefert, und junge Übeltäter, die entweder durch die Entscheidung des Parlaments oder eines Gerichtes eingewiesen wurden. Die erste Gruppe lebte in Gemeinschaft und nahm ihre Mahlzeiten gemeinsam mit den Internatszöglingen im Speisesaal ein, während die zweite Gruppe zumindest anfangs in strenger Abgeschiedenheit gehalten wurde; es gab allerdings einige Vergünstigungen in den Zellen, wie das Halten von Vögeln und Topfpflanzen. Nachdem eine Besserung

ihres allgemeinen Betragens verzeichnet werden konnte, durften sich die Delinquenten zu den anderen Kindern gesellen.
In dieser eigentlich »privaten« Besserungsanstallt de la Salles wurde für die Insassen auch Vorsorge für eine berufliche Ausbildung getroffen.
Die erste Besserungsanstalt, die zur Gänze mit öffentlichen Mitteln unterhalten wurde, war das »Boston House of Reformation«, das 1826 vom Stadtrat von Boston gegründet wurde. Das Bemerkenswerte an der Anstalt war, daß körperliche Züchtigungen verboten waren. Charles Dickens stellte in seinen »American Notes« (1842) einen interessanten Vergleich zwischen der »Boylston School for Neglected Boys« (Schule für verwahrloste Jungen) und dem House of Reformation an, die unter demselben Dach untergebracht waren. An den Boylston-Knaben, schrieb er, sei ihr gesundes Ausssehen und ihr schnelles Beantworten von Fragen bemerkenswert.
Über das House of Reformation sagte er:

»Die jugendlichen Missetäter hatten meist keinen so ansprechenden Gesichtsausdruck, und in dieser Anstalt gab es viele farbige Jungen. Zunächst sah ich sie bei ihrer Arbeit (Korbflechten und Herstellung von Hüten aus Palmblättern), später in ihrer Schulklasse, wo sie im Chor ein Loblied auf die Freiheit sangen: ein seltsames und man würde denken eher auch schwieriges Thema für Häftlinge.
Die Knaben sind in vier Gruppen eingeteilt, jeder ist durch eine Nummer gekennzeichnet, die er auf einem Abzeichen am Arm trägt . . . Absicht und Ziel dieser Institution ist es, die jugendlichen Kriminellen durch feste, aber freundliche und gerechte Behandlung zu bekehren, diesen Ort zu einer Stätte der Läuterung und Besserung, nicht der Demoralisierung und Korruption zu machen.«

Bidet

Die erste Nachricht über das Bidet stammt aus Paris: Die gefeierte Pariser Schönheit Madame die Prie empfing im Jahr 1710, auf einem Bidet thronend, den Marquis d'Argenson. Der Marquis war, wie es scheint, von ihrem Mangel an falscher Scham entzückt und fühlte sich geschmeichelt, daß er als so intimer Freund erachtet wurde.
Bidets wurden in Paris um 1739 zum Verkauf angeboten; ein Händler allerdings war sich über den Zweck seiner Ware im unklaren und bot sie als »Geigenbehälter aus Porzellan mit vier Füßen« an.

Bikini

Der erste Bikini wurde von dem französischen Modeschöpfer Louis Reard entworfen. Die Tänzerin Micheline Bernardi führte ihn auf einer Modenschau am 5. Juli 1946 in Paris vor, vier Tage nachdem die Amerikaner eine Atombombe auf dem Bikiniatoll im Pazifischen Ozean gezündet hatten. Den Namen Bikini hatte sein Erfinder gewählt, um die Bedeutung des Allerneuesten zu symbolisieren.
Das Material des ersten Bikinis war Baumwolle, bedruckt mit einem Zeitungsmuster. Fotos von Micheline Bernardi in der neuen Kreation gingen um die ganze Welt; 50 000 Verehrerbriefe trafen in der folgenden Zeit bei ihr ein.

Blindenschrift

Der erste Blinde, der mit Hilfe von erhabenen Lettern lesen und schreiben lernte, war Melanie de Salignac, die 1743 im Alter von zwei Jahren erblindete, weil ihr die Mutter »Taubenblut in die Augen träufelte, um sie vor den Pocken zu schützen«. Im Jahresregister von 1762 wird berichtet:

»Wenn man ihr schreibt, wird keine Tinte benützt, sondern die Buchstaben werden auf das Papier geritzt, und mit ihrem ausgeprägten Tastsinn liest sie jedes Wort mit ihren Fingerspitzen.«

Der erste Hinweis auf ein mit erhabenen Lettern gedrucktes Buch findet sich bei Diderot, der über Mlle. de Salignac schreibt: »Sie konnte ein Buch lesen, das nur auf einer Seite bedruckt war; Priault druckte solche für ihren Gebrauch.«
Das erste in erhabenen Lettern veröffentlichte Buch war »Essai sur l'Éducation des Aveugles« (Abhandlung über die Erziehung von Blinden) von Valentin Haüy, gedruckt im Jahr 1786 von den Schülern des Pariser Instituts für blinde Jugendliche unter der Aufsicht des königlichen Druckers Clousier. Der Schlossermeister Beaucher hatte zu diesem Zweck eine eigene Druckerpresse angefertigt. Das Buch konnte sowohl von blinden als auch von sehenden Schülern gelesen werden, da die gaufrierten Kursivlettern schwarz überdruckt waren. Haüys Ziel war, die begabteren seiner blinden Schüler zu Lehrern von sehenden Kindern auszublilden, wobei beide die gleichen Bücher benützen sollten.
Das Buch stand im Blindeninstitut in der Rue Notres-Dames-des-Victoires zum regulären Verkauf.
Die erste komplette Bibelausgabe in Blindenschrift wurde von John Alston vom Blindenasyl in Glasgow zwischen 1838 und Dezember 1840 in 19 Bänden herausgegeben. Die Gesamtauflage betrug 200 bis 250 Stück, das Alte Testament in 15 Bänden kostete 7 Pfund, das Neue Testament in vier Bänden 2 Pfund. Obwohl der Großteil von Alstons weiteren Publikationen

religiöser Natur war, veröffentlichte er von 1840 bis zu seinem Tod, 1846, auch einige Bücher mit Lyrik, Fabeln und wissenschaftlichen Themen.
Der erste Roman in Blindenschrift war »The Old Curiosity Shop«, von Charles Dickens, im Jahr 1869 vom Perkins-Blindeninstitut in Boston in drei Bänden herausgegeben. Dickens selbst überwies eine Spende von 17 000 Pfund für die Kosten des Projekts.
Das erste System des Fingerlesens von erhabenen Punkten führte Charles Barbier ein. Es war ursprünglich für militärische Zwecke gedacht, damit Befehle und Nachrichten im Dunkeln entziffert werden konnten, daher der Name »Nachtschreiben«. Das königliche französische Blindeninstitut übernahm das System im Jahr 1821, das Lesen gestaltete sich jedoch schwierig und langsam, da Buchstaben mitunter aus zwölf Punkten bestanden.
Einer der Schüler, der in Barbiers System unterrichtet wurde, war der zwölfjährige Louis Braille aus dem 40 km östlich von Paris gelegenen Dorf Coupvrai. Der Junge war im Alter von drei Jahren beim Spielen mit einem Messer in der väterlichen Sattlerwerkstätte verunglückt und verlor sein Augenlicht. Sein Vater hatte ihm mit Hilfe von Polsternägeln, die er in Buchstabenform in ein Brett nagelte, das Alphabet beigebracht, so daß der kleine Louis mit dem Prinzip der erhabenen Punkte vertraut war. Er ging daran, Barbiers System zu vereinfachen, und hatte etwa im Oktober 1824 sein eigenes System vollendet, mit dessen Hilfe alle Buchstaben des Alphabets, aber auch Akzente, Satzzeichen, Musiknoten und mathematische Zeichen in einer Kombination von Punkten und Strichen dargestellt werden konnten. Die Ausgangskombination bestand aus zwei senkrechten Reihen von je drei Punkten und drei waagrechten Strichen.
Später wurde das System dahingehend modifiziert, daß nur noch sechs Punkte die Basis bildeten, die Striche wurden eliminiert.
Der Direktor des französischen Blindeninstituts, Dr. Pignier, war von Brailles System begeistert und stimmte der Umarbeitung der Barbierschen Schriftrahmen zu, so daß die Rahmen für das neue System benutzt werden konnten. Im Jahr 1828 wurde Braille in die Lehrerschaft des Instituts aufgenommen und setzte seine Entwicklungsarbeit fort, bis ein ihm schlecht gesinnter Direktor namens Dufau der Zusammenarbeit ein Ende setzte und Brailles System im Jahr 1840 aus den Klassenzimmern verbannte. Erst im Jahr 1844 wurde es offiziell anerkannt. Braille selbst starb im Jahr 1852 im Alter von 43 Jahren.
Das erste in Brailleschrift bossierte Buch war eine Grammatikfibel, die im Jahr 1827 teilweise in die Blindenschrift übertragen wurde. Das erste nicht direkt für den Blindenunterricht bestimmte Werk in Brailleschrift war eine kurze »Geschichte Frankreichs« in drei Bänden, die 1837 vom französischen Blindeninstitut herausgegeben wurde.
Die erste öffentliche Bibliothek, die eine Abteilung mit Büchern für Blinde einrichtete, war die Blibliothek in Boston im Jahr 1868.

Blitzableiter

Der erste Blitzableiter wurde im September 1752 von Benjamin Franklin an seinem Haus in Philadelphia angebracht. Das obere Ende des Eisenstabes, der eine Stahlspitze hatte, ragte etwa 2 m über das Dach, das untere Ende aber war 1,5 m tief in die Erde gegraben.
Knapp eineinhalb Jahre früher war Franklin erstmals mit seiner Theorie, der Blitz sei ein elektrisches Phänomen, an die Öffentlichkeit getreten. Der französische Amateurwissenschaftler M. Dalibard erprobte die Erkenntnisse Franklins: er installierte auf seinem Landbesitz in Marly-à-Ville bei Paris versuchsweise einen Blitzableiter. Am 10. Mai 1752 schlug der Blitz in die 24 m hohe Eisenrute ein, wobei die beobachteten Phänomene die Hypothese Franklins voll und ganz bestätigten. Noch ehe Franklin über dieses erfolgreiche Experiment Kenntnis erhielt, bewies er selbst am 4. Juli 1752 die Richtigkeit seiner Theorie, und zwar mittels eines Drachens, den er während eines Gewitters fliegen ließ: an dem Drachen war ein Metallschlüssel befestigt, der den Blitz anzog.
Nachdem Franklin an seinem eigenen Haus einen Blitzschutz montiert hatte, wurden auf seine Veranlassung noch im September 1752 am State House und an der Akademie von Philadelphia Blitzableiter angebracht.
Dies waren die ersten öffentlichen Gebäude der Welt, die mit Blitzschutz versehen wurden.
Franklin machte keine Anstalten, seine Erfindung patentieren zu lassen, sondern er bot sie bereitwillig der Öffentlichkeit an, indem er sie im November desselben Jahres in seinem »Poor Richard's Almanach« mit allen Details veröffentlichte. Die Neuerung verbreitete sich rasch über die amerikanischen Kolonien, mit Ausnahme von Teilen Neuenglands, deren Einwohner sie als dem Willen Gottes zuwiderlaufend ablehnten.
Einige Jahre vor Franklin erfand Procopius Divisch, Pfarrer im mährischen Brenditz, einen Schutz gegen Blitzschlag. Im Jahr 1754 stellte er dann eine Saugvorrichtung her: durch die anziehende Wirkung vieler Metallspitzen sollte ein Ausgleich der Luftelektrizität hergestellt werden.
Der Franklinsche Blitzableiter erwies

sich aber als die zukunftsweisende Erfindung. In Europa verzögerte sich seine Einführung durch den berühmten französischen Wissenschaftler Abbé Noller, der zunächst rundweg in Abrede stellte, daß es einen Mann namens Franklin überhaupt gab. Als ihm die Existenz des verdienten Amerikaners bewiesen wurde, behauptete er, die Blitzableiter würden den Blitz aus den Wolken saugen und die Gebäude zerstören, die sie schützen sollten. Durch Nollers Vorurteile wurde erst im Jahr 1769 der erste Blitzableiter an einem öffentlichen Gebäude angebracht, und zwar am Turm der Jakobikirche in Hamburg.

Bluttransfusion

Die erste Bluttransfusion in der Humanmedizin wurde am 12. Juni 1667 von Prosper S. Denis durchgeführt. Er war Professor für Philosophie und Mathematik an der Universität von Montpellier und Leibarzt von Ludwig XIV. Der Patient war ein 15jähriger Knabe, der an schweren Fieberanfällen litt und bereits zwanzigmal zur Ader gelassen worden war, »um die übermäßige Hitze zu mildern«. Um diesen Blutverlust auszugleichen, verabreichte ihm Denis $\frac{1}{4}$ l Blut aus der Halsschlagader eines Lammes. Wie der Professor berichtete, reagierte der Patient auf dieses außerordentlich gefährliche Experiment durchaus positiv, seine Miene begann sich aufzuklären, und er lächelte sogar. Seine Genesung machte gute Fortschritte.
Anderen Kranken dagegen brachte die neue Therapie keine Besserung, und als einer der Patienten nach einer Tierbluttransfusion sogar starb, wurde die Behandlungsmethode in Frankreich verboten und geriet auch in anderen Ländern in Verruf.
Die erste Übertragung von menschlichem Blut wurde im September 1818 von dem 28jährigen Dr. James Blundell vom Guy's Hospital in London durchgeführt. Blundell benutzte eine von ihm erfundene Spritze, um ca. $\frac{1}{2}$ l Blut von verschiedenen Spendern zu injizieren. Aber der Patient lag bereits im Sterben und konnte nicht mehr gerettet werden.
Das erste überlieferte Beispiel dafür, daß ein Patient durch eine Bluttransfusion gerettet wurde, wird aus dem Jahr 1825, und zwar aus London, berichtet. Dr. Doubleday übertrug etwas mehr als $\frac{1}{2}$ l Blut an eine Frau, die an einer inneren Blutung litt. Nachdem sie noch nicht einmal $\frac{1}{4}$ l erhalten hatte, setzte sie sich im Bett auf und erklärte: »Ich fühle mich so stark wie ein Stier.«
Obwohl dieser Fall bewies, daß Bluttransfusionen erfolgreich sein konnten, gab es noch immer zwei Hauptschwierigkeiten zu bewältigen, bevor sie allgemein anerkannt wurden. Das Hauptproblem bestand in der Unverträglichkeit der einzelnen Blutgruppen untereinander und in der Gerinnung des Blutes.
Erst im Jahr 1901 entdeckte Karl Landsteiner in Wien die Existenz der Blutgruppen. Mehrere Jahre vergingen, bis man dieses Wissen in der Praxis verwerten konnte, nämlich das Blut des Spenders auf die jeweilige Blutgruppe des Empfängers abzustimmen.
Der norwegische Wissenschaftler Jansky erstellte schließlich im Jahr 1907 die erste brauchbare Blutgruppeneinteilung.
Im folgenden Jahr führte Dr. Reuben-Ottenberg in New York das heute selbstverständliche Verfahren ein, vor einer Übertragung den Blutgruppentest zu machen.
Die zweite große Schwierigkeit war die Koagulation des Blutes, ein Faktor, der vermutlich einigen der unglücklichen Versuchspersonen, denen tierisches Blut injiziert worden war, das Leben rettete, denn das fremde Blut gerann, bevor größere Mengen davon in den menschlichen Blutkreislauf gelangen konnten.
Die Lösung des leidlichen Problems gelang aber durch die Anwendung von Natriumzitrat. Diese chemische Substanz verhindert die Blutgerinnung, man kann mit ihrer Hilfe gebrauchsfertiges Blut in Flaschen abfüllen, so daß man in Notfällen nicht erst einen Spender suchen muß: Diese Methode wurde von dem belgischen Arzt A. Hustin entwickelt, der am 27. März 1914 im Krankenhaus von Saint-Jean in Brüssel die erste indirekte Blutübertragung vornahm. Allerdings konnte man den Blutvorrat mit Zitrat nicht länger als ein paar Stunden konservieren.

Blutkonserven
Dr. Oswald Robertson, ein amerikanischer Arzt im Dienst der kanadischen Armee an der Westfront, hatte im Jahr 1917 die Idee, Blut mit Glucose in Gefäßen aufzubewahren, ähnlich wie man Marmelade konserviert. Blut von Spendern der Gruppe 0 wurde hinter der Kampflinie gesammelt und in Kühlbehältern zur Verwundetensammelstelle des britischen Sanitätskorps in der Nähe von Doullens transportiert. Unter Dr. Robertsons Aufsicht wurde es dort in einem kühlen Bunker gelagert, bis es benötigt wurde. Den Blutkonserven mußte lediglich vor der Anwendung eine Salzlösung beigegeben werden.

Pränatale Bluttransfusion
Die erste pränatale Bluttransfusion wurde von Professor George Green am National Women's Hospital in Auckland, Neuseeland, am 20. September 1963 an Frau E. McLeod vorgenommen.

Blutbank
Die erste Blutbank wurde im Jahr 1931 von Sergei Yudin an dem Sklifosovsky-Institut, der allgemeinen Unfallklinik Moskaus, eingerichtet. Die Bezeichnung Blutbank hat Bernard Fantus geprägt, der das erste zentrale Blutdepot in den Vereinigten Staaten am Cook Country Hospital in Chikago aufbaute.

Blutspender
Die ersten freiwilligen Blutspender waren vier Mitglieder der Camberwell-Division des englischen Roten Kreuzes aus London, die im Jahr 1921 unter Dr. P. L. Oliver ihr Blut dem King's College Hospital spendeten.

Bowlerhut

Der erste Bowlerhut wurde im Jahr 1849 von den Londoner Filzhutmachern Thomas und William Bowler angefertigt. Sie arbeiteten auf Bestellung der Firma Lock & Co., die den Auftrag von ihrem Kunden William Coke aus Holkham, Norfolk, erhalten hatte. Coke wollte sich mit dieser Sonderanfertigung auf der Jagd vor niedrig hängenden Zweigen schützen.
Am 17. Dezember 1849 reiste Coke nach London, um den neuen Hut zu probieren. Bevor er den Hut in Empfang nahm, legte er ihn auf den Boden und trat kräftig darauf. Noch kein Kunde im Hause Lock hatte jemals so ein tollkühnes Experiment gewagt. Danach stülpte Coke den unbeschädigt gebliebenen Hut auf seinen Kopf und erkundigte sich nach dem Preis: er betrug 12 Shilling.
Zwar wurden diese Hüte bald nach ihren Herstellern »Bowler« genannt, die Firma Lock zieht jedoch bis heute die Bezeichnung »Coke« vor, zu Ehren ihres ersten Kunden, der einen solchen Hut getragen hatte.

Bridge

Das erste Bridge wurde vermutlich in der Türkei gespielt. Etwa 1885 stellte er englische Reisende John Collinson in Konstantinopel die Grundregeln des Spieles zusammen und veröffentlichte sie nach seiner Rückkehr nach London im Februar 1886 in einer Broschüre mit dem Titel »Biritch, or Russian Whist«.
Die russische Herkunft des Spieles, die Collinson annimmt, ist durch keine Quellen belegt, und das Wort »Biritch« gibt es in keiner Sprache. Der bekannte Bridgeexperte William Dalton vermutete, daß Bridge in England schon vor der Rückkehr Collinsons aus der Türkei gespielt worden sei. 1906 schrieb er zu diesem Thema:

»Ich bin im Besitz eines Briefes von einem griechischen Gentleman, der jetzt in London lebt. Er versichert mir darin, daß Bridge in ähnlicher Form wie heute regelmäßig von einer Gruppe von Griechen gespielt wurde, die sich in Manchester niedergelassen hatte, und zwar schon in den siebziger Jahren des vergangenen Jahrhunderts. Einer der Griechen war der Vater des Schreibers.«

Der griechische Gentleman wurde als ein gewisser Mr. Scaramanga identifiziert.
Bis 1894 war Bridge in England kaum verbreitet. Im Herbst dieses Jahres führte dann Lord Brougham, der Bridge in Kairo kennengelernt hatte, das Spiel im Portland Club ein. Im Juli 1895 wurden von einem Komitee des Turf Club und des Portland Club erstmals offizielle Spielregeln ausgegeben. Innerhalb weniger Monate hatte Bridge das traditionelle Kartenspiel in den Londoner Klubs, Whist, total verdrängt. Eine ähnliche Entwicklung bahnte sich in New York an, wo ein gewisser Henry Barbey im April 1892 das Spiel aus Paris importiert hatte.

Auction Bridge
Auction Bridge wurde nach landläufiger Meinung von drei angloindischen Zivilisten erfunden, die im Jahr 1902 auf einer Bergstation lebten, ohne vierten Mann für die übliche Besetzung. Der erste schriftliche Hinweis darauf stammt von einem gewissen Oswald Crawfurd, der kurz zuvor aus Indien heimgekehrt war und dessen Leserbrief die »Times« am 16. Januar 1903 veröffentlichte.
Im darauffolgenden Jahr gab John Doe in Allahabad, Indien, sein Buch »Auction Bridge« heraus, und 1906 anerkannte der Bath Club in England die neue Version des Spieles, dessen Regeln nun auch für vier Teilnehmer festgesetzt wurden.

Kontraktbridge
Kontraktbridge wurde erstmals unter der Bezeichnung »Saac« gespielt; der Name entstand aus den Initialen der vier Männer, die diese Art im Jahr 1912 in Poona, Indien, erdacht hatten. Die Spielregeln wurden erstmals am 15. Juli 1914 von Sir Hugh Clayton in der »Times of India« veröffentlicht. In England setzte sich Kontraktbridge nur zögernd durch. Erst als ein Komitee des Portland Club im Dezember 1929 die Spielregeln kodifizierte, gewann es rasch an Beliebtheit.
Im Amerika wurde Kontraktbridge im Jahr 1925, völlig unabhängig von England, »erfunden«, und zwar von dem bekannten Millionär Harold S. Vanderbilt.
Auf einem Dampfer, der zwischen Los Angeles und Havanna kreuzte, machte er Bekanntschaft mit dem französischen Spiel »Plafond«. Vanderbilt leitete daraus seine eigenen Regeln ab und führte das neue Spiel unter seinem gegenwärtigen Namen, Kontraktbridge, im Whist Club in New York ein.

Internationales Bridgeturnier
Das erste internationale Bridgeturnier fand am 15. September 1930 in London zwischen einem englischen Team unter der Führung von Walter Buller und einer amerikanischen Mannschaft mit Ely Culbertson an der Spitze statt, die in 20 Spielen mit 4 845 Punkten den Sieg davontrug.

Briefkasten

Die ersten Briefkästen wurden im Jahr 1653 in Paris von François de Velayer für seine »Petite Poste« aufgestellt. Über ihr Aussehen ist nichts bekannt, aber vermutlich waren es einfache, verschließbare Holzkästen mit einem Einwurfschlitz oben, die an Gebäudewänden angebracht waren. Obwohl genügend Kästen vorhanden und sie von jedem Haus aus gut erreichbar waren, blieben sie nicht lange im Einsatz: die »savoyards«, die Boten von Paris, bangten um ihren Verdienst und steckten Mäuse in die Briefkästen, die die Post anknabberten. Mehr als 100 Jahre, bis 1758, wurde nun in Paris kein weiterer Versuch mit Briefkästen unternommen.
In Deutschland waren Briefkästen seit etwa 1700 üblich, trotzdem erregte es beträchtliches Aufsehen, als die preußische Post im Jahr 1766 ihren ersten Briefkasten im Flur des Berliner Posthauses Ecke König- und Spandauer Straße »zur Gemächlichkeit der Korrespondenten und Facilitierung deren Correspondence« anbrachte.
Die ersten Säulenbriefkästen gab es in Belgien, und zwar mit Sicherheit bereits vor 1850, denn in diesem Jahr wurden von der Pariser Postverwaltung die Briefkästen im »Brüsseler Stil« eingeführt. Zwar datieren einige Experten die ersten Brüsseler Briefkästen in das Jahr 1848, es ist jedoch wahrscheinlicher, daß sie

Einer der ersten belgischen Säulenbriefkästen, die es sicher schon vor 1850 gab.

erst im Jahr 1849 auftauchten, weil in Belgien die ersten klebenden Briefmarken am 1. Juli 1849 eingeführt wurden. Die gußeisernen, säulenförmigen Briefkästen ähnelten einer aufgestellten Kanone und waren am oberen Ende reich verziert, die horizontale Einwurföffnung war durch ein Kapitell vor Regen geschützt.

Briefmarken

Die ersten Postwertzeichen wurden auf den »Billets de port payé« angebracht, die im Jahr 1653 mit der von François de Velayer in Paris betriebenen »Petite Poste« (siehe Briefkasten) befördert wurden. Leider ist keiner dieser Briefe erhalten geblieben, man nimmt jedoch an, daß Papierstreifen mit dem gedruckten Vermerk der Vorausbezahlung angebracht waren. Im voraus bezahlte Postsendungen stellten zu dieser Zeit eine Ausnahme dar, es war vielmehr üblich, die Postgebühr beim Empfänger einzuheben.
Die Erfindung der ersten aufklebbaren Briefmarke wird meist James Chalmers zugeschrieben. Chalmers hatte die Idee, die Einhebung der Postgebühren zu vereinheitlichen, und ließ zu diesem Zweck im August 1834 in seiner Fabrik in Dundee, Schottland, probeweise Briefmarken drucken. Zunächst fand sein Vorschlag kein Interesse, aber im Dezember 1837 konnte er ihn einem parlamentarischen Ausschuß unterbreiten, der über die von dem königlichen Sekretär Rowland Hill ausgearbeitete Postreform beratschlagte; Hill hatte ursprünglich einen Briefumschlag mit aufgedruckter Marke im Sinn gehabt.
Noch erhaltene Exemplare von Chalmers' Versuchsmarken, datiert vom 10. Februar 1838, haben die Form eines Quadrats und die in sepiabrauner Farbe gehaltene Aufschrift »General Postage – not exceeding half an ounce – one Penny« (Allgemeine Postgebühr – nicht über eine halbe Unze – 1 Penny) mit dekorativen Schnörkeln rundherum.
Chalmers selbst benützte eine der von ihm hergestellten Marken

auf einem am 2. Oktober 1839 abgestempelten Brief an einen hohen Beamten von der Generalpostdirektion namens Moberly. Das war der erste Brief mit einem aufgeklebten Postwertzeichen, der je von der Post befördert wurde. Nachdem die Post aufklebbare Briefmarken eingeführt hatte, entstand ein langwieriger Disput darüber, ob Chalmers oder Rowland Hill als Erfinder gelten konnte. Zur vollen Zufriedenheit aller Parteien konnte diese Streitfrage nie gelöst werden, man kann jedoch mit ziemlicher Sicherheit sagen, daß Chalmers der erste war, der im August 1834 eine aufklebbare Briefmarke hergestellt hat, und Hill der erste, der diese Idee veröffentlicht hat (1837).
Den Ruhm, die erste aufklebbare Briefmarke erfunden zu haben, nehmen auch der schwedische Offizier Leutnant Curry Gabriel de Treffenberg (1823) und der kaiserlich-königliche Staatsbeamte Lorenz Koschier für sich in Anspruch. Koschier vermochte nachzuweisen, daß er bereits im Jahr 1836 der österreichischen Regierung einen völlig ausgearbeiteten Vorschlag zur Postreform eingereicht hatte, der die Einführung aufklebbarer Postwertzeichen mit feststehenden Beträgen vorsah. Das zuständige Ministerium verkannte die Tragweite seines Vorschlags und lehnte ihn ab.
Die ersten für den allgemeinen Gebrauch bestimmten Postwertzeichen waren die sogenannten »Penny Blacks« und die »Twopenny Blues«, beide am 6. Mai 1840 von der Generalpostdirektion offiziell ausgegeben. Ein paar dieser Briefmarken waren schon einige Tage vorher in Umlauf, das älteste noch erhaltene Beispiel ist eine »Penny Black« auf einem Brief, der am

Sydney View, 1850

2. Mai 1840 in Bath aufgegeben wurde. Die Marken wurden von William Wyon und Henry Corbould entworfen, von Charles und Frederick Heath gestochen und von der Firma Perkins, Bacon & Co. gedruckt.
Ein Jahr vor der Ausgabe der berühmten »Penny Blacks« und »Twopenny Blues« wurden in Klagenfurt, wenn auch in sehr geringer Zahl, selbstklebende Postmarken verwendet: Als Konstanzia Egartner, Tochter eines Postmeisters in Spittal an der Drau, im Jahr 1839 heiraten wollte und ihrem Vater das Geld fehlte, um eine Hochzeit auszurichten, erdachte der findige Egartner eine Briefmarke, die auf die bei ihm aufgegebenen Sendungen geklebt werden sollte (nach Gesetz fiel von der Taxe in der Höhe von 1 Kreuzer die Hälfte dem Postmeister zu). Sein Plan scheiterte an dem Unwillen der Bevölkerung, und seine Neuschöpfung wurde ihm von seinen Vorgesetzten verboten, so daß die ersten Marken wahrscheinlich auch die einzigen blieben. Am 29. Juni 1952 entdeckte man einen Brief – von Mutter Egartner aus Spittal an ihre älteste Tochter Konstanzia, Dienstmagd in Klagenfurt, gerichtet –, auf dem eine Egartner-Marke klebt, mit Tintenstrichen durchkreuzt.

Die ersten bebilderten Briefmarken, die eine andere Illustration als Herrscherporträt oder Wappen zeigten, waren die »Sydney Views« im Wert von 1, 2 und 3 Pence, die von der Postverwaltung von Neusüdwales am 1. Jänner 1850 ausgegeben wurden.
Die erste perforierte Briefmarke war die »Penny Red«, ausgegeben im Februar 1854. Der Urheber der Neuerung war Henry Archer, der die erste Perforiermaschine im Jahr 1847 konstruiert hatte. Diese schnitt jedoch nur kleine Schlitze an den Seiten der Briefmarken ein.
Gegen Ende des darauffolgenden Jahres jedoch hatte Archer sie so weit perfektioniert, daß sie eine Reihe von Löchern in das Papier stanzen konnte.
Die erste bebilderte Briefmarkenserie wurde im Jahr 1894 in Nordborneo in Umlauf gebracht und zeigte Abbildungen verschiedener heimischer Tiere.
Die ersten auf beiden Seiten bedruckten Briefmarken erschienen im Jahr 1895 in Portugal. Die Serie war die Gedenkausgabe zum 700jährigen Geburtstag des hl. Antonius von Lissabon. Die Darstellungen umfassen ein Bild des Heiligen, seine Himmelfahrt, den Heiligen während einer Vision und während der berühmten Fischpredigt. Auf der Rückseite befindet sich die Anrufung des Heiligen:

»Oh, gesegnete Zunge, die Du den Herrn immer gepriesen hast und andere gelehrt hast, ihn zu preisen, jetzt ist es offenbar, welch große Verdienste Du bei Gott hattest.«

Die ersten Briefmarken auf dem europäischen Festland wurden im Wert von 4 und 6 Rappen im März 1843 in Zürich herausgegeben.
Im Oktober 1843 folgte der Kanton Genf mit einer wappengeschmückten

Briefmarke und am 1. Juli 1845 Basel mit den berühmten »Basler Täubchen«. Im Jahr 1849 wurden in Frankreich, Belgien und Bayern die ersten Briefmarken herausgegeben, 1850 in Spanien, Österreich, Preußen, Sachsen, Schleswig-Holstein und Hannover, 1851 in Dänemark, Baden, Württemberg und Sardinien. Die ersten Marken der Deutschen Reichspost erschienen am 1. Januar 1872.

Sondermarken
Die erste Sondermarke erschien im April 1871 in Peru zu Ehren der Einweihung der Eisenbahnstrecke Lima–Callao–Chorillos. Die 5-Centavos-Marke zeigt eine Lokomotive und die Namen der drei Städte, jedoch keinen besonderen Hinweis, daß die Marke eigens zu diesem Ereignis ausgegeben wurde.
Die erste von einer nationalen Post ausgegebene Sondermarke erschien im Januar 1888 in New South Wales, Australien, zum 100jährigen Bestehen der britischen Kolonie und blieb für einige Jahre im Gebrauch.
Einen Vorläufer der selbstklebenden Sondermarke brachten die USA heraus. Es handelt sich dabei um eine auf einen Briefumschlag aufgedruckte Marke aus dem Jahr 1876 zur 100-Jahr-Feier der Unabhängigkeit der Vereinigten Staaten.

Gedenkmarken
Die erste Gedenkmarke, wie sie heute üblich ist, nämlich mit Hinweis auf den Anlaß der Ausgabe, stammt aus Deutschland. Im Juli 1887 brachte die Privatpost von Frankfurt am Main eine karminrote 2-Pfennig-Marke zum 25. Jahrestag des deutschen Scharfschützen-wettbewerbs in Frankfurt heraus.
Die gleiche Marke erschien in Grün: Sie durfte allgemein verwendet werden, während die rote Marke ausnahmslos den Mitgliedern des Wettbewerbskomitees vorbehalten war.

Wohltätigkeitsmarken
Die ersten Wohltätigkeitsmarken, die Pro-Juventute-Marken der Schweiz, erschienen im Jahr 1913 und waren anfangs nur für den Inlandsverkehr bestimmt. Erst auf dem Weltpost-kongreß 1920 in Madrid wurde das Freimachen von Briefen mit Zuschlagsmarken im internationalen Verkehr ab dem 1. Januar 1922 erlaubt.

Briefmarkenheftchen
Die ersten Briefmarkenheftchen wurden am 16. April 1900 von der Postverwaltung der USA in Einheiten zu 12, 24 oder 48 2-Cent-Marken zum Preis von 1 Cent über dem Nennwert ausgegeben.
(Siehe Luftpostmarken)

Briefmarkenautomat

Der erste Briefmarkenautomat wurde im Auftrag des Stamp Distribution Syndicate konstruiert und in London mit besonderer Genehmigung des Hauptpostamtes im Mai 1891 an einigen Briefkästen angebracht.
Die Automaten waren mit kleinen Notizbüchern versorgt, auf deren Rückseite die perforierten Marken gedruckt waren; es handelte sich dabei um Pennymarken für Inlands-briefe. Das Büchlein hatte 64 Seiten mit Anmerkungen, ganzseitigen Anzeigen und einem Kalender für das Jahr 1891. Es kostete nichts, die Herstellungskosten wurden mit den Anzeigen gedeckt. Im Jahr 1906 wurden die Automaten in ganz London, 1921 in ganz England eingeführt.

Briefmarkenhändler

Der erste Briefmarkenhändler war der Brüsseler Buchhändler Jean-Baptiste Moëns, der vermutlich im Jahr 1855 in seinem Laden in der Galerie Bortier, Marche de la Madeleine mit dem Markenhandel begonnen hat. Seinen ersten Katalog (ohne Preisangaben) gab Moëns im Jahr 1862 heraus. Kurz danach veröffentlichte er das erste philatelistische Handbuch der Welt, betitelt »De la Falsification des Timbres-Poste« (Über die Fälschungen von Briefmarken).

Briefmarkenkatalog

Der erste Briefmarkenkatalog war ein schmales Bändchen mit dem Titel »Timbres-Poste«, das von dem Straßburger Buchhändler François Georges Oscar Berger-Levrault handschriftlich zusammengestellt und im September 1861 auf lithographischem Wege vervielfältigt worden war. Der Katalog war lediglich für den privaten Bekanntenkreis von Berger-Levrault vorgesehen. Er stellt heute ein vermutlich einzigartiges Beispiel philatelistischer Literatur dar, von dem wahrscheinlich nur mehr zwei Exemplare auf der Welt existieren; eines davon ist im Britischen Museum aufbewahrt.
Der erste für die Öffentlichkeit bestimmte Briefmarkenkatalog war eine überarbeitete Ausgabe der Liste von Berger-Levrault, die der französische Staatsbeamte Alfred Potiquet erstellt hatte und die im Dezember 1861 unter dem Titel »Catalogue des Timbres-Poste Créés dans les Divers États du Globe« von Edouard de Laplante und Eugène Lacroix in Paris veröffentlicht wurde. Auf 43 Seiten waren 1 212 Stichwörter angeführt,

die im wesentlichen alle Briefmarken der Welt anführten, die bis zu diesem Zeitpunkt ausgegeben worden waren. Der Katalog kostete 1,25 Franc.
Keiner dieser frühen Kataloge enthielt Angaben über den Wert der angeführten Briefmarken. Erst das Verlagshaus Zschiesche & Köder in Leipzig führte diesen Brauch im Mai 1863 ein, indem es als Beilage zum »Magazin für Briefmarkensammler«, der ersten deutschen Briefmarkenzeitschrift, jeweils Teile eines Katalogs mit Preisangaben anfügte.
Der erste in Deutschland aufgelegte Katalog nannte sich »Übersicht aller bekannten, von 1840 bis 1862 emittierten Franco-Marken« und wurde ebenfalls von der Firma Zschiesche & Köder im Jahr 1863 herausgebracht. Die älteste, schon 1862 von Tramburgs Erben in Hamburg verlegte »Übersicht« umfaßte nur die Jahre 1849 bis 1862 und enthielt also nicht die von 1840 bis 1848 ausgegebenen Marken.

Briefmarkensammler

Der erste Briefmarkensammler war, wie man annimmt, John Tomlynson, der am 7. Mai 1840 damit begann, eine Sammlung anzulegen, und zwar mit einem Briefumschlag mit aufgedruckter Marke, den er am Vortag bekommen hatte. Im Umschlag, der heute noch erhalten ist, steckt eine ungebrauchte Penny-Black-Marke und eine Notiz, die sie als die erste selbstklebende Briefmarke bezeichnet. Teile von Tomlynsons Briefmarkensammlung blieben erhalten.
Das erste Inserat, das sich auf das Sammeln von Briefmarken bezieht, wurde im Jahr 1841 in der »Times« veröffentlicht:

»Eine junge Dame hat den Wunsch, die Wände ihres Ankleidezimmers mit entwerteten Briefmarken zu dekorieren. Dank dem Entgegenkommen ihrer Freunde ist die Dame bereits im Besitz von 16 000 Briefmarken. Doch da diese Zahl noch nicht ausreichend ist, würde sie dankbar sein, wenn gutmütige Menschen, die im Besitz dieser (sonst wertlosen) kleinen Objekte sind, ihr helfen würden, ihren etwas schrulligen Wunsch zu erfüllen.
Per Adresse: E. D., Mr. Butt, Glover, Leadenhall Street; oder an Mr. Marshall, Juwelier, Hackney.«

Der erste Nachweis über Schüler als Briefmarkensammler findet sich in einem Brief des englischen Lehrers S. F. Creswell in der Juniausgabe 1860 von »Notes and Queries«. Creswell schreibt, daß einer seiner Schüler in Tonbridge, Kent, eine Sammlung von 300 bis 400 Briefmarken hat und daß angeblich schon insgesamt 500 verschiedene Marken existieren sollen. Er regt an, eine Gesamtliste der im Umlauf befindlichen Briefmarken anzulegen.

Briefmarkensammlerklub
Der erste Sammlerklub wurde in den frühen sechziger Jahren des vorigen Jahrhunderts von F. J. Stainforth, dem Pfarrer der Londoner Schule All Hallows, gegründet. Die Mitglieder trafen sich regelmäßig im Pfarrhaus zur Diskussion und zum Markenaustausch. Eine etwas formellere Vereinigung wurde im Jahr 1865 in Paris gegründet: die »Société de la Timbrologie«.

Briefmarkenzeitschrift

Die erste Briefmarkenzeitschrift war »The Monthley Advertiser«. Sie wurde herausgegeben von Edward Moore & Co. in Liverpool und erschien erstmals am 15. Dezember 1862.

Brille

Die erste Brille wird 1289 in Sandro di Pipozzos handschriftlichem Werk »Traité de Conduite de la Famille« erwähnt. Der Autor schreibt:

»Ich bin vom Alter so geschwächt, daß ich ohne die Gläser, die Augengläser genannt werden, nicht mehr lesen oder schreiben könnte. Sie wurden kürzlich erfunden, zum Wohle armer alter Leute, deren Sehkraft nachgelassen hat.«

Es gibt einige Hinweise dafür, daß die Brille im Jahr 1287 in Italien erfunden worden sei. Bis zum heutigen Tag konnte aber die Identität des Erfinders nicht geklärt werden.
Immerhin ist eine bildliche Darstellung eines Brillenträgers in einem mit 1352 datierten Fresco von Tommaso da Modena in der Kirche San Niccolò in Treviso noch heute zu sehen.
Als erster »Parillenmacher« wird im Jahr 1478 der Nürnberger Pfuhlmeier genannt, und aus dem Ende des 15. Jahrhunderts stammt auch die älteste erhaltene Brille. Sie wurde im Deckel eines Buches aufgefunden und ist etwa 10 cm lang; die Gläser fehlen allerdings. Sie ist im Museum in Nürnberg aufbewahrt.
Bis zum 17. Jahrhundert wurden die Linsen vom Optiker auf gut Glück aus dem Lager ausgewählt, gemäß den persönlichen Wünschen des Kunden. Den ersten Versuch, die Linsen systematisch nach Stärken einzustufen, unternahm im Jahr 1623 der in Sevilla ansässige Brillenmacher Valdés.
Die ersten Augengläser mit festen Seitenteilen (Bügelbrillen) wurden im Jahr 1727 in London von dem Optiker Edward Scarlett angefertigt. In Frankreich waren diese Brillen als »lunettes à tempes permettant de respirer à l'aise« bekannt (Bügelbrillen, die es erlauben, normal zu atmen), da man atmen konnte, ohne

daß sie von der Nase fielen. Früher hatte die einzige Möglichkeit, die Brille am Kopf zu befestigen, darin bestanden, daß eine dünne Schnur um die Ohren gewickelt wurde.
Das älteste Monokel stammt aus dem Jahr 1727, die älteste Lorgnette, auch Gabel- oder Scherenbrille genannt, aus dem Jahr 1780.

Brutkasten

Der erste Brutkasten wurde von Geheimrat Johann Georg von Ruehl, Leibarzt am Hof des Zaren Paul I., im Jahr 1835 erfunden und im Kaiserlichen Findelhaus in St. Petersburg eingeführt. Dieser »Inkubator« (»Ruehlsche Wiege«) bestand aus einer doppelwandigen Wärmewanne aus Eisenblech und einem zeltartigen Dach aus Nesseltuch oder Mousseline. Durch eine Öffnung am oberen Rand der Wanne wurde heißes Wasser in den Doppelwannenraum eingefüllt. Zwei Thermometer, eines am Rande der Doppelwanne, das andere neben dem Kind, dienten der Temperaturüberwachung. Die Wanne faßte ca. 12 l Wasser, das zweistündlich gewechselt wurde. Die Innenwanne war mit Flanell ausgeschlagen.
Zeitgenössischen Berichten zufolge konnten viele frühgeborene Kinder durch diese Wärmewanne am Leben erhalten werden.

Buch

Das erste gedruckte Buch ist das »Diamant-Sutra«, eine Sutrarolle in chinesischer Übersetzung, die in Dialogform (zwischen Buddha und seinem Schüler Subhuti) von dem Nichtsein aller Dinge handelt.
Sie besteht aus einer 5 m langen Pergamentrolle, auf der sechs Textblätter und ein Blatt mit einer Holzschnittillustration zusammengeleimt sind; jedes Blatt hat die Maße 30 × 75 cm. Der Text, mit hölzernen Druckformen hergestellt, endet mit einem Kolophon: »Gedruckt am 11. Mai 868, von Wang Chieh, zur freien, allgemeinen Verbreitung, um in tiefer Verehrung das Gedenken an seine Eltern zu verewigen.« Die Illustration zeigt Buddha, umgeben von Schülern beiderlei Geschlechts und zwei fetten, zufrieden dreinschauenden Wildkatzen. Das Buch wurde, zusammen mit über 1 000 Schriftbündeln von einem taoistischen Bettelmönch im Jahr 1900 in einer Höhle bei Tunhuang in Turkestan gefunden.

Mit beweglichen Lettern gedrucktes Buch
Das erste uns bekannte Buch, das mit beweglichen Lettern gedruckt wurde, heißt »Sun-tzu-shi-chia-chu«, erschienen 1409 in Korea. Möglicherweise wurde aber schon eine in den Jahren 1317 und 1324 gedruckte Schrift, »Familienreden von Konfuzius«, mit beweglichen Lettern gedruckt.

Der früheste greifbare Nachweis über ein in Europa mit beweglichen Lettern gedrucktes Buch sind zwei Seiten einer 27zeiligen lateinischen Grammatik von Donatus, die im Einband eines Kontenbuches gefunden wurden und in das Jahr 1451 datiert werden. Man nimmt an, daß die Typen der Donat-Fragmente dieselben sind, die Johann Gutenberg einige Jahre später in Mainz für seine 36zeilige Bibel verwendete.
Das erste europäische Buch mit gegossenen beweglichen Lettern, gleichzeitig das erste in einer Landessprache, heißt »Eyn manung der Christenheit widder die durken« und wurde von Gutenberg vermutlich 1454 gedruckt. Das einzige erhaltene Exemplar enthält sechs Blätter, davon neun Seiten mit deutschem Text und einem Kalender.
Johann Gensfleisch zum Gutenberg hatte seit 1434 in Straßburg und seit 1448 in Mainz an der Verbesserung des damaligen Druckvorganges gearbeitet. Das Ergebnis seiner Experimente war ein Letterngießinstrument, das ihm ermöglichte,

Eine Seite des ersten gedruckten Buches, des Diamant-Sutra, 868 n. Chr.

beliebig viele Letternabgüsse herzustellen. Weiters erfand er eine Presse, mit der er jede gewünschte Anzahl von Abzügen anfertigen konnte. Diese Erfindungen trugen zur raschen Ausbreitung der Buchdruckerkunst bei und sicherten Deutschland auf diesem Gebiet die Vorrangstellung: in einem Vierteljahrhundert breitete sich von Mainz die Buchdruckerkunst über ganz Europa aus; Lehrmeister waren fast immer deutsche Handwerker, die überall in Europa arbeiteten.

Buch mit arabischer Pagina
Das erste Buch, dessen Seiten mit arabischen Ziffern numeriert sind, wurde im Jahr 1470 von dem deutschen Buchdrucker Johann von Speyer in Venedig hergestellt. Es handelt sich um die erste Ausgabe der Werke des römischen Geschichtsschreibers Tacitus im Buchdruck.

Gedruckte Bibel
Die erste gedruckte Bibel und zugleich das früheste uns bekannte vollständige Werk, das mit beweglichen Typen gedruckt wurde, ist die berühmte 42zeilige Bibel von Gutenberg, die zwischen 1451 und 1456 in Mainz entstanden ist. Von den 48 erhaltenen Exemplaren sind 36 auf Papier und 12 auf Pergament gedruckt.

Gedruckte Märchen
Die ersten gedruckten Märchen erschienen in den Jahren 1550 bis 1553. Es handelt sich um die zweibändige Geschichtensammlung »Le piacevoli notti« (Ergötzliche Nächte) von dem Italiener Giovanni Francesco Straparola. Im Stile Boccaccios sind durch eine Rahmenerzählung 74 Novellen, Anekdoten, Rätsel und Märchen, meist orientalischer Herkunft, zusammengefaßt. Die Sammlung enthält berühmte Märchen wie den »Gestiefelten Kater«, allerdings in einer frühen Form, die noch sehr von der heutigen abweicht.
Die erste Märchensammlung in einem Band wurde im Jahr 1698 unter dem Titel »Histoires ou Contes du temps passé« (Geschichten oder Erzählungen aus vergangenen Zeiten) in Paris veröffentlicht. Bezüglich des Verfassers der acht Geschichten bestehen gewisse Zweifel, sie wurden sowohl Charles Perrault – dem bekanntesten frühen Vertreter dieses Genres – als auch seinem Sohn Pierre Darmencour zugeschrieben. Die meisten der Märchen waren bereits ein oder zwei Jahre vorher in dem in französischer Sprache in Den Haag erscheinenden Magazin »Le Recueil des Pieces Curieuses et Nouvelles« veröffentlicht worden. Die Sammlung enthielt Märchen, wie zum Beispiel »Dornröschen«, »Rotkäppchen«, »Blaubart«, »Der gestiefelte Kater« und »Aschenputtel«. Die Texte beruhten auf mündliche Überlieferung und wurden dann im Zuge der modischen Verklärung des Landlebens literarisch geglättet und ausgeschmückt.
Der erste Band der Märchen der Gebrüder Grimm erschien im Jahr 1812, der erste von Hans Christian Andersens Märchen 1835.

Buch mit Schutzumschlag
Der erste Schutzumschlag umhüllte ein Jahrbuch, genannt »The Keepsake«, das vom Londoner Verlag Longman im November 1832 veröffentlicht wurde. Der Umschlag war in hellem Braun gehalten und mit einem Schmuckrand versehen, der den rotgedruckten Titel umgab. Auf der Rückseite waren andere Buchtitel aus dem Verlag Longman abgebildet. Der Rücken war unbedruckt. Dieser Schutzumschlag wurde erst 1934 von dem englischen Bibliophilen John Carter aufgestöbert. Leider ging das Unikat im Jahr 1952 auf dem Transport zur Bodleian Library in Oxford verloren. Ein weiteres Exemplar konnte bis heute nicht aufgetrieben werden.
Der erste bebilderte Schutzumschlag stammt aus dem Jahr 1860 und gehörte zu einer Ausgabe von Bunyans »Pilgrim's Progress«, ebenfalls bei Longman erschienen. Die Abbildung zeigt einen Holzschnitt von Charles Bennett, der auch im Buch enthalten ist.
Die beiden erwähnten Schutzumschläge von 1832 und 1860, ebenso die wenigen anderen aus diesem Zeitraum erhaltenen Exemplare, umhüllten das Buch zur Gänze.
Das früheste bekannte Beispiel eines heute üblichen Umschlags (nur um den Deckel geschlagen) stammt aus dem Jahr 1861 und schützte die »Poems by a Painter« von Noel Paton, herausgegeben vom Verlag Blackwood in Edinburgh.

Paperbackausgabe
Die erste Paperbackserie war die »Collection of British Authors«, die im Jahr 1841 in englischer Sprache von Bernhard Tauchnitz in Leipzig herausgegeben wurde. Der erste Titel der Serie war der Roman »Pelham« von Edward Bulwer-Lytton, es folgten Werke von Dickens, Scott, Thackeray, Thomas Carlyle und George Eliot. Die Bücher waren für die englischen und amerikanischen Touristen gedacht, die seit dem Beginn des Schienenzeitalters den Kontinent geradezu überschwemmten.
Tauchnitz sicherte sich die Veröffentlichungsrechte für englische Literatur in allen nicht englisch sprechenden Ländern. Eine der Vertragsbedingungen lautete jedoch, daß der Käufer angehalten werden muß, das ausgelesene Buch wegzugeben und nicht in ein englisch-

sprachiges Land einzuführen.
Tauchnitz wurde somit der Erfinder des Wegwerfbuches. Auch auf einem anderen Gebiet war er erfolgreich als Pionier tätig: seine peinlich genauen Vertragsentwürfe zwischen Autor und Verleger waren die Wegbereiter des heute international gehandhabten Copyrights. Bis dahin hatten Autoren nur selten Tantiemen ihrer im Ausland erschienenen Bücher erhalten.
Im Jahre 1860 wurde Tauchnitz für seine Verdienste um das Verlagswesen der Titel eines Barons verliehen. England machte ihn zum Ehrengeneralkonsul, und er wurde ein enger Freund der Königin Victoria. Er starb 1895, seine Edition wurde jedoch von seinen Erben bis zum Jahr 1933 fortgesetzt. Sie umfaßte zu diesem Zeitpunkt 5 097 Titel von insgesamt 525 Autoren. Seit 1952 erscheint die »Tauchnitz Edition« in Stuttgart.

Buchgemeinschaft

Die erste Buchgemeinschaft, die ein internationales Bücherprogramm zu reduzierten Preisen anbot, war die »Deutsche Buch-Gemeinschaft«, die Anfang April 1924 in Berlin von Paul Leonhard gegründet wurde.
Die im Jahr 1916 gegründete »Deutschnationale Hausbücherei« stellte nur Werke deutschsprachiger Autoren zur Auswahl.
Das Buch, das die Nummer 1 erhielt, war Goethes Faust. Weiters erschienen im Jahr 1924 »Madame Bovary« von Flaubert, »Buch der Lieder« von Heine, »Ulenspiegel« von de Coster, die »Dämonen« von Dostojewski, die »Kreutzersonate« von Tolstoi, Gedichte von Goethe, »Historische Charakterbilder« von Ranke und »Der Einzige und sein Eigentum« von Stirner. Nachdem die »Deutsche Buch-Gemeinschaft« eine möglichst breite Leserschicht im In- und Ausland erreichen wollte, wurden die Preise in den Katalogen nicht nur in Reichsmark, sondern auch in Dollar und kleineren Währungseinheiten wie Lei oder Zloty angegeben.

Buchillustration

Das erste mit beweglichen Lettern hergestellte Buch mit Illustrationen war »Der Ackermann aus Böhmen« von Johannes Tepl, ausgestattet mit fünf großen Holzschnitten, um 1460 von Albrecht Pfister in Bamberg herausgegeben.
Die ersten mit Metallplatten gedruckten Buchillustrationen waren Kupferstiche für »De casibus virorum illustrium« von Boccaccio, herausgegeben im Jahr 1476 von Colard Mansion in Brügge.
Das erste Buch mit farbigen Illustrationen trug den Titel »Coloritto« und wurde im Jahr 1723 in London veröffentlicht. Die darin enthaltenen Kupferstiche waren in einem von dem Frankfurter J. C. Le Blon entwickelten Verfahren hergestellt.
Le Blons Dreifarbendrucksystem (die Farben wurden mit einer Bürste auf die Kupferplatten aufgetragen) beruhte auf Physiker Newtons Entdeckung, daß sich jede Farbe aus einer Kombination der Grundfarben Rot, Blau und Gelb ableiten läßt.
Färbeblöcke für Holzschnitte gab es in Deutschland schon im Jahr 1508, aber man kann dieses Verfahren nicht als Farbdruck bezeichnen, eher als ein Hervorheben der einzelnen Schattierungen.
Der Beginn einer kontinuierlichen Entwicklung des Farbdruckes kann mit der Patentierung des Verfahrens von George Baxter aus Lewes, Sussex, am 23. Oktober 1835 datiert werden. Das Patent wurde für »die Herstellung von farbigen Stahlplatten, Kupferplatten und anderen Prägungen« erteilt. Es handelte sich hier um das erste gewerblich brauchbare Farbdruckverfahren. Bereits im darauffolgenden Jahr wurde es für die Illustration von einem Buch verwendet.

Buchillustrator
Der erste namentlich bekannte Buchillustrator war der holländische Künstler Erhard Reuwich aus Utrecht, der Bernhard von Breydenbach in den Jahren 1483/84 auf einer Pilgerreise in das Heilige Land begleitete und dort Skizzen anfertigte, die in einem geplanten Buch über die Reise Verwendung finden sollten. Das Buch erschien im Februar 1486 in Mainz unter dem Titel »Beschreibung der Reise ins Heilige Land« und war verhältnismäßig reich illustriert.
Reuwichs Holzschnitte zeigten Szenen, Motive von Venedig, Korfu, Rhodos und Jerusalem, ferner Bilder von Türken, Syrern, Indern, Griechen, Sarazenen und Abessiniern sowie Studien über verschiedene Tiergattungen.

C

Charterflug

Der erste Charterflug fand am 28. Juni 1911 statt, an dem Tag, an dem der Ozeandampfer »Olympic« von New York zur Rückreise seiner Jungfernfahrt über den Atlantik auslief. Unter den Passagieren befand sich auch W. A. Burpee, ein Kaufmann aus Philadelphia, dessen Brille kurz vor der Abreise gebrochen und der Firma Wanamaker's zur Reparatur anvertraut worden war. Bevor noch die »Olympic« den Hafen verließ, sandte Burpee einen Funkspruch an das Geschäft mit dem Ersuchen, die Brille an seine Londoner Adresse nachzuschicken. Ein Angestellter von Wanamaker's hatte erfahren, daß sich der gefeierte englische Flieger Tom Sopwith mit seinem Howard-Wright-Doppeldecker in New York aufhielt, und machte den Vorschlag, die Firma solle das Flugzeug mieten, um die bereits reparierte Brille ihrem Besitzer zuzustellen. Sopwith stimmte dem Vorhaben zu und flog der »Olympic« nach, die ein paar Meilen entfernt auf offener See dahindampfte. Als er sie eingeholt hatte, verringerte er seine Flughöhe und warf das sorgsam eingehüllte Päckchen aufs Deck ab.

Internationaler Charterflug
Der erste internationale Charterflug mit Passagieren wurde am 21. Mai 1914 in England gestartet. An Bord befand sich die Prinzessin Löwestein-Wertheim, die wegen einer dringenden gesellschaftlichen Verpflichtung in Paris einen Handley-Page-7-Doppeldecker von der Northern Aircraft gechartert hatte. Das Flugzeug startete trotz schlechter Sicht um 7.30 Uhr morgens in Hendon. In Eastbourne mußte es landen und warten, bis sich der Nebel über dem Kanal gelichtet hatte; erst um 16.30 Uhr wurde Calais erreicht. Obwohl die Prinzessin ihre Verabredung versäumt hatte, war sie von dem Unternehmen so entzückt, daß sie beschloß, über den Atlantik zu fliegen. Sie beauftragte Frederick Handley Page, ein geeignetes Transatlantikflugzeug zu bauen. Wäre der Erste Weltkrieg nicht ausgebrochen, hätte die Prinzessin vielleicht ihren ehrgeizigen Plan, als erste den Atlantik zu überfliegen, verwirklichen können.

Charterflug für Urlaubsreisen
Den ersten Charterflug für Urlaubsreisen führte die Polytechnic Touring Association 1932 aus London durch. Den Anstoß dazu gab ein Appell der Regierung, nach der Finanzkrise des Vorjahres im Ausland kein Geld auszugeben. Die Urlauber flogen in einem gecharterten Flugzeug in die Schweiz und wurden in PTA-eigenen Chalets bei Luzern untergebracht. Damit flossen 95 % der Ausgaben wieder nach England zurück.
Im Mai flogen die ersten 24 Touristen mit einer Maschine der Imperial Airways von Croydon ab und landeten fünf Stunden später in Basel. Der Inklusivpreis für einen siebentägigen Aufenthalt betrug 12 bis 14 Pfund, für zwei Wochen 16 bis 18 Pfund. Mit dem Slogan »Aber Fliegen ist sicher!« warb die PTA um weitere Kunden. Noch im selben Jahr wurde eine etwas anspruchsvollere Pauschalreise in sechs europäische Hauptstädte organisiert. Die abenteuerlustigen Flugtouristen besichtigten in einem zweiwöchigen Rundflug Amsterdam, Berlin, Wien, Budapest, Rom und Paris und legten dabei 4 500 km zurück. Die Gesellschaft beförderte im Jahr 1932 über 900 Touristen mit Heracles-Flugzeugen auf den Kontinent.
Nachdem sich im folgenden Jahr das Passagierfluggeschäft von den Folgen der Baisse erholt hatte und die Imperial Airways keine Flugzeuge mehr vercharterte, wurden Charter-Ferienflüge erst nach dem Zweiten Weltkrieg wiederaufgenommen.

Chemische Reinigung

Die erste chemische Reinigung wurde im Jahr 1849 in Paris von Monsieur Jolly-Bellin »erfunden«, als er eine Spirituslampe umstieß, deren Inhalt sich auf ein eben erst von seiner Frau gebügeltes Tischtuch ergoß. Bei seinen Bemühungen, den Fleck zu entfernen, ehe seine Frau vom Einkaufen zurückkehrte, bemerkte er, daß die vom Spiritus benetzten Stellen sauberer geworden waren als die übrigen Teile des Tischtuches. Nach weiteren sorgfältigen Versuchen konnte Jolly-Bellin in seinem Schneidergeschäft einen neuen Kundendienst anbieten: »nettoyage à sec« (Trockenreinigung). Die Kleidungsstücke, die gereinigt werden sollten, wurden aufgetrennt und die einzelnen Teile in eine Schale mit einem Terpentinölgemisch gelegt, das Bellin »Camphene« nannte. Dann wurden sie gebürstet, nochmals eingetaucht, getrocknet und wieder zusammengenäht.

Chemotherapeutisches Medikament

Das erste chemotherapeutische Medikament war »Salvarsan 606«, ein Präparat zur Bekämpfung der

Syphilis, das 1909 von Dr. Paul Ehrlich, dem Direktor des Institutes für experimentelle Therapie in Frankfurt am Main, und seinem Mitarbeiter Hata entwickelt wurde. Ehrlich, Nobelpreisträger und Schöpfer der modernen Chemotherapie, beendete im Mai 1909 seine Versuchsreihe mit infizierten Mäusen und Meerschweinchen, die erfolgreich mit dem neuen Heilmittel behandelt worden waren.
Die gewerbliche Herstellung von Salvarsan wurde im Jahr 1910 von dem Unternehmen Hoechst in Angriff genommen. Ehrlichs Forschungsarbeit ist es zu verdanken, daß die Weltbevölkerung von dem jahrhundertelangen Schrecken der ansteckenden und bislang unheilbaren Erkrankung befreit wurde.
Das erste Sulfonamid mit Breitenwirkung (Chemotherapeutikum zur Bekämpfung bakterieller Infektionen) wurde am 20. Dezember 1932 von Prof. Gerhard Domagk in den Laboratorien der IG-Farben in Elberfeld entdeckt. Es erhielt den Namen »Prontosil«.
Die erste bekanntgewordene klinische Anwendung des neuen Heilmittels fand im Mai 1933 in Düsseldorf statt, wo Dr. Förster einen zehn Monate alten, an Blutvergiftung erkrankten Knaben mit einer Prontosillösung kurierte. Bis Oktober 1935 wurden in Deutschland etwa 1 500 Patienten mit Sulfonamiden behandelt.

Coca-Cola

Das erste Mal wurde Coca-Cola im Jahr 1886 von einem Drogisten namens Pemberton zum Verkauf angeboten. Für Werbung gab er 73 Dollar und 96 Cent aus; er setzte auf Grund dieser Werbung 160 Dollar in Verkäufen ab. Etwa im Jahr 1887 kaufte ein gewisser Asa Candler, ein Apotheker aus Atlanta, Georgia, das Geschäft von den Erben Pembertons. Kurze Zeit darauf machten ihm Benjamin F. Thomas und Joseph Whitehead aus Chattanooga den Vorschlag, Coca-Cola in Flaschen abzufüllen und zu verkaufen. Er hielt nicht viel von der Idee. Schließlich aber gab er nach, und am 1. Juli 1899 wurde ein Vertrag unterschrieben, nach welchem Thomas und Whitehead Abfüllbetriebe einrichten konnten. Man schaltete eine Werbeagentur ein, und unter manch anderen Werbesprüchen erdachten sie den folgenden, der in Amerika bald sprichwörtlich wurde: »Sold at all founts and carbonated in bottles, 5 cent.«
Candler verkaufte seinen Betrieb 1919 für 25 Millionen Dollar.

Cocktail

Der Begriff Cocktail wird das erste Mal in dem amerikanischen Blatt »The Balance« am 13. Mai 1806 erwähnt: »Cocktail ist eine Art von anregendem Getränk, bestehend aus allerlei Spirituosen, Zucker, Wasser und Bitterstoffen . . . angeblich ein ausgezeichneter Trank für Wahlredner.«
Über den Ursprung des Wortes Cocktail gibt es zahlreiche Anekdoten. Einer Version zufolge wurde der erste sogenannte Cocktail von einer Kellnerin namens Betsy Flanagan in einem Lokal in Elmsford, New York, im Jahr 1776 serviert. Die Gastwirtschaft war mit Schwanzfedern dekoriert, und ein angeheiterter Gast bestellte spaßhalber ein Glas »Hahnenschwänze« (englisch: cocktails), worauf ihm Miß Flanagan ein alkoholisches Mischgetränk anbot, das doch tatsächlich mit einer Feder geschmückt war.

Cocktailbar
Die erste Cocktailbar wurde am 1. Mai 1851 im Gore House, in der Nähe von Hyde Park, in London eröffnet. Gäste konnten zwischen 40 verschiedenen Cocktails wählen. Als der Besitzer, Alexis Soyer, um eine Verlängerung seiner Konzession ansuchte, wurde das Ansuchen abgelehnt, denn, wie es im Gutachten hieß, ». . . haben wir noch niemals ein zügelloseres Lokal gesehen oder eines, das für die Moral junger Leute gefährlicher wäre«. Die Cocktailbar wurde am 14. Oktober 1851 geschlossen.

Dry Martini
Den ersten Dry Martini mixte der Barkeeper Jerry Thomas im Occidental Hotel in San Franzisko im Jahre 1860. Das Originalrezept: 1 Schuß Bitter, 2 Schuß Maraschino, 1 kleines Glas süßer Gin, 1 Weinglas Wermuth, 2 kleine Eiswürfel, alles im Shaker gemixt und mit einer viertel Scheibe Zitrone serviert.

Comics

Das erste Comic-Heft stammt aus den USA, hieß »Comic Cuts« und erschien einmal wöchentlich mit einem Umfang von acht Seiten. Es wurde von Houghton Townley herausgegeben und erschien bei Alfred Harmsworth erstmals am 17. Mai 1890.
Die ersten Nummern enthielten mehr Text als Bilder, die humoristischen Beiträge trugen wortspielerische Titel, wie zum Beispiel »Jokelets«, »Funiosities« und »Comicalities«. Das Blatt enthielt außerdem Karikaturen, kurze Artikel und Meldungen über absonderliche Begebenheiten. Der Absatz der ersten Ausgabe belief sich auf 118 864 Exem-

plare, einen Monat später war die Auflage bereits auf 300 000 hinaufgeschnellt (das war mehr, als einige überregionale Zeitungen damals aufweisen konnten).
Zwar war der typische Cartoon-Charakter schon in der ersten Nummer von »Comic Cuts« vorhanden, der erste eigentliche Comic-Streifen erschien jedoch erst in Nummer 4 am 7. Juni 1890. Er trug den Titel »Those Cheap Excursions!« und war am Ende des Heftes plaziert, aber schon im Oktober desselben Jahres brachte das Konkurrenzheft »Funny Cuts« den von Alfred Gray gezeichneten Comic-Streifen auf der Titelseite und begründete damit die Standardgestaltung der heutigen Comic-Hefte.

Comic-Buch
Das erste Comic-Buch in heute üblicher Aufmachung hieß »Funnies on Parade« und wurde 1933 von der Eastern Color Co. in Waterbury, Connecticut, veröffentlicht. Sein Format, 17,5 × 22,5 cm, richtete sich nach den Standardmaßen der amerikanischen Zeitungen. Ein Bogen wurde mit vier Seiten bedruckt und zweimal gefaltet. »Funnies on Parade« war vierfarbig gedruckt und enthielt Nachdrucke von früheren beliebten Serien, wie zum Beispiel »Joe Paloka«, »Mut and Jeff«, »Hairbreadth Harry«, »Keeping Up with the Joneses« und »Connie«. Die Ausgabe wurde nicht öffentlich verkauft, sondern von Unternehmen wie Proctor & Gamble und Canada Dry als Werbegeschenk unter die Leute gebracht.
Das erste für den normalen Handel bestimmte Comic-Buch, das an Zeitungskiosken erhältlich war und regelmäßig erschien, hieß »Famous Funnies« und wurde bei Dell Publishing Co. zum Preis von 10 Cent ab 10. Mai 1934 herausgegeben.
Das erste Comic-Buch mit Erstveröffentlichungen hieß »New Comics« und wurde im Dezember 1935 von Major Malcolm Wheeler Nicholson herausgegeben. Der Schwerpunkt lag auf Abenteuerserien. In der ersten 80 Seiten umfassenden Ausgabe kommen das erste Mal Serienhelden vor, die es bislang in den Comic strips der Zeitungen nicht gegeben hatte, wie »Captain Jim of the Texas Rangers«. Zwei der langlebigsten Figuren dieses Genres stammen aus dieser Zeit: Joe Schusters »Superman« vollbrachte seine ersten Heldentaten in der Juniausgabe 1938 von »Action Comics«, und Bob Kanes »Batman« unternahm seinen ersten Kreuzzug gegen das Böse im Mai 1939 in »Detective Comics«.

Comic strips in einer Zeitung
Der erste Comic-Streifen in einer Zeitung erschien in der farbigen Sonntagsbeilage des »New York Journal« am 24. Oktober 1897. Er hieß »The Yellow Kid« und stammte aus der Feder von Richard Outcault. »The Yellow Kid« war ursprünglich als Cartoon für Joseph Pulitzers »New York World« im Februar 1896 vorgesehen. Outcault ließ die Possen und Streiche des schlappohrigen, kahlköpfigen Kindes, das nur mit einem gelben, sackähnlichen Hemd bekleidet war, vor dem Hintergrund der New Yorker Slums abspielen. Das auffallendste Merkmal des »Yellow Kid«, sein merkwürdiges, safrangelbes Gewand, wurde von dem Künstler eigens für einen Versuch einer neuen Farbschattierung entworfen. Der Versuch verlief erfolgreich – und zeitigte zwei unerwartete Nebeneffekte: ein neues Schlagwort, die »Yellow Press« (für Boulevardpresse) und die Geburt der Zeitungs-Comics.
Der erste täglich erscheinende Comic-Streifen war »A. Piker Clerk«, gezeichnet von Clare Briggs im Jahr 1904

Die ersten Zeitungs-Comics, »The Yellow Kid«, erschienen im »New York Journal«, 1897

für den »Chicago American«. Die Abenteuer von A. Piker Clerk auf der Rennbahn und seine glücklosen Bemühungen, Geld für »todsichere Tips« aufzutreiben, erheiterten die Leser jedoch nur vierzehn Tage lang, denn William Hearst, der Eigentümer der Zeitung, fand Briggs' Schöpfung zu vulgär und ordnete ihren Abgang an.
Der erste erfolgreiche Comic-Streifen einer Tageszeitung war Bud Fishers »Mr. A. Mutt«, der erstmals am 15. November 1907 auf der Sportseite des »San Francisco Chronicle« erschien. Mr. A. Mutt war der Wettleidenschaft verfallen; am 29. März 1908 gesellte sich der Pechvogel Jeff zu Mr. A. Mutt, und bis heute erleben die beiden einen Reinfall nach dem anderen.

Computer

Der erste Computer, der imstande war, Befehle mittels Lochkarten aufzunehmen, Rechnungen mit Hilfe eines Datenspeichers durchzuführen und dann die Lösung eines Problems auszudrucken, war die von Charles Babbage in London zwischen 1822 und 1871 erdachte und auch zum Teil konstruierte »Analytische Maschine«. Obwohl Babbage 6 000 Pfund eigenen und 17 000 Pfund staatlichen Geldes in seine außerordentlich komplizierte Maschine investierte, überstieg die notwendige Präzisionsarbeit zur Herstellung der vielen tausend beweglichen Teile den Rahmen der damals zur Verfügung stehenden Technologie bei weitem. Es ist überhaupt fraglich, ob die brillante Idee, die Babbage hatte, unter Ausschöpfung der seinerzeitigen Möglichkeiten noch im vergangenen Jahrhundert hätte realisiert werden können. Wäre dies möglich gewesen, hätte die »Analytische Maschine« dieselben Aufgaben erfüllen können wie viele der frühen elektronischen Computer.
Der erste praktisch verwendbare, programmierbare Computer wurde von Georg Scheutz aus Stockholm gebaut und auf der Pariser Weltausstellung 1855 ausgestellt. Er beruhte auf demselben Prinzip wie die Maschine von Babbage, war in seiner Konstruktion aber einfacher. Die Kalkuliermaschine, wie sie Scheutz nannte, konnte bis zur vierten Ordnung differenzieren und druckte die Ergebnisse mit einer Genauigkeit bis zu acht Dezimalstellen aus. Der Prototyp wurde vom Dudley-Observatorium in Albany, New York, erworben und diente zur Berechnung astronomischer Tabellen. Ein zweites Modell, das nach den Angaben von Scheutz von der Firma Bryan Donkin in London im Jahr 1858 gebaut wurde, stand bei einer Versicherungsgesellschaft zur Zusammenstellung statistischer Tabellen für Lebensversicherungen in Verwendung.

Datenverarbeitender Computer

Den ersten datenverarbeitenden Computer ließ sich Dr. Herman Hollerith aus New York am 8. Januar 1889 patentieren. Der Prototyp seiner elektrisch betriebenen Maschine wurde für das US-Volkszählungsbüro gebaut und errechnete die Ergebnisse der Volkszählung von 1890. Die Hollerithmaschine erhielt ihre Informationen durch Lochkarten, die als Antwort auf die Fragebögen der Volkszählung eingesandt worden waren, und sie konnte diese Informationen unmittelbar durch von den Löchern gesteuerte elektrische Impulse tabellarisch ordnen sowie die Ergebnisse auf ein Band ausdrucken. Dr. Hollerith verließ 1896 das Volkszählungsbüro und gründete die Tabulating Machine Co. zur Herstellung und zum Vertrieb seiner Erfindung. Später wurde diese Firma ein Teil des IBM-Konzerns.
Die gegenwärtig in Verwendung stehenden Lochkarten mit 80 Spalten sind nach wie vor als Hollerithkarten bekannt.

Elektronischer Computer

Der erste elektronische Computer war der »Electronic Numerical Integrator and Computer« (ENIAC), der für die US-Armee von J. Presper Eckert und John W. Mauchly von der Moore School of Electrical Engineering an der Universität von Pennsylvania in Philadelphia entwickelt und 1946 vollendet wurde. Er wog rund 30 t, hatte 18 000 Röhren und Halbleiterdioden und 1 500 Relais. Das Heeresbeschaffungsamt installierte ihn im Forschungslaboratorium für Ballistik auf dem Versuchsgelände von Aberdeen, Maryland. Hier wurde er zur Berechnung von Tabellen für die Artillerie eingesetzt, wobei zum Beispiel auch die Windgeschwindigkeit, der Geschoßtyp und die Lufttemperatur berücksichtigt wurden. ENIAC stellte einen Meilenstein in einer Entwicklungskette dar, die sich direkt auf zwei frühere Rechner zurückverfolgen läßt: auf den von Konrad Zuse im Jahr 1941 am Deutschen Forschungsinstitut für Luftfahrt in Berlin gebauten »Z 3« und auf den von Prof. Howard Aiken an der Harvard-Universität zwischen 1939 und 1944 entwickelten »Harvard Mark I«. Obgleich diese beiden Geräte einen wichtigen Fortschritt gegenüber früheren Systemen darstellten, arbeiteten sie doch auf elektromechanischer Basis, nicht rein elektronisch, wie oft behauptet wurde.
Die ersten für den Handel bestimmten Elektronencomputer brachten die Firmen Remington Rand aus Philadelphia und Ferranti aus Hollinwood, Lancashire, gleichzeitig auf den Markt. Der erste Ferranti-Mark-I-

Rechner wurde an der Universität von Manchester aufgestellt und war schon während der ersten Jahreshälfte 1951 in Betrieb, obgleich er offiziell erst am 9. Juli desselben Jahres eingeweiht wurde. Der erste Rechner von Remington Rand, »Univac I«, wurde in einer offiziellen Einweihungszeremonie am 14. Juni 1951 dem US-Volkszählungsbüro in Philadelphia übergeben.
Der erste Elektronencomputer im regulären Geschäftsleben hieß »LEO« (Lyons Electronic Office) und kam im Januar 1954 in der Zentrale der J. Lyons & Co. Gesellschaft für Lebensmittel und Verpflegung, London, zum Einsatz. LEO führte dort diverse Konten, bereitete die Lohnverrechnung vor und wurde auch an die Steuerbehörde und die britischen Eisenbahnen vermietet.
In den USA debütierten Elektronencomputer im Geschäftsleben etwas später im selben Jahr, als ein Univac I bei General Electric in Louisville, Kentucky, installiert wurde.

Corn-flakes

Das erste eßfertige Frühstücksgetreide, bestehend aus geschrotetem Weizen, wurde von Rechtsanwalt Henry D. Perky in Denver, Colorado, im Jahr 1893 hergestellt. Die Idee dazu verdankte Perky, der magenkrank war, einem Leidensgenossen, der sich in einem Hotel in Nebraska zum Frühstück in Milch gekochte Weizenkörner servieren ließ. Zunächst wurde das neue Nahrungsmittel nur in Denver und Colorado Springs verkauft. 1895 gründete Perky dann die Natural Food Co. und begann in Worcester, Massachusetts, mit der Fabriksproduktion.
Die ersten Getreideflocken hatten eine körnige Struktur und wurden von John Kellogg vom Battle-Creek-Sanatorium in Michigan aus Weizen hergestellt. Die Neuheit wurde erstmals in der Februarausgabe 1895 der Zeitschrift »Food Health« angekündigt.
Corn-flakes wurden 1898 von Kelloggs Bruder William »erfunden« und von der Firma Sanitas Food in Battle Creek hergestellt.

D

Dampfmaschine

Die erste Dampfmaschine baute der Franzose Denis Papin im Jahr 1690. Papin lebte zu dieser Zeit als Professor für Physik und Mathematik in Marburg, weil er als Hugenotte nicht in seine Heimat zurückkehren konnte. Grundlage für seine Erfindung war sein Druckkochtopf (siehe dort).
Papins Dampfmaschine war noch nicht sehr leistungsfähig; die Aufundabbewegungen des Kolbens konnten nicht in eine Drehbewegung umgewandelt werden. Die entscheidende Verbesserung gelang erst James Watt, der im Jahr 1782 eine doppelt so starke Maschine konstruierte, bei der mit Hilfe von Zahnrädern die Kolbenbewegung in eine Drehbewegung umgesetzt wurde. Erst das war die bahnbrechende Erfindung, die es ermöglichte, die Dampfmaschine zum Antrieb von Fahrzeugen und industriell verwertbar zu machen.

Dampfschiff

Das erste Dampfschiff war die aus Holz gebaute, 41 m lange und 182 t schwere »Pyroscaphe«. Sie hatte einen Schaufelradantrieb und wurde von Marquis Claude-François-Dorothée de Jouffroy d'Abbans in Écully bei Lyon gebaut. Im Juni 1783 fuhr die »Pyroscaphe« auf der Saône stromaufwärts von Lyon nach der Insel Barbe. Der Rumpf war zu schwach und brach nach einiger Zeit zusammen, es war aber dies das erste

Mal, daß ein Schiff aus eigener Kraft gegen den Strom fuhr. Die Maschine, von der Firma Frèrejean & Cie. aus Lyon konstruiert, besaß einen doppelt wirksamen Zylinder mit einem Durchmesser von 65 cm, der innerhalb des Kessels horizontal angeordnet war; die Drehbewegung wurde durch einen doppelten Sperrklinkenmechanismus übertragen, der mit der Pleuelstange verbunden war.

Die Geschichte des Dampfschiffes beginnt aber schon ungefähr 50 Jahre vor de Jouffroy d'Abbans' »Pyroscaphe«. 1736 meldete der Engländer Jonathan Hull ein dampfbetriebenes Schiff zum Patent an, das wahrscheinlich nie gebaut wurde. Die Newcomen-Dampfmaschine war dazu ungeeignet; erst die Erfindung James Watts (siehe Dampfmaschine) schuf die Voraussetzung für ein brauchbares Dampfschiff. Der schottische Bergwerksingenieur William Symington konstruierte im Jahr 1787 ein kleines Dampfboot, das anscheinend niemals einen Namen erhalten hatte. Das Boot war 7,80 m lang, wurde von einer zweizylindrigen Dampfmaschine angetrieben und konnte die Geschwindigkeit von 7,6 km/h erreichen.

Die erste Probefahrt fand am 14. Oktober 1788 in Loch Dalswinton, Schottland, statt. An Deck befanden sich außer Symington noch der Amateurtechniker und Grundbesitzer Patrick Miller sowie der Hauslehrer der Miller-Kinder, James Taylor, und der Dichter Robert Burns. Taylor berichtet, daß die Probefahrt »ganz den Erwartungen Mr. Millers entsprochen und allen Zuschauern große Freude bereitet hat«. Die Dampfmaschine befindet sich heute im South-Kensington-Museum in London.

Im Jahr 1801 baute dann William Symington das erste Dampfschiff, das längere Zeit in Betrieb war. Seine »Charlotte Dundas« besaß eine Watt-Maschine mit 10 PS und wurde durch ein Schaufelrad am Heck angetrieben.

Der Amerikaner Robert Fulton, der zu Studienzwecken in England weilte, sah im Jahr 1802 das Schiff Symingtons am Forth and Clyde Canal. Er begann an der Konstruktion eines Dampfschiffes zu arbeiten. Am 17. August 1807 konnte er den ersten Erfolg verzeichnen: seine »Clermont« fuhr den Hudson von New York nach Albany hinauf und legte die 240 km in 52 Stunden zurück. Fulton warb auch in Deutschland für sein Dampfschiff: Er schlug der bayrischen Regierung vor, auf der Donau statt der von Pferden gezogenen Schleppkähne Dampfschiffe einzusetzen, aber Oberbergrat Josef von Baader war zu engstirnig, die Vorteile dieser Neuerung einzusehen. Außerdem vertrat man damals die Meinung, daß Dampfschiffe nur auf langsam strömenden Flüssen erfolgreich eingesetzt werden könnten.

Das erste preußische Dampfschiff war die »Prinzessin Charlotte«, die am 14. September 1817 vom Stapel lief. Ihr Erbauer war John Humphreys in Berlin. Nach einer Probefahrt am 2. Oktober begann sie ihren Dienst am 27. Oktober 1817 zwischen Berlin und Potsdam.

Der erste gewerbliche Dampfschiffbetrieb wurde von John Fitch auf dem Delaware River aufgenommen, nachdem am 26. Juli 1790 in der »Federal Gazette and Philadelphia Daily Advertiser« angekündigt worden war:

»Das Dampfschiff ist nun bereit, Passagiere aufzunehmen, und es ist beabsichtigt, von der Arch-Street-Fähre in Philadelphia jeden Montag, Mittwoch und Freitag nach Burlington, Bristol, Bordentown und Trenton abzufahren und am folgenden Tag zurückzukehren. Die Preise betragen nach Burlington und Bristol 2 Shilling und 6 Pence, nach Bordentown 3 Shilling und 9 Pence und nach Trenton 5 Shilling.«

Da der 26. Juli ein Montag war, ist es durchaus möglich, daß die Linie tatsächlich an diesem Tag eröffnet wurde. Die Schaufelräder des von Fitch entworfenen Schiffes befanden sich am Heck und wurden von einer Maschine mit einem einzelnen Zylinder von 46 cm Durchmesser angetrieben. Fitch wurde bei seinem Unternehmen von dem deutschen Uhrmacher Johann Voigt unterstützt, der für das Funktionieren von

Eines der ersten Dampfschiffe, die »Clermont« von R. Fulton, 1807

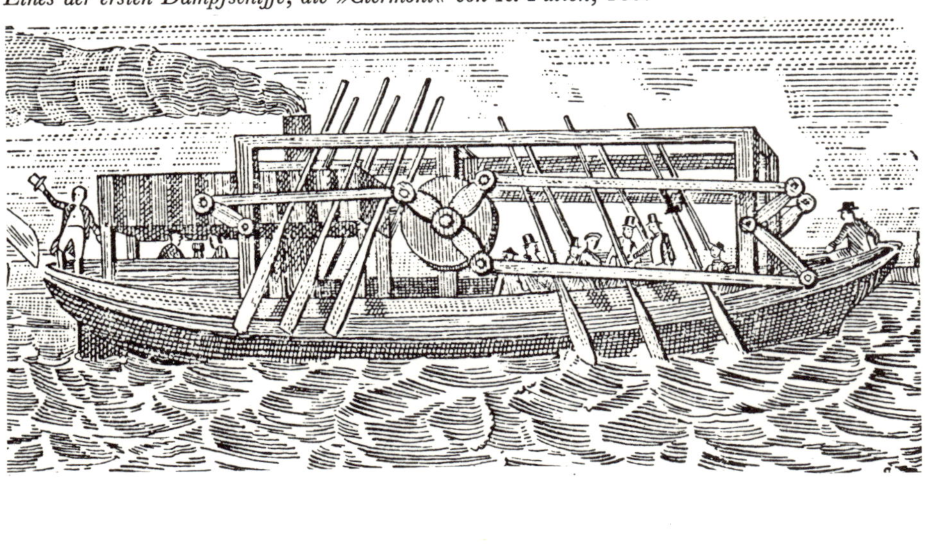

Kessel und Maschine verantwortlich war. Voigt kann damit wohl als der erste Schiffsingenieur angesehen werden.
Der Liniendienst wurde nur bis zum Ende des Sommers aufrechterhalten, weil die von Fitch ausgesuchte Strecke bereits von Postkutschen befahren und das Passagieraufkommen dementsprechend gering war. Bei einer Durchschnittsgeschwindigkeit des Schiffes von 11 km/h waren die Postkutschen auf dieser Strecke erheblich schneller, sie benötigten zum Beispiel von Philadelphia nach Burlington um 1½ Stunden weniger. Fitch kam in finanzielle Schwierigkeiten und beging Selbstmord – er stürzte sich in den Delawarefluß.
Nach Einstellung der Fitch-Linie gab es weder in Amerika noch sonstwo ein ähnliches Unternehmen, bis im Jahr 1807 Robert Fulton mit seiner berühmt gewordenen »Clermont« den Hudson zwischen New York und Albany befuhr. Diese Fulton-Linie wurde oft fälschlich als der erste Dampfschiffliniendienst bezeichnet, allerdings war sie tatsächlich die erste Schiffslinie, die über einen längeren Zeitraum hinweg regelmäßig verkehrte.
Das erste Dampfschiff auf dem Rhein war die englische »Defiance«, die im Juni 1816 bis Köln hinauffuhr.
Ein regelmäßiger Dampferverkehr wurde am Rhein am 31. Mai 1817 eröffnet.
Die erste Schiffahrtslinie auf der Donau war die königlich private Donau-Dampfschiffahrtsgesellschaft (I. D. D. S. G.), die am 13. März 1829 gegründet wurde. Am 17. September 1830 begann die »Franz I.« ihren Liniendienst auf der Donau.

Dampfschiff auf offener See
Das erste Dampfschiff, das die offene See befuhr, war die 95 t schwere »Phoenix« von John Stevens, die unter dem Kommando von Kapitän Moses Rogers vom 10. bis 23. Juni 1809 von New York nach Philadelphia fuhr.
Das erste seetüchtige Dampfschiff der Welt im regulären Liniendienst (wohl zu unterscheiden von den Küstendampfern) war die 88 t schwere »Rob Roy«. Sie wurde von Archibald MacLachlan & Co. in Dumbarton, Schottland, gebaut und mit Maschinen von David Napier ausgerüstet. Im Juni 1818 unternahm sie ihre Jungfernfahrt von Greenock nach Dublin. David Napier betrieb das Schiff bis 1821 auf einer regulären Route von Greenock nach Belfast. Später bewährte sich die »Rob Roy« als der erste Kanaldampfer.

Ärmelkanalüberquerung
Das erste Dampfschiff, das den Ärmelkanal überquerte, war die 38 t schwere »Elise«, die am 17. März 1816 unter dem Kommando von Kapitän Pierre Andriel Newhaven verließ und eine 17 Stunden dauernde, stürmische Passage nach Le Havre unternahm.
Das Schiff war von Anthony Cortis & Co. in London an die Firma Andriel, Pajol & Cie. in Paris geliefert worden, um als Postschiff auf der Seine eingesetzt zu werden.
Der erste Kanaldampfer im regulären Liniendienst war die »Rob Roy«, die unter britischer Flagge (sie gehörte einem Mr. Boyd aus Dover) die Route Dover–Calais von 1821 bis 1823 befuhr, bis sie von der französischen Regierung erworben wurde. Die durchschnittliche Fahrzeit betrug 2 Stunden 45 Minuten. Die gegenwärtige Zeit von 50 Minuten für eine Kanalüberquerung (auf der kurzen Strecke) wurde im Liniendienst erstmals im Jahr 1887 erreicht, als die »Empress« in Dienst gestellt wurde.

Atlantiküberquerung
Das erste Dampfschiff, das den Atlantik überquerte, war die 320 t schwere »Savannah«, die unter dem Kommando von Kapitän Moses Rogers am 24. Mai 1819 von Savannah, Georgia, aus in See stach und nach einer Reise von 27 Tagen und 11 Stunden am 20. Juni unter Segeln in Liverpool eintraf. Sie war allerdings nur 18 Tage unter Dampf, weil das Schiff nicht mehr Heizmaterial, nämlich Fichtenholz, fassen konnte. Sie hatte keine Passagiere an Bord, da niemand sich dazu bereit fand, für eine Reise, die gefährlich zu werden drohte, Karten zu lösen. Allerdings war die Gefahr einer Kesselexplosion – bei dem damaligen Stand der Dampfschiffahrt nichts Außergewöhnliches – dadurch möglichst gering gehalten worden, daß das Schiff von den 659 Stunden auf See nur 85 Stunden mit Dampf betrieben wurde.
Das erste Dampfschiff, das den Atlantik fast ganz unter Dampf überquerte (von kurzen Intervallen für die Wartung des Kessels abgesehen), war das kanadische Schiff »Royal William«. Es wurde 1831 von Black & Campbell in Quebec erbaut und mit zwei seitengesteuerten Maschinen von Bennet & Henderson aus Montreal ausgestattet. Mit acht Passagieren an Bord stach es am 18. August 1833 von Pictou, Nova Scotia, in See und kam am 12. September in Cowens auf der Isle of Wight an.
Die Kessel der »Royal William« wurden noch mit Meereswasser gespeist. Aus diesem Grund mußte die Dampfmaschine alle vier Tage ausgeschaltet werden, um die Kessel vom Salz reinigen zu können.
Erst die englische »Sirius« war in der Lage, 1838 ohne Unterbrechung unter Dampf den Atlantik zu überqueren. Sie verließ am 4. April den

Hafen von Cork und kam trotz starker Gegenwinde am 22. April in New York an. Auf ihrer Fahrt erreichte sie eine Durchschnittsgeschwindigkeit von 12,41 km/h.

Eisenschiff
Das erste eiserne Dampfschiff war die 116 t schwere »Aaron Manby«, die 1822 von Aaron Manby auf Kiel gelegt wurde. Manby war der Eigentümer der Horsley-Stahlwerke in Tipton (Staffordshire). Die Schiffshaut wurde in Tipton gegossen, die Einzelteile wurden dann zum Zusammenbau nach Rotherhithe gebracht. Dort wurde das Schiff am 30. April 1822 fertiggestellt. Nach Versuchsfahrten auf der Themse im Mai absolvierte es seine Jungfernfahrt über den Kanal mit einer Ladung Leinsamen und – passenderweise – Eisen und legte am 10. Juni 1822 in Paris an.

Stahlschiff
Das erste Stahlschiff war die Dampfbarkasse »Ma Robert«, die im englischen Birkenhead in der Werft von John Laird für die Sambesi-Expedition von David Livingstone gebaut und ihm am 6. März 1858 übergeben wurde. Das Schiff wurde auf der Schaluppe »Pearl« in einzelnen Teilen nach Afrika transportiert, dort wieder zusammengebaut und im Mai desselben Jahres vom Stapel gelassen.
Als die Expedition die Kebrabasa-Stromschnellen erreichte, war die »Ma Robert« bereits in »Die Asthmatische« umbenannt worden, »wegen ihres Schnaufens und Ächzens, unter dem sie sechs oder sieben Meilen pro Stunde schaffte, während die Kanus der Eingeborenen sie mit Leichtigkeit überholten«. Ihre Stahlplatten leckten, dennoch konnte sie durch zahlreiche Reparaturen bis 20. Dezember 1860 über Wasser gehalten werden; an diesem Tag hauchte sie auf einer Sandbank oberhalb von Senna endgültig ihr Leben aus.

Übersee-Linienschiff
Das erste Übersee-Linienschiff, das nach einem regelmäßigen Fahrplan verkehrte, war der 424-t-Segler »James Monroe« der amerikanischen Schiffahrtslinie Black Ball Line. Ihre Jungfernfahrt trat die »James Monroe« am 5. Januar 1818 von New York vom Pier 23 aus an, am 2. Februar 1819 traf sie im Hafen von Liverpool ein. An Bord befanden sich acht Passagiere. Die Ausstattung des Seglers übertraf bei weitem die anderer Passagierschiffe aus jener Zeit: der geräumige Salon war mit Mahagonimöbeln eingerichet, die Türen der mit Seidenholz ausgekleideten Passagierkabinen waren von Marmorpfeilern flankiert. Es gab eine kleine »Farm« mit Kühen, Schweinen und Geflügel, um die Reisenden mit frischen Lebensmitteln zu versorgen. Täglich wurde frisches Brot gebacken.
Der erste Ozeandampfer mit regelmäßigem transatlantischem Passagierbetrieb war die »Great Western«, entworfen von Isambard Kingdom Brunel für die Great Western Steamship Co. Am 8. April 1838 begann sie unter Kapitän James Hosken ihre Jungfernfahrt von Bristol nach New York. Bei einer Durchschnittsgeschwindigkeit von 16,30 km/h währte die Fahrt 15 Tage und 5 Stunden: ein Tag weniger, und die »Great Western« hätte die kleinere »Sirius« um die Ehre gebracht, als erstes britisches Dampfschiff den Atlantik überquert zu haben. Wie vordem schon die »James Monroe« setzte auch die 1 320 t große »Great Western« neue Maßstäbe hinsichtlich des Komforts für die Passagiere; der prächtige, 22 m lange Salon überbot alles bisher auf einem Schiff Dagewesene. Auf dem Dampfer konnten 120 Passagiere in der ersten Klasse, 20 in der zweiten und 100 auf dem Zwischendeck untergebracht werden.
Der erste eiserne Ozeandampfer, gleichzeitig auch der erste mit einer Schiffsschraube, war die »Great Britain« der Great Western Steamship Co., gebaut von Patterson nach Plänen von Brunel, Stapellauf am 19. Juli 1843. Von Liverpool aus unternahm sie am 26. Juli 1845 ihre Jungfernfahrt nach New York, wo sie 14 Tage und 21 Stunden später in den Hafen einlief. An Bord befanden sich 60 Passagiere und 600 t Frachtgut.

Transatlantische Dampferlinie
Die erste transatlantische Dampferlinie war die »British and North American Royal Mail Steamship Company«, die im Jahr 1840 von Samuel Cunard aus Halifax gegründet wurde. Der erste Dampfer dieser Linie die »Britannia«, lief am 4. Juli 1840 von Liverpool nach New York aus. (Siehe Schiffsschraube)

Dauerwelle

Die erste Dauerwelle wurde von Karl Ludwig Nessler erfunden. Nessler wurde im Jahr 1872 in Todtnau im Schwarzwald geboren, im selben Jahr, in dem der Pariser Haarkünstler Marcel Grateau seine »Marcel-Welle« kreierte. Nesslers Vater war Schuhmacher, und auch der Sohn sollte dieses Handwerk erlernen, doch seine Augen waren zu schwach, und er entschloß sich, Friseur zu werden.
Er arbeitete zuerst in der Schweiz und kam dann nach Paris, wo er die Kunst des Ondulierens à la Marcel erlernte. Als er 1901 nach London übersiedelte, hatte Nessler bereits mit Experimenten für eine haltbarere Welle begonnen. Eines Tages probierte er an einer Kundin die

neue Methode aus, wurde von seinem Arbeitgeber erwischt und fristlos entlassen. Glücklicherweise verfügte er über genügend Ersparnisse, um einen eigenen Salon in der Great Castle Street zu eröffnen und seinen Apparat zu vervollständigen. Am Abend des 8. Oktober 1906 stellte Nessler seinen Dauerwellenapparat einem Kreis von geladenen Berufskollegen vor. Das System funktionierte, doch es wurde von der Fachwelt mit Skepsis aufgenommen. Die Maschine war groß und schwerfällig, und die verschönerungswillige Kundin mußte ein Dutzend Messingwickler, von denen jeder fast ein Kilo wog, auf ihrem Kopf erdulden. Die ganze Prozedur dauerte über sechs Stunden und war überdies ziemlich teuer (10 Guineas); kein Wunder, daß Nessler im Jahr nicht mehr als 70 Kundinnen für seine neue Erfindung gewinnen konnte. Beim Ausbruch des Ersten Weltkrieges emigrierte er nach Amerika, um nicht als Ausländer interniert zu werden. Da machte er sein Glück: im Jahr 1915 hatte die gefeierte Tänzerin Irene Castle den Bubikopf in den Staaten bekannt gemacht, und Dauerwellen wurden die große Mode.

Dosenbier

Das erste Dosenbier wurde von der Kreuger-Brauerei in Newark, New Jersey, herausgebracht. Die Dosen waren wie Fäßchen geformt und wurden von der American Can Co. erzeugt. Das Dosenbier kam testweise am 24. Januar 1935 in Richmond, Virginia, auf den Markt.

Druckkochtopf

Den ersten Druckkochtopf konstruierte der gebürtige Franzose Denis Papin im Jahr 1681 in London, wo er als Präparator und Gehilfe des Physikers Boyle arbeitete. Seinen »Digesteur« (Verdauer) oder »Schraubendampfkoch« stellte er in einer Zeitschrift folgendermaßen vor: »Mittels dieser Maschine kann die älteste und zäheste Kuh ebenso weich und wohlschmekkend gemacht werden wie das erstklassigste Fleisch.« Auf Grund seiner Erfindung wurde Papin in die Royal Society aufgenommen.

E

Eau de Cologne

Das erste Eau de Cologne wurde von Paul Feminis erfunden, der im Jahr 1692 von Mailand nach Köln übersiedelte und hier mit der Produktion seines Duftwassers begann: Es bestand aus Orangenschalenöl, Zitronenschalenöl, Neroliöl, Bergamottöl und Rosmarinöl; alle diese Öle wurden in Weinspiritus gelöst und abgelagert, bis der Duft zur Entfaltung kam. Feminis nannte sein Duftwasser »Eau admirable«; der Name »Eau de Cologne« kam erst während des Siebenjährigen Krieges auf, als französische Truppen nach Köln kamen und Feminis' Erzeugnis kurzerhand »Kölnisch Wasser« tauften. Damals war die Firma bereits im Besitz der Großneffen Feminis', der Brüder Johann Baptist und Johann Maria Farina. Ihre Nachkommen verlegten die Firma im Jahr 1723 »gegenüber dem Jülichplatz«, woher auch die Firmenbezeichnung stammt. Auch die Marke »4711« wurde in Köln erzeugt, und zwar von der Firma Mühlens in der Glockengasse. Die Häuser in Köln waren durchgehend numeriert, und das Firmengebäude in der Glockengasse hatte die Nummer 4711.

Eheanbahnungsinstitut

Das erste Eheanbahnungsinstitut war das »Office of Addresses and Encounters« (Adressen- und

Begegnungsbüro), das Henry Robinson am 29. September 1650 in London eröffnete. In einer Ankündigung heißt es: »Interessenten, die sich selbst oder Freunde verheiraten wollen, können hier Informationen bezüglich Personen und Mitgift einholen.«
Das erste Paar, das mittels Computers zueinander gefunden hat, war Shirley Sanders und Robert Kardell, beide 26 Jahre alt. Diese Computervermittlung fand im Rahmen einer amerikanischen Fernsehshow (»People are funny«) statt. Das Paar heiratete am 18. Oktober 1959 in Hollywood, die Hochzeitsreise nach Honolulu wurde ihnen von der Fernsehgesellschaft bezahlt.

Einbahnstraße

Die erste dauerhafte Einbahnverfügung im Motorzeitalter wurde im August 1924 vom Metropolitan Commissioner of Police in London erlassen. In der Mare Street, Hackney, durfte man auf einem bestimmten Streckenteil nur in südlicher Richtung fahren.

Einkommensteuer

Die erste Einkommensteuer wurde unter der Bezeichnung »Catastro« im Jahr 1451 in Florenz unter der Herrschaft von Lorenzo de' Medici eingeführt und später durch die »Scala«, einer progressiv gestaffelten Einkommensteuer, ersetzt. Im Lauf der Zeit artete die »Scala« jedoch in ein Mittel politischer Erpressung aus und wurde mit dem Sturz der Medici im Jahr 1492 abgeschafft.
Als erste deutsche Stadt legte Hamburg im Jahr 1866 seinen Bürgern eine Einkommensteuer auf, das erste deutsche Land war Sachsen im Jahr 1878. Erst 1919 ging die Einkommensteuer im Zuge der Erzbergerschen Finanzreform auf das gesamte Deutsche Reich über.

Eiscreme

Die erste Eiscreme wurde angeblich schon in der Antike serviert; wahrscheinlich handelte es sich dabei aber um stark gekühlte oder mit Schnee zubereitete Süßspeisen. Speiseeis, wie wir es heute kennen, wurde vermutlich im 16. Jahrhundert in Florenz »erfunden«. Von dort gelangte es dann nach Frankreich. Im Jahr 1660 konstruierte ein Italiener namens Procopio Coltelli, der in Paris als Limonadenverkäufer arbeitete, eine Art Rührmaschine und konnte damit aus gekühlter Limonade Wassereis zubereiten. Speiseeis auf Milchbasis wurde in Frankreich erst im 18. Jahrhundert von dem Pariser Kaffeehausbesitzer Le Caveau eingeführt, der im Jahr 1774 die Waffen des Herzogs von Chartres, eines seiner höchsten Gönner, aus Eiscreme nachformte. Le Caveau gab seinem beliebten Dessert den Namen »Eisbutter«.
Die meisten Quellen deuten aber darauf hin, daß England das Geburtsland von Speiseeis ist. Der Küchenmeister von König Charles I., Gerald Tissain, stellte schon in der ersten Hälfte des 17. Jahrhunderts Eisdesserts her, die allem Anschein nach aus Milch oder Rahm zubereitet wurden. Als Lohn für die Bemühungen wurde ihm von seinem Herrscher eine lebenslängliche Jahresrente von 20 Pfund ausgesetzt.
Eiscreme war bei den wohlhabenden Schichten im 18. Jahrhundert sehr beliebt. Allerdings mußte die Köstlichkeit mit hohen Preisen bezahlt werden – George Washington gab 1790 in zwei Monaten 200 Dollar

Französischer Eissalon, um 1810

für Eiscreme aus! –, bis im Jahr 1851 Jacob Fussell, ein Milchhändler aus Baltimore, Maryland, ein Verfahren zur Massenherstellung einführte.
Damals gab es in Baltimore nur einen Eishersteller, der aus gekochter Milch und Zucker ein halbwegs vertrauenerweckendes Produkt zusammenbraute und es für 60 Cent pro Liter absetzte. Fussell, dem auf seinen Auslieferungsrouten durch unregelmäßige Bestellungen oft Rahm übrigblieb und verdarb, schaffte sich ein paar Gefriermaschinen an und verkaufte seine aus Rahm hergestellte Eiscreme im Großhandel – die erste Eisfabrik der Welt war in Betrieb. Infolge der großen Umsatzmenge kostete Fussells Eiscreme nur 25 Cent pro Liter, ein beispiellos niedriger Preis. Ein Jahr nach seiner ersten Lieferung am 15. Juni 1851 hatte Fussell bereits ähnliche Betriebe in Washington und New York eröffnet.

Eistüten
Die ersten Eistüten wurden 1896 in New Jersey von dem italienischen Einwanderer Italo Marcioni hergestellt, der sich eine spezielle Hohlform am 13. Dezember 1903 patentieren ließ. Die Neuheit erregte jedoch zunächst wenig Aufmerksamkeit. Erst als ein syrischer Waffelhersteller namens E. A. Hamwi auf der Handelsmesse in St. Louis im Jahr 1904 seine Waffeln zu Tüten rollte und sie von dem Eisverkäufer am Nachbarstand mit Eiscreme füllen ließ, wurden die Eistüten populär.

Eisenbahn

Die erste öffentliche Eisenbahn für den Gütertransport wurde im Juni 1789 von der Loughborough & Nanpanton Railway Co., die von William Jessop begründet worden war, in Loughborough, Leicestershire, eröffnet. Viel mehr ist über dieses Ereignis nicht bekannt.
Die erste öffentliche Schienenbahn, die einige Aufmerksamkeit erregte, war die am 26. Juli 1803 eröffnete Surrey Iron Railway, die auch für den Gütertransport bestimmt war. Eine Inschrift auf der Wand der Ram-Brauerei in Wandsworth, London, lautete:

»Unterirdisch befinden sich die Steinschwellen der Surrey Iron Railway, der ersten vom Parlament beschlossenen Schienenbahn. Diese Bahn wurde 1802/03 von William Jessop, einem berühmten Ingenieur und Kanalbauer, errichtet, im Auftrage von ansässigen Fabriksbesitzern und anderen Unternehmern, die sich regelmäßig im nahe gelegenen Spread Eagle Inn trafen. Hier verkehrten die von Pferden gezogenen Züge, die bis zu 15 Waggons hatten, die mit Kohle, Rohmaterial und Waren beladen waren und zwischen Croydon und Jessop's Basin, einem an der Themse gelegenen Ladeplatz, hin- und herfuhren.«

Dem Bericht eines Zeitgenossen zufolge wurden die Züge von »einem jämmerlichen Gespann magerer Maultiere oder Esel« gezogen, was möglicherweise eine der Ursachen dafür war, daß es die Gesellschaft niemals zu wirtschaftlicher Blüte brachte. Nachdem die Besitzer mehrmals gewechselt hatten, wurde die Linie schließlich am 31. August 1846 wieder eingestellt.
Die erste öffentliche Eisenbahn, auf der Dampflokomotiven verkehrten, war die Linie Stockton–Darlington, die am 27. September 1825 eröffnet wurde. Der erste Zug, der die zirka 20 km lange Strecke befuhr, bestand aus George Stephensons 15 t schwerer Lokomotive Nr. 1, die vom Erbauer selbst geführt wurde, weiters einem Tender, zwölf mit Kohle und Mehl beladenen Güterwagen, einem Wagen für den Vorstand der Eisenbahngesellschaft und aus 21 mit Sitzen ausgestatteten Wagen für die Gäste. Sechs dieser Wagen hatten Kutschaufbauten, die von Postwagen stammten und die auf Eisenbahnuntergestelle montiert worden waren; sie boten je 18 Personen Platz, die sich gegenübersaßen. Alle Wagen waren mit Personen besetzt. Ein Augenzeuge berichtet über den Eröffnungszug:

»Die Wagen waren mit Fahnen geschmückt, die verschiedene Aufschriften trugen, wie zum Beispiel ›Periculum privatum, utilitas publica‹ (Das Risiko trägt der einzelne, den Vorteil hat die Allgemeinheit). Auf ein gegebenes Zeichen setzte sich der Zug mit den Wagen unter dem Jauchzen und den Zurufen der Zuschauer in Bewegung, die sich zu diesem neuen und seltsamen Schauspiel versammelt hatten. Der Zug fuhr mit großer Geschwindigkeit zuerst bis Darlington, wo man den Wasservorrat für die Lokomotive ergänzte, und dann nach Stockton weiter. Die Reiter, die dem Zug über Gräben und Hecken folgten, konnten, obwohl sie ausgezeichnete Pferde hatten, den Zug nicht begleiten.«

Ein deutscher Augenzeuge, Julius Konrad von Yelin, damals auf einer »Studienreise in England, berichtete darüber:

Wie in England immer, so wurde auch diese Feierlichkeit mit einem glänzenden Mahle beschlossen, wobei es an Toasts für die fernere Ausbreitung der Railways und ihrer Dampffuhrwerke natürlich nicht fehlte. Es wird aber auch wahrscheinlich nun daran nicht fehlen, nachdem dieser große Versuch mit Überwindung aller nur denkbaren Schwierigkeiten des Terrains auf eine so auffallende und, man kann sagen, so glänzende Weise zugunsten der Dampfwagen und Eisenbahnen ausgefallen ist.«

In der ersten Zeit nach der Eröffnung der Linie Stockton–Darlington wurde hauptsächlich Kohle befördert. Der Frachtpreis betrug pro Meile und Tonne 1 Penny. Der Zug erreichte eine Geschwindigkeit bis zu 20 km/h.

Eisenbahn für Personenverkehr

Die erste Eisenbahn für den Personenverkehr war die Oystermouth-Schienenbahn, deren Bau am 29. Juni 1804 im englischen Parlament beschlossen wurde. Im April 1806 wurde auf der 12 km langen Strecke zwischen Swansea und Oystermouth zunächst der Gütertransport, der von Pferden gezogen wurde, aufgenommen. Der Personenverkehr kam durch einen Vertrag der Bahngesellschaft mit Benjamin French zustande, der sich bereit erklärte, ab 25. März 1807 für ein Jahr einen Wagen für Passagiere zu unterhalten, und für dieses Privileg 20 Pfund bezahlte. (Tatsächlich wurde der Passagierbetrieb, mit einigen Unterbrechungen und verschiedensten Zugmaschinen, bis zum Jahr 1960 fortgesetzt.)

Der Zug verkehrte im Sommer zweimal täglich, eine Einzelfahrt kostete 1 Shilling. Man konnte nur an zwei Stellen der Strecke aus- und zusteigen. Richard Ayton beschrieb 1813 den Passagierwagen folgendermaßen:

»Er ist ein sehr langer Wagen, getragen von vier niedrigen Eisenrädern. Er bietet außer dem Fahrer sechzehn Personen Platz, wird von einem Pferd gezogen und rollt mit einer Geschwindigkeit von fünf Meilen pro Stunde auf einer eisernen Schienenstraße, und das mit dem Getöse von zwanzig Vorschlaghämmern in voller Aktion. Die Strecke ist nur vier Meilen lang, aber das genügt, um einen am Ende der Reise in einem Zustand der Benommenheit und Verwirrung der Sinne vom Wagen taumeln zu lassen, so daß man von Glück reden kann, wenn man sich innerhalb einer Woche erholt.«

Die erste von einer Dampflokomotive gezogene Eisenbahn für Passagiere wurde am 6. Mai 1830 eingeweiht, einen Tag nachdem die Canterbury & Whitstable Railway die Linie eröffnet hatte. Über 6,5 km der Strecke wurden die Züge wegen der großen Steigungen von einer stationären Maschine gezogen, die restlichen 3 km von George Stephensons Lokomotive 0-4-0 INVICTA. Der Fahrpreis betrug 9 Pence (später auf 6 Pence reduziert), die Fahrt dauerte 35–40 Minuten. Es verkehrten täglich zehn Züge. Bis zur Einführung geschlossener Waggons im Jahr 1834 saßen die Reisenden in offenen Wagen.

Die erste Bahnlinie, auf der ausschließlich Dampflokomotiven verkehrten, gleichzeitig die erste, die 1.- und 2.-Klasse-Waggons führte, war die Linie Liverpool–Manchester, die am 15. September 1830 eröffnet wurde. Am 4. Oktober begann der fahrplanmäßige Verkehr mit täglich vier Zügen, die nur 1.-Klasse-Waggons hatten, und zwei Zügen, die nur 2.-Klasse-Waggons führten. Die 1.-Klasse-Waggons bestanden aus drei Abteilen und waren nach dem Prinzip der Postkutsche konstruiert. Sie hatten zusätzlich zu den Türfenstern noch Seitenfenster. Die äußere Form der Eisenbahnabteile blieb also, mit Ausnahme von wenigen Änderungen, vom Beginn des Lokomotivzeitalters an erhalten. Die Ausstattung der 2. Klasse war wesentlich spartanischer, die offenen Wagen hatten lediglich eine Dachplane.

Als die Eisenbahn zwischen Manchester und Liverpool geplant wurde, brach ein Sturm der Entrüstung los. Von den Kanzeln wurde gegen die Eisenbahn gepredigt; die Landvermesser bezogen Prügel, man fürchtete, die Kühe würden vor Entsetzen keine Milch geben, die Hühner keine Eier legen und die Funken würden die Strohdächer der umliegenden Bauernhäuser in Brand setzen. Deshalb bewaffnete sich die Bevölkerung und schwor, auf jeden Fremden zu schießen; das letzte Stück der Strecke mußte daher nachts vermessen werden. Auch im Parlament kam es zu Diskussionen. Man meinte, Regen würde das Feuer der Lokomotive auslöschen, bei Sturm sei eine Fahrt ohnehin unmöglich, weil die Glut zu stark wäre und der Kessel platzen müsse. Außerdem befürchtete man, daß für die Reisenden die Geschwindigkeit von 18 km/h schädlich sei, weil sie die Gehirnkrankheit »delirium curiosum« hervorrufe.

Die Eröffnung der Canterbury-Whitstable-Eisenbahn am 6. Mai 1830, der ersten von einer Dampflokomotive gezogenen Eisenbahn für Passagiere. Die Lokomotive ist die Stephenson 0-4-0.

Die erste deutsche Dampfeisenbahn war die Strecke Nürnberg–Fürth, die am 7. Dezember 1835 eröffnet wurde. Der Berichterstatter des »Stuttgarter Morgenblatts« schrieb darüber:

»Eine unübersehbare Menschenmenge drängte sich um den Bahnhof der ›Ludwigsbahn‹. Auf der Maschine steht in Frack, Zylinder und weißen Handschuhen der englische Lokomotivführer Wilson. Sein Heizer Johann Georg Hyronimus schaufelt Kohlen. Der Regierungspräsident von Franken, Ritter von Stichauer, der die Eröffnung im Namen der anwesenden Majestäten vornehmen wird, unterhält sich mit Johannes Scharrer, dem Schöpfer und Vorkämpfer der ›Ludwigsbahn-Gesellschaft‹. Der Präsident trägt Galauniform: gelbe Kniehosen, weiße Seidenstrümpfe und Schnallenschuhe, den goldbortierten, ordengeschmückten blauen Frack, Zweispitz und Degen. Unter den Honoratioren sieht man auch Herrn Paul von Denis, den Erbauer der Bahn, Herrn Platner, den Direktor, Herrn Binder, den Bürgermeister von Nürnberg, und Herrn von Bäumen, den Bürgermeister von Fürth. In der Menge werden verschiedene Meinungen laut. Man fürchtet, der Rauch der Lokomotive könnte die umliegenden Felder unfruchtbar machen, die Hühner würden vor Schreck keine Eier mehr legen, und weidende Pferde und Rinder würden tobsüchtig werden. Ein älterer Herr weist auf ein Gutachten des bayrischen Medizinalkollegiums hin, wonach der bei der wahnsinnigen Geschwindigkeit von 35 km/h entstehende Luftzug die Fahrgäste ersticken müsse. Im übrigen würde die Reibung der Räder alles in Brand setzen. Man sollte, so meinte er, aus Sicherheitsgründen, 3 m hohe Bretterzäune links und rechts neben der Bahnstrecke aufrichten.
Doch ehe es zum politischen Streit kommt, lenkt der Festplatz alle Augen auf sich. Der örtliche Gesangverein intoniert einen feierlichen Chor, Regierungspräsident von Stichauer erhebt die Hand – das Zeichen zum Einsteigen für die Ehrengäste –, und unter lautem Hallo besteigen die mit Proviant, Schirmen und Stöcken ausgerüsteten Damen und Herren die Kutschen zur ersten Fahrt.«

Kursbuch
Das erste Kursbuch, der englische »Bradshaw Guide«, erschien im Jahr 1842. Das Königliche Generalpostamt in Berlin gab im Jahr 1850 das erste deutsche Kursbuch für Eisenbahn-, Post- und Dampfschiffverkehr heraus.

Eisenbahn: Dampflokomotive

Die erste Dampflokomotive wurde von Richard Trevithick, einem Ingenieur aus Cornwall, konstruiert und setzte sich am 6. Februar 1804 das erste Mal bei Merthyr Tydfil in Wales in Bewegung.
Die ersten Passagiere, die in einem von einer Dampflokomotive gezogenen Schienenwagen fuhren, waren die beiden Eisenhüttenbesitzer Samuel Homfray und Richard Crawshay sowie ein zu Besuch weilender Regierungstechniker namens Anthony Hill. Am 20. Februar 1804 reisten sie 15,6 km weit von Penydarren nach Abercynon Wharf in Wales. Ihr Waggon bestand aus einem gewöhnlichen Straßenfahrzeug, dessen Achsen dieselben Ausmaße hatten wie die der Lokomotive.
Zwei Tage später kassierte Homfray von Anthony Hill eine Wette über 500 Guineas, nachdem es Trevithicks Lokomotive geschafft hatte, fünf mit 10 t Spateisen beladene Waggons anstandslos über die ganze Strecke zu ziehen. Diese Gelegenheit benützte die Allgemeinheit zur erstmaligen Passagierbeförderung – 70 Zuschauer kletterten ungebeten auf die Waggons, um auch an der Fahrt teilzunehmen.

Eisenbahn: Diesellokomotive

Die erste Eisenbahn mit Diesellokomotive wurde 1912 für die Preußisch-Hessischen Staatsbahnen gebaut. Das Chassis und die Auf-

Richard Trevithick führt gegen Eintritt seine Lokomotive in London, Euston Square, vor, 1808

bauten stammten von dem Unternehmen Borsig AG in Berlin, der V-förmig angeordnete 4-Zylinder-2-Takt-Motor und die Hilfsaggregate von der Schweizer Sulzer AG in Winterthur. Die Probefahrten verliefen jedoch so unbefriedigend, daß die Lokomotive nicht im regulären Zugsverkehr eingesetzt wurde.
Die erste regelmäßig verkehrende Diesellokomotive war ein schwedisches Fabrikat mit einer Spurweite von einem Meter und dieselelektrischem Antrieb vom Typ Bo-Bo. Sie wurde im Jahr 1921 von der tunesischen Eisenbahn in Betrieb genommen.

Eisenbahn: Triebwagen

Der erste Triebwagen war der »Fairfield«, ein Dampftriebwagen mit drei Achsen, der von Bridges Adams konstruiert und 1848 in seinem Werk in der Fairfield Road in Bow, Devon, gebaut wurde. Er wurde im Winter 1848/49 von der Bristol & Exeter Eisenbahngesellschaft in Betrieb genommen. Seine Durchschnittsgeschwindigkeit betrug 65 km/h. In der ersten Klasse, die mit großen Panoramafenstern ausgestattet war, konnten 16, in der zweiten 32 Passagiere befördert werden.
Der erste dieselelektrische Triebwagen war ein vierachsiger Triebwagen ohne Drehgestell, der 51 Reisenden Platz bot. Er wurde 1913 in Schweden im Bezirk Södermanland eingesetzt.

Eisenbahn: elektrische Lokomotive

Die erste elektrische Versuchslokomotive mit normaler Spurweite wurde von Prof. Charles Page aus Washington entworfen und war im Jahr 1839 auf der Baltimore & Ohio Railroad zwischen Washington und Bladensburg in Betrieb.
Im Jahr 1842 wurde eine Versuchslokomotive von dem schottischen Ingenieur Robert Davidson konstruiert, der zu diesem Zweck in ein Auto einen Elektromotor einbaute. Die Lokomotive fuhr kurze Zeit auf der Edingurgh & Glasgow Railway und konnte fast 6 km/h mit einer Last von 5 t erreichen. Sie fand ein vorzeitiges Ende in einem Maschinenhaus in Perth durch die Bahnarbeiter, die in der Lokomotive eine Gefahr für ihren Lebensunterhalt sahen.
Die erste brauchbare elektrische Eisenbahn wurde von Werner von Siemens im Jahre 1878 auf der Berliner Gewerbeausstellung vorgeführt.

Vorführung der ersten brauchbaren elektrischen Eisenbahn von Werner von Siemens, 1878

Elektrifizierung einer Hauptstrecke
Die erste Elektrifizierung einer Hauptstrecke wurde von der Baltimore & Ohio Railroad im Jahr 1894 auf einer knapp 6 km langen, teils über, teil unter der Erde verlaufenden Strecke durch die Stadt Baltimore vorgenommen. Die Elektrifizierung wurde auf Anordnung der städtischen Behörden durchgeführt, um der Rauch- und Rußentwicklung der Dampflokomotiven zu begegnen. Der Strom führte über eine Oberleitung, die Lokomotiven konnten eine Last von 1 870 t ziehen. Die elektrifizierte Strecke wurde am 4. August 1894 für Güterzüge, am 1. Mai 1895 für den Personenverkehr in Betrieb genommen.
Die erste elektrische Eisenbahn in Deutschland war die im Jahr 1881 eröffnete Berliner Vorortelinie Potsdam–Lichterfelde-Ost.

Eisenbahn: Gebirgsbahn

Die erste Hochgebirgsbahn war die 42 km lange Semmeringbahn, die das schwierigste Teilstück der Strecke Wien–Triest darstellte und in den Jahren 1848–1854 von Karl Ritter von Ghega erbaut wurde. Die Bahn hatte 15 Tunnels, darunter den 1 462,5 m langen Tunnel unter dem Semmeringpaß.

Eisenbahn: Ausflugszug

Der erste Ausflugszug wurde von der Garnhick & Glasgow Railroad im Jahr 1834 eingeführt. Eine zeitgenössische Anzeige berichtet:

»Eine Dampfeisenbahn mit Passagierwagen fährt von Townhead nach Gartsherrie viermal am Tag. Für 9 Pence im geschlossenen und 6 Pence im offenen Wagen können die Reisenden einen vergnüglichen, gesunden und billigen Ausflug für zwei

Stunden auf einer Strecke von 23,5 km machen.«

Der erste Ausflugszug anläßlich eines besonderen Ereignisses wurde von der Whitby & Pickering Railway organisiert, um die Passagiere zu einem Markt nach Gromont zu bringen, der zugunsten der dortigen Kirche am 7. und 8. August 1839 abgehalten wurde. Die Fahrt von Whitby nach Gromont wurde von 9 auf 6 Pence ermäßigt, von Pickering nach Gromont kostete sie statt 2 Shilling 3 Pence nur 1 Shilling 6 Pence.
Der erste Ausflugszug zu ermäßigtem Preis wurde von der Newcastle & Carlisle Railway Co. am 14. Juni 1840 organisiert, als die 320 Personen starke Belegschaft der Firma R. & W. Hawthorn & Co. zum halben Preis von Newcastle nach Carlisle fuhr. Ungefähr 1841, in dem Jahr, in dem Thomas Cook seinen ersten Tagesausflug organisierte, waren Ausflüge mit dem Zug eine gut eingeführte und von den Eisenbahngesellschaften geförderte Reiseart zu begünstigten Preisen, obwohl die Vorteile nicht von allen Passagieren und Unternehmern erkannt wurden. Als die Newcastle & Carlisle Railway die Tollkühnheit besaß, eine Ausflugsfahrt für einen Samstag – den 28. August 1841 – anzukündigen, plakatierte der Pfarrer W. C. Burns in Kilsyth folgende Warnung:

»Der gerechte Lohn für Übertreter des Sabbatgebotes! Diese Menschen kommen sicher und schnell in die Hölle! Am nächsten Samstag, von der Carlisle Railway für 7 Shilling und 6 Pence. Es ist eine Vergnügungsfahrt!«

Eisenbahn: Truppentransport

Der erste Truppenzug beförderte am 30. Juni 1831 die 1. Division der Maryland Guards auf der Baltimore & Ohio Railroad von der Mount Clare Station in Baltimore nach dem 22 km entfernten Ellicott's Mills. Dort schlugen die Truppen einen Aufruhr der Streckenarbeiter nieder, die wegen ausstehender Lohngelder streikten.
Der erste Truppentransport mit der Eisenbahn, der eine umfangreiche Streitmacht zu strategischen Zwecken beförderte, fand im März 1846 statt, als das preußische 6. Armeekorps in Oberschlesien über Schweidnitz und Breslau zur Grenze des damaligen Freistaates Krakau transportiert wurde, um eine Revolte niederzuschlagen. Insgesamt wurden über 12 000 Soldaten, 300 Pferde, 16 Kanonen, 15 Munitionswaggons und 30 Versorgungswaggons befördert, ohne den normalen Zivilverkehr auf den betreffenden Bahnlinien zu unterbrechen.

Eisenbahnunfall

Der erste Eisenbahnunfall ereignete sich in England auf der Strecke Stockton–Darlington am 19. März 1828, als der Fahrer des Zuges, John Gillespie, bei einer Kesselexplosion ums Leben kam. Ein zweiter ähnlicher Unfall im selben Jahr passierte in Aycliffe bei der Wasserstation am 1. Juli: der Fahrer John Cree verunglückte. Ursache beider Unfälle war die Nichtbeachtung des Verbots, die Gewichte der Sicherheitsventile zu blockieren.
Der erste deutsche Eisenbahnunfall ereignete sich am 25. Dezember 1835, verlief aber ohne Todesopfer: Ein Waggon entgleiste und fiel um, doch die Passagiere konnten ihn selbst wieder aufheben.
Das erste Eisenbahnunglück, bei dem jemand überfahren wurde, geschah bei der feierlichen Einweihung der Strecke Liverpool–Manchester am 15. September 1830. Das Opfer war Mr. William Huskisson, ein Abgeordneter des Parlamentes, der von der Lokomotive »Rocket« überfahren wurde. Ein Augenzeuge berichtet:

»Die Lokomotive ›Northumbrian‹ und der Waggon, in dem sich der Herzog von Wellington und seine Gäste aufhielten, stand auf dem einen Geleise, der übrige Zug mit der Lokomotive ›Rocket‹ sollte auf dem Gegengeleise Revue passieren. Mr. Huskisson war aus dem Waggon gestiegen und stand auf dem Gegengeleise, auf dem man die ›Rocket‹ bereits heranrollen sah. In diesem Augenblick machte der Herzog von Wellington – bis dahin Mr. Huskisson nicht sehr gut gesinnt – vom Waggonfenster aus eine freundliche Geste und reichte Mr. Huskisson die Hand. Plötzlich riefen die Zuschauer: ›Steigen Sie ein! Steigen Sie ein!‹ Erschreckt und verwirrt versuchte Mr. Huskisson um die nach außen hin offene Waggontür herum einzusteigen, doch er wurde von der Lokomotive ›Rocket‹ erfaßt. Als man ihn aufhob, sagte er: ›Ich bin meinem Tod begegnet.‹«

Huskisson wurde mit der »Northumbrian« nach dem 15 Meilen entfernten Eccles gebracht, und zwar mit Rekordgeschwindigkeit: in 25 Minuten. Er starb noch in der gleichen Nacht im Krankenhaus.

Eisenbahnwaggon

Waggon mit Korridor
Die ersten Waggons mit Korridor wurden 1853 von der Firma Eaton & Gilbert in Troy, New York, für die Hudson River Railroad gebaut. Der Wagen war 13,5 m lang und in fünf Abteile gegliedert. Er hatte auch einen Waschraum.

Waggon mit Mittelgang
Die ersten Waggons mit einem Mittelgang und querlaufend angeordneten Sitzplätzen wurden im Jahr 1838 von

Ross Winans für die Baltimore & Ohio Railroad gebaut. Eine Tür führte auf die offenen Plattformen, so daß es möglich war, wenn auch nicht ungefährlich, den ganzen Zug zu durchqueren.

Waggon mit sechs Rädern

Die ersten sechsrädrigen Waggons konstruierte William Lindley anläßlich des ihm übertragenen Baues der Eisenbahn Hamburg–Bergedorf im Jahr 1842. Damit schuf er die Grundform der langen Eisenbahnwaggons des Kontinents.

Waggon mit WC

Der erste Waggon mit WC war George Mortimer Pullmans »Old No. 9«, ein Schlafwagen mit einem Waschraum mit WC an jedem Ende des Waggons. Er wurde von der Chicago & Alton Railroad am 1. September 1859 in Betrieb genommen.

Waggon mit Heizung

Die erste Eisenbahnheizung stammt von dem Ingenieur Fenten. Er führte im Jahr 1870 auf der rheinischen Bahn an Stelle der Wärmeflaschen, die in jeder Station ausgetauscht werden konnten, die Preßkohlenheizung ein. Unter jeder Sitzreihe lag ein Blechkasten, in den ein eiserner Einsatz mit glühenden Kohlen geschoben wurde. Die Verbrennungsluft wurde durch Öffnungen in der Verschlußtür zugeführt.

D-Wagen

Der erste Durchgangswagen (mit geschlossener Endbühne, so daß man von einem Waggon in den anderen gehen konnte) wurde im Jahr 1874 gebaut.
Der Konstrukteur Edmund Heusinger von Waldegg (von der Berliner Firma Pritsch) war mit dieser Neuerung schon im Jahr 1870 an die betreffenden Stellen herangetreten. Der Durchgangswagen besaß auf einer Seite einen Korridor.
Der erste deutsche D-Zug fuhr am 1. Mai 1892 auf der Strecke Berlin–Köln. Die Übergänge von einem Waggon zum anderen hatten Faltenbälge.

Waggon mit Nichtraucherabteil

Die ersten Nichtraucherabteile (nur für Damen) wurden im August 1938 in den USA (wo das Rauchen ursprünglich in allen Abteilen erlaubt war) eingeführt, und zwar von der Philadelphia, Wilmington & Baltimore Railroad.

Schlafwagen

Der erste Schlafwagen war der »Chambersburg«, der im Jahr 1836 von der Cumberland Valley Railroad auf der Strecke Harrisburg–Chamersburg, Pennsylvania, eingesetzt wurde. Es handelte sich dabei um gewöhnliche Postkutschenwagen, die vier Abteile mit je drei Kojen enthielten. Bettwäsche wurde nicht zur Verfügung gestellt, die Reisenden schliefen in Mäntel gehüllt und hatten ihre Schuhe an. Anfangs waren diese Wagen mit Strohsäcken ausgestattet, später mit Matratzen.
Als im Jahr 1854 in den USA ein Patent auf Sitze vergeben wurde, die in Betten umgewandelt werden konnten, war die Voraussetzung für einen komfortablen, aber auch praktischen Schlafwagen geschaffen. Im Jahr 1859 baute George Mortimer Pullman seine beiden ersten Schlafwagen, und 1865 war der »Pioneer«, sein »palace sleeping car«, entwickelt. Dieser Waggon war der luxuriöseste der damaligen Zeit. In der Folgezeit versuchte eine Eisenbahngesellschaft die andere mit der Ausstattung ihrer Züge zu übertreffen. 1867/68 wurde der Hotelwaggon gebaut, eine Kombination von Schlaf- und Speisewagen.
1867 gründete Pullman mit Unterstützung von Andrew Carnegie die Pullman Palace Car Company. Sein Salonwagen kam im Jahr 1875 heraus und hatte drehbare und bewegliche Lehnsessel.
Die ersten Schlafwagen in Europa fuhren im Jahr 1870 für eine belgische Gesellschaft.
Die ersten deutschen Schlafwagen, die sogenannten »Bromberger«, zu Schlafwagen umgebaute normale Waggons, wurden im Jahr 1873 auf der Strecke Berlin–Ostende (1872 Paris–Straßburg–Wien) eingesetzt.

Speisewagen

Der erste Speisewagen (mit Selbstbedienung) wurde im Jahr 1863 auf der Strecke Philadelphia–Wilmington–Baltimore eingerichtet. Zwei Waggons wurden in der Mitte geteilt, eine Hälfte als »Raucher«, die andere als »Buffet« mit Selbstbedienung deklariert. Das Essen wurde fertiggekocht in den Wagen geliefert und über Dampf warm gehalten. Im »Buffet« selbst gab es keine Sitzplätze, so daß die Passagiere im Stehen essen oder mit ihrem Teller in das Raucherabteil gehen mußten.

Pullman-Schlafwagen, um 1870

Der erste Speisewagen, in dem komplette, von einem Küchenchef im Wagen zubereitete Menüs serviert wurden, war der »President«, ein von George Mortimer Pullman entworfener kombinierter Schlaf- und Speisewagen, der im Jahr 1867 von der Great Western Railroad in Kanada in Betrieb genommen wurde. W. F. Rae, der im September 1869 auf dieser Strecke reiste, schreibt über Pullmans Neueinführung:

»Die Auswahl der Speisen ist keinesfalls gering. Fünf verschiedene Sorten Brot, vier Sorten kaltes Fleisch, sechs warme Gerichte, ganz zu schweigen von den sieben verschiedenen Eierspeisen und den Gemüse- und Obstsorten der Jahreszeit . . . Die Mahlzeit wird an einem Tisch serviert, der an der Seitenwand des Wagens befestigt und, wenn nicht mehr gebraucht, wieder entfernt wird. Frühstück-, Mittag- und Abendessen in dieser Form einzunehmen, während der Zug mit fast 30 Meilen Geschwindigkeit dahinrast, ist ein ebenso neuartiges wie komfortables Erlebnis.«

In Deutschland wurden Speisewagen erst im Jahr 1881 eingeführt, und zwar auf der Strecke Berlin–Anhalt. Reisewagen wurden zu Restaurantwaggons, Gepäckwagen zu Küchenwaggons umgebaut.
Vor der Einführung der Speisewagen hatten die Züge in den Stationen längere Aufenthalte, damit die Reisenden in den Bahnhofsrestaurants ihre Mahlzeiten zu sich nehmen konnten. Wenn sie sich mit einem »Speisekorb« begnügten, erhielten sie Geschirr und Besteck, das vor Abfahrt des Zuges wieder eingesammelt wurde. Auch nach Einführung der Speisewagen blieb der Brauch erhalten, daß den Reisenden Leckerbissen an den Stationen angeboten wurden. Die kleine Linie Zürich–Baden, die 1847 eröffnet worden war, hieß bei den Reisenden nach den frischen Brötchen, die auf der Badener Station verkauft wurden, »Spanisch-Brötli-Bahn«. Die Moselbahn wurde allgemein »Saufbähnle« genannt, weil in ihren Aussichtswagen Moselwein serviert wurde.

Eisenbeton

Den ersten Eisenbeton stellte im Jahr 1867 der Franzose Joseph Monier her. Er war Gärtner und suchte Material für Blumentöpfe, das haltbarer als Holz war. Die ersten Versuche mit Zement verliefen nicht zufriedenstellend, die Blumentöpfe zerbrachen leicht. Die Weidenkörbe, die Monier in seiner Gärtnerei verwendete, brachten ihn auf die richtige Idee: er umgoß ein Geflecht aus Eisendraht mit Zement. Dieses Material hatte die gewünschten Eigenschaften.

Eisenboot

Das erste Eisenboot war ein 4 m langes Vergnügungsboot, das am 20. Mai 1777 am River Foss, Yorkshire, vom Stapel lief. Nichts ist von dem Erbauer dieses Bootes oder vom Boot selbst bekannt, außer daß 15 Passagiere darauf Platz hatten und zwei Mann es tragen konnten. Die genannten Angaben fanden sich in einer Ausgabe des »Gentleman's Magazine« aus dem Jahr 1777, zehn Jahre bevor John »Iron-Mad« Wilkinson seine 20 m lange Barke »Trial« baute, die bislang als das erste Eisenboot der Welt galt.
Das erste regelmäßig verkehrende Passagierschiff aus Eisen war die »Vulcan«, entworfen von Sir John Robinson, gebaut 1819 in Airdrie, Schottland. Sie fuhr ursprünglich mit zahlenden Passagieren an Bord am Forth and Clyde Canal und diente schließlich bis 1864 als Kohlenfrachter.

Eisenbrücke

Die erste Brücke, die Eisenträger hatte, wurde 1755 von dem französischen Ingenieur M. Garvin erbaut und führte in Lyon über die Rhône. Ursprünglich sollte die ganze Brücke

Die erste Brücke mit kompletter Eisenkonstruktion führte über den River Severn, England, 1779

aus Eisen hergestellt werden, aber infolge der hohen Kosten wurde nur einer der drei Bogen mit 25 m Spannweite aus Eisen geschmiedet, die restlichen zwei wurden aus Holz gefertigt.
Die erste Brücke mit kompletter Eisenkonstruktion wurde im Jahr 1779 in England über den River Severn in der Nähe der heutigen Ironbridge zu bauen begonnen und am 1. Januar 1781 dem Verkehr übergeben. Die Brücke wurde von John »Iron-Mad« Wilkinson entworfen, die zum Bau benötigten 378 t Eisenteile wurden in Coalbrookdale im Unternehmen von Abraham Darby gegossen, dem Enkel des Mannes, der das Eisenschmelzen mit Hilfe von Koks (statt Holzkohle) entwickelt hatte. Nach drei Monaten war die Brücke vollendet. Es wurden keine Schrauben, Nieten, Muttern oder Bolzen verwendet, sondern nur Schwalbenschwanzverbindungen mit Zapfen und Keilen.
Infolge von Schäden mußte die Brücke im Jahr 1934 für den Verkehr auf Rädern gesperrt werden, diente aber bis 1972 weiterhin als Fußgängerübergang. Die 1972 begonnenen Restaurierungsarbeiten wurden auf 150 000 Pfund veranschlagt, das ist fast fünfzigmal soviel, als seinerzeit die Baukosten betrugen.

Eiserne Lunge

Die erste eiserne Lunge war der »Drinker Respirator«, hergestellt von der Firma E. Collins Inc. in Boston. Er wurde erstmals am 12. Oktober 1928 in der Bostoner Kinderklinik bei einem an Kinderlähmung erkrankten Mädchen eingesetzt, das an Atembeschwerden litt.
Das ursprüngliche Versuchsmodell, das ein Jahr vorher von Prof. Philip Drinker von der Harvard-Universität gebaut worden war, bestand aus ausrangierten Maschinenteilen, darunter auch zwei Staubsauger, die abwechselnd Druck erzeugten und wegnahmen.
Der erste Patient, der ständig in einer eisernen Lunge lebte, war Frederick B. Smite, der Sohn eines amerikanischen Eisenbahnmagnaten. Im Jahr 1936 war er in Peking an Kinderlähmung erkrankt und wurde in einem Beatmungsgerät in die USA zurückgebracht, in einem Sonderzug von einem eigenen Ärztestab betraut. Er starb 1954 im Alter von 44 Jahren. Smite, bekannt als »Mann in der eisernen Lunge«, setzte sich dafür ein, daß das Gerät auch für weniger wohlhabende Kranke erschwinglich wurde.

Elastikmaterial

Das erste Elastikmaterial wurde von Johann Nepomuk Reithoffer in Wien hergestellt. Im Jahr 1828 erhielt er ein fünfjähriges Patent auf die Erfindung, »mittels Maschinen zweierlei Gattungen elastischer Federschnüre und Gewebe zu verfertigen«. Zu diesem Zweck wurden Streifen aus Kautschuk (damals auch Federharz genannt) mit Zwirn, Seide oder Wolle überflochten und mit Spiraldrähten, deren Inneres ebenfalls aus Kautschukstreifen bestand, verwoben.
Diese Herstellungsart von elastischem Material war aber sehr kostspielig.
Im Jahr 1830 hatte Reithoffer eine neue, billigere Herstellungsart entwickelt. Die Verbesserung bestand darin, daß die Kautschukfäden durch chemische Behandlung ihrer Elastizität beraubt, in diesem Zustand verwebt und dann wieder elastisch gemacht wurden. Im Jahr 1830 erzeugte die Firma Reithoffer bereits Hosenträger, Gürtel, Strumpfbänder, Stiefel Gamaschen und Bandagen.
Zur gleichen Zeit, im Jahr 1830, begannen die Firmen Fonrobert in Berlin und Rattier & Guibal in Saint-Denis, einer Vorstadt von Paris, ebenfalls Elastikmaterial herzustellen. Der englische Pionier auf dem Sektor der Gummierzeugung, Thomas Hancock, der der Firma Rattier & Guibal zwei Jahre vorher Maschinen und Fachleute zur Verfügung gestellt hatte, schreibt in seinen Memoiren:

»Soweit ich unterrichtet bin, hatte ursprünglich ein Deutscher, dessen Name mir unbekannt ist, die Idee, Gewebe oder Stoff mit einem Gummifaden zu versetzen, der als Kette fungieren sollte... Er wußte nicht, wie er den Faden zuschneiden sollte..., fuhr nach Paris und besprach dort mit meinen Freunden (Anm. des Verlages: den Herren Rattier und Guibal) seine Erfindung und seine Probleme. In ihren Betrieben wurden Versuche angestellt, und dem Mann, den ich nach Paris mitgenommen und zur Beaufsichtigung zurückgelassen hatte, gelang schließlich die Herstellung eines elastischen Fadens. Bald nachdem das elastische Gewebe in diesem Land aufgetaucht war, ließ ich mir Proben davon anfertigen. Ich traf mit einem bedeutenden Unternehmen in Manchester eine Vereinbarung, die Gummifäden zu liefern, aus denen es bald darauf hervorragende Stoffe in verschiedenen Breiten, unterschiedlicher Elastizität und Stärke herstellte.«

Aus einem Beschluß des Gerichtshofes in Wien ist ersichtlichtlich, daß es zwischen der Firma Rattier & Guibal und der Firma Reithoffer hinsichtlich dieser Entdeckung offenbar zu Streitigkeiten gekommen ist: Das Gericht entschied, daß Reithoffer mit seinem Patent aus dem Jahre 1828 die »Entdeckung« Rattiers vorweggenommen hat.
Bereits im Jahr 1831 ist das neue Elastikmaterial jedenfalls schon überall bekannt. Die Londoner Modezeitschrift »The World of Fashion« schrieb noch im selben Jahr:

»Das Geschäft von Mrs. Bell war immer schon für die unnachahmliche Eleganz ihrer Korsetts bekannt, die zwei Eigenschaften auf vorbildliche Weise vereinen, nämlich die Figur zu stützen und auf die gefälligste Art zu formen. Durch die kürzlich gemachte Entdeckung, statt Drähte elastisches Material zu verwenden, kann Mrs. Bell noch vorzüglichere Modelle herstellen.«

Gummiband

Das erste Gummiband aus vulkanisiertem Gummi wurde am 17. März 1845 von Stephen Perry von der Firma Perry & Co., einer Gummiwarenerzeugung in London, zum Patent angemeldet. Die Herstellung von Gummibändern »für Schriftstücke, Briefe etc.« wurde etwa zur gleichen Zeit aufgenommen.

Elektrischer Stuhl

Der erste, der die Idee hatte, die Todesstrafe durch elektrischen Strom zu vollziehen, war ein gewisser Harold P. Brown, ein seltsamer und auch etwas nebuloser Charakter, der seine ersten diesbezüglichen Versuche mit Geräten durchführte, die ihm von Thomas Alva Edison zur Verfügung gestellt worden waren.

Unterstützt von Dr. A. E. Kennelly, Edisons leitendem Elektrotechniker, gelang es Brown, eine beträchtliche Anzahl von Versuchstieren durch elektrischen Strom zu töten. Die Zeitschrift »The Electrical Engineer«, die das ganze Unternehmen aufs schärfste ablehnte, berichtete darüber im August 1889:

»Viele bemitleidenswerte Hunde und andere Tiere wurden von den Herren Brown und Kennelly zu Tode gequält, diejenigen unter ihnen, bei denen der Strom nicht tödlich wirkte, wurden durch einen Schlag auf den Kopf mit einem Ziegelstein erledigt, wie einer der Zuschauer bezeugte.«

Diese Behauptungen riefen stürmische Auseinandersetzungen hervor, besonders als seitens der Elektroindustrie behauptet wurde, daß Browns Experimente mit Westinghouse-Generatoren ohne Genehmigung der Gesellschaft ein bösartiger Versuch im Interesse Edisons seien, seine Rivalen zu diskreditieren.
Der erste Mensch, der auf dem elektrischen Stuhl starb, war der wegen Mordes verurteilte William Kemmler, der am 6. August 1890 im Gefängnis von Auburn, New York, hingerichtet wurde. Eine Woche nach diesem Ereignis, das mittlerweile zur nationalen Streitfrage geworden war, zog die Zeitschrift »The Electrical Engineer« über zuständige Stellen her, die es zugelassen hatten, daß Kemmler als Versuchskaninchen mißbraucht worden war:

»Selbst wenn man die Sensationshascherei der Tagespresse außer acht läßt, bleibt die Tatsache bestehen, daß der Tod des Opfers von Auburn nicht sofort eintrat, die Atmung vielmehr einige Minuten nach der Verabreichung und Abstellung der Stromstöße wieder einsetzte, daß der Strom abermals eingeschaltet wurde und erst diesmal den Delinquenten tötete, aber nicht ohne ihm Brandwunden an den Kontaktstellen der Elektroden zuzufügen und nicht ohne den Zuschauern alle Anzeichen des Todeskampfes zur Schau zu stellen, der ebenso verzweifelt war, wie man es sonst auf den Galgengerüsten beobachten kann.«

Die »New York Times« beschrieb die Hinrichtung als »ein grauenhaftes Spektakel, weitaus schlimmer als Erhängen«. Der offizielle Bericht über die Exekution besagt, daß der Tod William Kemmlers 8 Minuten nach dem Zeitpunkt eintrat, als er den Raum betreten hatte.

Der erste elektrische Stuhl, konstruiert von Harold P. Brown, 1890

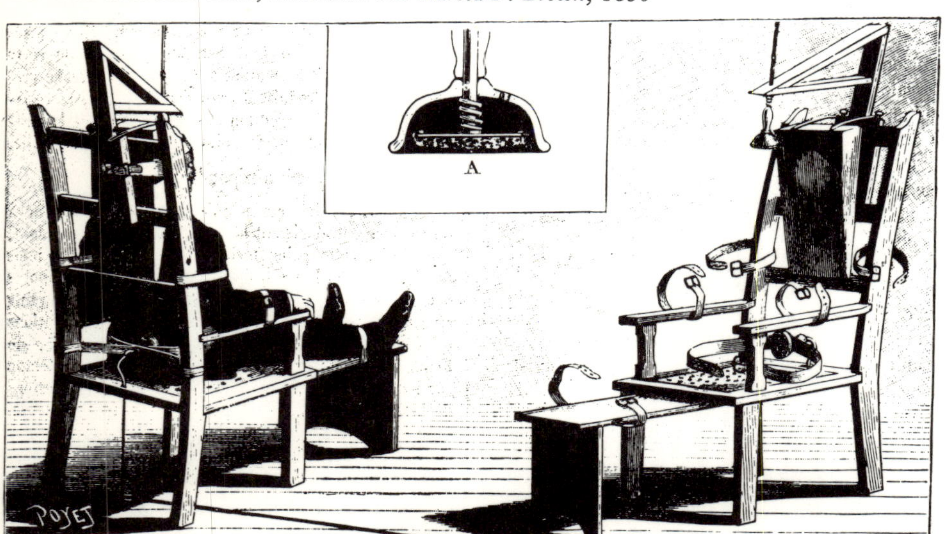

Elektrizitätswerk

Das erste Elektrizitätswerk, das Strom für öffentlichen und privaten Gebrauch erzeugte, war die Central Power Station in Godalming, Surrey.
Es wurde von der Firma Calder & Barrett auf dem Gelände der Pullmanschen Ledermühle erbaut und mit dem Wasser des Weyflusses angetrieben. Das Werk wurde am 1. Oktober 1881 eröffnet. Die Generatoren lieferte die Firma Siemens, die auch den Betrieb des E-Werkes im folgenden Jahr übernahm.

Hauptabnehmer war die Stadtverwaltung von Godalming, die das Projekt angeregt hatte. Sie schloß mit Calder & Barrett einen Vertrag ab, der die Beleuchtung der Stadt für 195 Pfund pro Jahr vorsah. Die üblichen Gaskandelaber wurden elektrifiziert und die Kabel entlang des Rinnsteins verlegt. Über Verbrauch elektrischer Energie in Haushalten ist nicht viel bekannt, außer daß der Strom »fast so billig wie Gas« angeboten wurde. Die Tatsache, daß Elektrizität zugegebenermaßen teurer kam als Gas, sowie zum hohen Preis die relativ geringe Lebensdauer der Swan-Glühbirnen (ca. 1 200 Stunden) hielt wahrscheinlich die meisten – mit Ausnahme der fortschrittlich eingestellten reichen Leute und der Geschäftsinhaber, die stets nach neuen Attraktionen Ausschau hielten – davon ab, von Gas auf elektrischen Strom umzusteigen. Schließlich veranstaltete Siemens eine Meinungsumfrage in der Stadt, ob ein steigender Trend des privaten Stromverbrauches erwartet werden könnte; das Ergebnis war alles andere als ermutigend, und so wurde das erste E-Werk der Welt am 1. Mai 1884 geschlossen.

Das erste E-Werk in London wurde von der Edison Electric Light Co. am Holborn Viaduct 57 errichtet. Ab dem 12. Januar 1882 wurde das Gebiet zwischen Holborn Circus und dem Old Bailey mit Strom für die Straßenbeleuchtung versorgt, und am 12. April desselben Jahres folgte die Lieferung von Haushaltsstrom. Im Gegensatz zur eher mäßigen Begeisterung der Abnehmer in Godalming war die Reaktion der Geschäftsleute in der Umgebung von Holborn Viaduct enthusiastisch. Nicht weniger als 30 Gebäude waren am ersten Tag der Stromversorgung mit weißglühenden Edisonbirnen hell erleuchtet, unter ihnen das Hauptpostamt in St. Martin le Grand und so berühmte Geschäftshäuser wie das der Fotografen Negretti & Zambra, der Vaseline-Gesellschaft und andere mehr. Es folgten die Londoner Chatham-&-Dover-Eisenbahnstation, die Stadtkirche (City Temple), die Hotels Spiers & Pond's und das Imperial.

Diese Führungsrolle Großbritanniens in der öffentlichen Stromversorgung ging verloren, als im Jahr 1882 der »Electric Lighting Act« – eines der kurzsichtigsten Gesetze des auslaufenden 19. Jahrhunderts – der englischen Gesetzessammlung einverleibt wurde. Diesem Gesetz zufolge wurden die lokalen Behörden ermächtigt, privat betriebene E-Werke ihres Verwaltungsbereiches nach 21 Jahren Betriebszeit zu übernehmen; dies bedeutete, daß sich das von einer Elektrizitätsgesellschaft eingesetzte Kapital und die Entwicklungskosten nicht amortisieren konnten. Während der sechs Jahre, die das Gesetz in Kraft war, suchte auch keine einzige Elektrizitätsgesellschaft um eine Konzession des Handelsministeriums an. Obwohl die 21-Jahre-Frist 1888 durch eine Novellierung des Gesetzes auf 42 Jahre verlängert wurde, gab es in so großen Städten wie Manchester, Leeds, Edinburgh, Hull und Nottingham bis 1890 noch keine Elektrizitätswerke zur Haushaltsversorgung.

Elektroherd

Der erste Elektroherd wurde im Jahr 1889 im Hotel Bernina in Samaden, Schweiz, installiert. Angaben über seinen Erfinder sind nicht erhalten, aber die Zeitschrift »The Electrician« berichtete im August desselben Jahres, daß der Herd mit in Deutschland hergestellten Heizspiralen aus Silberdraht ausgestattet war und daß auf ihm alle üblichen Formen der Kochkunst ausgeübt werden konnten. Das Hotel Bernina besaß eine eigene Stromversorgung in Gestalt eines von einem Wasserfall betriebenen Dynamos für die Beleuchtung. Da während des Tages ein Großteil der Energie verlorenging, hatte der Hotelbesitzer die Idee, den Strom zum Kochen zu benützen.

Die ersten für den Verkauf bestimmten Elektroherde wurden 1891 von dem Unternehmen Carpenter Electric Heating Manufacturing Co. in St. Paul, Minnesota, produziert. Das New Yorker Handelsblatt »The Electric Engineer« beschrieb das Modell folgendermaßen:

»Der Backofen ist 45 cm breit, 30 cm tief und 35 cm hoch. Er ist aus gut getrocknetem weißem Kiefernholz gemacht und mit Asbest und glänzendem Zinn ausgekleidet. In jedem Backrohr befinden sich zwei Kammern aus Eisenblech, dazu zwei Heizplatten unten sowie eine oben, verbunden mit einem Schalter an der Außenseite des Herdes, so daß zwei Temperaturstufen gewählt werden können. Die Türen sind mit einem kleinen Glasfenster ausgestattet, damit man den Backvorgang beobachten kann. Jede Heizplatte verbraucht etwa 5 Ampere bei 110 Volt, und es wurde ermittelt, daß es bei eingeschalteter Höchsttemperatur nur 12 bis 15 Minuten dauert, bis der Herd auf 120 °C aufgeheizt ist. Wenn der Strom abgeschaltet wird, hält der Backvorgang noch an.«

Erdöl

Die erste Erdölgewinnung in Europa, die modernen Vorstellungen entsprechen mag, hat der k. und k. Salinenbeamte Josef Hecker im Jahr 1817 ins Leben gerufen. Es gab in Galizien bei Drogobyz südlich von Lemberg ein staatliches Salzwerk, wo Hecker eine kleine Raffinerie einrichtete, die Öl für Beleuchtungszwecke lieferte. Man stellte sogar auf Vorschlag Heckels Versuche an, das

Petroleum als Straßenbeleuchtung zu verwenden, und zwar in Prag. Die Versuche verliefen wohl zufriedenstellend, aber der Vorschlag selbst wurde abgelehnt – wahrscheinlich zum Glück, denn das damalige Naphtha enthielt natürlich Benzin und war äußerst feuergefährlich.
Daß Prag damals keine Petroleumbeleuchtung bekam, lag zum Teil daran, daß Hecker seinen Vertrag auf Lieferung von Naphtha nach Prag infolge eines besonders schneereichen Winters nicht hatte erfüllen können. Die Sendung lagerte in Przemysl und gelangte erst im nächsten Frühjahr nach Prag. Der Magistrat verweigerte die Annahme, und in einem langwierigen Prozeß wurde Hecker zur Zahlung von 6 000 Gulden verurteilt, was ihn finanziell ruinierte.
Drogobyz selbst kann sich rühmen, die erste Stadt gewesen zu sein, die mit Naphtha beleuchtet wurde, so lange, bis die Quelle fast versiegt war.
Industriell ausgewertet wurde Erdöl erstmals in den USA. Der Entdecker, der zu kurzem Weltruhm gelangte, war der Eisenbahnschaffner Edwin Blake, der sich den klingenden Titel »Colonel« zulegte. Blake, der in der Weltpresse Sensation machte, stieß nach eineinhalbjähriger Arbeit am 27. August 1859 bei dem Dorf Titusville in Pennsylvania in 21 m Tiefe auf Erdöl. Er hatte einen hölzernen Bohrturm errichtet und mit einer Holzwinde und einem Hanfseil gearbeitet.

Der erste Bohrturm, Titusville in Pennsylvania, 1859

Daß Edwin Blake überhaupt so weit kam, verdankte er dem Apotheker Samuel Kier. Der hatte im Jahr 1857 in der Gegend des Allegheny River in der Nähe von Pittsburgh nach Salzquellen gesucht und übelstinkendes Erdpech gefunden. Mr. Kier war neugierig genug, den Stoff genauer zu untersuchen. Er stellte seine Zusammensetzung fest und erzeugte Petroleum. Die Produktion betrug in der ersten Zeit 1 500 l pro Tag. Fünf Gallonen (zu je 3,78 l) wurden nach New York geliefert, wo das Petroleum für Beleuchtung und in Apotheken Verwendung fand. Die Werbung, die Kier für sein »Rock Oil« machte, lohnte sich: noch 1857 erfolgten drei weitere Ladungen von mehr als 505 Gallonen in 10 Fässern.
Kiers Reklame ließ den New Yorker Rechtsanwalt George H. Bissell aufmerksam werden. Bissell faßte den Plan, nach Erdöl zu bohren und es dann als Brennstoff zu verkaufen. Er gründete die »Seneca Oil Company« und heuerte »Colonel« Edwin Blake an, im westlichen Pennsylvanien Bohrversuche anzustellen. So kam es zu dem Erdölfund in Titusville, der der amerikanischen Erdölindustrie den ersten Anstoß gab. Blake förderte 400 Gallonen täglich, eine für die damalige Zeit erhebliche Menge. Sie genügte, um einen ungeheuren Boom auszulösen. In kurzer Zeit stürmten Tausende von ölsuchenden Technikern, Händlern und Abenteurern nach Pennsylvanien; Städte schossen aus dem Boden, Eisenbahnen, Bohrtürme und zahllose kleine Raffinerien wurden erbaut. Fünf Jahre nach Blakes Fund lieferte der Öldistrikt bereits zwei Millionen Fässer, und ein Jahrzehnt später gab es in den USA eine organisierte Erdölindustrie.

Erkennungsmelodie

Das erste Mal verwendete der australische Artist Albert Whelan eine Erkennungsmelodie am Beginn seines Auftrittes. In einem Theaterfoyer in Melbourne hatte Whelan zufällig gehört, wie ein Theaterbesucher die Melodie »Die lustigen Brüder« vor sich hin pfiff. Whelan gefiel die Melodie so gut, daß er sich entschloß, sie bei seinen Auftritten zu verwenden. Bei seinem Debüt im Londoner Empire Theatre im Jahr 1901 kam er auf die Bühne, legte Hut, Stock und Handschuhe ab und pfiff dabei »Die lustigen Brüder«, was von da an zu seinem »Markenzeichen« wurde.

Esperanto

Das erste Esperantolehrbuch erschien in russischer Sprache unter dem Titel »Lingvo Internacia«, herausgegeben von Dr. Ludwig Zamenhof, einem polnischen Augenarzt, unter dem Pseudonym »D-ro Esperanto« (einer, der hofft) in Warschau im Jahr 1887.
Zamenhof wurde 1859 in Bialystok geboren, einer Stadt, die von Russen, Polen, Deutschen und Juden bewohnt war. Schon als Kind wurde er mit den Zwistigkeiten konfrontiert, die zwischen den einzelnen Sprachgruppen herrschten, und er beschloß, zur Förderung der Brüderlichkeit unter den Menschen eine Universalsprache zu schaffen, die jeder, der sein Ideal teilte, als Zweitsprache erlernen konnte.
Dieser Lebensaufgabe widmete sich Zamenhof bereits als 14jähriger

Schüler in Warschau. 1878, als er 19 Jahre alt war, besaß er bereits ausreichende Grundlagen, um einigen seiner Freunde die künstliche Sprache beibringen zu können. Am 17. Dezember desselben Jahres wurde bei ihm zu Hause ein Treffen veranstaltet, bei dem die Geburt des Esperantos in Sprache und Gesang gefeiert wurde. Diese Pioniergruppe der Esperantoanhänger zerfiel jedoch bald, da ihre Mitglieder sich dem Gespött der Leute ausgesetzt sahen. Zamenhof mußte sein Lebenswerk allein fortsetzen.
Nach vielen Rückschlägen konnte er schließlich ein schmales, 40 Seiten umfassendes Bändchen veröffentlichen, das Resultat von fast 15 Jahren mühevoller Arbeit. Es enthält eine Erklärung des Autors, daß er auf alle persönlichen Rechte an der von ihm geleisteten Arbeit verzichte, weil »eine internationale Sprache, ebenso wie eine nationale, Allgemeingut ist«.
Frühe Anhänger des Esperantos waren vor allem Deutsche, Schweden und Russen. Zu den letztgenannten zählte auch der Dichter Leo Tolstoi, der behauptete, mittels Zamenhofs Buch innerhalb von zwei Stunden in Esperanto lesen gelernt zu haben. Nachdem sich die Bewegung nach Westen ausgebreitet hatte, wurde Frankreich zum stärksten Hort der künstlichen Sprache. 1898 wurde dort die erste nationale Esperantovereinigung gegründet.

F

Fahrprüfung

Die erste Fahrprüfung wurde eingeführt durch eine Verordnung der Polizei von Paris vom 14. August 1893, die unter Abschnitt III Paragraph 18 die Registrierung und Zulassung von Kraftfahrzeugen regelte. Die Prüfungen fielen in den Zuständigkeitsbereich des Bergbauamtes, das im Departement Seine auch das Inspektorat für Dampfmotoren umfaßte (unter die Bezeichnung »Dampfmotoren« fielen alle Fahrzeuge mit Selbstantrieb).
Geprüft wurden die Fahrkenntnisse des Kandidaten, seine Fähigkeit, kleinere Reparaturen durchzuführen, sowie seine Kenntnisse der einzelnen Bestandteile des Fahrzeuges. Das Mindestalter betrug 21 Jahre. Durch das am 10. März 1899 ausgegebene Dekret »Circulation des Automobiles« wurde die Einführung von Fahrprüfungen in den übrigen französischen Departements angeordnet, und von da an unterstanden sie dem Ministère des Travaux Publics.

Führerschein
Mit derselben Verordnung aus dem Jahr 1893 wurde auch der Führerschein eingeführt. Mit dem Dekret vom 10. März 1899 wurde bestimmt, daß jeder Kraftfahrer in Frankreich den Führerschein bei sich tragen und auf Verlangen vorzuzeigen hat. Die Fahrlizenzen wurden von diesem Zeitpunkt an ebenfalls vom Ministère des Travaux Publics ausgegeben. Sie mußten eine Fotografie seines Besitzers aufweisen sowie eine amtliche Eintragung, welches Kraftfahrzeug der Führerscheinbesitzer lenken durfte. Bis zum 1. November 1899 wurden im Departement Paris 1 795 Führerscheine ausgegeben.

Fahrrad

Das erste Fahrrad mit Tretkurbeln wurde 1840 von Kirkpatrick Macmillan erfunden, einem Hufschmied aus Courthill bei Dumfries in Schottland. Das 25 kg schwere Vehikel bestand aus einem gebogenen Holzrahmen, der vorn mit einem geschnitzten Pferdekopf verziert war, und aus eisenbereiften Rädern, die vorn 80 cm, hinten 105 cm Durchmesser hatten. Die Pedale waren durch Kurbeln mit dem Hinterrad verbunden und wurden durch Vor- und Rückwärtsbewegungen der Füße bewegt. Es ist nicht anzunehmen, daß sich Macmillan bewußt war, eine revolutionäre Neuentdeckung gemacht zu haben; er wollte bloß eigene Transportprobleme lösen, denn er mußte die 22 km lange Strecke von Courthill nach Dumfries öfter zurücklegen. 1842 radelte er mit seinem Vehikel nach Glasgow, wobei er den ersten Fahrradunfall verursachte: Der »Glasgow Herald« vom 10. Juni berichtet, daß Macmillan bei seiner Ankunft in Glasgow ein Kind niederstieß, das sich aus der neugierigen Menge zu weit vorgewagt hatte. Macmillan wurde mit 5 Shilling Polizeistrafe belegt.
Etwa zur gleichen Zeit begann Macmillans Nichte, Mary Marchbank, mit dem Fahrrad ihres Onkels zu fahren; sie ist somit als erste weibliche Radfahrerin zu bezeichnen.
In der Geschichte des Fahrrads bedeutet Macmillans Erfindung der Drehkurbeln den wesentlichsten Fortschritt, weil das Fahrrad damit

durch Treten fortbewegt werden konnte. Doch die Idee des Fahrrads ist älter: Im Jahr 1817 erfand der deutsche Forstmeister Karl Freiherr von Drais aus Sauerbronn seine »Draisine«, auch »Veloziped« genannt. Das zweirädrige Fahrzeug konnte aber nur durch Abstoßen der Füße fortbewegt werden (daher auch sein Name »Laufmaschine«).
Die Erfindung von Drais erregte großes Aufsehen und wurde rasch Mode, so daß man kurz nach ihrem Auftauchen eine »Verkehrsverordnung« herausgeben mußte: Das Fahren wurde nur in der Mitte der Hauptstraße gestattet, auf Fußpfaden und Nebenwegen war es verboten. Drais bekam auf Grund seiner Erfindung den Titel »Professor der Mechanik«, und die Laufmaschine wurde in Amerika, Frankreich und in England nachgebaut, wo sie 1820 versuchsweise im Postdienst eingesetzt wurde. Daß diese Maschine verbesserungswürdig war, wollte ihr Erfinder nicht einsehen, und er weigerte sich hartnäckig, Veränderungen des Modells zuzulassen. Durch seine Rechthaberei und Schrulligkeit wurde er immer in Streitereien und Prügeleien verwickelt, bis er aus der Liste der badischen Kammerherren gestrichen wurde. Verarmt starb er 1831 in Mannheim.

Das »Veloziped« des Freiherrn von Drais, ein Vorläufer des Fahrrades, 1817.

Das erste Fahrrad mit zwei Handhebeln konstruierte im Jahr 1819 der englische Mechaniker Birch. Auf seinem Modell konnten drei Personen gleichzeitig fahren.
Die nächste Verbesserung stammt von dem Deutschen Gottlieb Mylius aus Themar, Sachsen-Meiningen, der im Jahr 1844 die Tretkurbel am Vorderrad anbrachte.
Eine der wichtigsten Verbesserungen für das Fahrrad stellt die Erfindung des Kugellagers dar, das 1862 in England Albert Louis Thirion patentiert wurde (die Erfindung stammt allerdings von dem Franzosen Cardinet aus dem Jahr 1802). Für das Fahrrad wurde diese Erfindung im Jahr 1869 von J. Suriray in Paris verwendet.
Um 1870 scheint sich das Fahren mit dem Fahrrad durchgesetzt zu haben. Am 4. Mai 1870 wurde in Berlin sogar eine Fahrradfahrschule eröffnet. Man lernte das Fahren auf Rädern, die an einem Eisenring befestigt waren. Trotzdem wurden in diesen Jahren nur wenige Bewilligungen für Fahrräder erteilt, erlaubt war das Fahren nur Personen, die über 16 Jahre alt waren. Am 24. März 1884 wurde das Fahren in den belebten Straßen Berlins verboten, denn Pferde wurden durch Radfahrer scheu. Am 24. April 1888 wurde die Altersgrenze für Radfahrer auf 15 Jahre herabgesetzt, das Fahren war nur mit »polizeilicher Fahrkarte« gestattet. Erst am 1. Mai 1893 wurde beschlossen, das Radfahren bereits Zwölfjährigen zu erlauben.

Fahrraderzeugung
Der erste Fahrradhersteller war Pierre Michaux, Wagenbauer in Paris. Sein Sohn Henri schilderte im Jahr 1893 der Zeitschrift »Le Vélo« die Geburtsstunde dieses Industriezweiges:

»Im Monat März des Jahres 1861 brachte Monsieur Brunel, ein Hutmacher aus der Rue de Verneuil, sein Vélocifère zu meinem Vater, um das Vorderrad reparieren zu lassen. Mein 19jähriger Bruder Ernest unternahm damit am Abend eine Probefahrt auf der Avenue Montaigne. Nach seiner Rückkehr sagte er zu meinem Vater: ›Ich kann mich gut im Gleichgewicht halten, aber es ist ermüdend, entweder die Beine hochzuhalten oder sich mit den Füßen vom Boden abzustoßen.‹ – ›Also gut‹, bemerkte mein Vater, ›dann befestige eben zwei kleine Stützen an jeder Seite der vorderen Radgabel, und wenn du einmal in Schwung bist, kannst du deine Beine dort rasten lassen. Oder, noch besser, du bringst eine Kurbelwelle in der Nabe des Vorderrades an, dann kannst du das Rad sich drehen lassen, als ob du einen Mühlstein bewegen würdest!‹ Mein Bruder setzte den Einfall meines Vaters in die Tat um und konstruierte später auch Pedale, die ebenfalls dem erfinderischen Geist von Pierre Michaux entsprungen waren: Aber die ersten Arbeiten führte sein Sohn Ernest aus.«

»La Compagnie Parisienne Ancienne Michaux et Cie.« nannte sich das Unternehmen, das zwecks Erzeugung von Pedalfahrrädern von Michaux gegründet wurde. Im Jahr 1861 wurden zwei Modelle hergestellt, vermutlich als Musterstücke, die Serienproduktion begann im darauffolgenden Jahr. Im ganzen wurden 142 Räder gebaut und verkauft. Michaux konnte seine Erfindung kommerziell nicht auswerten. Die Firma ging 1870 zugrunde, er selbst starb 1883 im Armenhaus.

Ganzmetall-Leichtfahrrad
Das erste Ganzmetall-Leichtfahrrad wurde 1870 von James Starley und William Hillman von der Firma Coventry Machinists Co. zum Patent angemeldet (allerdings schon 1867 in Frankreich entwickelt). Das Fahrzeug, »Ariel-Rad« genannt, war auch erst-

malig mit Drahtspeichenrädern ausgestattet. Um die Vorteile des neuen Rades zu demonstrieren, legten die beiden Erfinder die 154 km lange Strecke von London nach Coventry in einem Tag zurück. Sie schafften dieses Bravourstück mit Haaresbreite: als die Glocken der Kathedrale Mitternacht schlugen, erreichten sie das Haus Starleys. Das »Ariel-Rad« kostete im September 1871 8 Pfund, mit Übersetzung 12 Pfund.

Damenfahrrad
Das erste Damenfahrrad wurde 1870 von Samuel Webb Thomas zum Patent angemeldet, obwohl Damen schon um 1820 mit der Draisine – im Damensitz (Seitensattel) – fuhren, wie zeitgenössische Bilder beweisen.
Im Jahr 1874 brachten Starley und Hillman ein für Damen abgeändertes Modell ihres Ariel heraus und begannen mit der Serienproduktion. Dieses Fahrrad war ebenfalls mit Damensattel ausgestattet, ferner mit einem Doppelpedal und einem Kurbelmechanismus. Es war äußerst schwierig zu balancieren und hatte vermutlich deshalb keinen großen Anklang gefunden.
Das erste Damenrad mit dem heute üblichen heruntergezogenen Rahmen und der dadurch ermöglichten »normalen« Sitzposition war ein Niederrad mit kettenbetriebenem Hinterrad, das im Jahr 1884 H. J. Lawson patentiert wurde.

Fahrrad mit Hinterradantrieb
Das erste industriell hergestellte Niederrad mit Laufkette wurde im Jahr 1873 von H. J. Lawson konstruiert. Ein Jahr später konnte man es in Brighton bereits auf den Straßen sehen. Lawsons Modell hatte kleine Holzräder im Durchmesser von 57,5 cm, was ihm den Spitznamen »Zwerg von Sussex« eintrug.
Im Jahr 1879 baute Lawson ein verbessertes Modell, genannt »Bicyclette«, seine Räder waren allerdings wieder verschieden groß (Vorderrad: 100 cm, Hinterrad: 60 cm). Das »Bicyclette« wurde im Februar 1880 auf der Starley Show in Holborn ausgestellt und wahrscheinlich auch zur selben Zeit als erstes serienmäßig gefertigtes Niederrad von der Firma Tangent & Coventry Tricycle Co. auf den Markt gebracht. Die Konkurrenz nannte das plumpe Vehikel abschätzig »Krokodil«; tatsächlich wurde auch nur eine kleine Anzahl davon verkauft.
Der unmittelbare Vorläufer des modernen Fahrrads war das »Rover Safety«, das John Kemp Starley im Januar 1885 vorstellte. Das Modell hatte gleich große Räder, einen rautenförmigen Rahmen und Kettenantrieb mit Übersetzung. Seine Konstruktion war so fortschrittlich angelegt, daß es selbst heute nicht ganz veraltet wirkt. Das »Rover Safety« blieb ein geradezu klassisches Vorbild im Fahrraddesign, an dem keine drastischen Änderungen vorgenommen wurden, bis Alex Moulton mehr als sechzig Jahre später sein revolutionäres Minireifenrad entwickelte.

Moulton-Rad
Das erste Moulton-Fahrrad, so genannt nach seinem Konstrukteur Alex Moulton aus Bradford-on-Avon, entstand im Jahr 1958. Ein Jahr später bot Moulton der Firma Raleigh Industries die Herstellungsrechte an. Das Unternehmen lehnte ab, da es der Ansicht war, daß das fremdartig aussehende Fahrzeug mit seinen ungewöhnlich kleinen Rädern (40 cm Durchmesser) und dem tiefliegenden Schwerpunkt niemals bei den Kunden ankommen würde. Daraufhin begann Moulton auf eigene Rechnung in Bradford-on-Avon zu produzieren.
Zum Erstaunen der gesamten Fahrradindustrie fand das neue Modell in kürzester Zeit Anklang, und zwar bei Leuten, die normalerweise weit anspruchsvollere Transportmittel benutzten. So radelte zum Beispiel Quintin Hogg (Lord Hailsham) mit dem neuartigen Fahrzeug ins Unterhaus und schlug dem dichten Londoner Verkehr damit ein Schnippchen. Endgültig anerkannt wurde Moultons revolutionäre Idee im Jahr 1967, als die Firma Raleigh Industries ihre frühere ablehnende Entscheidung revidierte. Sie übernahm in diesem Jahr das Unternehmen in Bradford und verpflichtete Alex Moulton als Konsulenten.

Fallschirmspringen

Der erste Fallschirmabsprung fand am 22. Oktober 1797 über dem Parc Monceau in Paris statt. Der Fallschirmspringer hieß André-Jacques Garnerin; er sprang in 670 m Höhe von einem Ballon ab. Garnerin befand sich in einer Gondel, die mit den Leinen eines Fallschirmes von 7 m Durchmesser verbunden war. Der Fallschirm wurde von einer Stange gestützt, seine weißen Segeltuchbahnen waren wie bei einem Regenschirm zusammengefaltet.
In einer zweiten Gondel, die höher hing als die erste, schwebte Garnerins Bruder, der mit einem Messer die Halteleine durchschnitt, um den Absprung bzw. Absturz auszulösen. Da sich in der Spitze des Fallschirms keine Öffnung befand, geriet Garnerin auf seinem Flug zur Erde in außerordentlich heftige Pendelbewegungen. So konnte er, wenn auch unfreiwillig, die zusätzliche Ehre einheimsen, der erste luftkranke Mann gewesen zu sein. Für seinen zweiten Sprung brachte er oben ein Loch in der Fallschirmleinwand an.

Garnerin gilt als der Erfinder des Fallschirms, obwohl Versuche, Sprünge mit einem Fallschirm zu wagen, schon vor ihm unternommen wurden, z. B. im Jahr 1777 von Joseph Montgolfier in Avignon. Es ist anzunehmen, daß die Menschen schon Jahrhunderte früher versuchten, auf diese Weise ihren Traum vom Fliegen zu verwirklichen; die erste Erwähnung eines Fallschirms stammt von Leonardo da Vinci aus dem Jahr 1495.

Notabsprung mit einem Fallschirm
Den ersten Notabsprung mit einem Fallschirm mußte Jordaki Kurapento im Jahr 1808 vornehmen, als seine Montgolfière über Warschau in Brand geriet. Es ist dies der einzige bekannte Notabsprung vor der Flugzeugära.

Fallschirmabsprung vom Flugzeug
Der erste Fallschirmabsprung vom Flugzeug fand am 1. März 1912 statt: Albert Berry sprang in Jefferson Barracks, Missouri, aus einem Benoist-Doppeldecker in 450 m Höhe ab. Der Fallschirm war in einem konischen Behälter verstaut, der unter der Haupttragfläche angebracht war. Das Flugzeug startete um 14.30 Uhr von der Benoist Flying School in Kinlock Park und erreichte eine halbe Stunde später die Absprungzone.
Dem Bericht der Zeitschrift »Flight« folgend, legte Berry etwa 120 m zurück, ehe sich sein Schirm öffnete. Er landete wohlbehalten auf dem Exerzierplatz. Obwohl der erste Fallschirmabsprung vom Flugzeug militärischen Zwecken diente, war Berry kein Soldat, sondern arbeitete als Schauspringer. Das Hauptverdienst seiner kühnen Flugleistungen lag in dem Nachweis, daß ein Flugzeug nach dem Absprung eines Passagiers stabil blieb. Die sich daraus ergebenden militärischen Möglichkeiten wurden nicht erkannt.

Weiblicher Fallschirmspringer
Der erste weibliche Fallschirmspringer war Georgia Thompson aus Henderson, North Carolina, die 1908 als Fünfzehnjährige – verheiratet und schon Mutter! – dem Sensationsspringerteam von Charles Broadwick angehörte. Am 21. Juni 1913 sprang sie in Los Angeles zum erstenmal von einem Flugzeug ab, einem von Glen Martin selbst zusammengebastelten Doppeldecker. In San Diego sprang »Tiny Broadwick«, wie ihr Künstlername lautete, erstmals mit einem Fallschirm, der mit der Hand, mit einer Reißleine, zu öffnen war.
Es wurde behauptet, daß ein anderer amerikanischer Fallschirmspringer, H. Leo Stevens, die Reißleine schon ein Jahr zuvor eingeführt hätte, aber diese war nur als zusätzliche Sicherheitsvorkehrung gedacht, falls die automatische Öffnungsvorrichtung versagen sollte. Es gibt keinen Hinweis, daß Stevens die Reißleine schon vor Georgia Thompson in der Luft auch tatsächlich benützte.

Militärfallschirmspringer
Die ersten mit Fallschirmen ausgerüsteten Militärpiloten waren die der Deutschen Luftwaffe. Einige Flieger waren schon im Frühjahr 1918 mit Heinecke-Schirmen ausgestattet. Am 1. April 1918 mußte Vizefeldwebel Weimer den ersten Notabsprung wagen, als seine Albatros DVa über den britischen Linien abgeschossen wurde. Er landete unversehrt und wurde gefangengenommen.

Absprung im freien Fall
Der erste Fallschirmspringer, der vorsätzlich einen Absprung im freien Fall ausführte, war Sergeant Randall Bose, US Army, der im Jahr 1924 in Mitchell Field, Long Island, aus 1 350 m Höhe absprang und erst nach 450 m die Reißleine zog. Das Abenteuer kam auf Grund einer Wette mit einem Freund zustande, der behauptete, Bose könne unmöglich 300 m tief fallen und dann noch seinen Fallschirm öffnen.

Fallschirmakrobaten
Der erste Springer, der den freien Fall zu kontrollierten, akrobatischen Übungen perfektionierte (der Springer liegt bäuchlings mit ausgebreiteten Armen und Beinen in der Luft und kann durch gezielte Ruderbewegungen seine Richtung und Fallgeschwindigkeit steuern), war der Amerikaner Spud Manning, der im Jahr 1931 erstmals aus einer Höhe von 4 500 m frei fallend absprang. Die heutige Form des Figurenspringens als Freizeitsport entstand im Jahr 1946 in Frankreich.

Fallschirmspringer-Sportklub
Der erste Fallschirmspringer-Sportklub wurde 1933 in Moskau gegründet, nachdem schon drei Jahre vorher ein Wettbewerb für Springer stattgefunden hatte. In den darauffolgenden Jahren entstanden in der UdSSR Hunderte von lokalen Springerklubs, und in vielen öffentlichen Parkanlagen wurden Übungsplattformen aufgestellt.

Faltboot

Das erste Faltboot baute der Rosenheimer Johann Klepper im Jahr 1906. Von Jugend an ein begeisterter Sportruderer, war Klepper bestrebt, die damaligen Sportboote ständig zu verbessern. Als er noch im selben Jahr sein neues Faltboot der Öffentlichkeit vorstellte, erntete er nur Ablehnung. Sportzeitungen machten sich darüber lustig und weigerten sich sogar, Annoncen über seine Faltboote entgegenzunehmen.
Klepper begab sich auf die Fahrt durch Deutschland, um das Faltboot persönlich vorzustellen. Großes Auf-

sehen erregte er unter anderem in Berlin, wo eine staunende Menschenmenge sich vor dem Hotel »Nürnberger Hof« versammelte, um zu beobachten, wie ein Schiffsrumpf Stück für Stück aus dem Fenster wuchs. Die Polizei erschien und verlangte eine Erklärung, doch der Portier konnte keine Auskunft geben – Klepper hatte nämlich sein Boot in einem Rucksack verpackt in das Hotel gebracht.
Auf seiner Reise konnte Klepper allmählich das Publikum von seiner Erfindung überzeugen. Zur Unterstützung verfaßte er über das Schlauchboot auch ein Büchlein, das aber niemand drucken wollte. Erst als sich die Presse einschaltete, wurde seinem Faltboot die gebührende Aufmerksamkeit geschenkt.
Ende Juli 1914 wurden die ersten Boote – damals »Rucksackboote« genannt – hergestellt und geliefert. Aber der Ausbruch des Ersten Weltkrieges brachte die Herstellung der Faltboote ins Stocken. Klepper arbeitete in den Kriegsjahren an seiner Erfindung weiter und konnte nach dem Krieg ein verbessertes Modell vorstellen, das ihm den verdienten Erfolg brachte.

Fanklub

Der erste Fanklub war »The Keen Order of Wallerites«, der von den Fans des populären Theaterdirektors Lewis Waller in London gegründet wurde. Er bestand bereits im Jahr 1902, und man nimmt an, daß er ein oder zwei Jahre vorher gegründet worden war. Die Mitglieder des Klubs trugen ein Abzeichen, das auf einer Seite Waller mit gepuderter Perücke und auf der anderen Seite seine Lieblingsblume, das Stiefmütterchen – eine unpassende Blume für einen so männlichen Schauspieler –, zeigt. Die Klubfarben waren Blau und Malvenrot, Wallers Rennfarben.
Das Benehmen der Anhänger Waller gegenüber war durch die Vorschriften des Klubs streng geregelt. Es durfte sich z. B. niemand außer dem Klubsekretär direkt an ihn wenden, und man erwartete, daß die Klubmitglieder in großer Zahl jeder Premiere beiwohnten.
Die Mitglieder des »Keen Order of Wallerites« bezeichneten sich nicht als Fans; das Wort war damals in England noch unbekannt. Es wurde aber in den USA schon im Jahr 1889 benützt. Der erste schriftliche Nachweis des Wortes stammt aus der »Kansas Times and Star«, die am 26. März 1889 von den »Kansas City baseball fans« schrieb. Zum erstenmal tauchte das Wort in England im »Daily Express« im Jahr 1914 auf, als von den »First League football fans« die Rede war. Das Wort wurde dann im folgenden Jahr in England allgemein gebräuchlich und vor allem auf Kinoliebhaber bezogen.

Farbiger Adliger

Der erste farbige Adlige war Lord Sinha von Raipur, der im Jahr 1919 in Anerkennung seiner Verdienste als erstes indisches Mitglied des vizeköniglichen Ministerrates und als Vertreter Indiens im Britischen Königlichen Kriegskabinett zum Baron ernannt wurde. Er starb im Jahr 1928.
Sein Sohn, der zweite Lord Sinha, war der erste farbige Adlige, der seinen Sitz im Oberhaus (ab 1946) tatsächlich innehatte. Da er weder Heiratsurkunde seiner Eltern noch eine Geburtsurkunde vorweisen konnte, mußte er in einem langwierigen Prozeß zuerst seinen Anspruch auf den Titel beweisen. Lord Sinha verbrachte neun Monate des Jahres in London, um seinen parlamentarischen Aufgaben nachzukommen. Er saß auf der Seite des liberalen Flügels.

Farbiges Parlamentsmitglied

Das erste farbige Parlamentsmitglied Europas war Mathieu Louisi, ein Druckereiarbeiter aus Pointe-à-Pitre, Guadaloupe, der am 22. August 1848 als Vertreter seiner Heimatinsel in die französische Nationalversammlung gewählt wurde. Seine Antrittsrede, ein schüchterner Appell für ein friedliches Zusammenleben von Schwarz und Weiß in den Kolonien, wurde mit lauten Mißfallensäußerungen aufgenommen. Bei der nächsten Wahl verlor Louisi seinen Sitz im Parlament.

Mathieu Louisi aus Guadaloupe, das erste farbige Parlamentsmitglied Europas, 1848.

Fernsehansagerin

Die erste Fernsehansagerin war die deutsche Schauspielerin Ursula Patzschke, die gegen Ende des Jahres 1934 von der Deutschen Reichspost engagiert wurde, das seit 1. März des Jahres täglich laufende Versuchsprogramm anzusagen. Anfangs kündigte sie nur das Programm an, später las sie auch Gedichte oder spielte selbstgeschriebene Szenen, die 3 bis 8 Minuten dauerten.
Im ersten Jahr mußte sie die Programmansage allein bestreiten, erst im Jahr 1935 wurde Annemarie Beck als zweite Ansagerin eingestellt. Weil der Postetat keine Planstelle für diesen Beruf vorsah, war sie als Postfacharbeiterin angestellt. In den Sendepausen mußte sie Filme kleben.
Über die Fernsehaufnahmen zu dieser Zeit berichtete sie:

»Ich saß auf dem Telefonbuch, weil der Stuhl zu niedrig war. Bewegen konnte ich mich kaum, denn die Zelle war zu eng, und nach wenigen Minuten wurde es drückend heiß.«

Ursula Patzschke (links), die erste Fernsehansagerin, 1934, mit Annemarie Beck, die 1935 Ansagerin wurde.

Nachdem es damals keine Privatfernsehempfänger gab, wurden in Berlin in einigen Postämtern Fernsehempfänger aufgestellt. Von dort konnte man Ursula Patzschke anrufen und am Bildschirm sehen, wie sie den Telefonhörer abnahm und auf die Fragen antwortete.
Frankreich war das zweite Land, das eine Fernsehansagerin beschäftigte. Am 1. September sagte Suzy Vinker ihr erstes Programm aus den PTT-Studios in Paris an.

Fernsehaufnahmesystem

Das erste Fernsehaufnahmesystem hieß »Phonovision« und wurde im Jahr 1928 von John Logie Baird in London entwickelt. Das System gestattete die Wiedergabe niederfrequenter Signale auf Grammophonplatten aus Aluminium. Dabei wurden entweder zwei Platten (für Ton und Bild) oder eine Platte mit zwei getrennten Spuren verwendet. Es war vorgesehen, Programme aufzuzeichnen und die Platten an die Zuseher zu verkaufen. Diese Platten hätten sie mit Hilfe eines einfachen Zusatzes zum grobzeiligen Baird-Empfänger abspielen können. Baird nahm also die moderne Entwicklung der Videokassetten vorweg. Obwohl sein System grundsätzlich richtig konzipiert war, war die Zeit noch nicht reif für eine kommerzielle Auswertung. Wir wissen, daß zumindest ein leidenschaftlicher Fernsehamateur aus Cambridge, J. Foster Cooper, einige Phonovisionsaufzeichnungen von einer Baird-Übertragung aus Long Acre im Jahr 1931 machte.
Im Juni 1935 wurden Fernsehplattenaufnahmen von der Major Radiovision Co. in London zum Kauf angeboten. Die Platten liefen auf jeder Seite 6 Minuten und kosteten 7 Shilling pro Stück. War Baird mit seinen Platten zu überstürzt auf den Markt gekommen, so war R. O. Hughes, der Initiator des Projektes, mit seinen Erzeugnissen jetzt zu spät dran. Vier Monate nachdem seine Plattenaufnahmen zum Verkauf gelangt waren, wurden die Übertragungen nach dem grobzeiligen Bairdschen Verfahren eingestellt, und die Mehrzahl der Zuseher, von denen viele ihre Empfangsgeräte aus Bausätzen gefertigt hatten, begannen, ihre Apparate zu zerlegen.

Feinzeiliges Aufnahmesystem
Fernsehaufzeichnungen nach dem feinzeiligen System wurden erstmals am 9. November 1947 von Philip Dorté von der BBC-Abteilung für Fernsehaußenaufnahmen gemacht. Er filmte die Feier zum Ende der beiden Weltkriege (Remembrance Day) vor dem Cenotaph in Whitehall direkt vom Bildschirm des TV-Monitors im Alexandra Palace, wobei er eine speziell synchronisierte Kamera verwendete, deren Entwicklung 12 Monate gedauert hatte. Die Zuschauer konnten die Feierlichkeiten am Vormittag live verfolgen, am selben Abend wurden die Aufnahmen noch einmal gesendet.

Fernsehaußenübertragung

Die erste Fernsehaußenübertragung fand während des Morgenprogramms der Baird Co. am 8. Mai 1931 statt. Von einem vor den Studios in Long Acre in London geparkten Wagen wurden Straßenszenen übertragen. Vorher waren alle Sendungen unter starker künstlicher Beleuchtung aufgenommen worden, obwohl eine Außenaufnahme, die Jack Buchanan »im strahlendweißen Flanellanzug«

Die erste Fernsehaußenübertragung mit feinzeiligem Bild wurde bei den Olympischen Spielen 1936 in Berlin gemacht (oben) und war noch am selben Tag in den öffentlichen Fernsehsälen zu sehen (unten).

zeigte, bereits am 15. Juni 1928 mittels Kabelfernsehens auf dem Dach der Baird-Studios in Long Acre gemacht wurde.
Die ersten Freilichtübertragungen mit feinzeiligem Bild wurden während der Olympischen Spiele vom 1. bis 14. August 1936 in Berlin gemacht. Die Reichsrundfunkgesellschaft verwendete zwei mobile Fernsehwagen und drei Kameras, um eine Auswahl der wichtigsten Ereignisse während des Vormittags und Nachmittags live zu übertragen. Diese Sendungen wurden von ungefähr 150 000 Zusehern in den öffentlichen Fernsehsälen, die es in Berlin gab, verfolgt.

Übertragungsauto
Das erste Fernsehübertragungsauto war ein 3,5-t-Mercedes-Benz, der vom Deutschen Reichsrundfunk im Jahr 1934 als Aufnahmewagen adaptiert wurde. Die Aufnahme wurde mit einer Filmkamera gemacht. Der Wagen trat erstmals am 22. März 1935 in Aktion, als die Berliner Fernsehstation des Reichsrundfunks eröffnet wurde. Von da an war der Wagen täglich unterwegs, um Neuigkeiten für den »Spiegel des Tages« zu sammeln, der am Abend ausgestrahlt wurde.

Sendung aus dem Weltraum
Die erste Sendung aus dem Weltraum wurde Sonnabend, den 21. Dezember 1968, ausgestrahlt. Millionen von Menschen erlebten die erste Direktübertragung von der Reise zum Mond.
Das amerikanische Raumschiff Apollo 8, das am Tag vorher mit den Astronauten Borman, Lovell und Anders auf die Reise zum Mond gestartet war, gab aus einer Entfernung von 222 000 km 13 Minuten die erste Livesendung aus dem Weltraum. Während der Sendung führten die drei Astronauten vor, wie sie in der Kapsel aßen und arbeiteten; daneben leisteten sie sich kleine Scherze. Zum Abschluß blickte Kommandant Borman in die Kamera und hob grüßend die Hand. Mit »Auf Wiedersehen von Apollo 8« verabschiedete er sich.

Fernsehballett

Das erste Fernsehballett wurde von Ailsa Bridgewater in einem der ersten Fernsehprogramme der Baird Co., in dem Berufskünstler auftraten, dargeboten. Man kennt zwar nicht das Datum der Übertragung aus den Baird-Studios in Long Acre in London, doch schrieb Miß Bridgewater im Jahr 1935 in einem Brief an die Zeitschrift »Television«, daß die Übertragung »zu der etwas ungelegenen Zeit um Mitternacht begonnen habe«. Dies würde darauf hindeuten, daß die Vorstellung zwischen dem 5. Dezember 1928 und dem 30. September 1929 stattgefunden hat; in dieser Zeit wurde das Baird-Programm zweimal wöchentlich um Mitternacht ausgestrahlt.
Miß Bridgewater beschrieb ihre Eindrücke mit den Worten:

»Der Tatsache entsprechend, daß es damals noch keine Totalaufnahmen gab, betrat ich nach ein paar einleitenden Worten die Bühne, die eher einem Tisch als einer Bühne glich, und begann die Grundzüge der Ballettechnik innerhalb der genau markierten Grenzen vorzuführen . . . Von dem Augenblick an, als das rote Licht ganz plötzlich und hell aufleuchtete und der Ansager sein ›Bitte um Ruhe!‹ sprach, wurde ich für die nächste halbe Stunde von einem unbeschreiblich romantischen Gefühl durchdrungen. Trotz einer gewissen natürlichen Nervosität angesichts des Mikrofons und der Fernsehkamera waren doch die Begeisterung und das Bewußtsein, die Tanzkunst auf eine neue Art der Öffentlichkeit erstmals vorgestellt zu haben, außerordentlich groß.«

Das zweite Fernsehballett wurde erst im Jahr 1933 übertragen. Am 4. März 1933 machte die Primaballerina Adeline Genée Tanzgeschichte, als sie ihre Abschiedsvorstellung von den Bühnen der Welt just über das junge Medium Fernsehen gab. Die Bedeutung der Darbietung war enorm,

weil das Programm der BBC damals von den Gegnern des Fernsehens als eine Reihe von Laborversuchen abgewertet wurde. Am 15. März 1933, elf Tage nach ihrer Abschiedsvorstellung im Coliseum, tanzte Mme. Genée mit Anton Dolin als Partner »The Love Song« im Fernsehen; es war dies ein kurzes Ballett, in dem zwei Liebende des 18. Jahrhunderts um ein Spinett tanzen. Die Übertragung aus den BBC-Fernsehstudios im Broadcasting House konnte von den Landsleuten der Künstlerin in Kopenhagen empfangen werden.
Die erste vollständige Ballettvorführung im Fernsehen war »The Gods Go a-Begging« mit Lydia Sokolová, Stanislas Idzikowski und einem Corps de Ballet, das aus Schülern der Ballettschule von Frau Sokolová in London bestand. Die Darbietung wurde von der BBC am 26. Juni 1934 übertragen.

Fernsehbildungsprogramm

Der erste Versuch, akademische Bildung über das Medium Fernsehen zu vermitteln, wurde am 5. Februar 1932 von der Columbia Broadcasting Station W2XAB unternommen.
Dr. Ernst von Nardoff, der Direktor der Stuyvesant High School in New York, wurde eingeladen, im Rahmen eines von Bernard Sachs präsentierten Physikprogramms im Studio einige Experimente mit flüssigem Gas durchzuführen. Diese Sendereihe war Teil des regelmäßigen CBS-Fernsehprogramms.
Die erste Fernsehstation für ein reines Bildungsprogramm war die Versuchsstation W9XK der Universität von Iowa in Iowa City, die am 25. Januar 1933 mit der Ausstrahlung des ersten regelmäßigen Schulprogramms begann. Die Eröffnungssendung zeigte nach einem Einführungsvortrag über die Universität von Dr. E. B. Kurtz, dem Direktor der Station und Vorstand der Abteilung für Elektrotechnik, ein Violinsolo der Studentin Irene Ruppert, eine Vorlesung über Freihandzeichnen von Aden Arnold, Professor des Kunstinstituts, und schließlich eine Szene aus dem Stück »The First Mrs. Fraser«, die von den Mitgliedern des Sprachinstitutes gespielt wurde.
Während des Studienjahres 1933/34 wurden von Mitgliedern des Lehrkörpers der Universität von Iowa verschiedene Vorlesungen gehalten, unter anderen über Botanik (die Erkennung von Bäumen), Ingenieurwesen (das Lesen von Bauplänen), Stenografie, französische Aussprache, Astronomie, Zeichnen, Naturgeschichte. Die Sendungen wurden jeden Montag und Mittwoch um 19.30 Uhr ausgestrahlt; neben der Vorlesung wurden noch ein Musikstück und ein dramatischer Sketch oder eine Dichterlesung gesendet.
Während der sechs Jahre, die die Station in Betrieb war, wurden 389 Schulprogramme ausgestrahlt. In dieser Zeit hatte das Programm eine große Anzahl von Zusehern, die noch in einer Entfernung von 1 000 km das Programm empfangen konnten. Einige dieser »Fernsehstudenten« verwendeten selbstgebaute Empfangsgeräte, andere kauften das serienmäßig hergestellte 45zeilige Gerät »Echophone«, das Dr. Kurtz als brauchbar empfohlen hatte. Die meisten Fernseher gab es in und um Chicago, wo im Jahr1934 rund 1 000 Heimgeräte in Betrieb waren. Eines mit einem Riesenschirm wurde für die Studenten der Universität in der Iowa Memorial Union aufgebaut.

Fernsehkurse mit Abschlußprüfung
Die erste Fernsehstation, die ihren Heimsehern Kurse mit einer Abschlußprüfung anbot, war die Station WTTW Chicago, die im Herbst 1956 gemeinsam mit dem Chicago Junior College die Sendereihe »TV College« startete. Während der ersten drei Jahre der Sendung wurden 27 verschiedene Kurse ausgestrahlt, und etwa 5 000 Studenten pro Semester hatten inskribiert. Ein Viertel von ihnen nahm an der Benotung teil und konnte so bei den Abschlußprüfungen mitmachen. Der Fernsehunterricht wurde durch schriftliche Arbeiten ergänzt, die zur Korrektur per Post eingesandt wurden, sowie durch fünf bis zehn Zusammenkünfte pro Semester mit dem Fachlehrer und mit Hilfe eines Telefondienstes.
Am Ende der ersten drei Jahre stellte sich heraus, daß etwa 65 Prozent der an der Benotung teilnehmenden Studenten tatsächlich ihre Kurse vollendeten und an den Abschlußprüfungen für den Grad »Associates in Arts« teilnahmen. Von den 200 Studenten, die ihren Abschluß machten, hatten zwanzig ausschließlich mit Hilfe des Fernsehunterrichts gelernt.

Fernsehuniversität
Die erste Fernsehuniversität, die den Heimsehern eine vollwertige Graduierung ermöglichte, war die »Open University« der englischen BBC. Eine unabhängige Erziehungsinstitution, die mit der BBC zusammenarbeitete, eröffnete am Sonntag, dem 3. Januar 1971, um 11 Uhr die »Open University«. Zu Beginn der Sendung hielt Chris Christodoulou, der Universitätssekretär, auf dem Sender BBC 2 eine Ansprache, dann folgte ein Einführungskurs in die Mathematik.
Die regelmäßigen Kurse begannen am darauffolgenden Sonntag mit den Vorlesungen Sozialwissenschaft I, Naturwissenschaften I und Mathe-

matik I. Die ersten Graduierungen der »Open University« wurden in einer Feier im Alexandra Palace am 23. Juni 1973 vorgenommen.

Fernsehdokumentarsendung

Die erste Fernsehdokumentarsendung war ein Vortrag über Keramik, den G. Holme, der Herausgeber der monatlich erscheinenden Zeitschrift »Studio« hielt. Er wurde im November 1928 aus den Baird-Studios in Long Acre in London übertragen. Holme hatte verschiedene Exponate ins Studio mitgebracht und erklärte vor der Kamera die interessanten Details.
Diese Sendung war auch die erste, die für das Heimfernsehen im voraus geplant worden war.
Während des ersten Jahres der Bairdschen audiovisuellen Versuchssendungen, im Jahr 1930, bestand das Programm fast nur aus Varietévorstellungen oder der Darbietung von Instrumentalisten, doch im Frühjahr 1931 präsentierte Mrs. Stackpool O'Dell eine Sendung mit Bildern über Phrenologie und Mrs. Rhoda Flanders eine Sendung über Hunde.
In den USA wurde die Entwicklung zum Dokumentarfilm von der W2XAB, der CBS-Station in New York, eingeleitet. Am Anfang stand eine Sendung über das Malen mit Ölfarben, die im November 1931 ausgestrahlt wurde. In den nächsten Monaten folgten Filme über das Leben in Norwegen und Indien.
Am 7. August 1932 wurde eine aufwendige Sendung zum 200. Geburtstag von George Washington gesendet. Am 16. September 1932 betrat die W2XAB ein neues Gebiet, als sie die erste Dokumentarserie begann, und zwar über die Flugzeugindustrie.

Fernsehempfänger

Der erste gewerblich hergestellte Fernsehempfänger wurde von der Daven Corporation in Newark, New Jersey, in der Juliausgabe des Jahres 1928 der Zeitschrift »Television«, New York, um 75 Dollar angeboten. Die Geräte konnten Sendungen mit 24, 36 und 48 Bildzeilen empfangen. Damals kamen auch Bausätze auf den Markt.
Es gab damals noch keine Fernsehstation in New York selbst, aber in Schenectady wurden bereits eine Reihe von experimentellen Übertragungen durchgeführt. Im August 1931 berichtete der New Yorker Korrespondent des »Observer« über eine geschätzte Zahl von 9 000 Fernsehempfängern in New York City und 30 000 Geräten in den übrigen Bundesstaaten der USA. Die Preise für die verschiedenen Modelle (ein halbes Dutzend), die auf dem Markt waren, lagen zwischen 80 und 160 Dollar bzw. 36 Dollar für den Bausatz. Im folgenden Jahr brachte die Firma W. C. Rawls & Co. in Norfolk, Virginia, ein luxuriöses Gerät mit »großem Bildschirm« um 295 Dollar heraus. Ein »großer Bildschirm« bedeutete ein quadratisches Bild mit rund 30 cm Seitenlänge; das war im Vergleich mit den damals üblichen Bildgrößen ein beachtlicher Fortschritt.
Der erste Fernsehapparat, der in einem öffentlichen Lokal aufgestellt wurde, war der Fernsehapparat des Caledonian Club in London, bei dem Baird selbst Mitglied war, der den Apparat dem Klub auch geschenkt hatte.

Bairds Fernsehempfänger aus dem Jahr 1928, der allerdings nie auf den Markt kam (links), und der erste mit einem rechteckigen Bildschirm, hergestellt von der Firma Bush, 1933 (rechts).

Baird-Fernsehempfänger, 1930

Der erste Fernsehapparat, der mit einem rechteckigen Bildschirm im Gegensatz zu dem vorher üblichen runden Bildschirm ausgestattet wurde, war das Baird-Modell der Firma Bush Radio Ltd. Er wurde vom 30. Juni 1933 ab zum Preis von 50 Guineas zum Verkauf angeboten. Der Bildschirm hatte die Maße 10 × 23 cm. Dieser Fernsehapparat war auch der erste, dessen Bild nicht mehr den Orangeschimmer aufwies, der die Bildqualität der früheren Apparate beeinträchtigte. Der erste Kathodenstrahlempfänger, der industriell hergestellt wurde, kam im Januar 1935 von der Londoner Firma Gillavision Television um 55 Guineas auf den Markt. Dieser Apparat hatte wieder einen runden Bildschirm mit 12 cm Durchmesser und war ein 1,20 m hohes Standmodell. Er war für 30zeilige Bilder mit einer Wellenlänge von 261 m konstruiert; die Hersteller behaupteten jedoch, das Modell könnte jederzeit auf eine andere Wellenlänge und Bildzeilenanzahl umgestellt werden.

Feinzeiliger Fernsehapparat

Der erste in Serie gebaute feinzeilige Fernsehapparat (das Bild besteht aus mindestens 100 Zeilen), wurde im August 1936 bei der englischen »Radiolympia« ausgestellt. Den Kunden wurden 17 Modelle von zehn verschiedenen Erzeugern zu Preisen zwischen 85 und 120 Guineas angeboten. Sydney Moseleys Buch »Television Today and Tomorrow« zufolge war das erste erhältliche Gerät der Baird T5, ein Modell mit einem 30 × 23 cm großen Bildschirm. Obwohl der allgemeine Verkauf am 2. November begonnen hatte, wurden bis Jahresende nur 280 Geräte abgesetzt. Man führte dies darauf zurück, daß die meisten potentiellen Käufer auf einen Rückgang der Preise warteten. Im Februar 1937 blieb den Herstellern nichts anderes übrig, als nachzugeben; die Firmen EMI und HMV reduzierten ihr Modell von 95 auf 60 Guineas, und Baird ging von 85 auf 55 Guineas herunter. Weitere Preisreduktionen folgten im August, und die Umsätze begannen zu steigen.
In den USA und in Deutschland waren die feinzeiligen Fernsehempfänger für die Öffentlichkeit bis 1939 nicht erhältlich.
Die deutschen Hersteller wären bereits 1935 in der Lage gewesen, Geräte mit 180 Zeilen in Serie zu erzeugen; bei der Radioausstellung in Berlin wurden zwanzig verschiedene Modelle von sieben Herstellern gezeigt. Die nationalsozialistischen Machthaber waren allerdings der Ansicht, daß das Fernsehen kein Privileg der Reichen sein sollte. Sie ordneten daher an, daß die Großproduktion so lange zurückgehalten werden sollte, bis die Postbehörde und die Erzeugerfirmen einen »Volksempfänger« zu einem erschwinglichen Preis auf den Markt bringen konnten. Dieses Vorhaben erlitt das gleiche Schicksal wie der Volkswagen, der ebenfalls für den kleinen Mann bestimmt war. Der Volksfernseher kam am 28. Juli 1939 in Berlin auf den Markt, doch waren wegen des einen Monat später ausbrechenden Krieges statt der geplanten 10 000 Stück der ersten Serie nur 50 in Betrieb.

Fernsehfilm

Der erste Film, der für das Fernsehen produziert wurde, war ein kurzer Stummfilm mit dem Titel »Morgenstund hat Gold im Mund« und war

Anfang 1930 von F. Banneitz von der Commerz-Film AG Berlin im Auftrag der Deutschen Reichs-Rundfunkgesellschaft gedreht worden. Da er für eine Fernsehübertragung mit geringer Bildauflösung (weniger als 100 Zeilen) gedacht war, waren die Bewegungen der Schauspieler nachdrücklicher und auch die Kostüme kontrastreicher als in einem normalen Kinofilm.
Der erste Spielfilm, der für Fernsehen mit hoher Bildauflösung (mehr als 100 Zeilen) gedreht wurde, hieß »Wer fuhr IIA 2992?«, ein Thriller, den Gerhart W. Göbel von der »Reichspost« verfaßt hatte und den die UFA in Berlin im Sommer 1939 verfilmte. Göbel wurde zu der Geschichte durch eine polizeiliche Durchsage im Fernsehen angeregt, als um die Mithilfe der Bevölkerung in einem Mordfall ersucht wurde. Die Story handelte allerdings von einem fahrerflüchtigen Autolenker, da das Propagandaministerium Mord als Thema eines Films, der auch im Ausland gezeigt wurde, nicht zuließ. Der Film wurde das erste Mal im Jahr 1940 bei Fernsehvorführungen in Bukarest und Sofia gezeigt und nach dem Krieg, im Jahr 1950, von der Deutschen Bundespost für Versuchssendungen verwendet.
Der erste Fernsehfilm, der auf kommerzieller Basis hergestellt wurde, war der Kurzfilm »The Bride«, in dem George Robey einen Monolog zitierte. Er wurde von den Baird-Studios in Long Acre, London, am 19. August 1929 übertragen.
Die erste TV-Station, die Filme als festen Bestandteil ihres Sendeprogramms zeigte, war die De Forest Radio Corportation W2XCD Passaic, New Jersey, und zwar ab März 1931. Dabei handelte es sich hauptsächlich um kurze Dokumentar- und Reisefilme, wie zum Beispiel »People who Live in the Desert« (Menschen, die in der Wüste leben) und »Lumbering in British Columbia« (Holzaufarbeitung in Britisch-Kolumbien), die zu den ersten zählten.
Der erste Hauptspielfilm, der im Fernsehen gezeigt wurde, war eine dramatische Komödie mit dem Titel »Police Patrol«, die in sechs Episoden von der W2XCD Passaic, New Jersey, zwischen dem 6. und 11. April 1931 ausgestrahlt wurde. Regie führte Burton King für die Gotham Productions. Der Film erzählte die Geschichte eines New Yorker Polizisten (James Kirkwood), der eine Diebin verhaftet, die bis aufs Haar seiner Freundin gleicht; beide Rollen wurden von Edna Murphy verkörpert.

Fernsehinterview

Das erste Fernsehinterview fand am 29. April 1930 auf der Ausstellung »Ideal Home« in Southampton statt. Die Schauspielerin Peggy O'Neil wurde von dem Kolumnisten »Patoc« des »Southern Daily Echo« interviewt. Miß O'Neil befand sich in dem Studio, das vorübergehend von der Baird Co. in den Royal Victoria Rooms eingerichtet worden war, während der Interviewer über Kabel aus der Hauptausstellungshalle mit ihr sprach.
Das erste Fernsehinterview in einem regulären Programm fand am 21. Juni 1931 statt und wurde von der Station W2XCD Passaic, New Jersey, ausgestrahlt. Der Fotograf Harold Stein hatte in seiner Talk-Show »People I have shot« Miß Dorothy Stone zu Gast.

Fernsehkoch

Der erste Fernsehkoch war Marcel Boulestin, der am 21. Januar 1937 seine BBC-Serie »Cook's Night Out« (Die Köchin hat Ausgang) eröffnete. Zu diesem Anlaß führte er vor, wie man ein Omelett zubereitet.

Fernsehkünstler

Der erste professionelle Fernsehkünstler war der irisch-amerikanische Schauspieler A. Dolan, der von der American Telephone & Telegraph Co. engagiert worden war, am 7. April 1927 während einer Versuchsübertragung von der A. T. & T.-Funkstation in Whippany, New Jersey, zu den Laboratorien der Bell Telephone Co. in New York City einen kurzen Monolog und ein Lied zum besten zu geben. Es war dies die erste Gelegenheit, bei der das Fernsehen in den USA öffentlich demonstriert wurde, und zugleich die erste auf der Welt, bei der das Fernsehen als Unterhaltungsmedium auftrat.
Gezeigt wurde die Sendung vor einem geladenen Publikum in New York, 35 km von der Sendestation entfernt; der Empfänger besaß einen großen Bildschirm von 60×75 cm. Kopf und Schulter des Künstlers waren etwa in Lebensgröße zu sehen. Das Interesse an der technischen Neuerung war so groß, daß niemand auf die Qualität der Darbietung achtete.
Wir wissen lediglich, daß Dolan ein irisches Kostüm trug, einen Backenbart hatte und die gebrochene Tonpfeife in seinem Mund auf dem Bildschirm deutlich zu sehen war.

Fernsehschauspieler
Der erste Schauspieler, der laut Vertrag nur im Fernsehen auftreten durfte, war Miß Natalie Towers, die erst kurz zuvor das Wellesley College, Massachusetts, abgeschlossen hatte. Sie wurde am 31. Juli 1931 dem Fernsehpublikum der CBS (Columbia Broadcasting System) von der Station W2XAB vorgestellt.

Fernsehstar
Der erste Künstler, der als Fernsehstar bezeichnet wurde, (am 12. November 1932 von der »New York Sun«), war Grant Kimball von der CBS.
Man könnte allerdings schon von Alice Remsen als Fernsehstar sprechen, denn am 2. Mai 1931 beschreibt die Zeitung »New York World Telegram« ihren Erfolg mit den Worten: »Eine regelmäßige Samstagabendsendung von W2XCD: Alice Remsen hat sich neben ihrem Radiopublikum auch ein Fernsehpublikum geschaffen.« Alice Remsen war eine englische Schauspielerin und Sängerin, die jede Woche auch im WOR-Programm »Footlight Echoes« zu hören war.

Fernsehnachrichten

Der erste Bericht über ein aktuelles Ereignis war eine Sendung über die Nominierung von Alfred E. Smith zum Präsidentschaftskandidaten der USA in Albany, New York, am 22. August 1928, ausgestrahlt von der WGY-Station in Schenectady.
Der erste Versuch, Neuigkeiten mit Hilfe von speziell für das Fernsehen produzierten Filmen zu präsentieren, wurde von der BBC am 31. August 1931 unternommen. An diesem Tag wurden aus dem Alexandra Palace in London Szenen von der Ankunft der »Queen Mary«, die nur vier Stunden vorher von ihrer Jungfernfahrt nach Amerika in Southampton eingetroffen war, über den Bildschirm ausgestrahlt.
Der Deutsche Reichsrundfunk eiferte dieser Neuerung 14 Tage später nach, als er einen Film vom Nürnberger Reichsparteitag am 13. September mit einem Flugzeug nach Berlin bringen ließ und ihn noch am selben Abend ausstrahlte.

Regelmäßige Fernsehnachrichten
Die erste Fernsehnachrichtensendung, die regelmäßig gesendet wurde, war »News Map«, eine 15 bis 30 Minuten dauernde Sendung, die im Jahr 1938 von der BBC eingeführt wurde.
Kommentator der Sendung war J. F. Horrabin, der Einzelheiten und Zusammenhänge der gemeldeten Neuigkeiten mit Hilfe von Filmausschnitten, Fotografien, Diagrammen und selbsthergestellten, anschaulichen Karten darlegte. Er bat auch Gastkommentatoren ins Studio, um Fachleute zu Wort kommen zu lassen.
Die erste Sendung wurde am 21. September 1938 um 21.45 Uhr ausgestrahlt; berichtet wurde über die Rückkehr von Neville Chamberlain aus Berchtesgaden und über die Situation in der Tschechoslowakei. Zu Gast im Studio war Vernon Bartlett, der Auslandskorrespondent der BBC.

Tägliche Fernsehnachrichten
Seit dem 1. Juli 1941 wurden täglich 15 Minuten lang Nachrichten von der WCBS- und WNBT-Station in New York ausgestrahlt. Der Name des WCBS-Sprechers ist nicht bekannt, bei WNBT kommentierte Lowell Thomas.
Das Programm wurde von der Firma Sunoco gesponsert.

Fernsehoper

Die erste Fernsehoper war eine gekürzte konzertante Aufführung von »Carmen« mit Heddle Nash und Sarah Fischer, begleitet von Cyril Smith am Klavier und einem 3-Mann-Orchester. Sie wurde am 6. Juli 1934 von der BBC gesendet, die Sendezeit für diese Oper dauerte nur 45 Minuten.

Fernsehproduktionsleiter

Der erste Fernsehproduktionsleiter war Harold Bradly, ernannt von der Baird Co. als Studiodirektor, der für die Produktionen des Programmdienstes der Long-Acre-Studios verantwortlich war. Die erste Sendung wurde am 30. September 1929 ausgestrahlt.

Fernsehprogramm

Das erste Fernsehprogramm mit regulärem Zeitplan wurde am 11. Mai 1928 von der General Electric Co. Station WGY in Schenectady, New York, aufgenommen. Die Sendungen wurden jeden Dienstag, Donnerstag und Freitag von 13.30 bis 14 Uhr ausgestrahlt.
Es wurde dabei das grobzeilige System mit mechanischer Bildabtastung, wie es Ernst Alexanderson entwickelt hatte, verwendet. Die Zeitschrift »Television« berichtete: »Nur die Gesichter der Männer, wie sie reden, lachen und rauchen, werden gesendet; aufwendige Effekte sind beim derzeitigen Stand nicht geplant.« Abgesehen von einem Schauspiel im September 1929 gibt es keinen Hinweis dafür, daß jemals ein richtiges Unterhaltungsprogramm angeboten wurde.
Die Deutsche Reichspost begann am 8. März 1929 mit regelmäßigen Versuchsausstrahlungen, und zwar vom Sender Berlin-Witzleben aus. Das waren die ersten TV-Versuchssendungen einer öffentlichen Körperschaft. Um 1930 strahlte der Sender Witzleben von Montag bis Donnerstag jeden Vormittag Filme mit 30-Zeilen-Bild aus. UKW-Übertragungen desselben Senders mit 90 Zeilen fanden wochentags von 10 bis 11 und 14 bis 15 Uhr statt.
Die Sendestation Königs Wusterhausen strahlte dreimal wöchentlich

einstündige Sendungen nach dem 30-Zeilen-System aus.

Feinzeiliges Fernsehprogramm

Das erste feinzeilige Fernsehprogramm wurde am 22. März 1935 offiziell vom Reichssendeleiter Eugen Hadamovsky in Deutschland vorgestellt, obwohl es bereits seit sechs Monaten Versuchssendungen mit dem 180-Zeilen-System gab. Anfangs wurde an jedem Montag, Mittwoch und Samstag von 20.30 bis 22 Uhr gesendet, und zwar hauptsächlich Spielfilme. Das Programm wurde wöchentlich geändert.
Ein Augenzeuge berichtete über die damaligen Aufnahmearbeiten:

»Alle unmittelbaren Fernsehsendungen mußten vor dem festen Nipkow-Scheiben-Personenabtaster auf einer rings geschlossenen Dunkelbühne von 1,5 × 1,5 m inszeniert werden. Wegen der starken Rotempfindlichkeit der Fotozellen schminkte man die Lippen der Darsteller schwarz, die Augenlider grün. Das Haar der Schauspieler wurde mit Goldpuder bestäubt, damit es auch ohne Effektbeleuchtung Glanz erhielt. Andererseits wirkten allzu große Helligkeitsgegensätze im Bildfeld störend. Deshalb spritzte man weiße Wäsche bei dunkler Kleidung grau und versah blanke Metallteile mit einem stumpfen Überzug.«

Es gab zu dieser Zeit noch keine beweglichen Kameras, daher mußte der Darsteller statt einer Großaufnahme langsam ganz nahe an das Objektiv heranrücken und zugleich in die Knie gehen, ohne daß das Publikum davon etwas bemerken durfte. Gedreht wurde in einem fast stockdunklen Studio.
Es gab noch keine privaten Empfangsgeräte, aber öffentlich zugängliche Fernsehsäle in den Postämtern; in Berlin elf, in Potsdam einen, die sogenannten »Fernsehstuben«, von denen jede 30 Personen faßte. Es gab auch ein Telekino in der Leipziger Straße in Berlin, das über einen Bildschirm von 1,20 × 0,90 m und 100 Sitzplätze verfügte. Freikarten konnten im vorhinein an den Postschaltern bezogen werden. Diese Fernsehräume waren in den ärmeren Bezirken, besonders bei kaltem Wetter, stets gut besucht, in den Nobelbezirken jedoch nur sehr selten ausgebucht.
Am 19. August 1935 wurden die beiden UKW-Sender auf der Berliner Radioausstellung durch Brand zerstört, konnten aber rasch durch neue ersetzt werden. Am 15. Januar 1936 begann der Betrieb von neuem mit einem täglichen Programm von 20 bis 21 Uhr und einer Wiederholung von 21 bis 22 Uhr. Zum erstenmal wurde das Filmprogramm durch live aus dem Studio Rognitzstraße gesendete Unterhaltungsprogramme ergänzt.
Die erste Künstlerin, die ihr Debüt beim feinzeiligen Fernsehen feierte, war die Sopranistin Inge Vesten.
Bei dem damaligen Stand der Technik konnten nur Kopf und Schultern übertragen werden. Trotzdem wurde am 7. November ein Film, »Das Schaukelpferd«, gesendet.
Ein typisches Programm, wie es am Samstag, den 24. Oktober 1936 ausgestrahlt wurde, sah folgendermaßen aus: Nachrichten; Therese Crones (Ausschnitte aus den gleichnamigen Film); Straßen ohne Hindernisse (Lehrfilm); in den Pausen zwischen den Filmen spielte die Geigerin Erna Hohberg den Csárdás von Monti, Carl Sollner sang und begleitete sich selbst auf der Laute.
Nach Ausbruch des Krieges setzte der Reichsrundfunk seine Sendungen in verstärktem Ausmaß, bis zu sechs Stunden am Tag, fort. Die Sendungen waren in erster Linie für Krankenhäuser und Kasernen gedacht, wo aus Propagandagründen und zur Aufrechterhaltung der Moral Empfangsgeräte installiert wurden.
Der Sendebetrieb wurde am 23. November 1943 eingestellt, als der Sender Witzleben durch einen Bombenangriff der Alliierten zerstört wurde. Von den Deutschen kontrollierte Programme wurden noch bis 16. August 1944, eine Woche vor der Befreiung der Stadt, vom Eiffelturm in Paris ausgestrahlt.
Der erste Fernsehsendebetrieb nach dem Zweiten Weltkrieg wurde in Deutschland vom Verwaltungsrat des Nordwestdeutschen Rundfunks am 13. August 1948 beschlossen.
Der neue Versuchsbetrieb begann am 27. November 1950, der tägliche Programmbetrieb am 25. Dezember 1952 in Hamburg und Köln.

Fernsehsendebetrieb für den Heimempfang

Der erste Fernsehsendebetrieb für den Heimempfang wurde am 2. November 1936 von der BBC vom Alexandra Palace aufgenommen. England erhebt den Anspruch darauf, den ersten echten Fernsehbetrieb für die Öffentlichkeit eingerichtet zu haben. Dieser Anspruch gründet sich auf die Tatsache, daß feinzeilige Fernsehempfänger schon auf dem Markt waren und daß die Regierung, die Postverwaltung und die BBC den Betrieb als ständiges Unterhaltungsmedium anerkannten. Lediglich ein Detail der Übertragungstechnik kann als im Versuchsstadium befindlich angesehen werden: Die Programme wurden ursprünglich in zwei verschiedenen Systemen abwechselnd ausgestrahlt; an einem Tag nach dem Baird-System mit mechanischer Bildabtastung und 240 Zeilen, am andern Tag nach dem Marconi-EMI-System mit elektronischer Kamera (Emitron) und 405 Bildzeilen. Ab 5. Februar 1937 wurde nur noch das Marconi-System verwendet; es blieb das Standardsystem, bis die BBC im Jahr 1964 einen zweiten Kanal einführte.

Das Eröffnungsprogramm der BBC begann um 15 Uhr mit einer Rede des Vorsitzenden der BBC, des Generalpostmeisters und anderer Persönlichkeiten. Darauf folgten Darbietungen der Sängerin Adele Dixon und zweier amerikanischer Tanzkomödianten, der Neger Buck und Bubbles.
Das Abendprogramm bestand aus einem Film, der eigens für die BBC hergestellt worden war, »Television comes to London«, und der zweiten Folge der ersten Fernsehserie »Picture Page«, einem Lokalmagazin, produziert von Cecil Madden (die erste Folge war bereits am 8. Oktober 1936 von Radiolympia gesendet worden).
Anfangs wurde an Wochentagen nur 1 Stunde am Nachmittag und 1 Stunde am Abend gesendet. Im Herbst 1939 betrug die Sendezeit an Wochentagen bereits 4 Stunden und an Sonntagen 90 Minuten. Am 1. September 1939 wurde der Sendebetrieb wegen des Kriegsausbruchs eingestellt. Es kam keine eigene Schlußansage, die letzten Worte, die man hörte, kamen von Mickymaus, Greta Garbo imitierend: »I think, I go home.« (Ich glaube, ich gehe jetzt nach Hause.)
Obwohl in den USA zu Ende des Jahres 1932 schon 35 Versuchsstationen Sendungen ausstrahlten, hat nur die New Yorker Station W2XAB ein regelmäßiges Programm gesendet, das qualitativ das grobzeilige Programm der BBC übertraf. Im Mai 1931 wurden jede Nacht 3 Stunden Unterhaltungen live ausgestrahlt.
Abgesehen von England, Deutschland und den USA wurde von folgenden Ländern noch vor dem Jahr 1940 ein regelmäßiges Fernsehprogramm mit feinzeiligem System ausgestrahlt: Frankreich (12. Dezember 1935), Rußland (1938), Japan (13. Mai 1939) und Italien (22. Juli 1939).

Fernsehschulsendung

Das erste Schulfernsehen wurde von der Philadelphia Board of Education über die Station WPTZ der Philco Corp. am 2. März 1949 ausgestrahlt. Das Projekt nannte sich »Operation Blackboard« und bestand aus drei Übertragungen pro Woche, die in den Nachmittagsstunden stattfanden. Das Programm stand unter der Direktion von Martha A. Gable und enthielt Sendungen wie »Young Artists«, »Your Social IQ«, »R for Rhythm«, »Museum Piece« und »The World at Your Door«.
Mit Beginn der ersten Serien wurden 20 öffentliche, private und konfessionelle Schulen in Philadelphia mit Fernsehgeräten mit einem großen Bildschirm ausgerüstet, die die Philco Corp. gespendet hatte. Im Jahr 1952 gab es im Gebiet von Philadelphia 700 Klassenzimmer mit Fernsehgeräten.

Fernsehserie

Die erste Fernsehserie hieß »The Wide World Review«, und wurde von der CBS-Station W2XAB in New York vom 15. August bis 12. Dezember 1932 jeweils Montag abends ausgestrahlt. Von der Zeitung »New York Sun« wurde die Serie als »Musikdrama mit rascher Szenenfolge« bezeichnet. Hauptdarsteller war der bekannte englische Schauspieler und Fernsehkommentator Jack Fleming, der sich in der BBC-Radiosendung »London Crime Club« einen Namen gemacht hatte. Die erste der 25-Minuten-Episoden spielte in Schanghai. »The Wide World Review« war die einzige Fernsehserie der Welt mit fortlaufender Handlung, die während der Versuchsperiode des grobzeiligen Fernsehens gesendet wurde.

Fernsehserie in feinzeiligem System
Die erste Fernsehfortsetzungsgeschichte, die im feinzeiligen System gesendet wurde, hieß »Ann and Harold«, eine fünfteilige romantische Komödie nach dem Hörspiel von Louis Goddrich. Sie wurde von der BBC ab 12. Juli 1938 in wöchentlichen Sendungen zu 20 Minuten ausgestrahlt. Produzent war Lanham Titchener, die Hauptrollen spielten Ann Todd und William Hutchinson. Die Geschichte handelte von einem jungen Londoner Paar, von seiner Verlobung, Heirat, seinem Leben in Bayswater und seinem einzigen Streit.
Die erste fortlaufende Fernsehserie hieß »One Man's Family« und lehnte sich eng an das höchst erfolgreiche Rezept der im Radio gesendeten »Soap Opera« an (lustige bis melodramatische Szenen des Alltags). Sie wurde von der NBC mit Bert Lytell, Majorie Gateson und Eve Marie Saint in den Hauptrollen vom 4. November 1949 bis 1. April 1955 ausgestrahlt.

Fernsehspiel

Das erste Fernsehspiel war »Spelling Bee«, das vom Spielmeister Freddie Grisewood für sechs Personen zusammengestellt und am 31. Mai 1938 von der BBC gesendet wurde.

Fernsehsportübertragung

Die erste Sportübertragung im Fernsehen fand am 17. Februar 1931 in Japan statt, als ein Baseballspiel des Waseda University Baseball Club auf dem Tozuka-Spielfeld in Tokio mit Kabel in das elektrotechnische Labor der Waseda-Universität übertragen wurde. Das Experiment stand unter der Leitung von Dr. Yamamoto Tadaoki, die 60zeiligen Bilder wurden auf einem quadratischen Bildschirm

von rund 90 cm Seitenlänge wiedergegeben.
Am 27. September 1931 wurde ein 40 Minuten dauerndes Baseballmatch vom Tozuka-Spielfeld zwischen zwei Schülermannschaften übertragen. Es war die erste Fernsehsportberichterstattung der Welt, bei der ein Teamkampf daheim auf dem Fernsehschirm verfolgt werden konnte. Die Bildgröße der Heimgeräte betrug damals 20 × 12,5 cm. Der Kommentator war Matsuuchi, ein Ansager vom japanischen Rundfunk.

Fernsehtelefon

Das erste Fernsehtelefon mit Ton- und Bildübertragung in beiden Richtungen wurde von G. Krawinkel im Auftrag der Deutschen Postverwaltung entwickelt und im Sommer 1929 bei der Berliner Funkausstellung vorgestellt. Der Apparat wurde dann dem Deutschen Museum in München übergeben und von 1930 bis 1945 zu Demonstrationszwecken verwendet.

Öffentliches Fernsehtelefon
Das erste öffentliche Fernsehtelefon eröffnete der Minister für Post und Transport, Frhr. v. Eltz-Rübenach, am 1. März 1936 anläßlich der Leipziger Messe. Nachdem das Fernsehkoaxialkabel zwischen Berlin und Leipzig sorgfältig getestet worden war, wurde am 25. März der Betrieb aufgenommen. Es gab drei Fernsehtelefonzellen in verschiedenen Bezirken Berlins und drei in Leipzig. Im folgenden Jahr wurde das Kabel bis nach Nürnberg verlegt, gerade rechtzeitig zum Parteitag der NSDAP. Am 12. Juli 1938 wurde der Betrieb Berlin–München eröffnet Die Postverwaltung in Hamburg begann mit ihrem Betrieb innerhalb des Stadtgebietes am 15. Dezember 1938. Ein Lokalgespräch kostete 1,50 DM, Ferngespräche das Doppelte.

Das erste Fernsehtelefon, 1929

Fernsehtheaterstück

Das erste Theaterstück, das für das Fernsehen produziert wurde, war »The Queen's Messenger« von J. Hartley Manners, das von Mortimer Stewart für das Fernsehen bearbeitet und von der General Electric Co. Station WGY in Schenectady, New York, am 11. September 1928 gesendet wurde. Izotta Jewell spielte die Königin, Maurice Randall den Kurier; ihre Hände wurden von Joyce E. Rector und William J. Toniski gedoubelt. Der Regisseur verwendete zum erstenmal in der Geschichte des Fernsehens den Filmschnitt: Zu diesem Zweck hatte er drei Kameras, eine für die Königin, eine für den Kurier und eine für Requisiten wie Zigaretten, Gläser, Schlüssel und Kurierkoffer, die von Rector und Toniski in die Kamera gehalten und jeweils extra aufgenommen wurden.
Das Theaterstück wurde im grobzeiligen System übertragen, das von Ernst Alexanderson entwickelt worden war, und dauerte 40 Minuten. Die Sendung konnte sogar an der Pazifikküste empfangen werden.
Das erste Theaterstück, das eigens für das Fernsehen geschrieben wurde, war »The Underground Murder Mystery«, ein 30 Minuten langes Spiel von J. Bissell Thomas. Der Film wurde in der Tottenham-Court-Road-Untergrundbahnstation gedreht, die Darsteller waren Lance Lister und Nancy Poulteney.
Die BBC sendete den Film am 19. Januar 1937.

Fernsehübertragung

Die erste Fernsehübertragung eines bewegten Objektes, die Abschattierungen zwischen Licht und Schatten zeigte, gelang John Logie Baird am 30. Oktober 1925 in seinem Arbeitszimmer am Dachboden des Hauses Frith Street 23 in London. Baird war erst kurz zuvor aus Hastings hierher übersiedelt. Er hatte dort einen behelfsmäßigen Apparat gebastelt, der aus einer Teekiste, einer leeren Keksdose als Lampengehäuse, aus Karton gefertigten Nipkow-Scheiben zur Bildauflösung, Stopfnadeln, Hutschachteln, den Linsen runder Handlampen, aus ausgedienten Elektromotoren, Klavierdraht, Klebstoff, Bindfäden und Siegellack, alles zu einem Preis von etwa 12 Shilling und 6 Pence, bestand. Mit diesem primitiven Gerät war es Baird im Februar 1924 gelungen, den Schatten eines Malteserkreuzes über eine Distanz von rund 3 m zu übertragen. Er wurde dann später aus seinem Laboratorium in der Queens Arcade 8 hinausgeworfen, nachdem seine Stromquelle explodiert war; er hatte einige Hundert Stabbatterien zusammengeschaltet, um die notwendige 2 000-V-Spannung zu erzeugen.
In einer sechs Jahre später ausgestrahlten Rundfunksendung in den USA beschrieb Baird die Ereignisse

vom letzten Freitag im Oktober 1925, als der Kopf der Puppe, die er für seine Tests verwendete, plötzlich auf dem Bildschirm erschien, »nicht nur als schmutziger Flecken aus Schwarz und Weiß, sondern als richtiges Bild mit Details«. Sein erster Gedanke war, ein lebendes Objekt vor das Aufnahmegerät zu setzen, und er lief in das untere Stockwerk, das von der Cross Pictures Ltd. gemietet war. Der erste, den er traf, war der 15jährige Bürolehrling William Taynton.

»Ich setzte ihn vor das Übertragungsgerät und ging in den angrenzenden Raum, um nachzuschauen, was der Bildschirm zeigte. Der Schirm war gänzlich leer, und kein noch so mühevolles Einstellen brachte irgendeinen Erfolg. Verwundert und äußerst enttäuscht ging ich zum Übertragungsgerät zurück, und hier wurde mir der Grund für das Versagen mit einem Male klar. Der Junge war, durch das intensive Licht verängstigt, vor dem Übertragungsgerät zurückgewichen. In der Erregung des Augenblicks gab ich ihm eine halbe Krone, und diesmal blieb er in der richtigen Position. Ich ging zurück ins Nebenzimmer und sah nun seinen Kopf ziemlich klar auf dem Schirm. Es ist schon verwunderlich, daß der erste Mensch auf der Welt, der jemals im Fernsehen erschien, zunächst bestochen werden mußte, um diese Auszeichnung anzunehmen!«

Am 7. Januar 1926 demonstrierte Baird erstmals sein Fernsehen vor der Presse, als der Vertreter des »Evening Standard« das Gesicht von Kapitän O. G. Hutchinson auf dem Bildschirm sah. Es folgten eine öffentliche Vorführung vor rund 40 Mitgliedern der Königlichen Gesellschaft am 27. Januar und weitere Demonstrationen für technisch und wissenschaftlich interessierte Zeitungen. Dr. Alexander Russell, der Direktor des Faraday House, widmete Bairds Errungenschaft einen eigenen Beitrag in der Zeitschrift »Nature« am 3. Juli 1926:

»Wir sahen die Fernsehübertragung von Gesichtern lebender Menschen, die korrekte Abschattierung von Licht und Schatten, alle Bewegungen des Kopfes, der Lippen und des Mundes, und auch eine Zigarette und deren Rauch wurden naturgetreu auf dem Schirm im Vorführraum wiedergegeben, wobei sich das Übertragungsgerät in einem Raum unter dem Dach des Gebäudes befand. Natürlich sind die Ergebnisse weit davon entfernt, perfekt zu sein. Das Bild läßt sich nicht mit demjenigen vergleichen, das ein guter Kinematographfilm erzeugt. Die Ähnlichkeit war allerdings unverwechselbar, und alle Bewegungen wurden höchst naturgetreu wiedergegeben. Es ist dies das erste Mal, daß wir richtiges Fernsehen beobachten konnten, und ... Mr. Baird ist der erste, der dieses Kunststück zuwege gebracht hat.«

Das Bairdsche 30-Zeilen-Fernsehsystem verwendete mechanische Vorrichtungen zur Bildauflösung (im Übertragungsgerät) bzw. Bildzusammensetzung (im Empfänger). Obwohl Baird schließlich von der Notwendigkeit überzeugt wurde, ein elektronisches Empfangsgerät zu konstruieren, war er zu dieser Zeit von der Marconi-EMI in technischer Hinsicht bereits überholt. Baird verlor also das Rennen, als erster ein lebensfähiges feinzeiliges Fernsehsystem für den öffentlichen Betrieb produziert zu haben, doch er kann Anspruch darauf erheben, der erste gewesen zu sein, der den Traum des »Bildfunks« realisiert hatte.
In Deutschland arbeiteten auf diesem Gebiet etwa zur gleichen Zeit der Leipziger Professor Karolus, dem im Jahr 1925 eine Fernsehübertragung gelang, und der in Berlin lebende Ungar Denes von Mihály, der schon im Jahr 1919 seinen ersten Erfolg zu verzeichnen hatte.

Internationale Fernsehübertragung

Die erste internationale Fernsehübertragung und zugleich die erste über den Atlantik glückte John Logie Baird am 8. Februar 1928 in London im Motograph House. Er sandte 30-Zeilen-Bilder von einer Puppe, dann setzte er sich selbst vor die Kamera und drehte den Kopf hin und her. In der New Yorker Empfangsstation saßen zwei Mitarbeiter Bairds und der New Yorker Vertreter der Nachrichtenagentur Reuter. Der Empfang der Bilder wurde über Funk bestätigt. Die Übertragung ging über die Station GK2Z in Coulsdon, Surrey, direkt nach Hartsdale, New York; Baird überwand damit eine Strecke von zirka 6 000 km.
Das erste Unterhaltungsprogramm, das speziell für eine Übertragung nach Übersee gedacht war, wurde am 8. November 1932 vom dänischen Filmstar Carl Brisson präsentiert. Die Übertragung erfolgte vom Broadcasting House in London zu einem Empfänger mit großer Bildfläche, der im Arena-Theater in Kopenhagen aufgestellt war, in dem Brisson sein Bühnendebüt gefeiert hatte. Die regelmäßigen Übertragungen aus den Bairdschen Long-Acre-Studios wurden mit selbstgebauten Geräten schon zwei Jahre vorher bis in den Mittelmeerraum hinein empfangen.
Die erste feinzeilige internationale Fernsehübertragung war eine Versuchssendung, die vom »Daily Express« in Zusammenarbeit mit der Marconiphone Co. im Juni 1938 vom Eiffelturm in Paris ausgestrahlt und in den Sussex Downs empfangen wurde. Von 1942 bis 1944 wurden die deutschen Fernsehsendungen aus Paris vom britischen Geheimdienst regelmäßig verfolgt; der Empfänger befand sich in einem Schuppen in Beachy Head an der Südküste.
Die Wochenschauberichte zeugten von schweren Bombenschäden durch die britische Luftwaffe in Frankreich.
Die erste Übertragung von einem

Land in ein anderes im Rahmen eines normalen Fernsehbetriebs war ein Bericht der BBC aus Calais über die Hundertjahrfeier der Verlegung des ersten Ärmelkanalkabels am 27. August 1950.

Eurovision
Die Eurovision wurde am 6. Juni 1956 ins Leben gerufen, als sich die Fernsehstationen von England, Frankreich, Belgien, Holland, Deutschland, Dänemark, Italien und der Schweiz über eine 6 400 km lange Kette von Relais zusammenschlossen.
Die erste Eurovisionssendung war eine Reportage über das Blumenfest in Montreux, Schweiz. Am Abend sah man den Papst, wie er vom Vatikan aus in Italienisch, Französich, Deutsch, Englisch und Holländisch eine Ansprache hielt.

Fernsehübertragung über den Atlantik
Die erste Fernsehübertragung über den Atlantik gelang bereits John Logie Baird. Die erste Atlantikübertragung mit Kabel wurde von der BBC von London nach Montreal am 18. Juni 1959 durchgeführt. Sie zeigte die Abreise von Königin Elizabeth II. und Prinz Philipp zur Eröffnung der St.-Lawrence-Wasserstraße. In Kanada erfolgte der Empfang des Programms über das Sendenetz der CBC und in den USA über das Sendenetz der NBC, nachdem es per Kabel von Montreal nach New York gelangt war. Die erste Transatlantikübertragung eines Programms von Kanada nach England fand am 26. Juni statt, als die englische Königin die Eröffnung vornahm.

Satellitenübertragung
Die erste Transatlantikübertragung über Satelliten gelang am 11. Juli 1962, als die American Telephone & Telegraph Co. ein Bild ihres Vorsitzenden Frederick Kappel von Andover, Maine, nach Goonhilly, Downs in Cornwall, via Telstar sandte.
Die erste Satellitenübertragung eines Transatlantikprogramms fand am 2. Mai 1965 statt, als über den kommerziellen Nachrichtensatelliten Early Bird 300 Millionen Zuseher zusammengeschlossen waren. Das Programm nannte sich »Out of this World« und enthielt Ausschnitte von einer Herzoperation aus Houston in Texas, einer Rede von Dr. Martin Luther King in Philadelphia, eine Grußadresse des Papstes aus dem Vatikan, Szenen eines Stierkampfes aus Barcelona und vom Fest von Santa Cruz in Mexiko sowie Bilder von Quebec, Stockholm und Washington.
Die erste Transatlantikübertragung eines Farbprogramms wurde von der NBC am 17. Mai 1965, ebenfalls über den Satelliten Early Bird, durchgeführt und bestand aus der halbstündigen Show »A New Look at Old England«, die für das amerikanische Publikum gesendet wurde.

Elektronisches Fernsehsystem
Das erste brauchbare elektronische Fernsehsystem wurde im Herbst 1927 von Philo T. Farnsworth in Los Angeles entwickelt. Farnsworth gelang es, ein grobzeiliges Bild seines Schwagers Cliff Gardner zu übertragen. Dieses Fernsehsystem basierte auf dem elektronischen Bildabtaster, den der Russe Zworykin erfunden hatte. Es dauerte allerdings noch acht Jahre, bis Farnsworth ein feinzeiliges Sende- und Empfangssystem vorführen konnte. Seine Patente wurden im Jahr 1939 der RCA übertragen.
Das erste brauchbare elektronische System für ein feinzeiliges Fernsehen, das dann auch im regulären Fernsehbetrieb eingesetzt wurde, entwickelte ein Forscherteam der EMI, das 1931 unter der Leitung von Isaac Schönberg mit seinen Experimenten begann. Ein elektronisches Empfangsgerät war bald in Betrieb, während das schwierigere Problem der elektronischen Bildaufnahme mit der Entwicklung der Emitron-Kamera im Frühjahr 1934 gelöst war. Zu Beginn des folgenden Jahres entschied sich Schönberg für eine Norm von 405 Zeilen, und am 2. November 1936 wurde mit der Eröffnung des BBC-Service im Alexandra Palace das EMI-Marconi-System als das reguläre Fernsehsystem eingeführt.

Fernsehübertragung in Farbe
Die erste Fernsehübertragung in Farbe gelang John Logie Baird in den Baird-Studios in London am 3. Juli 1928. Dabei zeigte er rote und blaue Tücher, einen Polizeihelm, einen Mann, der seine Zunge herausstreckt, das glühende Ende einer Zigarette und einen Strauß roter Rosen. Die Zeitschrift »Nature« berichtete von einer Pressevorführung: »Hahnenfuß und Nelken erschienen in ihren natürlichen Farben, und ein Korb mit Erdbeeren zeigte das Rot der Früchte äußerst klar.« Baird verwendete bei dem grobzeiligen Farbfernsehsystem für die Bildaufnahme eine Nipkow-Scheibe mit roten, grünen und blauen Filtern.
Feinzeiliges Farbfernsehen wurde erstmals von John Logie Baird am 4. Februar 1938 im Dominion Theatre in London öffentlich vorgeführt. Baird benützte dabei ein System mit 120 Zeilen, mit dessen Hilfe Farbfilme auf eine 2,70 × 3,60 m große Bildfläche übertragen wurden. Die erste Live-Demonstration wurde in den Baird-Studios im Crystal Palace am 17. Februar 1938 gemacht. Baird bediente sich einer Spiegeltrommel als Bildauflöser. Die Farben in diesen Experimenten waren anscheinend von hoher Qualität, doch da sich

Baird weigerte, statt der mechanischen Übertragungsgeräte elektronische zu verwenden, waren die Möglichkeiten einer kommerziellen Verwertung beschränkt.
Im Januar 1941 war Bairds Farb-Tele-Radiogram fertig. Der 600-Zeilen-Apparat verfügte über einen Bildschirm von 60 × 75 cm und konnte auch zum Empfang der 405zeiligen Schwarzweißprogramme der BBC verwendet werden. Mit Kriegsende gründete Baird die Firma John Logie Baird Ltd.

Farbfernsehsendebetrieb
Der erste regelmäßige Probebetrieb für Farbfernsehen wurde von der CBS am 1. Juni 1941 von der WCBW Station in New York aus aufgenommen. Die täglichen Übertragungen erfolgten mit dem 375-Zeilen-System von Dr. Peter Goldmark.
Die erste kommerzielle Farbfernsehsendung startete die CBS am 25. Juni 1951 in New York, und zwar mit einer Varietéshow mit Ed Sullivan, Arthur Godfrey und Faye Emerson, die um 16.35 Uhr ausgestrahlt wurde. Der Verkauf von Farbfernsehgeräten in den USA ging zunächst nur schleppend vor sich, was teils auf den hohen Preis und teils auf die schlechte Qualität zurückzuführen war. Im Jahr 1960 gab es im ganzen Land nur 200 000 Geräte. Die »Explosion« begann im Jahr 1965, und fünf Jahre später, also 1970, gab es in den USA bereits mehr als 20 Millionen Farbfernsehgeräte.

Fernsehwerbung

Die erste Fernsehwerbung wurde von der Firma Messrs. Eugène Ltd. aus der Dover Street in London in Auftrag gegeben. Die »Eugène-Methode« der Dauerwellen für Damen wurde zwischen 5. und 13. November 1930 auf der Friseurmesse im Londoner Olympia mit Hilfe von Kabelfernsehen vorgeführt. die Zuseher sollten erfahren, wie »das patentierte Eugène Sachet ihr Haar in weiche, liebliche und natürliche Wellen verwandeln würde«.

Durch Werbung finanzierte Fernsehstation
Die erste Fernsehstation, die ausschließlich durch Werbung finanziert wurde, war die WNBT New York der National Broadcasting Company (NBC), die am 1. Juli 1941 die erste Werbesendung ausstrahlte. Auf dem Bildschirm erschien eine Bulova-Uhr, und dazu war ein Werbespruch zu hören, der aus dem Studio 5F in der Radio City in New York kam. Die Gebühr für einen 20-Sekunden-Spot betrug 9 Dollar. Gemäß der ersten Gebührentabelle, die am 27. Juni herauskam, kostete die erste von der NBC ausgestrahlte Sendung – es war ein Podiumsspiel namens »Truth or Consequences« – den Inserenten 120 Dollar pro Stunde, zuzüglich der Produktions- und Studiokosten. Zu den Firmen, die bereit waren, diesen verhältnismäßig hohen Preis zu bezahlen, um auf maximal 4 700 Fernsehschirmen zu werben, zählten Ivory Soap, Bulova Watches, Adam Hats und Botany Worsted (Kammgarnstoffe).

Fernsehzirkus

Der erste Fernsehzirkus wurde am 4. Januar 1938 von der englischen BBC ausgestrahlt. An diesem Tag begann die fünfteilige Fernsehserie aus dem Programm des Bertram-Mills-Zirkus, das im Olympia in London vorgeführt wurde. Die Fortsetzungen wurden an den folgenden vier Tagen gesendet. Kommentator war Freddie Grisewood. Bei dieser Übertragung wurden auch zum erstenmal die Kameras auf das zahlende Publikum einer öffentlichen Veranstaltung gerichtet. Es gab daher Befürchtungen, daß sich der eine oder andere Zuschauer belästigt fühlen könnte. Aus diesem Grund wurden die Fernsehaufnahmen im voraus angekündigt. Wer auf den Zirkusabend nicht verzichten und trotzdem nicht im Fernsehen gesehen werden wollte, erhielt von der Direktion Sitze zugeteilt, die von der Fernsehkamera nicht erfaßt wurden.

Fernunterricht

Der erste Fernunterricht wurde am 10. Januar 1840 von Isaac Pitman aus Bath, England, angeboten; es handelte sich um einen Stenografiekurs. In der Anzeige wurde das Unterrichtssystem folgendermaßen erläutert: »Jedermann kann für 1 Shilling vom Autor per Post Unterrichtsstunden erhalten, wenn in einem frankierten Brief im voraus bezahlt wird.« (Das Inserat fiel zeitlich mit der Einführung der »Penny Post«, des ersten englischen Postdienstes, zusammen.)
Pitman gab seinen zukünftigen Schülern den Rat, ihren Stenografieunterricht mit etwa einem Dutzend Versen aus der Bibel zu beginnen und zwischen den Zeilen Abstand für die Korrekturen zu halten. Auf späteren Abdrucken des Informationsblattes aus demselben Jahr wurden die Unterrichtsstunden gratis angeboten, vorausgesetzt: das Porto wurde im voraus entrichtet.
Um das Jahr 1843 hatte die Zahl der Fernschüler derart zugenommen, daß Pitman eine Anzahl von freiwilligen Lehrern in der »Phonographic Correspondence Society« zusammenschloß, damit die anfallenden Korrekturen termingerecht erledigt werden konnten.

Schule für Fernunterricht
Die erste Schule für Fernunterricht auf kommerzieller Basis wurde im Jahr 1856 in Berlin von Charles Toussaint und Gustav Langenscheidt ins Leben gerufen, um per Post Fremdsprachenunterricht zu erteilen. Der erste Kurs, der belegt werden konnte, war ein Französischkurs, gefolgt von Englisch und anderen Sprachen. Der Fernschüler erhielt monatlich ein Rundschreiben, das die Übungen in Grammatik und Konversation sowie einen Teil einer Fortsetzungsgeschichte enthielt. Der fremdsprachige Text wurde Zeile für Zeile mit der phonetischen Wiedergabe ergänzt, da es sich das Institut zur Aufgabe machte, die Fremdsprache nicht nur lesen, sondern auch fließend sprechen zu lehren.
Das erste Fernlehrinstitut, das seine Schüler auf Fachprüfungen vorbereitete, war Skerry's College, das von C. E. Skerry im Jahr 1878 in Edinburgh als normale Erwachsenenschule gegründet worden war. Der erste Fernlehrgang im Jahr 1880 bereitete die Interessenten auf das Examen des Instituts für Wirtschaftsprüfer vor. Auch für Anwärter für den Staatsdienst wurden Kurse abgehalten.
Das erste Fernunterrichtsinstitut, das technische Lehrgänge vermittelte, war die International Correspondence School in Scranton, Pennsylvania, die im Jahr 1891 von T. J. Foster gegründet wurde. Angeboten wurden Kurse für Montanistik und Vermessungstechnik.

Feuerfestes Glas

Das erste feuerfeste Glas wurde von Dr. Otto Schott in Witten an der Ruhr hergestellt. Fast 100 Versuche hatte er bis zu Ende des Jahres 1881 angestellt, bis er die erwünschten Eigenschaften, vor allem chemische Resistenz und Unempfindlichkeit gegen raschen Temperaturwechsel, bei Borosilikatgläsern erarbeitet hatte. Im Jahr 1882 übersiedelte er nach Jena, denn dort bot die Zusammenarbeit mit der Firma Zeiss ein größeres Laboratorium für seine Versuche. Die kommerzielle Verwertung begann im Jahr 1884 mit der Gründung des Glastechnischen Laboratoriums Schott & Gen. in Jena. Mitbegründer waren die Physiker Ernst Abbe sowie Carl Zeiss und sein Sohn Dr. Roderich Zeiss, die in Jena eine feinmechanische Werkstatt, die späteren Carl-Zeiss-Werke, betrieben.
Berühmt wurde das »Normalglas 16 III«, das für Thermometer und Glaszylinder für das damals aufkommende »Auerlicht« verwendet wurde.
Schon wenige Jahre nach seiner Gründung entwickelte sich das Schottsche »Laboratorium« zu dem bedeutendsten Erzeugungsunternehmen für Spezialgläser, das »Jenaer Glas« wurde weltberühmt. Hauptabnehmer war die im 20. Jahrhundert rapide anwachsende chemische Industrie. In den zwanziger Jahren eroberte das »Jenaer Glas« auch die Haushalte, wobei das Weimarer Bauhaus und seine Mitarbeiter entscheidend mitwirkten. Prof. Gerhard Marcks entwarf die erste Kaffeemaschine aus Jenaer Glas, der Bauhausschüler Prof. Wagenfeld schuf die ersten Haushaltsgeschirre, die nach dem Zweiten Weltkrieg von Heinrich Löffelhardt in die heute übliche Form gebracht wurden.

Feuerlöscher

Der erste Feuerlöscher wurde im Jahr 1734 von dem deutschen Arzt M. Fuchs erfunden und bestand aus Glaskugeln, die mit einer Salzlösung gefüllt und dazu bestimmt waren, in den Brandherd geworfen zu werden. Noch bis zum Ersten Weltkrieg erschienen Anzeigen, auf denen eine vielköpfige Familie abgebildet war, die mit verzückten Mienen Kugeln in ihren in ein brennendes Inferno verwandelten Salon schleuderte.
Der moderne automatische Feuerlöschapparat wurde von Kapitän George Manby erfunden, der im Jahre 1813 eine Brandkatastrophe in einem Wohnblock in Edinburgh als Augenzeuge miterlebt hatte. Das Feuer war im fünften Stock ausgebrochen, zu hoch für die Wasserschläuche, so daß die Löschmannschaft machtlos der Ausbreitung des Brandes zusehen mußte.
In Erinnerung an die Brandkatastrophe in Edinburgh erklärte er, er sei völlig überzeugt, »daß im kritischen Moment oft schon eine kleine Menge Wasser mehr erreichen würde als später eine ganze Flut«.
Im Jahr 1816 entwarf Manby einen zylinderförmigen Löschapparat aus Kupfer, 60 cm hoch, mit 18 l Fassungsvermögen. Er wurde zu einem Viertel mit komprimierter Luft und zu drei Viertel mit »antiphlogistischer Flüssigkeit« gefüllt, wie Manby sie in der Terminologie der Zeit nannte.
Tatsächlich handelte es sich um reines Wasser, das mit Pottasche vermischt war.
Die Feuerlöschapparate wurden von der Firma Hadley, Simpkin & Lott in Long Acre hergestellt. Einige hundert Stück wurden verkauft, dann verlor die Öffentlichkeit das Interesse an den Apparaten, die lediglich als modische Neuheit betrachtet wurden. Erst 50 Jahre später kam die Idee zum Tragen und fand die gebührende Unterstützung, die sie zur Durchsetzung brauchte.

Feuerspritze

Die erste Feuerspritze wurde von dem Goldschmied Anton Blatner im Jahr 1518 für die Stadt Augsburg gebaut. Obwohl kaum Details überliefert sind, ist der »Kunstgeschichte der Stadt Augsburg« zu entnehmen, daß die Vorrichtung aus einer großen, mit einem Schwengel betriebenen Spritze bestand, die auf einem Räderkarren montiert war.
Die erste Feuerspritze, die mit einem Windkessel ausgestattet und damit einen konstanten Wasserstrahl abzugeben imstande war, wurde im Jahr 1712 in London von Nicholas Mandell und John Grey zum Patent angemeldet. Eine im Jahr 1715 erschienene Anzeige im »Post Boy« kündigte an:

»Diese Maschine spritzt das Wasser in einem stetigen Strahl empor, der mit einem Lederschlauch auf jedes Zimmer oder jeden Teil eines Hauses gerichtet werden kann.«

Selbstfahrende Motorspritze
Die erste selbstfahrende Motorfeuerspritze wurde von der Firma Cambier et Cie. in Lille gebaut und bei einer Schwerfahrzeugschau in Versailles im Oktober 1898 vorgeführt. Sie hatte einen Benzinmotor.

Feuerversicherung

Die erste Feuerversicherung, die als Gemeindeunternehmen gegründet wurde, wurde am 3. Dezember 1591 in Hamburg abgeschlossen (die sogenannten »Brandgilden«, die in allen größeren Städten bestanden, waren private Verbände zur gegenseitigen Hilfeleistung im Brandfall). Dieses Datum ist auf dem frühesten uns bekannten Versicherungsvertrag gegen Feuerschaden vermerkt, der von 101 Bürgern der freien Hansestadt, vorwiegend Bierbrauern, unterzeichnet wurde. Prämien wurden nicht eingehoben, jedoch verpflichteten sich die Unterzeichner – ähnliche Verträge wurden für alle 101 Versicherten geschrieben –, einem anderen Mitunterzeichner maximal 10 Taler zu zahlen, falls sein Eigentum durch eine Brandkatastrophe zerstört würde.
Ursprünglich mußte der Geschädigte selbst für das Einsammeln der ihm zustehenden Geldsumme sorgen. Dieses System funktionierte aber anscheinend in der Praxis nicht, weil der Stadtrat im Jahr 1637 das Einsammeln der Zahlungen übernahm und auch für die Auszahlung an die Geschädigten verantwortlich wurde. Am 17. Dezember 1676 beschlossen die Hamburger Ratsherren, die bestehenden Verträge auslaufen zu lassen und ein neues System einzuführen, das durch Einzelpolizzen mit regelmäßig zu zahlenden Prämien in bestimmter Höhe gekennzeichnet war.
Das war die Geburtsstunde der »Hamburger General-Feur-Cassa«, der ersten Feuerversicherungsgesellschaft der Welt. Die maximale Schadenersatzsumme wurde mit Absicht niedrig gehalten, da man die Versicherungsnehmer abhalten wollte, aus Bränden ein gewinnbringendes Geschäft zu machen. Ursprünglich waren die Jahresprämien mit 0,25 % des Eigentumswertes festgesetzt, nach einer verheerenden Feuersbrunst im Jahr 1684, bei der über 300 Häuser der Stadt eingeäschert wurden, sah sich die Gesellschaft jedoch gezwungen, die Prämie auf 0,5 % zu erhöhen.
Zur gleichen Zeit wurde der Abschluß einer Feuerversicherung durch Verordnung des Stadtrates obligatorisch.
Die »Hamburger Feuerkasse« existiert heute noch als städtisches Unternehmen.

Feuerwaffen

Die ersten Feuerwaffen sind aus dem Jahr 1326 belegt. Eine Schrift mit dem Titel »De Officiis Regum«, von Walter de Milimete für den jungen englischen König Edward III. zusammengestellt, enthält eine Zeichnung einer vasenförmigen Schußwaffe, die auf einem Tisch montiert ist. Gezündet wurde sie, indem man ein rotglühendes Eisen in das Zündloch steckte. Das Projektil bestand aus einem vierspitzigen Pfeil; wahrscheinlich wurden die Pfeilschäfte mit Leder zusammengebunden, so daß es denselben Durchmesser wie das Rohr der Waffe hatte. Ein Manuskript aus Holkham Hall in Norfolk aus dem Jahr 1326 zeigt eine viel größere Feuerwaffe, die auf Steinblöcken in Stellung gebracht ist. Keine der beiden Schriften erwähnt die Waffen im Text.
Den frühesten schriftlichen Hinweis auf Feuerwaffen gibt uns ein Dekret der Stadt Florenz vom 11. Februar 1326, das sich auf »pilas seu palloctas ferreas et canones de metallo« (eiserne Kugeln und Geschütze aus Metall) bezieht.
Die meisten dieser frühen Feuerwaffen wurden zur Zerstörung von Mauerwerk, nicht zur Tötung von Menschen verwendet. Die erste Schußwaffe, die sich gegen den Menschen richtete, war die »Ribauldequin«, eine Art primitives Maschinengewehr, das aus einer Reihe von kleinkalibrigen Geschützrohren bestand, die einzeln geladen wurden. Die früheste uns bekannte wird im Jahr 1339 in Brügge erwähnt.
In der altorientalischen Literatur gibt es keinen Hinweis darauf, daß die Chinesen und Inder schon früher über Feuerwaffen verfügt hätten als die europäischen Völker, obwohl diese Annahme häufig vertreten wird.
China lernte Schußwaffen erst im

Jahr 1520 durch die Portugiesen kennen. Die auf ältere Zeiten zurückgehenden Feuerwerksgeschosse waren vermutlich so konstruiert, daß sie entweder von Katapulten abgeschossen oder von oben auf die Angreifer heruntergeworfen wurden.
In vielen Quellen wird Berthold Schwartz als Erfinder des Gewehres genannt. Auch in diesem Fall ist Skepsis geboten, nachdem eine Reihe von widersprüchlichen Aussagen über ihn gemacht werden. Er soll in Freiburg, Goslar, Gent, Mainz, Köln, Braunschweig oder Prag geboren sein, in anderen Quellen wird er als Däne, Grieche, Neger oder Walliser ausgegeben. Es ist auch nicht sicher, ob er Dominikaner-, Augustiner- oder Franziskanermönch war, und als das Erfindungsjahr für das Gewehr werden 1250, 1313, 1320, 1354, 1359 und 1380 genannt.
Feuergeschütze im Krieg wurden, soweit bekannt ist, erstmals bei der Belagerung der italienischen Festung Cividale durch deutsche Angreifer im Jahr 1331 eingesetzt; es heißt, von den Verteidigern seien »vasi« und »scolpi« verwendet worden, um den Angriff abzuwehren.

Film

Der erste Film wurde von dem in Frankreich geborenen Erfinder Louis Aimé Augustin Le Prince entwickelt, der im Institut für Schwerhörige in Washington Heights, New York, wo seine Frau als Lehrerin angestellt war, mit beweglichen Bildern zu experimentieren begann. Seine Tochter behauptet, die schwachen Umrisse von Figuren, die sich bewegten, bereits im Jahr 1885 gesehen zu haben, und zwar wurden diese von ihrem Vater auf eine weiß gekalkte Wand des Instituts projiziert.
Im November 1886 suchte Le Prince um ein amerikanisches Patent an für »die aufeinanderfolgende Produktion einer Anzahl von Bildern ein und desselben oder verschiedener in Bewegung befindlicher Objekte mittels einer fotografischen Kamera sowie deren Wiedergabe durch einen Projektor . . . mit einer oder mehreren abwechselnd betriebenen Filmspulen«. Obzwar das US-Patent für einen Apparat, der »lebende Bilder« produziert, am 10. Januar 1888 erteilt wurde, erhielt der Teil der Patentbeschreibung, welcher sich auf Kameras und Projektoren mit einer einzigen Linse bezog, keine Genehmigung, mit der äußerst fragwürdigen Begründung, daß dadurch das britische Patent von Dumont aus dem Jahr 1861 verletzt würde. Tatsächlich bezog sich dieses Patent nur auf Glasplatten, die als Flächen eines rotierenden Prismas angeordnet waren und die nicht das geringste mit der Wiedergabe von beweglichen Bildern auf einer Leinwand zu tun hatten. Le Princes Patent bezog sich nur auf eine komplizierte Vorrichtung mit 16 Linsen. Auf Grund dieser Tatsachen haben ihm viele Filmhistoriker seinen Anspruch streitig gemacht, eine Filmkamera mit einer einzigen Linse entwickelt zu haben, obwohl zahlreiche Beweise für Le Prince sprechen. Diese Beweise (publiziert von E. Kilburn Scott im Mai 1931 im »Photographic Journal«) lassen sich in folgenden Punkten zusammenfassen:

Die erste Kamera mit einer Linse, erfunden von Aimé Augustin Le Prince, 1888.

a) Frl. Le Prince behauptete, daß sie sich genau an die Versuche ihres Vaters mit einem Einlinsenkamera-Projektor erinnern könne, die dieser im Institut für Schwerhörige zwischen 1885 und 1887 durchführte, als die Familie wieder nach Leeds, England, zog. Die Einzelbilder auf den Filmen, die während dieser Zeit aufgenommen wurden, hatten eine Größe von ungefähr 10 cm^2.
b) Das britische Patent von Le Prince, das am 16. November 1888 erteilt wurde, bezog sich sowohl auf eine einlinsige Kamera als auch auf einen Projektor mit nur einer Linse.
c) In einer eidesstattlichen Erklärung, die Frederick Mason, ein Holzarbeiter aus Leeds, am 21. April 1931 abgab, erklärte dieser, bei der Konstruktion der einlinsigen Kamera im Sommer 1888 mitgeholfen zu haben, und beschrieb diese auch genauer:

»Die Kamera besitzt zwei Linsen, die eine dient zur Aufnahme, die andere als Sucher. Der Sperrmechanismus hinter der Linse ist so konstruiert, daß er den Film während der Belichtung festhält, um ihn dann im richtigen Moment zum Aufspulen freizugeben, ohne daß er zerkratzt wird. Diese ruckartige Bewegung wird durch einen Greifer bewirkt, der in einen Vorsprung an der Seite der oberen Filmspule eingreift, wodurch der Film durch die Sperre gezogen und aufgespult wird. Die seitlich der Kamera befindliche Kurbel betreibt den Mechanismus über Zahnräder. Ein Verschluß aus Messing mit einer verstellbaren Blende dreht sich vor der Linse. Das Drehen der Kurbel ermöglicht die Aufnahme der Bilder in der gewünschten Geschwindigkeit.«

d) Zwei Filmfragmente, die mit dieser Kamera aufgenommen wurden, existieren noch und sind der früheste noch erhaltene Beweis dafür, daß es Le Prince gelungen war, bewegliche Bilder herzustellen. Der erste wurde im Garten seines Schwiegervaters Joseph Whitley in Roundhay bei Leeds aufgenommen und zu einem späteren Zeitpunkt vom Sohn des Erfinders, Adolphe, beschrieben:

»Teil einer Bildfolge, aufgenommen im Oktober 1888 mittels der zweiten einlinsigen Kamera. Die Schwiegermutter von Le Prince, die auf diesen Bildern zu sehen ist, starb am 24. Oktober 1888. Der älteste Sohn von Le Prince kommt auch darin vor, ebenso sein Schwiegervater, aufgenommen mit einer Geschwindigkeit von 10 bis 12 Bildern pro Sekunde. Es waren dabei keine Versuche mit einer bestimmten Geschwindigkeit beabsichtigt.«

Das zweite Fragment, aufgenommen aus dem Schaufenster der Brüder Hicks, Eisenhändler, an der südöstlichen Ecke der Brücke von Leeds, erhielt die folgende Beschreibung:

»Teil einer Bildfolge, aufgenommen von Le Prince mit seiner zweiten einlinsigen Kamera im Oktober 1888. Eine Ansicht des Verkehrs auf der Leeds-Brücke, aufgenommen bei schlechter Belichtung mit einer Geschwindigkeit von 20 Bildern pro Sekunde. Sein ältester Sohn war bei den Aufnahmen anwesend.«

e) Zu dem letztgenannten Film befragt, erklärte Le Princes Mechaniker James W. Longley, daß zu diesem Zeitpunkt bereits ein Projektor fertiggestellt worden war:

»Die Brücke von Leeds, auf der man die Pferdewagen und all den Verkehr so sah, als ob man sich selbst auf der Brücke befände. Ich konnte sogar den Pfeifenrauch eines Mannes erkennen, der auf der Brücke lehnte. Mr. Augustin Le Prince war bereits so weit, seinen Apparat öffentlich auszustellen. Wir hatten ihn so vervollkommnet, daß Bilder auf eine Leinwand projiziert werden konnten.«

Den Aussagen von Adolphe Le Prince zufolge wurden zwei Projektoren konstruiert, einer mit drei Linsen 1888/89 und ein einlinsiger Apparat 1889. Vom ersten ist uns aus einer grafischen Darstellung Longleys bekannt, daß ein Malteserkreuz für die ruckartige Weiterbewegung des Bildes sorgte.
Der Film, den Le Prince für die Roundhay- und Leeds-Brücken-Folgen benützte, bestand aus beschichtetem Papier in 5,3 cm breiten Rollen. Im Herbst 1889 begann Le Prince mit der Verwendung des Eastman-Zelluloidrollfilms, der gerade in Großbritannien auf den Markt gekommen war. Dieser Film stellte ein weitaus geeigneteres Hilfsmaterial dar, und allem Anschein nach konnte Le Prince Anfang des Jahres 1890 mit der kommerziellen Entwicklung seiner Erfindung beginnen. Ein neuer Projektor wurde gebaut, der eine Demonstration vor Monsieur Mobisson, dem Generalsekretär der Pariser Oper, ermöglichen sollte. Am 16. September 1890 bestieg Le Prince mit seinem Apparat und seinen Filmen in Dijon einen Zug nach Paris, wo er jedoch niemals ankam. Es wurden weder irgendwelche Spuren von ihm selbst noch von seiner Ausrüstung gefunden, und selbst nach umfangreichen Untersuchungen war die Polizei nicht imstande, eine logische Erklärung für sein Verschwinden zu geben. Das Rätsel wurde niemals gelöst.
Weitere Verbesserungen, die die Entwicklung des Films in der Pionierzeit wesentlich beeinflußt haben, waren die Erfindung des perforierten Normalfilms durch Thomas Alva Edison im Jahr 1891, die Erfindung des Greifersystems (Malteserkreuz) durch die Brüder Lumière im Jahr 1895 (eingeführt durch Oskar Meßter) und die Erfindung einer Spezialblende, die das Flimmern des Films beim Abspielen ausschaltete, durch Theodor Pätzold im Jahr 1901.

Kommerziell entwickelter Filmprozeß
Der erste kommerziell entwickelte Filmprozeß stammt aus den Edison-Laboratorien in West Orange, New Jersey, und wurde von Edisons Mitarbeiter William Kennedy Laurie Dickson entwickelt.
Thomas Alva Edison hatte am 17. Oktober 1888 bei der US-Patentbehörde ein Urheberrecht für einen »optischen Phonographen« angemeldet. Es handelte sich um eine Vorrichtung zur Betrachtung einer Reihe von Mikrofotografien, die, um einen Glaszylinder gewickelt, in schneller Folge abliefen. Die Idee erwies sich aber als unbrauchbar. Im Januar 1889 beauftragte Edison seinen Assistenten Dickson mit der Entwicklung des später als Kinetoskop bekannt gewordenen Filmbetrachtungsapparates, der hauptsächlich in Vergnügungsparks verwendet wurde. Dickson, der in Frankreich geborene Sohn englischer Eltern, hatte bereits in jungen Jahren eine fotografische Ausbildung erhalten und eignete sich daher wesentlich besser für diese Art von Forschungsarbeit als sein Mentor, der herzlich wenig von Optik verstand. Er verwendete nicht mehr die rechteckigen Blätter aus Zelluloid, sondern experimentierte statt dessen mit dem Eastman-Zelluloidrollfilm. Als er auch diesen für ungeeignet fand, ersetzte er ihn durch 15 m lange Filmrollen, die von der Firma Merwin Hulbert hergestellt wurden. Diese langen Rollen wurden erstmals am 18. März 1891 angeschafft. Dieser Zeitpunkt

erscheint auch als der frühestmögliche, zu dem es Dickson gelungen war, mit Erfolg Filme zur Betrachtung im Guckkastenkinetoskop herzustellen.
In den Edison-Laboratorien wurde seit dem Jahr 1890 an der Entwicklung des Kinetographen (Aufnahmeapparat), fertiggestellt im April 1891, und des Kinetoskops (Gerät zum Betrachten der Filme) gearbeitet. Der Kinetoskop war im Jahr 1892 fertiggestellt. Edison konnte in diesem Gerät bereits 600 Einzelbilder zeigen und hatte damit die Möglichkeit, schon kurze Handlungsabläufe vorzuführen. Im Dezember 1893 lagen bereits 100 Bestellungen für Kinetoskope vor. Obwohl nur 20 Stück pro Woche hergestellt werden konnten, dauerte es nicht lange, bis in jeder größeren Stadt der Welt Kinetoskope standen. Die Umwandlung des Kinetoskops in einen Projektionsapparat gelang erst den Brüdern Lumière im Jahr 1894.

Film: Tonfilm

Die ersten Filme mit synchronem Ton wurden in drei provisorischen Kinos während der Pariser Weltausstellung zwischen 15. April und 31. Oktober 1900 einem zahlenden Publikum vorgeführt. Es handelte sich um drei verschiedene Patente, die jedoch gewisse Gemeinsamkeiten aufwiesen: bei allen drei Systemen wurde zum Beispiel der Ton auf Schallplatten festgehalten. Das Phonorama zeigte farbige Szenen vom Pariser Leben mit Musik-, Gesang- und Sprechbegleitung. Im Phono-Cinéma-Theater in der Rue de Paris konnte man die berühmtesten Schauspieler der damaligen Zeit zum erstenmal auf der Leinwand sprechen hören. Präsentiert von Clement Maurice, brachte das aus sieben Filmen bestehende Programm unter anderem den berühmten Komödiendarsteller Coquelin in der Rolle des Cyrano de Bergerac sowie Sarah Bernhardt in einer Szene aus »Hamlet«. Sarah Bernhardt war damit die erste Schauspielerin, die Shakespeares Worte auf der Filmleinwand sprach.
Zu den anderen Sprechfilmen, die von Henri Joly im Théâtre de la Grande Rue präsentiert wurden, gehörte ein Kurzfilm mit dem Titel »Lolotte«, die vermutlich erste Filmkomödie mit Dialog und zugleich der erste Tonfilm mit einer – allerdings simplen – Handlung. Er spielte in einem Hotelzimmer zwischen einem jungen Ehepaar und dem »Patron« des Hotels, den Joly selbst darstellte.

Tonfilmverfahren
Das erste Tonfilmverfahren wurde von dem in Frankreich geborenen Eugène Lauste aus Brixton, London, am 11. August 1906 zum Patent angemeldet. Laustes erstes erfolgreiches Sprechfilmexperiment wurde im Jahr 1910 mit einem elektrodiamagnetischen Aufnahmegerät und einem Saitengalvanometer durchgeführt. Er benützte dazu eine französische Grammophonplatte, und die ersten Worte, die man im Playback hören konnte, waren zufällig »j'entends très bien maintenant« (jetzt höre ich sehr gut).
L. G. Egrot, ein Kollege aus der Filmbranche, berichtete über seinen Besuch bei Lauste in Brixton aus dieser Zeit:

»Er hatte bereits damit begonnen, seine Kamera zu bauen, die Bild und Ton zusammen aufnehmen konnte. Im Vorderteil der Kamera konnte er die verschiedenen Tonaufnahmeverfahren, mit denen er experimentierte, testen . . . Sonntags besuchte ihn oft sein Freund Mr. Norris, ein Kapellmeister, samt seiner Kapelle, und dann wurde in dem Garten, wo Mr. Lauste im Jahre 1911 einen Holzbau als Experimentierstudio errichtet hatte, musiziert. Die Maschine wurde samt allen Leitungen hinausgebracht, und es wurden einige Bild- und Tonaufnahmen gemacht.«

Lauste vollendete seinen Apparat für die Tonfilmwiedergabe im Jahr 1913 und wollte sich gerade mit der kommerziellen Auswertung befassen, als der Krieg ausbrach. Im Jahr 1916 reiste er in die Vereinigten Staaten, um dort finanzielle Unterstützung zu erhalten, aber mit dem Kriegseintritt Amerikas im folgenden Jahr wurden seine Hoffnungen abermals zerstört.

Modernes Tonfilmverfahren
Das erste moderne Tonfilmverfahren, das Triergonverfahren, das ohne Grammophon auskam und Bild und Ton nebeneinander auf demselben Filmstreifen aufzeichnete, stellten die drei Deutschen Hans Vogt, Joseph Masolle und Joseph Engl am 26. Februar 1921 in ihrem Laboratorium in Berlin-Wilmersdorf vor. Sie zeigten einen kurzen Film mit Friedel Hintze, die »Sah ein

Ein Tonfilm von Eugène Lauste, 1912

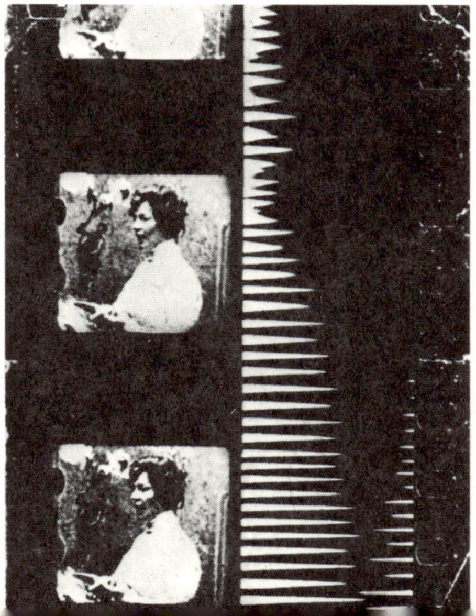

Knab' ein Röslein stehn« von Goethe rezitierte. Bei diesen Film hatten sie allerdings noch zwei Bänder für Film und Ton verwendet.
Die Grundlagen ihrer Erfindung waren eine Verstärkungsanlage mit Elektronenröhre, eine Aufnahmevorrichtung mit Glimmlichtlampe und ein elektrostatischer Lautsprecher.
Wie aus einer Tagebuchnotiz von Vogt aus dem Jahr 1918 hervorgeht, hatte Vogt das Problem des Tonfilms bereits in diesem Jahr theoretisch gelöst, und zwar auf der Basis der fotoelektrischen Zelle. Am 1. Juli 1919 gründeten Vogt, Masolle und Engl in Wilmersdorf in einem ehemaligen Blumengeschäft das »Laboratorium für Kinematographie«, an dem auch die Firma C. Lorenz als Geldgeber beteiligt war. Von da an arbeiteten die drei Forscher ausschließlich an dem Tonfilmprojekt. Am 29. Juli war es soweit: nach einigen wenig überzeugenden Versuchen waren die ersten Worte des Tonfilms: »So spricht der sprechende Film« zu hören.

Der erste Tonfilm
Der erste Tonfilm, der eine Handlung zeigte, war »Piefkes Geburtstag« von Vogt, Masolle und Engl, uraufgeführt im Triergonatelier in Wilmersdorf zu Ende des Jahres 1921.

Öffentliche Tonfilmvorführung
Die erste öffentliche Vorführung eines Tonfilmprogramms fand am 17. September 1922 im Alhambra-Kino in Berlin vor einem geladenen Publikum von 1 000 Personen statt. Vorgeführt wurde eine Reihe von Kurzfilmen, die im Triergonverfahren hergestellt worden waren.
Die Vorführung begann mit einer Großaufnahme von Rosa Liechtenstein, die die einleitenden Worte von Fritz Böhme sprach. Darauf folgte die Begrüßungsansprache von Gustav May. Das eigentliche Programm hatte vier Teile und bestand hauptsächlich aus Filmaufnahmen von Orchestermusik mit vokaler Begleitung.
Die Filme waren im Atelier von Vogt, Masolle und Engl in der Friedrichstraße hergestellt worden. Zum Abdämpfen hatten sie die Wände mit Kartoffelsäcken aus einer Verleihanstalt abgedichtet.
Einer dieser Kurzfilme war der erste Handlungsfilm mit Dialogen, bei dem Ton und Bild auf demselben Filmband aufgenommen worden waren. Sein Titel lautete »Der Brandstifter« nach dem Stück gleichen Namens von Heyermann. Die Besetzung bestand aus drei Personen, wobei Erwin Báron sieben der insgesamt neun Rollen spielte.
Die Reaktion der Presse auf die Vorführung im Alhambra-Kino war geteilt. Die Kritik richtete sich nicht so sehr gegen die Qualität der technischen Wiedergabe, sondern vielmehr gegen den Sprechfilm an sich, von dem behauptet wurde, daß er die wesentlichste künstlerische Aussage des Films – die Pantomime – zerstöre und seine internationale Zugkraft beeinträchtige.

Tonfilmvorführung vor einem zahlenden Publikum
Die erste Vorführung von modernen Tonfilmproduktionen vor einem zahlenden Publikum fand im Rialto Theater in New York am 15. April 1923 statt, als eine Anzahl von Gesang- und Musikkurzprogrammen gezeigt wurde, die Lee De Forest in seinem Phonofilmverfahren hergestellt hatte. Die Tonfilme waren das Beiprogramm für den stummen Hauptfilm »Bella Donna« mit Pola Negri. Während der folgenden zwölf Monate wurden 34 Kinos im östlichen Teil der USA für Phonofilmton ausgerüstet.
Zu den Filmen, die in den De-Forest-Studios zwischen 1923 und 1927 hergestellt wurden, gehörten Monologe von Eddie Cantor, George Jessel und Chic Sale, Dialoge zwischen Gloria Swanson und Thomas Meighan, Folkinas »Swan Dance«, Sketches mit Raymond Hitchcock sowie Orchesterszenen mit Ben Bernie, Paul Specht und Otto Wolf Kahn.
Das Jahr 1924 erlebte drei bemerkenswerte Erstlinge von Phonofilm: Präsident Coolidge wurde bei einer Wahlrede, die er vor dem Weißen Haus hielt, gefilmt – zum erstenmal sprach ein amerikanischer Präsident auf der Leinwand; der erste Technicolorfilm mit einer Tonspur wurde hergestellt (nach Balieffs »Chauve Souris« im Freien getanzt); und der erste Handlungsfilm wurde kommerziell vertrieben, und zwar »Love's Old Sweet Song«, ein zweispuliger Streifen unter der Regieführung von J. Searle Dawley mit Mary Mayo und Una Merkel in den Hauptrollen.
Obwohl De Forest der erste war, der den Tonfilm kommerziell verwertete, gelang es ihm nicht, dem Sprechfilm als Unterhaltungsmedium zum Durchbruch zu verhelfen. Die Phonofilmpatente wurden schließlich zusammen mit denen des Triergonsystems von William Fox übernommen.

Hauptspielfilm mit Ton
Der erste Hauptspielfilm mit Ton war »Dream Street« von D. W. Griffith, im Jahr 1921 produziert.
Von einem Filmkritiker als »schrecklicher Mischmasch aus Allegorie und Symbolismus« beschrieben, wurde er nach seiner Premiere als Stummfilm im New Yorker Central Theater im April ein totaler Mißerfolg. Wendell McMahill von den Kellum Talking

Pictures überredete Griffith, eine Tonfolge hinzuzufügen. Am 27. April wurde Ralph Graves, der Star des Films, in die Kellum-Studios in die 40. Straße gebracht, um ein Liebeslied auf einer Platte synchron aufzunehmen, welches dann bei der Wiederaufnahme der Vorstellungen im Rathaus am 1. Mai gespielt wurde. 14 Tage später wurde eine zweite Tonfolge hinzugefügt, die aus verschiedenen Hintergrundgeräuschen bestand.
Der erste Spielfilm mit Dialogen war »Das Mädchen mit den Schwefelhölzern« nach dem Märchen von Hans Christian Andersen. Der Film wurde im Jahr 1925 von der UFA in Berlin zusammen mit der schweizerischen Triergon AG gedreht (Vogt, Masolle und Engl hatten im Jahr 1924 ihre Rechte an die Schweiz verkauft, die sie im Jahr 1926 an die amerikanische Fox abtrat). »Das Mädchen mit den Schwefelhölzern« war auch der erste Film, der eine durchgehende Tonspur besaß.
Der Film wurde am 20. Dezember 1925 in Berlin uraufgeführt, doch wegen der schlechten Tonqualität nach zwei Tagen wieder abgesetzt. Das Drehbuch stammte von Hans Kyser, Wilhelm Diegelmann spielte den Weihnachtsmann, Else von Möllendorf das Kind.
Der Mißerfolg des Films schien sich schon von Anfang an abzuzeichnen: Man mietete in Weißensee das verlassene Atelier einer in Konkurs gegangenen Filmgesellschaft; der Lärm der Spatzen am Dach war so störend, daß die UFA beschloß, selbst ein Atelier zu bauen. Der Neubau und die Vorbereitungen des Films brachten die Gesellschaft in so große finanzielle Schwierigkeiten, daß die Bank einen Rechenschaftsbericht verlangte. Obwohl ein abendfüllender Film geplant war, wurden nur 1 200 m gedreht, und auch dafür war die Zeit bis zum Premierentermin, der bereits vereinbart war, viel zu kurz bemessen.
Zu den finanziellen Schwierigkeiten kamen noch technische und personelle Probleme. Masolle, der die Leitung übernommen hatte, mußte bald von Engl abgelöst werden.
Bis zur Premiere hatte keiner der Hersteller den Film gesehen. Eine brauchbare Kopie kam erst eine halbe Stunde vor Beginn ins Kino; bei der ersten Kopie hatte man das Intervall vergessen (den Abstand zwischen Ton und Bild, damit beide synchron laufen).
Am Anfang der Vorführung waren Bild und Ton noch gleichzeitig, und das Publikum spendete Beifall. Dann aber wurde der Ton immer schlechter, zuletzt waren nur noch unverständliche Geräusche zu hören.
Der erste erfolgreiche Tonfilm war »The Jazz Singer« der Warner Bros mit dem berühmten Negerimitator Al Jolson. Der Film wurde am 6. Oktober 1927 in New York uraufgeführt. Er war im Warners' Vitaphone System (Ton auf einer Schallplatte) hergestellt, die Dialog- und Gesangszenen waren verhältnismäßig kurz, aber die begeisterte Aufnahme, die dieser Film auf beiden Seiten des Atlantiks fand, kennzeichneten das nahe Ende der Stummfilmära.
Der erste Spielfilm, bei dem durchgehend gesprochen wurde, war die Warner-Bros'-Vitaphone-Produktion »Lights of New York« die im Strand Theater in New York am 6. Juli 1928 uraufgeführt wurde. Helene Costello spielte die Hauptrolle. Vom Vorspann bis zum Schluß wurde mit unbeirrbarer Entschlossenheit pausenlos gesprochen.
Der Tonfilm setzte sich trotz der ihm vorausgesagten Mißerfolge überall durch – innerhalb von drei Jahren nach der ersten erfolgreichen Aufführung eines Sprechfilms hatte der Tonfilm den Stummfilm komplett verdrängt. Der letzte bedeutende Stummfilm, »Die weiße Hölle des Piz Palü«, wurde in Deutschland im Jahr 1931 produziert. Bis zum Dezember 1930 wurden von den 21 700 Kinos in den USA 13 500 für den Tonfilm ausgerüstet, und bis zum Ende des folgenden Jahres gab es kaum mehr ein Stummfilmkino.

Synchronisierter Film
Der erste Film, in dem die Rolle eines Schauspielers synchronisiert werden mußte, war »Blackmail« von Alfred Hitchcock, der von den British International Pictures, Elstree, England, hergestellt wurde und im Regal, Marble Arch, am 21. Juni 1929 Premiere hatte. Hauptdarsteller waren Anny Ondra und John Longden. Nachdem Anny Ondra nicht Englisch sprach, wurde ihre Stimme von Joan Barry gedoubelt.

Stereophonischer Film
Das erste Stereophonieverfahren im Film wurde im Jahr 1932 den Pariser Filmproduzenten Abel Gance und André Debrie patentiert. Der erste Film mit einer stereophonischen Klangbegleitung war eine Wiederaufnahme von Gances im Jahr 1927 herausgekommenen acht Stunden dauernden stummen Epos »Napoléon Bonaparte«. Es wurde unter Hinzufügung von Dialogen und Klangeffekten im Jahr 1935 im Paramount-Kino in Paris aufgeführt. Fantasound war das erste erfolgreiche Verfahren für Stereophoniemusikbegleitung. Es wurde in den Walt-Disney-Studios in Zusammenarbeit mit RCA entwickelt und erstmals für die Tonspur des im Jahr 1941 von Walt Disney hergestellten Zeichentrickfilms »Fantasia« verwendet. Es spielte das

Philadelphia Orchestra unter der Leitung von Leopold Stokowski. Der erste Film, der zur Gänze in Stereophonie produziert wurde, war »House of Wax« von den Warner Bros, der im Jahr 1953 in den Kinos anlief.

Film: Farbfilm

Das erste Farbfilmverfahren, dem auch ein kommerzieller Erfolg beschieden war, war Kinemacolor – ein Zweifarbensystem, bei dem panchromatisches Filmmaterial verwendet wurde. Dieses Material wurde 1906 von George Albert Smith aus Brighton für die Charles Urban Trading Co., eine damals führende Produktionsfirma, entwickelt. Der erste Farbfilm mit diesem System wurde im Garten von Smith' Haus in Southwick bei Brighton im Juli 1906 aufgenommen und zeigte seine beiden Kinder beim Spielen auf dem Rasen: der Knabe, ganz in Blau gekleidet, winkte mit dem »Union Jack«, das Mädchen trug ein weißes Kleid mit einer rosa Schärpe.
Kinemacolor wurde im November 1906 patentiert und am 26. Februar 1909 im Palace Theatre in der Shaftesbury Avenue einem zahlenden Publikum erstmals öffentlich gezeigt. Die Vorführung bestand aus 21 Kurzfilmen, unter anderem wurden die Musikkapelle der Königlichen Highlanders in Brighton, Segeln in Southwick, der Wasserkarneval in Villefranche und die Blumenschlacht der Kinder in Nizza gezeigt.
Charles Urban gründete im März 1909 die Natural Color Kinematograph Co. für die Produktion und den Vertrieb von Filmen, die im Kinemacolorverfahren hergestellt wurden. Die erste kommerzielle Produktion in Kinemacolor war der

Die Ankündigung des ersten abendfüllenden Farbfilms, 1914

Film »A Visit to the Seaside«, der wahrscheinlich im Sommer 1908 gedreht wurde und die verschiedensten Szenen vom Strandleben in Brighton zeigte, wie zum Beispiel die Rückkehr von einem Badeausflug (The White Coons), Kinder beim Eisessen, Paddeln, die Kapelle der Cameron Highlanders und Badeschönheiten, die aus den fahrbaren Umkleidekabinen steigen.
Das erste bedeutende aktuelle Ereignis, das in Farbe gefilmt wurde, war das Begräbnis König Edwards VII. am 20. Mai 1910, bei dem nicht weniger als neun Könige anwesend waren.

Abendfüllender Farbfilm

Der erste abendfüllende Farbfilm war »The World, the Flesh and the Devil«, ein Melodrama von 1 Stunde und 40 Minuten, das nach dem Buch von Laurence Cowen von der Union Jack Co. in Kinemacolor verfilmt wurde. Die Uraufführung dieses als »10 000-Pfund-Film in lebensechten Farben« gepriesenen Werkes in »vier Teilen und 120 Szenen« fand in London im Holborn Empire am 9. April 1914 statt. Wie bei den meisten Kinemacolordramen waren Darstellung und Regie schlecht, die Farben jedoch besonders eindrucksvoll.
Eine Kinemacolorversion von Thomas Dixons »The Clansman«, der im Jahr 1913 in den USA hergestellt wurde, hätte der erste abendfüllende Farbfilm werden können, doch wurde dieser Film aus urheberrechtlichen Gründen niemals freigegeben, und es ist auch keine Kopie erhalten geblieben. Linda Arvidson, die Frau von D. W. Griffith, spielte darin die Hauptrolle. Griffith gelang es jedoch zwei Jahre später, dieselbe Story in Schwarzweiß unter dem Titel »Birth of a Nation« höchst erfolgreich wiederzuverfilmen.
Kinemacolor brachte Charles Urban den großen internationalen Erfolg; in England hatten bereits 300 Kinos die Kinemacoloranlagen installiert, außerdem hatte Urban die Lizenzen für die wichtigsten Länder der Welt. Da jedoch für das Kinemacolorverfahren Spezialprojektionsapparaturen erforderlich waren, konnten sich diese nur die größeren Lichtspieltheater leisten, und die Color Kinematograph Co. konnte niemals genügend Filme produzieren, um den laufenden Bedarf eines Kinos an Farbfilmen zu decken. Andere

Nachteile dieses Verfahrens bestanden darin, daß man nur bei grellem Sonnenlicht filmen konnte und daß bei Projektion mittels Filter ein großer Lichtverlust eintrat, wodurch eine kleinere Leinwand als bei Schwarzweißfilmen erforderlich wurde.

Dreifarbenverfahren
Das erste Dreifarbenverfahren, mit dem brauchbare Resultate erzielt wurden, war Gaumont Chronochrome von Léon Gaumont, das am 15. November 1912 vor der französischen Photographischen Gesellschaft in Paris vorgestellt wurde. Die Filme, die zu diesem Anlaß vorgeführt wurden, waren mit einer dreilinsigen Kamera aufgenommen worden. Vor jeder Linse befand sich ein Filter in einer der Grundfarben. Gezeigt wurden Schmetterlinge, der Strand von Deauville in der Hochsaison, Erntearbeiter und andere ländliche Szenen.
Chronochrome wurde im Juni 1913 bei den allerersten Farbtonfilmen verwendet, einer Serie von kurzen humoristischen Sketches mit einem synchronisierten Dialog aus einem Elgephon-Phonographen, die im Theater der 39th Street in New York vorgeführt wurden. Obwohl Chronochrome kein kommerzieller Erfolg war, gab es davon dennoch Vorführungen bis zum Jahr 1920.

Technicolor
Der erste Technicolorfilm war »The Gulf Between« mit Grace Darmond und Niles Welch in den Hauptrollen. Er wurde im Februar 1917 von der Technicolor Motion Picture Corp. in einem Verfahren hergestellt, bei dem zwei Farben übereinandergelegt wurden.
Die Gesellschaft war zwei Jahre vorher in Boston von Herbert Kalmus vom Massachusetts Institute of Technology gegründet worden. Im Jahr 1926 war es Kalmus gelungen, die Farbskala seines Farbfilmverfahrens zu erweitern. Er verwendete zu diesem Zweck drei Negative in der Kamera, von denen jedes für eine bestimmte Farbe empfindlich war.
1923 führte Kalmus Technicolor in Hollywood ein. Die meisten Produzenten wurden zunächst durch die verhältnismäßig hohen Kosten abgeschreckt, die drei- bis viermal so hoch waren als für Schwarzweißfilme. Der Durchbruch von Technicolor kam mit der Einführung des Dreifarbensystems im Jahr 1932.
Der erste Film, der in Dreifarbentechnicolor produziert wurde, war der Zeichentrickfilm »Flowers and Trees« von Walt Disney, hergestellt im Jahr 1932.
Der erste abendfüllende Spielfilm in Dreifarbentechnicolor hieß »Becky Sharp«. Regie führte Rouben Mamoulian. Der Streifen wurde von Pioneer Films hergestellt und lief im Jahr 1935 in den USA an.
Der erste Farbfilm, der in Deutschland hergestellt wurde, war »Das Schönheitsfleckchen« von Carl Froelich, er wurde im Jahr 1936 in Agfacolor gedreht.
Der erste abendfüllende Farbtonfilm war »On with the Show« von Warner Bros mit Ethel Waters und Joe E. Brown unter der Regie von Alan Crosland, uraufgeführt im Winter Garden in New York am 28. Mai 1929. Der Film wurde in Zweifarbentechnicolor mit Vitaphoneton aufgenommen.

Film: Breitwandfilm

Das erste Breitwandverfahren wurde von Enoch J. Rector von der Veriscope Co. in New York angewendet. Für seine 15-Minuten-Produktion über die Corbett-Fitzsimmons-Boxmeisterschaft, die er in Reno, Nevada, am 17. März 1897 filmte, benützte er einen 70-mm-Film, bei dem die Bildbreite doppelt so groß wie die Bildhöhe war.
Der erste Breitwandspielfilm war »The Fox Movietone Follies of 1929«, im 70-mm-Fox-Grandeur-Verfahren aufgenommen und im Gaiety Theater am Broadway im September 1929 auf einer 8 × 4 m großen Filmleinwand uraufgeführt.
In den Jahren 1930 und 1931 wurde eine Reihe anderer Breitwandverfahren eingeführt, unter anderen der 65-mm-Vitascope von Warner Bros, der 56-mm-Magnafilm von Paramounts und das 60-mm-Spoor-Berrgren-Verfahren von RKO, aber die Auswirkungen der wirtschaftlichen Depression zwangen die Studios, diese Experimente zu drosseln. Der Hauptgrund für diesen Rückzug bestand darin, daß zu jener Zeit in 60% der amerikanischen Kinos kein Platz für eine mehr als 7 m breite Leinwand vorhanden war.

Cinemascope
Der erste Film in Cinemascope war die 20th-Century-Fox-Produktion »The Robe«, die in Grauman's Chinese Theater in Hollywood am 24. September 1953 Premiere hatte.

Cinerama
Der erste Cineramafilm hieß »This is Cinerama«, wurde am 30. September 1952 in New York uraufgeführt und lief 122 Wochen.
Der erste abendfüllende Film in Cinerama war die Metro-Goldwyn-Mayer-Produktion »The Wonderful World of the Brothers Grimm«, entstanden im Jahr 1962 unter der Regie von George Pal und Henry Levin. Das Verfahren wurde von dem Autodidakten Frederick Waller aus Huntingdon, New York, erfunden,

der diese Idee bereits im Jahr 1938 für eine Ölausstellung bei der New Yorker Weltausstellung teilweise realisiert hatte. Waller wollte Filme auf die gesamte Innenfläche des Ausstellungsgebäudes projizieren, aber auf Grund technischer Schwierigkeiten mußte er sich mit der halben Kuppel zufriedengeben, wobei er elf 16-mm-Projektoren verwendete, um die weite Fläche der Leinwand auszufüllen. Nach dem Krieg nahm er die Arbeit an diesem Verfahren wieder auf, dabei reduzierte er die Anzahl der Projektoren auf drei und erhielt dennoch ein Bildverhältnis von 3 (Breite) zu 1 (Höhe).
Wallers Verfahren kennzeichnet bei weitem nicht den Endstand der Entwicklung in der Breitwandprojektion. Das ähnlich benannte Cineorama wurde von Raoul Grimoin-Sanson bei der Pariser Weltausstellung 1900 vorgestellt. Er verwendete zehn Projektoren, um einen mit größter Sorgfalt handkolorierten Film auf einer kreisförmig um die Zuschauer aufgespannten Leinwand von 100 m Länge vorzuführen.

Film: dreidimensionaler Film

Der erste dreidimensionale Film hieß »The Power of Love« und wurde im im Jahr 1922 in den USA von den Perfect Pictures produziert. Die Kinobesucher mußten Brillen mit einem roten und einem grünen Glas aufsetzen, um die Illusion der Tiefenwirkung zu erleben.
Der erste dreidimensionale Sprechfilm in Farbe war eine russische Produktion von »Robinson Crusoe«, die in den Jahren 1945 und 1946 am Schwarzen Meer unter der Regie von A. N. Andrejewski gedreht wurde. Der Film hatte im Februar 1947 in Moskau Premiere. Das größte Problem bei den Dreharbeiten war das Filmen einer Wildkatze, die auf einem dünnen Ast auf die Kamera zuschleichen sollte. Nachdem sich der Kameramann fünf Nächte lang mit dieser Szene abgemüht hatte, gelang ihm endlich eine zufriedenstellende Aufnahme. Nach den Augenzeugenberichten war der Effekt atemberaubend: Die Katze schien über die Köpfe des Publikums hinweg zum hinteren Teil des Kinosaals zu spazieren, wo sie dann verschwand.

Film: öffentliche Vorführung

Die erste öffentliche Filmvorführung fand in den Edison-Laboratorien in West Orange, New Jersey, am 22. Mai 1891 statt, als 147 Delegierte der National Federation of Women's Club nach einem Lunch mit Mrs. Edison durch die Werkstatt ihres Mannes geführt wurden und dabei das neue Kinetoskop betrachten durften. Die Zeitung »Sun« berichtete darüber:

»Die erstaunten und erfreuten Klubmitglieder sahen eine kleine Holzschachtel auf dem Boden stehen, um die Schachtel herum befanden sich Räder und Treibriemen, die von einem Arbeiter beaufsichtigt wurden. Im Deckel der Schachtel befand sich eine Öffnung mit einem Durchmesser von etwa 2,5 cm. Als sie durch das Loch blickten, sahen sie das Bild eines Mannes. Es war ein herrliches Bild. Er verbeugte sich, lächelte, winkte mit den Händen und nahm seinen Hut mit größter Natürlichkeit und Grazie ab. Jede Bewegung war perfekt.«

Der Film für diese Vorführung dürfte mit einer Kamera aufgenommen worden sein, in der die Einzelbilder nebeneinander angeordnet wurden und die über kleine Transportrollen mit Zähnen verfügte. Erst ab Oktober 1892 hat Dickson über eine verläßliche Kamera verfügt, bei der auf einem perforierten Film die Einzelbilder übereinander angeordnet waren. In diesem Monat veröffentlichte die Zeitschrift »Phonogram« eine Abbildung von vier Bildfolgen, die offensichtlich mit einem derartigen Gerät aufgenommen worden waren. Die Bilder zeigten Dickson selbst mit seinem Gehilfen William Heise sowie Aufnahmen von Fechtern und Ringern.
Zu diesem Zeitpunkt hatte Dickson offensichtlich alle Schwierigkeiten überwunden, die der kommerziellen Vorführung seiner Filme im Weg gestanden waren. Er erntete allerdings nur geringen Dank für seine Leistung. Als er im Jahr 1895 West Orange nach einer Auseinandersetzung mit Edison verließ, weigerte sich Edison beharrlich, die Tatsache anzuerkennen, daß außer ihm selbst irgend jemand am Erfolg der Erfindung beteiligt gewesen war.
Den meisten Chronisten genügte Edisons eigene Version der Ereignisse, bis im Jahr 1961 ein mit Sorgfalt verfaßtes wissenschaftliches Werk unter dem Titel »The Edison Motion Picture Myth« erschien. Der Autor, Gorden Hendricks, beweist darin an Hand bisher unveröffentlichter Unterlagen aus den edisonschen Archiven, daß die gesamte experimentelle Arbeit am Kinetoskop von Dickson – oder zumindest unter seiner Aufsicht – ausgeführt wurde und Edison lediglich das Verdienst für die Anregung des Forschungsprojekts und daß er die technischen Geräte zur Verfügung stellte für sich in Anspruch nehmen kann.

Kommerzielle Filmvorführung
Die erste kommerzielle Filmvorführung fand im Holland Bros' Kinetoscope Parlor am Broadway in New York statt; die Halle wurde am 14. April 1894 eröffnet.
Die Kinetoskope waren in zwei Fünferreihen angeordnet. Für 25 Cent konnten die Betrachter fünf

Filme sehen; um in den Genuß sämtlicher Filme zu gelangen, mußte man das doppelte Eintrittsgeld bezahlen. Am ersten Tag betrugen die Einnahmen 120 Dollar, was darauf schließen läßt, daß das erste »Kinopublikum« aus fast 500 Menschen bestand. Die Filme, hergestellt in Edisons Studio »Black Maria« in West Orange, hatten unter anderem folgende Titel: »Der Hufschmied«, »Der Friseurladen«, »Die Schmiede«, »Der Hahnenkampf«, »Hochlandtanz«, »Ringen«, »Trapezakt«.
Einen Monat vorher hatte die Edison Co. begonnen, Filme für kommerzielle Vorführungen herzustellen, und sie kann daher als erstes Filmproduktionsunternehmen der Welt bezeichnet werden.
Der älteste Streifen, der genau datiert werden kann, ist der sogenannte Sandow-Film. Er wurde, den Angaben von Gordon Hendricks zufolge, am 7. März 1894 produziert. Eugène Sandow, ein professioneller Kraftmensch, darf vermutlich den Ruhm für sich in Anspruch nehmen, als erster Bühnenkünstler vor einer Filmkamera agiert zu haben. Weitere Berühmtheiten, die 1894 für Edison filmten, waren Annie Oakley (später in dem nach ihrer Lebensgeschichte geschriebenen Musical »Annie Get Your Gun« verewigt) und der legendäre Buffalo Bill.
Der erste Katalog von Edison-Filmen, Ende 1894 von Raff und Gammon herausgegeben, führte 52 Titel an. Die Preise rangierten von 10 Dollar für einen »Wunderschönen weiblichen Schlangenmenschen« bis zu 100 Dollar für einen kompletten Ausscheidungskampf mit fünf Runden.
Die erste öffentliche Filmvorführung auf einer Leinwand zeigte einen Kurzfilm mit dem Titel »La Sortie des Ouvriers de l'Usine Lumière«, der von Auguste und Louis Lumière vor der Gesellschaft zur Förderung der nationalen Wirtschaft in Paris am 22. März 1895 vorgeführt wurde. Der Film, der von den Brüdern Lumière vermutlich im August und September 1894 aufgenommen wurde, zeigte Arbeiter beim Verlassen der Fabrik der Lumières während der Mittagspause.
Die erste kommerzielle Filmvorführung auf einer Leinwand fand am 20. Mai 1895 am Broadway in New York statt, als ein vier Minuten dauernder Boxkampf – eigens für diesen Zweck zwischen dem »jungen Griffo« und dem »kämpferischen Charles Barnett« ausgetragen – einem zahlenden Publikum von Major Woodville Latham vorgeführt wurde. Latham war der Gründer der Lamda Co., der ersten Filmgesellschaft der Welt, sie sich als solche etablierte. Der Projektionsapparat war das primitive und unzureichende »Eidoloskop«, das für die Lamda Co. von dem früheren Angestellten Edisons, Eugène Lauste, entworfen worden war. Obwohl etliche Fachleute ihre Zweifel darüber äußerten, ob das Eidoloskop auch tatsächlich imstande war, Bewegungen auf der Leinwand wiederzugeben, scheinen trotz all der Unzulänglichkeiten, die diese Vorstellungen aufwiesen, genügend Zuschauer gekommen zu sein.
Die erste Filmvorführung vor einem zahlenden Publikum in Europa gaben Max und Emil Skladanowsky mit einem selbst erfundenen Projektor am 1. November 1895 im Berliner Wintergarten. Die Filme liefen in einem Doppelprojektor, »Bioscop« genannt, als Endlosband und wiederholten sich alle paar Sekunden. Da sie mit einer Geschwindigkeit von nur acht Bildern pro Sekunde aufgenommen worden waren, flimmerten und zuckten sie. Das Programm bestand aus einem Bauerntanz zweier Kinder, dem Schauturnen zweier Reckturner, den Darbietungen eines Jongleurs und einer Tanzgruppe, einem Ringkampf und Szenen einer Familie, die Gymnastik betrieb. Die Brüder Skladanowsky erregten mit ihrem »Bioscop« großes Aufsehen, der Film blieb aber in diesem Stadium immer noch eine Schaubudenattraktion, die höchstens in einem Varieté vorgeführt wurde.
Weder die Arbeiten von Lauste und Latham in Amerika noch diejenigen der Brüder Skladanowsky in Deutschland hatten nachhaltigen Einfluß auf die Entwicklung des Films. Das Debüt des Films als Unterhaltungsmedium war die Vorstellung der Brüder Lumière im Grand Café am Boulevard des Capucines in Paris am 28. Dezember 1895. Die Lumières waren auch die ersten, denen es gelungen war, einen zufriedenstellenden Projektor zu konstruieren (sie waren auch die ersten, die eine Lizenz für den Verkauf von kinematographischem Ausstattungsmaterial erwarben, den Jules Carpentier in Paris führte).
Mittlerweile waren im Edison-Konzern alle Versuche zur Konstruktion eines leistungsfähigen Projektors fehlgeschlagen. Das Edison-Vitaskop, das das erste Mal am 23. April 1896 in der Koster & Bial's Music Hall eingesetzt wurde, war das geistige Werk von Thomas Armat, den man überredet hatte, seine Erfindung unter Edisons Namen auswerten zu lassen.

Film: Zeitlupenaufnahme

Die erste Zeitlupenaufnahme in einem Film wurde von Oskar Meßter in Berlin im Jahr 1898 gemacht. Er benützte dazu eine speziell konstruierte 60-mm-Hochgeschwindigkeitskamera, die er selbst entworfen hatte. In einer der frühesten Bildfolgen wird gezeigt, wie eine Katze von einer Mauer springt, während die dabei verstreichende Zeit auf einer Hipp-Spezialuhr mit einer Genauigkeit von einer Tausendstelsekunde gezeigt wurde. Die Szene wurde mit einer Geschwindigkeit von 66 Bildern pro Sekunde aufgenommen, obwohl man mit dieser Kamera bis zu einer Geschwindigkeit von 100 Bildern pro Sekunde filmen konnte.

Film: Großaufnahme

Die erste Großaufnahme war eine Szene, in der Fred Ott niest. Sie wurde von William Dickson im neu gebauten Edison-Studio in West Orange, New Jersey, am 2. Februar 1893 gefilmt. »Fred Ott's Sneeze« war auch der erste Film, der urheberrechtlich geschützt wurde, und zwar am 7. Januar 1894.
Arthur Melbourne Cooper aus St. Albans zeigte als erster in seinem im Jahr 1900 entstandenen Film »Grandma's Reading Glass« Nahaufnahmen neben Szenen, die aus normaler Entfernung aufgenommen wurden. Man sieht in dem Film, wie ein kleiner Junge verschiedene Gegenstände durch sein Vergrößerungsglas betrachtet, zum Beispiel eine Uhr, eine Zeitung, einen Kanarienvogel, ein Kätzchen und das Auge seiner Großmutter. Den Jungen spielte Bert Massey und die Großmutter Bertha Melbourne Cooper. Der Film wurde von G. A. Smith aus Brighton vertrieben, dem er auch allgemein zugeschrieben wurde.

Film: Drehbuchautor

Der erste Drehbuchautor war der New Yorker Journalist Roy McCardell, der im Jahr 1900 von Henry Marvin von der Biograph Co. engagiert wurde, je zehn Szenen pro Woche für 15 Dollar zu schreiben. Nachdem damals die meisten Filme der Biograph Co. 1,5 bis 3 m lang waren, konnte McCardell seine ersten zehn Szenen an einem Nachmittag schreiben.

Film: Nacktszene

Die erste Nacktszene in einem Film wurde von dem australischen Star Annette Kellermann in der Fox-Produktion »Daughter of the Gods« gespielt, die in St. Augusta auf Jamaika im Sommer 1915 gedreht wurde. Annette Kellermann, eine frühere Berufsschwimmerin, war bereits fünf Jahre vorher zum Mittelpunkt einer Kontroverse geworden, als sie den ersten einteiligen Badeanzug trug.

Film: von einem Flugzeug aufgenommen

Den ersten Film, der von einem Flugzeug aus aufgenommen wurde, hatte L. P. Bonvillain, ein Kameramann der Firma Pathé, in Camp d'Auvours im September 1908 gedreht, über ein Jahr vor dem ersten Foto, das von einem Flugzeug aus aufgenommen wurde. Der Pilot des Flugzeugs war Wilbur Wright.
Der erste aus der Luft aufgenommene Film mit einem aktuellen Thema wurde von der Warwick Trading Co. für ihre Bioscope-Chronicle-Wochenschau gedreht. Der Film zeigte die Kanalüberquerung der königlichen Jacht »Victoria and Albert«, auf der König Georg V. zu einem Staatsbesuch nach Paris reiste, sowie die Ankunft in Calais.
Der Pilot B. C. Hucks flog den Kameramann sofort nach Hendon zurück, wo ein Vertreter der Filmfirma wartete, der mit der Filmkassette unverzüglich zum Entwicklungslabor eilte. Der Film über die Reise des Königs wurde noch am selben Tag – zusammen mit den Luftaufnahmen – um 17.20 Uhr in einer Nachmittagsvorstellung im Coliseum vorgeführt.

Film in einem Linienflugzeug
Der erste Film, der in einem Linienflugzeug lief, war die First-National-Produktion »The Lost World« von Conan Doyle. Er wurde im April 1925 an Bord einer Maschine der Imperial Airways auf dem Weg nach Europa gezeigt.
TWA war die erste Fluggesellschaft, die regelmäßig In-Flight-Filme auf ihren Flügen einführte, und zwar beginnend mit der Vorführung von »By Love Possessed« mit Lana Turner und Efrem Zimbalist jr. für die Passagiere der ersten Klasse während eines Fluges zwischen New York und Los Angeles am 19. Juli 1961.

Film: Spielfilm

Der erste Spielfilm mit mehr als einstündiger Dauer war die australische Produktion »The Story of the Kelly Gang«. Von der Theatergesell-

Bild aus dem ersten Spielfilm, der länger als eine Stunde dauerte, aus der australischen Produktion »The Story of the Kelly Gang«, uraufgeführt zu Weihnachten 1906.

schaft J. & N. Tait in Heidelberg, Victoria, produziert, wurde er am 26. Dezember 1906 in der Athenaeum Hall in Melbourne uraufgeführt. Die Rolle der Kate Kelly war mit Elizabeth Veitch besetzt, Charles Tait, der auch Regie führte, spielte den Ned Kelly. Die Spieldauer des Filmes betrug ungefähr 70 Minuten. Die Herstellungskosten wurden auf 400 Pfund geschätzt, die Einnahmen – inklusive der Einspielergebnisse in England – betrugen 25 000 Pfund.

Film: Horrorfilm

Der erste Horrorfilm war die einspulige Produktion »Dr. Jekyll and Mr. Hyde« von R. L. Stevenson, die im Frühjahr 1908 von der Selig Polyscope Co., Chicago, zum Vertrieb freigegeben wurde. Die Titelrolle wurde von Richard Mansfield gespielt. Die anderen Mitwirkenden waren die Ensemblekollegen Mansfields, mit denen er bereits in der von George Fish im Jahr 1897 verfaßten Bühnenversion mit Luella Forepaugh auf Tournee gegangen war. Der Film hielt sich genau an das Theaterstück, sogar der Bühnenvorhang am Anfang und am Ende wurde mitgefilmt.

Film: Kriminalfilm

Der erste Kriminalfilm war »Histoire d'un Crime«, der von Georges Méliès im Jahr 1899 gedreht wurde.

Film: Lehrfilm

Der erste Lehrfilm war ein medizinischer Film über eine Operation an der Chirurgischen Klinik der Universität Berlin, aufgenommen von Oskar Meßter im Jahr 1898. Der Film wurde in den folgenden Jahren an der Universität Kiel zu Lehrzwecken verwendet.
Ein für medizinische Lehrfilme eigens entwickeltes Aufnahmegerät baute im Jahr 1919 der Mediziner Alexander von Rothe.

Film: Sportfilm

Der erste Sportfilm wurde am 14. Juni 1894 in den Edison-Anlagen in West Orange, New Jersey, aufgenommen und zeigte einen 6-Runden-Boxkampf zwischen Mike Leonard und Jack Cushing. Leonard, der bekanntere der beiden Boxer, erhielt 150 Dollar, sein Gegner 50 Dollar Gage. Der Ring maß nur 3,6 m im Quadrat, damit die unbewegliche Kamera allen Einzelheiten des Kampfes folgen konnte. Nach seinem K.-o.-Sieg über Cushing in der letzten Runde zog Leonard folgendes Resümee über den Kampf:

»Ich schlug zu, wann immer ich wollte und wohin ich wollte. Ich hätte ihn noch öfter geschlagen, nur war Mr. Edison so nett zu mir, und ich wollte nicht zu schnell für seine Maschine sein. Ich schlug ihm hauptsächlich ins Gesicht, da mir seine Familie leid tat, und ich dachte, ich würde die einzige Stelle wählen, die nicht verunstaltet werden könnte.«

Der Film wurde wahrscheinlich Anfang August 1894 in einem Kinetoskopsalon in der Nassau Street in New York uraufgeführt. Kommerziell war er kein voller Erfolg, weil jede Runde in einem anderen Kinetoskop betrachtet und extra bezahlt werden mußte. Da für jede Runde 10 Cent bezahlt werden mußten, kostete es 60 Cent, den ganzen Boxkampf zu sehen. Aus diesem Grund zogen es die meisten Betrachter vor, sich lediglich die K.-o.-Runde anzusehen.
Der erste Sportfilm über eine öffentliche Veranstaltung, gleichzeitig der erste englische Sportfilm, wurde von Birt Acres beim Bootrennen Oxford–Cambridge am 30. März 1895 gedreht. Er war für die Kinetoskope bestimmt, die von Acres' Freund Robert Paul produziert wurden, doch als Birt Acres selbst unter die Verleiher ging, wurde der Film wahrscheinlich auch in Kinos gezeigt.

Film: Werbefilm

Die ersten Werbefilme wurden in Frankreich, England und den USA im Jahr 1897 gedreht. Das einzige erhaltene Beispiel aus diesem Jahr wurde von der Edison Co. in West Orange, New Jersey, hergestellt. Der Katalog der Kongreßbibliothek enthält darüber folgende Angaben:

»Der Film zeigt eine große, plakatartige Kulisse, auf der in großen Buchstaben ›Admiral-Zigaretten‹ steht. Davor sitzen vier kostümierte Personen: Uncle Sam, ein Geistlicher, ein Indianer und ein Geschäftsmann. In der linken Ecke der Leinwand steht eine große Schachtel, die sich plötzlich öffnet. In diesem Moment marschiert ein auffallend gekleidetes Mädchen quer über die Bühne zu den sitzenden Männern und bietet ihnen Zigaretten an. Dann entrollt sie ein Spruchband, auf dem steht: ›Wir rauchen alle.‹«

Ebenfalls im Jahr 1897 wurden von der New Yorker Firma Kuhn & Webster Werbefilme für Haig (Whisky), Pabst (Milwaukee-Bier) und Mallard (Schokolade) hergestellt. Sie wurden mit Rückwandprojektion auf einer Leinwand im Freien gegenüber dem Broadway auf der 34. Straße am Herald Square gezeigt. Der Mann, der den Projektor bediente, war Edwin S. Porter, der sich später als Regisseur des Films »The Great Train Robbery« auch einen Namen machte. Damals fiel er nur auf, weil er von der Polizei wegen Verkehrsbehinderung zu einer Geldstrafe

verurteilt wurde, denn seine Filmvorführung veranlaßte die Passanten, auf dem Gehsteig herumzulungern.
Die französischen Werbefilme stammten von Georges Méliès und wurden zum erstenmal im Freien am Boulevard des Italiens, in der Nähe der Pariser Oper, im Jahr 1898 gezeigt. Es könnte sein, daß einige von ihnen bereits im Jahr vorher gedreht wurden und vor dem Werbefilm für die Admiral-Zigaretten entstanden sind. Sie wurden im Méliès-Studio in Montreuil-sous-Bois für seine Kunden aufgenommen, unter denen sich auch Firmen wie Delion (Hüte), Mystère (Korsette), Menier (Schokoladen) und Moritz (Bier) befanden.

Film: Wildwestfilm

Die ersten Wildwestfilme wurden für die American Mutoscope & Biograph Co. am 21. September 1903 urheberrechtlich geschützt. Einer hieß »Kit Carson« und handelte von der Gefangennahme des Titelhelden durch die Indianer und seiner Befreiung mit Hilfe eines schönen Indianermädchens. Der Film bestand aus elf Szenen und hatte eine Gesamtlänge von 21 Minuten. Der zweite Streifen, »The Pioneers«, zeigte, wie Indianer ein Siedlerhaus anzünden, das Ehepaar töten und die kleine Tochter entführen. Der Film endet mit der dramatischen Rettung des Kindes durch Grenzbewohner, die die Leichen der Eltern gefunden hatten. Die Spieldauer betrug ungefähr 15 Minuten. Beide Filme wurden im August 1904 vertrieben. Für den berühmten Film »The Great Train Robbery«, der allgemein als erster Wildwestfilm bezeichnet wurde und oft auch als der erste Film mit einer abgeschlossenen Handlung, wurde der Edison Co. erst am 1. Dezember 1903 das Urheberrecht erteilt.
Der erste Filmschauspieler, der sich als Cowboystar etablierte, war »Bronco Billy« Anderson, der zwischen 1908 und 1915 für die Essany Film Co. 376 Wildwestfilme drehte. Anderson. dessen richtiger Name Max Aronson lautete, trat während seiner relativ kurzen Karriere in mehr Filmen auf als je ein anderer Darsteller vor oder nach ihm.
Der erste Westerntonfilm war im Fox-Movietone-Verfahren hergestellt und trug den Titel »In Old Arizona«. Regie führten Raoul Walsh und Irving Cummings, es spielten Edmund Lowe, Warner Baxter und Dorothy Burgess. Der Streifen war als der »erste im Freien gedrehte Totalsprechfilm« angekündigt. Gedreht wurde im Zion National Park und im Bryce Cañon in Utah, in der Mohavewüste und in der San-Fernando-Mission in Kalifornien – fast überall in den USA, nur nicht in »Old Arizona«. Die Uraufführung fand am 25. Dezember 1928 im Fox West Coast Criterion Theater in Los Angeles statt.

Film: Wochenschau

Die erste Wochenschau, die regelmäßig gezeigt wurde, war das »Warwick Journal«, das vermutlich um 1900 von dem amerikanischen Filmproduzenten Charles Urban, dem Inhaber der Warwick Trading Co. in London, gestartet wurde. Da keine Kopien erhalten sind und die Wochenschauen auch nicht in den Warwick-Katalogen angeführt wurden, ist nichts Näheres über sie bekannt. Die Idee schien aber so erfolgreich gewesen zu sein, daß sie auch Nachahmer inspirierte, da zwei weitere Wochenschauen – »Williamson's Animated News« und »Gaumont Graphic« – kurz darauf erschienen. Keinem dieser frühen Unternehmen war eine lange Lebensdauer beschieden; erst seit der Begründung des französischen »Pathé-Journal« im Jahr 1908 und seines englischen Gegenstücks »Pathé-Animated Gazette« im Jahr 1910 wurde die Wochenschau zu einer regelmäßigen wöchentlichen Institution.
Die erste tönende Wochenschau hieß »Fox Movietone News«, deren erste Ausgabe im Roxy Theater in New York am 27. Oktober 1927 gezeigt wurde. Sie wurde ab 31. Dezember 1927 zu einer regelmäßigen wöchentlichen Einrichtung.
In Berlin wurden ab dem Jahr 1897 im Wintergarten Filmberichte über aktuelle Tagesereignisse vorgeführt. Erst als Oskar Meßter im Jahr 1914 die »Eiko-Woche«, einen der vielen Vorläufer der deutschen Wochenschau, übernahm, wurde regelmäßig über Neuigkeiten berichtet. Meßter nannte die Wochenschau zuerst »Dokumente zum Weltkrieg«, nach einem Monat, im Oktober, »Meßter-Woche«.

Film: Zeichentrickfilm

Die ersten Zeichentrickfilme wurden in den USA und in Großbritannien im Jahr 1906 hergestellt.
Der erste amerikanische Streifen hieß »Humerous Phases of Funny Faces« und wurde von James Stuart Blackton für die Vitagraph Co. in New York produziert. Der Trickfilm begann – wie fast alle frühen amerikanischen Trickfilme – mit einem unbeweglichen Bild, das dann wie durch Zauber lebendig wird und sich zu bewegen beginnt. Der Film bestand aus 8 000 einzelnen Zeichnungen und zeigte ganz einfache Trickfilmszenen, wie zum Beispiel einen Mann, der seine Augen verdreht und aus einer Pfeife Rauch auf ein Mädchen bläst, oder einen Hund, der durch einen Reifen springt.
Der erste Zeichentrickfilm mit einer

– allerdings sehr simplen – Handlung war Émile Cohls »Fantasmagorie«, ein Zweiminutenfilm, der zum erstenmal am 17. August 1908 im Théâtre du Gymnase in Paris aufgeführt wurde. Er war zugleich der erste Trickfilm, der einen anderen Anfang hatte als das Lebendigwerden eines Bildes. Cohl, eigentlich Emil Wurtet, stellte den Film im Auftrag von Léon Gaumont her, bei dem er als Bühnenbildner beschäftigt war.
Die erste Trickfilmfigur, die regelmäßig in einer Serie auftrat, war Cohls »Fantôche«, eine Art Zündholzmännchen, das gegen die grausame Welt zu Felde zog und im September 1909 in »Le Chauchemar du Fantôche« das erste Mal die Zuschauer erheiterte. Robert Desnos bezeichnete Cohl als den Chronisten, dem es gelungen war, »die Nabelschnur zu durchtrennen, die bis dahin die Charaktere auf der Leinwand mit der Tinte, die aus der Füllfeder floß, verband«. Zwischen 1908 und 1918 verfertige Cohl ungefähr 100 Trickfilme und kann daher mit Recht als der erste hauptberufliche Trickfilmhersteller bezeichnet werden.
Das erste Tier, das die Hauptfigur in einem Zeichentrickfilm war, war »Gertie, der dressierte Dinosaurier«, der das erste Mal im Jahr 1910 in dem Film gleichen Namens auftrat, der von dem Amerikaner Winsor McCay hergestellt wurde.
Die Trickfilme wurden durch die Tierfiguren bei Kindern so beliebt, und zwar seit dem Erscheinen von »Felix the Cat« von Pat Sullivan im Jahr 1917; die Katze Felix war die erste Tierfigur in einem Trickfilm, die die Berühmtheit eines Filmstars erlangte.
Der Gebrauch von Zelluloidpausen mit den beweglichen Teilen der Zeichnungen vor einem undurchsichtigen Hintergrund – die Technik, die man heute allgemein bei Zeichentrickfilmen anwendet – wurde in den USA von Earl Hurd am 19. Dezember 1914 zum Patent angemeldet.
Der erste Zeichentrickfilm in Farbe war »The Début of Thomas Kat«, produziert von der Bray Pictures Corp. in New York im Brewster-Farbfilmprozeß und von Paramount im Jahr 1916 zum Vertrieb freigegeben. Die Zeichnungen wurden dabei auf durchsichtigem Zelluloid aufgetragen, auf der Rückseite bemalt und mit einer Farbfilmkamera gefilmt. Thomas Kat war ein Kätzchen, das von seiner Mutter das Mäusefangen gelernt hatte, aber versehentlich eine Ratte mit einer Maus verwechselte.
Der erste abendfüllende Zeichentrickfilm hieß »The Sinking of the Lusitania«, von Winsor McCay produziert und von der Jewell Productions in den USA am 15. August 1918 zum Vertrieb freigegeben. McCay fertigte für diesen Film in 22 Monaten 25 000 Zeichnungen an.
Der erste Zeichentrickfilm mit Ton war Walt Disneys »Steamboat Willie« mit Mickymaus in der Hauptrolle. Er wurde in Hollywood hergestellt und im Colony Theater in New York am 19. September 1928 uraufgeführt. Ein anderer Mickymausfilm mit Ton, »Plane Crazy«, war zwar vor »Steamboat Willie« fertiggestellt worden, gelangte aber erst nach diesem in die Lichtspieltheater.
Der erste abendfüllende Zeichentrickfilm mit Ton und in Farbe war »Schneewittchen und die sieben Zwerge« von Walt Disney, der im Cathay Circle Theater in Los Angeles am 21. Dezember 1937 Premiere hatte. Die Farben waren von Technicolor.

Filmarchiv

Das erste Filmarchiv war das »Danish Statens Arkiv for historiske Film og Stemmer«, das im Jahr 1910 entstand, als Anker Kirkeby von der Kopenhagener Zeitung »Politiken« sich an Ole Olsen von der Nordisk-Filmgesellschaft mit dem Vorschlag wandte, eine Auswahl von Filmen, die möglicherweise von späterem historischem Interesse sein könnten, aufzubewahren. In den folgenden drei Jahren wurde eine Sammlung von Filmen angelegt; viele von ihnen wurden eigens für das Archiv gedreht, darunter Filme über berühmte dänische Schriftsteller, Wissenschaftler, Politiker und assanierungswürdige Teile des alten Kopenhagen. Das Archiv wurde in der Königlichen Bibliothek in Kopenhagen am 9. April 1913 eröffnet.
Das erste Filmarchiv, das die Geschichte der Filmindustrie dokumentieren wollte, war das »British Institute«, das im Mai 1935 in London gegründet wurde.

Filmfestival

Das erste Filmfestival wurde im Jahr 1932 in Venedig abgehalten, um den Tourismus, der durch die wirtschaftliche Depression stark gesunken war, wiederzubeleben. Es fand im Hotel Excelsior zusammen mit der internationalen Kunstausstellung vom 6. bis 21. August 1932 statt. Die vertretenen Nationen waren die USA, Großbritannien, Frankreich, Deutschland, Italien und die UdSSR. Es gab keine Auszeichnungen, sondern nur Beurteilungen auf Grund öffentlicher Abstimmungen.
An die ersten Plätze wurden gewählt: Helen Hayes (beste Schauspielerin), Fredric March (bester Schauspieler), Nicolai Ekk (bester Regisseur) für »Road to Life«, »Nous la Liberté« (unterhaltsamster Film), »The Sin of Madelon Claudet« (ergreifendster Film), »Dr. Jekyll and Mr. Hyde« (originellster Film).

Filmkritik

Die ersten Filmkritiken wurden von Frank E. Woods verfaßt und im »New York Dramatic Mirror« in der Juniausgabe 1908 veröffentlicht. Woods schrieb unter dem Pseudonym »Spectator«, das ungefähr 25 Jahre später auch von dem ersten Fernsehkritiker der Welt verwendet wurde.
Die erste Zeitung mit regelmäßig erscheinenden Filmkritiken war die »Chicago Tribune«, die im Jahr 1914 Jack Lawson als Filmkritiker anstellte. Als Lawson kurz darauf bei einem Unfall getötet wurde, übernahm Audrie Alspaugh, die unter dem Pseudonym »Kitty Kelly« schrieb, seinen Posten. Der amerikanische Filmhistoriker Terry Ramsaye erinnert sich:

»Kitty Kelly konnte im Mittleren Westen einem Film zum Erfolg oder zum Mißerfolg verhelfen. Ihre Spalte war ein großer Erfolg, und Kitty Kelly wurde zum bestgehaßten Namen in den Filmstudios.«

Filmmusik

Die erste Filmmusik wurde von dem australischen Musiker R. N. McAnally als Begleitmusik für das 50 Minuten dauernde dokumentarische Drama »Soldiers of the Cross« von der Salvation Army Bioscope Co. komponiert. Dieser Film wurde im Rathaus von Melbourne am 13. September 1900 uraufgeführt. Die »Silver Biorama Band« der Heilsarmee trug McAnallys Musik vor und begleitete den Film dann auch auf einer Tournee.
Die erste Musikbegleitung zu einem Spielfilm wurde von Camille Saint-Saëns für »L'Assassination de Duc de Guise« komponiert und bei der Premiere des Films am 17. November 1908 gespielt.

Filmpreis

Die ersten Filmpreise wurden bei einem Filmwettbewerb auf der Weltausstellung in Turin im Jahr 1912 verliehen. Den Grand Prix, dotiert mit 25 000 Franc, erhielt die italienische Ambrosio-Filmgesellschaft für den Streifen »50 Jahre später«, ein historisches Drama aus dem Italienisch-Österreichischen Krieg vom Jahr 1859.
Die ersten Akademiepreise wurden von der Akademie für Filmkunst und -wissenschaft in Hollywood am 16. Mai 1929 für die zwischen 1. August 1927 und 31. Juli 1928 gedrehten Filme verliehen. Der Gewinner des Preises für den besten Hauptdarsteller war der deutsche Schauspieler Emil Jannings für seine Darstellung in »Der Weg allen Fleisches« und »Sein letzter Befehl«. Der Preis für die beste Hauptdarstellerin wurde an Janet Gaynor für ihre Rollen in »The Last Command« (Sein letzter Befehl), »Seventh Heaven«, »Street Angel« und »Sunrise« verliehen. Der Preis für den besten Film ging an »Wings« von William Wellman mit Clara Bow in der Hauptrolle.
Die Bezeichnung »Oscar« für die den Gewinnern überreichte Trophäe wurde das erste Mal im Jahr 1931 verwendet, als Mrs. Herrick, die Sekretärin der Akademie, über die Skulptur bemerkte: »Sie sieht meinem Onkel Oscar ähnlich!« Vorher hatte man sie einfach »die Statuette« genannt.

Filmreportage

Die erste Filmreportage, die kein Sportbericht war, wurde von dem Fotografen Birt Acres aus High Barnet, Hertfordshire, anläßlich der Eröffnung des Kieler Kanals durch Kaiser Wilhelm II. am 20. Juni 1895 gedreht. Außer der Ankunft des Kaisers in Holtenau an Bord seiner Jacht »Hohenzollern« filmte Acres auch die Errichtung eines Gedenksteines und Teile der Eröffnungszeremonie, wie zum Beispiel des Kaisers Truppeninspektion in Hamburg und einen feierlichen Umzug in Berlin.
Er war auch der erste Kameramann, der beim Drehen ein gewisses Risiko auf sich nahm, denn als er die Vorführung einer Attacke der berittenen Ulanen in Berlin-Tempelhof filmen wollte, ersuchte er den Kommandeur, die Reiter in Richtung seiner Kamera zu dirigieren. Als die Truppe mit erhobenen Lanzen auf ihn zudonnerte, ergriff er zwar die Flucht, vergaß aber nicht, dabei die Kurbel seiner Kamera zu drehen – dafür gratulierte ihm später der Kommandeur und nannte ihn »den schneidigsten Burschen, der mir je untergekommen ist«.
Die erste öffentliche Vorführung dieser Filme erfolgte vor der Königlichen Photographischen Gesellschaft am 14. Januar 1896.
Birt Acres filmte auch in England die Ankunft des Prinzen und der Prinzessin von Wales bei der Cardiff Exhibition am 27. Juni 1896. Acres erhielt zwar eine Sondergenehmigung, die königlichen Hoheiten zu filmen, jedoch nur unter der Bedingung, daß er dabei unsichtbar blieb. Es wurde daher eine kleine Öffnung in eine Wand aus Segeltuch geschnitten, durch die Acres filmen konnte. Da es jedoch für den Sucher keine entsprechende Öffnung gab, begann Acres auf ein Zeichen eines Beamten hin mit dem Filmen. Er kurbelte die gesamte Szene, ohne selbst irgend etwas zu sehen. Der Film erlebte seine Premiere anläßlich einer besonderen »Royal Command Performance« im Marlborough House am 21. Juli 1896.
Die erste Filmreportage mit Innen-

aufnahmen wurde von Oskar Meßter hergestellt, der Anfang des Jahres 1897 den Ball des Berliner Presseklubs bei künstlichem Licht filmte. Für die Beleuchtung sorgten vier 50-Ampere-Körting-&-Matthiessen-Bogenlampen auf tragbaren Ständern.
Die erste Filmreportage über einen Unglücksfall war der Bericht über einen Brand im Windsor Hotel in New York, bei dem 45 Menschen ums Leben kamen. J. Stuart Blackton und Albert E. Smith filmten die Katastrophe am 17. März 1899.

Filmschauspieler

Der erste Film, bei dem Schauspieler mitwirkten, war ein kurzes Kostümdrama mit dem Titel »The Execution of Mary, Queen of Scots«. Es wurde von Alfred Clark von Raff & Gammon in West Orange, New Jersey, am 28. August 1895 aufgenommen. Die Rolle der Königin Maria wurde von Mr. R. L. Thomas, dem Sekretär und Kassier der Kinetoskopfirma, dargestellt.
Bevor er sein Haupt auf den Richtblock legte, wurde die Kamera gestoppt, Thomas verschwand aus dem Bild und wurde durch eine Puppe ersetzt. Danach setzte man die Kamera für die Enthauptungsszene wieder in Bewegung. Das war die erste Trickaufnahme (Spezialeffekt) in einem Film.
Die erste Komikerrolle in einem Film wurde von Monsieur Clerc, einem Gärtner, der bei Mme. Lumière in Lyon in Diensten stand, gespielt. In der Lumière-Produktion »L'Arroseur arrosé «(Der begossene Blumengießer) spielte er einen Gärtner, der Gartenbeete mit einem Schlauch besprengte. Ein Lausejunge – der 14jährige Lumière-Lehrling Duval – schleicht sich von hinten an den Gärtner heran und steigt mit dem Fuß auf den Schlauch, um den Wasserlauf zu unterbrechen. Als der verblüffte Gärtner das Endstück des Schlauches aus der Nähe betrachtet, um festzustellen, ob ein Gebrechen vorliegt, steigt Duval wieder vom Schlauch und vollführt einen Freudentanz, als der Wasserstrahl mitten in Clercs Gesicht spritzt. Der Film hatte am 28. Dezember 1895 in Paris im Grand Café Premiere.
Clerc und Duval waren die ersten Akteure, die auf einer Leinwand zu sehen waren, da »The Execution of Mary, Queen of Scots« nur in Edisons Guckkastenkinetoskop betrachtet werden konnte.
Der erste Berufsschauspieler in einem Film war Fred Storey, der die Titelrolle in R. W. Pauls »The Soldier's Courtship« (Die Werbung der Soldaten) darstellte, einem kurzen Lustspiel, das auf dem Dach der Alhambra Music Hall, Leicester Square in London im April 1896 hergestellt wurde und dort im selben Monat zur Uraufführung gelangte.
Zu Beginn der Entwicklung der Filmindustrie blieben die Darsteller in der Regel anonym, obgleich man im Fall von arrivierten Bühnenstars Ausnahmen machte. Ein bekanntes Beispiel für den Auftritt berühmter Schauspieler in den Anfangszeiten des Films ist die kurze Szene aus der Broadwaykomödie »The Widow Jones«, von Raff & Gammon im April 1896 gedreht. In diesem Film führten John Rice und May Irwin den ersten Filmkuß der Welt vor.
Der Starkult, der allgemein für eine amerikanische Erfindung gehalten wird, kommt in Wahrheit aus Deutschland. Anfangs zahlten in Deutschland, England und in den Vereinigten Staaten die Filmproduzenten ihren Titelhelden absichtlich keine Stargagen, um sie nicht überzubewerten. Der englische Filmschauspieler Johnny Butt zum Beispiel erhielt für seinen ersten Film, den er im Jahr 1899 drehte, 5 Shilling pro Tag. Mit einer solchen Bezahlung stand der Schauspieler auf derselben Stufe wie ein Straßenbahnfahrer oder Dockarbeiter.
Seit dem Jahr 1907 hatte man zwar die Erkenntnis gewonnen, daß einzelne Darsteller als Kassenmagneten wirkten, aber sie wurden lediglich durch Pseudonyme bekannt, wie zum Beispiel das »Imp-Mädchen«, das »Biograph-Mädchen« oder – wie im Fall der deutschen Schauspielerin Henny Porten, die im Jahr 1907 in Meßters Lohengrinproduktion debütierte – das »Meßter-Mädchen«.
Der erste Filmstar war Henny Porten. Sie war die erste Schauspielerin, die sich unter dem Kinopublikum eine persönliche Anhängerschaft sicherte und deren Name als Zugnummer verwendet wurde. Ihre Karriere begann im Jahr 1909 durch einen unvorhergesehenen Erfolg eines Meßter-Films, zu dem sie selbst das Drehbuch geschrieben hatte und in dem sie den romantischen Titelpart spielte.
Unter dem Titel »Das Liebesglück der Blinden« wurde der Streifen ein derartiger Erfolg, daß man Meßter zwang, den Namen der Hauptdarstellerin preiszugeben. Schließlich machte Henny Porten die ärgsten Befürchtungen der Filmproduzenten wahr und verlangte eine Gagenerhöhung. Als Meßter dies verweigerte, verließ sie sofort das Studio. In der Annahme, daß es sich nur um einen Bluff handelte, rief Meßter sie nicht zurück. Später schickte er seinen Assistenten, Kurt Stark, mit dem Versprechen zu ihr, daß man ihr die geforderte Erhöhung bezahlen würde. Henny kehrte ins Studio zurück, heiratete Stark und wurde Deutschlands Stummfilmidol.
In den USA begann der Starkult mit einem unverschämten Werbegag: Anfang des Jahres 1910 war es Carl

Laemmle gelungen, die noch unbekannte Florence Lawrence von Biograph für seine eigene Firma Imp abzuwerben. Dann ließ er in den Zeitungen von St. Louis veröffentlichen, daß die Schauspielerin bei einem Straßenbahnunglück getötet worden sei. Als das öffentliche Interesse an der vermeintlichen Tragödie entsprechend geweckt war, ließ dann Laemmle am 10. März 1910 folgende Anzeige in denselben Zeitungen erscheinen:

»Die ärgste und zugleich dümmste Lüge, die jemals von den Feinden der Imp in Umlauf gesetzt wurde, war die Geschichte, die man der Öffentlichkeit von St. Louis letzte Woche auftischte, als behauptet wurde, daß Miß Lawrence, das ›Imp-Mädchen‹, früher bekannt als ›Biograph-Mädchen‹, von einem Straßenbahnwaggon getötet wurde. Überdies war es auch eine feige Lüge. Wir kündigen nunmehr unseren nächsten Film ›The Broken Path‹ an.«

Innerhalb eines Jahres erschien der Name von Miß Lawrence auf den Filmplakaten in größeren Lettern als der Titel selbst. Nachdem sie Amerikas erster »Star mit Name« geworden war, heimste Florence Lawrence auch internationalen Ruhm auf der Stummfilmleinwand ein, doch mit dem Aufkommen des Tonfilms sank ihr Stern. Sie war gezwungen, in den MGM-Studios kleine Nebenrollen anzunehmen, und verübte im Januar 1939 Selbstmord.
Der erste Tierstar, der regelmäßig in Filmen auftrat, war der Hund »Rover«. Er war der Held in Cecil Hepworths ungemein erfolgreichem Kassenschlager »Rescued by Rover«, der zu dem außerordentlich niedrigen Preis von 7 Pfund, 13 Shilling und 9 Pence hergestellt wurde. Er wurde 1905 zum Vertrieb freigegeben und mußte noch zweimal neu gefilmt werden, weil die Kopien ausgingen. Später trat Rover noch in sieben weiteren Filmen in der Hauptrolle auf.

Filmstudio

Das erste Filmstudio war Thomas Edisons »Black Maria«, ein mit schwarzer Dachpappe bedecktes Holzhaus auf dem Gelände der Edison-Laboratorien, West Orange, New Jersey, das mit einem Kostenaufwand von 637,67 Dollar am 1. Februar 1893 fertiggestellt wurde. Hier fabrizierte Edison kurze Varietéfilme für sein Kinetoskop, einem Guckkastenbetrachter, der vorwiegend in Vergnügungsparks aufgestellt wurde. Das Gebäude konnte in Richtung Sonnenstand gedreht werden und hatte ein aufklappbares Dach. Das erste Studio, in dem Filme bei künstlichem Licht hergestellt wurden, eröffnete Oskar Meßter in der Friedrichstraße 94a in Berlin im November 1896. Für die Beleuchtung benützte Meßter vier 50-Ampere-Körting-&-Matthiessen-Bogenlampen mit tragbaren Ständern.

Filmstuntman

Der erste Filmstuntman, der als Double für einen Schauspieler einsprang, war Leutnant H. H. Arnold, mit dem am 30. September 1911 am Nassau Boulevard, New York, die Flugszenen für den Film »The Military Air Scout« gedreht wurden.

Filmverleih

Der erste Filmverleih wurde im Jahr 1902 von Harry J. Miles in San Francisco gegründet. Bis dahin waren die Kinobesitzer gezwungen gewesen, ihre Filme zu einem Standardpreis von 100 Dollar pro Filmrolle zu kaufen. Miles vermietete Filme zu 50 Dollar pro Woche. Diese Kalkulation brachte ihm bei der vierten Miete einen Gewinn von 100 Prozent.

Filmzensur

Die erste Filmzensur auf nationaler Ebene wurde in den USA im März 1909 unter der Bezeichnung »National Board of Censorship of Motion Pictures« eingeführt. Der Ausschuß wurde vom People's Institute of New York City eingesetzt, einer selbsternannten Institution zur Wahrung der öffentlichen Moral, die von der Filmindustrie anerkannt wurde. Die Produzenten zahlten eine Gebühr von 3,50 Dollar pro 300 m Film, die dem Ausschuß zur Begutachtung vorgelegt wurden. Es gab kein Klassifikationssystem, ein Film wurde entweder zur öffentlichen Vorführung freigegeben oder zurückgewiesen, falls die darin beanstandeten Szenen nicht herausgeschnitten wurden.
Der erste mit Jugendverbot belegte Film war der französische Streifen »La Vie commence Demain« (Morgen beginnt das Leben), der Anfang 1951 in London gezeigt wurde. Die Veranlassung dazu gab eine Szenenfolge über künstliche Befruchtung. Vorher wäre der Film gekürzt oder einfach verboten worden.

Fingerabdrücke

Die systematische Abnahme von Fingerabdrücken als Mittel zur Identifizierung wurde im Jahr 1858 von William Herschel vom Indian Civil Service in Jungipur eingeführt. Am 28. Juli dieses Jahres setzte er den Handflächenabdruck von Rajyadhar Konai, einem Lieferanten aus der Stadt Nista, auf die Rückseite eines Liefervertrages über 2 720 kg Schotterbelag für den Straßenbau. Der Abdruck wurde mit seiner selbstgemachten Tinte hergestellt, die Herschel für seine Amtsstempel benutzte, und zeigt deutlich alle

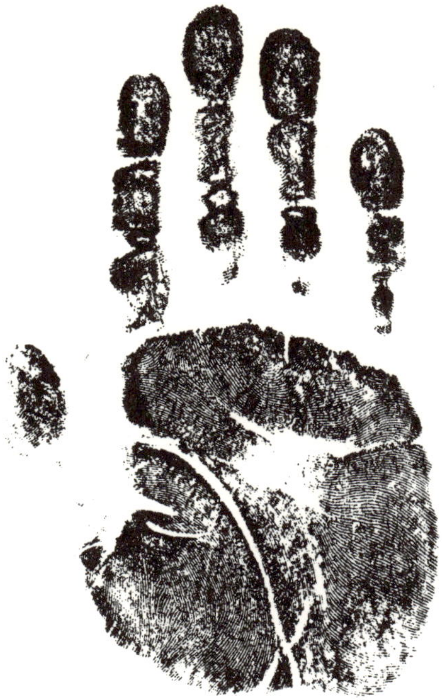

Der erste Fingerabdruck, abgenommen durch William Herschel in Jungipur, Indien, 1858.

Finger der rechten Hand. Herschel wollte dadurch vermeiden, daß die Bengali den Vertrag zu einem späteren Zeitpunkt nicht mehr anerkennen könnten.
Von dem Ergebnis seines Experimentes war Herschel so befriedigt, daß er beschloß, es weiterzuverfolgen. So legte er während seiner Tätigkeit als Richter in Arrah in Bengalen im Juni 1859 das erste Fingerabdruckregister an. Vorerst begnügte er sich damit, die Abdrücke seiner Freunde und Kollegen zu sammeln. Aber als er ein Jahr später nach Nuddea versetzt wurde und dort die Meldung von Betrugs- und Fälschungsdelikten in alarmierendem Umfang vorfand, begann er die Möglichkeiten zu prüfen, die reguläre Abnahme von Fingerabdrücken bei Pacht- und anderen Verträgen durchzusetzen. Seine Vorschläge wurden jedoch von seiner vorgesetzten Behörde in Kalkutta abgelehnt. Erst im Jahr 1877, als Herschel nach Hooghly versetzt wurde und dort sowohl dem Strafgericht als auch der Urkundenregistratur vorstand, konnte er die amtliche Verwendung von Fingerabdrücken durchsetzen.
Um ehemalige Armeeangehörige daran zu hindern, ihre Pension zweimal zu kassieren, ließ er ein Register ihrer Fingerabdrücke anfertigen und ordnete an, daß jeder Veteran zu Vergleichszwecken den Erhalt des Geldes durch Fingerabdruck auf dem Empfangsschein bestätigen mußte. Auch die Gefängnisleitung von Hooghly machte sich das Fingerabdrucksystem zunutze, um dem damals üblichen Brauch, einen bezahlten Ersatzmann die Strafe absitzen zu lassen, Einhalt zu gebieten. Herschel betrachtete seine Neuerung hauptsächlich als Gegenmaßnahme zur Personenverwechslung und ahnte nicht, welche Bedeutung die Fingerabdrücke in der Kriminologie erlangen sollten.

Fingerabdrücke als Mittel der Verbrechensaufklärung

Fingerabdrücke als Mittel der Verbrechensaufklärung wurden erstmals von dem schottischen Arzt Henry Faulds befürwortet, der während seiner Tätigkeit am Tsukiji-Spital in Tokio eine Reihe von Experimenten anstellte. In einem Brief an die Zeitschrift »Nature«, der am 28. Oktober 1880 veröffentlicht wurde, schreibt er:

»Wenn sich blutige Fingerabdrücke auf Lehm oder Glas befinden, können sie zur wissenschaftlichen Aufklärung von Verbrechen führen. Ich konnte bereits in zwei derartigen Fällen Erfahrungen sammeln, und ich fand durch diese Abdrücke brauchbare Beweise. In einem Fall entlarvten fettige Fingerabdrücke einen Missetäter, der rektifizierten Spiritus getrunken hatte. Ihr Muster war unverkennbar, und glücklicherweise hatte ich vorher einen Abdruck davon gemacht, der mit mikroskopischer Genauigkeit übereinstimmte. Ein anderes Mal dienten rußige Fingerspuren als Unschuldsbeweis.«

Faulds' Brief zeitigte keine unmittelbaren Resultate, außer der Entdeckung von Herschels früheren Forschungen auf diesem Gebiet. Da Faulds' Schreiben nicht zu den zuständigen Polizeikommissaren vordrang, verbrachte Faulds den Rest seines Lebens damit, giftige Attacken gegen Herschel und jedermann zu reiten, der nicht willens war, seinen Pionieranspruch auf dem Gebiet der Fingerabdrücke zu akzeptieren.
Die La Plata Division der Provinzpolizei von Buenos Aires war die erste, die Fingerabdrücke zur Verbrechensaufklärung einsetzte. Dies geschah mehr oder weniger inoffiziell durch den Kriminalbeamten Juan Vucetich, der von seinem Chef mit dem Aufbau einer anthropometrischen Abteilung beauftragt worden war und eine Fingerabdruckklassifizierung einführte, die auf dem System von Francis Galton basierte und den umständlichen Namen »Icnofalagometrico« erhielt. Am 1. September 1891 wurde regulär begonnen, mit dem neuen System zu arbeiten, am 31. März 1892 wurde in San Nicolas, Buenos Aires, das erste Büro für Fingerabdrücke seiner Bestimmung übergeben.
Die erste Überführung eines Verbrechers auf Grund von Fingerabdrücken konnte die Polizei von La Plata im Juli 1892 bekanntgegeben. Eine Frau mit Namen Francisca Rojas aus Necochea, Provinz Buenos Aires, war am 28. Juni 1892 blutverschmiert und schreiend aus ihrem Haus gelaufen und berichtete, sie wäre überfallen und ihre Kinder wären ermordet worden. Sie beschuldigte ihren Nachbarn des Verbrechens, einen Landarbeiter namens Velasquez, der sie mit Heiratsanträgen bedrängt hätte. Er wurde noch in derselben Nacht verhaftet, verprügelt und gefesselt neben die Leichen der beiden Opfer gelegt, um ihn zu

einem Geständnis zu treiben. Als die Polizei jedoch herausfand, daß Francisca einen Liebhaber hatte, der öffentlich erklärt hatte, er würde sie nur wegen der Kinder nicht heiraten, entsandte sie am 8. Juli Inspektor Eduardo Alvarez an den Tatort zu weiterer Ermittlung. Tatsächlich fand er an einem Türpfosten der Hütte blutige Fingerabdrücke. Er schnitt das Stück aus dem Pfosten heraus und schickte es an die Zentrale in La Plata. Dort wurden die Fingerabdrücke mit denen des Verdächtigen und denen der Mutter verglichen – sie stimmten mit den Fingerabdrücken der Mutter überein. Als man ihr diesen Beweis vorhielt, brach sie zusammen und gestand. Da es in Argentinien keine Todesstrafe für Frauen gab, wurde zu sie lebenslänglichem Kerker verurteilt.

Flagge auf Halbmast

Die erste Flagge wurde im Juli 1612 an Bord der »Heartsease« auf Halbmast gesetzt, als Ehrenbezeugung für Kapitän James Hall, Leiter einer Expedition auf der Suche nach der Nord-West-Passage, der an der Westküste Grönlands von Eskimos ermordet worden war. Im Logbuch des Schwesterschiffes »Patience« steht: »Als die ›Heartsease‹ die ›Patience‹ einholte, hing ihre Fahne herab, ein Zeichen, daß jemand an Bord gestorben war.«

Flug mit Motorflugzeug

Der erste nachgewiesene Flug mit einem Motorflugzeug über eine längere Strecke glückte Gustav Weißkopf am 14. August 1901 in Bridgeport, Connecticut. Der gebürtige Deutsche (aus Leutershausen, Mittelfranken) war in die USA ausgewandert. Bei seinem Erstflug legte er in einer Höhe von 12 m eine Strecke von 900 m mit einem Motorflugzeug zurück. Am 17. Januar 1902 glückten ihm zwei Flüge mit seinem Eindecker über 3 km und 10 km. Sein erstes Flugzeug hatte einen 40-PS-Motor. Die für die Entwicklung des Flugzeugbaus ausschlaggebende Konstruktion stammt allerdings von den Brüdern Wright.
Orville Wright unternahm seinen ersten Flug mit einem Motorflugzeug, mit der 12 PS starken »Flyer I« in Kill Devil Hills, Kittyhawk, North Carolina, am 17. Dezember 1903 um 10.30 Uhr. Der Flug dauerte 12 Sekunden, Orville Wright erreichte eine Höhe von 2,5 bis 3,6 m und eine Geschwindigkeit von 48 bis 56 km/h. Augenzeugen waren sein Bruder Wilbur, der auch an der Entwicklung des Flugzeuges beteiligt war, und fünf Küstenwachen. Am selben Tag wurden noch drei weitere Flüge absolviert; der längste davon glückte Wilbur, der in 59 Sekunden 800 m in der Luft zurücklegte. Die Presseberichte des folgenden Tages schenkten der Eroberung der Lüfte durch die Brüder Wright nicht die gebührende Aufmerksamkeit.
Griffith Brewer, ein englischer Patentanwalt und Amateurballonfahrer, begleitete Wilbur Wright am 8. Oktober 1908 auf zwei Rundflügen über dem Flugfeld von Le Mans. Er berichtete darüber:

»Ich erinnere mich, daß ich während des Startens überlegte, ob wir tatsächlich vom Boden abheben würden. Als das Gras nach hinten und nach unten wegglitt und die Maschine auf nichts zu sitzen schien, überkam mich ein Gefühl der Begeisterung. Aber dann überwog der Eindruck der Verwunderung, daß derselbe Mann, der gelassen einen derartigen Mechanismus erfinden konnte, ihn nun mit einer solchen Meisterschaft flog!«

Die Gebrüder Wright waren eifrig bedacht, ihre Erfindung geheimzuhalten; zu diesem Zweck unterbrachen sie zeitweise ihre Versuche, um Beobachter von ihrem Flugzeug abzulenken.
Die französische Sportzeitschrift »L'Auto« hatte sogar einen ihrer Redakteure nach Dayton geschickt mit dem Auftrag, in der Werkstatt der Wrights zu spionieren. Am 24. Dezember 1905 veröffentlichte diese Zeitschrift auch die ersten Zeichnungen des Wrightschen Flugzeuges, allerdings mit Zustimmung der Erfinder.
Diese Veröffentlichung lieferte den Europäern die nötigen Hinweise.
Bis zum Jahr 1903 wurden in Europa

Gleitflugzeug von Gustav Weißkopf. Am 14. August 1901 gelang Weißkopf in Bridgeport, Connecticut, der erste Flug mit einem Motorflugzeug.

einige Versuche mit Motorflugzeugen gemacht, aber ohne Erfolg.
Der erste Europäer, der im Anschluß an die Erfindung der Brüder Wright fliegen konnte, war der Däne Jakob H. C. Ellehammer. Ihm gelang am 12. September 1906 auf der Insel Lindholm ein Flug über eine Länge von 40 m.

Flug gegen Bezahlung
Der erste Flug, der gegen Bezahlung gestartet wurde, fand am 11. Mai 1911 statt, als J. V. Martin mit einer »G. W. Farman« einen Passagier von Brooklands nach Hendon (heute London) flog.

Flug mit Passagier
Den ersten Flug mit einem Passagier führte am 21. März 1908 der Franzose Henri Farman mit Léon Delagrange in Issy-les-Moulineaux durch.
Der erste weibliche Flugpassagier war Mme. Thérèse Peltier, eine französische Bildhauerin, die Léon Delagrange in Turin am 8. Juli 1908 auf einem kurzen Flug mit einer »Voisin« begleitete.

Flug über den Ärmelkanal
Die erste Überquerung des Ärmelkanals mit einem Motorflugzeug gelang am 25. Juli 1909 dem Franzosen Louis Blériot. Er startete in Kap Gris Nez und landete nach 27 Minuten und 21 Sekunden auf einer Wiese bei Dover. Blériot, der bis dahin mit allen seinen Maschinen abgestürzt war, wurde wie ein Held gefeiert. Er erhielt den mit 1 000 Pfund dotierten Preis der Zeitung »Daily Mail«.
Das Flugzeug, mit dem er diesen Erfolg errungen hatte, ließ er nachbauen und wurde so zum Begründer der französischen Flugzeugindustrie.

Flug über die Alpen
Der erste Flug über die Alpen, von Brig nach Domodossola, gelang dem Peruaner Geo Chavez am 23. September 1910 mit einem Blériot-Eindecker.

Flug über den Atlantik
Der erste Flug über den Atlantik glückte den Piloten Read, Stone, Hinton und Rodd. Die vier Männer starteten mit drei Curtiss-Wasserflugzeugen am 16. Mai 1919 in Neufundland und flogen über die Azoren nach Lissabon, wo sie am 27. Mai ankamen, allerdings mit nur einem Flugzeug. Zur Sicherung dieses Unternehmens wurde die US-Flotte aufgeboten.

Notlandung auf dem Atlantik
Die erste Notlandung auf dem Atlantik mußten die Piloten Harry Hawker und H. Cdr. Mackenzie-Grieve am 18. Mai 1919 wagen. Sie waren in St. John's, Neufundland, gestartet und hatten bis 70 km vor der irischen Küste einen erfolgreichen Flug zurückgelegt, als ein Motor ihres Flugzeugs ausfiel. Die beiden Piloten stürzten ab. Sie wurden von einem dänischen Dampfer an Bord genommen, ihre Rettung wurde aber erst nach einigen Tagen bekannt.

Seenotbergung aus der Luft
Die erste Seenotbergung aus der Luft fand im August des Jahres 1911 statt, als Hugh Robinson mit seinem Wasserflugzeug auf dem Michigansee landete und einen anderen Piloten rettete, der mit seinem Flugzeug in den See gestürzt war.

Nonstopflug über den Atlantik
Der erste geglückte Nonstopflug über den Atlantik fand am 14. und 15. Juni 1919 statt. John Cock und Arthur Whitten-Brown starteten mit einem zweimotorigen, umgebauten Vickers-Vimy-Bomber in St. John's in Neufundland und landeten nach 16 Stunden und 12 Minuten bei Clifden in Irland. Mit diesem Flug gewannen sie den »Daily-Mail-Preis«.
Der erste Flug über den Nordatlantik in Ost-West-Richtung ohne Unterbrechung gelang am 12. April 1928. Die Deutschen Hermann Köhl und Günther von Hünefeld und der irische Major James Fitzmaurice benutzten dazu eine Junkers W 33.

Nonstopflug New York–Paris
Der erste Nonstopflug von New York nach Paris fand am 20. und 21. Mai 1927 statt. Charles Lindbergh benützte dazu sein einmotoriges Flugzeug »Spirit of St. Louis«, einen Ryan-Hochdecker mit einem Wright-Whirlwind-Motor, der 220 PS hatte. Er legte die Strecke in 33 Stunden und 30 Minuten zurück.

Flug über den Nordpol
Der erste Flug über den Nordpol glückte am 9. Mai 1926 den Piloten Richard E. Byrd und Floyd Bennett mit einer dreimotorigen Fokker.
Der erste planmäßige Passagierflug über den Nordpol fand am 15. November 1954 statt. Die Scandinavian Airlines System (SAS) flog mit einer Douglas DC-6B in 24 Stunden und 13 Minuten von Kopenhagen nach Los Angeles.

Flug rund um die Welt
Der erste Flug rund um die Welt wurde am 19. März 1924 von den Piloten Lowell Smith, Leslie Arnold, Eric Nelson, John Harding mit vier einmotorigen Doppeldeckern vom Typ Douglas DT 2 gestartet. Nur zwei davon kamen am 28. September in Washington wieder an. Der Flug ging über Alaska, China, Europa und den Nordatlantik, die reine Flugzeit betrug 15 Tage, 11 Stunden und 7 Minuten.

Blindflug
Den ersten Blindflug führte der Amerikaner James Doolittle im Jahr

Élise de Laroche, die erste Frau, die einen Flugschein erwarb, 1910.

1919 durch. Er verklebte die Fenster seiner Kabine und flog die 22,5 km nur mit Hilfe seiner Instrumente und der Funkpeilung.

Weiblicher Pilot

Der erste weibliche Pilot war Mme. Élise de Laroche, die sich selbst den Titel Baronne de la Roche zulegte. Sie wurde von dem Chef-fluglehrer des Flugzeugunternehmens Voisin in Châlons auf einem Voisin-Doppeldecker in die Kunst des Fliegens eingeführt. Am 22. Oktober 1909 unternahm sie ihren ersten Alleinflug über ca. 300 m, am 8. März 1910 erhielt sie ihren Pilotenschein.

Atlantiküberquerung durch eine Frau

Der erste weibliche Pilot, der den Atlantik überflog, war Amélie Earhart, und zwar am 13. Juli 1932 auf einer Lockheed Vega (nachdem sie im Jahr 1928 der erste weibliche Flugpassagier war, der den Atlantik überflog). Schlechtes Wetter und ein Instrumentendefekt zwangen sie zur Zwischenlandung auf Irland, die Strecke Neufundland–Irland hatte sie allerdings in einer Rekordzeit von 13,5 Stunden geschafft.
Amélie Earhart war eine der wagemutigsten und erfolgreichsten Fliegerinnen ihrer Zeit, bis sie im Jahr 1937 zwischen Neuguinea und Howland Island bei einem Flugzeugabsturz ums Leben kam.

Ganzmetallflugzeug

Das erste Flugzeug, das zur Gänze aus Metall bestand, war die von Hugo Junkers entwickelte Junkers J 1, die ihren ersten Testflug am 12. Dezember 1915 in Dessau absolvierte. Der Flugzeugkörper bestand aus 0,5 –1 mm dickem Eisenblech und hatte freitragende Flügel ohne Verstrebungen. Junkers konstruierte zwei Versuchsmodelle, die sich jedoch als zu schwer erwiesen, so daß er sich nach einem leichteren, aber ebenso belastungsfähigen Metall umsehen mußte. Er fand es in der ultraleichten Legierung »Duralumin«, die von den Metallwerken in Düren an der Ruhr hergestellt wurde. Aus diesem Material wurden im Jahr 1918 die ersten Ganzmetallflugzeuge in Serienproduktion hergestellt, und zwar das zweisitzige Tiefdecker-Kampfflugzeug J 10 sowie ein Jahr später das erste Zivilflugzeug aus Ganzmetall, die Junkers F 13.

Flugzeug mit Funkausrüstung

Das erste Flugzeug mit einer Funkausrüstung flog am 27. August 1910 über die Rennbahn in der Sheepshead Bay, New York, und wurde von dem kanadischen Piloten J. A. D. McCurdy gesteuert. Während des Fluges übermittelte McCurdy folgende Nachricht an die Bodenstation, die von H. M. Horton betrieben wurde: »Mit dem Empfang dieser ersten Botschaft aus einem in der Luft befindlichen Flugzeug beginnt ein neues Kapitel in der Geschichte der Luftfahrt.«
Die erste vollständig und deutlich vernehmbare Mitteilung von einem Flugzeug außerhalb der Sichtweite der Empfangsstation funkte Kapitän Brenôt von der französischen Armee im Juli 1911. Das Flugzeug befand sich zwischen Saint-Cyr und Rambouillet, etwa 56 km von der Empfangsstation am Eiffelturm entfernt.

Der Funkgegensprechverkehr wurde im Februar 1916 in Frankreich demonstriert. Das Gerät vom Typ Mark I wurde von dem ehemaligen Marconi-Mitarbeiter Major C. E. Prince entworfen und vom Flugzeug aus erfolgreich erprobt. Kurz danach war in Brookland auch der Funkversuch vom Boden aus erfolgreich. Der Pilot Leutnant J. M. Furnival, der über dem Flugfeld mit zirka 80 km/h kreiste, erhielt folgende Meldung: »Furnie, wenn du mich jetzt hörst, so ist das die erste geglückte Funkverbindung vom Boden zu einem fliegenden Flugzeug.« Furnival bestätigte den Empfang der Funkübertragung durch Senken eines Flügels.
Das erste Zivilflugzeug mit Funksprechanlage war ein Modell vom Typ DH 42 mit Kennzeichen G-EALU der Aircraft Transport & Travel Ltd.; es beflog im Jahr 1919 die Strecke London–Paris. Die Funkanlage wurde von Marconi eingebaut.
Die erste mit Funkgegensprechgeräten ausgerüstete Flugzeugstaffel war das Abwehrgeschwader 141 der Royal Air Force im Jahr 1917. Einbau und Training wurden unter der Leitung des Funkoffiziers F. S. Mockford durchgeführt. Mockford wurde nach dem Krieg als Urheber des internationalen Notsignals der Luftfahrt, »Mayday«, bekannt.
Am 24. September 1914 wurde das erste Mal Funk im Kriegszustand eingesetzt. Die Leutnants S. Lewis und T. James vom 4. Luftgeschwader der Royal Air Force leiteten die Artilleriegefechte in der ersten Schlacht an der Aisne von der Luft aus. Das Kommando beginnt um 16.02 Uhr mit den Worten: »Ein wenig kürzer. Feuer! Feuer!« Es schließt um 16.42 Uhr mit: »Ich komme jetzt nach Hause«. Kurz darauf fielen die beiden Offiziere im Kampf.

Voll steuerbares Flugzeug
Das erste voll steuerbare Flugzeug bauten die Brüder Wilbur und Orville Wright im Jahr 1905. Sie nannten es »Flyer III«. Das Flugzeug konnte vom Piloten in der Luft um alle drei Achsen gesteuert werden.

Flugzeug mit geschlossener und verglaster Kabine
Das erste Flugzeug mit geschlossener und verglaster Piloten- und Passagierkabine baute Igo Etrich. Seine »Luftlimousine« flog das erste Mal am 7. Mai 1912 in Liebenau, Schlesien.

Fluggesellschaft

Die erste Fluggesellschaft, die einen planmäßigen Passagierflugdienst unterhielt, war die St. Petersburg–Tampa Airboat Line in St. Petersburg, Florida, die ihren Betrieb am 1. Januar 1914 aufnahm. Die Passagiere wurden einzeln mit einem von Tony Jannus gesteuerten Benoist-Flugboot über die 30 km breite Tampabucht befördert. Der Flugpreis betrug 5 Dollar und ersparte wohlhabenden und furchtlosen Leuten eine 60 km lange Reise rund um die Bucht. Der Betrieb wurde vier Monate mit je zwei Flügen täglich fortgesetzt.
Die erste Fluglinie in Europa und die erste auf der Welt, die ihren Betrieb länger als vier Monate aufrechterhielt, war die »Deutsche Luft-Reederei« (DLR). Sie begann am 6. Februar 1919 mit einem täglichen Flug zwischen Berlin und Weimar. Es hatte zuerst den Anschein, als ob nur Zeitungen und Post befördert würden, doch bereits am 28. Februar hatten insgesamt 19 Passagiere eine Reise mit den Doppeldeckern vom Typ LVG CIV gewagt. Da das Cockpit offen war, mußten die Passagiere mit Fliegeranzügen, Helmen, Schutzbrillen und pelzgefütterten Stiefeln ausgerüstet werden. Bald darauf wurden von der Gesellschaft jedoch AEG-JII-Doppeldecker eingesetzt, die mit einer fünfsitzigen Passagierkabine ausgerüstet waren.
Im Laufe des Jahres 1919 wurden weitere Inlandsrouten eröffnet: Berlin–Hamburg am 1. März, Berlin–Hannover–Rotthausen am 15. April und Berlin–Warnemünde am selben Tag.
Die »Deutsche Luft-Reederei« führte auch im Jahr 1919 ein Firmenemblem ein, wie es heute bei allen Fluggesellschaften Verwendung findet: Jedes Flugzeug trug dieses Symbol – einen in die Luft steigenden Kranich –, das die Lufthansa bis auf den heutigen Tag verwendet.

Internationaler Flugbetrieb
Der erste internationale Flugbetrieb wurde zwischen Paris und Brüssel mit einem Flug pro Woche am 22. März 1919 von den Lignes Aérienne Farman errichtet. Das Flugzeug vom Typ Farman F 60 Goliath wurde von dem Piloten M. Bossoutrot gesteuert. Er legte die Strecke in 2 Stunden und 50 Minuten zurück, der Flugpreis betrug 365 Franc.

Interkontinentaler Flugbetrieb
Der erste interkontinentale Flugbetrieb wurde am 1. September 1919 durch die Lignes Aériennes Latécoère mit Maschinen vom Typ Breguet 14 auf der Strecke Toulouse–Barcelona–Tanger und ab April 1920 weiter bis Casablanca aufgenommen.
Auf dem amerikanischen Kontinent war es nach dem Ersten Weltkrieg die Gesellschaft T. A. Guyanais in Französisch-Guayana, die im November 1919 als erste ihren Betrieb aufnahm. Diese Tatsache war typisch für die Entwicklung in den unterentwickelten Staaten, die schlechte Straßen- und Eisenbahnverbindungen hatten und daher notgedrungen die größten Fortschritte in der Zivilluftfahrt markierten.
In den USA, wo die Bodenverkehrsverbindungen außergewöhnlich gut ausgebaut waren, gab es vor dem Jahr 1926 keinen planmäßigen Passagierflugverkehr. Obwohl die Vereinigten Staaten die Geburtsstätte des Flugzeugs sind, waren sie das letzte der fortgeschrittenen Länder, in dem ein kommerzieller Passagierluftverkehr eingerichtet wurde. Dann jedoch nahm die Entwicklung einen wesentlich schnelleren Verlauf als auf dem Kontinent. Während in Europa vor dem Zweiten Weltkrieg Flugreisen ausschließlich auf jene Personen begrenzt waren, deren Zeit kostbar genug schien, den vier- bis fünffachen Preis eines normalen Bodenverkehrsmittels zu zahlen, war es das Ziel der amerikanischen Fluggesellschaften, einen zuverlässigen, billigen und etwas weniger komfortablen Service anzubieten, der eine echte Alternative zum Schienenverkehr darstellte.

Transatlantikflugbetrieb
Den ersten Passagierflugdienst über den Atlantik eröffnete die PanAm am 27. August 1939. Die Boeing 314 »Yankee Clipper« flog von Botwood, Neufundland, nach Southampton in 18 Stunden und 42 Minuten. Die 19 Passagiere genossen an Bord einen Luxus, der bis heute auf keinem Linienflug überboten wurde. Das Flugzeug hatte einzelne Passagierkabinen, einen Speiseraum, einen Ankleideraum für Damen, Unterhaltungslounge, Schlafkojen und eine Suite für Hochzeitsreisende. Der Flug kostete 140 Dollar hin und zurück.

Mahlzeiten während des Fluges
Die ersten Versuche, Mahlzeiten während des Fluges zu servieren, wurden von der Handley-Page-

Transport-Gesellschaft angestellt. Auf ihren London-Paris-Flügen wurden ab 11. Oktober 1919 Lunchpakete zum Preis von je 3 Dollar angeboten.

Steward
Der erste Steward war Jack Sanderson, der seinen Dienst am 2. April 1922 auf einer von Daimler Airways betriebenen De Havilland 34 zwischen London und Paris aufnahm. Ein Jahr später kam er bei einem Absturz ums Leben.

1.- und 2.-Klasse-Flugreisen
1.- und 2.-Klasse-Flugreisen wurden erstmals von den Imperial Airways auf der Strecke London–Paris ab Oktober 1927 angeboten. 1.-Klasse-Passagiere flogen in $2^1/_2$ Stunden mit »Silver Wing«-Argosies mit einem Steward für 9 Pfund hin und zurück; 2.-Klasse-Passagiere benötigten in einem Handley-Page-Doppeldecker 2 Stunden und 50 Minuten, erhielten weder Essen noch Getränke und zahlten 7 Pfund und 10 Shilling.

Flugtaschen
Die ersten Flugtaschen wurden im Jahr 1935 von der holländischen KLM auf der Strecke Amsterdam–Djakarta gratis vergeben, allerdings nur, wenn ein Fluggast die gesamte Strecke von zirka 14 500 km flog.

Flugbetrieb mit Düsenflugzeugen
Der erste Flug mit einem Düsenverkehrsflugzeug wurde von der englischen BOAC am 2./3. Mai 1952 von London nach Johannisburg veranstaltet. Die De Havilland Comet G-ALYP legte die fast 11 000 km lange Strecke in 23 Stunden und 34 Minuten zurück.
Die ersten Jet-Flüge über den Nordatlantik fanden am 4. Oktober 1958 statt: Kapitän R. E. Millichap flog mit einer Comet 4 der BOAC von London nach New York, Kapitän T. B. Stoney flog am selben Tag mit einer Maschine gleichen Typs von New York nach London. Der New York-London-Flug stellte mit 6 Stunden und 11 Minuten einen neuen Atlantikrekord dar.

Flugzeug mit Wasserklosett
Das erste Flugzeug mit Toilette war das russische Passagierflugzeug »Russky Vitiaz«, das von Igor Sikorsky konstruiert wurde und am 13. Mai 1913 seinen ersten Probeflug ablegte. Wahrscheinlich war es kein richtiges Wasserklosett, weil Sikorsky das Gewicht des Flugzeugs vermutlich nicht mit unnötigem Ballast erhöhen wollte. Nichtsdestoweniger soll er hier erwähnt werden als der erste Mann, der sich mit den sanitären Problemen hoch oben in der Luft auseinandergesetzt hat.
Die erste reguläre zivile Passagiermaschine mit Wassertoilette war eine Handley Page W. 8, die 1919 auf der Route London–Paris in Dienst gestellt wurde.
(Siehe Stewardeß.)

Flugschein

Die ersten Flugscheine für Motorflugzeuge wurden ohne formelle Prüfung vom Aéro Club de France an jene Piloten ausgegeben, die bis Ende 1909 tatsächlich ein Flugzeug gesteuert hatten. Am 1. Januar 1910 wurde eine Liste von 16 Lizenzinhabern veröffentlicht; die Namen waren alphabetisch geordnet, um jede Andeutung eines Vorranges zu verhindern. Durch einen unglücklichen Zufall fehlte der Name von Charles Voisin, dem ersten Franzosen, der einen offiziell anerkannten Flug mit einem Motorflugzeug absolviert hatte, während eine Anzahl »Piloten« genannt wurden, die noch nie geflogen waren.
Daraufhin wurden Lizenzen nur noch an Piloten vergeben, die eine Flugprüfung des Klubs bestanden. Der erste von ihnen war Alfred Leblanc mit der Lizenznummer 17.
Im Jahr 1910 wurden auch in Deutschland und Österreich die ersten Flugscheine ausgegeben. Nummer 1 erhielt der Flugpionier August Euler, Nummer 2 der erste Deutsche, der ein Motorflugzeug konstruiert hatte, mit dem er sich in der Luft halten konnte: Hans Grade. In Österreich erhielten die ersten Ing. Adolf Warchalowsky (22. April 1910) und Ing. Alfred Ritter von Pischof.

Frau mit Flugschein
Die erste Frau mit Pilotenlizenz war Mme. Élise De Laroche, besser bekannt unter dem Namen Baronnesse de La Roche, die am 8. März 1910 die Flugprüfung (Flugschein Nr. 36) ablegte, obwohl sie im vorangegangenen Jahr bereits allein ein Flugzeug gesteuert hatte. Die Baronesse war eine wagemutige Fliegerin: Sie stürzte etliche Male ab, wobei sie sich lebensgefährlich verletzte, bevor sie im Jahr 1913 den Feminapokal des Aéro Club de France und nach dem Ersten Weltkrieg den Höhenrekord für Fliegerinnen errang. Im Jahr 1919 stürzte sie tödlich ab.

Flugzettel

Der erste Abwurf von Flugzetteln fand im Mai 1806 statt. Der englische Admiral Thomas Cochrane und eine Anzahl weiterer Marinekommandeure wurden beauftragt, »gedruckte Erklärungen an das französische Volk« zu verteilen. Die Admiralität schlug vor, daß die Flugzettel in Küstennähe französischen Fischern mit dem Auftrag übergeben werden sollten, diese an ihre Landsleute zu verteilen. Da Cochrane nicht davon

überzeugt war, daß ausgerechnet französische Fischer bereit wären, dem Feind zu helfen, sann er auf eine sicherere Methode, seine Fracht nach Frankreich zu bringen.
Er hatte im vorangegangenen Jahr Experimente an Bord der »Pallas« mit riesigen Drachen durchgeführt, um durch zusätzliche Segelflächen die Geschwindigkeit des Schiffes zu erhöhen. Ausgehend von dieser Idee, ließ der Admiral eine Anzahl kleinerer Drachen bauen. Die Flugblätter wurden bündelweise in gleichen Abständen an einer langsam brennenden Lunte befestigt und etwa jede Meile losgelassen, während das Schiff die Küste entlangfuhr. Das System funktionierte, und Cochrane berichtete, daß die Proklamation über weite Gebiete verteilt wurde.
Die erste Flugzettelaktion durch Abwurf aus einem Flugzeug wurde über Libyen während des Italienisch-Türkischen Krieges 1911/12 durch die italienischen Servizi Aeronautici durchgeführt. Das Flugblatt – unterzeichnet mit »Cavena« – trug das Datum vom 15. Januar 1912 und war an die Araber der Provinz Tripolitania gerichtet. Es versprach jedem Überläufer ein Goldstück und einen Sack Weizen oder Gerste.

Flugzeug: Düsenflugzeug

Die Messerschmitt Me 262 A, das erste Düsenflugzeug, das in Serie hergestellt wurde, 1944

Das erste Düsenflugzeug war die Heinkel He 178, angetrieben durch eine Turbine, die Dr. Pabst von Ohain konstruiert hatte. Der Erstflug fand in Rostock-Marienehe am frühen Morgen des 27. August 1939 mit Erich Warsitz am Steuer statt.
Dr. Ohain kam 1936 zu Heinkel, und sein erstes Düsentriebwerk mit der Bezeichnung He S1 konnte ein Jahr später am Teststand geprüft werden. Die Experimente wurden ohne Wissen des deutschen Luftfahrtministeriums durchgeführt. Erst im Oktober 1939 wurde die He 178 hohen Luftwaffenoffizieren vorgeführt.
Die Messerschmitt Me 262 A war das erste Düsenflugzeug, das in Serie hergestellt wurde, und gleichzeitig auch das erste im Kriegseinsatz, trotz seines friedlichen Namens »Schwalbe«. Der Erstflug fand in Leipheim am 18. Juli 1942 statt. Die beiden Junkers-Jumo-004-Triebwerke erbrachten eine Spitzengeschwindigkeit von 875 km/h.
Die Me 262 A war mit vier kurzläufigen 30-mm-Bordkanonen MK 108 bewaffnet. In den Monaten März und April 1944 wurden 13 Testflugzeuge vom Typ A1 zur Einsatzerprobung nach Lechfeld und Rechlin ausgeliefert; im Mai folgten die ersten Serienmodelle.
Im Juni 1944 wurde die erste operationsfähige Düsenjägereinheit der Welt, das Erprobungskommando EK 262 unter Hauptmann Werner Thierfelder, in Lechfeld zusammengestellt.

Düsenjägergefecht
Am 25. Juli 1944 kam es über München zum ersten Gefecht eines Düsenjägers. Beteiligt war eine Me 262 vom Erprobungskommando EK 262, die mit einer »Mosquito« der 544. Staffel der Königlichen Britischen Luftwaffe zusammentraf. Dem englischen Piloten Leutnant Wall gelang es, den fünf Feuerstößen der Me 262 auszuweichen und in einer Wolkenbank zu verschwinden.
Die erste Luftschlacht mit Düsenflugzeugen fand am 8. November 1950 über Nordkorea statt. Leutnant Russell John Brown von der US Air Force, der einen Lockheed-F-80-Düsenjäger steuerte, konnte eine sowjetische MiG 15 abschießen.

Düsenbomber
Der erste Düsenbomber war das Messerschmitt-Modell Me 262 A2 »Sturmvogel«, der im Juni 1944 zur Erprobung an das Kommando Schenk in Rheine ausgeliefert wurde.
Die erste einsatzfähige Düsenbombereinheit war die 3. Staffel der I./KG 51, die im August mit fünf »Sturmvögeln« in Juvincourt bei Reims eintraf.
Hitler selbst hatte darauf bestanden, daß die Bomberversion der Me 262 gebaut wurde, obwohl dieses Flugzeug für diese Aufgabe konstruktiv völlig ungeeignet war.

Überschallflugzeug
Das erste Flugzeug, das die Schallmauer durchbrach, war die amerikanische raketenbetriebene Bell X-1. Am

Morgen des 14. Oktober 1947 machte der Pilot Charles Yeager den ersten Versuchsflug. Das Flugzeug wurde zu diesem Zweck von einem B-29-Bomber in eine Höhe von 10 000 m gebracht, erst dort zündete Yeager seine Rakete. Nach Durchbrechen der Schallmauer kehrte er zur Erde zurück; er hatte eine Geschwindigkeit von 1 630 km/h erreicht.
Das erste Überschallverkehrsflugzeug war ein sowjetisches SST-Flugzeug vom Typ Tupolew, Tu-144, das am 31. Dezember 1968 seinen Erstflug machte. Es erreichte am 26. Mai 1970 mit 2,02 Mach als erstes Flugzeug die doppelte Schallgeschwindigkeit.

Flugzeug: elektrisch betrieben

Das erste Flugzeug, das ausschließlich mit elektrischer Energie betrieben wurde, startete am 21. Oktober 1973. Die Maschine, eine MB-E1, gebaut vom Flugzeugwerk H. W. Brditschka O. H. G. in Haid bei Linz, war ein für diesen Zweck umgebauter Motorsegler HB-3 derselben Firma. Er war ausgerüstet mit einem Bosch-Gleichstrom-Elektromotor für zirka 10 kW Nennleistung (13 PS) und mit Varta-Nickel-Cadmium-Batterien (zirka 125 kg) beladen. Der Pilot war Heino Brditschka.

Flugzeug: Hubschrauber

Der erste frei fliegende Hubschrauber war eine Flugmaschine mit zwei Rotoren. Sie wurde vom französischen Fahrradhändler Paul Cornu entworfen und machte ihren ersten Testflug am 13. November 1907 in Lisieux. Der Antrieb war ein 24-PS-Antoinette-Motor. Bei einer Flughöhe von 2 m blieb das Gerät – »fliegendes Fahrrad« genannt – bis zu 20 Sekunden in der Luft. Allerdings konnte man damit noch nicht senkrecht starten.

Der erste Hubschrauber, genannt »fliegendes Fahrrad«, erfunden von Paul Cornu, 1907

Der erste Horizontalflug wurde von Etienne Oehmichen am 14. April 1924 in einem Hubschrauber mit vier Rotoren, die von einem 180 PS starken Rhone-Rotationsmotor angetrieben wurden, ausgeführt. Der rund 350 m weite Flug war der erste von der Fédération Aéronautique Internationale registrierte Streckenrekord für Helikopter.
Der erste Helikopter, dessen Abheben und Geradeausflug kontrolliert und stabilisiert werden konnten und dessen Fluggeschwindigkeit bereits annehmbar war, war das von Louis Breguet und René Dorand konstruierte »Gyroplane Laboratoire«, ein Gerät mit Rotationsflügeln, das am 26. Juni 1935 seinen Jungfernflug absolvierte. Der Antrieb erfolgte durch einen Hispano-Wright-Motor mit 420 PS. Am 22. Dezember 1935 erzielte der Hubschrauber einen Geschwindigkeitsrekord: 107 km/h; am 26. September 1936 einen Höhenrekord: 188 m; ein Dauerrekord von 1 Stunde, 2 Minuten und 5 Sekunden wurde am 24. November desselben Jahres aufgestellt. An der Verbesserung wurde bis zum Ausbruch des Zweiten Weltkriegs gearbeitet, dann wurde die Maschine auf der Luftwaffenbasis von Villacoublay untergebracht, wo sie im Jahr 1943 bei einem alliierten Luftangriff zerstört wurde.
Der erste Hubschrauber, der als Flugmaschine zugelassen wurde und damit als der erste gelten kann, der über das Entwicklungsstadium hinauskam, war der von Dr. Heinrich Focke konstruierte Focke-Wulf FW 61. Er war der erste Hubschrauber, der auch senkrecht landen konnte. Er absolvierte am 26. Juni 1936 in Bremen seinen ersten Testflug. Im Juni 1937 brach er die Rekorde von Breguet und Dorand mit einer Geschwindigkeit von 122 km/h, einer Höhe von 2 400 m und einer Dauer von 1 Stunde und 20,5 Minuten über eine Distanz von 80 km. Diese Leistungen wurden im selben Jahr als Rekorde eingetragen.
1938 demonstrierte die deutsche Pilotin Hanna Reitsch in einer brillanten Vorführung vor einer großen Menschenmenge in der Deutschlandhalle in Berlin ihre Beherrschung des FW 61 und dessen Manövrierfähigkeit. Es war dies eine der wenigen Gelegenheiten, bei denen ein Flugzeug in einer Halle geflogen wurde.
Der erste Helikopter in Serienproduktion war der mit einem 1000 PS starken Bramo-Motor bestückte Focke-Achgelis Fa 223, der sechs Passagiere befördern konnte.
Er absolvierte seinen ersten freien Flug im August 1940. Obwohl die Produktion zu Beginn 1942 anlief, wurden fast alle Modelle, die im

Auftrag der Luftwaffe gebaut worden waren, bei alliierten Luftangriffen vor ihrer Auslieferung zerstört, nur acht Stück erreichten den Auftraggeber. Eine dieser Maschinen schaffte als erster Hubschrauber die Kanalüberquerung, als sie von ihrer deutschen Mannschaft im September 1945 auf das Versuchsgelände der britischen Luftwaffe geflogen wurde.
Den ersten Hubschrauber, der modernen Anforderungen entsprach und der auch die Grundlagen für den modernen Hubschrauberbau darstellt, baute der emigrierte Russe Igor Sikorsky im Jahr 1939 in Long Island in den USA. Sikorsky, ein Arztsohn aus Kiew, hatte bereits in den Jahren 1909 und 1910 in Rußland Hubschrauber konstruiert, die sich aber als Fehlplanungen erwiesen. Nach dem Waffenstillstand Rußlands – er hatte im Ersten Weltkrieg Bombenflugzeuge für die russische Armee gebaut – wurde Sikorsky nach Frankreich geschickt, von wo er nach den USA auswanderte.
Dort nahm er erst im Jahr 1939 die Hubschrauberidee wieder auf, obwohl er in seiner im Jahr 1923 gegründeten Firma Sikorsky Aero-Engineering Co. Amphibienmaschinen baute.
Sein Sikorsky-VS-300-Hubschrauber wurde am 14. September 1939 das erste Mal erprobt. Er hatte nur einen Rotor, einen luftgekühlten Vierzylindermotor mit 75 PS und einen Dreiblattrotor von 9,14 m Durchmesser. Der Rumpf bestand aus einer verschweißten Stahlrohrgitterkonstruktion, die vorn ein offenes Cockpit und ein Dreiradfahrgestell besaß.
Die US-Armee erhielt im Mai 1942 die erste Lieferung des Sikorsky-Hubschraubers nach Wright Field, Dayton, Ohio. Im selben Jahr ging ein stärkerer Hubschrauber, der Sikorsky R. 4 mit 180 PS in Bridgeport, Connecticut, in Produktion; davon erhielt die US-Armee und die englische Marine je eine Lieferung für den Krieg.

Flugzeug: Segelflugzeug

Das erste Segelflugzeug, das einen Mann tragen konnte, wurde von Sir George Cayley aus Brompton, Yorkshire, entworfen und im »Mechanics Magazine« vom 15. September 1852 detailliert beschrieben. Der Eindecker hatte drachenförmige Tragflächen und einstellbare Höhen- und Seitenruder. Die Tragflächen waren zirka 46 m² groß, das Gesamtgewicht betrug etwa 150 kg. Der Pilot saß in einem bootsähnlichen Rumpf mit dreirädrigem Fahrwerk. Mittels einer Steuersäule konnte er ein zweites, kleineres

George Cayleys Zeichnungen für sein Segelflugzeug aus dem »Mechanics Magazine«, 1852, und eine moderne Rekonstruktion seines Segelflugzeugs (ganz unten)

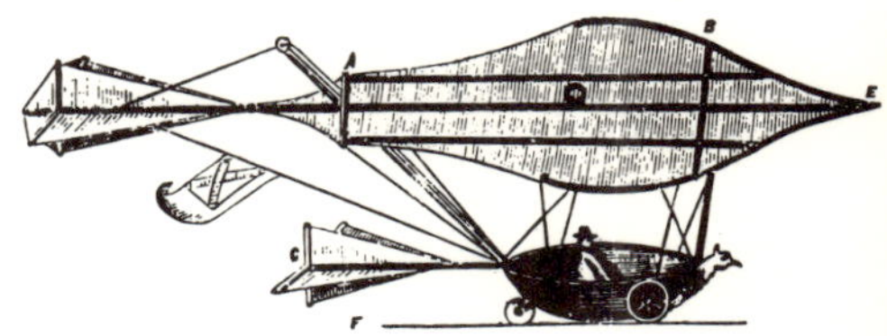

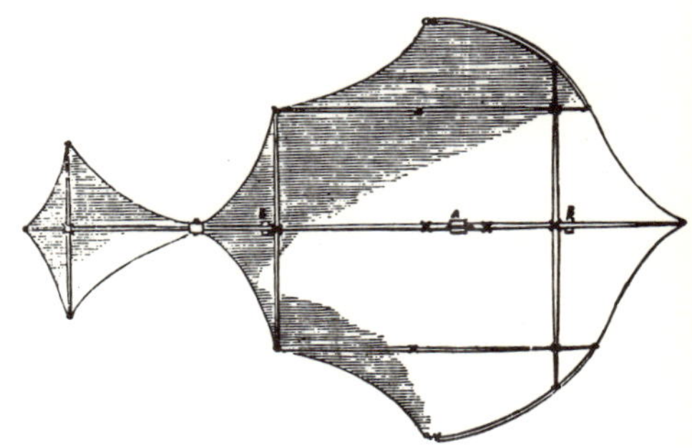

Leitwerk handhaben, das als Höhen- und Seitenruder diente.
Praktische Experimente mit dem Segelflugzeug wurden vermutlich ein Jahr später angestellt, als Sir Cayley seinen Kutscher dazu überreden konnte, den ersten Flug der Geschichte mit einem Flugzeug zu wagen.
Er überquerte dabei ein schmales Tal in der Nähe von Brompton.
Mrs. George Thompson, Cayleys Enkelin, im Jahr 1853 zehn Jahre alt und Augenzeugin des epochemachenden Ereignisses, schrieb darüber fast 70 Jahre später:

»Jedermann war draußen auf der Ostseite, und ich habe den Start aus der Nähe gesehen. Der Kutscher stieg in die Maschine und landete auf der Westseite nahezu in gleicher Höhe. Als er ausgestiegen war und die Zuschauer zu ihm herüberkamen, rief er: ›Bitte, Sir George, ich möchte kündigen. Ich bin zum Lenken und nicht zum Fliegen angestellt worden.‹«

In einem Brief an J. E. Hodgson vom 2. November 1921 erklärte Mrs. Thompson, sie schätze die Flugdistanz auf etwa 450 m und der Kutscher sei mit einem Krach gelandet.
Obwohl der Name des ersten Flugpiloten nicht mit Sicherheit festgestellt werden konnte, vermutet man auf Grund von Nachforschungen im Haushaltsbuch von Sir George Cayley, daß es sich dabei um einen gewissen John Appleby gehandelt hat.
Den ersten kontrollierten Segelflug unternahm John Montgomery im März 1884 in Otay Mesa, Kalifornien; er legte eine Distanz von 180 m mit einer Geschwindigkeit von etwa 29 km/h zurück. Es war ein Einzelerfolg, spätere Versuche scheiterten.
Der berühmte deutsche Flugpionier Otto Lilienthal machte seit 1891 zahlreiche Gleitflugversuche. Die von ihm selbst entworfenen Maschinen wogen zirka 20 kg und hatten eine Tragfläche von zirka 14 m². Im Jahr 1892 wurde in Großkreuz, einem Vorort Berlins, ein Kanal ausgehoben und das anfallende Erdreich in Form eines konischen Hügels auf einer freien Fläche aufgeschüttet. Im Sommer des gleichen Jahres begann Lilienthal eine Serie von über 2 000 »Sprungstarts« von diesem Erdhügel und versuchte, den Gleiter dadurch im Gleichgewicht zu halten, indem er den Schwerpunkt durch entsprechende Körperbewegungen verlagerte.
Lilienthal kam am 10. August 1896 ums Leben: Er hatte am Tag vorher in 7,5 m Höhe die Kontrolle über sein Flugzeug verloren und stürzte ab; tags darauf erlag er seinen Verletzungen. In einem Artikel der Brüder Wright in der Septemberausgabe des »Century Magazine« aus dem Jahr 1908 stellten diese fest, daß erst die Berichte über Lilienthals Tod ihr Interesse am Fliegen geweckt hätten.
Das erste moderne Segelflugzeug baute Friedrich Hardt im Jahr 1914 in Hildenstein. Damit trennten sich die Wege der Segler- und Flugzeugkonstrukteure. Hardt ging es bei der Konstruktion seiner Maschine in erster Linie darum, genügend Auftrieb zu haben, und erst in zweiter Linie legte er darauf Wert, längere Strecken fliegen zu können. Zwei Jahre später gelang es Hardt an der Rhön, 3,5 Minuten in der Luft zu bleiben, ohne an Höhe zu verlieren.

Segelflugsport
Die Entwicklung des Segelfliegens als Sport begann im Jahr 1909, als einige begeisterte Gymnasiasten nach dem Besuch der Internationalen Luftfahrtausstellung in Frankfurt den ersten Segelklub gründeten.
Unter der Leitung von Hans Gutermuth bauten die Mitglieder der »Darmstädter Schul-Flugsportvereinigung« ihre eigenen Doppel- und Eindeckersegler, anfänglich nach dem Vorbild von Otto Lilienthal.
Ihre ersten Flugversuche fanden von einer Erhebung am Darmstädter Paradeplatz statt, dem sogenannten »Chimborazo«, und am Prinzenberg.
Während der Sommerferien 1911 und 1912 bauten die Studenten in einem Lager bei der Wasserkuppe in der Rhön etwa 30 neue Segler. Mit einem dieser Flugzeuge gelang Hans Gutermuth ein 900-m-Flug von 1 Minute und 52 Sekunden. Fünf der zehn Teilnehmer an diesem Lager fielen als Luftwaffenpiloten im Ersten Weltkrieg.

Seglertreffen
Das erste Seglertreffen wurde von Oskar Ursinus, dem Herausgeber der Zeitschrift »Flugsport«, im August 1920 auf der Wasserkuppe in der Rhön veranstaltet.
Der erste Wettbewerb im Dauerfliegen fand beim 2. Rhöntreffen 1921 statt, bei dem aber keine Auszeichnungen vergeben wurden. Arthur Maartens gewann den Bewerb mit seiner »Vampyr« am 18. August 1922 mit einer Flugdauer von 66 Minuten.
Auf Grund der Tatsache, daß der Vertrag von Versailles den Betrieb von Motorflugzeugen unterband, konzentrierten sich die flugbegeisterten Deutschen nach dem Ersten Weltkrieg auf die Segelfliegerei.
Dies verhalf den Deutschen zu ihrer führenden Position auf dem Gebiet des Segelfluges.

Katapultstart
Der erste Katapultstart gelang W. Klemperer, einem Ingenieur aus Aachen, Mitte September 1920.
Mit seinem Segler »Schwarzer Teufel« blieb er 2 Minuten und 32 Sekunden in der Luft.

Weiblicher Segelflieger
Die erste Frau, die ein Segelflugzeug steuerte, war Mrs. Florence Taylor, die Frau des australischen Dichters und Amateurwissenschaftlers George Augustus Taylor. Sie steuerte das von ihrem Mann gebaute Segelflugzeug im Dezember 1909 in Narrabeen Beach, Neusüdwales.

Ärmelkanalüberquerung
Die erste Ärmelkanalüberquerung in einem Segelflugzeug unternahm der kanadische Opernsänger Lissaint Beardmore am 19. Juni 1931. Er flog mit einem Professor-Segelflugzeug von Lympne, Kent, zum Flugplatz von Saint-Iglevert bei Boulogne.

Flugzeugentführung

Die erste Flugzeugentführung ereignete sich am 16. Juni 1948:
Eine chinesische Verbrecherbande unter Führung des Landarbeiters Wong-yu Man brachte das Catalina-Flugboot »Miss Macao« der Cathay Pacific Airways, das sich auf einem planmäßigen Flug von Macao nach Hongkong befand, kurz nach dem Start in ihre Hand. Die Gangster wollten von den Passagieren Lösegeld erpressen. Als der Pilot Widerstand leistete, eröffneten sie das Feuer, und das Flugboot stürzte ab. Der einzige Überlebende war Wong-yu Man, der Anführer der Banditen.
Obwohl man zunächst kein Verbrechen vermutete, legte man einen Polizeispitzel in das Nachbarbett des Chinesen im Spital von Hongkong, nachdem die Bergungsmannschaft den von Geschoßkugeln durchlöcherten Flugzeugrumpf geborgen hatte.
Mit Hilfe eines Tonbandes konnte man aus verschiedenen Äußerungen des Täters zu seinem Nachbarn die erste Flugzeugentführung in allen Einzelheiten rekonstruieren.

Flugzeugfabrik

Die erste Fabrik für Motorflugzeuge, die Firma Frères Voisin, wurde im November 1906 von dem 26jährigen Gabriel Voisin und seinem um zwei Jahre jüngeren Bruder Charles in Billancourt, Frankreich, gegründet. Gabriel erinnert sich in seiner Autobiographie, daß das gesamte Kapital zum Zeitpunkt der Firmengründung aus vier oder fünf Franc auf der Bank und etwas Kleingeld bestand. Anfangs hatten sie nur zwei Angestellte, einen ehemaligen Bootsbauer namens Métayer und einen Kunsttischler mit Namen Brost. Der erste Auftrag kam im Dezember 1906 von einem Monsieur Florencie, Erfinder eines flügelschlagenden Flugapparates. Das Gebilde basierte aber auf falschen Grundlagen und konnte sich daher nicht in die Luft erheben.
Das erste Flugzeug, mit dem die Brüder Erfolg hatten, war ein selbstentworfener, schachtelförmiger Doppeldecker, der mit einem 50 PS starken Antoinette-8-Zylinder-Motor angetrieben wurde. Am 30. März 1907 führte Charles Voisin den Testflug in Bagatelle durch. Das Flugzeug wurde noch am gleichen Tag dem Auftraggeber, dem Pariser Bildhauer Léon Delagrange, übergeben. Dieser Tag kann als Geburtstag der heute weltweiten Flugzeugindustrie gelten.

Flugzeugschleudersitz

Der erste Flugzeugschleudersitz war eine druckluftbetriebene Anlage, die in einen Versuchsdüsenjäger vom Typ Heinkel He 280 eingebaut wurde. Der Erstflug fand am 2. April 1941 in Rostock-Marienehe statt. Am 13. Januar 1942 mußte der Pilot über Rechlin den Schleudersitz betätigen, als das Flugzeug wegen starker Vereisung abstürzte. Major Schenk stieg in 2 400 m Höhe aus und landete wohlbehalten auf der Erde. Die Produktion der He 280 wurde zugunsten des Messerschmitt-Düsenjägers Me 262 eingestellt.
Die schwedische Saab 21, die ihren Jungfernflug am 30. Juli 1943 absolvierte, war das erste Flugzeug, das mit einem durch Sprengsatz betriebenen Schleudersitz ausgerüstet war. Diese Neuerung verdrängte den Preßluftantrieb vollkommen. Der Saab gebührt das Verdienst, ein Prinzip entwickelt zu haben, nach dem heute fast alle Schleudersitze betätigt werden.
Die Heinkel He 162 (Erstflug 6. Dezember 1944) war das erste Flugzeug, zu dessen Standardausrüstung Schleudersitze gehörten. Die He 162 wurde am 14. April 1945 in den Dienst der deutschen Fliegerstaffel L/JG1 in Leck, Holstein, gestellt. Insgesamt 116 Flugzeuge dieses Typs wurden mit Sprengsatzschleudersitzen ausgestattet. Die Saab 21, obwohl früher entwickelt als die He 162, kam erst im Dezember 1945 bei der Königlichen Schwedischen Luftwaffe zum Einsatz.

Flugzeugträger

Das erste Kriegsschiff, das mit einem provisorischen Flugdeck ausgestattet wurde, war der US-Kreuzer »Birmingham«. Von dem in der Chesapeakebucht vor Anker liegenden Schiff startete am 14. November 1910 um 5.16 Uhr der Schauflieger Eugène Ely mit einem 50-PS-Curtiss-Doppeldecker und landete im 4 km entfernten Willoughby Spit nahe Norfolk, Virginia.

Am 18. Januar 1911 um 11.01 Uhr wurde die erste Landung auf dem Deck eines Schiffes – des Panzerkreuzers »Pennsylvania«, der in der Bucht von San Francisco ankerte – vorgeführt, ebenfalls von Ely. Er landete auf einer 36 m langen Plattform, die auf dem Heck des Kreuzers errichtet worden war. Sein Flugzeug war mit drei Paar federnden Haken am Fahrwerk ausgerüstet, die sich in den 22 Seilen, die quer zum Deck im Abstand von 1 m zwischen Sandsäcken gespannt waren, verfangen sollten. Dieses Bremssystem brachte das Flugzeug bereits nach nur 9 m zum Stehen.

Im September 1914 wurde in Blyth das erste als Flugzeugträger gebaute Kriegsschiff vom Stapel gelassen. Die »Ark Royal« war 110 m lang und hatte eine Wasserverdrängung von 7 020 t. Ursprünglich als Handelsschiff geplant, wurde sie während des Baues von der Admiralität erworben und zum Flugzeugträger umgebaut. Unter Deck befanden sich Hangars, die zehn Wasserflugzeuge aufnehmen konnten. Unmittelbar nach den üblichen Probefahrten wurde der Flugzeugträger in die Dardanellen verlegt. Am 17. Februar 1915 startete bei Tenedos das erste Mal ein Aufklärungsflugzeug vom Deck der »Ark Royal«.

Das erste Kriegsschiff, das für Flugzeuge mit Räderfahrwerk gebaut wurde, war die »Furious«. Das Schiff, eine Kombination von Schlachtschiff und Flugzeugträger, hatte 19 100 t und wurde im Juni 1917 der Flotte zugeteilt. Zu diesem Zeitpunkt hatte das Schiff nur ein Startdeck, da geplant war, daß seine sechs Flugzeuge nach Durchführung ihrer Mission auf einem Flugfeld landen sollten. Im November 1917 wurde dann noch ein Landedeck installiert. Eine bemerkenswerte Neuheit auf der »Furious« waren die hydraulischen Aufzüge, die die Flugzeuge vom Hangar unter Deck auf das Flugdeck hoben.

Der erste als solcher geplante und gebaute Flugzeugträger war die 7 470 t schwere »Hosho« von der japanischen Marine. Am 19. Dezember 1919 auf Kiel gelegt, machte sie am 30. November 1922 vor Tateyama ihre ersten Probefahrten. Das Schiff konnte 21 Flugzeuge transportieren und erreichte eine Spitzengeschwindigkeit von 25 kn.

Start von einem fahrenden Schiff
Der erste Start von einem fahrenden Schiff wurde vom englischen Leutnant Samson mit einem Flugzeug vom Typ Short S 38 durchgeführt. Der Start erfolgte von der »Hibernia« während einer Parade vor König George V. in Weymouth am 8. Mai 1912; das Schiff fuhr mit einer Geschwindigkeit von 10,5 kn.

Flugzeugträger im Kriegseinsatz
Im Krieg wurden Flugzeugträger das erste Mal im April 1914 eingesetzt. Das US-Schlachtschiff »Mississippi« und der Kreuzer »Birmingham« wurden mit fünf Wasserflugzeugen der Marine nach Vera Cruz abkommandiert. Die Flugzeuge, die Aufklärungsflüge über den mexikanischen Linien durchführten, wurden seitlich an den Schiffen herabgelassen und starteten dann vom Wasser aus.

Katapultstart von einem Flugzeugträger
Der erste Katapultstart von einem Schiff wurde am 5. November 1915 durchgeführt. Ein AB-2-Flugboot der US-Marine startete vom Heck des Schlachtschiffes »North Carolina«, das in der Pensacola Bay, Florida, vor Anker lag.

Düsenjägerstart von einem Flugzeugträger
Das erste Düsenflugzeug, das auf einem Flugzeugträger startete und landete, war eine XFD-1 Phantom mit Oberstleutnant James J. Davidson am Steuer. Am 21. Juli 1946 startete die Maschine vom US-Flugzeugträger »Franklin D. Roosevelt«, der damals vor Cape Henry, Virginia, lag. Für den Start benötigte das Flugzeug 140 m.

Flugzeugträgergeschwader
Das erste Flugzeugträgergeschwader mit Düsenflugzeugen war das Geschwader 17-A der US Navy. Es hatte 16 Phantom-Jäger, die für die Operationen an Bord der »Saipan« vom 5. bis 7. Mai 1948 geeignet waren.

Atombetriebener Flugzeugträger
Der erste atombetriebene Flugzeugträger der Welt war die amerikanische »Enterprise«. Das 72 400-BRT-Schiff lief am 24. September 1960 in Newport News, Virginia, vom Stapel und wurde am 25. November 1961 in Dienst gestellt.

Mit ihren acht unter Druck stehenden wassergekühlten Kernreaktoren war die »Enterprise« nicht nur das stärkste Kriegsschiff aller Zeiten (zirka 300 000 PS), sondern auch das größte (330 m lang) und teuerste (445 Millionen Dollar). Die Gesamtbesatzung bestand aus 440 Offizieren und 4 160 Soldaten. Das Schiff wurde für 100 Flugzeuge ausgelegt, und das Flugdeck hat das Ausmaß von vier Fußballfeldern.

Flugzeugunglück

Der erste Absturz eines Passagierflugzeugs ereignete sich bei Golders Green, einem Vorort von London, am Dienstag, dem 14. Dezember 1920, kurz nach Mittag. Die Maschine der Handley Page Continental Air Services mit zwei Mann Besatzung und sechs Passagieren hatte gerade den Flugplatz Cricklewood Richtung Paris verlassen, als sie in die Rückseite eines neugebauten Hauses stieß und brennend in den Garten stürzte. Vier der Passagiere konnten gerade noch vor dem Aufschlag abspringen – zwei von ihnen erlitten leichte Verletzungen, die anderen zwei kamen mit dem Schrecken davon. Alle anderen Insassen des Flugzeugs kamen bei diesem Absturz ums Leben.

Flugzeugzusammenstoß
Der erste Zusammenstoß von zwei Flugzeugen ereignete sich am 7. April 1922, als ein Flugzeug vom Typ Farman Goliath der französischen Fluglinie Grands Express mit einer DH 18 der Daimler Airways über Poix in Nordfrankreich kollidierte.

Fotoapparat

Die erste für den Verkauf hergestellte Fotokamera wurde von Alphonse Giroux in Paris im September 1839 um 400 Franc angeboten. Ein Abkommen über die Erzeugung zwischen Giroux und dem Erfinder Louis Daguerre war am 22. Juni desselben Jahres unterzeichnet worden.
Die hölzerne Kamera hatte im geschlossenen Zustand die Ausmaße 26,7 × 31,1 × 36,8 cm; sie war mit einer achromatischen Linse von Charles Chevalier aus Paris ausgerüstet. Die Firma Giroux et Cie. war die erste Fotohandlung der Welt; in ihrem Geschäft in der Rue de Coq, Saint-Honoré, wurde alles angeboten, was für die Daguerreotypie notwendig war.

Fotografie

Die erste Fotografie, die nach der Natur aufgenommen wurde und dauerhaft fixiert werden konnte, wurde wahrscheinlich im Sommer 1826 von Nicéphore Niepce von einem Fenster im oberen Stockwerk seines Hauses in Gras bei Chalon-sur-Saône in Frankreich gemacht; sie zeigt einen Hof mit einem Taubenschlag zur Linken, einem Birnbaum, einem Backhaus und einem Schuppen in der Mitte und einem anderen Flügel des Hauses zur Rechten. Die Aufnahme erfolgte mit einer Camera obscura der Pariser Optiker Chevalier et fils, die Niepce im Januar desselben Jahres erhalten hatte. Eine Metallplatte wurde durch eine Lösung von Bitumen lichtempfindlich gemacht und etwa 8 Stunden lang belichtet. Das Bild wurde dann entwickelt, indem die Platte mit einer Mischung aus Lavendelöl und weißem Petroleum gewaschen wurde; bei diesem Vorgang wurden die Teile des Bitumens herausgelöst, die nicht durch die Lichteinwirkung verhärtet waren. Das dabei entstandene Bild war ein dauerhaftes Positiv.
Im folgenden Jahr, anläßlich eines Besuches bei seinem Bruder in Kew, zeigte Niepce seine Fotografie dem englischen Naturforscher Francis Bauer. Sie ging im Jahr 1898 verloren und wurde erst im Jahr 1952 in einer Truhe wiederentdeckt, die seit 1917 ungeöffnet in einem englischen Landhaus stand. Die Zinnplatte wurde dem Fotohistoriker Helmut Gernsheim übergeben, der auch bei der Auffindung behilflich gewesen war. Das Kodak-Forschungslaboratorium verfertigte eine im Rasterverfahren hergestellte Reproduktion des Originals. Die Fotografie wurde am 15. April 1952 in der »Times« zum erstenmal seit ihrer Entstehung vor 126 Jahren veröffentlicht. Der Welt erste Fotografie befindet sich jetzt in der Gernsheim-Sammlung in der Universität von Texas. Niepce starb 1833, noch bevor sein Verfahren für die industrielle Auswertung genügend ausgereift war.
Niepce hatte sich in seiner 19jährigen Forschungsarbeit auf die fotografische Wiedergabe von Kunstwerken konzentriert; es sind nur zwei »Naturaufnahmen« von ihm erhalten. Die eine ist die Fotografie aus dem Jahr 1836, die als die erste Fotografie gilt. Die zweite ist ein Stilleben auf einer Glasplatte aus dem Jahr 1829, das einen zum Essen gedeckten Tisch zeigt. Die Originalplatte wurde im Jahr 1909 von einem Geisteskranken zerbrochen, doch zeigt eine Rasterreproduktion aus dem Jahr 1891 den Fortschritt, der Niepce in drei Jahren gelungen war. Im Gegensatz zur impressionistischen Aufnahme von 1826 aus Gras ist nun in der Stillebenstudie jeder Gegenstand fast genau zu erkennen.

Fotografisches Verfahren
Das erste gewerblich erfolgreiche fotografische Verfahren wurde im September 1839 von Louis J. M. Daguerre eingeführt. Daguerre war der Besitzer des Diorama in Paris und hatte sich zehn Jahre vorher mit Nicéphore Niepce zusammengetan, um das von Niepce entwickelte, »Heliographie« genannte Verfahren zu verbessern. Der von Daguerre erreichte technische Fortschritt erlaubte es, die Belichtungszeit von rund 8 Stunden auf 15 bis 30 Minuten zu verkürzen. Seine Ergebnisse wurden erstmals am 7. Januar 1839 in einem Bericht vor der Französischen Akademie der Wissenschaften durch den bekannten Astronomen Dominique François Arago veröffentlicht. Auf Aragos Drängen hin erwarb die

französische Regierung die Rechte auf das Verfahren von Daguerre und Niepce und machte es am 19. August 1839 jedermann in der Welt zugänglich. Die Bekanntmachung des Verfahrens von Daguerre löste in Paris einen Sturm auf die Optiker aus. Ludwig Pfau, ein in Paris lebender Zeitgenosse aus Deutschland, berichtete:

»Alle Optiker der Stadt wurden belagert. Sie konnten aber nicht genügend Instrumente auftreiben, um den Ansturm einer wahren Armee von Möchtegern-Daguerreotypisten zufriedenstellen zu können; wenige Tage später konnte man auf allen Plätzen von Paris, vor den Kirchen und Palästen die auf Dreifüßen aufgestellten Apparate sehen.«

Der Verkauf von Kameras, die nach den Angaben von Daguerre gebaut worden waren, begann bereits im folgenden Monat.
(Siehe Fotoapparat)

Fotografie eines Menschen
Die erste Fotografie eines Menschen wurde von Reverend Joseph Bancroft Reade im Jahr 1838 auf Papier hergestellt; sie zeigte seinen Gärtner an das Gewächshaus gelehnt, das sich auf dem Gelände des Pfarrhauses in Stone, Buckinghamshire, befand. Das erste im Studio aufgenommene Porträt war eine Daguerreotypie von John Johnson, die von seinem Partner, dem Instrumentenmacher Alexander Wolcott, am 7. Oktober 1839 in New York gemacht wurde. Im folgenden März eröffneten Solcott und Johnson das erste Porträtfotostudio der Welt.

Luftaufnahme
Die erste gelungene Fotografie aus der Luft wurde während der letzten Woche des Jahres 1858 von dem französischen Luftfahrer Nadar (Gaspard Félix Tournachon) von einem Ballon aus gemacht, als er rund 80 m über dem Val de Bièrre in der Nähe von Paris schwebte.
Die ersten Aufnahmen von einem Flugzeug aus entstanden im Dezember 1909 und zeigten das Flugfeld von Camp de Châlons bei Reims. Fotograf war Monsieur Meurisse von der Beranger-Bildagentur, der sich an Bord eines von Hubert Latham gesteuerten Antoinette-Eindeckers befand. Kurioserweise wurden bereits ein Jahr vorher Filmaufnahmen vom Flugzeug aus gemacht. Die vier Aufnahmen Meurisses wurden in der Weihnachtsausgabe des Blattes »L'Illustration« veröffentlicht; eine Fotografie zeigte ein Flugzeug in der Luft.

Fotografie: Film

Der erste bewegliche Film für eine Fotokamera wurde von Alfred Pumphrey aus Birmingham im April 1881 zum Patent angemeldet und im folgenden Jahr in seiner eigenen Fabrik hergestellt. Die Filme bestanden aus Kollodium und abgehärteter Gelatine und waren mit einer Schicht Gelatineemulsion überzogen; sie wurden in Packungen zu 12 Stück verkauft und waren in verschiedenen Formaten, von 8,2 × 10,8 cm bis zu 20,3 × 25,4 cm, erhältlich.
Sie konnten in jeder üblichen Plattenkamera verwendet werden oder auch in der von Pumphrey selbst erfundenen Kamera »Filmograph«, mit der 100 Aufnahmen auf einmal gemacht werden konnten.
Der erste Film aus Zelluloid war der von John Carbutt aus Philadelphia entwickelte Carbutt's Flexible Negative Film; er wurde anläßlich eines Treffens der Gesellschaft für Fotografie in Philadelphia am 7. November 1888 angekündigt. Der Film bestand aus 0,025 mm starken Schichten aus Zelluloid, die Carbutt von der Celluloid Manufacturing Co. bezog. Am 21. November desselben Jahres demonstrierte er vor den Mitgliedern des Franklin-Instituts die ersten beweglichen durchsichtigen Filme, mit denen man Lichtbilder herstellen konnte. Die reguläre Erzeugung der Carbutt-Eclipse-Filme begann im folgenden Juli.
Den ersten Zelluloidrollfilm, der gewerbsmäßig erzeugt wurde, brachte die Eastman Dry Plate Co. in Rochester, New York, am 27. August 1889 auf den Markt; er war zum Gebrauch in ihrer neuen Kodak-Kamera gedacht. Zwar sicherte sich George Eastman im Dezember desselben Jahres ein Patent, aber Reverend Hannibal Goodwin aus Newark, New Jersey, hatte schon am 2. Mai 1887 um ein Patent für einen durchsichtigen Nitrozelluloserollfilm angesucht. Da aber die Beschreibung des Goodwin-Patentes ungenügend war, wurde es ihm erst im Jahr 1898 gewährt, und erst im Jahr 1902, zwei Jahre nach seinem Tod, nahm die Goodwin Film & Camera Co. die Herstellung auf.

Fotografie in Farbe

Die erste Fotografie in Farbe war eine transparente Aufnahme einer schottisch karierten Schleife gegen einen Hintergrund aus schwarzem Samt. Sie wurde von Thomas Sutton aus Jersey unter Anweisung des schottischen Physikers James Clerk Maxwell gemacht und erstmals am 17. Mai 1861 vor der Royal Institution gezeigt. Clerk Maxwell ließ das Band dreimal fotografieren, wobei er jeweils einen anderen Farbfilter zwischen Kamera und Objekt einschob, der aus mit roter, grüner oder blauer Flüssigkeit gefüllten Flaschen bestand. Von den Negativen aus Kollodium wurden dann gläserne Positive hergestellt

und übereinander auf einen Schirm projiziert; dabei wurden drei Projektoren verwendet, für jedes Positiv einer. Jeder war mit dem Farbfilter ausgestattet, der dem jeweiligen Positiv entsprach. Obwohl das Verfahren bloß wissenschaftlichen Wert besaß, wurden im Jahr 1939 mit Hilfe moderner Methoden Farbabzüge der Originalnegative hergestellt; eine Veröffentlichung im »Penrose Annual« des folgenden Jahres zeigte, daß Clerk Maxwell einen erstaunlich naturalistischen Effekt erzielt hatte.
Der erste Abzug einer Farbfotografie zeigte die Farben des Spektrums und wurde von Louis Ducos du Hauron am 7. Mai 1869 vor der Société Française de Photographie gezeigt. Der Erfinder ließ seine subtraktive Farbmethode am 23. Februar desselben Jahres patentieren. Das älteste noch erhaltene Farbbild von du Hauron ist ein Blick auf Angoulême aus dem Jahr 1877. Es zeigt die romanische Kathedrale, die mit ihrem roten Dach hinter honiggelben Häusern und dem grünlichen Wasser der Charente aufragt.
Das erste kommerziell verwertbare System einer Farbfotografie wurde von F. E. Ives aus Philadelphia am 23. Februar 1890 zum Patent angemeldet. Seine »Kromskopkamera« besaß zwei reflektierende Spiegel, durch die rasch hintereinander drei Negative desselben Objektes durch einen orangen, grünen und blauvioletten Filter gemacht werden konnten. Die durchsichtigen Positiva wurden in einem speziellen Betrachter, dem »Photochromoskop«, mit rotem, grünem und blauviolettem Licht beleuchtet und übereinander abgebildet. Das so entstandene Bild erschien in natürlichen Farben.
Im Jahr 1896 gründete Ives in London die Photochromoscope Syndicate Ltd., um auch Betrachter und Projektoren für seine Kromogramfarbdias zu erzeugen.
Im Jahr 1904 führte die Firma Sanger-Shepherd & Co. in London das erste Einplattenfarbverfahren ein, das auch für Amateurfotografen geeignet war. Innerhalb der nächsten zwei Jahre kamen noch vier oder fünf konkurrenzierende Verfahren auf den Markt, doch erst mit den Lumière-Bros-Autochrome-Farbplatten im Jahr 1907 hatte die Farbfotografie ihr Versuchsstadium überwunden.

Farbrollfilm
Der erste Farbrollfilm wurde im Jahr 1924 unter der Bezeichnung Lignose in Deutschland eingeführt. Der Lignosekonzern wurde bald von Agfa aufgekauft und der Film vom Markt zurückgezogen. Die Amateure mußten noch bis zum Jahr 1936 warten, bis es den erfolgreichen Dreifarbenfilm Kodachrome gab. Dieser war vor allem zur Herstellung von Diapositiven gedacht; im Jahr 1942 kam der Negativpositivfilm Kodacolor auf den Markt.

Fotografische Gesellschaft

Die erste fotografische Gesellschaft waren die »Freunde der Daguerreotypie«, die im Jahr 1840 von Karl Schuh in Wien gegründet wurde. Schuh war ein Daguerreotypist aus Berlin, er wurde im darauffolgenden Jahr Österreichs erster Berufsfotograf für Porträts. Die Gesellschaft hielt regelmäßige Treffen ab, bei denen die Mitglieder ihre Arbeiten vorstellten.
(Siehe weiblicher Fotograf)

Fotokopierapparat

Der erste Fotokopierapparat wurde von der Rectigraph Co. in Rochester, New York, im Jahr 1907 auf den Markt gebracht. Patentinhaber des »Rectigraph« genannten Geräts war George C. Beidler; die Idee zu seiner Erfindung hatte er vier Jahre zuvor gefaßt, als er in Oklahoma City in einem Büro für Landvergabe arbeitete. Er mußte dort ständig Dokumente vervielfältigen, daher suchte er eine geeignetere Methode als das mühsame Abschreiben mit der Hand oder mit der Schreibmaschine. Seine ersten Experimente machte er mit einer gewöhnlichen Plattenkamera. Der Prototyp des »Rectigraphen« wurde 1906 zum Patent angemeldet.

Fotostudio

Das erste Fotostudio für Porträts wurde von Alexander Wolcott und John Johnson in New York eröffnet und in der »New York Sun« vom 4. März 1840 als die »erste Galerie für Daguerreotypie-Porträts« angekündigt. Die Belichtungszeit betrug 3 bis 5 Minuten, der Preis für eine Einzelaufnahme 3 Dollar.
Das erste Studio, das Porträts in natürlichen Farben anbot, war das St. James's Studio in der Old Bond Street in London; es wurde im Jahr 1906 von der Rotary Photographic Co. gegründet. Die Porträts wurden im Dreifarbenverfahren hergestellt, das von den Eigentümern entwickelt worden war; das Verfahren benutzte drei verschiedene Negative für die einzelnen Grundfarben.

Frankiermaschine

Die erste Maschine zum autorisierten Frankieren von Geschäftspost usw. wurde von dem norwegischen Erfinder Karl Uchermann entwickelt und ab 1903 von der Maschinenfabrik Krag in Oslo hergestellt. Die Stempelapparate wurden von den norwegischen

Postbehörden ausgegeben und wiesen außer der Postgebühr den Ort des Absenders und das Datum aus.
Die ersten Maschinen wurden am 15. Juni 1903 in Betrieb genommen, eineinhalb Jahre später, im Januar 1905, wurde das System jedoch wieder aufgegeben.
Das erste Land, in dem maschinenfrankierte Postsendungen eine ständige Einrichtung darstellten, war Neuseeland. Die dortige Postverwaltung erteilte die Lizenz für eine Maschine für den allgemeinen Gebrauch, die im Jahr 1904 einem Ernest Moss aus Christchurch patentiert und in dem von ihm gegründeten Unternehmen Automatic Stamping Co. Ltd. produziert wurde.

Frauenuniform mit Hosen

Die erste Dienstuniform mit Hosen für Frauen wurde im Sommer 1916 für Schaffnerinnen und weibliches Aufsichtspersonal der preußischen Staatseisenbahn verordnet. Es wurde bestimmt, daß weibliche Bahnangestellte dieselbe Uniform wie ihre männlichen Kollegen erhalten sollten, einschließlich der »dunkelgrauen weiten Hosen«.

Fremdsprachenwörterbuch

Das erste Fremdsprachenwörterbuch war ein Latein-Deutsch-Wörterbuch, das der Mönch Johannes Balbus Januensis unter dem Titel »Catholicon« zusammengestellt hatte. Es wurde im Jahr 1460 in Mainz veröffentlicht.
Das erste Wörterbuch, das zwei lebende Sprachen enthielt, war das »Vocabolario Italiano-Teutonico« von Adam von Rottweil, das im Jahr 1477 in Venedig herausgegeben wurde.

Füllfeder

Die erste Füllfeder wurde im Jahr 1656 von zwei holländischen Reisenden beschrieben, die diese »wunderbare Erfindung« in Paris gesehen hatten: einen silbernen Federhalter, der Tinte enthielt und für 10 Franc verkauft wurde.
Während der nächsten zwei Jahrhunderte tauchte eine Reihe weiterer ähnlich primitiver »Füllfedern« auf, die jedoch alle so unvollkommen konstruiert waren, daß sie den traditionellen Federkiel nicht verdrängen konnten. Das vermutlich erfolgreichste Modell stammte von Josef Bramah und wurde am 23. September 1809 patentiert. Es bestand aus einer dünnen silbernen Röhre, die spitz zu einer Feder zulief. Die Tinte wurde am oberen Ende eingefüllt, der Verschluß bestand aus einem luftdichten Korkstoppel. Das Austreten der Tinte beim Schreiben wurde durch sanftes Drücken der Röhre bewerkstelligt.
Die einzige erwähnenswerte Verbesserung innerhalb der nächsten 50 Jahre war die Tintenkammer aus Gummi, die Walter Moseley im Jahr 1859 zum Patent anmeldete.
Das Hauptproblem in diesem Stadium der Entwicklung war die Regulierung des Tintenflusses. Mit diesem Problem begann sich der amerikanische Versicherungsvertreter Lewis Edson Waterman auseinanderzusetzen, nachdem ihm ein großer Versicherungsabschluß entgangen war, weil sich im entscheidenden Moment der Inhalt seiner Füllfeder über das Auftragsformular ergossen hatte. Waterman beschloß, eine brauchbare Füllfeder für geschäftliche Zwecke zu konstruieren. Seine langwierigen, gewissenhaften Versuche hatten schließlich im Jahr 1884 den ersehnten Erfolg mit einer Konstruktion, die mittels dreier Kanäle den Zufluß so regelte, daß Tinte und Luft gegenläufig passieren konnten. Noch im gleichen Jahr begann Waterman mit der Produktion seiner Erfindung auf einem Küchentisch hinter einem kleinen Tabakladen an der Ecke Fulton und Nassau Street in New York.

Funk

Die erste drahtlose Nachrichtenübermittlung wurde von Mahlon Loomis aus Washington in einer Abhandlung, datiert vom 21. Juli 1866, beschrieben. Im Oktober desselben Jahres gelang es Loomis, Nachrichten über eine Distanz von mehr als 22 km zwischen Catochin Ridge und Bear's Den in Loudoun County, Virginia, zu übertragen. Zeugen des Experiments waren Senator Samuel C. Pomeroy aus Kansas und der Abgeordnete zum Repräsentantenhaus, John A. Bingham aus Ohio. Der Erfinder schilderte seine Methode der drahtlosen Nachrichtenübermittlung folgendermaßen:
»Von zwei Berggipfeln der Blue Ridge Mountains in Virginia, in nur etwa 600 m Seehöhe, ließen wir zwei Drachen steigen, einen von jedem Gipfel . . .
An der Unterseite der Drachen war ein kleines Drahtgeflecht aus feinem Kupferdraht, etwa 40 × 40 cm groß, befestigt; dieses war mit dem 180 m langen Draht verbunden, an dem der Drachen hing . . . Eine Drahtschleife verankerten wir fest in feuchtem Erdreich, das andere Ende schlossen wir an die eine Klemme eines Galvanometers an. Die Ausrüstung und die Geräte waren auf beiden Bergen genau die gleichen; die Uhren waren gleichgestellt, und es war verabredet worden, zu einer ganz bestimmten Zeit an einer Station das Ende des Drahtes, der den Drachen hielt, an die zweite Klemme des Galvanometers anzuschließen, während auf der anderen Station der Anschluß des Drahtes an den Galvanometer bereits erfolgt war. Dreimal wurde der Kontakt für eine halbe Minute geschlossen und

dadurch die Nadel des anderen Galvanometers mit einer Stärke und Präzision bewegt, als ob sie an eine gewöhnliche Batterie angeschlossen worden wäre.«

Nach dieser ersten Demonstration setzte Loomis seine Experimente fort und errichtete, einer Reihe von Berichten zufolge, zwei stählerne Telegrafenmaste. Am 20. Juli 1872 erhielt er der Welt erstes Patent für drahtlose Telegrafie unter dem Titel »Verbesserungen in der Telegraphie«. Im Januar des folgenden Jahres verabschiedete der Kongreß ein Gesetz, das der Loomis Aerial Telegraph Co. das Recht zugestand, Aktien im Wert von 2 Millionen Dollar auszugeben; in einer Zeit ernster finanzieller Schwierigkeiten erhielt Loomis jedoch nicht die notwendige Unterstützung und mühte sich ohne Kapital mit seinen Forschungen bis zu seinem Tod im Jahr 1886 ab.

Der Wegbereiter der drahtlosen Telegrafie und des Rundfunks war der deutsche Wissenschaftler Heinrich Hertz mit seinen hervorragenden Forschungsarbeiten in den Jahren 1887 bis 1889, als er die elektromagnetischen Wellen entdeckte.

Das erste kommerziell brauchbare System der drahtlosen Übermittlung wurde von Guglielmo Marconi aus Bologna entwickelt, der seine im Laboratorium begonnenen Experimente im Landhaus seines Vaters, der Villa Grifone bei Pontecchio, 18 km von Bologna entfernt, im Jahr 1894 fortsetzte. Gegen Ende September 1895 begann er seine Versuche im Freien, wobei sein Bruder Alfonso den Empfänger trug, während Marconi selbst die Morsetaste des Senders betätigte. Eine erfolgreiche Übertragung wurde von Alfonso durch eine weiße Fahne angezeigt. Marconi war sich im klaren darüber, daß seine Apparatur erst dann die Feuertaufe bestanden hätte, wenn die Signale über natürliche Hindernisse, wie etwa Hügel oder Berge, hinweg empfangen werden könnten. Alfonso ließ also die weiße Fahne zu Hause, nahm den Empfänger und ein Jagdgewehr und postierte sich jenseits eines Hügels hinter der Villa Grifone. Nach einer Weile sandte Guglielmo von einem Raum des Hauses Signale aus, und wenige Minuten später meldete ein Gewehrschuß, daß der Empfang gelungen war.

Nach seiner erfolgreichen Demonstration in der Villa Grifone bot Guglielmo Marconi seine Erfindung dem Ministerium für Post und Telegraphie an. Auf einen abschlägigen Brief hin entschloß er sich, seinen Apparat nach England zu bringen. England war damals die größte Seemacht der Welt, und Marconi hoffte, daß man dort die Bedeutung einer drahtlosen Nachrichtenübermittlung wohl am besten einzuschätzen wissen werde.

Bei seiner Ankunft im Februar 1896 erlitt Marconi zunächst einen Rückschlag, als seine Ausrüstung durch Zollbeamte zur Gänze zerstört wurde, weil diese in dem Gerät eine Höllenmaschine und in dem italienischen Besitzer einen Anarchisten vermuteten. Guglielmo mietete sich mit seiner Mutter, die ihn begleitete, in der Hereford Road 71 in Bayswater ein. Am 2. Juni 1896 suchte er um ein Patent für eine Methode an, bei der sich »elektrische Prozesse durch Luft, Erde oder Wasser mit elektrischen Schwingungen hoher Frequenz fortpflanzen«. Kurz danach wurde er Sir William Preece, dem Chefingenieur der Britischen Post, vorgestellt, der sofort großes Interesse an dem 21jährigen Italiener und seiner bemerkenswerten Erfindung zeigte und viel zu dessen Förderung in wissenschaftlichen Kreisen tat.

Am 12. Dezember 1896 fand unter

Marconi gibt eine Vorführung seiner Funkanlage vor Armeeangehörigen in Salisbury Plain, England, September 1896.

seiner Patronanz die erste öffentliche Vorführung drahtloser Signalübertragung in der Toynbee Hall in London statt. Im Juli 1897 gründete Marconi die Wireless Telegraph & Signal Co. Ltd. zur Herstellung von Funkausrüstung und zur Instandhaltung von Funkanlagen.

Funkanlage
Die erste ständige Funkanlage war die Needles Hotel Wireless Station bei Alum Bay auf der Isle of Wight. Sie wurde im November 1897 von der Wireless Telegraph & Signal Co. Ltd. errichtet.
Die erste gewerbliche Anwendung von drahtloser Telegrafie erfolgte durch Lloyd, die Sender- und Empfängereinrichtungen von der Wireless Telegraph & Signal Co. Ltd. für den Leuchtturm von Rathlin Island und eine Küstenstation bei Ballycastle, Nordirland, bestellten. Die erste Nachricht vom Leuchtturm meldete zehn Schiffe und wurde am 26. August 1898 aufgefangen. In der Folge wurden sämtliche Signalstationen von Lloyd mit Funkgeräten ausgestattet.

Funk: militärischer Einsatz

Das erste Mal wurde die drahtlose Telegrafie von der britischen Armee während des Südafrikanischen Krieges von 1899 bis 1902 eingesetzt. Eine spezielle Einheit für drahtlose Telegrafie unter dem Kommando von Hauptmann J. N. C. Kennedy traf am 24. November 1899 in Kapstadt ein; sie war von einigen zivilen Radioingenieuren begleitet, die von der Marconi-Gesellschaft dem Kriegskommando zur Verfügung gestellt worden waren. Fünf Radiostationen wurden in gefederte Pferdewagen (wie sie in Australien gebräuchlich waren) installiert und nach

Die erste tragbare Funkanlage, entwickelt von Guglielmo Marconi, 1911.

den Orten Modder, Belmont, Enslin, Orange River und De Aar gesandt. Die Akkumulatoren wurden erstmals am 1. Dezember 1899 aufgeladen, und bis 31. März 1900 versuchte man, einen regulären Nachrichtenverkehr aufzubauen; dann wurde die Einrichtung dem Delgoa-Bay-Geschwader der Königlichen Marine übergeben.
Von Anfang an kämpfte man bei diesem Experiment gegen unvorhergesehene Schwierigkeiten. Die von Marconi zur Verfügung gestellten Antennenmaste erwiesen sich für eine rasche Standortveränderung als zu schwer und wurden durch 10 m hohe Bambusmaste ersetzt; diese wiederum hielten dem Wetter nicht stand. Versuche, die Antennen mit Hilfe von Drachen in die Höhe zu spannen, schlugen ebenfalls fehl, da nur selten sowohl am Sende- als auch am Empfangsort genügend Wind wehte. Der lockere Boden der Steppe und der Fels darunter ergaben eine schlechte Erdung, und obwohl Marconi behauptete, daß die Stationen eine gewisse Zeit im Einsatz gewesen seien, kann man doch aus den Feldberichten schließen, daß diese Einheit erfolglos versuchte, ein wirksames Nachrichtensystem zu betreiben.

Der erste erfolgreiche Einsatz drahtloser Nachrichtenübermittlung im Kriegsfall gelang während des Somaliland-Feldzuges im Jahr 1903, als die Royal Navy Land Force einige Radiostationen mit von Drachen in die Höhe geschleppten Antennen installierte.

Tragbare Funkanlage
Die erste tragbare Anlage für drahtlose Telegrafie wurde von der Marconi Co. entwickelt und im Jahr 1911 an die berittene Miliz von Westmoreland und Cumberland geliefert. Ähnliche Anlagen wurden auch für die italienische Armee im selben Jahr hergestellt, die sie im Libyen-Feldzug einsetzte.
Der erste militärische Einsatz eines Funksprechgeräts erfolgte durch das Nachrichtenkorps der US-Armee. Im Jahr 1908 wurde eine Reihe von Versuchen auf der 29 km langen Strecke zwischen Sandy Hook und Bedloes Island vor Bridgeport, Connecticut, durchgeführt. Die in Deutschland erzeugte Telefunken-Anlage war mit Kohlemikrofonen ausgestattet und wurde mit 550 V Gleichstrom versorgt.
Im Jahr 1917 verwendeten die deutschen Streitkräfte an der Westfront erstmals Radiotelefone im Kriegseinsatz.
Die ersten Walkie-Talkies (d. h. tragbare drahtlose Telefone) für den militärischen Gebrauch wurden im Jahr 1933 in den Laboratorien des US-Nachrichtenkorps in Fort Monmouth, New Jersey, hergestellt.

Funknotsignal

Das erste Funknotsignal wurde vom Leuchtschiff von East Goodwin am 17. März 1899 ausgesandt, als das Handelsschiff »Elbe« auf den Goodwin Sands strandete. Die Nachricht

wurde vom diensthabenden Funker des Leuchtturmes von South Foreland aufgefangen, der daraufhin die Hilfe des Rettungsbootes von Ramsgate anforderte. Das Leuchtschiff von East Goodwin war auch das erste Schiff, das ein Funknotsignal aussandte, als es am 28. April 1899 von dem Dampfer »Matthews« gerammt wurde.
Vor der Einführung des SOS-Rufs war das allgemein anerkannte Notsignal für Schiffe CQD. Dieses von der Marconi Co. eingeführte und ab 1. Februar 1904 geltende Signal bedeutete »An alle Stationen – dringend«, wurde aber fälschlicherweise als »Come quick – danger« interpretiert. Durch ein Übereinkommen zwischen der britischen Marconi Co. und der deutschen Telefunken-Gesellschaft auf der Berliner Funkkonferenz am 3. Oktober 1906 wurde das SOS als internationales Notsignal eingeführt und ab 1. Juli 1908 offiziell verwendet.
Am 10. Juni 1909 wurde zum erstenmal ein SOS-Notruf ausgesandt, als die »Slavonia« der Cunard Line vor den Azoren Schiffbruch erlitt. Zwei Dampfer nahmen die Signale auf und kamen zu Hilfe.

Funksprechgerät

Das erste Funksprechgerät, das imstande war, die Sprache verständlich wiederzugeben, wurde von Charles Sumner Tainter und Alexander Graham Bell entwickelt und erstmals am 15. Februar 1880 erfolgreich demonstriert. Der Sender befand sich am Dach der Franklin-Schule in der 13. Straße in Washington, und Tainter sprach in den Apparat die Worte: »Mr. Bell! Mr. Bell! Wenn Sie mich hören können, kommen Sie ans Fenster und schwenken Sie Ihren Hut!« Einen Augenblick später erschien Bell am Fenster seines Laboratoriums in der 14. Straße, den Hut in der Hand. Bell, der große Pionier des Telefonwesens, hatte in die Erfindung von A. C. Brown von der Eastern Telegraph Co., der ihm zwei Jahre vorher Pläne für drahtlose Telefonie unterbreitet hatte, Vertrauen gesetzt. Die Grundidee war die Wirkung eines Lichtstrahls, der auf eine Selenzelle einfiel, die mit einem Telefonhörer an eine Batterie angeschlossen war. Die durch die Stimme hervorgerufenen Vibrationen eines hauchdünnen Spiegels bewirkten Variationen des Lichtstrahls, die dann in der Selenzelle in elektrische Impulse umgewandelt wurden. Die Methode funktionierte aber nur in freiem Gelände, wo es für den Lichtstrahl kein Hindernis gab, und dadurch war ihre Verwendbarkeit stark eingeschränkt. Es wurden allerdings erfolgreiche Versuche über eine Entfernung von 2,4 km zwischen der Franklin-Schule und den Virginia Hills ausgeführt.
In der Folge wurde das System von der American Telephone & Co. weiterentwickelt und unter der Markenbezeichnung »Photophone« von der deutschen Regierung in den Jahren nach 1900 zur Nachrichtenübermittlung zwischen Leuchttürmen und der Küste eingesetzt; ebenso wurde es vom US-Nachrichtenkorps verwendet. Der hervorstechendste Vorteil gegenüber der konventionellen Methode des Sprechfunks war, daß die Gespräche nicht abgehört werden konnten.
Das erste moderne System für Sprechfunk (d. h. Gesprächsübermittlung durch den Äther ohne Rücksicht auf etwaige Hindernisse zwischen Sender und Empfänger) wurde von dem kanadischen Professor Reginald Aubrey Fessenden entwickelt und erstmals im Dezember 1900 über eine Distanz von rund 1 600 m bei Cob Point, Maryland, demonstriert.

Funkgespräch über den Atlantik
Das erste Funkgespräch über den Atlantik kam im November 1906 unbeabsichtigt durch Prof. Fessenden zustande, als eine Unterhaltung zwischen der Station der National Electric Signalling Co. in Brant Rock und Plymouth, Massachusetts, von Funkern in Michrihanish in Schottland aufgefangen wurde.
Das erste direkte Funkgespräch über den Atlantik wurde am 21. Oktober 1915 von der American Telephone & Telegraph Co. von Arlinton, Virginia, nach Paris durchgeführt. Mr. B. Webb sprach mit Ferrie, dem Vertreter der französischen Regierung, der den in der Funkstation am Eiffelturm installierten Empfänger nach dem Bell-System bediente.

Gewerblicher Einsatz
Die erste Installation eines Funksprechgeräts zu gewerblichen Zwecken führte Lee De Forest von der De Forest Radio Telephone Co. im Auftrag der Lackawanna-Eisenbahngesellschaft im Frühjahr 1907 durch. Zwei Landstationen wurden errichtet, eine am Ufer des Hudson bei Hoboken, die andere im Büro der Eisenbahngesellschaft in der 23. Straße in New York. Ein dritter Sender und zugleich das erste Gerät, das auf einem Schiff betrieben wurde, befand sich auf dem Lackawanna-Fährboot »Bergen«.

Schiffe mit Funk
Die ersten mit Funksprechgeräten ausgestatteten Schiffe waren die amerikanischen Schiffe »Virginia« und »Connecticut«, die im September 1907 von der De Forest Radio Telephone Co. mit entsprechenden Anlagen versehen wurden. Im selben Monat wurden vor Cape Cod

Versuche durchgeführt, und es gelang, Gespräche über eine Entfernung von rund 34 km verständlich zu übertragen. In der Folge der erfolgreichen Experimente wurde De Forest von der US-Marine mit der Radiotelefonausstattung aller 24 Einheiten von Admiral Evans' Flotte beauftragt; die Flotte war gerade dabei, zu einer Weltumfahrung auszulaufen.

Öffentlicher Funkdienst
Den ersten öffentlichen Funkdienst richtete die Southern California Telephone Co. am 16. Juli 1920 für ihre Teilnehmer zwischen Long Beach und Avalon auf der Insel Santa Catalina vor dem kalifornischen Festland ein; die Entfernung betrug rund 50 km. Die Teilnehmer in Avalon konnten mit jedem Ort der USA über Leitungen, die in Long Beach endeten, verbunden werden. Das Projekt wurde von der American Telephone and Telegraph Co. und der Western Electric Co. ausgeführt. Nach einem dreijährigen Betrieb wurde das Unternehmen jedoch eingestellt, da die Gespräche von anderen Funkern abgehört wurden.

Fußballtoto

Das erste Fußballtoto wurde unter der Bezeichnung »Pari-Mutual Pools« von John Jervis Barnard im Jahr 1922 in einem Raum in der Martineau Street 28 in Birmingham gegründet. Der erste Kupon umfaßte sechs Spiele, und die Zahl der interessierten Tipper war so gering, daß Barnard mit den eingelaufenen Wettgeldern nicht einmal die Portokosten decken konnte. Zu Beginn der nächsten Fußballsaison war Barnard nahe daran, das ganze Projekt aufzugeben, einen letzten Versuch wollte er noch machen. Aus irgendeinem unerforschlichen Grund flatterten ihm die ausgesandten Tippscheine plötzlich ins Haus, das Geschäft begann anzulaufen. Barnard betrieb das in »Jervis Pools« umbenannte Unternehmen bis 1938 und verkaufte es dann an Cope's Pools.
Barnard selbst hat zwar nicht sehr viel Geld mit seiner Totoidee verdient, seine Nachahmer hingegen waren erfolgreicher. Unter ihnen ist John Moores zu nennen, der es schließlich zum ersten Totomillionär brachte. Moores war 26 Jahre alt und von Beruf Telegrafist bei der Commercial Cable Co. in Liverpool. Als ihm und zwei anderen Telegrafisten ein Totoschein von Jervis unterkam, versuchten sie auszurechnen, wie viele Jervis auszuschicken habe, bis er einen Gewinn verzeichnen könne. Sie kamen auf 4 000 Stück als solide Basis und entwarfen selbst einen Totoschein. Sie ließen ihn, um ihre Anstellung als Telegrafisten nicht zu verlieren, unter dem Decknamen »Littlewood« drucken. Die Kupons wurden von eigens angeheuerten Jungen in der Umgebung des Stadions von Manchester United zum Verkauf angeboten, es fanden sich jedoch nur 35 Abnehmer, die ihr Glück versuchen wollten. Von den Einnahmen in der Höhe von 4 Pfund, 7 Shilling und 6 Pence mußten die Branchenneulinge 2 Pfund und 12 Shilling an Gewinnen ausbezahlen. Bald darauf zogen sich Moores' Partner von dem scheinbar aussichtslosen Unternehmen zurück, aber Moores machte allein weiter. Sieben Jahre später hatte er seine erste Million verdient.

Fußpfleger

Die ersten Fußpfleger sind als Hühneraugenschneider schon im Jahr 1593 in einer Schrift von Thomas Nashe erwähnt. Gemeinsam war diesen frühen Spezialisten der Fußpflege das geringe Ansehen, das sie genossen. Die meisten von ihnen führten ein Wanderleben und übten ihren Beruf auf Jahrmärkten oder auf der Straße aus.
Der erste Fußpfleger, der sich als solcher bezeichnete, war David Low, der im Jahr 1774 das erste Hotel in London eröffnet hatte. Im Jahr 1780 wandte er dann diesem Gewerbe den Rücken zu und begann Hühneraugen zu schneiden (was bei einer Taxe von 1 Guinea pro Behandlung möglicherweise lukrativer war). Low veröffentlichte im Jahr 1785 eine Schrift mit dem Titel »Chiropodologia«, in der das Wort »Chiropodist«, Fußpfleger, erstmals im Druck aufscheint; auch auf seinen Geschäftskarten, die vielleicht schon früher angefertigt wurden, verwendete Low diese Bezeichnung.
Das »European Magazin«, das das Buch Lows in seiner Juniausgabe des Jahres 1785 rezensierte, betrachtete Lows Ausdruck »Chiropodist« als überflüssige Affektiertheit.
Der erste Lehrgang für Hand- und Fußpflege wurde im Jahr 1910 in der School of Chiropody in New York, die von der Pedic Society von New York gegründet worden war, abgehalten. Die ersten Absolventen, 13 Männer und eine Frau, gingen im Jahr 1913 von der Schule ab. Im Jahr 1916 erfolgte die staatliche Anerkennung dieses Berufes, als vier Studenten des Garreston Teaching Hospital der Temple University in Philadelphia der medizinische Grad eines Magisters (M. Cp.) verliehen wurde.

G

Garage

Die erste Garage wurde von Dr. W. Barrett 1899 in Southport errichtet. Sie war mit seinem Haus durch eine Passage verbunden und mit Montagegruben und Waschvorrichtungen für seine beiden Autos versehen, einen Daimler und einen Knitley Victoria, beide Baujahr 1898.
Dr. Barrett wurde auch als Erfinder des ersten brauchbaren Wagenhebers bekannt.
Im selben Jahr baute sich auch Dr. Zabriskie in Brooklyn, New York, eine Ziegelgarage im Ausmaß von 5,4 × 6,6 m zum Preis von 1 500 Dollar. Er hatte seinen Winton Road Wagon im Oktober 1898 gekauft, aber es ist nicht bekannt, ob seine Garage vor oder nach der von Dr. Barrett fertiggestellt wurde.
Im Dezember 1899 lieferte die Firma F. Jackson & Co. in der Oxford Street in London auf Wunsch aus Holz gebaute Garagen. Auch die Bauherren erkannten bald, daß eine Garage den Wert eines Gebäudes steigern kann. Die Zeitschrift »Autocar« berichtete im Dezember 1901: »In Hampstead wurden kürzlich eine Anzahl neuer Häuser errichtet, zu deren Ausstattung auch eine Garage gehört.«

Gasherd

Der erste Gasherd wurde von James Sharp von der Northampton Gas Co. entworfen und im Jahr 1926 in seiner Küche aufgestellt. Die ersten für den Verkauf hergestellten Modelle wurden 1834 vom Bath Hotel in Leamington, Warwickshire, und dem Angel Inn in Northampton bestellt. Im Bath Hotel wurde bald darauf ein Diner für 100 Personen nur mit Gas zubereitet. In einem zeitgenössischen Bericht heißt es:

»Alles schmeckte hervorragend; obgleich Fisch, Pudding, Geflügel, Schinken und Gemüse gemeinsam gedünstet worden waren, hatte keine der Speisen den Geschmack einer anderen angenommen.«

Trotz dieses Erfolges zögerte Sharp mit dem Start der vollen Produktion. Eines Tages jedoch hielt vor seinem bescheidenen Heim eine prächtige vierspännige Kutsche mit livrierten Reitern: aus der Kutsche stieg der Earl Spencer und verlangte einen Lunch, der auf einem Gasherd zubereitet war. Dieses Zeichen huldvoller Zustimmung überzeugte Sharp endgültig, daß Nachfrage nach seiner Erfindung bestand. 1836 eröffnete er eine Fabrik mit 35 Arbeitern in Northampton und begründete damit die Gasgeräteindustrie.
Sharps Herd war eine aufrecht stehende Röhre, auf deren Boden ringförmig Brenner angeordnet waren, über denen das Fleisch an Haken aufgehängt wurde.
Die moderne Form des Gasherdes mit Kochstellen und einem wärmeisolierten Backrohr mit verstellbarem Rost kam 1852 mit dem Bower's Registered Gas Cooking Stove auf. Ab 1915 gab es Herde mit Thermostat.

Gaskammer

Die erste Gaskammer wurde im Staat Nevada installiert, auf Betreiben von Major D. A. Turner vom Sanitätskorps der amerikanischen Armee, der diese Hinrichtungsart als »die schnellste und humanste Methode, einen Menschen zu töten« bezeichnete.
Die Gaskammer im Staatsgefängnis von Nevada in Carson City wurde am 8. Februar 1924 zum erstenmal für die Hinrichtung des Chinesen Gee Jon in Betrieb gesetzt, der wegen Mordes an einem Mitglied eines rivalisierenden chinesischen Geheimbundes zum Tod verurteilt worden war.
Der Tod des Delinquenten trat etwa sechs Minuten nach dem Einströmen des Zyanidwasserstoffgases in die Kammer ein.

Gasometer

Der erste Gasometer wurde im Jahr 1815 von William Clegg erfunden, dem Assistenten von William Murdoch, Pionier auf dem Gebiet der Gasbeleuchtung.
Der erste Münzgasometer wurde im Jahr 1887 von R. W. Brownhill aus Birmingham patentiert.
Nachdem sich alle Gasgesellschaften Englands geweigert hatten, die Neuheit aufzugreifen, erklärte sich die South Metropolitan Gas Co. im Jahr 1892 bereit, probeweise 100 Gasometer unter der Bedingung zu installieren, daß der Patentinhaber im Falle eines Mißerfolges die Kosten trage. Der Versuch endete so erfolgreich, daß das Münzamt im Winter 1896/97 dreimal so viele Kupfermünzen prägen mußte als in den vergangenen 12 Monaten. Weitere Folgen dieser Neuerung waren die allgemeine Einführung von Gasherden in Arbeiterwohnungen, da die Gesellschaften den Herd kostenlos mit dem Gasometer lieferten, sowie ein bemerkenswerter Rückgang von Bränden, weil die Öllampen durch Gaslicht ersetzt wurden.

Geburtenregister

Das erste Geburten-, Heirats- und Sterberegister, das regelmäßig nach einem bestimmten System geführt wurde, ist im Jahr 1621 in Kanada eingerichtet worden. Kanada ist das einzige Land der Welt, das über drei Jahrhunderte hinweg über ein lückenloses Geburtenregister verfügt.
Der erste europäische Staat, der die Meldepflicht von Geburten und Todesfällen einführte, war Schweden (1686).

Gemeindebauten

Die ersten Gemeindebauten wurden von der Stadtverwaltung Liverpool errichtet und umfaßten vier vierstöckige Häuserblocks mit 88 Wohnungen sowie zwei dreistöckige Häuser mit 36 Wohneinheiten, die im Jahr 1869 fertiggestellt wurden. Die Anlage, St. Martin's Cottages genannt, steht in der Silvester Street. Die Grund- und Baukosten betrugen 17 928 Pfund. Die Wohnungen hatten kein Bad, keine Speise- und Kohlenkammer, die Toiletten waren Gemeinschaftsanlagen.
Die Mieten waren niedrig, im Jahr 1912 (erst von da an sind Unterlagen verfügbar) betrug die Wochenmiete für eine Dreizimmerwohnung 3 Shilling und 6 Pence bis 4 Shilling und 6 Pence.
Die vierstöckigen Häuserblocks sind noch heute, nach einer Generalrenovierung in den frühen fünfziger Jahren, bewohnt. Die zwei anderen Gebäude wurden abgerissen, damit die renovierten Häuser mehr Tageslicht und Luft bekommen.

Gesangbuch

Das erste Gesangbuch in einer Nationalsprache wurde von Severin für die böhmischen Hussiten am 13. Januar 1501 herausgegeben. Es enthielt 89 geistliche Lieder in tschechischer Sprache, davon 21 von den böhmischen Theologen Konvaldsky, Taborsky und Lucas Pragensis. Der Name des Gesangbuches ist unbekannt, weil dem einzigen erhaltenen Exemplar die Titelseite fehlt.

Die ersten Gemeindebauten, St. Martin's Cottages in Liverpool, 1869

Geschenkkupons

Die ersten Geschenkkupons wurden von Benjamin Talbert Babbit im Jahr 1865 in New York eingeführt, um seine Kunden von der Meinung abzubringen, sie müßten beim Kauf seiner Seife die Verpackung mitbezahlen. Auf jeder Hülle war das Wort »Coupon« aufgedruckt, wer zehn Kupons gesammelt hatte, bekam eine »wunderschöne Lithographie«.
Später, als die Idee populär wurde, wurden auch andere Geschenke verteilt.
Zigarettenkupons wurden das erste Mal etwa 1901 in den Packungen von Kinnear's Handicap Cigarettes ausgegeben. Den Gewinnern winkte eine einwöchige Reise nach Paris.
Geschenke gegen Kupons wurden das erste Mal von dem Unternehmen Ogden eingeführt, dem Hersteller der berühmten Guinea Gold Cigarettes.
Unter den Warengeschenken, die im Jahr 1902 ausgegeben wurden, befanden sich Tischtennisausrüstungen und Fahrräder.

Geschirrspülmaschine

Die erste Geschirrspülmaschine, die maschinell betrieben und gewerblich hergestellt wurde, wurde in zehnjähriger Versuchsarbeit von Mrs. W. A. Cockran aus Shelbyville, Indiana, entwickelt und im Jahr 1889 fertiggestellt. Ihr Mann hatte

sie finanziell sehr kurzgehalten, so daß sie erst nach seinem Tod genügend Geld auftreiben konnte, um ihre Erfindung zu perfektionieren. Freunde, die an ihren Erfolg glaubten, halfen ihr dabei.
Mrs. Cockran konstruierte verschiedene Modelle für Haushalte und Hotels, die größeren Typen wurden von einer Dampfmaschine angetrieben. Eine Zeitung berichtete damals, daß die Cockran-Geschirrspüler imstande waren, »60 bis 240 Teller aller Formen und Größen in zwei Minuten zu reinigen, heiß zu waschen, zu spülen und zu trocknen«. Die Herstellungsrechte erwarb eine Maschinenfabrik in Chicago.

Gewächshaus

Das erste Gewächshaus wurde von Daniel Barbaro im Botanischen Garten der italienischen Stadt Padua errichtet, kurz nach dessen Eröffnung im Jahr 1545. Es war vermutlich aus Steinen oder Ziegeln gebaut, ohne Glas, und mittels einer Kohlenpfanne oder einer offenen Feuerstelle zu beheizen.
Wenn der Winter nahte, wurden empfindliche Pflanzen in dieses Gewächshaus übersiedelt und im Frühling wieder ins Freie gebracht.

Gleichheitszeichen

Das erste Gleichheitszeichen (=) wurde von Robert Record, Mitglied des College All Souls in Oxford verwendet, und zwar in seiner Algebraschrift »The Whetstone of Witte«, die im Jahr 1557 in London erschien.
Er erklärte auch, warum er gerade dieses Symbol gewählt hatte: »Keine zwei Dinge können sich mehr gleichen als zwei parallele Linien.«

Glückwunschkarte

Die erste Glückwunschkarte für Geburtstage und andere Anlässe wurde von W. Harvey entworfen und von John Thompson im Jahr 1829 in London graviert. Der Entwurf zeigt ein kunstvoll ausgeschmücktes Medaillon, umgeben von Schnörkeln und gekrönt von den Worten: »Für... zum Jahrestag von...«.

Glühlampe

Die erste Glühlampe von praktischem Nutzen wurde von dem schottischen Autodidakten James Bowman Lindsay entwickelt, dessen erster erfolgreicher Versuch auf dem Gebiet der elektrischen Beleuchtung im »Dundee Advertiser« vom 31. Juli 1835 folgendermaßen beschrieben wurde:

»Mr. Lindsay, ein Lehrer dieser Stadt, früher Vortragender an der Watt Institution, gelang es am Abend des 25. Juli, konstantes elektrisches Licht zu erzeugen. Schon vor mehr als zwei Jahren hatte er sich mit diesem Problem befaßt, obwohl er die meiste Zeit mit anderen Arbeiten beschäftigt war. An Schönheit übertrifft dies Licht alle anderen Arten; es ist geruchlos, erzeugt keinen Rauch, es kann nicht explodieren und kann in verschlossenen Glasbehältern leuchten, da es keine Verbrennungsluft benötigt. Man braucht keinen Fidibus zum Anzünden, so daß es speziell für Spinnereien und andere Räumlichkeiten mit leicht brennbarem Material geeignet erscheint. Es kann in jede beliebige Entfernung ausgestrahlt werden; der Apparat, der das Licht erzeugt, ist in einer gewöhnlichen Kiste untergebracht.«

Man darf annehmen, daß Lindsays Lichtquelle Glühlampen waren, denn in einem Brief an den »Dundee Advertiser« vom 30. Oktober 1835 bezieht er sich auf die Verwendung einer »luftleeren Glasröhre«; allerdings erwähnt er keinen Glühfaden. Die Lampe muß von praktischem Nutzen gewesen sein, denn Lindsay hatte diesen Brief in ihrem Licht geschrieben. Außerdem erklärte er in dem Brief, daß er »mit demselben Apparat zwei oder drei Lampen speisen kann, jede stark genug, um darunter zu lesen«. Eine Lampe hatte eine ausreichende Beleuchtungsstärke, um ein Buch aus einem halben Meter Entfernung lesen zu können. Nach Auskunft von seinem Freund Alexander Maxwell bestand die Energiequelle für die Glühlampen aus galvanischen Elementen.
In Maxwells unveröffentlichten »Erinnerungen« finden sich Hinweise dafür, warum Lindsay seine Erfindung nicht so weit vervollkommnete, daß sie kommerziell verwertbar gewesen wäre. Er war ein Mann »von profundem Wissen und unermüdlichem Forschungsdrang, der, wäre er ein bißchen praktischer veranlagt, etwas weltgewandter und weniger schüchtern gewesen, einen gebührenden Platz unter berühmten Männern hätte einnehmen können. Tatsächlich . . . ging er als armer und bescheidener Schulmeister durchs Leben«.
Auf die Frage, warum Lindsay seine Experimente abgebrochen hat, gibt er selbst eine ebenso einleuchtende wie einfache Erklärung, die auch seinem uneigennützigen Charakter entsprach: »Nachdem mich das Thema [elektrisches Licht] voll und ganz befriedigt hatte, wandte ich mich wieder einigen linguistischen Nachforschungen zu, die unvollendet geblieben waren.«
Gewerblich hergestellte elektrische Glühlampen wurden das erste Mal, voneinander unabhängig, aber zur gleichen Zeit, von Thomas Alva Edison in Menlo Park, New Jersey, und von Sir Joseph Swan aus Newcastle upon Tyne, England, entwickelt. Edison begann im September

1878 mit seinen Versuchen und gelangte etwa ein Jahr später zu einem befriedigenden Resultat. Die erste von ihm hergestellte Glühbirne, die über eine nennenswerte Zeitspanne hinweg brannte, war das Modell Nr. 9, dessen Glühfaden aus verkohlter Baumwolle bestand. Am 21. Oktober 1879 notierte Edison in seinem Merkbuch: »Nr. 9 von 1.30 bis 15 Uhr – $13^1/_2$ Stunden, dann für 1 Stunde an drei Gasdüsen angeschlossen, dann Risse im Glas und zerborsten.«
Die Lampe wurde am 1. November 1879 patentiert, aber es stellte sich bald heraus, daß der verkohlte Nähfaden, den Edison als Glühfaden verwendete, eine zu geringe Lebensdauer hatte. Deshalb ging er zu Beginn des Jahres 1880 zu Glühfäden aus verkohltem Papier über, deren Haltbarkeit ausreichte, um bei den im Oktober erstmals für den Handel hergestellten Lampen Verwendung zu finden.
Joseph Swan trat mit seiner elektrischen Glühlampe erstmals am 18. Dezember 1878 an die Öffentlichkeit, bei einem Treffen der Chemical Society von Newcastle upon Tyne. Im Laufe seines Vortrags führte er eine Glühbirne vor, die einen 1 mm starken Kohleleiter enthielt, konnte ihre Funktion jedoch nicht demonstrieren, da sie schon während eines Laborversuches durch eine zu starke Stromdosis durchgebrannt war. Am 18. Januar 1879 führte Swan bei einem Vortrag in Sunderland eine ähnliche Lampe, diesmal jedoch brennend, vor. Obwohl diese Demonstration gut 10 Monate vor Edisons erfolgreichem Laboratoriumsexperiment stattfand, kann sie dennoch nur als Vorstadium auf dem Entwicklungsweg zur Herstellung marktreifer elektrischer Glühlampen gelten. Funktionsfähige Glühbirnen stellte Swan nicht vor Anfang des Jahres 1880 her; er benutzte dazu einen karbonisierten Baumwollfaden, der, ähnlich wie der Edisons, aber etwas langlebiger war. Dieses Modell meldete Swan am 27. November 1880 zum Patent an, nach dem in der Folge die Swan-Lampen produziert wurden.
Die ersten für den Handel bestimmten Glühbirnen wurden in den Edison Lamp Works erzeugt, die am 1. Oktober 1880 in Menlo Park gegründet wurden. Anfänglich benötigte man an die 200 Arbeitsgänge für die Herstellung einer einzelnen Glühbirne, die meisten davon wurden nämlich mit der Hand ausgeführt.
Das erklärt den hohen Endpreis von 2,50 Dollar pro Stück. Die Preise wurden später stufenweise gesenkt, und die Nachfrage stieg dementsprechend an, obwohl der Bedarf gering blieb, bis um 1890 die Haushalte in den größeren Städten an das öffentliche Stromnetz angeschlossen wurden.
Die erste Installation einer elektrischen Lampe in einem Privathaus führte Moses G. Farmer, Professor an der Naval Training Station in Salem, Massachusetts, durch. Er montierte im Jahr 1859 in seinem Wohnzimmer eine Lampe mit platiniertem Brenner, die er selbst gebastelt hatte. Sie wurde von einer galvanischen Batterie gespeist, die im Keller des Hauses untergebracht war.

Osmiumglühlampe
Die erste Osmiumglühlampe erfand Carl Frh. von Auer von Welsbach im Jahr 1898. In dieser Glühlampe wird statt des Kohlenfadens ein dünner Osmiumdraht verwendet, der immer wieder in eine Tonerdesalzlösung eingetaucht und anschließend zum Glühen gebracht wird, so daß er mit einer dünnen, emailartigen Tonerdeschicht überzogen wird.

Hängebrücke

Die erste Hängebrücke war ein Fußsteg über den Indus, von dem der chinesische Mönch Fa Hsien im Jahr 399 berichtete, er sei seiner Ansicht nach »sehr alt« gewesen. Aus dem Jahr 630 stammt die Kunde des buddhistischen Gelehrten Hsuan-Tsang über eine andere Hängebrücke über den Indus, die aus eisernen Ketten bestand.
Die erste Hängebrücke der westlichen Hemisphäre war die Wynch-Brücke in der Grafschaft Durham, die den Fluß Tees etwa 3 km oberhalb von Middleton überspannte. Es war eine wenig belastbare Konstruktion, 21 m lang und nur 0,6 m breit, die im Jahr 1742 für die ansässigen Bergarbeiter errichtet wurde. In den nächsten 50 Jahren gab es keinerlei Weiterentwicklung des westlichen Brückenbaus, bis James Finley im Jahr 1796 die erste Hängebrücke baute, eine über den Jacob's Creek führende Verbindung Unionstown — Greensburg, Pennsylvania.

Heimkino

Das erste Heimkino offerierte der Berliner Oskar Meßter in seinem Katalog im Oktober 1897: Es war eine Ausrüstung für Amateurfilmer, die sich »Amateur-Kinetograph« nannte und aus einer Filmkamera mit Projektor bestand. Der 35-mm-

Die erste Hängebrücke der westlichen Welt, die Wynch-Brücke über den Tees, England, 1742

Standardfilm wurde von der Firma Eastern Photographic Materials Co. Ltd. in London geliefert. Im Katalog wurden auch 84 in Meßters eigenem Studio in der Berliner Friedrichstraße hergestellte professionelle Filme für die Vorführung zu Hause angeboten. Obwohl Heimkinoausrüstungen noch vor dem Ende des 19. Jahrhunderts in Deutschland, England und Frankreich erhältlich waren, ist kein Film aus dieser Zeit erhalten. Im Jahr 1932 wurde berichtet, daß der älteste bekannte Amateurfilm von E. W. Mellor, Schatzmeister der Royal Photographic Society, während einer Reise nach Ägypten im Jahr 1909 aufgenommen worden war.
Das Heimkino gelangte zu keiner großen Popularität, bis Charles Pathé das unbrennbare Filmmaterial erfand. Im Jahr 1912 brachte er seinen 28-mm-K. O. K.-Projektor und die zugehörige Kamera auf den Markt und bot eine große Auswahl von Filmen für die häusliche Unterhaltung an.
Im selben Jahr erschien in den USA das 22-mm-Heimkinetoskop von Edison, bei dem der Kodak-Sicherheitsfilm von Eastman verwendet wurde.
Die erste 16-mm-Kamera war das Modell A von Kodak, dessen Prototyp im Mai 1920 von J. G. Capstaff bei der Eastman Kodak Co. in Rochester, New York, gebaut wurde. Nach zusätzlicher Entwicklung kam sie gemeinsam mit dem motorisierten Projektor Kodascope Modell A am 5. Juli 1923 auf den Markt. Die Projektoren waren so robust gebaut, daß noch eine Reihe von ihnen in Gebrauch sind.
Die erste 9,5-mm-Heimkamera war das Modell Pathé Baby, das im Dezember 1922 von der Firma Pathé Cinema in Paris eingeführt wurde; zwölf Monate später folgte eine Kamera. Das vom Pathé-Mitarbeiter Ferdinand Zecca konstruierte 9,5-mm-Baby sollte jenen Amateuren das Filmen ermöglichen, die sich das größere Format nicht leisten konnten.
Die erste 8-mm-Kamera mit Projektor brachte im August 1932 Eastman Kodak auf den amerikanischen Markt. Die Kamera verwendete einen speziellen 16-mm-Film, der zweimal durchlief, einmal in jeder Richtung, und der nach der Entwicklung in der Mitte auseinandergeschnitten wurde. Dadurch wurden die Kosten eines Heimfilmes praktisch halbiert. Das 9,5-mm-Format war in den USA hingegen fast unbekannt.

Farbfilm für Heimkino
Den ersten Farbfilm verwendete das Kodacolorverfahren, ein Zusatzverfahren mit zwei Farben, das von dem französischen Erfinder R. Berthon stammte und im Juli 1928 in den USA auf den Markt kam. Die Eastman Kodak Co. hatte die Rechte des Berthonschen Verfahrens im Jahr 1925 von der Société du Film en Couleurs Keller-Dorian erworben. Ein kombinierter Dreifarbenfilter wurde sowohl für die 16-mm-Standardkamera als auch für den Projektor verwendet.

Tonprojektor
Der erste Amateurtonprojektor war das 16-mm-Modell PG-30 von RCA, das im Jahr 1930 in den USA auf den Markt kam.

Heiratsannonce

Die erste Heiratsannonce erschien am 19. Juli 1695 in John Houghtons »Collection for the Improvement of Husbandry and Trade« (Sammlung für den Fortschritt von Landwirtschaft und Handel). Ihr Text lautete:

»Ein Herr im Alter von etwa 30 Jahren, der über ansehnlichen Besitz verfügt, würde sich gerne mit einer jungen Dame verehelichen, die ein Vermögen von ungefähr 3 000 Pfund ihr eigen nennt. Und er wird ein Übereinkommen zu beiderseitiger Zufriedenheit treffen.«

Diese Methode, einen Ehepartner zu suchen, blieb zuerst ausschließlich ein männliches Vorrecht. Als eine beherzte Jungfer namens Helen Morison im Jahre 1727 im »Manchester Weekly Journal« ein Heiratsinserat aufgab, verlangten die aufgebrachten Bürger, es müsse ein Exempel statuiert werden: der Bürgermeister schickte die Heiratslustige für vier Wochen in eine Irrenanstalt.

Heizung

Die erste Gasheizung war ein aus Lampe und Heizung bestehender Apparat, der am 21. September 1799 in Frankreich von Philippe Lebon aus Bruchay bei Joinville zum Patent angemeldet wurde. Im darauffolgenden Jahr installierte Lebon seine Thermolampe auf eigene Kosten im Hotel Seignelay in Paris, um ihre Wirksamkeit unter Beweis zu stellen. Außer zur Beheizung der Räume diente der Apparat auch zur Beleuchtung eines Springbrunnens. Obwohl die Thermolampe gut funktionierte, schreckte der schlechte Geruch des Gases potentielle Käufer ab. Lebon arbeitete weiter an seiner Erfindung, wurde jedoch im Jahre 1804, am Krönungstag Napoleons, auf den Champs-Élysées erstochen.
Die moderne Gasheizung geht auf das Prinzip des Bunsenbrenners zurück, der dem Gas Sauerstoff zuführt und so eine wesentlich heißere Flamme erzeugt. Robert Wilhelm Bunsen, Professor für Chemie an der Universität Heidelberg, stellte seinen ersten Brenner im Jahr 1855 her. Innerhalb eines Jahres begann die englische Firma Pettit and Smith mit der kommerziellen Erzeugung der Gasgeräte.

Elektrische Heizung
Die erste elektrische Heizung wurde im Jahr 1887 von W. Burton in den USA zum Patent angemeldet und zwei Jahre später von der Firma Burton Electric Co. in Richmond, Virginia, auf den Markt gebracht. In der Zeitschrift »The Electrician« stand:

»Der Burton-Elektroofen besteht aus einem gußeisernen Kasten, der einige Widerstandsspulen enthält, die mit trockenem, pulverisiertem Ton bedeckt sind, um die Wärme von den Drähten zu absorbieren und sie so vor dem Ausbrennen zu schützen. Der Strom, mit dem die Heizkörper versorgt werden, hat eine Spannung von 80 Volt, jeder Heizkörper etwa 2,5 Ampere. Es wurde festgestellt, daß dieser Strom die Temperatur eines Heizkörpers auf etwa 93° C anhebt.«

Die wie niedrige Tische geformten Radiatoren waren 70 cm lang und 20 cm breit und standen auf 10 cm hohen eisernen Füßen. Anfangs war der Einsatz der Radiatoren auf elektrische Straßenbahnwagen beschränkt, obwohl sie auch für den Gebrauch im Haushalt angepriesen wurden. Gegen Ende des Jahres 1891 bestellte das Unternehmen Aspen Mining Co. in Aspen, Colorado, eine Anzahl von Burton-Heizkörpern bei der Firma Electric Merchandise Co. in Chicago, um sie in ihren Betriebsräumen aufzustellen. Dies sind die ersten Gebäude, von denen man weiß, daß sie elektrisch beheizt wurden.

Herzmassage

Die erste Herzmassage, die erfolgreich war, wurde im Jahr 1901 von Dr. Kristian Igelsrud in Tromsö, Norwegen, an einer 43jährigen Patientin durchgeführt. Die Frau erlitt während einer Unterleibsoperation einen Herzstillstand, Dr. Igelsrud öffnete sofort den Brustkorb und begann das offenliegende Herz mit kurzen Stößen zu massieren, bis es nach einer Weile wieder zu schlagen begann. Die Patientin genas völlig und wurde nach fünf Wochen aus dem Krankenhaus entlassen. Dies ist der erste verbürgte Fall einer erfolgreichen Herzmassage an einem Patienten, dessen Herzschläge ausgesetzt hatten, der daher klinisch tot war und danach wieder zum Leben erweckt wurde.

Herzoperation

Die erste Herzoperation, bei der das Herz genäht wurde, führte der Chirurg Ludwig Rehn am 9. September 1896 im Städtischen Krankenhaus Frankfurt aus. Unter dem Skalpell lag der 22jährige Gärtnergehilfe Wilhelm Justus, der bei einer Wirtshausrauferei von einem Unbekannten einen Stich ins Herz bekommen hatte. Die Ursache der Blutung war ein 1,5 cm langer Schnitt in der rechten Herzkammer. Die Wunde wurde mit drei Seidenfäden vernäht, das in den Brustraum ausgetretene Blut abgesaugt. Der Patient wurde wieder völlig gesund. Von den 124 Herzoperationen, die von Rehn in den nächsten 10 Jahren bekannt wurden, überlebten etwa 40% der Patienten. Früher waren Herzverletzungen zu fast 100% tödlich.

Herzverpflanzung
Die erste Herzverpflanzung wurde von Christian Barnard am 2. Dezember 1967 im Groote-Schuur-Krankenhaus in Kapstadt vorgenommen. Dem schwer herzkranken Großhändler Louis Waskansky wurde das Herz der 25jährigen Denise Darvali,

die bei einem Verkehrsunfall getötet wurde, eingepflanzt. Die Operation dauerte sechs Stunden, Professor Barnards Team bestand aus 30 Ärzten und Schwestern. Waskansky starb 18 Tage später an einer Lungenentzündung.

Hitparade

Die erste Hitparade auf Grund der Verkaufsziffern von Schallplatten wurde am 4. Januar 1936 in New York in der Publikation »The Billboard« (Das Anschlagbrett) veröffentlicht. Es gab drei verschiedene Listen der drei größten Schallplattenfirmen, von denen jeweils zehn Bestseller aufschienen. Die drei jeweils bestverkauften Titel damals hießen »Stop, Look and Listen« mit Joe Venuti (Columbia), »Quicker than you can say« mit Ozzie Nelson (Brunswick) und »The Music goes round« mit Tommy Dorsey (RCA-Victor).

Hochzeit mit einem Auto

Die erste Hochzeit mit einem Auto fand am 27. Februar 1897 in Paris statt. Ein Korrespondent der englischen Zeitschrift »Autocar« berichtete darüber eine Woche später:

»Am Samstag hatte ich die Ehre, das erste Mal eine Hochzeit zu sehen, bei der ein Auto verwendet wurde. Das Fahrzeug war mitten unter den anderen Wagen vor einem Restaurant im Boulevard des Patignolles abgestellt, in dem das jungvermählte Paar und seine Freunde das Hochzeitsfrühstück einnahmen. Das Automobil war ein von Fisson gefertigter Brougham . . . Die Scheinwerfer waren mit Rosetten aus weißem Satin geschmückt. Später sah ich das Auto mit dem glücklichen Paar an der Spitze eines Wagenzuges, der sich zum Bois de Boulogne bewegte . . . Monsieur Fisson chauffierte höchstpersönlich.«

Hörapparat

Der erste elektrische Hörapparat war das sogenannte »Acousticon«, das am 15. November 1901 von Miller Reese Hutchinson in New York zum Patent angemeldet und im darauffolgenden Jahr von der Firma Hutchinson Acoustic Co. hergestellt wurde. Der Apparat bestand aus einem großen Gehäuse für die Batterien, etwa im Format eines tragbaren Rundfunkgerätes, und einem telefonähnlichen Empfänger, der ans Ohr gehalten wurde.
Einer der ersten Benützer war Königin Alexandra von England, die seit ihrer Kindheit an partieller Taubheit litt. Sie bediente sich der Hörhilfe während der Krönungsfeierlichkeiten im Jahr 1902 und verlieh dem 26jährigen Erfinder später zum Dank eine Medaille.
Zu den etwa 90 Patenten, die Hutchinson im Laufe seines erfindungsreichen Lebens anmeldete, zählt auch die Klaxon-Hupe, was seinen Freund, Mark Twain, zu der Bemerkung veranlaßte: »Erst erfindest du das Klaxon-Horn, um die Leute taub zu machen, damit sie dann deinen Hörapparat benützen müssen!«
Die erste elektrische Hörhilfe, die am Körper getragen werden konnte, war das »Amplivox«, im Oktober 1935 von A. Edwin Stevens in London auf den Markt gebracht. Sie wog etwa 1,25 kg.
Der erste Transistorhörapparat wurde von der Firma Sonotone aus Elmsford, New York, erzeugt und am 29. Dezember 1952 in den Handel gebracht.

Hotel

Das erste Hotel war das »Grand Hotel« in Covent Garden, London, das im Januar 1774 von David Low eröffnet wurde. Der frühere Besitzer des Hauses, der exzentrische Lord Russell, hatte das Innere so umgestaltet, daß es den Zwischendecks eines Kriegsschiffes glich. Ehe Low seinen Friseurberuf an den Nagel hängte und Hotelier wurde, mieteten Reisende, die für längere Zeit nach London kamen, für gewöhnlich möblierte Unterkünfte, während man sich für ein oder zwei Nächte in Gasthäusern einzuquartieren pflegte. Mit Lows Unternehmen begann die Idee Fuß zu fassen, in einem der Öffentlichkeit zugänglichen Haus vor allem Familien Unterkunft zu gewähren. Darin unterschied sich Lows Neuerung von den Wirtshäusern und Tavernen jener Zeit, die vor allem für das leibliche Wohl ihrer Gäste sorgten; die Vermietung von Zimmern war von untergeordneter Bedeutung.
Um Werbung für das »Grand Hotel« zu machen, ließ David Low Medaillons in Gold, Silber und Kupfer unter Adligen und Bürgern verteilen. Trotz oder vielleicht gerade wegen dieser verschwenderischen Werbung mußte Low im Jahr 1780 das Hotelgeschäft aufgeben. Er wurde »Fußpfleger«. Aber auch in diesem Beruf scheiterte er, er kam ins Armenhaus, aus dem er jedoch bald wieder hinausgeworfen wurde, weil er den Vorsteher tätlich angegriffen hatte.
Das »Grand Hotel« wurde nach Lows Abgang unter neuer Leitung weitergeführt. Im Jahr 1794 war es im Besitz einer gewissen Mrs. Hudson, die ihre Gäste in einer eigenartig formulierten Anzeige darüber informierte, daß ihr Haus »Stallungen für hundert Edelleute und Pferde« bieten würde. Zu Beginn des 19. Jahrhunderts war das Hotel berühmt für seine Küche; der Speisesaal erhielt den Beinamen »The Star«, da sich hier traf, wer Rang und Namen hatte. In den folgenden Jahren wurde

das Hotel verschiedentlich umbenannt, bis es schließlich um 1880 ruhmlos von der Bildfläche verschwand.

Hotel mit Badezimmern
Das erste mit Badezimmern ausgestattete Hotel war das »Tremont House«, das am 16. Oktober 1829 in Boston, Massachusetts, eröffnet wurde. Die acht Badezimmer befanden sich alle im Erdgeschoß und waren durch einen eigenen Eingang von der Straße aus zugänglich. Das erste Hotel, das Bäder für einzelne Zimmer besaß, war das »Mount Vernon« in Cape May, New Jersey, das im Jahr 1853 seinen Betrieb aufnahm.

Hotel mit Hochzeitssuite
Mit einer Hochzeitssuite wartete erstmals im Jahr 1844 das Hotel »Irving House« in New York auf.

Hotel mit Zentralheizung
Das erste Hotel mit Zentralheizung war das »Eastern Exchange« in Boston, dessen Zimmer im Jahr 1846 mit Dampfradiatoren ausgestattet wurden.

Hotelkellnerinnen
Das erste Hotel, das Kellnerinnen beschäftigte, war das »Delavan House« in Albany, New York, und zwar ab Mai 1853. Die gefeierte amerikanische Feministin Amelia Bloomer berichtete darüber ein paar Monate später in einem Brief:

»Als wir für eine Nacht im ›Delavan House‹ abstiegen, waren wir beim Eintritt in den Speisesaal angenehm überrascht, denn etwa ein Dutzend junger Frauen war mit dem Servieren beschäftigt. Das war etwas Neues. Als wir im letzten Winter in diesem Hotel wohnten, gab es nur männliche Kellner, wie das in solchen Häusern üblich ist. Nun sahen wir keine männlichen Kellner, an Stelle ihrer schweren Fußtritte und ihres linkischen Gehabens sind die leisen Schritte und anmutigen Bewegungen von Frauen getreten. Aus einer Unterhaltung mit dem Besitzer erfuhren wir, daß die Neueinführung . . . überall Anklang gefunden hatte . . ., nur ein paar Damen, die farbige Kellner bevorzugten, hatten sich beschwert.«

Hotelbibel
Die ersten Bibeln in Hotelzimmern wurden im November 1908 von den Gideons, einer religiös gesinnten Gemeinschaft von Handlungsreisenden, im »Superior Hotel« in Iron Mountain, Montana, verteilt.

Hotelzimmer mit Fernsehapparat
Das erste Hotel, das Fernsehapparate in den Zimmern aufstellte, war das »New Yorker« in New York City. Die von der Firma Freed Television & Radio Corp. im Februar 1932 gelieferten Geräte wurden zunächst in allen Luxussuiten installiert.

Hundesalon

Der erste Hundesalon wurde von Mme. Ledouble in Paris im Palais Royal eröffnet. Die Eröffnung fand wahrscheinlich im Jahr 1894 statt, das genaue Datum ist nicht bekannt. Im »Maison de Haute Couture« gab es neben der perfekten Hundeschur auch eine große Auswahl an Hundehalsbändern und Hundebekleidung zu kaufen.
Im Jahr 1896 öffnete in London in der Bond Street der »Dogs Toilet Club« seine Pforten. Um die empfindliche Haut der Klienten nicht zu reizen, wurde für die Reinigung Eidotter an Stelle von Seife verwendet. Das Schampunieren kostete 5 Shilling, Pediküre 2 Shilling und 6 Pence. Es gab sogar einen Spezialisten, der das Gebiß der Hunde mit Tafelsalz reinigte, obwohl einige Hundebesitzer parfümiertes Zahnputzpulver vorzogen. Um den Preis von 2 Guineas konnte man das eigene

Die Geschäftskarte von Mme. Ledouble, die den ersten Hundesalon eröffnete, Paris 1894.

Familienwappen oder seine Initialen in das Fell seines Pudels scheren lassen.

Hundeschau

Die erste Hundeschau wurde am 28. und 29. Juni 1859 in Newcastle upon Tyne, England, von dem angesehenen Sportsmann, Mr. Shorthouse, und einem ansässigen Büchsenmacher, Mr. Pape, organisiert. Zwei Rassen, nämlich Pointer und Setter, wurden ausgestellt, insgesamt waren 60 Hunde zugelassen. Die Preise der siegreichen Hundebesitzer waren Jagdgewehre, die Pape angefertigt und gespendet hatte.
Der Sieger in der Pointer-Klasse war der braun und weiß gefleckte Hund von Mr. Brailsford, den ersten Preis unter den Settern erhielt der Hund von Mr. Jobling. Mr. Brailsford, der die Ausstellung ins Leben gerufen hatte, war Preisrichter bei den Settern, Mr. Jobling bei den Pointern.

Hungerstreik

Der erste Hungerstreik wurde während der Regierungszeit von Zar Alexander III. (1881–1894) von russischen Gefangenen durchgeführt. Der früheste gesicherte Nachweis darüber datiert aus dem Jahr 1889.

Es wird berichtet, daß damals einige weibliche Häftlinge in Kará Gaol mit Gewalt zur Nahrungsaufnahme gezwungen wurden.
Der erste Hungerstreik, der in der Presse größere Aufmerksamkeit erregte, wurde im Juli 1909 von Marion Wallace Dunlop in London durchgeführt. Miß Wallace Dunlop war wegen Agitation zu einem Monat Gefängnis verurteilt worden. Sie wurde am 1. Juli ins Gefängnis Holloway eingeliefert und begann am 5. Juli die Nahrung zu verweigern. Die Gefängnisverwaltung ließ jeden Abend vollbeladene Tabletts in ihre Zelle bringen, und jeden Morgen warf sie das unberührte Essen aus ihrem Fenster. Sie hungerte 91 Stunden, dann ließ man sie frei.
Im gleichen Jahr, im September, verabreichte man das erste Mal Hungerstreikenden in England künstliche Nahrung mit einem Schlauch, der durch Hals oder Nase in den Magen geführt wurde. Den längsten Hungerstreik führten neun Gefangene im Gefängnis Cork in Irland durch: 94 Tage, vom 11. August bis 12. November 1920.

I

Impfung

Die ersten Impfungen mit menschlichen Pockenpusteln wurden in Indien, China, Senegal, Nordafrika, in der Türkei und in Persien schon geraume Zeit durchgeführt, ehe Berichte von Europäern zu Beginn des 18. Jahrhunderts veröffentlicht wurden. Eine der frühesten Beschreibungen stammt von einem Chirurgen namens Kennedy, »An Essay on External Remedies«, und erschien im Jahr 1715 in London. Über die bei den Türken in Konstantinopel übliche Methode schrieb Kennedy:

»Zuerst entfernen sie eine frische Pockenpustel von einem Erkrankten und legen auf kleine Wunden, die auf der Stirn, am Handgelenk oder an den Beinen eines Gesunden eingeritzt wurden, für acht oder zehn Tage einen Verband mit dem Pockeneiter, bis Symptome wie bei der normalen Krankheit auftreten. Die Erkrankung verläuft jedoch harmlos, es treten nicht so viele Pocken auf ... Es wurde mir berichtet, daß von 2 000 Menschen, die mit dieser Methode behandelt wurden, nur zwei starben.«

Ferner erwähnt der Autor, daß kurz vor seiner Ankunft in Konstantinopel der griechische Arzt Janoin seine beiden Schwestern versuchsweise mit Pocken geimpft hatte und daher, soweit wir unterrichtet sind, der erste europäische Mediziner ist, der diese Schutzmaßnahme anwandte.
In Europa sollen Impfungen erstmals in Südwales durchgeführt worden sein. Die früheste derartige Impfung, über die Einzelheiten bekannt sind, fand im Jahr 1668 statt: Margaret Brown, zwölf oder dreizehn Jahre alt, wurde in Haverford West mit Pockenpusteln der Hebamme Joan Jones geimpft. Wie ein gewisser William Allen aus St. Ishmaels, der etwa im Jahr 1642 geboren wurde, berichtet, waren solche Impfungen schon in der Kindheit seiner Mutter allgemein üblich. Es ist daher anzunehmen, daß die Pockenimpfung in Wales zu Beginn des 17. Jahrhunderts bereits bekannt war.
Diese Impfungen hatten jedoch oft zur Folge, daß andere von dem Geimpften mit der Krankheit angesteckt wurden. Auf diese Weise brachen in manchen Städten Seuchenepidemien aus. Daher wurden z. B. in England Impfungen mit Pockensubstanz im Jahr 1840 verboten.
Die erste Schutzimpfung ohne Pockensubstanz hat vermutlich der Fleischer Robert Fooks aus Bridport, Dorset, im Jahr 1771 durchgeführt. Fooks übertrug sich mit einer Nadel Kuhpockensubstanz, um sich gegen die echten Pocken zu schützen. Die infizierten Stellen entzündeten sich und hinterließen lebenslange Narben. Nachdem Fooks von den Kuhpocken genesen war, wurde er von dem Arzt Downe mit Eiter menschlicher Pockenpusteln geimpft und wurde nicht krank. Obwohl der Fleischer in späteren Jahren häufig mit an Pocken erkrankten Familienmitgliedern in Kontakt war, wurde er niemals angesteckt.
Der erste Arzt, der systematisch mit den Methoden der Schutzimpfung experimentierte und die Ergebnisse veröffentlichte, war der Engländer Edward Jenner. Schon im Jahr 1770 war er als junger Arzt auf die Pocken aufmerksam geworden, und zwar durch die Bemerkung eines Milchmädchens: »Ich kann diese Krankheit nicht bekommen, weil ich schon Kuhpocken hatte.« Dr. Jenner führte

seine erste Impfung am 14. Mai 1796 in Berkeley, Gloucestershire, an dem achtjährigen James Phipps durch. Er nahm die Giftstoffe aus einer Pustel an der Hand des an Kuhpocken erkrankten Milchmädchens Sarah Nelmes, das von den Kühen seines Dienstherrn angesteckt worden war. Am 1. Juli wurde der kleine James mit Pockensubstanz geimpft, erkrankte aber nicht, wodurch bewiesen war, daß die erste Impfung ausreichend Schutz gewährte.
Im Juni 1798 veröffentlichte Jenner über seine Forschungen eine wissenschaftliche Abhandlung, die ein Jahr vorher von der Royal Society zurückgewiesen worden war. Um das Jahr 1801 waren bereits 6 000 Personen geimpft, vom Jahr 1803 an nahm die Zahl der Impfungen sprunghaft zu, da in London 13 Impfkliniken eröffnet wurden.

Insektenvertilgungsmittel

Das erste Insektenvertilgungsmittel wurde im Jahr 1874 von dem deutschen Chemiestudenten Othmar Zeidler entdeckt, als er an der Straßburger Universität Laboratoriumsexperimente für seine Doktorarbeit durchführte. Es handelte sich dabei um Dichlordiphenyltrichloräthan, später unter der Abkürzung »DDT« gebräuchlich geworden.
Obwohl die neue chemische Formel in den »Berichten der Deutschen Chemischen Gesellschaft« veröffentlicht wurde, nahm niemand Notiz davon, ihre praktische Anwendbarkeit wurde damals nicht beachtet. Erst im Jahr 1938 fiel Zeidlers Arbeit über DDT zufällig dem Schweizer Wissenschaftler Paul Hermann Müller in die Hände.
Der bei dem Baseler Unternehmen Geigy beschäftigte Forscher erkannte sofort, daß DDT als Insektizid eingesetzt werden könnte. Die Laborversuche übertrafen alle Erwartungen, und schon im darauffolgenden Jahr errang man mit DDT einen eindrucksvollen Sieg über den Koloradokäfer, der die schweizerische Kartoffelernte zu vernichten drohte.
Danach wurde DDT in Puderform gegen Läuse, den Überträgern des Typhusfiebers, verwendet und bewährte sich wieder glänzend. Das einzige Mittel, mit dem man Läuse zuverlässig vertilgen konnte, war ein unter der Bezeichnung MYL bekanntes Präparat amerikanischer Herkunft. Es enthielt eine seltene Substanz aus dem Fernen Osten; da die Japaner aber den Nachschub blockierten, waren die Amerikaner der im Krieg besonders heftigen Typhusseuche ohne Gegenmittel ausgesetzt. Das Unternehmen Geigy wandte sich im Jahr 1942 an britische und amerikanische Regierungsvertreter in der Schweiz und informierte sie über die Wirkung von DDT. Binnen kürzester Zeit wurden entsprechende Maßnahmen getroffen, um mit kleinen Mengen des Insektizids in London und Florida ein gemeinsames Versuchsprogramm auf die Beine zu stellen. Die Tests führten zu der Entdeckung, daß DDT auch gegen Moskitos und zur Bekämpfung der Malaria eingesetzt werden konnte, an der während des Krieges zeitweise 80% der in Neuguinea gegen die Japaner kämpfenden alliierten Truppen erkrankt waren. Unter der Leitung des englischen und des amerikanischen Beschaffungsamtes wurde mit der Massenproduktion von DDT begonnen, so daß die gesamte Invasionsarmee im Jahr 1944 mit DDT-imprägnierten Uniformen ausgestattet war.

Insektenvertilgung von einem Flugzeug
Die erste Insektenvertilgung von einem Flugzeug wurde im Auftrag der Ohio Agricultural Experimental Station von Leutnant John B. Macready, der damals Inhaber des Welthöhenrekordes war, durchgeführt.
Am 3. August 1921 besprühte Macready in Troy, Ohio, von einer Curtiss JN6 aus ein 2,4 ha großes Trompetenbaumwäldchen, das von Blattraupen befallen war. Die Maschine flog dabei etwa 6 bis 10 m über dem Boden. Aus einem eigens konstruierten Trichter, der seitlich am Rumpf des Flugzeuges montiert war, wurden 90 kg pulverförmiges Bleiarsenat über 4 815 Bäume gestreut, und zwar in sechs Entladungsphasen von je neun Sekunden Dauer. Der tatsächliche Zeitaufwand des Sprühens betrug also weniger als eine Minute. Zwei Tage nach diesem Experiment konnte der Entomologe C. R. Neillie, Cleveland, der diese Methode ursprünglich vorgeschlagen hatte, berichten, daß die Vertilgung der Insekten außerordentlich erfolgreich war und nur 1% auf den Bäumen überlebte.
Die erste gewerbliche Insektenvertilgung mit Flugzeugen wurde von der Firma Huff-Daland Dusters Inc. betrieben, die im Jahr 1925 von C. E. Woolman in Macon, Georgia, gegründet worden war. Mit einer Petrel-Maschine wurde in Georgia Kalziumarsenat über Baumwollplantagen, die von Schädlingen befallen waren, versprüht.

Insulin

Das erste Insulin wurde am 27. Juli 1921 von Dr. Frederick Grant Banting und seinem Assistenten Charles Herbert Best an der Universität von Toronto isoliert und noch am selben Tag einem Hund, dem die Bauchspeicheldrüse entfernt worden war, verabreicht. Banting hatte damit den

Beweis für seine Überzeugung erhalten, daß ein unbekanntes, für die Zuckerverwertung notwendiges Hormon aus der Bauchspeicheldrüse extrahiert werden könne. Die gewonnene Substanz, später »Insulin« genannt, erwies sich als das grundlegende Medikament gegen die Zuckerkrankheit.
Der erste Patient, der Insulin erhielt, war der 14 Jahre alte Leonard Thompson, der am 11. Januar 1922 im »General Hospital« von Toronto mit dem neuen Medikament behandelt wurde. Er litt an fortgeschrittener Diabetes und hatte nur noch geringe Überlebenschancen, als er in das Krankenhaus eingeliefert wurde. Mit Hilfe von Insulin wurde er gerettet und konnte später sogar ein normales Leben führen.

Intelligenztest

Der erste Test zur Messung der menschlichen Intelligenz wurde von dem Pariser Psychologen Alfred Binet entwickelt. Er bediente sich dabei der Methoden, die der englische Wissenschaftler Francis Galton schon früher für die Beurteilung von Sinneswahrnehmungen eingeführt hatte. Im Jahr 1896 startete Binet seine Versuche: 80 Kinder mußten ein einfaches Bild beschreiben. Binet klassifizierte die Resultate in vier oder fünf Gattungen. In umfangreicher Forschungsarbeit entwickelte er schließlich ein System zur Messung des Intelligenzquotienten und veröffentlichte es im Jahr 1905 in dem Jahrbuch »L'Année Psychologique«. Die Binet-Skala wurde von den Pariser Schulbehörden zur Eignungsprüfung von geistig zurückgebliebenen, für eine Sonderschule vorgesehenen Kindern verwendet.
Dies war jedoch nicht der erste Einsatz von IQ-Tests in Schulen, da der deutsche Psychologe Ebbinghaus schon im Jahr 1897 seine Kombinationsmethode entwickelt hatte, die in einigen Schulen Schlesiens angewandt wurde. Die Methode von Ebbinghaus basierte auf den Forschungsresultaten Binets und arbeitete hauptsächlich mit den Komponenten Erkennungsvermögen und Vorstellungskraft. Den Prüflingen wurden verstümmelte Sätze vorgelegt, die sie ergänzen mußten.
Der erste Masseneinsatz von IQ-Tests fand im Oktober 1917 statt, als die Abteilung für Psychologie des US Army Medical Department mit dem Testen von Armeeangehörigen begann. Der ursprünglich von A. S. Otis von der Leland Stanford University entwickelte Gruppentest wurde von Robert M. Yerkes für die Bedürfnisse der US Army adaptiert. Der Zweck dieser Tests war, die Soldaten ihren geistigen Fähigkeiten entsprechend einsetzen zu können und die Auswahl von Männern, die für verantwortungsvolle Positionen vorgesehen waren, zu erleichtern. Gegen Ende des Ersten Weltkrieges war der Test an 1 726 966 Männern angewandt worden, von denen 7 900 wegen Geistesschwäche zur sofortigen Entlassung vorgeschlagen wurden. Fast 30% aller Getesteten waren Analphabeten.

Invalidenfahrzeug

Das erste Invalidenfahrzeug war eine Art Stuhl auf drei Rädern, den der gelähmte Uhrmacher Stefan Farffler aus Nürnberg im Jahr 1655 zur Fortbewegung benützte. Das Fahrzeug wurde mit einer Handkurbel bewegt, die das innen gezahnte Vorderrad antrieb. Man nimmt an, daß es von dem Zirkelschmied Johann Hautsch gebaut wurde, der schon etwa 10 Jahre früher für sich selbst einen

Das erste Invalidenfahrzeug, Nürnberg 1655

handgetriebenen Stuhl konstruiert hatte. (Die Konstruktion von Hautsch geht auf einen Krankenwagen von Balthasar Hacker zurück, der im Jahr 1588 einen Krankenwagen gebaut hatte, den man zum Sitzen und Liegen verstellen konnte und der auch als Zimmerklosett zu benützen war.)
Farfflers Invalidenfahrzeug stand jeden Sonntagvormittag vor der Lorenzkirche, damit sein lahmer Besitzer nach dem Gottesdienst wieder nach Hause fahren konnte.
Das erste benzinbetriebene Invalidenfahrzeug war der sogenannte »Coventry Chair«, der mit einem De-Dion-Motor ausgestattet war und im Jahr 1899 von der englischen Firma Rudge Cycle Co. in Coventry hergestellt wurde. Merkwürdigerweise war der »Coventry Chair« der Vorgänger des ersten mit der Hand anzutreibenden Invalidenfahrzeuges mit Kettenantrieb, das erst im darauffolgenden Jahr herausgebracht wurde.

J

Jacht

Die ersten Jachten waren sechs Segelschiffe, die am 17. März 1580 an einem Wasserfest in Amsterdam zu Ehren des Prinzen Wilhelm von Oranien teilnahmen. Ursprünglich handelte es sich bei den »jaghts« um kleine, schnelle Segelboote, die als Eskorte für nach Portugal oder zum Baltikum reisende Handelsschiffe eingesetzt wurden. Das genaue Datum, ab dem sie zu Erholungs- oder Sportzwecken benutzt wurden, ist unbekannt. Im frühen 17. Jahrhundert jedenfalls nahmen schon bei dem jährlichen Segeltreffen in Amsterdam Jachten teil. (Es handelte sich um eine Art Festspiel zu Wasser, bei dem Wettkämpfe mit Flaggsignalen und Scheingefechte ausgetragen wurden.)
Die erste Motorjacht (mit Dampf angetrieben), die uns bekannt ist, war das 400-t-Schiff »Menai«, das im Jahr 1829 für Thomas Assheton-Smith gebaut wurde. Zwei Jahre vorher hatte der Royal Yacht Club, dem Assheton-Smith angehörte, versucht, jede derartige Entweihung sportmännischer Segeltradition im Keim zu ersticken. Es wurde die Bestimmung erlassen, daß »jedes Mitglied, das seine Jacht mit Dampfantrieb ausstattet, von der Mitgliedschaft ausgeschlossen werden soll«. Allem Anschein nach war Assheton-Smith über die seiner Meinung ungerechtfertigte Einmischung in persönliche Belange so erzürnt, daß er die »Menai« aus Trotz anfertigen ließ und aus dem Klub austrat.

Jazzband

Die erste Jazzband soll um das Jahr 1900 von dem farbigen Musiker Buddy Bolden in New Orleans zusammengestellt worden sein. Sie umfaßte folgende Instrumente: Trompete (Bolden selbst), Kornett, Klarinette, Posaune, Violine, Gitarre, Kontrabaß und Schlagzeug. Nach Aussage des Musikers Bud Scott kam Bolden in einer Kirche die Idee, Jazzmusik zu machen.
Was Boldens Anspruch, der Urheber des Jazz zu sein, anbelangt, kann man sich nur auf die Aussagen derer verlassen, die ihn kannten und spielen hörten. Es gibt jedoch noch ein wichtiges Beweisstück, eine Platte von Bunk Johnson, die um das Jahr 1930 aufgenommen wurde, in der er den Stil Boldens demonstriert. Boldens Musik kann demnach, obwohl Anklänge an Marschmusik und Ragtime vorhanden sind, als typischer Jazz bezeichnet werden. Sicherlich war Boldens Art zu spielen nur eine Stufe in einem Entwicklungsprozeß; aber wenn es überhaupt möglich ist, eine entscheidende Veränderung der frühen Formen traditioneller »Negermusik« zum beginnenden Jazz hin festzustellen, dann ist es die Veränderung, die Buddy Boldens Stil bewirkt hat. Die Band trat bis zum Jahr 1907 in New Orleans auf, dann wurde Bolden geisteskrank und kam in eine Anstalt.
Die erste Jazzinstrumentation wurde im Jahr 1915 in Chicago veröffentlicht, »Jelly Roll Blues« von Ferdinand Joseph Morton. Morton, der sich selbst »Erfinder« des Jazz nannte, behauptete, seine erste Jazzinstrumentation schon im Jahr 1902 komponiert zu haben, den »New Orleans Blues«.
Der Ursprung des Wortes »Jazz« läßt sich schwer nachweisen. Morton will den Begriff im Jahr 1902 geprägt haben, um seine Musik vom Ragtime abzugrenzen. Dies wurde von Jazzforschern bezweifelt; sie sind der Ansicht, daß die neue Musikform bis zu ihrem Aufkommen in Chicago um das Jahr 1916 namenlos blieb. Nach Aussage des Bandleaders George Morrison jedoch war der Ausdruck »Jazz« in Colorado schon mindestens 5 Jahre vorher geläufig. Morrisons Erinnerungen an die Pionierzeit des Jazz wurden im Juni 1962 im Denver-Studio für Gunther Schuller, den Besitzer des Studios, auf Band aufgenommen. Bei dieser Gelegenheit sagte er:

»Ich hörte das Wort ›Jazz‹ das erste Mal um 1911. Ja, das Wort kam auf, als ich heiratete. Ich erinnere mich genau daran, denn im Jahr 1911, als ich das erste Mal heiratete und bei Tanzveranstaltungen spielte, war es Jazz, was wir spielten. Ich hatte auf meinem kleinen Ford T in Grün, Gold und Schwarz ein Zeichen mit einem Notenschlüssel, Notenzeilen, Noten und allem Drum und Dran gemalt, und an jeder Seite meines Autos hatte ich auf dem Trittbrett die Aufschrift: ›George Morrison und sein Jazzorchester‹.«

Damals wurde das Wort »jass« geschrieben, und am 1. Mai 1916 tauchte es das erste Mal in einer Reportage im »Chicago Herald« gedruckt auf. Die Vereinigung »Anti-Saloon League« veranstaltete eine Demonstration im Café Schiller. Die Zeitung berichtet, daß die 60 unerschrockenen Damen, die in den Nachtklub eindrangen, sich kein Gehör verschaffen konnten, denn »das Gekreische betrunkener Frauen wetteiferte mit dem plärrenden Getöse der gastierenden New Orleans Jass Band«. Das Wort wurde weiterhin in dieser Form geschrieben, bis die »New York Times« am 15. Januar 1917 in einer Anzeige »The Jasz Band« druckte. Das verbliebene »s« verschwand in einem Inserat vom 2. Februar 1917, in dem die berühmte »Original Dixieland Jazz

Band« angekündigt wurde. Diese Band war im vorangegangenen Juni von den Mitgliedern der Johnny-Stein-Band nach einem Streit mit ihrem Chef gegründet worden.

Jeans

Die ersten Jeans wurden im Jahr 1850 von dem aus Bayern nach Amerika ausgewanderten Levi Strauss angefertigt. Er kam während des großen Goldrausches nach San Francisco und hatte einige Ballen Stoff bei sich, die er zu Zelten und Wagenplanen verarbeiten wollte. In dieser Branche gab es allerdings bereits übermächtige Konkurrenz. Strauss verdankte einem Schürfer die Anregung, aus seinem Stoff strapazierfähige Arbeitshosen zu machen. Der Schürfer beklagte sich, daß gewöhnliche Hosen bei seiner Arbeit viel zu schnell durchgewetzt und ruiniert wurden.
Im Jahr 1874 wurden erstmals Nieten an den Jeans angebracht, eine Sitte, die auf eine landläufige Anekdote zurückgeht:
Ein Goldsucher namens Alkali hatte die Angewohnheit, Gesteinsproben in den Hosentaschen herumzuschleppen; sein Schneider kam auf die Idee, die Hosen beim Hufschmied nieten zu lassen, damit sie länger hielten. Von den ersten Jeans mit Nieten kostete das Dutzend 13,50 Dollar.

Jeep

Der erste Jeep wurde im Juli 1940 von Karl K. Pabst konstruiert. Pabst war beratender Ingenieur der Bantam Car Co. in Butler, Pennsylvania, und war von der US Army beauftragt, ein leichtes Allzweckfahrzeug mit Vierradantrieb zu entwickeln. Der Prototyp wurde im September 1940 fertiggestellt und zu Testzwecken nach Camp Holabird überstellt. Nachdem die Versuchsfahrten erfolgreich waren, wurden 70 Stück in Auftrag gegeben. Sie hatten einen 4-Zylinder-Continental-Motor mit 45 Brems-PS. Diese Jeeps waren zu Beginn des Jahres 1941 bei der US Army im Einsatz. Das siebente Modell aus der Serie steht im Smithsonian Institute in Washington, er ist der älteste noch existierende Jeep der Welt.
Die beiden Automobilhersteller Ford und Willys-Overland übergaben im November 1940 der Armee Jeep-Prototypen zu Versuchszwecken. Im darauffolgenden Sommer entschied man sich für das Modell von Willys, jedoch beide Unternehmen erhielten Produktionsaufträge. Das bei Ford erzeugte Fahrzeug lief unter dem Kodenamen GPW (General Purpose – Willys).
Der Ausdruck »Jeep« entstand – laut Ford – aus den gesprochenen Initialen GP. Allerdings wurde der Begriff schon in den späten dreißiger Jahren von einigen Herstellern von Allzweckfahrzeugen gebraucht, und zwar in Ableitung von einer »Jeep« genannten Witzfigur, »die fast alles fertigbrachte«.
Während des Krieges wurden fast 649 000 Jeeps gefertigt. Das Fließband in der Willys-Overland-Anlage in Toledo, Ohio, lieferte alle 80 Sekunden einen Jeep.
Der erste Jeep für den Zivilgebrauch war das Willys-Modell CJ-2A, genannt »Universal Jeep«, das am 4. September 1945 in Produktion ging.

Jugendgericht

Das erste Jugendgericht war der Cook County Juvenile Court in Chicago. Es tagte das erste Mal am 1. Juli 1899. Der Richter war damals Richard S. Tuthill.

Jugendherberge

Die erste Jugendherberge wurde im Jahr 1884 von Guido Rotter in Hohenelbe, einer kleinen Stadt am südlichen Riesengebirge in der Tschechoslowakei, eröffnet. Rotter hatte einen Artikel in dem Wiener Blatt »Deutsche Zeitung« gelesen, in dem über den Mangel an billigen Unterkünften für Studenten und Schüler auf Wandertouren geklagt wurde. Dadurch wurde Rotter angeregt, eine Herberge zu schaffen, in der die jugendlichen Wanderer kostenlos mit Abendessen, Nachtquartier und Frühstück versorgt wurden. Mit der finanziellen Unterstützung von Prosper von Piette Rivage, eines lokalen Industrieunternehmers, konnte Rotter auch in anderen Gebieten des Riesengebirges seine Idee verwirklichen. Anfangs bestanden die Unterkünfte aus Zimmern in Landgasthäusern, die nur in der Wanderzeit von Rotter gemietet wurden; es waren keine Jugendherbergen, wie wir sie heute kennen.
Andere Interessengruppen folgten Rotters Beispiel, insbesondere der Deutsch-Österreichische Alpenverein, so daß es um die Jahrhundertwende bereits ein relativ dichtes Netz von Herbergen im Alpenbereich gab, in denen Wandervögel entweder umsonst oder gegen ein sehr geringes Entgelt übernachten konnten.
Das heutige Jugendherbergssystem geht auf Richard Schirrmann zurück, einen Lehrer an der Nette-Schule in Altena im Sauerland und eifrigen Verfechter der Wandervogelbewegung. Diese Bewegung, die zu Beginn des 20. Jahrhunderts geradezu zu einem nationalen Kult erhoben wurde, war zum Teil zurückzuführen auf den Wunsch einer zunehmend »verstädterten« Gesellschaft, zur

Natur zurückzukehren, zum anderen Teil kann sie als Reaktion der Jugendlichen auf das überautoritäre deutsche Erziehungswesen ausgelegt werden. Junge Leute streiften durch das Land und befriedigten damit ihre Sehnsucht nach Freiheit.
Sie ließen nur die selbst auferlegten Beschränkungen wie zum Beispiel das Alkohol- und Rauchverbot gelten und waren bestrebt, mit nur 1 Mark das tägliche Auslangen zu finden.
Die stetig anwachsende Zahl von Wandervögeln, die sich mit den bescheidensten Nachtquartieren zufriedengaben, bewog Schirrmann zunächst, die Klassenzimmer seiner Schule während der Ferienzeit in Unterkünfte für die jungen Idealisten umzuwandeln. Während der Sommerferien des Jahres 1907 ließ er die Pulte aus dem größten Schulzimmer entfernen und strohgefüllte Säcke auf den Boden legen, auf denen die jungen Wanderer übernachten konnten. Dieses bescheidene Unterfangen rief aber unter seinen Kollegen und unter der Bevölkerung von Altena heftiges Kopfschütteln hervor. Eine Schule sei kein »Asyl für herumziehende Zigeuner«, hieß es mißbilligend. Schirrmann ließ sich jedoch nicht beirren und stattete die spartanischen Schlafstätten im nächsten Jahr sogar mit Leintüchern aus.
Anfangs hatte Schirrmann lediglich den durch Altena wandernden Jugendlichen ein Dach über dem Kopf geben wollen; die Idee einer nationalen Jugendherbergsorganisation wurde auf einer Achttagewanderung von Altena nach Aachen geboren, die er mit seinen Schülern im Jahr 1909 unternahm. Am 26. August wurden sie im Bröltal bei Köln von einem heftigen Gewitter überrascht und mußten während der Nacht in einer Scheune bleiben. In seinem Tagebuch machte Schirrmann Notizen, wie man ganz Deutschland mit einem Netz von Unterkünften versehen könnte, die nicht weiter als einen Tagesmarsch voneinander entfernt sein sollten.
Die erste Stufe zur Realisierung seines Jugendherbergsplanes ermöglichte der Landrat Dr. Fritz Thornee, der Schirrmanns ständig anwachsender Flut von Wandervögeln gestattete, auf den Speichern der kürzlich renovierten Burg Altena zu nächtigen. Im Jahr 1912 ließ Thornee die Unterbringungsmöglichkeiten auf der Burg erweitern: es gab nun zwei Schlafsäle, einen Aufenthaltsraum, einen Waschraum mit Duschen und eine Küche. Die Burg Altena gilt demnach als die »Urmutter« aller Jugendherbergen. Im Jahr 1910 hatte Schirrmann in verschiedenen pädagogischen Zeitschriften Artikel veröffentlicht, in denen er für die Einrichtung von Unterkünften in den Schulen jeder Stadt und jeden Dorfes während der Ferienzeit plädierte. Jeweils ein Lehrer oder eine andere Aufsichtsperson sollte das Ehrenamt des Herbergsvaters übernehmen. Dieser Vorschlag rief zwar beträchtlichen Widerstand bei den Lehrern hervor, fand aber Unterstützung durch die einflußreiche »Kölnische Zeitung« mit dem Ergebnis, daß im Laufe des Jahres 1910 im Sauerland insgesamt 17 provisorische Herbergen in Schulen und anderen geeigneten Räumlichkeiten errichtet wurden. Im Jahr 1914 gab es bereits 200 Jugendherbergen in Deutschland, 1960 waren es 719. Dachverband ist das Deutsche Jugendherbergswerk. Seit 1925 wurden auch in anderen Ländern Jugendherbergen eingerichtet.

K

Kaffee

Der erste Kaffee wurde etwa 1000 n. Chr. von dem arabischen Philosophen und Naturwissenschaftler Avicenna erwähnt. Er nannte das Getränk »bunc«, ein Ausdruck, der noch heute in Äthiopien gebräuchlich ist. Jahrhunderte hindurch wurde Kaffee fast ausschließlich als Medizin verabreicht, erst im 16. Jahrhundert trank man ihn in den arabischen Ländern und in Persien.

Kaffeehaus
Das erste Kaffeehaus, das überliefert ist, wurde im Jahr 1554 von zwei Kaufleuten, Hakeem aus Aleppo und Jems aus Damaskus, in Konstantinopel betrieben.
Das erste Kaffeehaus in einem rein europäischen Land wurde im Jahr 1647 in Venedig, am Markusplatz, begründet.
Der Erfinder des Wiener Kaffeehauses war nicht, wie allgemein angenommen wird, Franz Georg Kolschitzky. Kolschitzky, ein Orientwarenhändler, eröffnete zwar im Jahr 1685 in Wien einen Kaffeeausschank, doch die Institution des Wiener Kaffeehauses entstand viel später: es wurde vom Italiener Giuseppe Milani im Jahr 1771 am Kohlmarkt gegründet. Es hatte gepolsterte Sessel, Billard-, Schach- und Kartentische und die Zeitung »Das Wiener Diarium«.
Das Kaffeehaus wurde kein gutes Geschäft: Milani ging bankrott und floh nach Ungarn; in Wien hinterließ er 60 000 Gulden Schulden.

Das erste deutsche Kaffeehaus wurde im Jahr 1680 in Hamburg von Bontekoe eröffnet. Bontekoe stammte aus Holland, war Professor der Medizin in Frankfurt an der Oder, zugleich aber auch ein bekannter Kaffee- und Teespekulant.

Löslicher Kaffee
Löslicher Kaffee wurde erstmals im Jahr 1938 nach achtjähriger Forschungsarbeit von der Firma Nestlé in Vevey, Schweiz, erzeugt. Den Vorschlag, aus den Kaffeebohnen ein lösliches Pulver zu gewinnen, hat das brasilianische Kaffeeinstitut der Firma im Jahr 1930 unterbreitet. Der Markenname Nescafé wurde zum Synonym für Instantkaffee.

Kartoffeln

Die ersten Kartoffeln wurden von Europäern im Jahr 1537 gesichtet, als ein Kundschaftertrupp der Expedition von Gonzalo Jiménez de Quesadas entlang des Magdalenenstroms (im heutigen Grenzgebiet von Ecuador und Kolumbien) ein Hochplateau im Osten des Tales erkletterte. Dort sahen sie im Eingeborenendorf Sorocota erstmals jene Knollen, die sie zunächst für Trüffeln hielten. Juan de Castellanos, ein Mitglied des Trupps, beschrieb die bislang unbekannte Kartoffel als »mehlige Wurzel von gutem Geschmack, ein den Indianern willkommenes Geschenk und auch ein wohlschmeckendes Gericht für Spanier«.
Der früheste Beleg über in Europa angebaute Kartoffeln findet sich in den Rechnungsbüchern des Hospitals de la Sangre in Sevilla im letzten Quartal des Jahres 1573. Nachdem alle Kartoffellieferungen an das Krankenhaus im letzten Viertel des Jahres ergingen, kann es als gesichert gelten, daß das Gemüse damals in Spanien gezogen und frisch geerntet verzehrt wurde.
Dieser Nachweis, den E. Hamilton im Jahr 1936 erbracht hatte, legt den Zeitpunkt des ersten Hinweises auf Kartoffeln in Europa um 15 Jahre früher fest, als man bisher angenommen hatte. Der Wissenschaftler Dr. Radcliffe Salaman vertritt die Meinung, daß diese Tatsache uns gestattet, das Datum der Einführung in Spanien zumindest auf das Jahr 1570 festzusetzen. So bleibt ein Spielraum von 3 Jahren, in dem die Kartoffeln sich so vermehrt hatten, daß sie in ausreichender Menge verkauft werden konnten. Das wieder bedeutet notwendigerweise, daß die ersten Saatknollen im vorhergehenden Jahr, also 1569, aus Südamerika herübergebracht worden waren.

Kartoffelchips
Die ersten Kartoffelchips wurden 1853 im Hotel Moon Lake House in Saratoga Springs, New York, vom Küchenchef George Crum, einem Indianer, hergestellt. Er war gebeten worden, eine Beilage zu servieren, die »dünner als die normalen französischen Bratkartoffeln« sein sollte. Das neue Gericht hatte von Anfang an Erfolg und stand fortan als »Saratoga Chips« täglich auf der Speisekarte des Moon Lake House. Binnen weniger Jahre entwickelte sich eine umfangreiche kommerzielle Produktion, zunächst in den Küchen von Privathaushalten, wo ganze Familien mit der Herstellung, Verpackung und dem Verkauf von Kartoffelchips beschäftigt waren.

Karussell

Das erste Karussell wurde von dem aus Cornwall stammenden Reisenden Peter Munday beschrieben, nach einem am 17. Mai 1620 im türkischen Phillippopel, heute Plowdiw in Bulgarien, abgehaltenen Jahrmarkt zum Biram-Fest. Dort gab es Schaukelboote und

»ein großes Wagenrad, an dessen Außenseite kleine Sitze befestigt sind, auf denen die Kinder Platz nehmen. Dann wird das Rad in Bewegung gesetzt, und sie kreisen in horizontaler Richtung herum«.

Eine beigefügte Skizze zeigt ein achtsitziges Ringelspiel, das von einem Mann durch Stoßen einer Radspeiche gedreht wird.
Das erste kraftgetriebene Karussell wurde auf dem Töpfereimarkt in Bolton in England von Thomas Bradshaw errichtet und am 1. Januar 1863 erstmals von Vergnügungsgästen gegen Bezahlung benützt. Das Karussell wurde von einer Dampfmaschine angetrieben, die von dem Boltoner Unternehmen Rogerson & Brimelow gebaut worden war. Der Mechanismus, mit Hilfe dessen die Karussellpferde ihre charakteristischen Aufundabbewegungen vollführten, wurde von der Landwirtschaftsmaschinenfabrik Savage aus King's Lynn etwa 1880 entwickelt.
Der erste Deutsche, der ein Karussell in Betrieb setzte, war der Passauer Schuhmachermeister Engelbert Zirnkilton. Sein Karussell – Holzpferde, Apfelschimmel, Rappen und Falben – drehte sich zum erstenmal am 1. Mai 1830. Die Figuren hingen an Stangen vom sich drehenden Dach herunter. Sie waren mit Ketten aneinander festgebunden.

Katamaran

Der erste Katamaran lief am 22. Dezember 1662 vom Stapel. Er war in Dublin für Sir William Pett, einem Gründungsmitglied der Royal Society, gebaut und auf den Namen

»Experiment« getauft worden. Das Schiff hatte 30 t Tragkraft, 30 Mann Besatzung und war mit fünf Geschützen ausgerüstet. Im Januar 1663 gewann die »Experiment« ihre erste offene Jachtregatta und im folgenden Juli eine Regatta auf offener See, auf der Strecke von Dublin nach Holyhead. Es heißt, daß König Charles II., selbst ein passionierter Segler, die »Experiment« für einen schlechten Witz hielt, doch eine Herausforderung Sir Williams ablehnte.

Katgut

Das erste Katgut (Faden aus Därmen zum Nähen bei chirurgischen Eingriffen) verwendete der englische Arzt Joseph Lister im Jahr 1867. Diese Fäden hatten gegenüber den früher meist benutzten Seidenfäden den Vorteil, daß sie sich nach einiger Zeit im Körper auflösten und nicht erst künstlich entfernt werden mußten.

Katzenaugen

Die ersten Katzenaugen (Straßenreflektoren) wurden von Percy Shaw aus Halifax, Yorkshire, erfunden; er soll im Jahr 1933 auf einer nebeligen Fahrt von Halifax nach Bradford dazu angeregt worden sein, als ihn die im Dunkel leuchtenden Augen einer Katze rechtzeitig davor warnten, mit dem Wagen in einen Zaun und einen Abgrund zu rasen.
Nach einjährigen Versuchen wurden im April 1934 auf Shaws eigene Kosten an einer unfallträchtigen Kreuzung bei Bradford die ersten 50 Katzenaugen in die Straße verlegt.
Im nächsten Jahr gründete Shaw die Firma Reflecting Road Studs Ltd. Sein erster Auftrag über 36 Stück Katzenaugen war für einen Fußgängerübergang in Baldon, Yorkshire, bestimmt. Damals wie heute besteht das Katzenauge aus einem etwa 5 kg schweren gußeisernen Rahmen, der in die Straßenoberfläche eingelassen wird Mit Hilfe von Gummimuffen wurden die Reflektoren gesäubert, wenn ein Autoreifen sie überrollte. Im Jahr 1937 ließ das britische Verkehrsministerium eine Versuchsstrecke mit zehn verschiedenen Arten von Reflektoren ausstatten. Nach 2 Jahren waren alle entweder gebrochen oder reflektierten nicht mehr, nur die Katzenaugen funktionierten nach wie vor einwandfrei.
Percy Shaw war der Sohn eines Färbereiarbeiters, der eine 14köpfige Familie zu ernähren hatte. Er blieb zeit seines Lebens Junggeselle und ist niemals über Yorkshire hinausgekommen. Er lebte in einem Haus mit vier Fernsehapparaten, aber ohne Vorhänge, die ihm die freie Sicht verhängt hätten, und ohne Teppiche, die seiner Ansicht nach unangenehme Gerüche und Zigarettenasche speicherten. Im Jahr 1965 wurde er für seine Verdienste um die Sicherheit im Straßenverkehr mit einem britischen Orden ausgezeichnet. Im Gegensatz zu vielen Erfindern, die wie er zum Wohle der Menschheit beitrugen, brachte ihm seine Erfindung ein ansehnliches Vermögen ein. Shaw starb im Jahr 1976.

Kaugummi

Der erste Kaugummi, der für den Handel hergestellt wurde, war der »State of Maine Pure Spruce Gum«. Der Erzeuger hieß John Curtis; er hatte den Kaugummi im Jahr 1848 auf seinem Küchenherd in Bangor, Maine, zusammengebraut. Im Jahr 1850 übersiedelte er nach Portland und begann dort mit der Produktion von Paraffingummi, den er mit klingenden Namen wie »Sugar Cream«, »White Mountain« oder »Biggest and Best« versah. Gleichzeitig erzeugte er Harzgummi in verschiedensten Sorten wie »American Flag«, »Trunk Spruce« und »Yankee Spruce«.
Der erste Kaugummi aus Chicle, einem Baumharz, wurde von Thomas Adams, einem Fotografen aus Staten Island, hergestellt. Im Jahr 1870 begann er mit Chicle als Ersatz für Kautschuk zu experimentieren, mußte die Versuche jedoch ergebnislos abbrechen. Während er eines Tages an einem Stück seines Chiclevorrates kaute, kam ihm die Idee, die Masse mit Geschmacksstoffen zu versetzen und als Kaugummi zu verkaufen. Er gab Zucker, Vanille, Pfefferminzöl und andere ätherische Öle hinzu, bis er die richtige Mischung gefunden hatte. Obwohl ihn ein bekannter Hersteller von Harzgummi warnte, das Produkt würde ein Reinfall werden, begann Adams im Jahr 1872 in einem kleinen Betrieb mit der Herstellung. Binnen 20 Jahren beschäftigte er in einer sechsstöckigen Firmenanlage 250 Leute.
Im Jahr 1888 wurden von seiner Firma auf den Haltestellen der New York Elevated Railroad die ersten Verkaufsautomaten für Tutti-Frutti-Kaugummi aufgestellt.

Kautschuk

Der erste Hinweis auf das Vorhandensein von Kautschuk stammt von dem Spanier Pietro Martyre d'Anhiera, der in seiner Schrift »De Orbo Novo«, Alcala 1530, von einem Spiel der Azteken mit Bällen berichtet, die »aus dem Saft einer bestimmten Pflanze gemacht sind ... Wenn man den Ball auf die Erde wirft, federt er unglaublich sanft zurück in die Luft«. Eine genauere Beschreibung der von den Araukanern auf den Großen Antillen benützten Gummibälle liefert uns der Spanier Gonzalo Fernandez de Oviedo in seiner im Jahr 1535 in Sevilla erschienenen »Historia General y Natural de las Indias«:

»Die Bälle wogen etwa 6 kg und bestanden aus einer Mischung aus Gras, Baumwurzeln und anderen faserigen Substanzen, die mit Kautschukmasse verknetet und kräftig geräuchert wurden. Den Berichten von Tordesillas aus dem Anfang des 17. Jahrhunderts zufolge hat Kolumbus bei seiner zweiten Überquerung des Atlantiks 1493 bis 1496 auch die Eingeborenen von Haiti dabei beobachtet, wie sie mit Gummibällen spielten.«

Das erste brauchbare Lösungsmittel für Kautschuk entdeckte im Jahr 1762 der Franzose François Fresnau aus Marennes; er löste Rohkautschuk in Terpentin auf und legte damit den Grundstein für die moderne Gummiindustrie.
Im Jahr 1811 begann J. N. Reithoffer in Wien in kleinem Rahmen Gummiwaren zu erzeugen. Das Sortiment blieb jedoch zunächst sehr beschränkt, bis ein Mittel gefunden wurde, das den Rohkautschuk genügend geschmeidig machte, um ihn in die gewünschte Form walzen oder klopfen zu können.
Thomas Hancock aus London löste das Problem im Jahr 1820 mittels einer Maschine, bestehend aus einer sich drehenden Trommel, die mit Zacken versehen war. Die Zacken kneteten den Kautschuk zu einer weichen Masse, die gut zur Weiterverarbeitung geeignet war. Hancock meldete seine Erfindung am 29. April 1820 zum Patent an. Im darauffolgenden Jahr eröffnete er in London einen Betrieb mit einer Anzahl von großen Knetmaschinen und Eisenwalzen, die mit Pferdekraft angetrieben wurden.
Die ersten Gummierzeugnisse von Hancock wurden aus Streifen hergestellt, die aus einem bearbeiteten Gummiblock geschnitten waren.
Sie wurden für Strumpfbänder, Hosenträger, Gürtelbänder und als Hosenstege verwendet (lange Beinkleider kamen damals gerade in Mode und wurden mit unter dem Rist durchlaufendem Steg getragen) sowie für »eine Vielzahl von chirurgischen und anderen Zwecken«. Im allgemeinen wurde dafür Stoff oder ein anderes Material mit Gummilösung beschichtet und an dem Gummistreifen festgeklebt. Bei Strumpfbändern, Hosenträgern und ähnlichen Artikeln wurde der Gummi mit Leinen überzogen. Ein weiteres damals erzeugtes Produkt waren Gummihandschuhe: da sie jedoch mit Leder gefüttert waren, eigneten sie sich nur für grobe Arbeit, die kein Fingerspitzengefühl verlangte. Der vermutlich einzige Artikel aus Gummi, der nicht erstmalig von Hancock hergestellt wurde, ist der Radiergummi, der schon ein halbes Jahrhundert früher bekannt war.

Gummitücher
Die ersten Gummitücher stellte Hancock im Jahr 1822 in einem von ihm selbst klug ersonnenen Verfahren her, mit dem er die Größenbeschränkung überwand, die ihm die Eisenwalzen auferlegten: Von einem Gummiblock 20 × 10 × 5 cm (dem größten, den Hancock damals erzeugen konnte) wurden dünne Schichten abgeschnitten und unter Hitze zu einem Tuch zusammengeschweißt, »so dünn, daß es durchscheinend war«. Gummitücher wurden erstmals angewendet, um Flaschenkorken damit zu umhüllen – warum man das notwendig fand, bleibt allerdings ein Rätsel.
Die ersten Gummitücher für Spitäler wurden im Jahr 1824 von Thomas Hancocks Bruder John in dessen Fabrik in Fulham hergestellt.
(Siehe Elastikmaterial)

Kettenläden

Die ersten Kettenläden wurden von der Firma W. H. Smith & Son betrieben, die im Oktober 1848 einen Vertrag mit der London & North Western Railway Co. über die Errichtung von Zeitungsständen in allen Stationen der Gesellschaft abschloß. Am 1. November 1848 wurde in London, in Euston, der erste Stand eröffnet. Zwei Wochen später unterzeichnete Smith einen ähnlichen Kontrakt mit der Midland Railway Co.; bis 1862 schloß er noch fünf weitere Verträge mit größeren Eisenbahngesellschaften ab. An den Ständen wurden hauptsächlich Zeitungen und Bücher verkauft, aber auch Decken, Kerzen und andere Reiseartikel. Um die Jahrhundertwende besaß das Unternehmen etwa 800 Bahnhofsstände.
Die ersten Kettenläden in normalen Geschäftslokalen wurden von der Firma Singer betrieben, die im Jahr 1856 ihr erstes Nähmaschinengeschäft in Glasgow eröffnete.
Georg Mence Smith, ein Farbenhändler aus Woolwich, kann als Pionier des modernen Prinzips der Kettenläden mit gemischtem Sortiment gelten. Im Jahr 1868 besaß er 9 Filialen, 1884 bereits 25. Die meisten davon führten nicht nur Farbenartikel, sondern auch Gemischtwaren. Das Unternehmen Walton, Hassell & Port war das erste, das Gemischtwaren-Kettenläden aufzog, um 1870 waren es 30 Geschäfte.
Die Entstehung von Kettenläden in Amerika erfolgte etwa zur gleichen Zeit. Das älteste noch bestehende Unternehmen ist die Great Atlantic & Pacific Tea Co., die im Jahr 1864

mit der Eröffnung von Kolonialwarengeschäften begann. Es ist möglich, daß es schon früher Vorläufer des Filialsystems gab, jedoch keine langlebigen.

Warenhaus-Kettenläden
Warenhaus-Kettenläden wurden von Frank Winfield Woolworth eingeführt, der am 22. Februar 1879 seinen ersten Laden in Utica, New York, unter dem Motto »nichts über 5 Cent« eröffnete. Die Idee fand so wenig Anklang, daß Woolworth im Juni nach Manchester, Pennsylvania, übersiedelte, wo er großen Erfolg hatte. In kurzer Zeit besaß Woolworth in zahlreichen Städten der Ostküste Filialen.

Khakiuniform

Die ersten Khakiuniformen wurden im Dezember 1846 von Leutnant (später Generalleutnant und Sir) Harry Burnett Lumsden in Peschawar, Westpakistan, für seinen neu gebildeten Spähtrupp verwendet. Lumsden, dessen Korps aus einheimischer Kavallerie und Infanterie bestand, war es freigestellt, seine Leute nach eigenem Gutdünken einzukleiden. Er entschied sich für eine praktische, »schmutzfarbene« Uniform, die als Tarnung gegen die staubige Erde der Landschaft gut geeignet war. Das Wort »Khaki« entstammt dem persischen »khak« = »Staub«.
Zu Beginn des Jahres 1847 traten die Spähtrupps erstmals in ihrer neuen Uniform in Aktion, und zwar in dem Städtchen Babuzai, dessen Einwohner die Steuerzahlung verweigerten. Am 11. Dezember 1849 kämpften die khakigekleideten Soldaten bei Sangao erstmals Seite an Seite mit britischen Truppen; beinahe wären sie damals von der eigenen Artillerie beschossen worden, da ein Offizier sie wegen ihrer ungewöhnlichen Kleidung für Feinde hielt. Glücklicherweise erkannte ein Kanonier rechtzeitig den Irrtum und rief: »O Gott! Sir, das sind ja unsere Schmutzfinken!«
Das erste britische Regiment, das mit Khakiuniformen ausgestattet wurde, war das 52. Regiment (Oxfordshire Light Infantry). Es erhielt die neuen Uniformen aus dem heimischen Gewebe namens »Karheermig« am 25. Mai 1857 in Sealkote im Pandschab.
Die Annalen des Regiments aus dem Jahr 1860 berichten:

»Das 52. war das erste britische Regiment, das so eingekleidet wurde. Colonel George Campbell wußte, daß, wenn er in der üblichen Form um Genehmigung ansuchen würde, die Genehmigung erst eintreffen würde, wenn diese Uniformen für das Regiment von keinem Nutzen mehr wären, also verschaffte er die Uniformen auf eigene Verantwortung. Am 12. Juli 1857 kam es zum Gefecht zwischen dem 52. Regiment und den aufständischen Truppen von Sealkote: ›Die neuen und sehr nützlichen Uniformen täuschten die Feinde über Art und Beschaffenheit ihrer Gegner.‹«

Im Jahr 1882 wurde allen britischen Regimentern im aktiven Dienst das Tragen von Khakiuniformen empfohlen. Es gab jedoch zunächst Schwierigkeiten, eine haltbare Färbung zu finden. Erst zwei Jahre später fand der Chemiker Frederick Gatty eine zufriedenstellende Lösung. Vorher war man auf eigene, mehr improvisierte als wissenschaftliche Verfahren angewiesen gewesen: Lumsden selbst soll das Originalkhakimaterial mit flüssigem Schlamm hergestellt haben, mit dem er weißen Baumwollstoff tränkte und dann trockenbügeln ließ. Während des zweiten Afghanischen Feldzuges in den Jahren 1878 bis 1880 färbten Offiziere ihre Uniformen mit Teesud; die Offiziere des 19. Husarenregiments benützten in den Jahren 1882 bis 1885 im Sudan Tabaksaft als Färbemittel.
Die Nachteile der traditionellen, weithin sichtbaren scharlachroten Röcke waren im Laufe des ersten Burenkrieges offensichtlich geworden. Der zweite Burenkrieg war das erste größere Kriegsunternehmen, in dem alle britischen Truppen in Khakiuniformen kämpften. Obwohl die Neuerung vermutlich vielen Soldaten das Leben rettete, meinte man daheim im Mutterland, die Farbe sei zu düster und entspreche nicht dem ruhmreichen Kampf fürs Vaterland. Unter den Kritikern befand sich auch Königin Victoria, die behauptete, die Farbe von »Milchkaffee« sei für Uniformen gänzlich unpassend.

Kindergarten

Der erste Kindergarten wurde im Jahr 1837 von Friedrich Fröbel in Blankenburg in Thüringen eingerichtet. Anfangs definierte Fröbel seine Einrichtung als eine »Anstalt zur Pflege des schaffenden Tätigkeitstriebes«, als Schule für das psychische Training kleiner Kinder. Am 1. Mai 1840 aber, als Fröbel eine Bergwanderung unternahm, flog ihm plötzlich der Name zu, der seine Absichten treffend zum Ausdruck brachte, und er rief laut: »Heureka! Ich hab's gefunden. Die Schule ist ein Kindergarten!«
Die grundsätzlichen Ziele der Vorschulerziehung des bedeutenden Pädagogen und Mitarbeiters von Pestalozzi waren: dem Kind die Einheit der Welt begreiflich zu machen, die absolute Existenz, die »innere« Welt. Solche Begriffe sollten den Kindern mittels der von

Fröbel ersonnenen Spiele und Beschäftigungsarten vermittelt werden.

Kinderwagen

Der erste Kinderwagen wurde im Jahr 1733 von William Kent in Chatsworth im Auftrag des Herzogs von Devonshire gebaut. Das elegante kleine Fahrzeug war in Form einer Kammmuschel ausgearbeitet und hatte ein faltbares Verdeck. Der Durchmesser der Hinterräder betrug 52 cm, der der Vorderräder 40 cm. Besonders kurios mutet die Gestaltung des Fahrgestells an, das aus Bronzeschlangen bestand. Sie waren den Cavendish-Schlangen nachempfunden, die einen Teil des Devon-Familienwappens bilden. Die Deichsel und das kleine Kummet deuten darauf hin, daß das Gefährt von einem Hund gezogen werden sollte.
Der einzige weitere noch existierende Kinderwagen, der möglicherweise aus derselben Zeit stammt, befindet

Der erste Kinderwagen, von William Kent im Jahr 1733 gebaut.

sich im französischen Wagenmuseum im Schloß Compiègne. Einige Historiker sind der Ansicht, daß er für den im Jahr 1729 geborenen Dauphin angefertigt wurde. Der Leiter des Museums ist jedoch der Meinung, daß das Fahrzeug eher deutschen als französischen Ursprungs ist und wahrscheinlich erst in der zweiten Hälfte des 18. Jahrhunderts entstanden ist.
Anscheinend hat der Kinderwagen von William Kent längere Zeit keine Nachahmung gefunden. Erst im Jahr 1780 wurde ein zweites Babygefährt in Chatsworth gebaut, das mit einem langen, gebogenen Griff ausgestattet war, so daß man es ziehen konnte. Auf keinem der vielen Kinderporträts des 18. Jahrhunderts ist ein Kinderwagen abgebildet, was darauf hindeutet, daß Kinderwagen in anderen Adelsfamilien nicht üblich waren.
Aus der zeitgenössischen Autobiographie von Francis Place ist aber zu entnehmen, daß es eine einfache Form des Kinderwagens in den untersten sozialen Schichten gegeben hat. Francis Place, der im Jahr 1771 in Holborn als Sohn eines Bäckers geboren wurde, berichtet in einem Kapitel über seine früheste Kindheit, daß sein Vater großes Vergnügen darin fand,

»alle seine Kinder und meine Mutter zum Spazierengehen auszuführen. Die kleineren Kinder wurden in einem Kinderwagen gezogen. Auf dem Sitz des Wagens befand sich immer eine Flasche Wein, ferner ein konvexes Glas, das heute in meinem Besitz ist und das zum Anzünden seiner Pfeife diente, und meist auch Proviant für den ganzen Tag. Diese Ausflüge ermüdeten mich sehr, da jeder mithelfen mußte, den Wagen zu ziehen«.

Diese Ausflüge fanden wahrscheinlich im Jahr 1777 oder 1778 statt. Der Kinderwagen muß ziemlich groß gewesen sein, da zwei Kinder samt Reiseproviant darin Platz hatten. Er war auch mit einem Sitz ausgestattet, im Gegensatz zu den im frühen 19. Jahrhundert üblichen Kinderwagen, die erstmals von den Hopfenpflückern in der Grafschaft Kent benützt wurden. In diesen kleinen Karren wurden die Kinder stehend oder hockend transportiert.

Kinderwagenerzeugung
Die Erzeugung von Kinderwagen begann im Jahr 1850, als in London zwei Konkurrenzunternehmen ihre Pforten öffneten: das von John Allen in der Hackney Road, das andere von A. Babin in der New Street. Beide erzeugten dreirädrige Wagen, auf denen ein stuhlartiger Aufbau montiert war. Von nun an wurden alle Kinderwagen geschoben, nicht wie bisher gezogen.
Vor dem Jahr 1876 waren fast alle Modelle als Sportkinderwagen ausgeführt, also für Kinder bestimmt, die schon sitzen konnten.
Im Jahr 1876 brachten einige Firmen Kinderwagen auf den Markt, in denen ein Baby völlig ausgestreckt liegen konnte. Sie sahen wie geschlossene Einspänner aus und waren der eigentliche Prototyp der heutigen Kinderwagen.
Wahrscheinlich gibt es keine zweite Erfindung, die auf einem so einfachen Prinzip beruht und gleichzeitig Gegenstand so zahlreicher Patente ist: Seit dem ersten, das im Jahr 1853 erteilt wurde, wurden mehr als 3 000 Patente für Kinderwagen ausgestellt. Einige boten einen Fortschritt im Design, die meisten von ihnen haben aber kaum bedeutsame Spuren in der Geschichte des Kinderwagens hinterlassen. Ein Modell mit Benzinmotor aus dem Jahr 1921 ist ebenso in Vergessenheit geraten wie eines, das sich in eine Badewanne verwandeln ließ. In Vergessenheit gerieten auch die Konstruktion einer

Gartenwalze, die sich bei Bedarf zum Kinderwagen mauserte, oder ein schwimmendes Meisterwerk, das wie ein Kanu geformt war. Einen Höhepunkt dieser ausschweifenden Phantasien stellt wohl ein Kinderwagen dar, den das Baby selbst zum Fahren bringen sollte, indem es abwechselnd aufstand und sich niedersetzte.

Kino

Das erste Kino, das über einen nennenswerten Zeitraum hinweg in Betrieb war, nannte sich Vitascope Hall, umfaßte 400 Plätze und wurde am 26. Juni 1896 von William T. Rock in New Orleans eröffnet. Der Eintrittspreis betrug 10 Cent, für den gleichen Betrag konnte man auch den Edison-Vitaskop-Projektor im Vorführraum besichtigen. Außerdem konnte man Bilder aus alten Filmen für 10 Cent das Stück kaufen.
Der erste Filmvorführer hieß William Reed. Die meisten Filme bestanden aus kurzen Szenenfolgen. Unter den ersten Filmen war auch der Streifen »May Irwin Kiss«, mit dem der Sex sozusagen die amerikanische Leinwand eroberte. Die Vorstellungen liefen von 10 bis 15 Uhr und von 18 bis 22 Uhr.
Wann das erste als solches geplante Lichtspieltheater erbaut wurde, ist nicht genau festzustellen. Es muß jedoch erwähnt werden, daß Japan diesen Anspruch für sich erhebt, wo im Jahr 1903 in Tokio das Denki-kan-Kino eröffnet wurde.
Der erste unter den riesigen Lichtspielpalästen war das 5 000 Plätze umfassende Gaumont-Palace-Kino, das im Jahr 1910 in Paris eröffnet und im ehemaligen Hippodrom-Theater eingerichtet wurde. Da hinter den Zuschauersitzen kein Platz für einen Projektionsraum war, wurden die Projektionsapparate hinter der Leinwand aufgestellt. Das Gaumont war eines der ersten Kinos, das zwei Vorführapparate einsetzte, um mehrspulige Filme ohne Unterbrechung zeigen zu können.
Das für diese Zeit außergewöhnlich große Fassungsvermögen des Gaumont-Palace kann am besten an einer Vergleichszahl aus späterer Zeit demonstriert werden: das größte Kino, das jemals gebaut wurde, das Roxy Theater in New York, hatte 6 200 Plätze, also nur um 1 200 mehr als das Gaumont-Palace-Kino.
Der Film als Unterhaltungsmedium spielte schon vor dem Ersten Weltkrieg eine beachtliche Rolle. Innerhalb von drei Jahren – in den USA seit dem Jahr 1906 und in Europa seit dem Jahr 1908 – war eine regelrechte Filmindustrie entstanden. Im Jahr 1908 z. B. wurden allein in Berlin 300 Kinos eröffnet. Überall wurden Warenhäuser und Varietétheater in Kinos umgewandelt, die allerdings meist nur wenige Sitzplätze hatten. Im Ersten Weltkrieg waren Kinobesuche allgemein üblich. Mit der besseren Ausstattung der Kinos, dem steigenden Bedürfnis nach Unterhaltung und der höheren Qualität der Filme und seit nach dem Jahr 1914 abendfüllende Produktionen und Stars die Zugkraft des Films gesteigert hatten, setzte der Aufschwung der Filmindustrie ein.
Das erste auf künstlerisch wertvolle Filme spezialisierte Kino war das Studio des Ursulines, das am 14. Januar 1926 von Laurence Myrga und Armand Talliser in Paris gegründet wurde.

Autokino
Das erste Autokino wurde auf einem 40 000 m² großen Grundstück in Camden, New Jersey, am 6. Juni 1933 von Richard Hollingshead gegründet. Auf dem Gelände konnten 400 Autos untergebracht werden.

Aktualitätenkino
Das erste Aktualitätenkino war das Embassy am Broadway, das am 2. November 1929 eröffnet wurde. Im November 1949 mußte es wegen der Konkurrenz des Fernsehens seine Pforten schließen, vermutlich das erste Lichtspieltheater, das dieser Entwicklung zum Opfer fiel.

Kirchenblatt

Das erste Kirchenblatt war das »Derby Parish Magazine« der Gemeinde St. Michael, das ab Januar 1859 monatlich erschien, und von Reverend John Erskine Clarke herausgegeben wurde. Die erste Nummer kostete 1 Penny und hatte ein illustriertes Titelblatt, das die Kirche und einzelne Häuser zeigte sowie das Schulgebäude, vor dem die Jungen Fußball spielten. Der Inhalt war sehr lebendig gestaltet, mit Geschichten, Gedichten, Erzählungen für die Kinder, aufregenden Schilderungen über das Leben der Missionare, Auszügen von jüngst erschienenen Büchern und Neuigkeiten aus dem Gemeinde- und Kirchenbereich. Im dritten Heft tauchte eine Kolumne »Antworten an Briefschreiber« für diejenigen auf, »welche die Darlegungen und Anspielungen in den Gottesdiensten und Gebeten nicht genau verstehen und dazu noch befürchten, unsere Zeit zu beanspruchen, oder ihre eigene Unwissenheit nicht gerne zugeben und es unterlassen, sich die Unterweisungen zu holen, die wir nur zu gerne geben würden . . .«.

Kleiderverleihanstalt

Die erste Kleiderverleihanstalt wurde im Jahr 1860 von den Gebrüdern Moss ursprünglich als Geschäft für

Gebrauchtkleidung gegründet. Der Verleih von Kleidungsstücken begann eher zufällig, um einem in Geldknappheit befindlichen Kunden namens Charles Ponds, ein ehemaliger Börsenmakler und Amateursänger, gefällig zu sein. Ponds hatte beschlossen, sein Bühnentalent kommerziell zu nützen, doch für sein erstes Auftreten auf einer Soiree mangelte es ihm an einem Frack. Sein eigener war schon längst im Pfandhaus gelandet. Er ersuchte Alfred Moss, der als ältester Sohn von Moses Moss das Geschäft geerbt hatte, ihm einen Frack zu leihen. Moss tat ihm den Gefallen, sooft Ponds vor einer Abendgesellschaft auftrat. Anfänglich war die Einhebung einer Verleihgebühr nicht diskutiert worden, schon gar nicht von Ponds selbst, doch nach einer Weile fand es sein Gönner angebracht, seine regelmäßigen Dienste auch regelmäßig entlohnt zu sehen, und so einigte man sich auf eine Gebühr von 7 Shilling und 6 Pence pro Abend. Als Ponds in seinem neuen Beruf Fuß zu fassen begann, schlug Alfred Moss ihm vor, die geliehenen Anzüge zu kaufen. Der Künstler lehnte mit dem Hinweis ab, daß es für ihn viel bequemer sei, die benötigte Kleidung stets sorgfältig gereinigt und gebügelt zu leihen, als selbst für ihren Zustand sorgen zu müssen. So entwickelte sich aus dem zufälligen Arrangement allmählich der reguläre Kleiderverleih Moss'. Das Angebot enthielt später nicht nur Tages- und Abendanzüge, sondern auch Hochzeitskleidung, Hofkleidung, Krönungsroben, Schibekleidung und Theaterkostüme.

Knitterfreier Stoff

Der erste knitterfreie Stoff wurde in 14jähriger Forschungsarbeit von einem Wissenschaftlerteam unter Leitung von Dr. R. S. Willows in der Versuchsanstalt von Glossop, Derbyshire, entwickelt, die dem Textilunternehmen Tootal Broadhurst Lee in Manchester gehörte. Am 9. August 1932 wurde das Ergebnis der langjährigen Versuche veröffentlicht.
Die Lösung des Problems, wie man Baumwolle knitterfrei machen könnte, lag in der Imprägnierung des Materials mit einer synthetischen Harzlösung, und zwar nicht, wie man es früher versucht hatte, indem die Fasern laminiert wurden, sondern indem man das Harz in jede einzelne Faser eindringen ließ. Diese Technik verlieh dem Garn jene Elastizität, die es ursprünglich hatte.
Die ersten Erzeugnisse aus knitterfreiem Stoff waren Krawatten der Firma Tootal, die im Herbst 1932 auf den Markt kamen. Im April des nächsten Jahres konnte man in den Geschäften bereits zahlreiche Bekleidungsstoffe in knitterfreier Ausführung kaufen.

Kohlepapier

Das erste Kohlepapier wurde von Ralph Wedgwood in London erfunden. Er ließ am 7. Oktober 1806 einen »Apparat zur Verdoppelung von Schriftstücken« patentieren: Dünnes Papier wurde mit Tinte getränkt und zwischen zwei Löschblättern getrocknet. Wann Wedgwood mit der Herstellung begann, ist nicht bekannt, aber in den Jahren zwischen 1820 und 1830 hatte er bereits einen florierenden Betrieb in der Oxford Street.

Konservendose

Das Prinzip, nach dem verderbliche Nahrungsmittel in verschlossenen Behältern frisch gehalten werden können, wurde von dem Pariser Zuckerbäcker Nicolas Appert entdeckt. Angeregt wurde er zu dieser Entdeckung durch einen Preis von 12 000 Franc, den die französische Regierung im Jahr 1795 für die Verbesserung von Lebensmittelkonserven aussetzte. Obwohl Appert selbst keine Behälter aus Metall, sondern Glasflaschen benützte, wird er heute allgemein als der Begründer der Konservenindustrie unserer Tage anerkannt.
Seine Produkte wurden im Jahr 1804 erstmalig einer Prüfung unterzogen: Der Marineminister ordnete an, daß Muster seiner Konserven zum Kriegshafen Brest geschickt werden sollten. Dort wurden die Flaschen drei Monate lang aufbewahrt, ehe sie geöffnet wurden. Der leitende Marinepräfekt übermittelte daraufhin dem Gesundheitsamt in Paris folgenden Bericht:

»Die Fleischbrühe war gut; die Brühe mit gekochtem Rindfleisch in einem anderen Gefäß war ebenfalls gut, aber etwas dünn; das Rindfleisch selbst sehr schmackhaft. Die Bohnen und die Erbsen, beide jeweils mit und ohne Fleisch zubereitet, schmeckten frisch und angenehm wie soeben geerntetes Gemüse.«

Im Laufe desselben Jahres baute Appert eine kleine Fabrik in Massy etwas außerhalb von Paris auf. Daneben legte er eine Gärtnerei an, so daß er sein eigenes Obst und Gemüse zum Konservieren zur Verfügung hatte.

Weißblechdosen
Die Verwendung von Weißblechbehältern wurde von der Firma Donkin & Hall eingeführt, die im Jahr 1812 in Bermondsey, England, die erste Konservenfabrik der Welt begründete. Apperts Schwierigkeit war das luftdichte Verschließen der Flaschen gewesen; er hatte bis zu

fünf Schichten Kork verwendet, der so geschnitten war, daß die Poren horizontal verliefen. Um dieses Problem zu umgehen, entschlossen sich Bryan Donkin und John Hall zu Versuchen mit Weißblechdosen. Für 1 000 Pfund erwarben sie die Rechte an einem Patent, das Peter Durand im Jahr 1810 angemeldet hatte. Es betraf den Gebrauch von Gefäßen aus Weißblech oder aus anderen Metallen zur Nahrungsmittelkonservierung.
Donkin und Hall stellten ihre ersten Konserven im Jahr 1813 hohen Offizieren der Armee und der Marine zu Versuchszwecken zur Verfügung. Einer dieser »Tester« war Lord Wellesley, der spätere Herzog von Wellington; sein Sekretär schrieb an Donkin einen Dankesbrief und berichtete, das Dosenfleisch habe dem Lord ausgezeichnet geschmeckt. Infolge der günstigen Prüfergebnisse bestellten die zuständigen Behörden für das folgende Jahr Konserven für Militärhäfen einschließlich St. Helena und Westindische Inseln. Donkins und Halls »Büchsenfleisch« und »Gemüsesuppe« bildeten auch einen Teil der Vorräte der beiden britischen Schiffe »Isabella« und »Alexander«, die im Jahr 1814 zu einer Expedition zur Baffin's Bay ausliefen.
Eine Liste von Waren, die zwischen März und Dezember 1818 von Donkin, Hall & Gamble (wie die Firma inzwischen hieß) an das Marine-Versorgungsdepot geliefert wurden, gibt Aufschluß über das Sortiment der damals erhältlichen konservierten Speisen. Die Order umfaßte insgesamt 23 779 Dosen, darunter Rindfleischragout, Pökelfleisch, gebratenes Rindfleisch, Würzfleisch, gekochter Hammel, gewürztes Schaffleisch, gekochtes Kalbfleisch, Kalbsbraten, Kalbfleisch mit Gemüse, Suppe (mit Einlage), Gemüsesuppe, Fleischeintopf mit Gemüse, eingemachte Suppe.

Gemüsekonserven
Reine Gemüsekonserven tauchten erstmals 1824 auf, als Kapätin W. E. Parry 6 000 kg Karotten und 4 000 kg gelbe Rüben für seine zweite Forschungsreise auf der Suche nach einer Nordwestpassage bestellte. Zwei Büchsen von dieser Expedition – eine Dose mit Kalbsbraten, eine mit Karotten und Soße – wurden nach England zurückgebracht und bis zum Jahr 1936 aufgehoben. Dann wurden sie von Wissenschaftlern geöffnet und der Inhalt der 112 Jahre alten Kalbfleischdose an junge Ratten sowie an eine ausgewachsene Katze verfüttert. Die Versuchstiere überstanden das Experiment ohne jeden gesundheitlichen Schaden. Die gelben Rüben sahen bei der Öffnung der Dose wie frisch gekochtes Gemüse aus, hatten jedoch einen metallischen Geruch und Geschmack.
Die Firma Donkin, Hall & Gamble füllte die Dosen durch eine kleine Öffnung am oberen Ende, die dann mit einem Deckel verlötet wurde. Die Herstellung erfolgte händisch. Die tägliche Arbeitskapazität eines geübten Arbeiters betrug maximal 60 Behälter. Da der Dosenöffner damals noch nicht erfunden war, lautete die Anweisung auf dem Etikett: »Am oberen Rand entlang mit Meißel und Hammer öffnen.«
Büchsennahrung war ab dem Jahr 1830 in englischen Geschäften erhältlich, doch ihre äußere Aufmachung war unscheinbar und zweckbetont. Es blieb geschäftstüchtigen Amerikanern vorbehalten, die Notwendigkeit einer attraktiven Verpackung zu erkennen. Das erste uns bekannte farbige Etikett mit einer Abbildung wurde für das Unternehmen Reckhow & Larne in New York entworfen, wahrscheinlich um 1860. Das Bild zeigt in den Farben Grün und Rot ein Tomatengericht vor himmelblauem Hintergrund. Das einzige erhaltene Exemplar dieses Büchsenetiketts wurde auf einer leeren Konservendose in einem alten Haus in Salem, Indiana, gefunden.

Konsumgenossenschaft

Die erste Konsumgenossenschaft war die »Weaver's Society« in Fenwick, Ayrshire, die im Jahre 1769 damit begann, ihre Mitglieder auf genossenschaftlicher Basis mit Kolonialwaren zu versorgen, gemäß einer Resolution, die am 9. November 1769 von John Burns und elf anderen Mitgliedern unterzeichnet worden war. Der Grundstein ihrer Tätigkeit war schon acht Jahre früher gelegt worden, als sich die »Fenwick Weaver's Society« als gemeinnütziger Verein mit dem Ziel der Aufrechterhaltung angemessener Handelspreise und der Unterstützung der Armen formierte. Zu diesen wohltätigen Absichten gesellte sich dann die revolutionäre Idee der gemeinschaftlichen Abwicklung von Ein- und Verkauf, zunächst vorwiegend von Hafermehl. Die Genossenschaft verkaufte an ihre Mitglieder zum Selbstkostenpreis, nach Abzug der Schuldzinsen und der Löhne der Lagerverwalter. Es wurde kein Gewinn angestrebt, ein etwaiger Überschuß wurde der Genossenschaft gutgeschrieben, ein Defizit aus ihrer Kasse bezahlt.
Die erste Genossenschaft, die eine Dividende des Jahresertrages ausschüttete, war die »Lennoxtown Victualing Society«, gegründet im Jahr 1812 in Lennoxtown, Stirling. Da aus der Zeit vor 1826 keine Protokolle erhalten sind, weiß man nicht, ob das Dividendensystem schon vor der revidierten Satzung dieses Jahres bestanden hatte.

Die Dividenden wurden jährlich ausbezahlt. Der Gewinn des Jahres 1826 in der Höhe von 397 Pfund wurde unter 67 Mitgliedern aufgeteilt. Die Genossenschaft »Rochdale Pioneers«, Lancashire, gegründet im Jahr 1844, führte ein neues System der Dividendenauszahlung ein, das bis in unsere Tage Vorbild für das gesamte Genossenschaftswesen geblieben ist.

Kontaktlinsen

Die ersten Kontaktlinsen wurden von Dr. A. Eugen Frick in Zürich im Jahr 1887 entwickelt. Er stellte zunächst entsprechende Versuche mit Kaninchen an und dann an sich selbst. Im Jahr 1887 veröffentlichte er ein Buch über seine Forschungsergebnisse. In der Folge wurden die Linsen von Zeiss in Jena gewerblich hergestellt. Ebenfalls im Jahr 1887 fertigte ein Glasaugenhersteller namens F. E. Müller eine spezielle Schutzlinse für das Auge eines Mannes an, der sein Augenlid durch eine Krebserkrankung verloren hatte.
Kontaktlinsen aus Kunststoffmaterial wurden im Jahr 1938 eingeführt.

Konzert

Das erste öffentliche Konzert wurde am 30. Dezember 1672 in London abgehalten. Der Veranstalter, John Banister, bezeichnete den Raum, in dem die Musikdarbietung stattfand, als »Musikschule«, ein Zeitgenosse, der Musikwissenschaftler Roger North, nannte ihn »ein schmutziges Loch«. Banister befand sich zu jener Zeit in finanziellen Schwierigkeiten, da er seine Stellung als Kapellmeister des Königlichen Orchesters wegen Ungebührlichkeit gegenüber dem König verloren hatte. Er mietete einen Raum über einem Wirtshaus hinter dem Temple und begann mit einer Reihe von täglichen Nachmittagskonzerten, für die er einen Eintrittspreis von 1 Shilling verlangte. Stühle und kleine Tische waren an der Wand aufgestellt, die Zuhörer, vorwiegend Geschäftsinhaber, konnten während der Vorstellung Bier, Kuchen und Tabak bestellen.
Die Musiker saßen auf einem Podium und spielten hinter geschlossenen Vorhängen. Der Grund dafür ist unbekannt. Roger North, Verfasser des einzigen uns verfügbaren Augenzeugenberichtes, meinte dazu lediglich, daß es die Bescheidenheit erforderte.
John Banister setzte seine Konzerte in verschiedenen Londoner Räumlichkeiten regelmäßig bis zu seinem Tod im Jahr 1678 fort. Im selben Jahr hatte ein anderer Impresario, Thomsa Britton, in einem Saal über seinem Kohlenlager in Clerkenwell eine Reihe Abonnementveranstaltungen gestartet. Gegen Ende des 17. Jahrhunderts war der Besuch von Konzerten in London bereits ein beliebter Zeitvertreib, das war 25 Jahre früher, als die ersten öffentlichen Konzerte auf dem Kontinent, in Frankreich, abgehalten wurden.

Konzertgesellschaft
Die erste Konzertgesellschaft war die der »Concerts spirituels«, die im Jahr 1725 in Paris gegründet wurde. Die erste Konzertgesellschaft in Wien war die »Tonkünstler-Societät« (1771), die erste deutsche die der »Gewandhauskonzerte«, im Jahr 1781 unter J. A. Hiller gegründet. Die erste Konzertgesellschaft für große Chorkonzerte war die im Jahr 1791 von K. Fasch in Berlin gegründete Singakademie.

Kraftfahrzeugkennzeichen

Die ersten Kraftfahrzeugkennzeichen wurden am 14. August 1893 durch eine Polizeiverordnung des Departements Seine in Paris eingeführt. Die betreffende Bestimmung lautete:

»Jedes Motorfahrzeug hat auf einer Metallplatte in lesbarer Schrift Namen und Adresse seines Eigentümers sowie die behördliche Zulassungsnummer zu führen. Dieses Schild muß auf der linken Fahrzeugseite befestigt werden und darf niemals verdeckt sein.«

Mit einem Erlaß vom 30. September 1901 wurde das Führen von Nummerntafeln für ganz Frankreich Pflicht, und zwar für jedes Fahrzeug, das mehr als 30 km/h erreichte. Zu dieser Zeit waren Zulassungstafeln in Belgien bereits obligat. Das »Motor-Car Journal« berichtete im Mai 1901 aus Brüssel:

»Jeder Wagen hat eine Nummer, ist von der Polizei registriert und trägt eine emaillierte Eisenplatte, die für gewöhnlich an der Vorderachse angebracht ist. Ihre Größe beträgt 23 × 13 cm, die Ziffern sind in Schwarz auf weißem Grund. Am Heck des Wagens befindet sich ein Licht, auf dessen Glas die Nummer aufgemalt ist, so daß sie bei Inbetriebnahme zu sehen ist. Die Nummern sind eine arge Entstellung und vermitteln den Eindruck, daß es sich nicht um Privat-, sondern um Mietwagen handelt.«

Der Besitzer eines Daimlers, der vom belgischen Korrespondenten des »Motor-Car Journals« interviewt wurde, meinte, daß dieses System »Anlaß zu allen möglichen Einmischungen in die Rechte des einzelnen« gäbe. Der Korrespondent war der Ansicht, daß jeder derartige Schritt in England »zu verheerenden Folgen für die industrielle Entwicklung führen müßte«.
Diese Meinung teilten auch andere. Im Jahr 1899 trat das führende

britische Motorjournal »Autocar« vehement gegen jeden Vorschlag auf, ein ähnliches System wie in Frankreich einzuführen. In einem Artikel im Oktober wurde festgestellt: »Wenn ein Automobil eine Nummerntafel führen müßte – wie eine gewöhnliche Droschke, die auf Kundschaft aus ist –, würden zahlreiche Personen davon abgehalten werden, derartige Fahrzeuge zu benützen . . .«
Unterstützt von Leuten, die an der Verwendung von Pferden interessiert waren, und jenen, die sich für Motorfahrzeuge nicht erwärmen konnten, bestanden die Grafschaftsverwaltungen und andere lokale Behörden darauf, daß das Parlament das Führen von Nummerntafeln gesetzlich verankern solle. Die Motoristen drohten daraufhin, sie würden ihre Fahrzeuge überhaupt stillegen, falls die Tafeln eingeführt würden.
Doch das Unterhaus war entschlossen – trotz einer nicht geringen Anzahl motorisierter Mitglieder –, die Kraftfahrzeuge unter eine stärkere Kontrolle zu bringen, und das Kraftwagengesetz aus dem Jahr 1903 sah nicht nur Führerscheine für die Fahrer, sondern auch die Registrierung der Fahrzeuge vor. Das Gesetz trat am 1. Januar 1904 in Kraft. Die erste Zulassungsnummer war A 1; sie wurde an Earl Russell (den älteren Bruder Bertrand Russells) für seinen Napier knapp vor Weihnachten 1903 ausgegeben. Der Earl blieb die ganze Nacht auf, um der erste in der Reihe zu sein, und doch war er nur um 5 Sekunden früher zur Stelle als sein ihm folgender Rivale.
Dieses erste Kennzeichen wurde im Jahr 1907 von George V. Pettyt erworben. Vor seinem Tod im Jahr 1950 vermachte er das Kennzeichen seinem Freund Trevor Laker mit der Bedingung, es auf Lebenszeit zu verwenden und für den Verkauf nach seinem Ableben Vorsorge zu treffen, wobei der Erlös den Blindenhunden des Blindenvereins zugute kommen sollte. Mr. Laker sorgte für einen unmittelbareren Nutzen zugunsten der Blindenhunde, indem er das Erbrecht auf die Kennzeichentafel um 2 500 Pfund verkaufte und dem Verein die Summe im August 1959 anwies. Das einzige Kennzeichen, das einen noch höheren Erlös brachte, war RR 1, das um 1960 von Rolls-Royce für 4 600 Pfund erworben wurde.
Andere Länder hatten schon vor Großbritannien Kennzeichentafeln eingeführt: Frankreich 1893, Bayern 1899, Belgien um 1900, Spanien (Mallorca) 1900, der Staat New York 1901, Berlin 1901, Neufundland 1901, die Schweiz 1902, Ontario 1903, Dänemark und Italien 1903. Doch die Nummernfolge, die von den britischen Zulassungsbehörden nach wie vor fortgesetzt wird, ist das älteste ununterbrochene System der Welt.
Die älteste erhaltene Nummerntafel, gleichzeitig die erste in Deutschland, wurde von der Münchner Polizei einem Herrn Beissbarth für seinen Wartburg am 14. April 1899 zugeteilt. Die rechteckige Blechplatte trägt lediglich die Zahl 1. Sie befindet sich im Besitz der Familie Beissbarth.

Internationale Kennzeichen
Die Einführung der internationalen Kennzeichen (ovalen Landeszeichen) wurde im Jahr 1926 auf einem internationalen Verkehrskongreß beschlossen.

Kraftfahrzeugvereinigung

Die erste Kraftfahrzeugvereinigung war die »American Motor League«, die am 1. November 1895 in Chicago auf Grund eines Briefes, den Charles Brady King einen Monat vorher an den »Chicago Times-Herald« geschrieben hatte, gegründet wurde. Da der »Chicago Times-Herald« für Ende November 1895 ein großes Automobilrennen organisiert hatte, war Chicago in diesen Wochen ein Sammelplatz von Motorpionieren geworden.
Die Gründungsversammlung wurde von 60 Mitgliedern besucht; am 29. November erfolgte die Wahl der Funktionäre und die Verabschiedung der Statuten. Diese besagten:

»Zweck der Vereinigung ist die Förderung des Interesses an Motorfahrzeugen und ihrem Gebrauch. Diese Förderung soll durch Berichte und Diskussionen erfolgen, durch Erziehung und Werbung, durch Mitarbeit in der Legislative, durch gegenseitige Hilfe bei der Verteidigung von Rechten besagter Fahrzeuge (wenn diese Rechte durch gegenteilige gerichtliche Entscheidungen bedroht erscheinen), durch Mithilfe bei der Planung besserer Straßen und der Schaffung wirksamerer gegenseitiger Hilfeleistung und durch jede andere Form, die geeignet ist, den Gebrauch von Motorfahrzeugen zu forcieren und ihren Wert als Transportmittel zu erhöhen.«

Elf Tage nach der Gründung der amerikanischen Vereinigung und noch bevor diese als regulärer Verein mit gewählten Funktionären eingetragen war, wurde die erste europäische Motorvereinigung ins Leben gerufen. Es war der »Automobile Club de France«, der sich am 12. November 1895 konstituierte; sein Vereinslokal befand sich an der Place de l'Opera 4 in Paris.
Der älteste deutsche Automobilklub ist der »Automobilclub von Deutschland«, abgekürzt AVD, der im Jahr 1899 als »Deutscher Automobilclub« (DAC) gegründet wurde. Der Hauptsitz befindet sich in Frankfurt am Main.

Kraftwagenversicherung

Die erste Kraftwagenversicherung wurde in Großbritannien am 2. November 1896 von der General Accident Co. gegründet. Nachdem man gemäß der Empfehlung des Direktors der Firma einen Prospekt über die Versicherung von Kraftwagen herausgegeben hatte, wurden einige Polizzen sofort abgeschlossen. Die Verträge wurden zwischen der Gesellschaft und den Versicherten zu speziellen Bedingungen ausgehandelt.
Der erste allgemeine Tarif für Kraftfahrversicherungen wurde von der Scottish Employers' Insurance Co. eine Woche später festgelegt; die Deckung kostete 30 Shilling pro Wagen (in London 2 Pfund) plus 30% der versicherten Summe. Beschädigungen durch scheuende Pferde wurden von den Leistungen ausdrücklich ausgenommen.
Als erstes Land führte Norwegen im Jahr 1912 eine obligatorische Haftpflichtversicherung ein.

Krankenschwester

Die ersten Krankenschwestern, die eigens für ihren Beruf ausgebildet wurden, waren die Diakonissen des Krankenhauses in Kaiserswerth bei Düsseldorf, das im Jahr 1836 von Pastor Theodor Fliedner und seiner Frau Friederike gegründet wurde. Die erste Diakonisse, Gertrude Reichardt, trat ihren Dienst am 20. Oktober desselben Jahres an und übernahm nach und nach die Ausbildung der Lernschwestern (ursprünglich sechs) unter Oberaufsicht von Frau Fliedner. Gertrude Reichardt verfügte als Tochter und Schwester von Medizinern über beträchtliche pflegerische Erfahrung, sie konnte Wundverbände anlegen und bei Operationen assistieren.
Der theoretische und klinische Unterricht wurde von Dr. Thörissen abgehalten, als Basis dienten dabei die Standardwerke von Johann Friedrich Dieffenbach. Zusätzlich mußten die Lernschwestern eine staatliche Prüfung in Pharmazie ablegen. Zu den Neuerungen der modernen Schwesternausbildung in Kaiserswerth zählte die Schwesternvorschule, die im Jahr 1842 durch die Einrichtung einer eigenen Abteilung unter Aufsicht einer ausgebildeten Lehrschwester etabliert wurde. Zur Vervollständigung ihrer Ausbildung verbrachten die Schwestern eine Lehrzeit in anderen Krankenhäusern in Deutschland und im Ausland.
Obwohl die Schwestern in Kaiserswerth einer religiösen Vereinigung angehörten, mußten sie kein Ordensgelübde ablegen, und es war ihnen nach einer mindestens fünfjährigen Dienstzeit gestattet, zu heiraten oder wieder nach Hause zurückzukehren. Auch lernwillige Frauen, die nicht Mitglieder der Gemeinschaft waren, konnten an der Ausbildung teilnehmen; die berühmteste unter ihnen war Florence Nightingale, die in den Jahren 1849/50 in Kaiserswerth ihre Ausbildung erhielt.

Krematorium

Das erste Krematorium nach einem genauen Entwurf wurde von Dr. L. Brunetti aus Padua gebaut. Es handelte sich dabei um einen Einäscherungsofen mit offener Feuerstelle, in dem am 10. März 1869 die Leiche einer 35jährigen Frau eingeäschert wurde. Auf der Weltausstellung in Wien im Jahr 1873 stellte Brunetti ein verbessertes Modell sowie Aschenproben aus. Sir Henry

Eines der ersten Krematorien, Mailand 1876

Thompson, der Leibarzt der britischen Königin, besichtigte den Ofen in Wien und setzte sich, nach England zurückgekehrt, entschlossen für die Durchsetzung der Methode ein. Bei einem Treffen, das am 13. Januar 1874 in seinem Haus stattfand, wurde ein Manifest für die Einführung der Einäscherung von insgesamt 15 namhaften Persönlichkeiten unterschrieben. Die Unterzeichneten bildeten den Grundstock der »Cremation Society«, die am 29. April desselben Jahres gegründet wurde.
Im Jahr 1874 wurde in Dresden ein von Siemens gebauter gasbefeuerter Einäscherungsofen in Betrieb genommen.
Die ersten voll ausgestatteten Krematorien wurden von Julius le Moyne auf seinem eigenen Besitz in Washington, Pennsylvania, und von Dr. Pini, Mailand, gegründet, beide im Jahr 1876. Bis zum Jahr 1900 wurden in le Moynes Krematorium 42, in Mailand 1 355 Einäscherungen vorgenommen.

Kreuzfahrt

Die erste Kreuzfahrt, von der wir Näheres wissen, war eine viermonatige Mittelmeerreise, die von der Peninsular & Oriental Steam Navigation Co. veranstaltet wurde und am 26. Juli 1844 in Southampton startete. Drei Schiffe waren für die Reise bereitgestellt: die »Lady Mary Wood« (553 t) brachte die Passagiere über Vigo, Lissabon, Cadiz nach Gibraltar; die größere »Tagus« (782 t) fuhr über Athen weiter nach Konstantinopel; die »Iberia« (516 t) hatte Jerusalem und Kairo als Reiseziel. Die Rückreise erfolgte auf derselben Route und auf denselben Schiffen.
Die P & O ließ zwar schon zwei Jahre vorher Mittelmeerhäfen anlaufen, aber aus ihren Unterlagen geht nicht genau hervor, ob damals schon versucht wurde, Vergnügungsreisende zur Mitfahrt zu ermuntern.
Im Jahr 1844 sollte jedenfalls die Idee der Vergnügungskreuzfahrt propagiert werden; die Gesellschaft hatte den Schriftsteller William Makepeace Thackeray zu diesem Zweck zur kostenlosen Teilnahme an der Reise eingeladen.
Thackeray veröffentlichte im Jahr 1846 einen ausführlichen Bericht über seine Schiffsreise. Im Vorwort stellt er klar, daß er Teilnehmer einer Kreuzfahrt war, obwohl sich auf dem Schiff auch eine Anzahl von Passagieren befand, deren Reise anderen Zwecken diente. Trotz der Tatsache, daß er während eines Großteils der Fahrt unter heftiger Seekrankheit litt, scheint Thackeray das neue, nur dem Vergnügen zugewandte Reisegefühl sehr genossen zu haben. Seine Reisebeschreibung konzentriert sich zwar mehr auf die Landexkursionen, aber sie gibt uns auch Hinweise auf stattgefundene Salonkonzerte, auf das Vergnügen, abends unter einem sternübersäten Himmel an Deck zu sitzen, und über die Güte der Verpflegung. Diese variierte von Schiff zu Schiff. Auf der »Lady Mary Wood« litten der Dichter und seine Reisegefährten unter den Bemühungen eines Kochs mit tätowierten Armen, der »in Schweiß gebadet in der Kombüse mit den Kochtöpfen hantierte und uns (mit rührender Zuneigung) mit Locken seines Haares in der Suppe zu versorgen pflegte«. An Bord der »Iberia« jedoch waren die Mahlzeiten so gut zubereitet, daß Thackeray die Speisekarte vom 12. Oktober, als sie Alexandria anliefen, in seinen Aufzeichnungen verewigte:

Indische Fleischsuppe
Gesalzener Fisch und Eiersauce
Gebratene Hammelkeule
Gekochte Schulter und Zwiebelsauce
Gekochtes Rindfleisch
Gebratenes Huhn
Schinken
Curry und Reis
Kohl
Französische Bohnen
Gekochte Kartoffeln
Gebackene Kartoffeln
Pflaumentorte
Korinthentorte
Reispudding
In Eierteig gebackene Korinthen

Die erste ausschließlich für Urlaubsreisende veranstaltete Kreuzfahrt fand im Jahr 1867 von New York aus statt. Reiseziele waren das Heilige Land, Ägypten, die Krim und Griechenland. Initiator war der bekannte Geistliche Henry Ward Beecher, der eine Biographie über das Leben Jesu zu schreiben beabsichtigte und zu diesem Zweck Studien in Palästina betreiben wollte. Warum er es für notwendig befand, dazu einige hundert Reisegefährten mitzunehmen, ist unklar; letzten Endes entschloß er sich, überhaupt nicht mitzufahren.
Der Pauschalpreis betrug 1 200 Dollar, zusätzlich 5 Dollar in Gold pro Tag für Ausgaben an Land. Die Passagiere wurden von einem Komitee sorgfältig nach ihrem sozialen Status und sogar nach ihren ethischen Grundsätzen ausgewählt.
Auch der Humorist Mark Twain suchte um einen Kabinenplatz an, um eine Artikelserie für amerikanische Zeitungen zu verfassen. Seine Chancen, in die illustre Reisegesellschaft aufgenommen zu werden, wurden durch den »Geruch nach billigem Whisky«, den er bei seiner ersten Begegnung mit Kapitän Duncan von sich gab, stark beeinträchtigt, doch wurde er in der irrigen Annahme, er sei ein baptistischer Geistlicher, vom Kapitän akzeptiert. Twain setzte hochgesteckte

Erwartungen in »einen königlichen Urlaub über dem weiten Ozean« mit der Möglichkeit, »zu tanzen, zu promenieren, zu rauchen, zu singen, zu lieben und die Himmelsgestirne zu erforschen . . .« Die Enttäuschung war unausbleiblich, obwohl Twain in seinem berühmten, im Jahr 1869 erschienenen Reisebericht »Die Harmlosen im Ausland« kaum etwas davon durchblicken ließ. Seine wahren Gefühle kamen in einem Brief an den »New York Herald« zum Ausdruck:

»Dreiviertel der Passagiere auf der ›Quaker City‹ waren im Alter zwischen vierzig und siebzig Jahren. Das Vergnügungsschiff glich einer Synagoge und die Vergnügungsreise einem Begräbnis ohne Leiche . . . Unser tägliches Leben an Bord bestand aus feierlichem Ernst, Schicklichkeit, Dinner, Dominospielen, Andachtsübungen, Verleumdungen.«

Die erste Reederei, die regelmäßige Kreuzfahrten ausschließlich für Vergnügungsreisende einrichtete, war die North of Scotland & Orkney & Shetland Steam Ship Co., deren eigens für diesen Zweck gebauter Kreuzer »St. Sunniva« im Jahr 1887 für Ferienreisen zu den Fjorden Norwegens in Dienst gestellt wurde.

Kreuzworträtsel

Das erste Kreuzworträtsel wurde von dem aus Liverpool stammenden Journalisten Arthur Wynne zusammengestellt und am 21. Dezember 1913 in der Wochenendbeilage der »New York World« veröffentlicht. Wynne arbeitete für die Unterhaltungsseite und war unermüdlich auf der Suche nach einem neuen Zeitvertreib für seine Leser. Eines Tages kam ihm ein vergnügliches Spiel aus seiner Kindheit wieder in den Sinn, das sein Großvater mit ihm gespielt hatte; es hieß »Das Magische Quadrat« und war ein beliebtes viktorianisches Gesellschaftsspiel. Indem er die einzelnen Wörter durch schwarze Zwischenräume trennte und 32 Schlüsselwörter angab, schuf Wynne sein erstes Kreuzworträtsel. Man brauchte nicht viel Scharfsinn, um die einfachen Wortdefinitionen zu erraten.

Kriegsberichterstatter

Der erste Kriegsberichterstatter war John Bell, der aus Yorkshire stammende Eigentümer der Zeitung »The Oracle or Bell's New World«. Bell hatte das Blatt im Juni 1789 gegründet, um darin seinen früheren Geschäftspartner, den Schürzenjäger Captain Edward Topham, aufs kräftigste zu beschimpfen. Im Februar 1793, als Frankreich Großbritannien den Krieg erklärte, war Bell wegen Schmähung der Gardeinfanterie vor Gericht zitiert worden. Als er nicht zur Verhandlung erschien, wurde sein Besitztum beschlagnahmt und öffentlich versteigert.
Bell bezeichnete diese Wendung in seinem Leben als »Mißgeschick infolge Ungerechtigkeit« und fand, daß die einzige Möglichkeit, wieder zu Vermögen zu kommen, in der verstärkten Verbreitung seiner Zeitung bestünde, die sein letztes ihm verbliebenes Eigentum darstellte. Er beschloß daher, Augenzeugenberichte von den Kampfhandlungen zwischen Briten und Franzosen in den Niederlanden zu bringen. Seine Entscheidung, sich eher den feindlichen Truppen als den Truppen des Herzogs von York anzuschließen, mag einem guten Riecher für Berichterstattung entsprungen sein.
Damals war es üblich, die Kriegsberichte von jener ausländischen Presse zu übernehmen, die dem Geschehen am nächsten war. Einige Zeitungen erhielten Exklusivberichte aus der dem Kriegsschauplatz nächstgelegenen Hauptstadt, die aber bestenfalls aus Gerüchten bestanden. Die Leser des »Oracle« aber erfuhren aus erster Hand die Wahrheit über den Fortgang des Krieges. Sie folgten Bell auf seiner, wie er es nannte, »gefährlichen Reise durch Flandern« und lasen seine Berichte über die britischen Siege bei Le Cateau-Cambrésis, Villiers-en-Cauche und Troixelle, gefolgt von der entmutigenden Schilderung der großen Niederlage bei Tournay, die den Briten von Marschall Pichegru zugefügt wurde. Verärgert darüber, daß Bell ihr die Trümpfe gestohlen hatte, bezeichnete die »Times« den Abenteurer als »blutdürstigen Anhänger Robespierres und Verfechter jakobinischer Irrlehren«. Obwohl diese einander widersprechenden Anschuldigungen jeder Grundlage entbehrten, warfen sie ein interessantes Schlaglicht auf die Kriegführung des 18. Jahrhunderts, daß nämlich der Zivilist Bell sich ungehindert unter die Feinde mischen und ebenso ungeschoren wieder entfernen konnte.
Als im Winter 1794/95 der verlustreiche Rückzug begann, hielt es John Bell für günstiger, sich wieder in den sicheren Herausgebersessel zurückzuziehen. Dem Beispiel, das er gegeben hatte, folgten in Zukunft auch andere Zeitungen, insbesondere seine Hauptkritikerin, die »Times«, die im Jahr 1808 Henry Crabb Robinson zur Berichterstattung des Spanischen Krieges entsandte. Auf dem in der St. Paul's Cathedral befindlichen Ehrenmal eines späteren Repräsentanten der »Times«, William Howard Russell, findet sich die Inschrift:

»Der erste und größte unter den Kriegskorrespondenten«. Tatsächlich war Russell, dem die Kriegsberichte von der Krim nationale Berühmtheit eintrugen, der erste, der seine Nachrichten telegrafisch von der Front durchgab, sonst hat er jedoch als Neuerer keine Rolle gespielt. Daß Bells Pioniertätigkeit heute übersehen wird, ist nicht ganz unverständlich: sein Tod im Jahr 1831 blieb so unbemerkt, daß nicht eine der Zeitungen, deren Eigentümer er zeitweise gewesen war, einen Nachruf brachte.

Der erste Kriegsberichterstatter, der seine Nachrichten telefonisch durchgab, war ein Korrespondent der »Times«, der den Ausgang der Schlacht von Ahmed Khel am 19. April 1880 vom Kriegsschauplatz aus telefonisch an eine außerhalb des Schlachtgebietes gelegene Heliographenstation weitergab. Von dort gelangte der Bericht an einen Feldtelegrafen und dann über eine normale Leitung nach London, wo er am nächsten Morgen veröffentlicht wurde.

Kriminalbeamter

Der erste Kriminalbeamte war Eugène-François Vidocq, der 1812 zum Chef der französischen Sûreté ernannt wurde. Seine Jugendzeit deutete allerdings in keiner Weise auf diese glanzvolle Karriere hin. Vidocq wurde im Jahr 1775 in Arras geboren; schon als Schuljunge bestahl er seinen eigenen Vater, landete bald darauf in einem elenden Gefängnis, das auch als Irrenhaus diente, trat in die französische Armee ein, desertierte, lief zu den feindlichen österreichischen Truppen über und desertierte wieder. Weil er einen Entlassungsschein für einen Häftling im Gefängnis von Lille gefälscht hatte, landete der vielversprechende junge Mann als Galeerensträfling in Brest. Dreimal gelang ihm die Flucht, zweimal wurde er in Ketten wieder nach Brest zurückgebracht. Beim drittenmal bot er sich der Pariser Polizei als Spitzel an, vorausgesetzt, er würde nicht mehr nach Brest zurückgeschickt.

Polizeichef Henry erkannte die Vorteile eines solchen Angebotes, da Vidocq wie kaum ein anderer über Kenntnisse der Unterwelt verfügte. Er ließ den Häftling nach La Force verlegen, wo Vidocq den Rest seiner Strafe verbüßte und gleichzeitig verdächtige Gespräche und geplante Verbrechen seiner Mithäftlinge weitergab. Nach seiner Entlassung arbeitete er insgeheim für die Polizei weiter, unterschied sich jedoch von den anderen Polizeiinformanten – die meist als Gegenleistung ihrer Dienste ein milderes Beurteilen ihrer eigenen Verbrechen verlangten –, indem er peinlich genau auf seine reine Weste achtete und sich mit der Zeit den Ruf absoluter Rechtschaffenheit errang.

Schließlich wurde Vidocq aber doch von seinen Kumpanen als Spitzel verdächtigt und konnte sich nicht länger gefahrlos in den Kreisen der Unterwelt bewegen. Henry war nicht bereit, auf einen so wertvollen Mitarbeiter zu verzichten, und faßte im Jahr 1812 den kühnen Entschluß – ungeachtet der massiven Proteste jener Polizeibeamten, die brutale Gewaltanwendung als alleiniges berufliches Rüstzeug für einen tüchtigen Polizisten für ausreichend hielten –, eine eigene Abteilung der Polizei zu schaffen, die sich mit der Aufdeckung und Verhinderung von Verbrechen befassen sollte. Die neue Abteilung erhielt den Namen »Sûreté« (Sicherheit), ihr Chef hieß Eugène-François Vidocq, ehemaliger Galeerensträfling, der erste fest angestellte Beamte der Pariser Polizei, der sich ausschließlich der Detektivarbeit widmete.

Vidocqs erste vier Mitarbeiter wurden alle von ihm selbst ausgesucht; es waren ehemalige Mithäftlinge aus La Force. Ihr Büro befand sich in einem unauffälligen Gebäude in der Rue Sainte-Anne. Die Arbeit dieser vier Männer hatte ein unmittelbares Absinken der Verbrechensrate zur Folge. Maßgeblich dafür waren die wissenschaftlichen kriminalistischen Methoden, die Vidocq einführte; darunter die sorgfältige Klassifizierung von verschiedenen Verbrechen und die zentrale Registrierung aller Akten über bekannte Gesetzesbrecher. Wie so viele hervorragende Detektive nach ihm verließ sich auch Vidocq auf seine Intuition. »Ich brauche mir nicht einmal das ganze Gesicht eines Verbrechers anzusehen«, sagte er, »mir genügen seine Augen.«

Vidocq war der einzige Beamte der Sûreté, der der Pariser Polizei angehörte. Seine Assistenten waren nur als freie Mitarbeiter beschäftigt. Erst im Jahr 1833, als Pierre Allard die Nachfolge von Vidocq antrat, rekrutierten sich die Detektive aus den eigenen Reihen. Die reorganisierte Abteilung bestand damals aus vier Sergeanten, 21 Inspektoren und vier Gehilfen, alle reguläre Polizisten.

Nachdem Vidocq in den Ruhestand getreten war, gründete er eine weitere bedeutende detektivische Einrichtung: er eröffnete die erste Privatdetektei. Die letzten Jahre in Vidocqs Leben sind in Dunkel gehüllt, er starb verarmt im Jahr 1855.

Kriminalgeschichte

Die erste Kriminalgeschichte hieß »Die Morde in der Rue Morgue«, verfaßt von Edgar Allan Poe, erschienen in »Graham's Magazine« in Philadelphia im April 1841. Die Handlung spielte in Paris. Poes Detektiv war ein verarmter, exzentrischer Herr namens Auguste Dupin. Der Held mußte notgedrungen Franzose sein, da Frankreich zu dieser Zeit das einzige Land war, in dem private oder polizeiliche Ermittlungstätigkeit als spezieller Beruf anerkannt wurde. Im Jahr 1843 erschien eine broschierte Neuauflage zum Preis von 12,5 Cent.

Kriminalroman
Der erste Kriminalroman erschien im Juni 1856 bei J. & C. Brown unter dem Titel »Recollection of a Detective Police Officer« (Die Erinnerungen eines Polizeidetektivs). Der Autor nannte sich »Waters«, hieß jedoch in Wirklichkeit William Russell. Die Handlung war frei erfunden, obwohl der Autor den Anschein zu erwecken suchte, daß es sich um die Autobiographie eines echten Londoner Kriminalbeamten handelt. Russells Buch war übrigens auch der erste Kriminalroman, der in andere Sprachen übersetzt wurde; er erschien im Jahr 1857 in deutscher und 1868 in französischer Sprache. Waters war jedoch nicht der erste Romandetektiv, der durch die Literatur schnüffelte. Charles Dickens, der sich schon früh für die in Entwicklung befindlichen Kriminalabteilungen interessierte und darüber im Jahr 1850 in der Zeitschrift »Household Words« eine Artikelserie schrieb, schuf die Figur des Inspektors Bucket, dessen Nachforschungen 14 der 66 Kapitel seines Romans »Black House« (Düsteres Haus), erschienen im Jahr 1853 in London, ausfüllen. Man nimmt an, daß Bucket auf Inspektor Field zurückgeht, einem Dickens persönlich bekannten Beamten der Metropolitan Police.
Der erste Kriminalroman eines Schriftstellers von Rang und gleichzeitig der erste, der mit der vorgetäuschten autobiographischen Form Russells und seiner Nachahmer brach, war »The Moonstone« (Der Mondstein) von Wilkie Collins, erschienen in drei Bänden im Juli 1868 bei Tinsley in London. Es dürfte auch der umfangreichste Kriminalroman sein, der je geschrieben wurde: 900 Seiten.

Weiblicher Detektiv
Ein weiblicher Detektiv trat schon im Jahr 1862 in Wilkie Collins' Werk »No Name« (Namenlos) auf, allerdings nur als Nebenfigur.
Der vermutlich erste Kriminalroman, in dem eine Detektivin die Hauptrolle spielt, hieß »The Recollections of a Lady Detective« (Erinnerungen einer weiblichen Detektivin), erschienen in London im Jahr 1864. Die Heldin betrat die Romanszene 60 Jahre früher als ihre zukünftigen Kolleginnen aus Fleisch und Blut.

Kriminalschriftstellerin
Die erste Kriminalschriftstellerin war Anna Katherine Green aus Buffalo, New York. Ihre rundliche, an Rheumatismus leidende Heldin Ebenezer Gryce gab ihr Debüt in »The Leavenworth Case« (Der Fall Leavenworth) im Jahr 1878. Bei diesem Buch handelte es sich übrigens auch um den ersten Kriminalroman eines Autors amerikanischer Herkunft. Anna Green, die Frau eines Möbelfabrikanten, erklärte ihr Eindringen in diese bislang den Männern vorbehaltene Domäne mit dem Hinweis, sie halte das Abfassen eines Kriminalromans für eine gute Vorbereitung auf ihre Laufbahn als Dichterin.
Der Roman handelt von dem Tod eines Millionärs, die Hauptfiguren sind zwei sehr attraktive Kusinen, die seufzend unglaubliche Platitüden von sich geben, wie z. B. »meine Ehre ist für immer dahin«. Nichtsdestoweniger verstand die Autorin kriminalschriftstellerisches Handwerk; der entlarvte Mörder ist eine der am wenigsten verdächtigen Personen. Als Anna K. Green im Jahr 1935 mit 90 Jahren starb, hinterließ sie über 30 Kriminalromane.

Kugelschreiber

Der erste Kugelschreiber wurde im Jahr 1938 von dem ungarischen Hypnotiseur, Bildhauer und Journalisten Laszlo Biro entwickelt, der damals in Budapest eine staatlich geförderte Kulturzeitschrift herausgab. Anläßlich eines Besuches in der Druckerei wurde Biro auf eine schnelltrocknende Tinte aufmerksam, deren Vorteile ihn zur Konstruktion eines nichtkleckernden Schreibutensils anregten. Kurz darauf flüchtete Biro vor den Nationalsozialisten nach Paris und von da im Jahr 1940 nach Argentinien. Dort setzte er seine begonnene Arbeit fort und meldete seine Erfindung am 10. Juni 1943 zum Patent an.
Ungefähr zur gleichen Zeit lernte er den Engländer Henry Martin kennen, der im Auftrag der britischen Regierung in Buenos Aires weilte. Martin war von der Erfindung sehr beeindruckt, vor allem im Hinblick auf die Schwierigkeiten von Flugzeugnavigatoren, in größerer Höhe Berechnungsresultate schriftlich festzuhalten. Biros Kugelschreiber, so stellte Martin fest, wurde in keiner Weise durch Änderung des Luftdrucks oder der Flughöhe beeinflußt. Martin sicherte sich die Erzeugungsrechte für England und begann schon im Jahr 1944 in einem leerstehenden Flugzeughangar bei Reading mit der Produktion von

Kugelschreibern für die Royal Air Force. Im ersten Jahr wurden 30 000 Stück von 17 Arbeiterinnen angefertigt.
Zu Beginn des Jahres 1945 produzierte das Unternehmen Eterpen Co. in Buenos Aires nach Biros Patent die ersten für den Privatgebrauch bestimmten Kugelschreiber. Unklugerweise hatte Biro es jedoch verabsäumt, sein Patent in den USA anzumelden, was ein geschickter amerikanischer Geschäftsmann schleunigst nachholte. Am 29. Oktober 1945 wurden bei Gimbel's in New York die ersten Kugelschreiber zum Stückpreis von 12,50 Dollar angeboten, als »die erste Feder, die unter Wasser schreibt«. Der Erfolg war überwältigend; bis Ladenschluß waren fast 10 000 Stück verkauft.

Kühlschrank

Der erste Kühlschrank für den Hausgebrauch lief unter dem Markennamen »Domelre« und wurde im Jahr 1913 in Chicago hergestellt. Der Apparat wurde elektrisch betrieben und bestand aus einem hölzernen Gehäuse, das Kompressionskühlaggregat war oben montiert.

Der erste Kühlschrank für den Hausgebrauch, »Domelre«, Chicago 1913.

Kühlverfahren

Das erste Kühlverfahren auf chemischer Basis wurde um 1540 in Rom entwickelt und bestand in der Hauptsache darin, Salpeter in Wasser aufzulösen. Eine Schrift über diese Kühlmethode wurde unter dem Titel »Methodus refrigerandi« von Blasius Villafranca verfaßt (Rom 1550). Der Autor schreibt, daß Wein und Wasser auf den Tischen der feinen römischen Gesellschaft auf diese Weise gekühlt wurden. Außerdem behauptete er, der erste zu sein, der diese Entdeckung der Öffentlichkeit zugänglich machte. Levinus Lemnius schrieb im Jahr 1559, daß der nach Villafrancas Methode gekühlte Wein so kalt wurde, »daß es für die Zähne beinahe unerträglich war«.

Kühlanlagen

Die ersten Kühl- bzw. Gefrieranlagen wurden im Jahr 1850 gleichzeitig in Australien und in den USA entwickelt. In Amerika war es Alexander Catlin Twining, der im Jahr 1848 mit seinen Experimenten bezüglich der Verflüssigung von Ätherdampf begann. Zwei Jahre später waren seine Versuche so weit gediehen, daß er in Cleveland, Ohio, eine kommerzielle Gefrieranlage aufbauen konnte. Die Anlage bestand aus zehn Gefrierbehältern aus Gußeisen, in denen unter Verwendung von Äthyläther bis zu 1 000 kg Eis pro Tag erzeugt wurden.
In Australien errichtete James Harrison, früher Herausgeber des »Melbourne Age«, im Jahr 1850 in Rodey Point, Victoria, seine erste Eiserzeugungsanlage um ganze 1 000 Pfund. Sie arbeitete nach dem Absorptionsprinzip, bei dem Ammoniak zum Verdampfen gebracht wird. Im folgenden Jahr verkaufte Harrison seine erste Anlage an eine Brauerei in Bendigo. Die reguläre Erzeugung der Harrison-Gefrieranlagen wurde im Jahr 1859 von der Firma P. N. Russel in Sydney aufgenommen.

Kunstausstellung

Die erste Kunstausstellung wurde am 9. April 1667 in Paris eröffnet. Sie dauerte bis zum 23. des gleichen Monats. Initiiert wurde diese Ausstellung – »Salon« genannt, weil sie im großen Salon des Louvre abgehalten wurde – von der Französischen Akademie, die wieder von Ludwig XIV. dazu angeregt worden war. Auf Wunsch des Königs wurden die Ausstellungen jedes Jahr wiederholt.
Die erste internationale Kunstausstellung fand im Jahr 1851 in London statt.

Kunstdünger

Der erste Kunstdünger wurde von dem deutschen Chemiker Justus von Liebig in seinem im Jahr 1840 erschienenen Werk »Die Chemie und ihre Anwendung auf Agrikulturchemie und Physiologie« beschrieben. Dieser Aufsatz gilt allgemein als die Begründung der Agrarchemie. Liebig stellte fest, daß die ausgelaugte Erde wieder fruchtbar gemacht werden könne, wenn man ihr Phosphorsäure sowie Bestandteile von Pottasche, Kalk und Magnesiumoxyd, wie sie in der Asche der pflanzlichen Materie enthalten sind, wieder zuführt. Nach diesem Grundsatz stellte Liebig einen künstlichen

Dünger her, der aus Phosphaten und Pottasche bestand, und ließ ihn patentieren. Der erwartete Erfolg stellte sich jedoch nicht ein, da Liebig von der irrigen Annahme ausgegangen war, daß dem Dünger Kalk beigemengt werden müßte, um die Mineralsalze zu binden und ihr Auswaschen aus der Erde zu verhindern; das Ergebnis waren folglich Klumpen, die sich nicht auflösten.
Trotz dieses Fehlschlags war es doch Liebig, der die Grundlage für die heute so gewaltig angewachsene Düngemittelindustrie legte, denn sein Vorschlag, mit Schwefelsäure behandeltes Knochenmehl als Dünger zu verwenden, regte eine Reihe von Agrarchemikern zu ihren Arbeiten über Superphosphat an.
Der erste für den Handel bestimmte Kunstdünger war ein Superphosphatdünger, gewonnen durch Lösen von Koprolith in Schwefelsäure, der von Sir John Bennet Lawes in Deptford Creek hergestellt und am 23. Mai 1842 zum Patent angemeldet wurde. Die reguläre Erzeugung setzte im folgenden Jahr ein; das Düngemittel wurde erstmals am 1. Juli 1843 im »Gardener's Chronicle« zum Verkauf angeboten.
Lawes machte seine ersten erfolgreichen Kunstdüngerexperimente auf seinem Gut in Rothamsted, Hertfortshire, im Jahr 1839, indem er Knochenmehl und Mineralphosphate mit Schwefelsäure behandelte, um Superphosphat zu gewinnen. Die Anwendung zeigte eindrucksvolle Resultate, insbesondere beim Rübenanbau. (Zwar fanden diese Versuche vor denen Liebigs im Jahr 1840 statt, doch da Lawes seine Ergebnisse nicht veröffentlichte, führte dies zum Verlust seines Prioritätsanspruchs.) Sein Zögern, diese bedeutsame wissenschaftliche Entdeckung zu veröffentlichen, erklärte Lawes viele Jahre später so: »Da ich keine männlichen Verwandten besaß, war meine Mutter der einzige Mensch, der auf meine Studien Einfluß nahm, und sie hatte eine lebhafte Abneigung sowohl gegen die Wissenschaft als auch gegen geschäftliche Angelegenheiten.«
Anfänglich vertraten die Bauern die Meinung, daß künstlicher Dünger lediglich als Stimulans und nicht als Hauptnahrung für die Pflanzen dienlich sei. Um dieser falschen Vorstellung entgegenzutreten, richtete Lawes im Jahr 1843 in Rothamsted eine ackerbauliche Versuchsstation ein, die erste ständige Einrichtung dieser Art in der Welt. Als Ergebnis der dort angestellten Versuche konnte er im Jahr 1855 einen Bericht veröffentlichen, in dem bewiesen wurde, daß die Fruchtbarkeit eines sonst ausgelaugten Bodens durch künstlichen Dünger über Jahre hinaus erhalten werden kann.

Stickstoffdünger
Der erste künstliche Stickstoffdünger wurde im Jahr 1909 von dem deutschen Wissenschaftler und Nobelpreisträger Fritz Haber hergestellt; er setzte Wasserstoff und Stickstoff mit Hilfe eines Katalysators unter Anwendung von hohem Druck und hoher Temperatur zu Ammoniak um. Die kommerzielle Produktion von Stickstoffdünger begann im Jahr 1913 in Deutschland durch die Badische Anilin und Soda Fabrik (BASF), die die Rechte von Haber erworben hatte.
Der Chemiker Carl Bosch vervollkommnete die Habersche Ammoniaksynthese zur industriellen Reife, indem er den Katalysator verbesserte, wodurch die Reaktionsgeschwindigkeit erhöht wurde; des weiteren wendete er hohe Gasdrucke an, wie sie vorher in der chemischen Industrie nie verwendet worden waren. Die erste Anlage produzierte etwa 9 000 t Ammoniak im Jahr. Nach dem Ausbruch des Ersten Weltkrieges wurde die Produktion vervielfacht – und half vermutlich mit, das Ende der Kämpfe hinauszuzögern, da Deutschland wirtschaftlich ohne die durch den Stickstoffdünger enorm gestiegenen Ernteerträge kaum bis zum Jahr 1918 durchgehalten hätte.

Kunstfaser

Die erste Kunstfaser basierte auf Zellulose und wurde im Jahr 1883 von Joseph Swan in Newcastle upon Tyne (Northumberland) experimentell hergestellt. Swan war damals mit der Entwicklung seiner elektrischen Glühbirne beschäftigt und auf der Suche nach einem Ersatz für den wenig haltbaren Baumwollglühfaden. Es gelang ihm, einen einzelnen Faden herzustellen, indem er Nitrozellulose durch eine kleine Öffnung in eine koagulierende Flüssigkeit spritzte. Durch Verwendung noch kleinerer Öffnungen erhielt er einen Faden, der so fein war, daß er sich zum Weben eignete. Mrs. Swan fertigte aus dem neuen Material kleine Matten und Deckchen, die im Jahr 1885 auf der Erfindermesse ausgestellt wurden. Swan wertete jedoch seine Entdekung nicht kommerziell aus.
Eine ähnliche Methode, Kunstseide herzustellen, wurde im Jahr 1885 in Frankreich von Comte Hilaire de Chardonnet zum Patent angemeldet. De Chardonnet gründete im Jahr 1892 in Besançon die erste Kunstfaserfabrik der Welt. Aus seiner »soie artificielle« wurden Borten, Quasten und Fransen erzeugt, zum Weben war sie jedoch ungeeignet.
Das erste Textilgarn aus Kunstfaser, das gewebt und gefärbt werden konnte, war ein Kunstseidenprodukt aus Viskose, das von C. H. Stearn

und C. S. Cross im Jahr 1898 in einer Versuchsanstalt in Surrey entwickelt wurde. Die Viskosefaser war im selben Jahr Stearn patentiert worden, während die Viskose selbst, hergestellt aus Holzbrei, der mit Natriumhydroxyd und anderen Chemikalien behandelt wurde, als Hauptpatent im Jahr 1892 von Cross angemeldet wurde. Die Firma Samuel Courtauld & Co. erwarb die englischen Herstellungsrechte um 25 000 Pfund und begann im Juli 1905 in einer neuerrichteten Fabrik außerhalb von Coventry mit der Erzeugung.
Deutsche und französische Unternehmen, die die Patentrechte erworben hatten, starteten ihre Produktion im selben Jahr. In Bamberg stellte man im Jahr 1910 die ersten Kunstseidenstrümpfe her.

Künstleragentur

Die erste Künstleragentur betrieb Ambrosse Maynard seit dem Jahr 1858 in seinem Büro in der Waterloo Road 20 in London. Er war früher selbst Komiker und Sänger gewesen und wußte um die Schwierigkeiten der Provinzkünstler, in London ein Engagement zu finden. Sein Büro war auf Varietés spezialisiert.
Für 1 Shilling Gebühr kam ein arbeitsuchender Künstler auf die Liste, die Maynard bei den Londoner Varietébesitzern kursieren ließ. Leider zeigten diese zunächst nicht das geringste Interesse, weder an Maynard noch an seiner Liste, obwohl es an Bewerbern nicht fehlte.
Erst als eines Tages ein engagierter Künstler ausfiel und der Eigentümer des Etablissements in aller Eile eine Ersatznummer brauchte, schlug Maynards große Stunde. Er hörte zufällig von dem Dilemma und schickte unverzüglich eine seiner Klientinnen, die tragisch-komische Schauspielerin Julia Watson, in die Bresche. Sie machte ihre Sache so gut, daß auch andere Manager begannen, Maynards Vermittlerdienste in Anspruch zu nehmen.

Künstliche Besamung

Die erste künstliche Besamung bei einem Tier gelang dem italienischen Priester Lazare Spallanzani im Jahr 1779. Er spritzte einer Jagdhündin den Samen eines Spaniels ein.
62 Tage später warf die Hündin drei kleine Bastarde.
Die erste künstliche Befruchtung in der Humanmedizin ist das Verdienst von Dr. Thouret, dem Doyen der medizinischen Fakultät der Universität Paris. Er injizierte im Jahr 1785 seiner bis dahin unfruchtbaren Frau intravaginal Sperma mittels einer Spritze aus Zinn. Die Frau schenkte einem gesunden Baby das Leben.
Die näheren Umstände des gelungenen Experiments schilderte Thouret in einer anonymen Broschüre.
Die erste künstliche Befruchtung mit fremdem Sperma, also nicht vom Ehemann der behandelten Frau, führte Prof. Pancoast im Jahr 1884 in Philadelphia durch. Die Insemination wurde ohne Wissen der Frau, die unter Narkose stand, vorgenommen, und zwar auf Ersuchen ihres zeugungsunfähigen Mannes.

Künstlicher Edelstein

Die ersten künstlichen Edelsteine stellte im Jahr 1837 Marc Antoine Auguste Gaudin, ein Pariser Chemiker, durch Schmelzen im Knallgebläse her.
Im Jahr 1893 gelang dem französischen Chemiker und Nobelpreisträger Henri Moissan das Erzeugen von künstlichen Diamanten bis zu 0,5 mm Größe, indem er Kohlenstoff in flüssigem Eisen auflöste und den Schmelzfluß unter hohem Druck erstarren ließ.

L

Lautsprecher

Der erste Lautsprecher war das »Auxetophone«, das im Jahr 1898 von Horace Short in London zum Patent angemeldet wurde. Es kam das erste Mal auf der Pariser Weltausstellung im Jahr 1900 zum Einsatz; von der Spitze des Eiffelturms wurden Opernarien vom Grammophon übertragen. Der Apparat wurde mit Druckluft betrieben und konnte, nach zeitgenössischen Ohrenzeugen, von ganz Paris gehört werden. Short verkaufte sein Patent an Charles Parsons; er wurde später als Mitbegründer des Flugzeugbaukonzerns Short Bros bekannt.
Der erste elektrische Lautsprecher, Vorfahr der meisten heutigen Modelle, wurde im Jahr 1906 von Miller Reece Hutchinson und Kelly Turner von der Firma Hutchinson Acoustic Co. in New York entwickelt. Der Lautsprecher kam im Jahr 1907 als Teil eines Kommunikationssystems für Büros auf den Markt.
Der erste öffentliche Einsatz von elektrischen Lautsprechern fand im September 1912 statt: Die Bell Telephone Co. installierte in Zusammenarbeit mit der Western Electric zwei wassergekühlte Sender, eine Induktionsspule und den Empfänger im Olympic Theater in Chicago. Sie dienten nur dazu, um irgendwelche Toneffekte aus dem Hintergrund sowie Bravorufe und Beifall aus einem scheinbar in der Nähe gelegenen Baseballstadion in den Zuschauersaal zu übertragen.

Lautsprecheranlage
Die erste Lautsprecheranlage wurde zu Beginn des Jahres 1913 installiert. Anlaß war eine Ansprache des Gouverneurs von Oklahoma, die von Oklahoma City in ein 200 km entferntes Hotel in Tulsa übertragen wurde, wo 345 Zuhörer lauschten.
Die erste Lautsprecheranlage unter freiem Himmel wurde von Bell Telephone am 30. Juni 1916 auf Staten Island aufgestellt.
Nach diesen ersten Erfahrungen mit Lautsprechereinsätzen wurde bei der National Educational Association Convention, 3.—8. Juli 1916, im Madison Square Garden in New York das erste Mal ein großes Publikum über Lautsprecher erreicht.

Lebensversicherung

Die erste Lebensversicherung wurde am 18. Juni 1583 abgeschlossen. Der Londoner Ratsherr Richard Martin bezahlte einer Gruppe von Kaufleuten eine Prämie von 30 Pfund, 13 Shilling und 4 Pence und versicherte damit das Leben eines gewissen William Gibbons auf die Summe von 385 Pfund, 6 Shilling und 8 Pence. Im Vertrag wurde festgesetzt, daß dieser Betrag nur dann ausbezahlt werden sollte, wenn der Versicherte innerhalb eines Jahres starb, und schloß hoffnungsvoll: »Gott gebe William Gibbons Gesundheit und ein langes Leben.« Elf Monate später segnete Gibbons das Zeitliche. Die Vertragsunterzeichner wollten sich um die Zahlung drücken mit dem zweifelhaften Argument, Gibbons sei nicht »innerhalb der vollen zwölf Monate, wobei jeder Monat 28 Tage zählt«, gestorben. Der Fall kam vor Gericht: Es entschied, daß Martin die vereinbarte Summe ausbezahlt werden mußte.

Lebensversicherungsgesellschaft
Die erste Lebensversicherungsgesellschaft war die »Amicable Society for Perpetual Assurance Office« (Friedliche Gesellschaft für lebenslange Versicherung) und wurde im Jahr 1706 in London von Sir Thomas Allen und dem Bischof von Oxford gegründet. Die Kunden bezahlten eine jährliche Prämie von mindestens 6 Pfund und 4 Shilling, und die Gesellschaft legte je 5 Pfund in einem Fonds an, dessen Gesamtkapital jährlich unter den Erben der verstorbenen Versicherten aufgeteilt wurde. Versichert wurden nur Personen zwischen 15 und 45 Jahren, ihr Gesundheitszustand blieb jedoch unberücksichtigt. Die Zahl der mit der niedrigsten Prämie Versicherten war auf 2 000 beschränkt. Dieses Limit war um 1770 erreicht; die Gesellschaft gab bekannt, daß sie insgesamt 378 184 Pfund an 3 643 Personen ausbezahlt hatte und über einen Gewinn von 33 000 Pfund verfügte.
Ein älteres Unternehmen, das 1699 gegründet wurde und sich »Society for Assurance of Widows and Orphans« (Gesellschaft für die Versicherung der Witwen und Waisen) nannte, wird mitunter als die erste Lebensversicherungsgesellschaft bezeichnet, aber da das Prinzip der regelmäßigen Prämienzahlung fehlte und nur beim Tod eines Mitgliedes Zahlungen fällig waren, ist diese Form der Versicherung wohl eher als eine modifizierte Tontine anzusehen.
Lebensversicherungen wurden zu dieser Zeit ein Geschäft für Spekulanten. Es war damals üblich, Wetten auf besonders bekannte Persönlichkeiten, die ein gefahrenreiches Leben führten, abzuschließen, wie z. B. auf den Premierminister Sir Robert Walpole und König Georg III. (als er in Dettingen kämpfte) und seinen Sohn. Dieser Mißbrauch wurde erst

im Jahr 1774 mit dem Life Assurance Act abgeschafft.
Die erste Lebensversicherungsanstalt, die ihre Prämien auf Grund exakter Berechnungen der Lebenserwartung, des Alters und des Zeitpunktes des Versicherungsantritts kalkulierte, war die »Society for Equitable Assurances on Lives and Survivorships« (Gesellschaft für gerechte Lebens- und Überlebensversicherung). Sie wurde am 7. September 1762 in London gegründet; ihr Initiator war James Dodson, Lehrer an der »Royal Mathematical School« im Christ's Hospital, der bereits sechs Jahre vorher mit der Idee aufgetreten, in der Zwischenzeit jedoch gestorben war. Der erste Versicherungskalkulator war William Mosdell, gestorben im Jahr 1764.
Das erste deutsche Unternehmen, das Lebensversicherungspolizzen ausstellte, war die »Gothaer-Lebensversicherungsbank«, und zwar im Jahr 1827. Heute heißt sie »Gothaer-Lebensversicherung A. G.« (A. G. heißt in diesem Fall »auf Gegenseitigkeit«).

Leichenwagen

Der erste motorisierte Leichenwagen war ein elektrisches Fahrzeug, das bei einem Begräbnis in Buffalo, New York, im Mai 1910 benützt wurde. 14 weitere Elektrofahrzeuge bildeten den Trauerzug.
Der erste motorisierte Leichenwagen, der eigens für diesen Zweck gebaut wurde, war ein De-Dion mit 24 PS, der Ende 1905 in Paris in Betrieb genommen wurde. Danach gibt es keine weiteren Hinweise auf derartige Fahrzeuge bis zum Frühjahr 1907, als in Berlin ein elektrischer Leichenwagen vorgestellt wurde. Sein Eigentümer erklärte nicht ohne Stolz, daß er jetzt imstande sei, Begräbnisse »in einem Drittel der üblichen Zeit« durchzuführen.

Leuchtstoffröhren

Die ersten Leuchtstoffröhren mit Glühkathode wurden von der Firma General Electric Co. in Nela Park, Ohio, entwickelt und auf der Jahrestagung der Illuminating Engeneering Society in Cincinnati im September 1935 erstmals öffentlich vorgeführt. Die 60 cm lange Röhre strahlte ein leuchtendgrünes Licht aus und wurde als »Experiment mit großer Zukunft« bezeichnet.
Die erste praktische Verwendung fanden die Leuchtstoffröhren in einer Bankethalle in Washington, wo am 23. November 1936 anläßlich der Hundertjahrfeier des US-Patentamtes ein Galadiner stattfand. Es handelte sich dabei um Röhren der General Electric Co.
Die für den Handel bestimmte Produktion von Leuchtstoffröhren wurde von General Electric und Westinghouse begonnen. Beide Gesellschaften brachten ihre Produkte am 1. April 1938 auf den Markt. Die General Electric bot Leuchtstoffröhren mit 15 W, 20 W und 30 W in einer Länge von 45,7 cm, 60,9 cm und 91,4 cm an. Die Preise lagen zwischen 1,50 und 2 Dollar, die Röhren waren in sieben verschiedenen Farbtönen erhältlich.

Lichtreklame

Die erste Lichtreklame wurde von der Firma Willing's Electric Signs in London am 31. Dezember 1881 in einer Annonce der Zeitschrift »The Electrician« angekündigt als »geeignet für Schriftzeichen, Firmenschilder, Schaufenstergestaltung, Werbezwecke usw.«. Im Jahr 1882 wurde von W. J. Hammer über der Orgel im Crystal Palace in London der Name Edison angebracht. Die Schriftzeichen bestanden aus Glühlampen, die abwechselnd an- und ausgingen. Ein weiteres elektrisches Leuchtschild wurde über dem Eingangsbogen der Internationalen Hygieneausstellung in Berlin montiert. Zur selben Zeit bekam auch das Miner's Theater in New York als erstes Theater der Welt ein Namensschild aus Glühlampen. Das erste elektrische Werbeschild wurde im Jahr 1890 am Piccadilly

Der erste motorisierte Leichenzug, Buffalo, New York, Mai 1910

Circus registriert, wahrscheinlich für die Firma Bovril. Ein Jahr später erstrahlte der Broadway im Licht der Reklame »Buy Homes on Long Island Swept by Ocean Breezes« (Kaufe dein Heim auf dem von Meereslüften umspielten Long Island) von Oriental & Manhattan Hotels. 1906 gab es in Manhattan bereits 3 000 verschiedene elektrische Reklameschilder, die meisten davon am Broadway. G. K. Chesterton schrieb nach einem Besuch in New York: »Welch herrlicher Garten der Wunder wäre dies für jeden Glücklichen, der des Lesens unkundig ist.«

Die ersten Leuchtröhren, aus denen man einen Schriftzug nachbilden konnte, wurden von D. McFarlan Moore von der Moore Electric Co. in London entwickelt und im Jahr 1905 das erste Mal für Reklamezwecke verwendet.

Die ersten praktisch verwendbaren Gasentladungslampen stammten ebenfalls von der Firma Moore. Sie waren mit Kohlendioxyd oder Stickstoff gefüllt und gaben ein gutes Licht, waren jedoch in der Montage und im Betrieb zu teuer. Nach und nach wurden sie von der helleres Licht spendenden Neonbeleuchtung abgelöst, die wirtschaftlicher war.

Lieferwagen

Der erste motorisierte Lieferwagen war ein dampfbetriebener Wagen mit einem Serpollet-Motor, der im Jahr 1892 von Le Blanc in Paris für das berühmte Pariser Kaufhaus La Belle Jardinière gebaut wurde. Die Karosserie stammte von Châtelet David, war in den Farben des Kaufhauses gehalten und trug die Aufschrift »Livraison à Domicile« (Hauszustellung). Der Lieferwagen blieb drei Jahre in Betrieb.

Die erste Gesellschaft, die benzinbetriebene Lieferwagen herstellte, war die französische Firma Peugeot Frères, die ihr erstes Modell im Dezember 1895 auf den Markt brachte. Der Antrieb erfolgte durch einen 4 PS starken Daimler-Motor, und es hieß, der Wagen sei imstande, 450 kg mit 15 km/h und 300 kg mit 19 km/h zu transportieren. Das Warenhaus Grands Magasins du Louvre bestellte 18 Lieferwagen für die Zustellung von Paketen; der erste wurde am Weihnachtstag ausgeliefert.

Der erste Motorlieferwagen mit geschlossener Fahrerkabine wurde im Jahr 1902 von der Star Engineering Co. in Wolverhampton bei Birmingham hergestellt. Es wurden verschiedene Modelle mit Geschwindigkeiten von 11, 16 oder 24 km/h angeboten. Die Wagen waren so konstruiert, daß man sie in Limousinen verwandeln konnte, falls sie nicht zum Gütertransport benötigt wurden. Die Seiten waren mit Glasfenstern von 76 × 38 cm Ausmaß versehen. Es ist anzunehmen, daß dieser Wagen das erste Serienmodell eines komplett geschlossenen Kraftfahrzeuges normaler Größe war; vorher gab es Wetterschutzvorrichtungen nur bei kleineren Landauern und abnehmbare Aufbauten wie bei einem Coupé, die nur als Sonderausstattung erhältlich waren.

Lippenlesen

Das erste Lippenlesen lehrte Juan Pablo Bonet etwa zwischen 1615 und 1620 dem taubstummen Luis de Velasco, dem jüngeren Bruder des Konnetabels von Kastilien. Sir Kenelm Digby, der den Prinzen von Wales (den späteren König Karl I.) im Jahr 1623 auf einer Reise nach Madrid begleitete, schreibt in seinem Buch »On the Nature of Bodies« (Über die Beschaffenheit des Körpers) über die Begegnung mit Velasco:

»Der spanische Lord wurde taub geboren – so taub, daß er ein an seinem Ohr abgefeuertes Geschütz nicht hören konnte –, und infolgedessen war er auch stumm. Ärzte und Chirurgen hatten all ihre Kunst aufgeboten, um diesem Übel abzuhelfen, jedoch vergeblich. Schließlich versuchte ein Priester, ihm beizubringen, die Sprache seiner Mitmenschen zu verstehen und selbst zu sprechen, damit andere ihn verstanden. Sein Versuch wurde zunächst verlacht, aber nach einigen Jahren sah man ehrfürchtig zu ihm auf, als ob er ein Wunder vollbracht hätte.«

Literarische Agentur

Die erste literarische Agentur wurde in London von A. P. Watt aus Aberdeen gegründet. Ursprünglich vertrat er nur seine Freunde Walter Besant und George Macdonald bei den Verhandlungen mit ihren Verlegern. Er fand dabei heraus, daß für eine derartige Dienstleistung Nachfrage bestand, und eröffnete im Jahr 1875 eine Agentur.

Spätere Klienten der Firma A. P. Watt & Son waren die Autoren G. K. Chesterton, Rudyard Kipling, Edgar Wallace, H. G. Wells, W. B. Yeats, Somerset Maugham, Feldmarschall Montgomery und John le Carré.

Löwenbändiger

Der erste Löwenbändiger hieß »Manchester Jack«, ein Löwenwärter bei Wombwell's Menagerie, einer Wanderschau, die in der ersten Hälfte des 19. Jahrhunderts durch England zog. Die erste Probe seiner Dompteurkunst lieferte er im Jahr 1835: Er saß auf dem Rücken eines alten Löwen mit

Van Amburgh, der erste Dompteur, der mit einer gemischten Tiergruppe arbeitete, 1838.

Namen Nero und stemmte mit den Händen seinen Rachen auf.
Der erste Dompteur, der mit einer gemischten Tiergruppe arbeitete, war der Amerikaner Van Amburgh, der im Jahr 1838 in Astley's Amphitheatre in London als »Morok der Raubtierbändiger« auftrat. Sein Dressurakt, in dem er Löwen, Tiger und Leoparden gemeinsam vorführte, war die erste Zirkusnummer mit Raubtieren.
Der erste tödliche Unfall in der Raubtierdressur ereignete sich im Januar 1850 in Chatham, Kent, als die Dompteuse Helen Bright in der Menagerie Wombwell von einem Tiger angefallen wurde, den sie wiederholt mit der Peitsche ins Gesicht geschlagen hatte. Die Zähne des Tigers zermalmten ihren Kopf, und sie starb bald nach ihrer Rettung aus dem Käfig.

Luftaufklärung

Die erste Luftaufklärungsaktion wurde von Kapitän Marconnet und Leutnant Fequant von der französischen Armee am 9. Juni 1910 mit einem einsitzigen Henri-Farman-Doppeldecker durchgeführt. Die Aufklärungsaktion dauerte auf der 145 km langen Strecke vom Camp de Châlons in Mourmelon nach Vincennes zweieinhalb Stunden. Fequant steuerte die Maschine, und Marconnet, eingezwängt in die Lücke zwischen Pilotensitz und Triebwerk, machte mit einer Handkamera Aufnahmen von Straßen, Eisenbahnverbindungen, Ortschaften und Landstrichen.

Luftaufklärung im Krieg
Die erste Luftaufklärungsaktion in einem Krieg erfolgte während des Italienisch-Türkischen Krieges in den Jahren 1911/12 in Nordafrika. Kapitän Piazza, der Kommandant des Luftwaffenstützpunktes in Tripolis, flog am 23. Oktober 1911 mit einer Blériot XI von Tripolis zum türkischen Lager in Azizia, wo seine Ankunft Bestürzung und Alarm unter den feindlichen Reihen auslöste. Damit wurde zum erstenmal in der Kriegsgeschichte ein Flugzeug eingesetzt.
Drei Tage später benutzten die Italiener erstmalig ein Flugzeug zu Gefechtszwecken: Kapitän Piazza und Leutnant Gavotti flogen während der Schlacht von Sciara-Sciat über die feindlichen Linien und dirigierten die Geschütze des Schlachtschiffes »Carlo Alberto« und der Gebirgsartillerie.
Die erste Fotoaufklärung machte ebenfalls Kapitän Piazza mit einer Blériot XI während der Tripolis-Aktion, und zwar am 24. und 25. Februar 1912. Kurz darauf benützte Kommandant Sulsi als erster eine Filmkamera zur Aufklärungszwecken und filmte damit ein feindliches Lager vom Luftschiff P 3 aus. Im Laufe dieses Jahres machten Piloten der Servizi Aeronautici zahlreiche Fotos von eigenen und feindlichen Gebieten und konnten daraus eine fotografische Landkarte herstellen.

Luftballon

Die ersten Luftballons verfertigte Michael Faraday im Zuge seiner Experimente mit Wasserstoff im Jahr 1824 in London. Faraday schrieb im selben Jahr im »Quarterly Journal of Science«:

»Der Kautschuk ist überaus elastisch, Beutel aus Kautschuk wurden durch Einblasen von Luft ausgedehnt, bis der Kautschuk fast durchsichtig war. Wenn man sie mit Wasserstoff füllt, entstehen leichte Ballons mit bemerkenswertem Auftrieb . . .«

Faraday fertigte sich seine Luftballons selbst an, indem er zwei runde Scheiben aus einem Stück Kautschuk ausschnitt und deren Ränder zusammenpreßte. Wegen der Pappigkeit des Kautschuks klebten die Ränder von selbst, das Innere des Ballons wurde mit Mehl bestäubt, um ein Verkleben zu verhindern.
Spielzeugballons wurden im Jahr 1825 vom Gummipionier Thomas Hancock eingeführt und als Do-it-yourself-Packung angeboten.
Vulkanisierte Luftballons, die im Gegensatz zu ihren Vorläufern temperaturunempfindlich waren, wurden das erste Mal im Jahr 1847 von J. G. Ingram in London hergestellt. Sie können als die Vorläufer der heutigen Kinderballons gelten.

Luftkissenfahrzeug

Das erste Luftkissenfahrzeug wurde von Christopher Cockerell aus Somerleyton, Suffolk, entwickelt. Cockerell, Elektroingenieur und in seiner Freizeit Bootsbauer, meldete seine Erfindung am 12. Dezember

1955 zum Patent an. Ein Jahr vorher hatte er mit den ersten Versuchen begonnen, und zwar mit einem selbstgebastelten Apparat aus alten Konservendosen, Kaffeedosen und Bestandteilen eines Staubsaugers und einer Küchenwaage.
Diese Konstruktion gehört seitdem zu den klassischen Beispielen der Improvisation von Erfindern. Eine an einer Seite offene Konservendose wurde in einer etwas größeren Kaffeebüchse, deren Seitenteile entfernt waren, fixiert. Ein verkehrt arbeitender Staubsauger, der Luft ausblies, anstatt anzusaugen, wurde angeschlossen und der ringförmige Luftstrahl nach unten auf eine Küchenwaage gerichtet. Die Waage zeigte einen Druck von 1,5 kg an, das war der dreifache Staubsaugerdruck. Damit demonstrierte Cockerell das Grundprinzip aller Luftkissenfahrzeuge: die ringförmige Düse.
Das erste Versuchsmodell in Originalgröße wurde unter der Bezeichnung SR-N 1 von der Firma Saunders-Roe gebaut und am 30. Mai 1959 in Cowes auf der Isle of Wight von Stapel gelassen. Das Luftkissenfahrzeug war 10 m lang, wog 3,5 t, hatte einen luftgekühlten Alvis-Leonides-Sternmotor mit 435 PS; der Abstand zwischen Fahrzeug und Wasseroberfläche betrug 22,5 cm. Die Höchstgeschwindigkeit war 46,3 km/h; sie wurde später durch Verbesserungen auf 125,9 km/h angehoben.

Ärmelkanalüberquerung
Die erste Überquerung des Ärmelkanals mit einem Luftkissenfahrzeug fand am 25. Juli 1959 mit dem SR-N 1 von Saunders-Roe von Dover nach Calais statt.
Der erste regelmäßige Passagierdienst wurde am 20. Juli 1962 von den British United Airways eröffnet. Bis September war das 24sitzige Vickers-Armstrong-VA-3-Fahrzeug, das zwischen Wallasey, Cheshire, und Rhyl, Flint, verkehrte, in Dienst.

Luftkissenfahrzeuge auf Schienen
Das erste Luftkissenfahrzeug auf Schienen, der High Speed Passenger Train Vickers RTV 31, gebaut im Auftrag der National Research Development Corp, wurde das erste Mal am 2. August 1971 auf der Teststrecke in Earith, Huntingdonshire, erprobt.

Luftkrieg

Der erste Einsatz von Flugzeugen in einem Krieg wurde während des Italienisch-Türkischen Krieges 1911/12 von der Luftwaffe Italiens über Libyen geführt. (Siehe Luftaufklärung im Krieg.) Die Einheit, die am 19. Oktober 1911 in Tripolis eintraf, bestand aus 10 Offizieren, 29 Soldaten und 9 Flugzeugen (zwei Blériots, zwei Etrichs, zwei Henri-Farmans und drei Nieuports).
Später wurde das Kommando durch einige Deperdussins und Luftschiffe ergänzt. Das ganze Unternehmen bestand aus einer Flugzeug- und einer Luftschiffstaffel (am 4. März 1912 eingesetzt), einer Werftabteilung für den Bau und die Reparatur von Flugzeugen sowie einem Laboratorium für Forschungsarbeit. Fünf verschiedene Aufgaben sollten durchgeführt werden: Luftaufklärung, fototechnische Vermessung, Feststellung der Reichweite von Artilleriegeschützen, Flugzettelaktionen und Bombardierungen aus der Luft. Zwei wichtige Einsatzmöglichkeiten der modernen Luftkriegführung waren zur Zeit der libyschen Aktion noch unbekannt: der Truppen- und Nachschubtransport (der offensichtlich die Kräfte der superleichten Flugzeuge aus dem Jahr 1911 überstieg) und die Luftschlacht.
Der erste Luftangriff fand am 1. November 1911 statt, als Leutnant Giulio Gavotti mit einem Etrich-Eindecker in Tripolis startete und über einer türkischen Stellung in Ain Zara eine $2^1/_4$ kg schwere Bombe vom Typ Citelli abwarf. Nach nochmaligem Überfliegen des Gebietes zur Überprüfung der Explosionswirkung flog Gavotti zur Oase Tagiura und warf dort die drei restlichen Bomben ab.
Drei Tage später führte ein weiterer Angriff auf Ain Zara zu heftigen Protesten der Türken, die Italien der Übertretung der Genfer Konvention beschuldigten. Es folgten ausführliche Diskussionen nicht nur in der türkischen und italienischen Presse, sondern auch in den neutralen Ländern über die Zulässigkeit von Luftbombardements.
Die erste Kriegsverletzung in einem Luftkrieg ereignete sich am 31. März 1912, als Kapitän Montu durch Schüsse aus dem arabischen Lager in Tobruk verletzt wurde. Er war gerade dabei, vom Beobachterplatz aus Bomben abzuwerfen. Das Flugzeug, von Leutnant Rossi in einer Höhe von zirka 550 m geflogen, wurde von vier Kugeln getroffen; eine davon verletzte Montu.
Während der Aktionen in Libyen kam kein italienisches Flugzeugbesatzungsmitglied ums Leben, Leutnant Moizo jedoch heimste den zweifelhaften Ruhm ein, der erste Pilot zu sein, der nach einer Notlandung bei Azizia am 11. September 1912 gefangengenommen wurde. Moizo war als erster Pilot in Tripolis eingetroffen und hatte in den elf Monaten seines aktiven Dienstes mit 82 Einsätzen alle anderen übertroffen. Es hieß damals, daß sechs Monate Kriegseinsatz das Maximum für einen Luftwaffenangehörigen sei und daß er dann eine beträchtliche Erholungspause benötige, ehe er

wieder militärischen Flugdienst leisten könne.
Der erste Pilot, der bei einem Luftkampf getötet wurde, war laut Reuter-Korrespondenz aus Sofia der Bulgare Popoff. In einer Nachricht vom 3. November 1912 wurde mitgeteilt, daß der Pilot kurz vorher während eines Aufklärungsfluges über Edirne abgeschossen worden sei.

Luftangriff auf ein Schiff
Der erste Luftangriff auf Schiffe fand im Jahr 1913 statt. Es ist aber ungeklärt, in welchem von den zwei Balkankriegen die Bombardierung stattgefunden hat. Man weiß, daß gegen Ende des 1. Balkankrieges ein Farman-Doppeldecker der Königlichen Hellenischen Luftwaffe, der sonst nur für Aufklärungflüge verwendet wurde, vier Handgranaten auf Schiffe der türkischen Flotte in den Dardanellen abwarf, und zwar vor Mai 1913. Der zweite Bombenangriff auf See in diesem Jahr fand während der Auseinandersetzung zwischen den Generälen Carranza und Huerta in Mexiko statt. Carranza hatte sich die Dienste eines in Frankreich geborenen amerikanischen Staatsbürgers namens Didier Masson gesichert, der eine Einmannluftwaffe in diesem patriotischen Zwist bildete. Mit einem Curtiss-Doppeldecker, der, in Teile zerlegt, mit Mulis über den Rio Grande gebracht worden war, startete Masson einen Angriff auf ein Kanonenboot Huertas, das in der Bucht von Guaymas lag. Er warf einige Kanister mit Explosivmaterial ab, die, wie Masson berichtete, dem Schiff beträchtlichen Schaden zufügten.

Luftkampf:
Der erste Luftkampf, der überliefert ist, wurde in einer sorgfältig zensurierten Reuter-Meldung vom 15. August 1914 erwähnt:

»An einer anderen Stelle trafen sich gestern ein französisches und ein deutsches Flugzeug. Bei der Jagd auf das deutsche Flugzeug schoß der französische Pilot mit einem Browning auf den Deutschen. Der deutsche Flieger flüchtete ohne Gegenwehr.«

Der erste Fliegereinsatz im Krieg, der zum Tod eines Feindes führte, fand am 5. Oktober 1914 statt. Josef Frantz vom Kampfgeschwader V 24 der französischen Luftwaffe traf in seinem Voisin-Doppeldecker auf der Rückkehr von einem Aufklärungsflug über Feindgebiet mit einer deutschen Aviatik zusammen.
Das französische Flugzeug war mit einem Hotchkiss-Maschinengewehr bestückt, das im Rumpf montiert war und von einem Mechaniker namens Quenault bedient wurde. Der Beobachter der Aviatik war mit einem Gewehr bewaffnet, das er nur unter Schwierigkeiten in Anschlag bringen konnte, da das Heck des Flugzeugs in der Schußlinie war. Quenault durchlöcherte das deutsche Flugzeug.
Im gleichen Augenblick ging die Aviatik in Feuer auf und stürzte hinter den französischen Linien ab. Das Gefecht wurde von Bodentruppen beider Seiten beobachtet, die sogar die Schützengräben verließen, um besser zusehen zu können. Die beiden deutschen Flieger, erste Opfer einer Luftschlacht, waren Wilhelm Schlienting aus Alterdorf und Fritz von Zangen aus Darmstadt. Einen Brief an seine Mutter, der bei dem toten Piloten gefunden wurde, brachte ein französisches Flugzeug zu einem nahen deutschen Landeplatz. Dieses Zeichen des Mitgefühls war typisch für die Anfangszeiten der Luftkämpfe, als die Duelle am Himmel noch mit Begeisterung und ohne Haß dem Feind gegenüber ausgefochten wurden.

Truppentransport mit einem Flugzeug
Der erste Truppentransport mit einem Flugzeug fand während des Kurdenaufstandes im April 1923 statt. Eine voll ausgerüstete Kampftruppe von 280 Sikh-Soldaten wurde von der Royal Air Force in zwölfsitzigen Vickers-Vernon-Transportern von Kingarban nach Kirkuk im Irak geflogen. Jeder Mann hatte ein Gewehr und 7 kg Ausrüstung bei sich, außerdem wurden 30 000 Schuß Munition für Handfeuerwaffen transportiert. Die Überstellung zu dem120 km entfernten Kirkuk dauerte eineinhalb Tage (ca. 10 Flugstunden). Auf dem Landweg wären fünf Tage notwendig gewesen.
Über größere Distanzen wurden Soldaten erstmals im Juni 1932 transportiert. 21 Vickers-Victoria-Transporter der 70. und 216. Royal-Air-Force-Staffel flogen das 1. Northamptonshire-Regiment binnen sechs Tagen von Ägypten in den Irak, wo Unruhen herrschten.
Die erste Luftinvasion fand zwischen August und Oktober 1936 statt, als 20 Junkers-52/3-Mg-Bomber des deutschen Luftwaffentransportgeschwaders unter der Führung von Oberleutnant Rudolf Freiherr von Moreau 8 899 maurische Soldaten, 44 Feldgeschütze, 90 Maschinengewehre und 137 t Munition von Spanisch-Marokko nach Sevilla zur Unterstützung General Francos transportierten.

Luftpost

Die erste Luftpost wurde von Henri Pecquet mit einem Humber-Sommer-Doppeldecker anläßlich der United-Provinces-Ausstellung in Allahabad, Indien, am 18. Febraur 1911 über den Ganges befördert. 6 000 Briefe und Karten wurden von Allahabad in das 8 km entfernte Naini geflogen

und anschließend mit der Bahn weitertransportiert.
Die erste regelmäßige und kommerziell betriebene Luftpostbeförderung wurde in der deutschen Kolonie Südwestafrika eingeführt. Ein Roland-Doppeldecker beförderte am 18. Mai 1914 zum erstenmal Postsendungen zwischen Swakopmund und Windhoek. Der Postdienst wurde aber durch den Ausbruch des Ersten Weltkrieges frühzeitig unterbrochen.

Internationale Luftpost
Der erste internationale Luftpostbetrieb wurde probeweise mit italienischen Militärflugzeugen zwischen Brindisi und Valona, Albanien, im Mai 1917 aufgenommen.
Der erste reguläre internationale Luftpostdienst war die österreichische Zivilluftpost, die unter der Leitung des früheren Kriegspiloten A. R. von Marwil am 31. März 1918 gegründet wurde. Hansa-Brandenburg-CI-Transportmaschinen flogen von Wien über Krakau nach Lemberg und Proskurow, von Proskurow nach Odessa. Am 4. Juli 1918 wurde die Strecke nach Budapest verlängert. Mit dem Zusammenbruch der österreichisch-ungarischen Monarchie im Jahr 1918 wurden auch die Postflüge eingestellt.

Luftpostbeförderung über den Atlantik
Luftpost über den Atlantik wurde das erste Mal erfolgreich am 14. Juni 1919 von Kapitän John Alcock und Leutnant Whitten-Brown in einer Vickers Vimy von St. John's, Neufundland, nach Clifden, Irland, transportiert. Zu Beginn desselben Jahres war ein ähnlicher Versuch von Harry Hawker und Mackenzie-Grieve gescheitert: sie mußten notwassern; einige Tage später konnte ein vorbeifahrendes Schiff die Post aus dem noch immer treibenden Wrack an Bord nehmen. Die vom Meerwasser fleckigen Briefe mit dem Aufdruck »Erste Transatlantik-Luftpost« erreichten doch noch die Adressaten.
Die erste regelmäßige Transatlantik-Luftpostbeförderung wurde von der Deutschen Lufthansa am 3. Februar 1934 zwischen Berlin und Buenos Aires eingeführt. Zwischenstationen waren Stuttgart, Sevilla, Bathurst und Natal. Vorerst erfolgte die Beförderung alle zwei Wochen, ab Mai 1935 dann wöchentlich; die Zustellungszeit betrug vier Tage.
Im Nordatlantikgebiet wurde der Luftpostdienst von Pan Am zwischen New York und Lissabon bzw. Marseille am 20. Mai 1939 aufgenommen. Die Boeing-314-Flugboote benötigten 29 Stunden.
Am 18. April 1950 wurde Luftpost zwischen Toronto und New York das erste Mal mit einem Düsenflugzeug Typ Avro Canada transportiert.
Die ersten Luftpostaufkleber waren unperforierte, schwarzbedruckte Etiketten aus Magentapapier. Sie wurden zum erstenmal im August 1918 vom französischen Luftpostdienst benützt, der zwischen Paris und Saint-Nazaire aufgenommen wurde. Die Aufkleber mit dem französischen »PAR AVION« wurden dann von anderen Ländern übernommen, da Französisch die offizielle Sprache des Weltpostvereins war.

Luftpostleichtbrief

Der erste Luftpostleichtbrief wurde von Douglas Gumbley, dem irakischen Postdirektor, erdacht und im Februar 1933 in London urheberrechtlich registriert. Am 15. Juli 1933 wurden die ersten Luftpostleichtbriefe (Aerogramme) für die irakische Post aufgelegt.
In Großbritannien wurden vorfrankierte Luftpostleichtbriefe für den zivilen Gebrauch das erste Mal am 18. Juni 1943 von der Generalpostdirektion ausgegeben. Unfrankierte waren schon am 25. November 1942 in Umlauf gebracht worden. Sie waren in erster Linie für die Wehrmachtspost gedacht, konnten aber auch für Privatpost nach Übersee benützt werden. Das Porto betrug 6 Pence.
An die Stelle des ursprünglichen düsteren Grau trat im Jahr 1950 der heutige blaßblaue Standardton der britischen Luftpostleichtbriefe.

Luftpostmarken

Die ersten Luftpostmarken wurden im Jahr 1877 in den USA verwendet, als Archer King mit seinem Ballon »Buffalo« von Nashville nach Galatin, Tennessee, flog. Er führte auch Post mit sich, die mit einer 5-Cent-Marke, auf der der Ballon abgebildet war, frankiert war.
Die ersten Luftpostmarken für Post, die mit einem Flugzeug transportiert wurde, brachte im Jahr 1917 die italienische Post in Umlauf, als auf der Strecke Rom–Turin im Mai zwei Versuchsflüge zur Postbeförderung gestartet wurden. Es handelte sich dabei um Expreßbriefmarken, die mit der Aufschrift »Esperimento Posta Aera – Maggio 1917 – Torino–Roma–Torino« überdruckt worden waren.

Luftreifen

Die ersten Luftreifen wurden am 10. Dezember 1845 von dem Londoner Zivilingenieur R. W. Thompson unter dem Titel »Eine Verbesserung bei Wagenrädern, die auch bei anderen rollenden Körpern angewendet werden kann« zum Patent angemeldet.
In der Beschreibung hieß es unter anderem:

»Der Schlauch kann aus einer einzigen Schicht Gummi oder Guttapercha hergestellt werden, die dann vulkanisiert ... und in einen Überzeug aus Leinen gesteckt wird. Um diesen elastischen Schlauch wird dann eine starke äußere Hülle aufgebaut, indem eine Reihe von Lederringen um den Schlauch befestigt wird ...«

Im folgenden Sommer wurden die Thompsonschen Luftreifen erstmals öffentlich vorgeführt. Das »Mechanics Magazine« vom 22. August 1846 berichtete:

»Das Interesse der Besucher des Geländes in dieser Woche richtete sich besonders auf einen geschlossenen zweisitzigen Einspänner mit leisen Rädern ... Die Reifen der Räder bestehen, wie wir glauben, aus elastischen, ringförmigen Schläuchen aus Kautschuk, die von einer ledernen Hülle umgeben waren und mit Luft beliebig hart aufgeblasen werden konnten. Der Lauf einer derartigen Kutsche ist außerordentlich ruhig. Wie wir erfahren, legte eine Kutsche bereits eine Strecke von etwa 100 Meilen über Straßen aller Art zurück. Einige von diesen Straßen waren frisch geschottert, und trotzdem zeigte sich die äußere Lederhülle wider Erwarten völlig unversehrt. Sie wies auch keine Anzeichen auf, daß sie reißen würde.«

Die Reifen wurden danach an einer Reihe schwerer Wagen getestet, und das Ergebnis war eine Verbesserung der Kraftübertragung vom Rad auf die Straße von 60% bei glatter und von 30% bei rauher Fahrbahn.
Im Frühjahr 1847 annoncierte das »Mechanics Magazine«, daß sich die Firma Whitehurst & Co. die Lizenz zur Verwendung der Thompsonschen Luftreifen für jede Art von Kutschen gesichert hätte und ein Vorführmodell in der Auslage ihres Oxforder Geschäftslokales zu sehen sei. Der erste belegte Verkauf von Luftreifen erfolgte an Lord Loraine aus Albury Park, Guildford; die dortige Firma May & Jacobs brachte sie am 1. Oktober 1847 an seinem Zweisitzer an. Der komplette Satz von vier Reifen kostete 44 Pfund und 2 Shilling. Im Jahr 1895 wurden diese Reifen vermodert in einem Schuppen aufgefunden und um 500 Pfund an das Unternehmen Dunlop verkauft. Die Nachfrage nach den neuen Luftreifen war allerdings begrenzt, da die Reifen mit der Hand hergestellt und dementsprechend teuer waren. Dazu kam noch, daß sie mit mehr als 70 Bolzen am Rad befestigt wurden und sich daher nur schwer abnehmen ließen.

Luftreifen für Fahrräder

Die ersten Luftreifen für Fahrräder wurden von John Boyd Dunlop, einem wohlhabenden Tierarzt aus Belfast, hergestellt. Er hatte sich einige Erfahrung im Umgang mit Gummi erworben, als er die für seinen Beruf notwendigen Geräte bastelte. Zur Zeit, als er den Luftreifen »wiedererfand«, war er noch niemals auf einem Fahrrad gesessen. Der Gedanke, daß die Fahrradreifen verbessert werden müßten, kam Dunlop an einem Tag im Oktober 1887, als er sah, wie sein zehnjähriger Sohn Johnnie mit seinem Dreirad tiefe Spuren im Rasen des Gartens hinterließ. Der Vorläufer aller späteren Dunlop-Reifen war ein mit Wasser gefülltes Stück Gartenschlauch. Glücklicherweise besah sich der Hausarzt der Familie, Sir John Fagan, diese Erfindung, und da er Erfahrung mit aufblasbaren Kissen und Matratzen für seine Patienten hatte, schlug er vor, die Reifen mit Luft zu füllen. Diesmal verwendete Dunlop eine Gummifolie als Schlauch, den er auf einer Holzscheibe befestigte, einen Leinenüberzug an den Seiten anbrachte und ihn mit einer Fußballpumpe aufblies.
Dunlops erste Reifen wurden am Abend des 28. Februar 1888 an den Hinterrädern von Johnnies Dreirad montiert und von dem Jungen gleich ausprobiert.
Im Juni 1888 kaufte Dunlop ein Zweirad von der Firma Edlin & Co. und rüstete es mit Luftreifen aus, die mit feinster, für Jachten bestimmter Segelleinwand überzogen waren. Der Erfolg dieser Reifen auf einem Fahrrad normaler Größe führte zu einem Abkommen der Firma Edlin mit dem Tierarzt über die Erzeugung von Rennrädern, die mit den neuen Reifen ausgestattet werden sollten.
Am 19. Dezember 1888 erschien folgende historische Anzeige im »Irish Cyclist«:

»Beachten Sie die neuen Fahrräder mit Luftbereifung. Keine Vibrationen mehr. Alleinhersteller: W. Edlin und Co., Garfield Street, Belfast.«

Die Vordergabel des Fahrrades mit Luftbereifung war auf mehr als 5 cm verbreitert worden, um den dicken Dunlopschen Reifen aufnehmen zu können. Dieser hatte eine Hülle aus zwei Schichten Leinen, die mit einer Gummilösung verklebt waren, wobei die überlappenden Enden der äußeren Schicht an das Rad gebunden waren. Es wurden ausschließlich Fahrräder mit Luftreifen verkauft – rund 50 Stück im ersten Jahr –, und es war nicht möglich, die Luftreifen allein zu kaufen. Der Erfolg seiner Reifen auf den Rennstrecken bewog Dunlop, die Herstellung auf eigene Rechnung aufzunehmen. Seine Pneumatic Tyre and Booth's Cycle Agency Ltd. brachte am 18. November 1889 ihren ersten Prospekt heraus. Knapp nach Neujahr wurde in Dublin eine kleine Produktionsstätte gegründet.
Dunlops Patent für »eine Verbesserung von Reifen für die Räder von Zweirädern, Dreirädern und anderen Straßenfahrzeugen« wurde am 31. Oktober 1888 erteilt. Das viel ältere Patent von Robert Thompson blieb bis zu Beginn des Jahres 1890 unbekannt, danach behielt die Pneumatic Tyre Co. dieses Wissen für

sich. Am 30. September 1890 wurden allerdings doch Einzelheiten darüber in der Zeitschrift »Sport and Play« veröffentlicht. In einer späteren Ausgabe findet sich eine Antwort Dunlops, in der es heißt:

»Als ich meinen ersten Reifen herstellte, war ich mir der Tatsache nicht bewußt, daß ein derartiges Patent bereits registriert war, und ich erhielt erst viel später Kenntnis davon. Hätte ich von seiner Existenz gewußt, hätte ich die Mühen der Anmeldung meines Patentes niemals auf mich genommen, sondern das Ganze als Spaß für meinen Sohn belassen.«

Obwohl das Hauptpatent Dunlops nun ungültig geworden war und infolgedessen auch andere solche Reifen herstellen konnten, nahm die Pneumatic Tyre Co. einen steilen Aufstieg: im April 1891 produzierte sie bereits 3 000 Reifen pro Woche. Mit der Entwicklung abnehmbarer Reifen hatten die starren Radkränze praktisch ausgedient.

Luftreifen für Kraftfahrzeuge
Luftreifen für Kraftfahrzeuge wurden erstmals vom Reifenhersteller Edouard Michelin in Paris an einen Daimler mit 4 PS angebracht: Michelin steuerte diesen Wagen am 11. Juni 1895 beim Rennen Paris–Bordeaux. Obwohl auf der 1 200 km langen Strecke 22 Reifenwechsel nötig waren, wurde Michelin doch Neunter von 19 Bewerbern; er erzielte Geschwindigkeiten bis zu 25 km/h. Jeder Reifen war mit 20 Bolzen und Muttern am Rad befestigt.

Autobus mit Luftreifen
Der erste Autobus mit Luftreifen war ein De-Dion-Bouton-Dampfomnibus mit einem Gewicht von 2,25 t, der in Paris gebaut und gegen Ende des Jahres 1900 mit 11,4-cm-Reifen von Michelin ausgerüstet worden war. Es war auch das erste schwere Motorfahrzeug auf Luftreifen.

Lastkraftwagen mit Luftreifen
Der erste Lastkraftwagen mit Luftreifen war ein benzinbetriebener Daimler mit 8 PS und einem Gewicht von 1,5 t. Das in Deutschland gebaute Fahrzeug wurde im Juli 1902 an die Dunlop Pneumatic Tyre Co. geliefert und dort zur täglichen Reifenauslieferung aus dem Lager in der Clerkenwell Road in London eingesetzt. Nur sehr wenige schwere Lastkraftwagen fuhren vor dem Jahr 1920 auf Luftreifen.

Flugzeug mit Luftreifen
Das erste Flugzeug mit Luftreifen war die von dem Flieger Trajan Vuia, einem gebürtigen Rumänen, gebaute Vuia I; die Maschine wurde am 3. März 1906 bei Montesson in Frankreich getestet. Die Reifen erfüllten einen praktischen Zweck, denn die Vuia I hielt sich mehr auf dem Boden als in der Luft auf. Zwar glückten insgesamt fünf »Flüge«, doch die im letzten Flug erzielte und gleichzeitig weiteste Distanz betrug nur 24 m und endete mit einer Bruchlandung.

Schlauchlose Reifen
Die ersten kommerziell erfolgreichen schlauchlosen Reifen wurden von der B. F. Goodrich Co. in Akron, Ohio, erzeugt. Der Probeverkauf der platzsicheren Reifen begann am 11. Mai 1947 in Indiana, Ohio, Kentucky und West Virginia.

Luftwaffeneinheit

Die erste Luftwaffeneinheit war die Luftfahrtsabteilung des Nachrichtenkommandos der Armee der Vereinigten Staaten und wurde am 1. Juli 1907 unter dem Kommando von Kapitän Charles de Forest Chandler gegründet. Ihre Mannschaft bestand aus drei Mann. Man schloß mit den Brüdern Wright einen Vertrag über den Bau eines Flugzeuges mit einer Mindestgeschwindigkeit von 58 km/h und einer Mindestflugdauer von 1 Stunde. Der Doppeldecker wurde im August 1908 nach Fort Myer, Virginia, geliefert, wo die Testflüge stattfanden; ein Monat später stürzte das Flugzeug jedoch ab. Es wurde ein

Die erste Luftwaffeneinheit mit dem ersten Militärflugzeug, 1909

neues Flugzeug gebaut und nach erfolgreichen Testflügen am 2. August 1909 nach College Park, Maryland, überstellt. Von dort absolvierte es seinen Jungfernflug als erstes Militärflugzeug der Welt. Der Alleinflug von Leutnant Frederic E. Humphreys am 26. Oktober 1909 dauerte 3 Minuten und bestand aus zwei Platzrunden über dem Flugfeld von College Park. Obwohl die Vorführung des Flugzeuges militärische Anerkennung fand, war die US-Armee in der Weiterentwicklung viel zu langsam. Bei Ausbruch des Krieges in Europa im Jahr 1914 konnte sie nicht mehr als sechs Flugzeuge vorweisen.
Die erste Nation, die eine schlagkräftige Luftwaffe aufbaute, war Frankreich. 1910 standen 34 voll ausgebildete Militärpiloten, 20 Piloten in Ausbildung und 32 einsatzbereite Flugzeuge zur Verfügung. Im Sommer 1911 bestand die französische Luftwaffe bereits aus 100 Flugzeugen und einer entsprechenden Anzahl von Piloten, zu Anfang des Jahres 1912 gab es 234 Maschinen und fast 300 Piloten.
Die ersten Offiziere, die als Piloten ausgebildet wurden, waren drei Offiziere der Royal Navy und ein Mitglied der Royal Marine Artillery. Sie wurden aus 200 Bewerbern ausgewählt und am 1. März 1911 nach Eastchurch zum Flugunterricht abkommandiert. Sie erhielten den Unterricht auf zwei Short-Doppeldeckern. Die ersten Offiziere, die die Eignungsprüfung am 24. April bestanden haben, waren Leutnant Charles Rumney Samson, der den ersten Start von einem englischen Flugzeugträger im Dezember 1911 unternahm, und Leutnant A. M. Longmore.

M

Margarine

Die erste Margarine wurde am 15. Juli 1869 in Paris von Hippolyte Mège-Mouriés zum Patent angemeldet, der als einziger an einem Wettbewerb von Napoleon III. teilgenommen hatte, um ein als Butterersatz geeignetes Nahrungsmittel für die Marine und die ärmeren Bevölkerungsschichten zu finden.
Mège-Mouriés hatte zwei Jahre vorher in der königlichen Meierei in Vincennes mit seinen Versuchen begonnen und soll sich dort den Unwillen der Dorfbewohner zugezogen haben, weil er im Namen der Wissenschaft seine Kühe nur unzureichend fütterte. Aus seinen Experimenten schloß er, daß die Milch aus dem natürlichen Fett der Kühe produziert würde und dieses daher als Ersatzstoff für Butter dienen könnte. Das Endergebnis seiner Forschungen war eine Mischung aus Talg, Magermilch, Schweinsmagen, Kuheuter und Speisesoda. Als Mège-Mouriés einmal bei der Herstellung zuschaute, hatte er den Eindruck, als ob die Mischung »eine Kaskade von Perlen« bildete, wie der Erfinder es beschrieb. Er gab seinem Produkt daher den Namen »Margarine« (griech. margaron = Perle).
In Poissy wurde dann eine Fabrik zur Herstellung von Margarine errichtet, doch der Französisch-Preußische Krieg verhinderte die Inbetriebnahme. Zwei risikofreudige holländische Butterhändler, Jan und Anton Jurgens, erwarben die Patentrechte für 60 000 Franc pro Jahr und begründeten in Oss in Holland die erste Margarinefabrik der Welt.

Meinungsumfrage

Die erste Meinungsumfrage wurde im Jahr 1824 in Wilmington, Delaware, über die bevorstehende Präsidentenwahl abgehalten. Das Ergebnis der Umfrage, die auf einer Stichprobenbefragung von 532 Wählern beruhte, wurde am 24. Juli 1824 im »Harrisburg Pennsylvanian« veröffentlicht. Danach lag Andrew Jackson vor John Quincy Adams und zwei anderen Kandidaten klar in Führung. (Tatsächlich gewann Adams die Wahl. Jackson wurde erst im Jahr 1829 Präsident.)
Die erste Meinungsumfrage über ein bestimmtes Thema, das keine Wahl war, führte das Blatt »Chicago Journal« zwischen 18. und 29. März 1907 durch. Es ging um die Frage, ob die private Straßenbahngesellschaft von Chicago von der Stadt übernommen werden sollte. Die Umfrage ergab, daß 59% der Bevölkerung für die Umstellung waren; bei der offiziellen Abstimmung stimmten allerdings nur 55% dafür.
Die erste Umfrage, die sich über alle Staaten der USA erstreckte, wurde im Jahr 1912 vom »Farm Journal« organisiert, um das Ergebnis der Präsidentenwahl vorherzusagen.
Die moderne Repräsentativmethode wurde von George H. Gallup vom American Institute of Public Opinion, Elmo Roper vom Fortune Survey und Archibald Crossley von Crossley Poll entwickelt. Alle drei arbeiteten unabhängig voneinander an der Entwicklung der neuen Methode und begannen im Jahr 1935 Ergebnisse zu veröffentlichen. Man nimmt an, daß Ropers Automobilumfrage die erste war, die im Druck erschien.

Eine Frage daraus lautete: »Betrachten Sie das Auto als Luxus oder als Notwendigkeit?« 75,5 % der männlichen Befragten waren der Ansicht, daß das Auto notwendig wäre. Die neue Methode war die erste wissenschaftlich berechnete Meinungsumfrage, die von dem repräsentativen Querschnitt der Bevölkerung ausging: die Befragten wurden nach Alter, Geschlecht, sozialer Klasse und anderen Gesichtspunkten ausgewählt.

Modefotografie

Die ersten Modefotografien erschienen im Pariser Modejournal »La Mode Pratique« im Dezember 1891. Die Fotos waren handkoloriert und wurden in einem ziemlich primitiven Zweifarbenverfahren vervielfältigt. Die Entwicklung der Modefotografie stagnierte bis zum Jahr 1901, als das Journal »Les Modes« gegründet wurde. Die Zeitschrift publizierte nicht nur technisch bessere Fotos, auch die Posen der Modelle wirkten professioneller.
Die ersten Modefotografien, die ein international renommierter Fotograf anfertigte, stammten von dem luxemburgisch-amerikanischen Fotografen Edward Steichen, der in einer 13teiligen Serie Kreationen von Paul Poiret fotografierte. Die Studien wurden im Jahr 1911 in der Aprilausgabe von »Art et Décoration« veröffentlicht und kennzeichnen den Beginn der Entwicklung der Modefotografie zur eigenständigen Kunst; vorher waren die Modefotografien nur billiger Ersatz für Zeichnungen.

Monarch: Autofahrer

Der erste Monarch, der ein Auto besaß, war der türkische Sultan Abd Al Hamid II. Als er im Jahr 1888 eine Beschreibung des elektrischen Versuchsautos von Magnus Volk in die Hände bekam, sandte er am 4. Juli 1888 ein Telegramm an den Direktor der Brighton Electric Railway, London, und fragte um den Preis. Zwei Tage darauf bestellte er telegrafisch ein Auto; in einem dritten Telegramm teilte er der Brighton Electric Railway mit, daß er für das Auto jeden Preis bezahlen würde.
Dieses Auto, das auch das erste war, das in England auf Auftrag produziert wurde, wurde fast 20 Jahre später in einem Artikel des »Brighton Herald« beschrieben:

»Die Karosserie . . . wurde von der Firma Peck in Brighton hergestellt, und Mr. Volk baute die Triebkraft ein. Das Auto hatte vier Räder, die zwei vorderen waren eng nebeneinander, damit das Fahrzeug leichter umdrehen konnte. Das Äußere, das aus Nußholz bestand, war äußerst elegant, die Polsterung war mit dem türkischen Herrscherwappen verziert. Im Auto fanden vier Personen Platz, es konnte eine Geschwindigkeit von 16 km/h erreichen und konnte 6 Stunden mit einer Ladung fahren. Sein Gesamtgewicht betrug nur etwas mehr als eine halbe Tonne. Die Akkumulatoren waren unter den Sitzen aufbewahrt. Der Motor wurde mit einem Schalter angelassen, gleichzeitig mußte eine mächtige Bremse am Hinterrad durch den Fuß betätigt werden.«

Rhys Jenkins erinnert sich in seinem Buch »Auto« (London 1902), daß die Hinterräder Kettenantrieb hatten und daß es mit einer 24zelligen Batterie ausgestattet war. Der Motor hatte 1 PS.
Der erste Monarch, der ein benzinbetriebenes Auto besaß, war Mulai Al Hasan, der Sultan von Marokko, der einen vierrädrigen Cannstatt Daimler im August 1892 kaufte. Das Auto war ein Zweisitzer und wurde eigens mit einem Baldachin mit Quasten und Seitenvorhängen als Sonnenschutz ausgestattet. Es hatte Seitentäfelungen mit kunstvollem maurischem Muster.
Das erste Mitglied einer europäischen Königsfamilie, das ein Auto besaß, war Königin Christiana von Spanien, die Frau des letzten spanischen Königs Alfons XIII. Sie war gleichzeitig eine der ersten Autofahrerinnen der Welt. Sie bestellte im Juli 1896 einen elektrischen Viktoria von der Firma Thrupp & Maberly in London.
Der Motor des Fahrzeuges wurde von dem spanischen Ingenieur Julien entworfen.
Der erste europäische Monarch, der ein Auto besaß, war König Leopold II. von Belgien. Im März 1898 wurde berichtet, daß er kurz zuvor ein Auto gekauft hätte, das eigens für ihn von der Small Arms Factory in Herstall, Liège, gebaut worden war. Im April 1901 fuhr er das erste Mal sein Auto selbst und wurde damit der erste Monarch, der selbst am Steuer eines Autos saß. Ihm folgte Viktor Emanuel III., König von Italien, der im Januar 1902 als erster Monarch die Fahrprüfung ablegte.

Pilot aus einer Königsfamilie
Das erste Mitglied einer königlichen Familie, das fliegen lernte, war Infant Don Alfonso von Orléans und Bourbon, ein Cousin des spanischen Königs Alfons XIII. Als Leutnant der spanischen Armee lernte er auf einem Antoinette-Eindecker in Mourmelon, Frankreich, fliegen und erhielt seinen Flugschein am 23. Oktober 1910. Prinz Alfons war der zweite ausgebildete spanische Pilot und der erste spanische Militärflieger. Im Spanisch-Marokkanischen Krieg im Jahr 1913 leistete er aktiven Dienst als Flugkommandant eines Lohner-Doppeldeckers. Im Jahr 1921 wurde er Hauptausbildner der spanischen Luftwaffe. Prinz Alfonso von Orléans flog sein eigenes Flugzeug noch als Achtzigjähriger.

Monopoly

Das erste Monopoly wurde zwischen 1931 und 1933 von dem arbeitslosen Heizungsingenieur Charles Darrow aus Philadelphia ersonnen. Als er es der führenden amerikanischen Spielzeugfirma Parker Bros in Salem, Massachusetts, anbot, wurde er mit der Erklärung abgewiesen, das Spiel sei zu kompliziert, um ein Verkaufserfolg zu werden. Im Jahr 1934 ließ Darrow in Philadelphia trotzdem 5 000 Exemplare seines Spiels auf eigene Kosten anfertigen, die bei der heimischen Bevölkerung so gut ankamen, daß das Unternehmen Parker Bros. seine erste Entscheidung revidierte. Zu Weihnachten 1935 brachte es das Spiel auf den Markt, zunächst mit mäßigem Erfolg. Aber noch ehe die Feiertage vorüber waren, war ganz Amerika vom Monopolyfieber angesteckt. Monopoly wurde zum meistgekauften Brettspiel aller Zeiten, man schätzt die Verkaufsziffer auf fast 70 Millionen Stück. Die jährliche Auflage von Monopolygeld überschreitet den Gesamtausstoß der US-Schatzkammer.

Motel

Das erste Motel wurde am 12. Dezember 1925 in San Luis Obispo, Kalifornien, unter der Bezeichnung »Motel Inn« eröffnet. Es gehörte zur Hamilton-Hotelkette und stand unter der Leitung von Harry Elliott. Das im neuspanischen Stil gebaute Motel wurde von Arthur Heinman entworfen, der im Jahr 1924 den Begriff Motel einführte. Das Wort schien jedoch bis 1950 in keinem Wörterbuch auf.
Das Motel Inn konnte 160 Gäste beherbergen, jeder Bungalow verfügte über Bad, Telefon und Garage. Einige waren mit einer Kochnische ausgestattet, und es gab auch einen großen Speisesaal.
Die Hamilton-Hotelkette hatte ihre Niederlassungen auf einer der meistfrequentierten Autorouten der Vereinigten Staaten, nämlich zwischen San Diego und San Francisco. Diese Tatsache hat zweifellos zum Erfolg der Motels beigetragen.

Motor: Elektromotor

Der erste Elektromotor, der praktisch anwendbar war, wurde am 25. Februar 1837 Thomas Davenport in Rutland, Vermont, patentiert. Davenport benützte im selben Jahr zwei 23 kg schwere Motoren eigener Konstruktion, um bis zu 6 mm tiefe Löcher in Eisen und Stahl zu bohren bzw. zum Drechseln von Hartholz. Jeder Motor hatte eine Drehzahl von 450 U/min. Im Jahr 1839 baute Davenport einen größeren Motor, mit dessen Hilfe eine Rotationspresse angetrieben wurde, mit der er die erste elektrotechnische Zeitschrift der USA, »The Electro-Magnet and Mechanics Intelligencer«, die am 18. Januar 1840 erstmals erschien, druckte.

Der erste Elektromotor von Th. Davenport, im Jahr 1837 patentiert.

Die Anwendung batteriebetriebener Elektromotoren in der Industrie ließ noch auf sich warten, da, wie der Herausgeber der englischen Zeitschrift »Philosophical Magazine« im Jahr 1850 schrieb, diese Energiequelle fast 25mal so teuer kam wie die Dampfkraft.
Der erste Einsatz von Elektrizität als mechanische Kraftquelle in etwas größerem Maßstab fand im Jahr 1873 oder kurz davor im Pariser Werk der Société Gramme statt. Sämtliche Maschinen wurden von einem Motor angetrieben, der an einen Grammeschen Dynamo angeschlossen war.

Elektrischer Kleinmotor
Der erste elektrische Kleinmotor wurde von Thomas Alva Edison in Menlo Park, New Jersey, im Jahr 1880 gebaut. Er diente als Antrieb einer Art elektrischer Feder, die er zur Erzeugung perforierter Kopierschablonen konstruiert hatte. Der Motor maß 2,5 × 3,8 cm, machte 4 000 U/min und ließ eine Nadel in dem Federhalter schwingen, die Buchstaben in Form kleiner Löcher herausstanzte. Als Energiequelle diente eine kleine zweizellige Batterie.
Die elektrische Feder von Edison war eine erfolgreiche Methode zur Herstellung von Manuskriptkopien, ehe diese durch die Erfindung der Schreibmaschinenmatrizen abgelöst wurde. Die Erzeugung der Miniaturmotoren und Federn übernahm die Western Electric Co, die zumindest 60 000 Stück an Banken und Büros verkaufte.

Motor: Verbrennungsmotor

Der erste Verbrennungsmotor, der gewerblich entwickelt wurde, war ein von Eugenio Barsanti und Felice Matteucci im Jahr 1853 in Florenz

Der erste Verbrennungsmotor für den Handel, von Lenoir im Jahr 1860 konstruiert.

erdachter und drei Jahre später patentierter atmosphärischer 3-Takt-Motor. Der erste in regulärem Betrieb stehende Motor wurde im Jahr 1856 in der Eisenbahnwerkstätte der Bahnstation Maria Antonia in Florenz installiert. Am 19. Oktober 1860 wurde die Firma Società Anonima del nuovo motore Barsanti e Matteucci zur Herstellung der Motoren gegründet. Die Firmeninhaber waren die ersten, die einen Flugkolbengasmotor gebaut und in Betrieb gesetzt hatten, der Erfolg blieb ihnen jedoch versagt.
Der erste brauchbare, mit Leuchtgas betriebene Verbrennungsmotor, der in den Handel kam, wurde von Jean Joseph Etienne Lenoir im Jahr 1859 konstruiert und am 24. Januar 1860 zum Patent angemeldet; er erhielt die französische Patentnummer 43 624. Lenoir ahmte, ohne sich in komplizierte Konstruktionen zu verlieren, die doppelt wirkende Dampfmaschine nach. Der Kolben des liegenden Zylinders saugt auf der ersten Hälfte seines Hubes Gas und Luft an, in der Mitte der Kolbenbewegung wird das Gas durch einen elektrischen Funken eines mit einem galvanischen Element gespeisten Funkeninduktors gezündet. Unterstützt von dem tüchtigen Konstrukteur Marinoni gelang es Lenoir, betriebssichere Motoren herzustellen. Im Jahr 1860 wurde die Firma Société des Moteurs Lenoir gegründet, die Herstellung übernahm jedoch das Unternehmen Gautier et Cie. in Paris. Bis Dezember 1864 waren in Paris zu industriellen Zwecken 143 Gasmotoren von Lenoir in Betrieb.
(Siehe Auto)

Motor: Benzinmotor

Der erste Benzinmotor wurde von dem deutschen Lebensmittelvertreter Nikolaus August Otto im Jahr 1863 konstruiert.
Im Jahr 1860 hatte der Belgier Lenoir seinen Verbrennungsmotor ausgestellt, der viel von sich reden machte. Er hatte aber zwei große Nachteile: er verbrauchte große Mengen Leuchtgas und Schmieröl. Otto begann daher in der Kölner Schildergasse, zusammen mit dem Mechaniker M. J. Zons, mit den Versuchen, den Lenoir-Motor zu verbessern. Seine Experimente konnte er nur während des Wochenendes und an Feiertagen durchführen, weil er während der Woche als Vertreter reisen mußte. Trotzdem baute er bereits im Jahr 1861 seinen ersten Motor, und zwar den ersten 4-Takt-Motor der Welt, der auch vier Kolben hatte. Da Otto jedoch nicht bedacht hatte, welche Kräfte sich in seinem Motor entwickeln würden, explodierte der Motor bei der ersten Inbetriebnahme. Otto ließ sich aber nicht entmutigen und arbeitete weiter: im Jahr 1863 endlich hatte er ein Modell konstruiert, das problemlos funktionierte.
Nun fand Otto auch Geldgeber, im Jahr 1864 wurde die Firma N. A. Otto & Co. gegründet. Auf der Pariser Weltausstellung erhielt der Ottomotor eine Goldmedaille, und damit stellten sich auch die Aufträge aus der ganzen Welt ein.

Motor mit Selbstzündung

Der erste Motor mit Selbstzündung (durch Kompression) wurde von der Firma Richard Hornsby & Sons in Grantham, Lincolnshire, im Jahr 1892 hergestellt, nachdem Herbert Akroyd Stuart im Jahr 1890 ein Patent dafür erhalten hatte. Das erste Modell wurde noch im Jahr 1892 von der Gesundheitsbehörde von Newport erworben. Die Verdichtung war allerdings zu gering, daher konnte der Motor nicht kalt gestartet werden. So war es nötig, eine eigene Heizvorrichtung außen am Zylinderkopf anzubringen, um die Zündung in Gang zu setzen. Lief die Maschine, konnte das Heizelement entfernt werden, und die Zündung erfolgte von selbst.
Im Streit der Maschinenbauhistoriker über die Erfindung des Dieselmotors stand gerade diese Frage des Zündungsvorganges im Mittelpunkt. Tatsächlich hatte die Firma Hornsby & Sons zu Beginn des Jahres 1892 eine Hochdruckversion des Akroydschen Motors auf dem Prüfstand.
Obwohl dieses Modell nicht weiterentwickelt wurde, konnte es doch ohne äußere Zündhilfe gestartet werden und war damit ein Jahr älter als der erste Motor mit Hochkompressionszündung von Rudolf Diesel. In einem wichtigen Punkt war der Hornsby-Motor moderner als der Prototyp von Diesel: der Treibstoff wurde

mittels einer Kolbenpumpe in den Verbrennungsraum eingespritzt. Beim ursprünglichen Dieselmotor hingegen erfolgte die Einspritzung des Treibstoffes mit Hilfe von Preßluft. Rudolf Diesels Motor war also nicht der erste Motor mit Kompressionszündung, aber er war im ganzen ausgefeilter als der von Akroyd und Hornsby.

Fahrzeug mit Kompressionszündung
Die ersten Motorfahrzeuge mit Kompressionszündung waren vier Zustellwagen, die im Sommer 1895 von der Wagenerzeugung Valentine, Lynn & Son in Brooklyn, New York, mit importierten Akroyd-Hornsby-Motoren versehen wurden und dann ihren Dienst bei der Kühlgesellschaft De La Vergne versahen.

Motor mit Hochdruck-Kompressionszündung
Der erste Motor mit Hochdruck-Kompressionszündung wurde am 28. Februar 1892 in Deutschland von dem in Paris geborenen Rudolf Diesel, Verkaufsdirektor der Linde-Eismaschinen-Gesellschaft, zum Patent angemeldet. Im darauffolgenden Jahr sicherte sich Diesel die Mitarbeit des Kruppkonzerns und der Maschinenfabrik Augsburg; durch sie erhielt er sowohl finanziellen Rückhalt als auch technische Unterstützung, und am 10. August 1893 lief sein Motor erstmals im Augsburger Werk. Diesel arbeitete weitere vier Jahre an seiner Konstruktion, bis sie reif für die kommerzielle Verwertung war.
Im Jahr 1897 verkaufte Diesel die amerikanischen Rechte an Adolf Busch, einen deutschstämmigen Brauereibesitzer, für 1 Million Mark. Obwohl es einige Jahre dauerte, bis die Produktion in den USA anlief, ließ Busch einen Motor von der Firma St. Louis Iron & Marine Works bauen und im September 1898 in der Anheuser-Busch-Brauerei in St. Louis, Missouri, aufstellen. Das war der erste Motor mit Hochdruck-Kompressionszündung, der in einem Betrieb verwendet wurde. Die kommerzielle Erzeugung in Augsburg begann im Jahr 1899.

2-Takt-Dieselmotor
Der erste 2-Takt-Dieselmotor wurde von der Diesel Motor Co. in Guide Bridge, Manchester, gebaut und am 25. März 1901 dort vorgeführt.

Motorausstellung

Die erste Motorausstellung war die Exposition Internationale de Vélocipédie et de Locomotion Automobile, die im Palais de l'Industrie auf den Champs-Élysées in Paris vom 11. bis 25. Dezember 1894 abgehalten wurde. Es gab neun Aussteller: die Compagnie de Voitures sans Chevaux zeigte ein zweisitziges Motordreirad und ein viersitziges Auto, in dem man sich gegenübersaß und das einen Klaus-Motor hatte; die Decauville Co. präsentierte einen Filtz-Dampfwagen; De-Dion-Bouton war durch eine Dampfzugmaschine und zwei Dampfwagen vertreten; Duncan, Superbie et Cie. zeigten ein Hildebrand-Wolfmüller-Motorrad; Blant et David zwei Sepollet-Dampfwagen; Panhard et Levassor eine Anzahl von Fahrzeugen mit Daimler-Motoren; ebenso Peugeot; Émile Roger stellte einen Roger-Benz-Wagen aus und Tenting einen viersitzigen Wagen, dessen Motor eine Eigenkonstruktion war.

Motorboot

Das erste Motorboot wurde von J. J. Etienne Lenoir (siehe Auto, Verbrennungsmotor), Ingenieur und Konsulent der Firma Gautier et Cie. in Paris, konstruiert und mit einem kleinen 2 PS starken Gasmotor ausgestattet; es machte im Jahr 1864 auf der Seine seine Jungfernfahrt. Nach Lenoir war die Leistung des Bootes nur mittelmäßig. Er baute im folgenden Jahr ein größeres, 12 m langes und von einem 6-PS-Motor angetriebenes Boot für M. Dalloz, den Herausgeber der Pariser Zeitung »Le Moniteur Universel«. Lenoir bemängelte zwar seine geringe Geschwindigkeit und den zu großen Treibstoffverbrauch, sein Besitzer hingegen war offenbar damit zufrieden, denn er benützte es auf der Seine zwei Jahre lang.
Das erste Motorboot, das serienmäßig erzeugt wurde, wurde im Jahr 1885 von F. W. Ofeldt konstruiert und von der Firma Gas Engine & Power Co. in New York gebaut. Es war 6 m lang und wurde von einem Expansionsmotor angetrieben. Für diesen Motor wurde Naphtha als Treibstoff verwendet.

Benzinbetriebenes Motorboot
Das erste benzinbetriebene Motorboot wurde von Gottlieb Daimler (siehe Auto, Motorrad) in Cannstatt bei Stuttgart gebaut und im August 1886 am Neckar zu Wasser gelassen. Da zur damaligen Zeit mit Benzin betriebene Motoren als explosionsgefährdet galten, griff Daimler zu einem Trick: er versah sein Boot mit Isolatoren und befestigte Drähte, um den Eindruck zu erwecken, es sei elektrisch betrieben.
Die gewerbliche Erzeugung des Daimler-Bootes begann im Jahr 1890 in Hamburg, wo noch vor Jahresende für die Hamburger Hafenpolizei einige Daimler-Boote vom Stapel gelassen wurden.
Ein anderer prominenter Kunde war der deutsche Kanzler Fürst von Bismarck.

Motorboot-Liniendienst
Das erste Motorboot im fahrplanmäßigen Dienst war ein mit Benzin betriebenes Passagier- und Lastschiff, das Ende 1904 auf dem Niger zwischen Timbuktu und Kulikoro im damaligen französischen Sudan verkehrte.
(Siehe Außenbordmotor)

Motorbootrennen

Das erste Motorbootrennen wurde am 11. Juli 1903 auf dem 13,6 km langen Kurs des Royal Cork Yacht Club vom Klubsitz nach Glamire, Cork in Irland, um den Harmsworth Cup abgehalten.
Das Rennen gewann Campbell Muir in einem 75-PS-Napierboot von S. F. Edge, einem 12 m langen Boot mit Stahlkörper.

Motorjournal

Das erste Motorjournal war »La Locomotion Automobile«, eine Monatsschrift, die von Raoul Vuillemont gegründet wurde und erstmals am 1. Dezember 1894 erschien; der Verlag befand sich an der Place du Caire 2 in Paris.

Die Vorführung des ersten benzinbetriebenen Motorbootes von Gottlieb Daimler auf dem Neckar, 1886.

Motormuseum

Das erste Motormuseum wurde von Edmund Dangerfield, dem Eigentümer der Zeitschrift »Motor«, gegründet und am 31. Mai 1912 in den Waring Galleries in der Oxford Street in London eröffnet.
Die Idee war allerdings nicht neu, schon im Januar 1902 hatte das »Motor Car Journal« vermerkt: »Es wäre interessant zu untersuchen, wo sich das älteste benzinbetriebene Auto Englands befindet. Eines Tages werden wir es als kostbare Reliquie ansehen.« Wenige Jahre später veranstaltete der Automobilklub ein Treffen, um den Vorschlag zur Gründung eines Museums zu erörtern; da sich aber niemand zu diesem Treffen einfand, wurde die Idee fallengelassen.
Der erste Wagen, der nur seines historischen Wertes wegen gekauft wurde, war ein Panhard aus dem Jahr 1894, der im Jahr 1910 mit Hilfe einer öffentlichen Sammlung für 100 Pfund erworben und dem Wissenschaftsmuseum in South Kensington gestiftet wurde.
Im folgenden Jahr, also 1911, begeisterte sich Edmund Dangerfield an der Idee, eine nationale Sammlung historischer Motorfahrzeuge zu gründen, und er wandte sich an das South Kensington Museum mit dem Vorschlag, die Sammlung dort unterzubringen. In seiner Antwort stellte das Museum fest, daß lediglich Platz für drei Fahrzeuge vorhanden sei.
Da er für sein Unternehmen also keine öffentliche Förderung erwarten konnte, handelte Dangerfield auf eigene Faust.
Das Motormuseum wurde mit 40 Exponaten eröffnet: es gab einen Crompton-Dampfwagen aus dem Jahr 1861, den Bremer von 1894, einen Dreiradler von J. H. Knight aus dem Jahr 1895, den ersten Wolseley von 1895, einen Arnold-Benz von 1897 und das Holden-Motorrad aus dem Jahr 1895. Ein Schaustück, das besonderes Interesse auf sich zog, war ein elektrisches Taxi von Bersey in Schwarz und Gelb, in dem der Prinz von Wales, der spätere König Edward VII., im November 1897 von Marlborough House zum Buckingham Palace gefahren war. Das Museum mußte nach nur zwei Monaten seinen Standort in der Oxford Street räumen, doch wurde es im März 1914 im Crystal Palace wiedereröffnet.
Nach Ausbruch des Krieges wurden die Räumlichkeiten in ein Lager umgewandelt, und die Sammlung wurde auseinandergerissen. Einige der Fahrzeuge wurden ihren Spendern zurückerstattet, andere, nicht weniger wertvolle, gerieten auf eine Müllhalde nahe der Charing Cross Station und verrotteten dort.

Motorrad

Das erste Motorrad wurde von Gottlieb Daimler in Cannstatt bei Stuttgart gebaut und am 29. August

1885 patentiert. Es wurde von einem 1-Zylinder-4-Takt-Motor angetrieben, der bis zu 700 U/min erreichte und über Schwungräder, eine Ventilatorkühlung sowie über ein mechanisch gesteuertes Auslaß- und ein automatisch gesteuertes Einlaßventil verfügte.
Der erste Motorradfahrer war der Sohn Gottlieb Daimlers, Paul, der am 10. November 1885 das neue Fahrzeug auf der 10 km langen Strecke von Cannstatt nach Untertürkheim und zurück lenkte. Daimler betrachtete sein Motorrad als Versuchsfahrzeug für seinen neuen Benzinmotor und dachte nicht daran, damit ein neues Fahrzeug zu schaffen.
Das erste industriell erzeugte Motorrad war eine $2^1/_2$ PS starke Maschine, die im Jahr 1894 im Münchner Werk von Heinrich und Wilhelm Hildebrand und Alois Wolfmüller hergestellt wurde. Das Motorrad wurde von einem wassergekühlten 760-ccm-1-Zylinder-Motor angetrieben, der bis zu 600 U/min drehte und eine Höchstgeschwindigkeit von fast 40 km/h erreichte. Die ersten 50 Stück wurden im November 1894 ausgeliefert, in den nächsten zwei Jahren wurden 1 000 Stück produziert. Im selben Jahr nahm Alexandre Darracq in Frankreich die Herstellung des Millet-Motorrades auf.

Motorrad im militärischen Einsatz
Das erste Motorrad im militärischen Einsatz war das dreirädrige Cyclometer mit $1^1/_4$ PS, das von der London Autocar Co. an das 26. Bataillon in Middlesex geliefert wurde. Es wurde am 30. März 1899 von C. H. E. Rush, einem Angestellten der Lieferfirma, vom Hauptquartier in Chelsea zum Lager der South London Volunteer Brigade in Woking gefahren und diente dazu, ein Maxim-Maschinengewehr während der Ostermanöver der Brigade in Aldershot zu ziehen.
Motorräder für Meldefahrten wurden das erste Mal von vier Angehörigen der französischen Armee, genannt Estafettes militaires motorisées, verwendet, die an den Heeresmanövern in der Gegend von Verdun–Sainte-Ménehould vom 6. bis 18. September 1899 teilnahmen.
Das erste Motorrad, das im Krieg zum Einsatz kam, wurde während des Südafrikanischen Krieges auf dem gepanzerten Zug Spitfire mitgeführt und von Leutnant Bircham im Jahr 1900 zu Aufklärungsfahrten um Mafeking benutzt.

Motorradrennen

Das erste Motorradrennen wurde vom französischen Automobilklub in Verbindung mit dem Autorennen Paris–Marseille am 20. September 1896 veranstaltet. Es führte über den 152 km langen Kurs von Paris nach Nantes und zurück. Acht Konkurrenten nahmen teil; drei fuhren De-Dion-Motordreiräder, drei Michelin-Dion-Dreiräder, einer ein Bollée-Dreirad und einer ein Motorrad von Hildebrand-Wolfmüller. Sieger wurde Monsieur Chevalier auf Michelin-Dion in 4 Stunden, 10 Minuten und 37 Sekunden.

Motorradunfall

Der erste tödliche Motorradunfall ereignete sich am 11. Februar 1899, als George Morgan, ein 37jähriger Angestellter der Bezirksverwaltung in St. Thomas, Exeter, von seinem neu erworbenen Dreirad stürzte und schwere Blutungen erlitt. Zwölf Tage später erlag er seinen schweren Blutungen.

Motorradveteranenklub

Der erste Motorradveteranenklub verdankt seine Gründung einem Brief, den H. E. Rendall im Jahr 1910 an eine englische Motorradzeitschrift richtete. Rendall schlug darin vor, Motorräder, die um das Jahr 1900 gebaut worden waren und für 1 oder 2 Pfund erhältlich waren, aufzukaufen und der Nachwelt zu erhalten. Im folgenden Jahr griffen einige Mitglieder des »North West London Motor Cycling Club« diese Idee auf und gründeten den »Old Tanks Club«, dem als Startkapital ganze 7 Pfund für die Anschaffung alter Maschinen zur Verfügung standen. Es wurde auch eine Reihe von Rennveranstaltungen abgehalten, in jener unbeschwerten, leichtsinnigen Atmosphäre, die für die Frühzeit der Veteranenrennen kennzeichnend ist.
Bald bekam der »Old Tanks Club« Konkurrenz durch den »Streatham Motor Cycling Club«, der im Jahr 1914 ein Veteranenrennen für mehr als zehn Jahre alte Motorräder nach Brighton veranstaltete.

Motorroller

Der erste Motorroller war der Auto-Ped, der im Jahr 1915 von der Firma Auto-Ped Co. in New York hergestellt wurde. Er hatte das Aussehen eines Kinderrollers: es gab keinen Sitz, sondern der Fahrer lenkte den Roller im Stehen. Angetrieben wurde er von einem 2-PS-Motor, der eine Spitzengeschwindigkeit von 56 km/h entwickelte.
In Großbritannien wurde im Jahr 1919 der Kingsbury-Roller von der Kingsbury Aviation Co. in Zusammenarbeit mit der Storey Machine Tool Co. im Storey-Werk in Peckham hergestellt. Er wurde von

einem 216-ccm-Motor mit zwei Zylindern angetrieben und besaß ein sehr attraktives Äußeres in Schwarz, Dunkelgrau und Gold. Wie der Auto-Ped-Roller hatten die meisten Exemplare keinen Sitz, sondern man stand beim Fahren, doch wurden auch einige Roller gebaut, die mit einem Fahrradsattel auf einem hohen Schaft ausgestattet waren.
Im Jahr 1919 kamen zahlreiche verschiedene Fabrikate auf den Markt, und zwar nicht nur in England, sondern auch in Deutschland, wo Krupp ein Modell herausbrachte, sowie in Frankreich, wo sich der Monet-Goyon-Roller eines kurzen Erfolges erfreute.
Nach dem Jahr 1924 verschwanden die Motorroller fast vollständig von der Bildfläche, bis sie dann bei Kriegsende in Italien von Enrico Piaggio wieder auf den Markt gebracht wurden. Piaggio besaß eine Flugzeugfabrik bei Pondedera, die durch Bombenangriffe im Krieg zerstört worden war; mit dem Motorroller hoffte er, wieder eine gewinnbringende Produktion aufzubauen.
Ein von seinem Chefingenieur Corradino d'Ascanio konstruierter Prototyp ging im August 1945 auf Probefahrt und erhielt den Namen »Vespa« (Wespe); im April 1946 begann die Serienproduktion.
Der Erfolg der Vespa war so durchschlagend, daß im Jahr 1950 in Deutschland und im darauffolgenden Jahr in Frankreich eine Lizenzproduktion begann. Bis zum Jahr 1955 wurden insgesamt fast 1 Million Vespas produziert.

Musikbox

Die erste Musikbox wurde am 23. November 1889 im Palais Royal Saloon in San Francisco von Louis Glass, dem Direktor der Firma Pacific Phonograph Co., aufgestellt. Sie bestand aus einem elektrisch betriebenen Edison-Phonographen mit vier Hörrohren, die über separate Münzschlitze in Aktion gesetzt wurden. Jedes Hörrohr konnte von nur einer Person benützt werden.

Musikbox mit Vorwahleinrichtung
Die erste Musikbox mit Vorwahleinrichtung wurde im Jahr 1905 unter dem Namen »Multiphone« von John C. Dunton aus Grand Rapids, Michigan, entwickelt. Der 2 m hohe Holzkasten hatte die Form einer Lyra, die Vorderseite bestand aus Glas. Darin befand sich ein Edison-Phonograph mit einem Selektormechanismus, der mit einer Kurbel zu betätigen war. Zur Wahl standen 24 Melodien, die auf Walzen gespeichert waren. Die Walzen waren durch das Glasfenster sichtbar und trugen Nummern, die Musiktitel waren aus einer Liste ersichtlich.

Musikbox für Schallplatten
Die erste Musikbox mit Schallplatten und einer Vorwahleinrichtung war der »John Gabel Automatic Entertainer«, der im Jahr 1906 bei der Firma Automatic Machine & Tool Co. in Chicago in Produktion ging. Der Musikschrank war 1,5 m hoch und an drei Seiten eingeglast, oben ragte ein 1 m hoher Tontrichter heraus. Man konnte zwischen 24 Schallplatten wählen.
Etwa ab dem Jahr 1910 kam die Musikboxindustrie in einen Engpaß, von der sie sich erst im Jahr 1927 wieder erholte, als die ersten vollelektrisch betriebenen Apparate auf den Markt kamen. Sie wurden von den Unternehmen Automatic Musical Instrument Co. in Grand Rapids und Seeburg Co. in Chicago erzeugt. Mit der Einführung von elektrostatischen Lautsprechern wurde die Musikbox endgültig modernsten Ansprüchen gerecht. Nach einer vorübergehenden Flaute setzte zirka 1934 die Massenproduktion ein. Im Jahr 1939 gab es bereits 350 000 Musikboxen in den USA.

N

Nähmaschine

Die erste Nähmaschine wurde am 17. Juli 1790 von dem Londoner Kunsttischler Thomas Saint zum Patent angemeldet. Die Beschreibung, die unter anderen Stiefel und Schuhe betreffenden Patenten Saints verborgen war und erst im Jahr 1874 von Newton Wilson entdeckt wurde, enthält bereits zahlreiche technische Konstruktionsmerkmale, die auch für die späteren, industriell entwickelten Nähmaschinen grundlegend waren. Zu diesen Merkmalen zählten beispielsweise die senkrechte Nadelführung, die sich Isaac Singer später patentieren ließ, und die Stoffandruckplatte, die den Stoff beim Nähen niederdrückt (ein Patent von Elias Howe), sowie der horizontale Näharm, der ein Grundmerkmal der meisten modernen Nähmaschinen ist. Saints Maschine war vermutlich zum Nähen von Leder bestimmt, aber es ist nicht bekannt, ob sie jemals gebaut wurde.
Der Prototyp der ersten für den Handel erzeugten Nähmaschine wurde im Jahr 1829 von Barthelémy Thimmonier, einem armen Schneider aus dem an der Rhone gelegenen Dorf Amplepuis, konstruiert. Im Jahr 1831 erhielt Thimmonier von einem Pariser Unternehmen, das Uniformen herstellte, einen Auftrag über die Produktion von 80 Nähmaschinen und wurde von dieser Firma als Aufseher und Mechaniker angestellt. Das Experiment scheint erfolgreich gewesen zu sein, denn die Schneider, die in Thimmoniers Maschinen ihren Lebensunterhalt bedroht sahen, stachelten den Mob an, sie zu zerstören. Nur ein Modell blieb verschont, und Thimmonier schleppte es zu Fuß zurück nach Amplepuis und stellte es unterwegs als Kuriosum auf Jahrmärkten aus, um ein paar Sous zu verdienen.
In den nächsten Jahren schlug sich Thimmonier kümmerlich mit dem Verkauf von selbstgebastelten hölzernen Nähmaschinen durch. Im Jahr 1845 schien ihm der langersehnte Erfolg wieder zum Greifen nahe, als ein gewisser Mignin mit dem Angebot an ihn herantrat, sein neuestes Modell in Serienproduktion zu fertigen. Die in den Magnin-Werkstätten gebauten Maschinen waren aus Metall und führten 200 Stiche pro Minute aus. Die Aussichten, die konservative Haltung der Schneider zu überwinden und einen gesicherten Absatzmarkt zu erobern, schienen günstig. Drei Jahre später jedoch gingen die Hoffnungen der keimenden Nähmaschinenindustrie im Strudel der Französischen Revolution unter.

Moderne Nähmaschine
Die erste moderne Nähmaschine konstruierte im Jahr 1839 der österreichische Schneidermeister Joseph Madersperger in Wien. Das Fortschrittliche seiner Erfindung lag darin, daß seine Nähmaschine nach dem Zweifadensystem funktionierte. Sie hatte eine Nadel mit einem Öhr an der Nadelspitze, der Unterfaden lag in einem Schiffchen. Im ganzen war Maderspergers Nähmaschine aber noch nicht vollkommen. Madersperger konnte sich daher mit seiner Erfindung nicht durchsetzen und starb im Jahr 1850 im Armenhaus.
Im Vergleich zu Maderspergers Konstruktion, die als die erste nach dem Zweifadensystem arbeitete, hatte Saints Maschine noch zwei Nadeln, die den Faden von oben nach unten transportierten. Auch Thimmoniers Nähmaschine funktionierte nach dem gleichen Prinzip.
Die erste wirklich brauchbare Nähmaschine nach dem Zweifadensystem konstruierte im Jahr 1845 der Amerikaner Elias Howe. Er konnte jedoch das Problem der kontinuierlichen Stoffverschiebung nicht lösen, das gelang erst Isaac Merrit Singer.

Haushaltsnähmaschine
Die ersten Nähmaschinen für den Haushalt wurden im Jahr 1851 von Isaac Merrit Singer in Boston hergestellt. Diese Maschinen hielten in den nächsten Jahrzehnten Einzug in fast jeden Mittelklassehaushalt Europas und Amerikas.

Elektrische Nähmaschine
Im Jahr 1889 produzierte das Unternehmen Singer Manufacturing Co. in seiner Filiale in Elizabethport, New Jersey, die erste elektrisch betriebene Nähmaschine.

Die erste Haushaltsnähmaschine von Isaac Merrit Singer, 1851.

Narkose

Die erste Narkose bei einem chirurgischen Eingriff wurde am 30. März 1842 von Crawford Long in Jefferson, Georgia, mit Äther gemacht. Long gab dem Studenten James Venable Äther, bevor er ihm eine Zyste am Nacken entfernte. Das Honorar für diese erste Narkose betrug 2,25 Dollar.
Ein umherziehender Naturwissenschaftler hatte in der abgeschiedenen Gemeinde von Jefferson bei einer seiner Vorführungen die betäubende Wirkung von Äther demonstriert. Die jungen Leute von Jefferson bedrängten daraufhin Long, sie Versuche mit Äther machen zu lassen. Er erlaubte ihnen einige Züge und hatte seinen Spaß an ihrer leichten Berauschung. Als ihm klar wurde, daß eine größere Dosis Äther Bewußtlosigkeit zur Folge hatte, überredete er Venable, sich als Versuchskaninchen zur Verfügung zu stellen – das Experiment hatte durchschlagenden Erfolg. Insgesamt führte Long neun Operationen mit Äther durch, darunter eine Fingeramputation an einem Negerjungen. Die älteren Bürger von Jefferson allerdings verurteilten sein Tun aufs schärfste, ja sie verdächtigten ihn sogar der Hexerei. Schließlich mußte der Arzt aufgeben, nachdem eine Abordnung der aufgebrachten Bevölkerung gedroht hatte, ihn zu lynchen. So trug Long nichts mehr zur weiteren Entwicklung der Anästhesie bei, seine Pionierrolle blieb völlig unbekannt, bis die Georgia State Medical Society im Jahr 1852 seine Verdienste ausforschte.

Zahnextraktion unter Narkose
Die erste Zahnextraktion unter Narkose wurde von John M. Riggs in Hartford, Conneeticut, durchgeführt, und zwar auf Ansuchen von Horace Wells, der die schmerztötende Wirkung von Lachgas (Stickstoffoxydul) unter Beweis stellen wollte. Das Narkosemittel hatte Wells am 11. Dezember 1844 von dem Wanderschausteller Gardner Colton erhalten, der unter anderem Versuche mit Lachgas vorführte. Riggs konnte damit einen gesunden Zahn völlig schmerzlos ziehen. Wells war überglücklich und bezeichnete das Ereignis als den Beginn einer neuen »Ära im Zähneziehen«. Was er nicht wußte, war, daß Lachgas mit Sauerstoff versetzt werden muß, um voll und ungefährlich zu wirken.
Nach etwa 40 Zahnextraktionen mit Lachgas, von denen etwa die Hälfte schmerzlos verlief, brach Wells seine Versuche ab, weil ein Patient infolge einer Überdosis beinahe gestorben wäre.
Im September 1846 konnte William Morton, der frühere Partner von Wells, mit gereinigtem Schwefeläther einen weiteren Erfolg in der schmerzlosen Zahnbehandlung verbuchen. Damit begann die kontinuierliche Entwicklung der Änästhesie.

Größerer chirurgischer Eingriff unter Narkose
Der erste größere chirurgische Eingriff unter Narkose wurde am 16. Oktober 1846 im Massachusetts General Hospital in Boston vorgenommen. John Collins Warren entfernte dem 20jährigen Drucker Gilbert Abbott eine Geschwulst am Kiefer. Der Chirurg hatte sich zu diesem Experiment nur widerstrebend überreden lassen, und zwar von dem Bostoner Zahnarzt William Morton, der die Äthernarkose selbst durchführte.
Eine Gedenktafel berichtet:

»Der Patient erklärte, während der Operation keinerlei Schmerzen gespürt zu haben. Am 7. Dezember wurde er gesund entlassen. Die Kenntnis von dieser Entdeckung breitete sich von diesem Raum über die ganze zivilisierte Welt aus. Eine neue Epoche der Chirurgie hatte ihren Anfang genommen.«

Der Ausdruck Anästhesie wurde von Oliver Wendell Holmes geprägt, und zwar in einem Brief an Morton vom 21. November 1846.

Lebendgeburt unter Narkose
Die erste Lebendgeburt unter Narkose fand in Edinburgh statt. Am 9. November 1847 erblickte Wilhelmina Carstairs, die Tochter von William Carstairs vom Indian Medical Service, das Licht der Welt, während ihrer Mutter von James Young Simpson Chloroform verabreicht wurde. Die landläufige Meinung, das Baby wäre auf den Namen Anaesthesia getauft worden, beruht auf einem Mißverständnis: Simpson tat den Ausruf »Ah, Santa Anaesthesia!« erst 17 Jahre später, als er ein Foto der überaus hübschen Wilhelmina bewunderte.

Lokalanästhesie
Karl Koller vom Allgemeinen Krankenhaus in Wien entdeckte als erster die schmerzstillende Eigenschaft des Kokains, als er, in Zusammenarbeit mit Sigmund Freud, die Wirkung der Droge als Mittel gegen die Morphiumsucht untersuchte.
Die erste Lokalanästhesie mit Kokain wurde am 15. September 1884 in der Heidelberger Klinik anläßlich eines Kongresses für Augenheilkunde vorgeführt. Josef Brettauer aus Triest machte das Auge eines Patienten schmerzunempfindlich mit Hilfe einer Phiole Kokain, die Koller geschickt hatte.
Lokale Betäubung durch Injektionen (Neuro-Anästhesie) wurde im Jahr 1885 in Baltimore von William Halstead von der Johns Hopkins University eingeführt.

Neonbeleuchtung

Die erste Neonbeleuchtung wurde von dem französischen Physiker Georges Claude entwickelt und erstmals auf der Pariser Automobilschau am 3. Dezember 1910 vorgestellt. Zwei 35 m lange Neonröhren mit einem Durchmesser von 45 mm erleuchteten den Säulengang des Grand Palais, wo die Ausstellung stattfand. Ein offensichtlicher Nachteil der damaligen Neonbeleuchtung war ihre rote Farbe.
Ursprünglich beabsichtigte Claude, seine Erfindung für normale Beleuchtungszwecke nutzbar zu machen, aber ein Werbefachmann namens Jaques Fonseque überzeugte ihn davon, daß sie für Leuchtbuchstaben besser geeignet sei. Die Agentur Paz et Silva, bei der Fonseque beschäftigt war, erwarb die Rechte an der Neuheit. Im Jahr 1912 wurde über einem Friseurgeschäft am Montmartre das erste Neonschild angebracht: »Le Palace Coiffeur« prangte es in roten Lettern. Am Boulevard Haussmann Nr. 72 wurde noch im selben Jahr die erste Neonreklame montiert, sie bestand aus einem einzigen Wort: »Cinzano«. Claude trat in die Firma Paz et Silva ein und arbeitete weiter an seiner Erfindung. Bald konnte er eine Neonröhre vorstellen, die blaues Licht erzeugte. Später kamen noch andere Farbtöne hinzu, die mit Hilfe eines entsprechenden Farbpulvers erzeugt wurden, das in die Glasröhre gefüllt wurde. Bis zum Jahr 1914 zierten etwa 150 Neonschilder die Häuser von Paris.

Nissenhütte

Die erste Nissenhütte wurde von dem gebürtigen Kanadier Peter Norman Nissen, Hauptmann des 29. Königlich Britischen Pionierkorps, entworfen; der Prototyp wurde im Jahr 1916 in Hesdin in Frankreich errichtet. Die Grundfläche der Hütte betrug 8 × 4,5 m, ihr Dach war mit bogenförmigen Platten aus Wellblech gedeckt. Innen war sie mit getäfeltem Holz verkleidet, zwei Fenster waren links und rechts von der Eingangstür angebracht, ein drittes am gegenüberliegenden Ende. Nissens Erfindung half einem dringenden Bedürfnis der Armee nach provisorischen Unterkünften ab, in denen die zahlreichen Soldaten untergebracht werden konnten, die infolge der im Jahr 1916 eingeführten Militärdienstpflicht zur Armee strömten.
Eine im Jahr 1971 entwickelte Variante könnte der alten Nissenhütte den Rang streitig machen. Ihr Schöpfer ist Richard Nissen, Enkel von Peter Nissen, der im Alter von 22 Jahren einen neuen Typus entwarf. Er besteht aus stabiler Pappe und ist besonders für den Einsatz in Katastrophengebieten geeignet. Die neue Nissenhütte kann in 90 Minuten aufgestellt werden und bleibt etwa ein Jahr gebrauchsfähig.

Nobelpreis

Die ersten Nobelpreise wurden im Jahr 1901 verliehen. Die Preisträger waren:
Physikpreis: der Deutsche Wilhelm Conrad Röntgen;
Chemiepreis: der Holländer Jacobus Henricus van't Hoff;
Medizinpreis: der Deutsche Emil von Behring;
Literaturpreis: der Franzose René François Armand Sully Prudhomme;
Friedenspreis: der Schweizer Henri Dunant und der Franzose Frédéric Passy.
Der schwedische Chemiker und Industrielle Alfred Nobel hatte sich durch verschiedene Erfindungen und durch seine Fabriken ein Vermögen von zirka 32 Millionen Schwedenkronen erworben, das er in eine Stiftung verwandelte. Jährlich werden fünf Preise vergeben, vier für die jeweils bedeutendsten Leistungen auf dem Gebiet der Physik, Chemie, Medizin, Literatur; der fünfte Preis soll für Verdienste der Friedenserhaltung vergeben werden. Fünf Jahre nach seinem Tod wurden die ersten Preise vergeben.
Die ersten Nobelpreise waren in Höhe von je 150 000 schwedischen Kronen.

Nylon

Das erste Nylon wurde in den Forschungslaboratorien des amerikanischen Chemiegiganten E. I. Du Pont de Nemours & Co. (Inc.) unter der Leitung von Wallace Carothers entwickelt und am 16. Februar 1937 zum Patent angemeldet. Das erste für den Handel hergestellte Nylonmaterial waren Borsten für Zahnbürsten, die in der Du-Pont-Anlage von Arlington, New Jersey, am 24. Februar 1938 in Produktion gingen.
Nylongarn wurde von Du Pont seit 15. Dezember 1939 in Seaford, Delaware, erzeugt und von verschiedenen Wirkwarenunternehmen zu Strümpfen weiterverarbeitet. Nach gemeinsamer Absprache der Händler wurden die diversen Fabriksmarken alle am gleichen Tag, nämlich am 15. Mai 1940, in den USA auf den Markt gebracht.

O

Oktoberfest

Das erste Oktoberfest wurde am 17. Oktober 1810 anläßlich der Vermählung des bayrischen Kronprinzen Ludwig, des späteren Königs Ludwig I., mit der herzoglichen Prinzessin Therese von Sachsen-Hildburghausen gefeiert. Das Fest dauerte 15 Tage. Ganz München war auf den Beinen: im Jahr 1801 hatte München mit seinen Vororten 49 000 Einwohner, beim ersten Oktoberfest zählte man 40 000 Besucher. Das Fest fand so großen Anklang, daß man beschloß, es im nächsten Jahr zu wiederholen und die Feststätte »Theresienwiese« zu nennen. Im nächsten Jahr wurden am Oktoberfest bereits eine Tierschau und eine Prämierung von Zuchtvieh abgehalten; als weiteren Programmpunkt gab es in späteren Jahren unter anderem noch die Auszeichnung ackerbaulicher Erzeugnisse.
Die ersten Bierzelte wurden erst im Jahr 1818 aufgestellt.

Ombudsmann

Der erste Ombudsmann war Lars August Mannerheim, der am 1. März 1810 zum schwedischen Justizombudsmann bestellt wurde und bis 1823 im Amt blieb. Mannerheim war der einzige Ombudsmann ohne juristische Ausbildung. Das Amt wurde in der Verfassung von 1809 als eine Institution der schwedischen Stände gegründet, um als Bollwerk zwischen Staat und Individuum zu fungieren.
In den ersten 100 Jahren nach seiner Schaffung war die Tätigkeit des Ombudsmannes hauptsächlich auf die Bereiche der Justiz-, Polizei- und Gefängnisverwaltung gerichtet. Erhebungen über Amtsmißbräuche der Regierung häuften sich erst in unserem Jahrhundert, als der Verwaltungsapparat zentralisiert wurde und dem Bürger, dem er dienen sollte, immer weiter entrückte.
Das erste Parlamentsmitglied, das zum Ombudsmann ernannt wurde, war Sir Guy Powles, vorher High Commissioner der englischen Krone in Indien, der von der Regierung von Neuseeland ernannt wurde. Er trat sein Amt am 1. Oktober 1962 an und erhielt eine Bezahlung von 4 100 Pfund pro Jahr.
Die Schaffung eines Ombudsmannamtes für den zivilen Bereich erfolgte in Finnland im Jahr 1919, in Israel im Jahr 1950. Norwegen erhielt 1952 einen Ombudsmann für den militärischen Bereich, die BRD im Jahr 1957 (Wehrbeauftragter des Bundestages).

Oper

Die erste Oper war »Daphne«, das Libretto stammt von Ottavio Rinuccini, die Musik von Iacopo Peri. Die Uraufführung fand im Palazzo Corsi in Florenz im Karneval 1597 statt; das genaue Datum ist nicht bekannt. Von der Musik ist nichts erhalten geblieben, außer einigen kurzen Passagen, die der Gastgeber der Aufführung, Iacopo Graf Corsi, geschrieben hat. Die Handlung hat die antike Sage von Daphne und Apollo zur Vorlage.
Die erste Oper, die erhalten geblieben ist, ist »Euridice«, ebenfalls von Rinuccini und Peri mit kleineren Beigaben von R. Caccini. Sie wurde am 6. Oktober 1600 in Florenz im Palazzo Pitti anläßlich der Vermählung von Heinrich IV. von Frankreich mit Maria von Medici aufgeführt. Die Inszenierung muß nach den Berichten von Zeitgenossen außerordentlich prächtig gewesen sein, Peri soll selbst den Orpheus gesungen haben.
Die erste Oper, die von einem deutschen Komponisten komponiert wurde, ist »Dafne« von Heinrich Schütz.
Der Hofkapellmeister in Dresden schrieb die Oper im Jahr 1627; von der Musik ist nichts erhalten. Das Libretto ist eine Übersetzung der gleichnamigen Oper von Rinuccini, die Martin Opitz, ein bedeutender Vertreter des literarischen Barock in Deutschland, verfaßte.

Opernhaus
Das erste Opernhaus als geschäftliches Unternehmen wurde im Jahre 1637 von den beiden Römern B. Ferrari und F. Manelli in Venedig eröffnet. Am ersten Abend wurde »Andromeda« gegeben, eine Oper des Librettisten und Komponisten Ferrari, der sich für die Gründung des Hauses eingesetzt hatte; Kapellmeister war Claudio Monteverdi. Ferrari hatte mit dem Teatro di San Cassiano einen durchschlagenden Erfolg, schon wenige Jahre später gab es in Venedig mehrere Opernhäuser, ebenso wurden in den größeren Städten Italiens Opernhäuser errichtet. Von Italien aus eroberte die Oper die ganze Welt.

Orientexpreß

Der erste Orientexpreß verließ am 5. Juni 1883 die Halle des Pariser Ostbahnhofs. Den prominenten Passagieren, die 550 Franc für die Fahrt bezahlten, standen zwei

Schlafwagen sowie ein Speisewagen zur Verfügung. Von Szegedin an spielte eine Zigeunerkapelle im Speisewagen auf.
Da die türkische Strecke noch nicht fertiggestellt war, ging die Reise über Straßburg, München, Wien, Budapest und Bukarest zum rumänischen Donauhafen Giurgiu. Eine Fähre brachte die Zugsgarnitur nach Ruse am anderen Ufer, von wo es nach Varna am Schwarzen Meer weiterging. Das letzte Stück der insgesamt 84stündigen Fahrt nach Istambul wurde mit dem Dampfer »Espero« des österreichischen Lloyd zurückgelegt.
Bei der Ankunft in Bukarest hatte der Orientexpreß nur 8 Minuten Verspätung.

Panzerwagen

Der erste Panzerwagen war ein viersitziger 16-PS-Militärwagen, der von E. J. Pennington aus Chicago entworfen und von der Firma Motor Mills in Coventry, England, im November 1896 gebaut wurde. Auf dem mit Luftreifen und einer Stahlkarosserie ausgestatteten Fahrzeug waren zwei Maschinengewehre montiert, die vom Motor angetrieben wurden. 5 000 Stück Munition konnten mittransportiert werden.
Zu Beginn des Jahres 1897 wurde der Pennington-Panzerwagen auf der 17 km langen Straße zwischen Coventry und Leamington getestet; er schaffte die Strecke in 24 Minuten. Trotz dieser beeindruckenden Vorführung ist es fraglich, ob er einem Militäreinsatz gewachsen gewesen wäre, weil die Pennington-Wagen, die nie in serienmäßige Produktion gingen, später für ihre Unzuverlässigkeit berüchtigt waren.
Die ersten in Serie hergestellten und später im aktiven Militäreinsatz stehenden Panzerwagen waren der 35-PS-Austro-Daimler und der Charron aus Frankreich, die beide im Jahr 1904 zum erstenmal gebaut wurden.
Der für die österreichische Armee bestimmte Daimler-Panzer hatte Vierradantrieb, einen gepanzerten Rumpf und einen drehbaren kuppelförmigen Geschützturm, auf dem ein Maxim-Maschinengewehr montiert war. Seine Spitzengeschwindigkeit betrug 45 km/h. Die Frontsitze konnten hochgehievt werden, so daß Fahrer und Kommandant bei Feuerstille über die Panzerung blicken konnten.
Bei den Herbstmanövern des Jahres 1905 in Tulln, Niederösterreich, kamen auch ein Bock-und-Hollander-Panzerwagen mit 14 PS und ein Opel-Darracq mit ebenfalls 14 PS der österreichisch-ungarischen Armee zum Einsatz.
Der erste mit einem schweren Geschütz ausgerüstete Panzerwagen war der in Deutschland gebaute Ehrhardt aus dem Jahr 1906, der mit einer 5-cm-Rheinmetall-Ballonabwehrkanone bewaffnet war. Dies war das erste speziell für die Luftfahrzeugbekämpfung konstruierte Geschütz, obwohl die Deutschen schon während der Belagerung von Paris im Jahr 1870 von Krupp gebaute Gewehre mit großer Reichweite gegen die Ballons der Franzosen eingesetzt hatten.
Schon im September 1901 hatte ein von Oberst R. Sismondi entworfener dreisitziger Panzerwagen an Manövern der italienischen Armee teilgenommen, aber es ist nicht bekannt, ob dieses Fahrzeug zur regulären Ausrüstung der Armee gehört hatte oder nur versuchsweise eingesetzt worden war.

Panzerwagen im Einsatz

Der erste Panzerwagen im militärischen Einsatz war ein Charron-Panzerwagen mit 30 PS, der von der Société Charron, Girardot et Voigt in Puteaux bei Paris hergestellt worden war. Er war mit einem Hotchkiss-Maschinengewehr ausgestattet. Der Panzerwagen wurde im Jahr 1904 an Rußland verkauft und im Januar 1905 während der Unruhen in Leningrad eingesetzt.
Die Russen bestellten daraufhin zehn Stück des im Jahr 1906 verbesserten

Modells, das 35 PS hatte. Bis zum Ausbruch des Ersten Weltkrieges hatten die Franzosen neun Panzerwagen geliefert.
Die ersten Panzerwagen im Kriegseinsatz waren ein Isotta-Frachini und ein Autoblindata-Fiat, die im Jahr 1912 am Italienisch-Türkischen Krieg in Tripolis teilnahmen. Beide Fahrzeuge waren mit Maxim-Schnellfeuergewehren ausgerüstet.

Panzerwageneinheit
Die erste Panzerwageneinheit gehörte zu einem Expeditionskorps der kanadischen Armee, das am 16. Oktober 1914 mit 20 von der Firma Autocar Co. in Ardmore, Pennsylvania, gebauten Panzerwagen in Frankreich eintraf.

Parkhochhaus

Das erste Parkhochhaus wurde im Mai 1901 in London in der Nähe des Piccadilly Circus eröffnet. Das Gebäude hatte sieben Stockwerke und einen elektrisch betriebenen Lift, der ein 3 t schweres Lastauto befördern konnte. Die gesamte Parkfläche betrug etwa 6 000 m², die Garage soll damals die größte der Welt gewesen sein.

Parkometer

Das erste Parkometer wurde von Carlton Magee erfunden, einem Zeitungsherausgeber aus Oklahoma City.
Magee wurde im Jahr 1933 zum Vorsitzenden eines aus Geschäftsleuten gebildeten Straßenverkehrsausschusses ernannt, der sich mit Lösungsvorschlägen für eine verbesserte Parkkontrolle in der Stadt beschäftigte.
Magee gründete die Firma Dual Parking Meter Co., deren Name auf die zweifache Aufgabe der Parkometer, Kontrolle und Geldeinnahme, zurückgeht. Das Verkehrsamt von Oklahoma City bestellte zunächst 150 Stück, die ersten Parkometer wurden am 16. Juli 1935 in Betrieb genommen.
Im Jahr 1951 wurde das Parkometer in Schweden, im Jahr 1952 in der Schweiz und im Jahr 1954 in der Bundesrepublik Deutschland eingeführt.

Parkverbot

Das erste Parkverbot für motorisierte Fahrzeuge wurde unter Paragraph 28 der Verordnung der Pariser Polizei vom 14. August 1893 verfügt:

»Fahrzeuge dürfen nicht auf einer öffentlichen Straße stehen, außer es ist unbedingt notwendig. Das Parken eines Fahrzeugs ist in allen Fällen verboten, in denen es den allgemeinen Verkehr behindert oder erschwert. Kein Fahrzeug soll in gleicher Höhe mit einem anderen Fahrzeug stehen, das bereits auf der gegenüberliegenden Seite der Straße parkt.«

Pauschalreise

Die erste Pauschalreise arrangierte Thomas Cook im Jahr 1861. Die Whitsuntide Working Men's Excursion nach Paris war von einem Londoner Arbeiterkomitee unter dem Vorsitz von Sir Joseph Paxton organisiert worden. Die erste Reisegruppe fuhr am 17. Mai 1861 von der London Bridge Station ab.
Cook änderte für diese Reise seine normalen Arrangements (siehe Reiseagentur) dahingehend ab, daß er im voraus zu bezahlende Kupons für Fahrt und Unterkunft samt Verpflegung ausgab; früher hatten die Kunden nur die Fahrtkosten im voraus bezahlt und mußten alle anderen Ausgaben während der Reise selbst

Die erste Pauschalreise, Ankunft der englischen Touristen in Paris, 1861

bestreiten. Die Neuerung bot den sparsamen Arbeitern die Möglichkeit, einen 6-Tage-Urlaub zu einem Preis von 46 Shilling zu verbringen: 20 Shilling davon machte die Fahrt in einem 3.-Klasse-Waggon aus, 25 Shilling die Unterkunft und Verpflegung in einem 2.-Klasse-Hotel, 1 Shilling wurde als Anmeldegebühr verrechnet.
Die Reisenden, die zum Großteil zum erstenmal in ihrem Leben ins Ausland fuhren, konnten unter 13 Hotels wählen. Darunter war eines, in dem ihnen eigens »ein reichliches englisches Dinner« zugesichert wurde.
Insgesamt überquerten 1 700 Arbeiter und deren Familienangehörige mit diesem Arrangement den Kanal, aber nur wenige davon bedienten sich der Vorteile des Pauschalangebots durch die Vorauszahlung. Das Service in den Hotels soll hervorragend gewesen sein, eine Anzahl von Engländerinnen verließen am letzten Tag ihre Hotels mit Blumensträußen, die ihnen von den Besitzern verehrt worden waren.
Die Idee, daß eine so große Anzahl Reisender einer niederen sozialen Klasse auf eine fremde Hauptstadt losgelassen würde, beunruhigte einige Engländer. Man fürchtete die Verbrüderung englischer und französischer Arbeiter. Aber die Bedenken waren unbegründet, und Thomas Cook schrieb nach der ersten Reise zufrieden:

»Ich hörte . . ., daß man sich bei einem Abendessen, an dem verschiedene französische Minister teilnahmen, über die Reisegruppe unterhielt. Dabei wurde große Zufriedenheit mit dem Benehmen der Besucher geäußert. Bis zuletzt wurde von der Polizei, die zu den wachsamsten der Welt zählt, bestätigt, daß kein einziger Zwischenfall bekannt wurde.«

Um das Jahr 1866 bot Thomas Cook 7-Tage-Pauschalreisen nach Paris für nur 3 Pfund und 13 Shilling (3. Klasse), 4 Pfund und 1 Shilling (2. Klasse) und 4 Pfund und 13 Shilling (1. Klasse) an. Die Reisen fanden das ganze Jahr hindurch statt. Cooks erste Pauschalarrangements waren auf den Geldbeutel der viktorianischen Mittelklasse zugeschnitten, aber auch die besser verdienenden Arbeiter konnten sie sich leisten. Das Angebot reichte von einer 4-Tage-Reise zur Pariser Weltausstellung im Jahr 1867 um 46 Shilling bis zur 12-Wochen-Tour 1. Klasse, die nach Ägypten, Syrien, Palästina, der Türkei, Griechenland, Österreich, Italien, der Schweiz und Frankreich führte.
Diese Pauschalreise kostete im Jahr 1868 103 Guineas.

Wintersportpauschalreise
Die ersten Wintersportpauschalreisen wurden im Jahr 1902 von Sir Henry Lunn organisiert und waren zunächst ehemaligen Eton- und Harrow-Schülern vorbehalten. Insgesamt 440 englische Wintersportler wurden in zwei Hotels im schweizerischen Adelboden untergebracht, das bisher nur als Sommerferienort bekannt gewesen war und nun mit jungfräulichen Schihängen Winterurlauber anlockte. Viele Jahre später erinnerte sich Sir Arnold Lunn, der Sohn von Sir Henry, in einer Rede an diesen Aufenthalt:

»Wir waren sehr anspruchslos und unverbildet. In diesem ersten Winter in Adelboden saßen wir beim Abendessen an zwei langen Tischen. Die abendliche Unterhaltung war abwechslungsreich. Drei- oder viermal in der Woche gab es Tanz, die restlichen Tage waren sportlichen Wettbewerben oder Amateurtheateraufführungen gewidmet . . . Mehr als zweimal mit derselben Partnerin zu tanzen galt als absolut kompromittierend. Eislaufen stand an erster Stelle der Wintersportarten, und die Schlittschuhläufer waren die Herren von Adelboden . . . Nur ganz wenige Leute fuhren in der ersten Saison Schi, und noch weniger wagten sich über die Übungshänge hinaus.«

Penicillin

Das erste Penicillin wurde von Alexander Fleming im September 1928 im St. Mary's Hospital in London entdeckt. Fleming war von einem mehrwöchigen Urlaub zurückgekehrt und hantierte mit einem Stapel von Kulturen, die in einer schattigen Ecke des Laboratoriums aufbewahrt worden waren. Sie sollten in ein antiseptisches Mittel eingetaucht werden. Fleming entnahm dem Stapel eine Anzahl von Platten, um seinem Forscherkollegen D. M. Pryce etwas zu zeigen. Eine der Platten wies ungewöhnliche Merkmale auf:
In der Umgebung des Schimmels waren keine Staphylokokken vorhanden. Fleming untersuchte das Phänomen genauer und konnte schließlich am 13. Februar 1929 seine Schrift »Cultures of a Penicillium« vor dem Medical Research Club vortragen. Nachher herrschte Totenstille im Saal, keine Fragen wurden gestellt, wie es sonst üblich war, wenn eine neue Theorie oder Entdeckung die Aufmerksamkeit der Mitglieder aufs höchste erregt hatte.

Klinische Anwendung von Rohpenicillin
Die erste klinische Anwendung von Rohpenicillin nahm Fleming am 9. Januar 1929 an seinem Assistenten Stuart Craddock vor, der an einer Mundhöhleninfektion litt. Er spülte die Mundhöhle mit verdünnter Penicillinsubstanz und vernichtete damit einen Großteil der Staphylokokken.
Einen noch nachhaltigeren Erfolg

erzielte C. G. Paine im Jahr 1931 im Krankenhaus in Sheffield: Er heilte die Augenentzündung zweier Kinder, die bei der Geburt von ihren mit Gonorrhöe infizierten Müttern angesteckt worden waren, sowie einen erwachsenen Patienten, der an einem Auge an einer schweren Pneumokokkeninfektion litt. Es handelte sich dabei um einen Direktor einer Kohlengrube, dem im Stollen ein Steinsplitter hinter die Pupille des rechten Auges gedrungen war. Das Penicillin beseitigte die Infektion, so daß der Splitter operativ entfernt werden konnte. Das Auge gewann nach und nach seine volle Sehkraft zurück.
Das waren vermutlich die ersten erfolgreichen Penicillinbehandlungen, die an normalen Krankenhauspatienten vorgenommen wurden. Dabei handelte es sich durchwegs um lokale Therapien, die chemotherapeutischen Möglichkeiten wurden damals weder erkannt noch erforscht. Im letzten Teil des Jahrzehnts gab es keine nennenswerte weitere Entwicklung.

Gereinigtes Penicillin
Das erste gereinigte Penicillin wurde im Sommer 1940 von Howard Florey aus Adelaide, Südaustralien, und Ernest Chain, einem jüdischen Emigranten aus Deutschland, an der Sir William Dunn School of Pathology hergestellt. Florey veröffentlichte die gemeinsamen Forschungsergebnisse am 24. August 1940 in der angesehenen medizinischen Zeitschrift »Lancet«.

Klinische Anwendung von gereinigtem Penicillin
Die erste klinische Anwendung von gereinigtem Penicillin fand am 12. Februar 1941 in Oxford im Radcliffe-Krankenhaus statt. Der Patient, ein Polizist, litt infolge einer kleinen offenen Stelle am Mundwinkel an allgemeiner Blutvergiftung.
Nach der Verabreichung von 800 mg Penicillin innerhalb von 24 Stunden trat eine erstaunliche Besserung ein, nach fünf Tagen jedoch war der auf der ganzen Welt verfügbare Penicillinvorrat aufgebraucht, der Patient starb am 15. März.
Die erste vollauf von Erfolg gekrönte Behandlung mit Penicillin wurde am 3. Mai 1941, ebenfalls im Radcliffe-Krankenhaus, begonnen. Einem an einem riesigen Karbunkel leidenden Patienten wurde das Heilmittel intravenös verabreicht. Binnen vier Tagen begann die entzündete Stelle bereits zu heilen, am 15. Mai wurde der Patient gesund entlassen.

Produktionsanlage von Penicillin
Die erste Produktionsanlage für Penicillin wurde im Sommer 1941 unter der Leitung von Chain an der School of Pathology in Oxford eingerichtet.
Das erste Handelsunternehmen, das Penicillin herstellte, war die Firma Kemball, Bishop & Co. in Bromley-by-Bow, die ihre erste Großlieferung am 11. September 1942 der School of Pathology »als ein kostenloses Geschenk zum Wohle der Wissenschaft« zur Verfügung stellte.
Alexander Fleming, Howard Florey und Ernest Chain wurden im Oktober 1945 für ihre Verdienste mit dem Nobelpreis ausgezeichnet.

Pfadfinder

Die Pfadfinderbewegung begann mit einem Lagertreffen auf Brownsea Island bei Poole, Dorset, das von Generalleutnant Sir Robert Baden-Powell vom 29. Juli bis zum 9. August 1907 veranstaltet wurde. 20 Buben waren eingeladen worden, um das neue »Game of Scouting« (Kundschafterspiel) auszuprobieren. Neun der Jungen waren Mitglieder der Brigade von Bournemouth und Poole, die übrigen waren Söhne von Freunden Baden-Powells. Sie wurden in vier Spähtrupps eingeteilt – Brachvögel, Raben, Wölfe und Bullen – und hatten eine Reihe von Übungen zu absolvieren, darunter Holzfällen, Beobachtungen, Schwimmen, Seilknoten, Kochen, Turnen, Rudern, Feuerlöschen, Nachtpatrouillen sowie ein Spiel, genannt »Walharpunieren«, bei dem sie einen im Wasser treibenden Holzklotz harpunieren mußten.
Die Jungen hatten noch keine Uniformen, sie trugen – für damals ungewöhnlich – auf Baden-Powells Weisung hin kurze Hosen und ein Abzeichen, das dem nördlichen Kompaßstrich nachgebildet war.
Es war von der 5. Dragonergarde geliehen und blieb das offizielle Abzeichen der Pfadfinderbewegung.
Der kugeldurchsiebte Union Jack, der während der Belagerung von Mafeking über dem südafrikanischen Städtchen geflattert war, wurde über dem Lager aufgepflanzt.
Die Bewegung begann sich durch Baden-Powells zunächst vierzehntäglich erscheinende Schrift »Scouting for Boys«, erstmals erschienen am 16. Januar 1908, weiter auszubreiten.
Es lag Baden-Powell fern, eine nationale Jugendorganisation zu begründen, er wollte vielmehr Jungen, die interessiert waren, in den Kriegsfertigkeiten unterweisen, die er sich selbst als Offizier in den verschiedensten Ländern des Empire angeeignet hatte.
Die Bewegung fand in kurzer Zeit zahlreiche Anhänger, Jungen aus allen Teilen des Landes, vorwiegend der unteren Mittelklasse schlossen sich zu

Spähtrupps zusammen, um die Anleitungen zu befolgen, die Baden-Powell in seinem Buch niedergeschrieben hatte.
Die erste uns bekannte Pfadfindertruppe wurde in Glasgow gegründet. Die »1st Glasgow« ist im Besitz eines amtlichen Registrierbescheides, der rückwirkend auf den 26. Januar 1908 datiert ist. Die Truppe wurde ursprünglich im September 1907 von Robert Young als eine Schülervereinigung gegründet, deren Mitglieder sich bei dem alljährlich abgehaltenen Sommerlager kennengelernt und befreundet hatten. Kurz darauf besuchte Baden-Powell Young und überredete ihn, seine in Brownsea erprobten Pfadfindermethoden in dem neuen Verein einzuführen. Die Mitglieder stimmten dem Plan zu, der Verein wurde in 1st Glasgow Scout Troop umbenannt. Sie bildete vier Gruppen, jede stellvertretend für eine Schule, die Mitglieder in die 1st Glasgow Scout Troop entsandte (Hillhead High, Glasgow High, Glasgow Academy und Kelvinside Academy).
Vier weitere Pfadfindertruppen erheben jedoch den Anspruch, die erste Truppe gewesen zu sein, und zwar die drei Truppen aus Nottingham, die am 4. Februar 1908 von Baden-Powell selbst organisiert worden waren, und eine Truppe aus Sunderland, die von Col Vaux im selben Monat gegründet worden war.
Die Truppe aus Sunderland, die Lambton Street Troop, bestand zum Großteil aus Zeitungsjungen aus armem Haus. Im Mai 1908 hielten sie ihr erstes Lager ab. Sie lebten einen Monat in Zelten in Grindon, Durham, wo sie mit der Kangaroo Patrol der 1st Hampstead Troop zusammentrafen. Die Zeitungsjungen entschädigte Vaux für ihren Verdienstausfall: sie mußten das Lager bewachen und bekamen dafür 5 Shilling pro Woche.
Man sagte, daß der Erfolg dieses Lagers Baden-Powell veranlaßte, die Organisation der Pfadfinderbewegung fortzuführen. Ergebnis dieser Bestrebungen waren die Gründung des Hauptsitzes der Pfadfinder in London Ende 1908 und die Ernennung zweier Inspektoren.
Den Anstoß zur deutschen Pfadfinderbewegung gab Baden-Powell selbst; A. Lion und M. Bayer gründeten im Jahr 1919 die ersten Truppen.
Im Jahr 1933 wurde die Pfadfinderbewegung in Deutschland verboten,

Der Eintragungsbescheid der ersten Pfadfindertruppe, der »1st Glasgow«, 26. Januar 1908

im Jahr 1948 entstanden hier aber erneut Pfadfinderbünde.
Die Mitgliederzahl der Pfadfinder hat im Jahr 1964 die 10-Millionen-Grenze erreicht. Sie ist heute die größte internationale Organisation der Welt, die auf freiwilliger Basis beruht und keine religiöse Vereinigung darstellt.

Pfadfinderinnen

Die ersten Pfadfinderinnen schlossen sich nach dem Erscheinen von Sir Robert Baden-Powells »Scouting for Boys« im Januar 1908 in den nächsten eineinhalb Jahren mehr oder weniger inoffiziell zu Gruppen zusammen. Die erste uns bekannte Gruppe war die Cuckoo Patrol of Girl Scouts, die im Sommer 1908 von der Glasgower Schülerin Allison Cargill gegründet wurde.
Die Führung hatte anfangs Miß Cargill, die als Gründerin der Gruppe auch zu deren Führerin gewählt worden war. Ein Jahr später, im Herbst 1909, wurde die Gruppe von der 1st Glasgow Troop of Boy Scouts unter die Fittiche genommen, und William B. Heddow wurde ihr Führer. Die Mädchen durften die Pfadfindergürtel und -abzeichen tragen und waren oft zu den Samstagnachmittag stattfindenden Expeditionen nach Acre Wood in Maryhill eingeladen, wo sie auch an verschiedenen Spielen und Übungen teilnehmen durften.
Offiziell zur Kenntnis genommen wurde der Gedanke einer weiblichen Pfadfinderbewegung das erste Mal in dem Artikel »A Scheme for Girl Guides«, der in der »Scout Headquarters Gazette« im November 1909 erschien. Anlaß für den Artikel war das Auftauchen von drei Mitgliedern der 1st Pinkney's Green Girl Scouts auf einer Pfad-

Die Gründerin der ersten Pfadfindergruppe für Mädchen, Allison Cargill, 1908.

finderveranstaltung im Crystal Palace im September, wo Baden-Powell wohl oder übel ihre Existenz anerkennen mußte.
Ursprünglich hatte er nämlich durchaus nicht die Absicht gehabt, die Bewegung auch Mädchen zugänglich zu machen, aus Furcht, sich damit der Lächerlichkeit preiszugeben. Damals gab es aber in Großbritannien bereits über 6 000 weibliche Pfadfinder, die meisten von ihnen hatten ihr Geschlecht bei der Anmeldung durch die Angabe von Initialen statt des Vornamens verheimlicht. Es blieb also keine andere Wahl, als eine eigene Abteilung für Mädchen zu schaffen mit einem Programm, das der Erziehung der jungen Damen dieser Zeit entsprach; diese Absicht stieß bei den Mädchen aber auf Widerstand.
Robert Baden-Powell beschrieb das Ziel der Mädchengruppen folgendermaßen: ». . . ihnen die Fähigkeit geben, bessere Mütter und Führerinnen für die nächste Generation zu sein.«
Doch mußten sie die Richtlinien eines Komitees anerkennen, das zu Beginn des Jahres 1910 unter der Leitung von Agnes Baden-Powell, der Schwester des Gründers, gebildet worden war. Die abenteuerlichen männlichen Betätigungsarten, die im »Scouting for Boys« beschrieben waren, mußten zugunsten von weniger spannenden Beschäftigungen, wie Verbände anlegen und Tee kochen (eine völlig neue Arbeit für Mädchen, die an Dienstboten gewöhnt waren), aufgegeben werden. Ursprünglich galt auch das Zelten als unschicklich für Mädchen, aber dieses Verbot wurde später gelockert, weil die Führer immer öfter dafür eintraten, daß ihren Mädchen Gelegenheit gegeben werden sollte, in freier Natur für sich selbst zu sorgen.

Pferdebox

Die erste Pferdebox wurde im Jahr 1836 von dem Wagenbauer Herring aus Long Acre konstruiert.
Auftraggeber war der Rennstallbesitzer Lord George Bentinck, der damit am 18. September desselben Jahres seinen Vollblüter Elis von Goodwood nach Doncaster zum St.-Leger-Rennen transportieren ließ; die Box wurde von sechs Postpferden gezogen.
Abgesehen von einer Ausnahme, die sich 20 Jahre früher ereignete (damals wurde Mr. Territts Pferd Souvereign in einem gefederten Ochsenwagen für 2 000 Guineas von Worcestershire zu einem Rennen nach Newmarket überstellt), mußten früher alle Rennpferde per Huf zu den Rennen.
Bei großen Rennveranstaltungen, wie z. B. in Derby, wurden die Pferde meist schon einen Monat vorher in der Umgebung untergebracht, damit sie sich von den Strapazen der Reise erholen konnten. Das bedeutete natürlich, daß kein Pferd bei einem zweiten Rennen starten konnte, das

kurz nach dem ersten an einem weiter entfernten Ort stattfand.
Diese simple Folgerung bewog Lord Bentinck dazu, einen völlig neuartigen Wagen zu entwerfen, der innen gepolstert war und in dem zwei Pferde bequem Platz hatten. Sonntag, den 18. September 1836, drei Tage vor dem großen St.-Leger-Rennen in Doncaster, setzte sich der Pferdewagen mit Elis im 354 km entfernten Goodwood in Bewegung. Pro Tag wurden immerhin zirka 120 km zurückgelegt.
Lord Bentinck schloß insgeheim über seine Kommissionäre hohe Wetten auf Elis ab und sicherte sich bei den Buchmachern ungewöhnlich günstige Chancen, da diese dachten, der dreijährige Favorit wäre in Goodwood gut aufgehoben und würde kaum an den Start gehen. Sie täuschten sich: Elis kam nicht nur pünktlich in Doncaster an, sondern gewann auch unter seinem Jockey J. Day mit zwei Längen souverän das Rennen.

Motorisierte Pferdebox
Die erste motorisierte Pferdebox war ein kettenbetriebener Wagen mit einem Napier-Motor, der im Jahr 1901 von der Motor Power Co. hergestellt wurde.

Phantomzeichnung

Die erste Phantomzeichnung zur Identifizierung eines Verbrechers ließ Sheriff Peter Pitchess von der Polizei von Los Angeles im Februar 1959 anfertigen. Es handelte sich um einen bewaffneten Raubüberfall auf einen Spirituosenladen. Der Inhaber konnte der Polizei eine so genaue Personenbeschreibung liefern, daß man ein Phantombild des Einbrechers zeichnen und in der Nachbarschaft kursieren ließ. Auf diese Weise wurde man auf einen Verdächtigen aufmerksam, der bei seiner Verhaftung das Verbrechen gestand.
Die Idee der Phantomzeichnung stammte ursprünglich von dem Kriminalbeamten Hugh C. McDonald, der im Erkennungsbüro von Los Angeles arbeitete und sich schon kurz nach dem Zweiten Weltkrieg mit dem Problem beschäftigte. Etwa 50 000 Fotografien wurden analysiert und auf 500 Hauptmuster menschlicher Gesichtszüge reduziert – die Zeichenunterlagen umfaßten schließlich 37 Nasen, 52 Kinnpartien, 102 Augen, 40 Lippen, 130 Haaransätze sowie eine reichhaltige Auswahl an Augenbrauen, Bärten, Brillen, Gesichtsfalten und Kopfbedeckungen.

Plastikmaterial

Das erste Plastikmaterial wurde nach seinem Erfinder, Alexander Parkes aus Birmingham, »Parkesin« genannt. Es hatte thermoplastische Eigenschaften und bestand aus Nitrozellulose, Kampfer und Alkohol.
Parkesin wurde von der Firma Parkesine Co. in London zum erstenmal im Jahr 1866 hergestellt. Wie Parkes selbst sagte, war sein Produkt »ein wundervolles Material für künstlerische Zwecke, geeignet zur Herstellung von Medaillons, Platten, Würfeln, Schüsseln, Knöpfen, Kämmen, Messergriffen, durchbrochenen und geflochtenen Waren, Mosaiken, Bucheinbänden, Schachteln und Federhaltern«. Einige dieser Artikel sowie Türknaufe und Handspiegel wurden im Jahr 1867 auf einer Messe ausgestellt.
Ein fast identisches Plastikmaterial wurde in den Vereinigten Staaten von John Wesley Hyatt aus Albany, New York, am 15. Juni 1869 zum Patent angemeldet. Es erhielt den Namen »Zelluloid«.

Plattenspieler

Der erste Apparat zum Wiedergeben von Tönen und Lauten war der im Jahr 1877 von Thomas Alva Edison entwickelte Phonograph. Er bestand aus einer mit Stanniol bespannten Walze, in die mit einer an einem Mikrofon befestigten Nadel die Schallschwingungen in Steilschrift (wellenförmige Erhebungen und Vertiefungen) eingeritzt wurden.
Der Prototyp wurde von Edisons Mechaniker John Kruesi am 6. Dezember 1877 in West Orange, New Jersey, fertiggestellt; am selben Tag wurde die erste Aufnahme gemacht – Edison sagte das Gedicht »Mary had a little lamb« auf.
Ein Bericht über dieses neueste Wunder der Wissenschaft erschien am 22. Dezember 1877 im »Scientific American«:

»Mr. Thomas A. Edison kam kürzlich in unser Büro, stellte einen kleinen Apparat auf den Tisch, drehte eine Kurbel, und daraufhin fragte uns die Maschine, wie es um unsere Gesundheit stünde und wie uns der Phonograph gefiele. Dann informierte er uns, daß es ihm sehr gut ginge, und wünschte uns schließlich eine gute Nacht. Die Worte waren nicht nur für uns vollkommen verständlich, sondern auch einem Dutzend und noch mehr Personen, die herumstanden.«

Die gewerbliche Herstellung wurde von der am 24. April 1878 in New York gegründeten Edison Speaking Phonograph Co. aufgenommen. Die Geräte wurden mit einem Vorrat an unbespielten Zylindern aus Zinnblech an herumziehende Schausteller vermietet, die sie einem zahlenden Auditorium vorführten und einen gewissen Prozentsatz ihrer Einnahmen an die Gesellschaft abgaben.
Während einer dieser Vorführungen in den ersten Monaten des Unternehmens wurde in New York die erste bekanntgewordene

Musikaufnahme gemacht; Jules Levy spielte auf seinem Horn das Lied »Yankee Doodle«.
Das erste käufliche Gerät für den Hausgebrauch war der Edison Parlor Speaking Phonograph, der im Jahr 1878 zum Preis von 10 Dollar auf den Markt kam. Nachdem sich die erste Begeisterung über den neuen Phonographen gelegt hatte, traten seine Unvollkommenheiten und Nachteile – schlechte Wiedergabe, kurze Laufzeit des Zinnzylinders und schwierige Handhabung – zutage, und das Interesse der Öffentlichkeit erlosch. Edison selbst widmete sich intensiv der Entwicklung der Glühlampe, und erst als Bell and Tainter ihr verbessertes Graphophon herstellten, wandte er sich wieder dem Problem der Tonwiedergabe zu.
Das erste Tonaufnahmegerät mit einer gewissen Tontreue war das zwischen 1881 und 1885 im Volta-Laboratorium in Washington von Chichester Bell und Charles Sumner Tainter entwickelte Wachszylinder-Graphophon, das am 4. Mai 1886 zum Patent angemeldet wurde. Im Jahr 1888 wurde die Erzeugung von der Columbia Phonograph Co. aufgenommen, im selben Jahr, in dem Edison, durch den Erfolg seiner Rivalen angespornt, seinen eigenen Wachszylinderapparat, den Improved Phonograph, herausbrachte. Sowohl Edison als auch Columbia versuchten ihre Geräte als Bürodiktiermaschinen zu verkaufen, doch war der Preis im Vergleich zu den niedrigen Gehältern der Stenografen unverhältnismäßig hoch, und mit Ausnahme einiger Regierungsstellen in Washington und einiger weniger blinder Typisten zeigte niemand großes Interesse.
Die eigentliche Zukunft des Phonographen lag im Unterhaltungsgeschäft; dies zeigte sich, als die erste Aufnahme eines bekannten Musikers, des jugendlichen Pianisten Josef Hofman, in den Edison-Laboratorien in West Orange im Jahr 1888 gemacht wurde.
Im folgenden Jahr nahm Edison ein von Hans von Bülow geleitetes Orchesterkonzert an der Metropolitan Opera in New York auf; auf dem Programm standen die Eroica von Beethoven, die B-Dur-Sinfonie von Haydn und das Vorspiel zu Wagners »Meistersingern«. Bei dem Versuch wurden vier Phonographen eingesetzt.
Die ersten gewerblich erzeugten Aufnahmen auf zylindrischen Tonträgern wurden entweder gegen Ende 1889 oder Anfang 1890 auf den Markt gebracht. Der älteste bekannte Hinweis ist ein Rundschreiben der North American Phonograph Co. vom 19. Juni 1890 an ihre Vertreter, in dem eine Preissenkung der Aufnahmen auf 1 Dollar bekanntgegeben wird. Leider gibt es keine Aufzeichnungen über die damals erhältlichen Titel.
Der erste Katalog von Aufnahmen wurde im Jahr 1891 von der Columbia Phonograph Co. in Washington veröffentlicht. Der Katalog umfaßte 10 Seiten mit 194 Titeln. Angeführt waren 27 Märsche, 13 Polkas, 10 Walzer, 36 Aufnahmen von Whistling John Atlee (dem ersten »Star« dieser Branche), 13 ausgewählte Stücke für Klarinette und Klavier, 32 Vokalstücke (aufgeteilt in die Sachgebiete »Lokales«, »Sentimentales«, »Irisches«, »Komisches« und »Negergesänge«), 20 Sprechaufnahmen (hauptsächlich komische Monologe), 9 ausgewählte Stücke für Horn und Klavier und 34 »gemischte« Stücke inklusive eines Opernarrangements aus dem »Troubadour«. Die meisten Aufnahmen wurden per Postversand verkauft, abgenützte Zylinder konnten gegen einen Aufschlag ausgetauscht werden. Die abgenützten Zylinder wurden an die Besitzer sogenannter Nickelodeons, das sind die Vorläufer unserer heutigen Musikautomaten, weitergegeben.

Moderner Plattenspieler
Der erste moderne Plattenspieler wurde von Emil Berliner, einem deutschen Auswanderer, in Washington erfunden und am 26. September 1887 patentiert. Am 16. Mai 1888 führte er seinen Apparat in Philadelphia im Franklin Institute vor.
Berliners entscheidende Verbesserung bestand darin, daß er die Schallplatte mit Flachschrift erfand. Dadurch war unter anderem eine bessere Vervielfältigung der Aufnahmen möglich.
Nach einem Besuch Berliners in Deutschland wurde im Jahr 1889 von der Firma Kämmerer & Rheinhardt in Waltershausen die gewerbsmäßige Produktion aufgenommen. Die mit einer Handkurbel versehenen Geräte waren hauptsächlich als Spielzeug gedacht; sie spielten eine vulkanisierte Gummiplatte mit einem Durchmesser von 12,5 cm ab, die sich mit etwa 70 U/min drehte.
Der erste elektrisch betriebene Plattenspieler normaler Größe wurde im Jahr 1894 von der United States Gramophone Co. in Washington hergestellt. Die verwendeten Platten hatten einen Durchmesser von 18 cm; 25-cm-Platten erschienen im Jahr 1900 und 30-cm-Platten im Jahr 1903 auf dem Markt.
Der Aufschwung der Schallplattenindustrie begann, als die Deutsche Grammophongesellschaft in Berlin im Jahr 1887 Berliners Apparat kaufte und ihn unter dem Namen »Grammophon« auf den Markt brachte.

Tragbarer Plattenspieler
Der erste tragbare Plattenspieler war der Decca Portable, der von der

Firma Barnett Samuel & Co. in London im Jahr 1913 erzeugt wurde.
Frühere als tragbar beschriebene Apparate mußten vor Inbetriebnahme erst zusammengesetzt werden. Der Decca Portable gehörte als Stimmungsmacher – wie Whisky – fast zur Standardausrüstung der militärischen Unterstände im Ersten Weltkrieg.

Vollelektrischer Plattenspieler
Die Entwicklung elektrischer Aufnahmeverfahren war von entsprechenden Fortschritten in der Technik der Tonwiedergabe begleitet. Der erste vollelektrische Plattenspieler mit Lautsprechern an Stelle des traditionellen Horns war das Brunswick Panatrope, das im Jahr 1925 von der Brunswick Co. in Dubuque, Iowa, erzeugt wurde.

Plattenspieler mit automatischem Plattenwechsler
Der erste Plattenspieler mit automatischem Plattenwechsler war das Automatic Gramophone von HMV, das im April 1928 zum Preis von 125 Pfund auf den Markt kam.
Maximal 20 Platten konnten links vom Plattenteller auf einer federnden Unterlage aufgestapelt werden; die oberste Platte wurde von einem Transportarm erfaßt und in die zum Abspielen erforderliche Position gebracht. Dann wurde der Arm mit dem Tonabnehmer ausgelöst und in die entsprechende Stellung gebracht, der Plattenteller begann sich zu drehen. War die Platte zu Ende, wurde sie von einer Auswurfspindel vom Teller gehoben und seitlich in eine mit Gummi ausgekleidete Schachtel geschoben.
(Siehe Schallplatte)

Der erste tragbare Plattenspieler, Decca Portable, London 1913.

Der erste moderne Plattenspieler von Emil Berliner, 1887

Polizeiauto

Das erste Polizeiauto im regulären Einsatz war ein Stanley Steamer und wurde im Sommer 1903 von der Polizei in Boston angeschafft. Das Automobil fuhr an Stelle von vier Pferden die Patrouille. In St. Louis, Missouri, gab es im Juni 1905 schon eine für die Verkehrsregelung zuständige Polizeitruppe, die, wie die Zeitschrift »Automobile« berichtete, dringend schnellere und stärkere Fahrzeuge benötigte, um Schnellfahrer einholen und bestrafen zu können.

Polizeiauto mit Funkausstattung
Die ersten Polizeiautos für Verbrechenbekämpfung waren zwei Crossley, die im Jahr 1920 dem Überfallkommando in London zugeteilt wurden. Ein Jahr danach wurden sie mit Funk ausgestattet. Die Funkanlage war mit Hilfe von langen Quer- und Längsstangen auf dem Dach angebracht, was dem Einsatzwagen im Verbrecherjargon den Spitznamen »Flying Bedsteads« (Bettstellen) eintrug. Das Überfallkommando bemühte sich nach Kräften, das

verdächtige Aussehen seiner Fahrzeuge zu tarnen; täglich wurde eine andere »Verkleidung« gewählt, z. B. als Milch-, Eisenbahn-, Zeitungs- oder Postwagen. Für die einzelnen Bezirke und Straßennamen wurde ein Kode ausgearbeitet, um den eventuell abhorchenden Feind in die Irre zu führen.

Polizeihunde

Die ersten Polizeihunde, die systematisch zur Polizeiarbeit trainiert und amtlich als solche anerkannt wurden, gehörten der belgischen Polizei in Gent. Die Neuerung wurde im Jahr 1899 eingeführt. Schon einige Zeit vorher hatte die Genter Polizei versuchsweise Hunde auf Nachtpatrouillen eingesetzt.

Polizeimotorradstreife

Die erste Motorradstreife hatte die Polizei von New York City, die im Jahr 1905 drei Maschinen anschaffte. Die Neueinführung bewährte sich ausgezeichnet, so daß im nächsten Jahr 20 weitere Motorräder gekauft wurden. Die Zeitschrift »Motor World« stimmte dieser Entscheidung mit folgenden Worten zu:

»Die schnellen Fortbewegungsmittel sollten logischerweise sowohl im Besitz der Polizei als auch in dem der Bürger sein, ob sie nun ehrbar sind oder nicht. Die Tatsache, daß es derzeit an die 23 000 Automobile allein im Staat New York gibt, bestätigt, wie wichtig solche Überlegungen sind.«

Im Jahr 1911 wurde in Los Angeles ein spezielles, sechs Mann umfassendes Motorrad-Überfallkommando aufgestellt.

Motorradstreifen mit Funk
Die ersten Motorradstreifen mit Funksprechgerät wurden im Jahr 1937 in Washington eingeführt.

Das erste Polizeiauto, das mit Funk ausgestattet war, London 1921.

Polizeitruppe

Die erste Polizeitruppe, die unabhängig von der Justizgewalt fungierte, wurde durch ein königliches Edikt im März 1667 in Paris geschaffen. Die richterlichen und polizeilichen Zuständigkeitsbereiche der königlichen Wache wurden dadurch getrennt. Zum erstenmal wurde ein Stadtkommandant ernannt und mit der Sorge für die Sicherheit der Stadt betraut. 30 Jahre lang bekleidete Gabriel-Nicholas de la Reynie diesen Posten, seinem Kommando unterstand eine aus 554 Polizisten bestehende militärähnliche Truppe; 144 davon waren beritten.
Ursprünglich operierte die Pariser Polizeitruppe ausschließlich vom Châtelet aus, bis der Marquis d'Argenson, Reynies Nachfolger, im Jahr 1698 am Pont-Neuf eine Wache einrichtete. Sie kann als Vorläufer der heutigen Polizeistation betrachtet werden.

Laut einer Verordnung des Polizeipräfekten Louis-Marie Debelleyme vom 12. März 1829 erhielt die Pariser Polizei einheitliche Uniformen. Es hieß darin:

»Der Zweck der Uniform ist es, daß sich die Anwesenheit von Polizisten, wo sie von Diensten sein kann, in das Bewußtsein der Öffentlichkeit einprägt; gleichzeitig soll sie die Polizisten dazu zwingen, einzugreifen und die Ordnung wiederherzustellen, anstatt aus Angst, erkannt zu werden, in der Menge unterzutauchen, wie es des öfteren geschieht.«

Polizistin

Die erste Polizistin mit voller Amtsgewalt und in Uniform war die ehemalige Sozialarbeiterin Alice Stebbins Wells, die am 12. September 1910 in Los Angeles ihren Dienst antrat. Mrs. Wells erhielt an ihrem ersten Arbeitstag ein Buch mit Dienstvorschriften, eines über Erste Hilfe und eine Polizeimarke.
Mitglieder der Polizeitruppe waren damals berechtigt, unter Vorweis ihres Dienstzeichens die Straßenbahnen im oder auf dem Weg zum Dienst kostenlos zu benützen. Da sie von den Schaffnern ständig verdächtigt wurde, die Marke ihres Ehemannes zu mißbrauchen, machte Mrs. Wells ihrem Vorgesetzten eine dementsprechende Meldung. Die Folge davon war, daß sie sich mit dem Abzeichen »Polizistinnenmarke Nr. 1« ausweisen konnte.
Die allgemeine Ungläubigkeit, daß sie tatsächlich mit allen Vollmachten eines Polizeibeamten ausgestattet war, verlor sich allmählich, als sie begann, eine Uniform zu tragen, die sie selbst entworfen hatte. (Weibliche Polizisten waren Hauptgegenstand von Witzen in den wöchentlichen Comics seit den fünfziger Jahren des vorigen Jahrhunderts.)

Der Arbeitsbereich von Mrs. Wells umfaßte die Aufsicht über Tanzlokale, Rollschuhbahnen, Freilichtvorführungen und ähnliche öffentliche Unterhaltungsstätten, wo sie dafür zu sorgen hatte, daß die Verordnungen befolgt wurden. Zu ihren Amtspflichten gehörte es ferner, vermißte Personen zu suchen und ratsuchenden Frauen mit im Rahmen der Polizei liegenden Informationen zur Seite zu stehen. Kurz nach ihrer Einstellung wurde verfügt, daß kein junges Mädchen von einem männlichen Beamten verhört werden dürfte. In der Verordnung hieß es:

»Diese Tätigkeit ist ausschließlich Polizistinnen vorbehalten, die auf Grund ihres Verständnisses und ihres weiblichen Einfühlungsvermögens besser das Vertrauen ihrer jüngeren Schwestern gewinnen können.«

Neben der Erfüllung dieser Pflichten war Mrs. Wells auch eifrig bemüht, die Notwendigkeit von weiteren weiblichen Polizisten zu propagieren. Der Erfolg dieser Bemühungen ist daraus ersichtlich, daß im Jahr 1916 bereits 17 Polizeistationen in den USA Polizistinnen beschäftigten.
In einer Anzahl von Fachbüchern wird die Meinung vertreten, daß die erste Polizistin der Welt eine gewisse Marie Owen gewesen sei, die angeblich im Jahr 1893 von Superintendent Morgan A. Collins von der Detroiter Polizei eingestellt wurde. Es soll an dieser Stelle festgehalten werden, daß die Polizei in Detroit diese Behauptung zurückweist, da sich in ihren Akten keinerlei Hinweis auf eine Marie Owen findet; auch einen Superintendenten namens Morgan A. Collins hat es laut Akten nie gegeben.
In Deutschland wurden die ersten weiblichen Polizisten im Jahr 1923 ausgebildet, und zwar durch die Initiative einer äußerst rührigen englischen Polizeibeamtin namens Mary Allen, die im Jahr 1914 der Polizei beitrat und im Jahr 1919 bereits zum Kommandanten avanciert war.
Zwischen den beiden Weltkriegen unternahm Miß Allen ausgedehnte Reisen, unter anderem nach Ägypten, um in anderen Ländern die Gründung von weiblichen Polizeikorps voranzutreiben.

Polyäthylen

Das erste Polyäthylen wurde im März 1933 von R. O. Gibson in den Laboratorien des chemischen Unternehmens ICI in Northwich, Cheshire, hergestellt. Durch Erhitzen von Äthylen und Benzaldehyd auf 170° C bildete sich an der Innenseite des Versuchsbehälters eine »weiße, wachsartige Schicht«. Die erste praktische Anwendung fand Polyäthylen als Isolationsmaterial für ein 1,5 km langes Unterwasserkabel, das die Telegraph Construction & Maintenance Co. im Juli 1939 legte und in der Folgezeit zwischen der Isle of Wight und dem Mutterland fortsetzte.
Die reguläre Produktion wurde von ICI am 1. September 1939 gestartet, der größte Teil des während des Krieges erzeugten Kunststoffes wurde für die Kabelisolation und für Einzelteile der Radaranlagen verwendet.
Die ersten Haushaltsartikel aus Polyäthylen, Abwäschen, kamen erst neun Jahre später, 1948, in den Handel.

Popgruppe

Die erste Popgruppe im heute gebräuchlichen Sinn waren »The Bluecaps«, eine fünfköpfige Band aus Nashville, Tennessee. Dickie Harrell spielte Schlagzeug, Jack Neal Baßgitarre, Willie Williams Gitarre, außerdem gehörten dazu Cliff Gallup und der Vokalist Gene Vincent. Ihre ersten Nummern, »Be-Bop-a-Lula« und »Woman Love«, brachte Capitol im Juni 1956 auf einer Schallplatte heraus. Noch im selben Jahr erschien ein Album mit Langspielplatten der Gruppe, betitelt »Bluejean Bob«. Die Gruppe löste sich im Jahr 1959 auf.

Porzellan

Das älteste Porzellan wurde an der Stelle am Tigris ausgegraben, an der sich zwischen 836 und 883 Samarra, die Hauptstadt der Abbasiden, befunden hatte. Die Scherben dieses harten, durchscheinenden chinesischen Porzellans gehörten zu einem gelblichbraun glasierten kugelförmigen Krug, zu mehreren blaugrünen Schüsseln und einer cremefarbenen gelappten Schüssel, die mit Fischemuster dekoriert war.
Der früheste schriftliche Hinweis, der sich mit Bestimmtheit auf Porzellan bezieht, stammt aus der gleichen Zeit. Der islamische Reisende Soleiman notierte im Jahr 851:

»Die Chinesen sind im Besitz eines feinen Tons, aus dem sie Trinkgefäße anfertigen, die so zart wie aus Glas sind. Man kann die darin befindliche Flüssigkeit sehen, obwohl sie aus Ton gemacht sind.«

Die Bezeichnung Porzellan kommt vom italienischen »procella« (Meeresmuschel oder Perlmutter) und wird Marco Polo zugeschrieben, der sich von 1271 bis 1295 im Fernen Osten aufhielt und als erster Europäer den Chinesen bei ihrer Töpferarbeit zuschaute. Es wird behauptet, daß Marco Polo persönlich eine kleine weiße Flasche mit Ying-Ch'ing-Lasur (sie befindet sich heute in der Schatzkammer von Venedig) mitgebracht hat. Wenn das stimmt, handelt es sich um das erste Stück Porzellan, das Europa jemals zu Gesicht bekommen hat.

Weichporzellan
Das erste Weichporzellan wurde in Europa im Jahr 1575 von Bernardo Bountalenti hergestellt, und zwar in einer Werkstätte in den Boboli-Gärten in Florenz, die von Francesco Maria von Medici, dem Großherzog der Toskana, gegründet worden war. Die Produktion wurde bis zum Tod des Großherzogs im Jahr 1587 fortgesetzt. Die Grundmasse bestand aus weißem Sand, Bergkristall und weißem Ton. Soviel man weiß, sind nur noch 45 Exemplare dieser Produktion erhalten, vorwiegend Krüge, Flaschen, Wasserkannen und Schüsseln. Alle diese Gegenstände haben einen weißen Untergrund mit blauem Dekor, mit Ausnahme eines Kruges mit Tülle, der blau, grün, gelb und purpurrot bemalt ist; er befindet sich in der Sammlung von Maurice Baron von Rothschild.

Hartporzellan
Das Geheimnis der Hartporzellanherstellung, das im Osten noch zwei Jahrhunderte nach den ersten Importen nach Europa gehütet wurde, entdeckten Ehrenfried Walter von Tschirnhaus und Johann Friedrich Böttger in Dresden in den Jahren 1708/09. Von Tschirnhaus starb am 11. Oktober 1708, es war ihm jedoch nach Böttger kurz vor seinem Ableben gelungen, eine kleine Porzellantasse herzustellen. Mit den Worten »Triumph! Sieg!« auf den Lippen hauchte er sein Leben aus.
August Kurfürst von Sachsen ließ unter Böttgers Leitung im Jahr 1710 in Dresden eine Fabrik errichten, die noch vor Ablauf des Jahres nach Meißen verlegt wurde. Hier wurde erstmals in Europa echtes Porzellan aus Kaolin, Feldspat und Quarz erzeugt. Die Glasur verbindet sich bei Hartporzellan bei hohen Temperaturen mit der vorgebrannten Ware, während das Weichporzellan, das früher in Florenz, Saint-Cloud und Rouen erzeugt wurde, bei niedrigeren Temperaturen gebrannt wird.
Fast zehn Jahre lang konnte Böttger den in der Königlichen Sächsischen Porzellanmanufaktur angewandten Herstellungsprozeß geheimhalten, bis ein treuloser Mitarbeiter namens Samuel Stölzel die Formel mit nach Wien nahm, sie an Claudius Innocentius du Paquier weitergab und ihm beim Aufbau einer Porzellanmanufaktur half. Die erste datierte Porzellantasse, heute in Hamburg aufbewahrt, stammt aus dem Jahr 1719 und trägt die Inschrift: »3. May 1719, Gott allein die Ehr und sonst keinem mehr«.
Von Wien aus verbreitete sich die Kunst der Porzellanherstellung über ganz Europa.

Postauto

Das erste Postauto war ein geschlossener Daimler-Motorwagen, der von der British Motor Syndicate Ltd. versuchsweise der britischen Postverwaltung zur Verfügung gestellt wurde. Ende Oktober 1897 wurde auf der 4,4 km langen Strecke zwischen St. Martin's-le-Grand und dem South-Western-District-Postamt, Howick Place, ein Beförderungsdienst eingerichtet. 400 kg Briefpost wurden fünfmal am Tag in beiden Richtungen transportiert. Für eine Strecke durfte die Fahrzeit 23 Minuten betragen (genausoviel wie die Pferdepost), doch einem zeitgenössischen Bericht zufolge »hielt der Motorwagen nicht nur den Fahrplan besser ein, sondern er erreichte in der Regel sein Ziel schon vor der Zeit«.
Eine Woche später wurde der Wagen auch zur Gepäckbeförderung zwischen Howick Place und Kingston-upon-Thames verwendet. Er schaffte die 50 km lange Rundstrecke in 5 Stunden einschließlich sechs Aufenthalten für die Auslieferung und einer halben Stunde Unterbrechung in Kingston.
Der erste reguläre Dienst wurde am 17. Juni 1898 mit einem von der West of Scotland Motor Co. gelieferten Daimler-Wagen zwischen Inverary und Adrishaig, Argyllshire, auf einer 42 km langen Strecke aufgenommen. Die Fahrt dauerte rund 3 Stunden, was einer Durchschnittsgeschwindigkeit von 14 km/h entspricht. Das Service wurde so lange aufrechterhalten, bis schlechte Straßen und mechanische Gebrechen die Rückkehr zum Pferdewagen notwendig machten.

Postdienst

Der erste Postdienst, von dem die Allgemeinheit zum Teil Gebrauch machen konnte, wurde von Ludwig XI. in Frankreich im Jahr 1464 eingerichtet. Obwohl es sich dabei in erster Linie um einen königlichen Kurierdienst handelte, durften ihn auch andere privilegierte Personen in Anspruch nehmen. Voraussetzung waren ausdrückliche Erlaubnis und Bezahlung eines festgesetzten Betrages für die Benützung der Pferde und Boten. Bis dahin hatten die Klöster, Universitäten und Handelshäuser durch private Kuriere ihre Post befördert, die ausschließlich die Briefe ihrer Auftraggeber zustellten.
Der erste regelmäßige Postdienst zwischen zwei Ländern wurde im Jahr 1505 zwischen Brüssel und Wien

eröffnet. Verantwortlich dafür war Franz von Taxis aus dem lombardischen Cornello, der Hauptpostmeister König Philipps von Flandern. Zwar war das ebenfalls ein königlicher Postdienst, erhalten gebliebene Unterlagen aus dem Jahr 1506 verzeichnen jedoch auch die Beförderung privater Briefe, ein Privileg, das von Karl V. im Jahr 1516 vertraglich bestätigt wurde.
Leonhard von Taxis weitete ab 1543 das Postnetz beträchtlich aus, es gab einen Postdienst zwischen Brüssel, Wien, Rom, Paris und Kastilien. Die Postreiter legten während der Sommermonate etwa 160 km pro Tag zurück, für die Strecke von Brüssel nach Rom brauchten sie zehneinhalb Tage. Der Thurn-und-Taxis-Postbetrieb blieb unter wechselhaften Geschicken bis zum Jahr 1867 aufrecht, als der spätere Generalpostminister Heinrich von Stephan die verbliebenen Rechte für 3 Millionen Taler erwarb.

Öffentlicher Postdienst
Der erste öffentliche Postdienst mit festgesetzten Gebühren und regelmäßiger Inlands- und Auslandszustellung wurde im Jahr 1627 von Pierre d'Almeras, dem französischen Postdirektor, eingeführt.

Transatlantischer Postdienst
Der erste fahrplanmäßige transatlantische Postdienst wurde im Sommer 1702 zwischen Falmouth und den Westindischen Inseln Jamaika, Antigua, Barbados, Montserrat, Nevis und St. Kitts eingerichtet. Die Post wurde auf einer kleinen Flotte von Schaluppen befördert, deren Eigentümer Edmond Dummer war. Die Fahrt dauerte 100 Tage. Die Fahrzeuge fuhren einmal im Monat, die Gebühr für einen Bogen Papier betrug 9 Pence.
Ende des Jahres 1709 wurde von William Warren der erste Postdienst auf das amerikanische Festland eröffnet, und zwar zwischen Bristol und New York. Die Schiffe fuhren ebenfalls in monatlichen Abständen, das Porto kostete 1 Shilling. Der Postdienst wurde um 1712 wieder eingestellt.

Postkarte

Die erste Postkarte stammt von John P. Charlton und wurde im Jahr 1861 in Philadelphia urheberrechtlich geschützt. Der Schreibwarenhändler Hyman L. Lipman, ebenfalls aus Philadelphia, erwarb die Rechte und verlegte die Karten, die mit einem Schmuckrand und den Worten »Lipman's Postal Card, Patent Applied For« versehen waren. Sie blieben bis zur Ausgabe der amtlichen US-Postkarten im Jahr 1873 im Handel.

Vorfrankierte Postkarte
Die ersten amtlichen vorfrankierten Postkarten (Korrespondenzkarten) wurden am 1. Oktober 1869 von der Österreichischen Postdirektion in Umlauf gesetzt. Die Ausgabe erfolgte auf Anregung von Emmanuel Herrmann von der Wiener Neustädter Militärakademie, der im Januar desselben Jahres einen diesbezüglichen Vorschlag in der »Neuen Freien Presse« veröffentlicht hatte. Herrmann griff in diesem Artikel eine Idee des deutschen Generalpostmeisters Heinrich von Stephan auf, der sie schon im Jahr 1865 in Karlsruhe auf der fünften Konferenz des deutschen Postvereins geäußert hatte.
Die strohfarbenen Karten waren mit einer 2-Kreuzer-Marke vorfrankiert. In den ersten zwei Monaten nach der Erstausgabe wurden nicht weniger als 2 930 000 Stück abgesetzt. Die Korrespondenzkarte war vor allem deshalb so erfolgreich, weil sie nicht mehr kostete als die aufgedruckte Briefmarke.
Durch den Berner Postvereinsvertrag vom 1. Juli 1875 wurde die Postkarte für den internationalen Postverkehr zugelassen.

Postversandunternehmen

Das erste Postversandunternehmen war die am 15. September 1871 gegründete Army & Navy Co-operative Society Ltd. in London. Sie wurde auf Betreiben von Major F. B. McCrea, der auch ihr erster Betriebsdirektor wurde, gegründet. Die Gesellschaft versandte Qualitätswaren zu günstigen Preisen an ihre Mitglieder, vorwiegend Offiziere und Unteroffiziere sowie deren Familien. Der erste Versandkatalog erschien im Februar 1872. Das reichhaltige Warenangebot enthielt u. a. Tee, Hummer in Dosen, Zigaretten, Tabak, Champagner, Gin, Zahnpaste und Damenkonfektion. Da es noch keine Paketpost gab, wurden die Waren in und um London von der privaten Lieferfirma Carter Paterson zugestellt, außerhalb Londons je nach Wunsch mit der Bahn oder mit anderen Verkehrsmitteln; die Art der Zustellung mußte auf der Rückseite der Bestellung angegeben werden. Bestellungen aus den Kolonien wurden mit Postkutsche, Flußdampfer oder Ochsenwagen geliefert.
Die Kataloge von Army & Navy kamen vierteljährlich heraus. Der umfangreichste erschien im März 1887; er hatte 1 954 Seiten. Der letzte Katalog hatte die Nummer 109 und erschien im Jahr 1939. Seit damals ist das Postversandunternehmen ein gewöhnliches Warenhaus.
Das erste private Postversandunternehmen mit gemischtem Warenangebot wurde im Jahr 1872 von

Aaron Montgomery Ward in Chicago gegründet. Das Unternehmen bestand aus einem einzigen Raum. Die erste Preisliste war nur ein Blatt Papier im Ausmaß 20 × 30 cm, im Gegensatz dazu wog der Katalog aus dem Jahr 1904 bereits 2 kg und wurde an über 3 Millionen Kunden verschickt.

Privatdetektei

Die erste Privatdetektei war das Bureau des Reseignments au Service des Intérêts Privés, das im Jahr 1833 von Eugène François Vidocq, dem in den Ruhestand getretenen Chef der Pariser Sûreté (siehe Kriminalbeamter), gegründet worden war. Die Agentur büßte ihren guten Ruf ein, als Vidocq wegen tätlicher Beleidigung eines seiner Angestellten angeklagt und zu 50 Franc Geldstrafe und 60 Franc Schadenersatz verurteilt wurde. Nach einigen Jahren wurde das Büro auf Betreiben der Regierung geschlossen, weil einige von Vidocqs aufsehenerregenden Erfolgen höchste Kreise in Verlegenheit gebracht hatten.

Public Relations

Die ersten Public Relations als geschäftliche Maßnahme wurden von dem ehemaligen Wirtschaftsjournalisten Ivy Ledbetter Lee ins Leben gerufen. Er etablierte sich im Jahr 1903 in New York als Public-Relations-Berater. Unter seinen ersten Kunden befanden sich einige Politiker, ein Zirkus und eine Bankiersgruppe. Zunächst unterschieden sich Lees Bemühungen kaum von denen anderer Presseagenturen; eine schrieb, daß Lees Tätigkeit »nicht die Verbreitung der Wahrheit, sondern die Vermeidung ihrer ungelegenen Aufdeckung« darstelle.
Die Entwicklung der modernen Public Relations setzte eigentlich im Jahr 1906 ein, als Ivy Lee während des großen Streiks der Minenarbeiter von den Besitzern der Steinkohlenminen zu Hilfe gerufen wurde. Ihr Vorsitzender, George F. Baer, war weder zu einem Gespräch mit der Presse bereit noch zu einer Aussprache mit dem Präsidenten der Vereinigten Staaten, der den Streit schlichten wollte. Sein Gegenspieler John Mitchell, der Vertreter der Streikenden, hatte dagegen durch seinen persönlichen Charme, seine Offenheit und Bereitschaft, sämtliche Fragen zu beantworten, alle Sympathien auf seiner Seite. Während die Anliegen der Minenarbeiter von der Presse vehement unterstützt wurden, mußten Baer und seine Kollegen niederschmetternde Kritiken hinnehmen. Lees erste Tat war eine von Baer und anderen maßgeblichen Minenbesitzern unterzeichnete Presseverlautbarung. Sie begann mit den Worten: »Die Steinkohlenunternehmer sind sich des allgemeinen Interesses der Öffentlichkeit an den Vorgängen in der Minenindustrie bewußt und sind übereingekommen, der Presse alle nur möglichen Informationen zukommen zu lassen . . .« Es folgte Lees eigene »Grundsatzerklärung«, in der er die Public Relations als eigenständigen Aufgabenbereich bezeichnete, der von der reinen Pressearbeit und der Werbung zu trennen ist.
Nach dem Kohlenstreik arbeitete Lee für die Pennsylvania Railroad Co., die nach einem größeren Eisenbahnunglück um ihr Image bangte. Für gewöhnlich wurden in solchen Fällen Tatsachen und Einzelheiten verschwiegen, Lee aber machte das Gegenteil: er ließ den Presseleuten freien Zutritt zur Unglücksstelle, damit sie sich selbst ein Bild vom Ausmaß der Katastrophe machen konnten, und ließ ihnen jede gewünschte Information zukommen. Der Erfolg rechtfertigte sein Vorgehen, das von den konservativ denkenden Direktoren der Eisenbahnlinie als unverzeihliche Indiskretion betrachtet wurde. Die Pressekommentare über das Unglück der Pennsylvania Railroad waren wesentlich objektiver und fairer gehalten als bei früheren ähnlichen Unglücksfällen.
Einer von Lee bemerkenswertesten Erfolgen war die PR-Arbeit für den Millionär John D. Rockefeller, der als kapitalistischer Unterdrücker galt. Lee gelang es durch geschickte Hinweise auf die sympathischen Charakterzüge seines Klienten, seinen Ruf bei der Bevölkerung entscheidend zu verbessern. Auf seinen Rat hin füllte sich der alte Mann seine Rocktaschen mit 10-Cent-Stücken und verteilte sie unter den Straßenjungen – eine Handlungsweise, die der Öffentlichkeit und der Presse sein menschenfreundliches Wesen vor Augen führte.

Puppenwagen

Den ersten Puppenwagen fertigten die Arbeiter des Londoner Kinderwagenfabrikanten J. R. Frampton im Jahr 1862 für die kleine Tochter ihres Dienstherrn an. Frampton selbst zeigte sich an dem neuen Spielzeug wenig interessiert und wies die Vermutung, es könne daraus ein lukratives Geschäft werden, als unsinnig zurück. Andere Hersteller bemächtigten sich der Idee und verdienten eine Menge Geld damit.

Puzzle

Der erste Hinweis auf ein Puzzle findet sich in einem 1763 in London erschienenen Wissenschafts- und Kunstführer. Darin wird ein John Spilsbury angeführt, seines Zeichens

Das älteste erhaltene Puzzle, eine Landkarte von England und Wales, 1767.

»Graveur und Zerleger von Landkarten aus Holz, zur Erleichterung des Geographieunterrichts«.
Das älteste erhaltene Puzzle ist eine handkolorierte, gravierte Landkarte von »England und Wales, unterteilt in ihre Grafschaften«, die im Jahr 1767 von John Spilsbury herausgegeben wurde. Jede Grafschaft war ein Teil für sich. Spilsbury produzierte ungefähr 30 verschiedene in Teile zerschnittene Landkarten, ehe er diesen Broterwerb im Jahr 1782 zugunsten eines Zeichenlehrers an der Schule von Harrow aufgab.
Bilderpuzzles tauchten gegen Ende des 18. Jahrhunderts in England auf. Die Darstellungen zeigen u. a. Reiter, die Bastille (innen und außen, mit Ratten!), Soldaten oder eine Kuhmagd, die ihrem Galan einen Krug frischer Milch anbietet.

R

Radargerät

Das erste Radargerät wurde von Rudolph Kühnold, dem Forschungsleiter der deutschen Marine-Nachrichtenabteilung, zwischen Sommer und Herbst 1933 entwickelt. Es bestand aus einem 700-W-Sender auf 600 MHz, einem Empfänger und einer Radarantenne. Die ersten praktischen Versuche mit diesen Geräten wurden am 20. März 1934 im Hafen von Kiel durchgeführt. Kühnold konnte dabei Echos von dem etwa 550 m entfernt liegenden Schlachtschiff »Hesse« empfangen.
In der Marineforschungsanstalt Pelzerhaken bei Lübeck wurde eine Versuchsanlage installiert. Vor hohen Marineoffizieren demonstrierte Kühnold im Oktober 1934 den Empfang von Echos von einem Schiff, das 11 km von der Küste entfernt war.
Durch Zufall wurden bei dieser Gelegenheit auch von einem durch den Radarstrahl fliegenden Wasserflugzeug reflektierte Signale empfangen. Es war dies das erste Mal, daß ein Flugzeug durch Radar geortet werden konnte.
Um die Entwicklung der Radarforschung voranzutreiben, stellten die deutschen Behörden 70 000 Reichsmark zur Verfügung. Beim Ausbruch des Zweiten Weltkrieges hatte Deutschland bereits acht Radarstationen, die an der Grenze zu Holland und Dänemark errichtet worden waren.

Schiff mit Radarausrüstung
Das erste Schiff war das 500-t-Versuchsschiff »Welle« der deutschen Marine, das in Pelzerhaken im September 1935 mit der Anlage ausgerüstet wurde. Mit Hilfe von 600-MHz-Wellen konnten ihre Radareinrichtungen andere Schiffe bis zu einer Entfernung von 8 km orten und die Küstenlinie bis zu 19 km ausmachen.
Das erste Kriegsschiff mit regulärer Radarausrüstung war das deutsche Panzerschiff »Graf Spee«. Es wurde im Sommer 1936 mit einem 355-MHz-Seetakt-Geschützradar ausgerüstet.

Flugzeug mit Radarausrüstung
Die erste Radarausrüstung für Flugzeuge wurde von einer Forschungsgruppe der Royal Air Force entwickelt. Im März 1937 wurde das erste Flugzeug, eine in Martlesham stationierte Heyford, versuchsweise mit einer 7-m-Antenne ausgestattet. Die erste erfolgreiche Erprobung des Systems fand am 3. September 1937 statt: die beiden Schlachtschiffe »Rodney« und »Courageous« konnten in einer Entfernung von 8 km im Ärmelkanal, südwestlich von Beachy Head liegend, ausgemacht werden.
Im September 1939 wurden erstmals im Einsatz befindliche Flugzeuge der Staffeln 217 und 270 mit Mark-I-Radarausrüstungen ausgestattet. Gleichzeitig wurden 30 Blenheim-Flugzeuge mit AI-Radar (Airborn + Interception) ausgerüstet, um damit feindliche Bomber lokalisieren zu können.
Nachtjäger der Royal Air Force wurden im Frühsommer 1940 mit Mark-III-AI-Radargeräten ausgerüstet. Im Juli konnte Sergeant Ashfield damit eine außer Sichtweite befindliche Ju 88 ausmachen und vernichten.

Rasenmäher

Der erste Rasenmäher wurde von Edwin Budding aus Stroud, Gloucestershire, erfunden. Am 18. Mai 1830 unterzeichnete er einen Vertrag mit John Ferrabee von der Firma Phoenix Iron Works über die Herstellung seiner Maschine.
Budding war in der Textilfabrik Lister beschäftigt und ist, dem Vernehmen nach, zur Erfindung des Rasenmähers durch eine Maschine inspiriert worden, die die Noppen von Stoffen abschnitt.
Der erste nachweisliche Kunde, der im Jahr 1831 einen Rasenmäher bei Ferrabee kaufte, war Mr. Curtis, der Obergärtner des Tiergartens vom Regent's Park. Er bezahlte 10 Guineas für ein großes Modell. Ein kleineres war für 7 Guineas erhältlich, für, wie Budding meinte, Gentlemen auf dem Lande, die »meine Maschine als unterhaltsame, nützliche und gesunde Betätigung empfinden werden«. Ob die Gentlemen das schwere und unzulänglich übersetzte Ungetüm wirklich so unterhaltsam fanden, mag dahingestellt bleiben, immerhin stellte es eine deutliche Verbesserung gegenüber dem Mähen mit der Sense dar, das nur bei nassem Gras gründlich besorgt werden konnte.
Bis in die siebziger Jahre bestand kaum Nachfrage nach Rasenmähern, nur zwei Firmen stellten im Jahr 1851 bei der Weltausstellung in London aus. Als jedoch Rasentennis in Mode kam, stieg die Nachfrage nach leichten Mähern mit Seitenrädern stark an.

Rasenmäher mit Benzinmotor
Die ersten Rasenmäher mit Benzinmotor wurden im Jahr 1897 von der Firma Benz in Stuttgart und von der Coldwell Lawn Mower Co. in Newbury, New York, gebaut. Offensichtlich wurde jedoch keines der beiden Modelle in die reguläre Produktion übernommen.
Der erste für den Handel hergestellte Motorrasenmäher wurde von James Edward Ransome konstruiert und im Jahr 1902 von dem Unternehmen Ransomes, Sims & Jefferies Ltd. in Ipswich produziert.

Rasierapparat

Der erste Rasierapparat mit auswechselbaren Klingen wurde am 2. Dezember 1901 von King Camp Gillette zum Patent angemeldet. Die Anregung stammte ursprünglich von seinem Arbeitgeber William Painter, dem Erfinder des Kronenkorkens. Er hatte ihm vorgeschlagen: »Warum erfinden Sie nicht etwas, das einmal benützt und dann weggeworfen wird? Dann muß der Kunde wiederkommen und kaufen.« Gillette sah sich bis zum Jahr 1895 außerstande, den guten Rat zu befolgen; die Idee kam ihm eines Tages beim Rasieren vor dem Spiegel, bei der Überlegung, daß er eigentlich nur einen kleinen Teil seines Rasiermessers, nämlich nur das obere Ende, tatsächlich zum Rasieren benützte. So faßte er den Plan, eine scharfe, kurze Klinge herzustellen, mit möglichst wenig Stahl.
Die Stahlerzeuger behaupteten allerdings, es sei technisch unmöglich, eine so dünne, flache, scharfe und billige Klinge herzustellen. Der einzige – halbtags beschäftigte – Angestellte Gillettes in dessen 1901 in Boston gegründeter Firma American Safety Razor Co., ein erfinderischer Mechaniker namens William Nickerson, tüftelte schließlich die Lösung des Problems aus.
Im Jahr 1903 setzte die Produktion ein, gegen Ende des Jahres waren allerdings erst 51 Rasierapparate und genau 168 Klingen abgesetzt worden – der Untergang des Rasiermessers schien keineswegs besiegelt, Gillettes genialer Einfall ein Reinfall zu sein. Tatsächlich stand Gillette jedoch an der Schwelle eines triumphalen Erfolges: ein Jahr später schabten bereits 90 000 Amerikaner ihre Bartstoppeln mit dem neuen Rasierapparat ab und verbrauchten Millionen Klingen.
Die ersten Rasierklingen aus rostfreiem Stahl, die eine längere Lebensdauer hatten, wurden im Jahr 1956 von dem britischen Unternehmen Wilkinson Sword auf den Markt gebracht.

Rasterverfahren

Das erste Rasterverfahren von Fotografien in Druckerschwärze wurde von dem schwedischen Graveur Carl Gustaf Wilhelm Carleman entwickelt, dessen erster erfolgreicher Linienraster zur Illustration seiner im Mai 1871 in Stockholm veröffentlichten Zeitschrift »Fotografie im Druckverfahren« diente. Das Titelbild, es zeigte zwei Frauen, die mit einem Jungen am Ufer eines Sees entlangspazierten, war ohne Zuhilfenahme manueller Gravur reproduziert worden.
Carleman zerlegte die Bilder in Zeilen veränderlicher Breite, wodurch er verschiedene Schattierungen zwischen Licht und Schatten erzeugen konnte. Mit seiner Methode konnten das erste Mal auch Hochgeschwindigkeits-Druckmaschinen Bilder reproduzieren. Das bedeutete in der Praxis, daß es erstmals möglich war, fotografische Illustrationen in Zeitungen neben dem Text einzuschalten.
Der einzige wesentliche Unterschied zwischen dem Carlemanschen System und der modernen Rastermethode liegt darin, daß heutzutage die gedruckten Bilder aus Punkten zusammengesetzt sind, was eine größere Schärfe gestattet.

Die erste Zeitschrift mit einer Rasterillustration war die »Nordisk Boktryckeri-Tidning«, die im Juli des Jahres 1871 in einem Artikel über die Arbeit Carlemans das Bild einer auf einem Ast sitzenden Eule zeigte.
Der erste Gebrauch der Rastertechnik für aktuelle Illustrationen wurde ebenfalls im Jahr 1871 gemacht, als in Stockholm das Buch »Paris' Ruiner« von Iwar Haeggström erschien, das drei im Carlemanschen Verfahren reproduzierte Abbildungen vom zerstörten Paris enthielt.
Im Jahr 1874 veröffentlichten die französischen Wochenzeitschriften »Le Monde Illustré« und »L'Illustration« die ersten im Rasterverfahren reproduzierten Porträtfotos, die Oberst Staaf, den schwedischen Militärattaché, bzw. den Arktisforscher Baron Nordenskjöld zeigten.
Das Interesse an der Carlemanschen Methode ließ dann nach, und das Rasterverfahren wurde nicht weiterentwickelt, bis der Amerikaner Stephen Horgan im Jahr 1880 mit einer fotomechanischen Methode für die Zeitungsfotografie als Bahnbrecher auftrat. Allgemein wurde das Rasterverfahren jenen zugeschrieben, die es erfolgreich geschäftlich ausnützten, nämlich Georg Meisenbach aus München und Frederick Ives aus Philadelphia. Der ursprüngliche Beitrag Carl Carlemans wurde trotz eindeutiger Unterlagen durch seine veröffentlichten Arbeiten von den Historikern außerhalb Schwedens weitgehend ignoriert.

Rasterverfahren für Farbreproduktion
Die erste Reproduktion einer Farbfotografie mit Raster war ein Porträt des Derbygewinners vom Jahr 1890, das in der Februarausgabe im Jahr 1892 der Zeitschrift »Land and Water« erschien, von Waterlow & Son in London gedruckt.

Raumflug

Der erste Raumflug mit Lebewesen an Bord fand vermutlich Ende 1951 statt. Vier Affen mit den Kodenamen Albert 1, 2, 3 und 4 wurden von White Sands, New Mexico, aus mit Hilfe einer V-2-Rakete 136 km hoch in die Ionosphäre geschossen. Der Versuch hieß Operation Albert und wurde aus Rücksicht auf die Tierschützer geheimgehalten. Alle vier Affen kehrten unversehrt zur Erde zurück, doch starb einer von ihnen später an den Folgen zu hoher Temperatureinwirkung.
Das erste Tier, das in eine Erdumlaufbahn geschossen wurde, war der Hund Laika. An Bord des russischen Satelliten Sputnik II wurde er am 3. November 1957 auf eine Umlaufbahn gebracht. Am 14. April 1958 löste sich der Raumkörper im Weltraum auf.

Bemannter Raumflug
Der erste bemannte Raumflug wird dem Russen Alexis Ledowski zugeschrieben. Nach Berichten des Weltraumkomitees des US-Repräsentantenhauses und des USAF-Forschungs- und Entwicklungskommandos wurde Ledowskis Raumschiff im Jahr 1957 vom sowjetischen Raketenversuchszentrum rund 100 km südöstlich von Stalingrad entfernt gestartet und erreichte eine Höhe von über 320 km, bevor die Funkverbindung zu ihm abbrach. Das Raumschiff könnte den erdnahen Raum verlassen haben und in den Tiefen des Weltalls verschwunden oder aber beim Wiedereintritt in die Erdatmosphäre verglüht sein.
Andere Astronauten, die angeblich vor dem Jahr 1961 ihr Leben bei mißglückten Raumflügen verloren haben, sind Serentsi Schiborin (1958), Andrei Mitkow (1959) und Iwan Kachur (1960).
Der erste Raumflug mit tödlichem Ausgang, der von den Russen zugegeben wurde, ereignete sich am 24. April 1967, als Wladimir Mihailowitsch Komarow während der Landung von Sojus I ums Leben kam.
Der erste erfolgreiche bemannte Raumflug wurde von dem damals 27jährigen Major Juri Alexejewitsch Gagarin absolviert. Er wurde am 12. April 1961 um 9.07 Uhr Moskauer Zeit im russischen Raumschiff Wostok I von Baikonur in Westsibirien gestartet und landete 108 Minuten später bei Smelowka, einem Dorf in der Nähe von Engels in der Region Saratow. Die Trägerrakete hatte ein Gewicht von 6,17 t; sie trug eine 2,4 t schwere Kapsel, die abgestoßen wurde, nachdem das Raumfahrzeug die notwendige Bahngeschwindigkeit von rund 7,8 km/s erreicht hatte. Die Kapsel absolvierte einen Erdumlauf bei einer maximalen Höhe von 325 km und einer Höchstgeschwindigkeit von 28 000 km/h. Major Gagarin kehrte wohlbehalten zur Erde zurück. Er starb am 27. März 1968 bei einem Flugzeugabsturz in der Nähe von Moskau.

Weiblicher Astronaut
Der erste weibliche Astronaut war Walentina Nikolajewa-Tereschkowa, die an Bord von Wostok VI innerhalb von 71 Stunden 48mal die Erde umkreiste. Dieser Raumflug fand vom 16. bis 19. Juni 1963 statt.

Raumspaziergang
Der erste Astronaut, der einen Raumspaziergang unternahm, also sein Raumschiff während des Fluges verließ, war Alexei Arkipowitsch Leonow. Am 18. März 1965 ab 10.30 Uhr Moskauer Zeit blieb er 12 Minuten und 9 Sekunden außerhalb seiner Raumkapsel Wostok II, nur durch ein 5 m langes Nylonseil

gesichert. Während dieser Zeitspanne legte er eine Strecke von 4 800 km mit einer Geschwindigkeit von 28 000 km/h zurück.

Interplanetarer Raumschuß
Den ersten interplanetaren Raumschuß gaben die Amerikaner ab.
Am 27. August 1962 begann die US-Raumsonde Mariner 2 ihre 290 Millionen km lange Reise zur Venus und passierte sie am 14. Dezember 1962 in einer Entfernung von 34 550 km. Die wichtigsten Informationen, die von der Empfangsstation in Goldstone, Kalifornien, aufgefangen wurden, waren, daß die Oberflächentemperatur der Venus rund 427° C beträgt und der »Venustag« etwa acht Monate dauert.
Das erste Raumschiff, das auf einem fremden Planeten landete, war die russische Venus III, die am 16. November 1965 gestartet war und am 1. März 1966 auf der Venus hart landete.

Raumflug zum Mars
Der erste unbemannte Flug zum Mars wurde am 9. September 1975 von Kap Canaveral um 20.38 Uhr gestartet und dauerte 11 Monate. Die Viking 2 hatte die Aufgabe, herauszufinden, ob auf dem Mars organisches Leben existiert.

Raumflug zum Mond
Der erste Raumflug zum Mond wurde von den Russen am 2. Januar 1959 unternommen, als sie den künstlichen Satelliten Lunik I von Tjuratam aus starteten. Er flog rund 7 500 km an der Mondoberfläche vorbei.
Das erste Raumschiff, das auf dem Mond landete, war Lunik II. Es wurde am 12. September 1959 gestartet und setzte zwei Tage später mit einer harten Landung zwischen den Kratern Archimedes und Autolycus im Mare Imbrium auf.
Die erste weiche Mondlandung gelang Luna IX am 3. Februar 1966. Eine Reihe von Nahaufnahmen wurden zur Erde zurückgefunkt. Der Versuch zeigte, daß die Oberfläche des Mondes für das Gewicht eines Raumschiffes genügend tragfähig war.

Bemannte Mondlandung
Die ersten Menschen, die auf dem Mond landeten, waren Neil Armstrong, Kommandant der amerikanischen Apollo 11, und Oberst Edwin Aldrin, der Pilot der Mondlandefähre Eagle, die am 20. Juli 1969 um 21.18 Uhr im Meer der Stille niederging.
Am folgenden Tag betrat um 3.56 Uhr Armstrong die Mondoberfläche mit den Worten: »That's one small step for man, one giant leap for mankind.« (Dies ist ein kleiner Schritt für einen Menschen, aber ein Riesensprung für die Menschheit.) 20 Minuten später folgte ihm Aldrin aus der Fähre, und die beiden Astronauten verbrachten dann 1 Stunde und 44 Minuten mit Experimenten und Untersuchungen: Einsammlung von Gesteinsproben, Aufstellung eines speziellen Laserreflektors, Aufpflanzen der amerikanischen Flagge und Enthüllung einer Plakette. Die darauf gravierten Worte wurden von Armstrong laut verlesen und von ca. 500 Millionen Menschen im Radio und Fernsehen vernommen:

»Hier setzten Menschen des Planeten Erde im Juli 1969 n. Chr. erstmals ihren Fuß auf den Mond. Wir kamen in Frieden im Namen der Menschheit.«

Der erste Mensch, der den Mond betrat, Neil Armstrong, 21. Juli 1969.

Raupenschlepper

Der erste Raupenschlepper, der kommerziell erzeugt wurde, war die Holt-Dampfzugmaschine Nr. 77, die von der Holt Manufacturing Co. in Stockton, Kalifornien, gebaut und erstmals am 24. November 1904 getestet wurde.
Diese Maschine besaß eine Raupenkette aus hölzernen Riemen, die auf eine Gliederkette aus Stahl montiert waren. Das erste Modell wurde im Jahr 1906 für 5 500 Dollar an die Golden Meadow Developing Co. verkauft; es kam im Deltagebiet von Louisiana zum Einsatz.
Im selben Jahr erschien auch der Prototyp eines benzinbetriebenen Raupenschleppers, der ebenfalls von der Holt Co. erzeugt wurde. Im Jahr 1908 begann der erste serienmäßig herstellte Raupenschlepper die Arbeit am Aquädukt in Los Angeles.

Regenmantel

Der erste Regenmantel wurde von François Fresnau, Oberingenieur in Cayenne in Französisch-Guayana, im Jahr 1747 erzeugt; Fresnau hatte in Aprouage Gummibäume entdeckt und

einen alten Überzieher über und über mit Latex beschmiert.
Die ersten für den Verkauf bestimmten Regenmäntel wurden im Jahr 1821 von der Londoner Firma G. Fox hergestellt. Sie nannte ihren Mantel Aquatic Gambroon Cloak und garantierte, daß er, vorausgesetzt, er ist gut verschlossen, niemals Nässe durchläßt. Gambroon bestand aus einer Art Köper und enthielt auch Mohair, aber es ist nicht bekannt, wie die Wasserundurchlässigkeit erreicht wurde.
Etwa zur gleichen Zeit begann Charles Macintosh aus Glasgow mit der Produktion eines wasserdichten Materials, das aus zwei Stoffbahnen bestand, die mit in Naphtha gelöstem Kautschuk zusammengeklebt wurden. Das Material war zwar absolut wasserdicht, aber es war unmöglich, aus diesem steifen, starren Material einen Mantel zu schneidern.
Im Jahr 1823 gelang es dem jungen Medizinstudenten James Syme aus Edinburgh, eine brauchbare Gummilösung aus Steinkohlenteerextrakt herzustellen. Macintosh erwarb die Rechte und meldete das Verfahren im gleichen Jahr zum Patent an. Die von nun an erzeugten wasserundurchlässigen Stoffe ließen seinen Namen zu einem Gattungsbegriff für Regenbekleidung werden. Der erste Großauftrag der Firma Macintosh kam im Jahr 1824 mit der Ausrüstung der unter Sir John Franklin stehenden Expedition in die Arktis. Macintosh stellte lediglich den Stoff für die Regenbekleidung her, die Mäntel wurden von verschiedenen Schneidermeistern angefertigt, bis seine Firma sich im Jahr 1830 mit dem Gummiwarenunternehmen von Thomas Hancock in Manchester vereinigte. Der anfängliche Erfolg der Konfektionsregenmäntel wurde stark gebremst durch das Aufkommen der Eisenbahnen, in denen die Reisenden nun in überdachten Waggons vor Wind und Wetter geschützt waren. Außerdem wuchs die Abneigung gegen die plumpe Ausführung und den unangenehmen Geruch der Mäntel. Das »Gentleman's Magazine of Fashion« schrieb darüber im Jahr 1839:

»Ein Macintosh ist nun in der Stadt zum echten Sorgenkind für seinen Besitzer geworden. Wegen seines die Nase beleidigenden Geruchs gibt es Schwierigkeiten, Zutritt in den Omnibus zu erlangen . . .«

Ein anderer Nachteil, nämlich die Tendenz des Kautschuks, bei warmem Wetter zu schmelzen, konnte durch das von Hancock im Jahr 1843 entwickelte Vulkanisierungsverfahren behoben werden.
Etwa 1850 gelang es dem Fabrikanten Joseph Mandelberg aus Lancashire, den unangenehmen Geruch erfolgreich zu beseitigen: Er pries seine Bekleidungsartikel unter dem Etikett »F. F. O.« (Free from Odour) an.
In den ersten 30 Jahren nach ihrem Aufkommen waren Regenmäntel ein Notbehelf, den man nur bei extremem Schlechtwetter benützte. »Einige ähneln einem Sack – andere einem miserabel geschnittenen Arbeitskittel«, schrieb ein zeitgenössischer Kritiker.
Erst aus dem im Jahr 1851 von der Londoner Firma Bax & Co. patentierten Waterproofmaterial konnte man modische Regenbekleidung schneidern. Dieser Stoff enthielt überhaupt keinen Kautschuk mehr, sondern bestand aus einem chemisch behandelten Wollgewebe, das Aquascutum (aus dem Lateinischen »Wasserschutz«) genannt wurde.
Während der Wintermonate des Krimkrieges erwarb sich der Aquascutummantel einen sehr guten Ruf, ja General Goodlake verdankte ihm nicht nur Schutz vor Nässe, sondern auch seine Freiheit. Bei einem Scharmützel mit den Russen wurden er und ein britischer Unteroffizier von den anderen Kampfgenossen abgeschnitten. Nachdem sie im Nahkampf einige Feinde unschädlich gemacht hatten, suchten sie Zuflucht in einer Schlucht, mußten jedoch feststellen, daß sie umzingelt waren. Zu ihrem Erstaunen schenkte ihnen der Feind jedoch keine Beachtung – wegen ihrer grauen Aquascutummäntel hielt man sie für Russen. Als die russischen Truppen sich zum Rückzug formierten, mischten sich auch die beiden Briten unentdeckt unter den Feind. In Sichtweite des eigenen Lagers gekommen, wagten sie einen Vorstoß und konnten sich zu ihren Truppen retten. Der Regenmantel, den General Goodlake bei diesem Vorfall trug, ist in der Newstead Abbey aufbewahrt.

Regenschirm

Der erste Regenschirm ist in einer Inventarliste König Ludwigs XIII. von Frankreich genannt, die im Jahr 1637 aufgestellt wurde. Die Liste weist aus: »Elf Sonnenschirme aus Taft in verschiedenen Farben, drei Regenschirme aus Wachstuch, an der Unterseite mit Gold- und Silberspitze besetzt«. In diesem Inventar wird zum erstenmal der Sonnenschutz, der schon in alten Kulturen bekannt war, vom Regenschutz unterschieden. Höchstwahrscheinlich benützten weder der König noch seine Höflinge diese schmuckreichen Schirme, aber es ist gut vorstellbar, daß seine schöne Gemahlin Anna von Österreich sich unter einem schützenden Baldachin aus geölter Seide auf Reisen begab und dergestalt eine Mode begründete, die von den Damen Frankreichs eifrig nachgeahmt wurde.
Die Abneigung der Männer, Regenschirme zu benützen, wurde

in Frankreich früher als in anderen europäischen Ländern aufgegeben.
Der Pariser Schirmmacher Marius stellte im Jahr 1715 den ersten Taschenschirm mit zusammenklappbarem Schaft her und pries seine Neuheit mittels illustrierter Plakate an, auf denen eine elegante Dame ein reichverziertes Modell trägt, während ein Herr mit einem Dreispitz einen schlichten Schirm emporhält.
Die früher üblichen, unattraktiven Regenschirme aus Wachstuch mit vorspringenden Walfischbeinen wurden im 19. Jahrhundert durch feinere, elegantere Modelle abgelöst. Die Pariser Firma Odiot begann im Jahr 1829 mit der Erzeugung von qualitativ hochwertiger Schirmseide. Auch das Gewicht der Schirme wurde von etwa 1,5 kg (Mitte des 17. Jahrhunderts) 200 Jahre später auf 0,4 kg gesenkt, allerdings auf Kosten der Elastizität der Rahmen.
Samuel Fox aus Stockbridge in Yorkshire löste im Jahr 1852 als erster das Problem mit der Einführung der gefurchten Stahlrippen. Seit dieser Zeit gab es keine einschneidende Veränderung der Grundkonstruktion der Regenschirme mehr.

Registrierkasse

Die erste Registrierkasse wurde von James J. Ritty aus Dayton, Ohio, am 4. November 1879 zum Patent angemeldet. Ritty besaß ein Lokal in Dayton, und die ständigen Diebstähle seiner Kellner hatten seiner Gesundheit so zugesetzt, daß er zur Erholung eine Schiffsreise nach Europa unternahm. An Bord wurde er auf eine Maschine aufmerksam, die die Umdrehungen der Schiffsschrauben registrierte. Auf dieser Beobachtung beruht das Prinzip seiner Registrierkasse.
Nach der Patentierung arbeitete Ritty weiter an Verbesserungen. Im Jahr 1884 wurde die National Cash Register Co. gegründet, die seine Erfindung auswertete.

Reiseagentur

Die erste Reiseagentur wurde von Thomas Cook aus Leicester, England, im Jahr 1846 begründet. Sie entwickelte sich aus den billigen Eisenbahnreisen zu Temperenzlerveranstaltungen, die Cook seit dem Jahr 1841 organisiert hatte. Der eigentliche Beginn seiner Reiseagentur ist wohl mit der im Jahr 1845 veranstalteten Urlaubsfahrt Cooks von Leicester nach Liverpool und Nordwales anzusetzen, einem Vorläufer der modernen Pauschalreisen. Der Prospekt kündigte an:

»Der Zug fährt am Montag, dem 4. August, um fünf Uhr morgens von Leicester ab. Die Teilnehmer müssen früh aufstehen, oder sie werden enttäuscht sein. Die Pünktlichkeit der Eisenbahngesellschaft verlangt die der Passagiere.«

Später schrieb Cook über diese Reise:

»Die Ankündigung des Ausflugs rief eine solche Sensation hervor, daß die Fahrkarten zu fünfzehn Shilling für die erste Klasse und zu zehn Shilling für die zweite Klasse vielfach zum doppelten Preis weiterverkauft wurden.«

Die Touristen hatten die Wahl zwischen einem viertägigen Aufenthalt in Liverpool (vermutlich in einem der sieben im Prospekt empfohlenen Hotels) oder der Weiterreise mit dem eigens gecharterten Postboot »Eclipse« nach Caernarvon. Die Urlauber hatten dort Gelegenheit, den Berg Snowdon zu besteigen und »von seinem Gipfel aus die weichende Dämmerung und die aufgehende Sonne zu beobachten«. Für diesen Teil des Ausflugs hatte sich Thomas Cook die Dienste des einzigen englischsprechenden Walisers gesichert, den er in Caernarvon als Führer auftreiben konnte. Denjenigen Reisenden, die die Nacht nicht auf einem kahlen Berg verbringen wollten, versicherte Cook, daß es an seinem Fuß einige passable Gasthäuser gäbe. Der unermüdliche Mr. Cook selbst jedoch befand sich unter denen, die den Gipfel erklommen, von wo aus er, wie er später schrieb, »gegen Ben Lomond und Ben Nevis blickte und den Entschluß faßte, im nächsten Jahr nach Schottland zu fahren, koste es, was es wolle«. Dieser Entschluß bestimmte sein Leben und die Geburtsstunde der Touristikindustrie.
Im darauffolgenden Jahr eröffnete Cook in Leicester ein Buchungsbüro, ein Zeichen dafür, daß seine Tätigkeit als Reiseunternehmer nicht mehr nur eine Zusatztätigkeit neben seinem Hauptberuf, der Veröffentlichung von Temperenzlertraktaten, war. Die erste Tour nach Schottland startete mit 350 Teilnehmern aus Leicester und Derby am 25. Juni 1846. Die Reise dauerte fünf Tage und führte nach Edinburgh, Glasgow und Umgebung. Bei ihrer Ankunft in Glasgow wurden die Touristen von einer Blasmusikkapelle zum Rathaus geleitet und dort mit einer Anzahl von erbaulichen Ansprachen erfreut, darunter einer Rede über die »natürlichen, ethischen und politischen Wirkungen der Temperenz«, die eine volle Stunde dauerte. Auch in Edinburgh mußten die Urlauber Ansprachen über sich ergehen lassen, diesmal verschönt durch »passende Melodien am Pianoforte«, dargeboten von den Damen Blake. Den Rest ihrer Ferien konnten die Reisenden nach eigenem Gutdünken gestalten.
Cook wurde nachher gefragt, ob es für Damen wirklich ungefährlich sei, an seinen Schottlandreisen teilzunehmen, was er mit Nachdruck

bejahte. »Trotz der Fallstricke der herrschenden Mode«, die diesen respektgebietenden Ladies manchmal Schwierigkeiten bereiteten, wenn sie »über Abgründe oder grobe Granit- und Basaltblöcke kletterten«, meinte er, »daß viele von ihnen die männlichen Weichlinge in den Schatten stellten.«
Die erste Urlaubsreise auf den Kontinent organisierte Thomas Cook im Jahr 1855, ein Jahr nachdem er sein Druck- und Verlagsgeschäft aufgegeben hatte, um sich ganz seiner Reiseagentur zu widmen. Die erste von zwei Reisegruppen fuhr am 4. Juli von Harwich nach Antwerpen ab. Mr. Cook geleitete sie persönlich nach Brüssel, auf das Schlachtfeld von Waterloo, nach Aix-la-Chapelle, Köln, Mainz, Mannheim, Frankfurt, Heidelberg, Baden-Baden, Straßburg, Paris und über Le Havre und Southampton wieder nach Hause. Cook notierte später ein wenig wehmütig: »Es waren bezaubernde Ausflüge, aber ihr Vergnügen wurde durch finanzielle Verluste stark beeinträchtigt.« Nichtsdestoweniger wurde er wieder aufgeheitert durch das Dankschreiben eines Arbeiters:

»... eines typischen Vertreters seiner Klasse, der sorgsam seinen überschüssigen Verdienst sparte, sechs Pfund für die Fahrkarte der langen Route bezahlte und es mit etwa vier zusätzlichen Pfund schaffte, den Ausflug zu genießen ... Viele Arbeiter, die zwanzig Pfund im Jahr versaufen, wären entsetzt von der Vorstellung, die Hälfte dieser Summe für eine Reise auf den Kontinent aufzuwenden.«

Im Jahr 1865 eröffnete Cook sein erstes Reisebüro in London und offerierte regelmäßig Reisen nach Frankreich, in die Schweiz, nach Italien, Belgien, Holland, Deutschland und Österreich. Bald dehnte er seine Angebote auf weiter entfernte Länder aus, im Jahr 1866 in die Vereinigten Staaten, im Jahr 1868 in den Mittleren Osten. In den nächsten 25 Jahren besaß Cook tatsächlich ein Monopol in der Reisebranche, die Redewendung »Cook's tour« wurde zum Synonym für alle Rundreisen und ist in die englische Alltagssprache eingegangen.

Reisescheck

Der erste Reisescheck wurde von Robert Herries erfunden als Ersatz für den Kreditbrief, der nur auf einer vorausgeplanten Reiseroute verwendet werden konnte. Herries begründete die London Exchange Banking Co. und begann am 1. Januar 1772 seine Circular Notes zu Nominalen von 20 Pfund und aufwärts auszugeben. Sie konnten in 90 Städten zwischen Moskau und Madrid eingelöst werden und wurden bei Diebstahl ersetzt. Die Bank verrechnete keine Spesengebühren, die Gewinne wurden aus dem von den Kunden überlassenen Kapital gezogen. Das beste Geschäftsjahr war 1839, in dem Reiseschecks im Wert von 120 000 Pfund umgesetzt wurden.
Die gegenwärtige Form der Reiseschecks mit Gegenzeichnung, die in Hotels, Reisebüros und Banken eingelöst werden können, wurde von Marcellus Berry vom American Express, dem »Edison der Finanzwelt«, entwickelt. Sein Arbeitgeber, James C. Fargo, hatte im Sommer 1890 eine Europareise unternommen und sich bei Berry darüber beklagt, daß seine Bemühungen, außerhalb der Hauptstädte Bargeld einzutauschen, stets erfolglos waren.
Der erste American Express Travellers' Cheque in der Höhe von 50 Dollar wurde am 5. August 1891 im Hotel Hauffe in Leipzig von Fargos Sohn William eingelöst.

Reißverschluß

Der erste Reißverschluß wurde von Whitcomb L. Judson aus Chicago erfunden. Er bestand aus zwei Metallketten, die mit einem Schiebeverschluß mit einer einzigen Bewegung zusammengeschlossen werden konnten. Er war für Stiefel und Schuhe gedacht. Die Novität wurde im Jahr 1893 auf der Chicagoer Weltausstellung gezeigt und erregte dort die Aufmerksamkeit von Colonel Lewis Walker, der noch im selben Jahr in Meadville, Pennsylvania, die Firma Automatic Hook & Eye Co. gründete, um mit der Erzeugung zu beginnen.
Judsons Erfindung war noch mit einigen Kinderkrankheiten behaftet, der größte Mangel des Verschlusses war, daß er leicht aufging. Im Jahr 1902 brachte Walkers Universal Fastener Co. ein verbessertes Modell unter der Bezeichnung C-Curity auf den Markt, es fand jedoch wenig Anklang bei den Konsumenten.
Das erste europäische Unternehmen, das Reißverschlüsse herstellte, war die Société Française Ferme-tout Americain, die im Jahr 1910 von einem schwedisch-amerikanischen Techniker namens Aronson in Paris gegründet worden war. Aronson war früher bei der Universal Fastener Co. in den USA beschäftigt gewesen. Er versuchte nun, den modebewußten Franzosen die Verwendung des Reißverschlusses an Kleidungsstücken schmackhaft zu machen, und ließ illustrierte Anzeigen verbreiten, auf denen hinten mit Reißverschlüssen schließbare Damenröcke zu sehen waren. Die Pariser jedoch stellten sich seinen Überredungskünsten gegenüber taub, denn der Reißverschluß war zu häßlich und zu schwer für schicke Kleider. So konnte die Firma ihr Produkt nur für Zelte und Postsäcke an den Mann bringen.

Das erste Unternehmen, das – wenn auch nur in kleinem Ausmaß – mit Reißverschlüssen für Bekleidungsstücke reüssierte, war die Firma Vorwerk & Sohn in Wuppertal. Die Firma erwarb im Jahr 1911 ein verbessertes Reißverschlußpatent von dem Schweizer Erfinder Donner-Meier und begann zu Beginn des nächsten Jahres mit der Herstellung. Aber auch dieser Reißverschluß ging leicht auf, so daß die Firma mit Beschwerden bombardiert wurde, die sie jedoch mit der Behauptung zurückwies, die Damen hätten sich nicht genau an die beiliegende Gebrauchsanweisung gehalten.
Endgültigen Erfolg brachte erst ein Patent für trennbare Verschlüsse, das ein junger schwedischer Techniker namens Gideon Sundback aus Hoboken, New Jersey, am 21. April 1913 anmeldete. Sundbacks Erfindung bestand aus ineinandergreifenden Zähnen, die parallellaufend auf Bändern angebracht waren; es handelte sich also schon um einen Reißverschluß, wie wir ihn heute kennen.
Obwohl der ebenfalls von Colonel Walker produzierte neue Artikel einfach und zuverlässig zu handhaben war, verhielt sich das Publikum zunächst ähnlich zurückhaltend wie 20 Jahre vorher gegenüber Judsons weitaus unzulänglicherem Modell. Als die Vereinigten Staaten jedoch im Jahr 1917 in den Weltkrieg eingriffen, schwoll das kleine Unternehmen praktisch über Nacht zum Industriekonzern an. Alle Heerestypen bestellten Zippverschlüsse. Nach dem Krieg gewannen die Reißverschlüsse an Popularität: in der Leder- und Sportbekleidung sowie in der Schuhindustrie.
Die erste Modeschöpferin, die Reißverschlüsse in Damenkleider einsetzte, war Madame Schiaparelli in Paris, und zwar im Jahr 1930. Im nächsten Jahr folgten New Yorker Modehäuser ihrem Beispiel, und bald hatte der Zipp die gesamte Konfektionsindustrie erobert, Walker und Sundback waren in Kürze Millionäre. Reißverschlüsse für Herrenhosen wurden im Jahr 1935 eingeführt.

Rentenversicherung

Die erste Rentenversicherung wurde in Deutschland im Zuge der Einführung der Sozialversicherung von Otto von Bismarck im Jahr 1889 gesetzlich verankert und ab Januar 1891 praktisch durchgeführt. Die Beitragspflicht war obligatorisch für Personen über 16 Jahre, die vollbeschäftigt waren und jährlich weniger als 2 000 Mark verdienten. In den Genuß der Rente kamen Personen über 70 Jahre, die mindestens 30 Jahre eingezahlt hatten. Die Höhe der Beiträge richtete sich nach dem Einkommen, sie begann bei 7 Pfennig pro Woche für diejenigen, deren Jahreslohn 300 Mark nicht überschritten hatte.
Der Arbeitgeber bezahlte an den Staat den gleichen Betrag wie der Arbeitnehmer. Die Höhe der Rente war abhängig von den Beitragssätzen. Im Laufe des Jahres 1891 wurden insgesamt 15 299 004 Mark an 132 926 Rentenempfänger ausbezahlt.
Die deutsche Rente war mit Absicht unter dem Existenzminimum gehalten. Sie wurde nur an noch arbeitsfähige Personen über 70 Jahre ausbezahlt und stellte praktisch nur eine staatliche Unterstützung zum eigenen Verdienst dar. Diejenigen, die nicht mehr arbeiten konnten (egal, wie alt sie waren), waren zum Bezug einer Invalidenrente berechtigt, die sich fast auf das Anderthalbfache belief.
In Neuseeland wurde im Jahr 1898 ein Rentensystem eingeführt, das sich von dem deutschen wesentlich unterschied und als direkter Vorläufer der meisten heutigen Systeme gelten kann. Die Höhe der Rente war so angesetzt, daß sie die lebensnotwendigen Anschaffungen deckte. Für diejenigen zum Beispiel, die jährlich 34 Pfund oder weniger verdienten, betrug die Jahresrente 18 Pfund; für jedes Pfund, das jemand mehr verdient hatte, wurde von der Rente je 1 Pfund abgezogen. Männer erhielten ab dem 65. Lebensjahr eine Rente, Frauen ab ihrem 60. Lebensjahr; sie mußten einen guten Leumund nachweisen und mindestens 25 Jahre in der britischen Kolonie ansässig sein. Es gab damals dort keine Beitragspflicht.

Restaurant

Das erste Restaurant, das als solches bezeichnet wurde, hieß Champ d'Oiseau und wurde von Monsieur Boulanger im Jahr 1765 in der Rue des Poulies in Paris eröffnet. Das Sims war mit einem lateinischen Spruch geschmückt: »Venite ad me, omnes qui stomacho laboratis, et ego restaurabo vos.« (Kommt alle zu mir, deren Magen knurrt, und ich werde euch wiederherstellen.) Das Lokal war mit Marmortischen ausgestattet, die Spezialität des Hauses hieß »Volailles au Grossel«.
Ehe Boulangers Restaurant seine Pforten öffnete, konnte man nur in Wirtshäusern, Garküchen, gelegentlich auch in Kaffeehäusern, Mahlzeiten einnehmen. Seine Neuerung fand sofort großen Beifall und zahlreiche Nachahmer. Zur Zeit der Französischen Revolution gab es in Paris und 100 Restaurants. 15 Jahre später verzeichnete der »Almanach des Gourmands« bereits 500.

Rikscha

Die erste Rikscha wurde im Jahr 1869 von dem amerikanischen Baptistenpfarrer Reverend Jonathan Scobie erfunden, um damit seine kranke Frau durch die Straßen von Yokohama führen zu können. In der Folge wurden Rikschas gebaut, um den konvertierten Japanern Arbeit zu verschaffen.

Roller

Der erste Roller wurde im Jahr 1897 von dem 15jährigen Londoner Schüler Walter Lines, dem späteren Begründer des Unternehmens Triang Toys, erfunden. Da der Vater des Jungen es nicht der Mühe wert fand, wurde das neuartige Fortbewegungsmittel nicht zum Patent angemeldet. In der Reihe der jugendlichen Erfinder war Walter Lines vermutlich der jüngste, dem es je gelang, eine kommerziell brauchbare Neukonstruktion auszuarbeiten, die später zum Massenartikel wurde. In seinen reiferen Jahren ersann Lines noch ein zweites beliebtes Spielzeug, das Kinderfahrrad, das er im Jahr 1920 auf den Markt brachte.

Rollschuhe

Die ersten Rollschuhe trug der Instrumentenmacher Joseph Merlin aus Huy bei Liège, Belgien, anläßlich des Maskenfestes der berühmten Mrs. Cornelly im Carlisle House in London im Jahr 1760. Geigenspielend glitt Merlin auf seinen Rollschuhen in den Ballsaal, da er jedoch weder seine Richtung ändern noch bremsen konnte, krachte er in einen riesigen, auf mehr als 500 Pfund geschätzten Spiegel, wobei sowohl dieser als auch die Violine in Trümmer gingen und Merlin selbst sich schwere Verletzungen zuzog.
Nach dieser unter einem ungünstigen Stern stehenden Einführung verschwanden die Rollschuhe von der Bildfläche bis zum Jahr 1823, als Robert John Tyers, ein Londoner Obsthändler, seine Rollschuhkünste auf dem Tennisplatz in der Windmill Street vorführte. Seine Rollschuhe, die »Volitas« genannt wurden, hatten fünf kleine hintereinander angeordnete Räder und wurden am 22. April 1823 als »Vorrichtung, die an Stiefeln angebracht wird . . ., zu Reisezwecken oder zum Vergnügen« zum Patent angemeldet. Eine ziemlich ähnliche Ausführung wurde für eine Tanzszene auf dem Eis in Meyerbeers Oper »Der Prophet« verwendet, die am 16. April 1849 in Paris aufgeführt wurde.
Die ersten vierrädrigen Rollschuhe, Vorläufer der heute üblichen Modelle, wurden im Jahr 1863 einem James L. Plimpton in New York patentiert. Die Räder aus Buchsbaumholz waren paarweise angeordnet und mit Gummi gepolstert. Man konnte mit diesen Rollschuhen nicht nur gut in Balance bleiben, sondern auch schwierige Figuren ausführen. Ihr Auftauchen gab das Startsignal für eine Rollschuhmanie, die gegen 1870 zunächst Amerika und dann Europa überschwemmte.

Rolltreppe

Die erste Rolltreppe war der »Reno Inclined Elevator«, der von Jesse W. Reno am 15. März 1892 in New York zum Patent angemeldet wurde. Die erste Rolltreppe wurde im Herbst 1896 auf Coney Island am Old Iron Pier installiert.
Die Reno-Rolltreppe bestand aus einem schräg angelegten Endlosband, das aus je 10 cm breiten und 60 cm langen Holzleisten gefertigt war. Die gerillten Holzstreifen hatten gummiüberzogene Querleisten, die in Fahrtrichtung angelegt waren und die notwendige Griffigkeit gewährleisteten. An beiden Enden des Bandes liefen sie wie bei einer modernen Rolltreppe unter Kammgittern durch. Das Transportband sowie die plüschbezogenen Handlaufschienen aus Gummi wurden von einem Elektromotor mit einer konstanten Geschwindigkeit von 2,5 km/h angetrieben.
Die erste Rolltreppe mit Stufen wurde von einem amerikanischen Erfinder namens Charles A. Wheeler am 2. August 1892 zum Patent angemeldet. Dieses Modell hatte keine Kammplatten am Anfang und am Ende der Treppe, die Benützer gelangten über einen seitlichen

Eine der ersten Rolltreppen, Earls-Court-Station der Londoner Untergrundbahn, 1911.

Eingang auf das Band. Obwohl Wheelers Konstruktion niemals realisiert wurde, erwarb Charles D. Seeberger im Jahr 1898 die Patentrechte und baute das Flachstufensystem in ein von ihm selbst entwickeltes Modell ein. Der daraus entstandene Prototyp wurde im Jahr 1899 von dem Unternehmen Otis Elevator Co. in Yonkers, New York, mit dem Seeberger einen Fertigungsvertrag geschlossen hatte, gebaut und in der Fabrik in Betrieb gesetzt.
Die erste Seeberger-Rolltreppe für den öffentlichen Gebrauch wurde auf der Pariser Weltausstellung im Jahr 1900 installiert. Im Jahr darauf wurde sie nach Amerika zurückgebracht und im Warenhaus Gimbel in Philadelphia wieder aufgebaut, wo sie bis 1939 in Betrieb war.
Die erste Stufenrolltreppe mit Ein- und Ausstiegsvorrichtung mit Kammplatten war das Otis-Modell L, das die Hauptmerkmale der Konstruktionen von Reno und Seeberger in sich vereinigte und im Jahr 1921 auf den Markt kam. Seit dieser Zeit sind keine einschneidenden technischen Neuerungen bei den Rolltreppenkonstruktionen zu verzeichnen.

Röntgenstrahlen

Die Röntgenstrahlen wurden im Jahr 1895 von Wilhelm Conrad Röntgen, damals Professor der Physik und Direktor des physikalischen Instituts an der Universität Würzburg, entdeckt. Am Abend des 8. November 1895 bemerkte er in seinem Labor einen Glanz an einem fluoreszierenden Material in der Nähe einer Glasröhre. Er untersuchte es und mußte feststellen, daß die Röhre eine bis damals unbekannte Art von Strahlen ausschickte. Er nannte sie X-Strahlen.
Röntgen erzählte niemandem in den folgenden sieben Wochen von seiner Entdeckung, machte aber in dieser Zeit eine Reihe von Versuchen mit den neuen Strahlen: er fotografierte die Tür seines Labors von außen, eine geschlossene Schachtel mit einem Satz von Gewichten und die Knochen seiner eigenen Hand.
Außer einer privaten Mitteilung an seinen Freund Franz Exner in Wien gab Röntgen seine Erfindung erst in der Schrift »Über eine neue Art von Strahlen« bekannt, die er dem Präsidenten der Würzburger Physikomedizinischen Gesellschaft am 28. Dezember 1895 übergab.
Bevor Röntgens Aufsatz noch im Druck erschienen war, war die Neuigkeit durch Exner zum Sohn des Besitzers der Wiener »Freien Presse« durchgesickert, so daß am Sonntag, dem 5. Januar 1896, ein genauer Bericht über Röntgens Entdeckung erschien. Dieser Bericht wurde am nächsten Tag von anderen Zeitungen aufgegriffen. Bis zur Wochenmitte war die Geschichte um die ganze Welt gegangen.
Obwohl die Erfindung Röntgens so viele Schlagzeilen machte, war die Bedeutung der Entdeckung nicht sofort allen bewußt geworden. Die englische Zeitschrift »Electrician« schrieb am 10. Januar 1896, daß es sich bei den Röntgenstrahlen um eine ziemlich wertlose Entdeckung handle, weil »nur wenige Personen für ein Porträt sitzen würden, das nur die Knochen und die Ringe an den Fingern zeige«.
Die Reaktion der Öffentlichkeit auf diese Zeitungsberichte über die Röntgenstrahlen setzte sofort ein. Die Vorstellung der Menschen wurde von den anscheinend unerschöpflichen Verwendungsmöglichkeiten der Strahlen gefangengenommen, die man für ein Allheilmittel gegen verschiedene »Krankheiten« wie Alkoholismus, Rauchen und Vivisektion hielt; manche glaubten, damit auch aus Kupfer Gold machen zu können. Die Zeitschrift »Science«, die es hätte besser wissen sollen, berichtete im März 1896, daß Röntgenstrahlen verwendet wurden, »um anatomische Diagramme in die Gehirne von Medizinstudenten zu reflektieren, weil sie einen weitaus anhaltenderen Eindruck hinterließen als die normalen Lernmethoden«.

Klinische Anwendung der Röntgenstrahlen
Als erster wandte angeblich Franz Exner in Wien am 28. Dezember 1895 Röntgenstrahlen für diagnostische Zwecke an, das wäre eine Woche vor der Veröffentlichung von Röntgens Aufsatz. Dieser Anspruch wird auf Grund folgender Tatsachen erhoben:
Auf der Sitzung der Wiener Medizinischen Gesellschaft am 24. Januar 1896 soll der Chirurg Albert von Mosetig-Moorhof zwei Röntgenplatten gezeigt haben, die er zur Beurteilung einer Operation benützt haben wollte.
Die erste Aufnahme zeigte eine Schußwunde auf der linken Hand eines Försters; die zweite die Zehe eines 20jährigen Dienstmädchens, die doppelt so groß als normal war. Beide Patienten waren erfolgreich operiert worden, und ein Bericht über den Zustand des Dienstmädchens war in der »Freien Presse« bereits am 22. Januar erschienen. Gustav Kaiser, der Exner bei den Röntgenaufnahmen half, gab später an, daß die Aufnahme von der Hand des Försters bereits am 28. Dezember gemacht worden war. Die Frage, die dabei offenbleibt, ist, warum Exner die Aufnahme nicht schon damals der »Freien Presse« zeigte, als er die Zeitung über die Entdeckung Röntgens informierte. Es ist allerdings möglich, daß er Diskretion auf Bitte von Mosetig-Moorhof, dem Arzt, der für

den Fall zuständig war, wahrte.
Noch zwei Ärzte stellen den Anspruch, als erste Röntgenaufnahmen gemacht zu haben. Einer ist der ältere Bruder von Franz Exner, der eine Röntgenplatte der Medizinischen Gesellschaft am 11. Januar 1896 zeigte, die mehrere Verhärtungen als Folge eines Pistolenschusses zeigte. Das fand nach der Veröffentlichung des Aufsatzes von Röntgen statt und eine Woche vor den zwei Aufnahmen Exners.
Den anderen Anspruch auf die erste klinische Anwendung von Röntgenstrahlen stellt Deutschland. Die ersten Röntgenaufnahmen wurden demnach von Moritz Jarowitz am 20. Januar 1896 vor dem Verein für Innere Medizin gezeigt. Es handelte sich um die linke Hand eines Glasbläsers der Urania-Werke, in deren linkem Finger ein Glassplitter steckte. Jarowitz behauptete später, daß die Aufnahme am 12. Januar gemacht worden war, also noch vor Franz Exners Aufnahme. Bezüglich dieses Anspruches wurden jedoch Bedenken angemeldet, weil Jarowitz am 13. Januar vor demselben Verein sprach und bei dieser Gelegenheit keine Aufnahme von der Hand des Glasbläsers zeigte.

Röntgenaufnahme von Zähnen
Die erste Röntgenaufnahme von Zähnen wurde im Januar 1896 von Otto Walkhoff in Braunschweig gemacht. Er hatte seine eigenen Zähne 25 Minuten lang mit Röntgenstrahlen aufgenommen. Er benützte dazu eine normale Fotoplatte, die er auf die notwendige Größe zusammengeschnitten und in Plattenpackpapier gehüllt hatte.
Der erste Film, der eigens für Zahnaufnahmen bestimmt war, wurde von dem Zahnarzt Weston Price aus Cleveland hergestellt. Er ging bei der Seed Dry Plate Co. um das Jahr 1900 in Produktion.

Therapeutische Anwendung von Röntgenstrahlen
Die erste therapeutische Anwendung von Röntgenstrahlen erfolgte durch den 20jährigen Emil Herman Grubbe, einen Mitarbeiter in einem technischen Labor in Chicago, der am 29. Januar 1896 eine gewisse Rose Lee unter der medizinischen Aufsicht seines Freundes R. Ludlam damit behandelte.
Rose Lee hatte auf der Brust ein Karzinom in fortgeschrittenem Stadium. Grubbe gab später an, daß Mrs. Lees Zustand sich durch die Behandlung mit Röntgenstrahlen ziemlich gebessert habe.
Eine erfolgreiche Behandlung mit Röntgenstrahlen wurde ein Jahr später aus Wien gemeldet. Dr. L. Freund gab an, ein Kind von einem Muttermal mit Haaren mit Hilfe von Röntgenstrahlen befreit zu haben.
Wenige Erfindungen – wenn überhaupt eine – erlebten so vielfältige Anwendungen in so kurzer Zeit wie die Röntgenstrahlen. Alle bisher aufgezählten Anwendungsmöglichkeiten wurden bereits vor Ende des Jahres 1896 gemacht, und der Fortschritt dieser jungen Wissenschaft wird besonders deutlich in den ca. 50 Büchern und fast 1 000 Artikeln über Röntgenstrahlen, die in demselben Jahr veröffentlicht wurden. Im folgenden Jahr erschienen kaum weniger Artikel.
Als Hermann Gocht im Jahr 1911 seine Bibliographie »Die Röntgen-Literatur« veröffentlichte, führte er über 10 000 einschlägige Titel an; sie waren in nur 15 Jahren erschienen.

Massenuntersuchung mit Röntgenaufnahmen
Die erste Massenuntersuchung mit Röntgenaufnahmen wurde von Auguste Lumière, dem Pionier des Films, durchgeführt. Im Hotel Dieu in Lyon wurden seit dem Jahr 1914 fast 20 000 Menschen im Lauf des Ersten Weltkrieges röntgenisiert.
Die erste Massenuntersuchung mit Röntgenstrahlen in Schulen wurde von der Queensboro Tuberculosis and Health Association von New York eingeführt, die am 13. Juli 1931 6 000 Dollar für die Röntgenuntersuchungen von 35 000 Kindern bereitstellte. Die Aktion startete am 30. November in der Public Day School Nr. 90 in Richmond Hill, Long Island.

Rundfunk: Hörspiel

Das erste Hörspiel, das im Rundfunk gesendet wurde, war das Melodrama »Der Wolf« von Eugen Walter, das am 3. August 1922 von der Station WGY in Schenectady, New York, ausgestrahlt wurde. Produzent der zweieinhalbstündigen Sendung war H. Edward Smith, der neben Rosaline Greene auch die Hauptrolle sprach.
Im folgenden Monat begannen die regelmäßigen Freitagabendsendungen mit den WGY-Schauspielern, dem ersten Rundfunkhörspielensemble. Die Texte waren auf weiches Papier getippt, das beim Umblättern nicht raschelte. Am Anfang der Sendefolge arbeiteten die Sprecher unentgeltlich, aber im Jahr 1924 erhielt Rosaline Greene, Amerikas First Lady des Rundfunks, eine Gage von 5 Dollar pro Sendefolge.

Für den Rundfunk geschriebenes Hörspiel
Das erste Hörspiel, das eigens für den Rundfunk geschrieben wurde, war »The Truth about Father Christmas« (Die Wahrheit über den Weihnachtsmann), ein Weihnachtsstück für Kinder von Phyllis M. Twigg. Es wurde am 24. Dezember 1922 von der englischen BBC gesendet.

Rundfunk: Kindersendung

Die erste Kindersendung, die regelmäßig im Rundfunk gesendet wurde, hieß »Die Mann-im-Mond-Geschichten für Kinder« und wurde ab Herbst 1921 zweimal wöchentlich von der Westinghouse Station WJZ in Newark, New Jersey, ausgestrahlt. Die Erzählerin war Josephine Lawrence.

Rundfunk: Meinungsumfrage

Die erste Meinungsumfrage für den Rundfunk wurde am 27. Juni 1932 von Ted Husing von CBS durchgeführt. Husing befand sich mit einem Mikrofon im Rockaufschlag im Foyer des Congress Hotel in Chicago, wo die demokratischen Delegierten tagten, und befragte die Umstehenden über die Nominierungsaussichten Franklin D. Roosevelts als Präsidentschaftskandidaten.
Die erste regelmäßige Sendung mit Befragungen des Mannes von der Straße hieß »Vox Pop«. Sie begann im Juni 1935 mit Übertragungen aus der Halle des Hotels New Yorker; Interviewer war Parks Johnson.

Rundfunk: Nachrichten

Die ersten Rundfunknachrichten wurden am 20. August 1920 von der Detroiter Station 8 MK ausgestrahlt. Die Nachrichten waren aus Agenturmeldungen zusammengestellt, die von der Zeitung »Detroit News« zur Verfügung gestellt wurden.

Rundfunk: Opernübertragung

Die erste Opernübertragung im Rundfunk fand am 13. Januar 1910 statt. Die De Forest Radio Telephone Co. übertrug von der Metropolitan Opera in New York »Cavalleria Rusticana« und den »Bajazzo« mit Enrico Caruso in der Rolle des Canio. Diese Aufführung war auch die erste Sendung, die außerhalb eines Studios aufgenommen wurde. Die weiblichen Hauptpartien waren mit Emmy Destinn bzw. Bella Alten besetzt.
Das Mikrofon war zwischen den Bodens‹ h:einwerfern aufgestellt; für die erste Arie – La Siciliana –, die von Ricardo Martin hinter dem Vorhang gesungen wurde, stellte man ein Mikrofon auf einen Tisch vor dem Sänger.
Empfangsgeräte wurden im Opernhaus selbst installiert, außerdem im Forschungslabor der De Forest Radio Telephone Co. auf der Park Avenue, in den De-Forest-Werken in Newark, New Jersey, im Metropolitan Life Building und im Hotel Breslin beim Times Square. Ferner wurde die Übertragung von Funkern des Brooklyn Navy Yard und einer Reihe von Schiffen im New Yorker Hafen aufgefangen, darunter die »Avon«, deren Kapitän zu diesem Anlaß 260 Gäste eingeladen hatte.

Rundfunk: Orchesterkonzert

Die erste Übertragung eines Orchesterkonzerts im Rundfunk fand im April 1920 in San Francisco statt. Lee De Forest installierte im Humboldt Bank Building einen Sender, der das im benachbarten Theater stattfindende einstündige Konzert des California Theater Orchestra unter dem Dirigenten Herman Heller übertrug. Diese Heller-Konzerte wurden einige Monate lang fortgesetzt und von Musikliebhabern und Radioamateuren begeistert aufgenommen. De Forest schrieb in seiner Autobiographie darüber:

»In einer abgelegenen Gemeinde der Küstenregion installierte ein wohlhabender Farmer einen Empfänger und einen Lautsprecher, und aus dem Umkreis von vielen Meilen kamen seine Nachbarn jeden Sonntag, um dem Wunder aus dem Äther aus ›Frisco‹ zu lauschen.«

Rundfunk: Sportübertragung

Die erste Sportübertragung im Rundfunk fand anläßlich des Boxkampfes Johnny Ray gegen Johnny Dundee in Pittsburg am 11. April 1921 vom Sender KDKA statt. Kommentator war Florent Gibson von der Zeitung »Pittsburgh Star«.
Der erste professionelle Rundfunksportkommentator der Welt war der Australier Mick Ferry, der seine Karriere mit einer Reportage vom Pferderennen in Randwick am 11. April 1925 für die Rundfunkstation 2 FC in Sydney begann.

Rundfunk: Werbesendung

Die erste Rundfunkwerbung wurde am 28. August 1922 um 15.15 Uhr von der WEAF-Station New York ausgestrahlt und dauerte 10 Minuten. Auftraggeber war die Queensboro Corporation, Gegenstand der Werbung ein neues Apartmenthaus namens Hawthorne Hall in Jackson Heights, New York. Ein gewisser Mr. Blackwell von der Firma Queensboro las den Text. Für fünf an aufeinanderfolgenden Tagen gesendete Spots bezahlte das Unternehmen 500 Dollar und konnte später vermerken, daß auf Grund der Reklamesendungen zwei Wohnungen verkauft worden waren. Über die Sendestation konnte jedermann gegen eine pro Minute festgesetzte Gebühr eine Botschaft in den Äther senden, gleichgültig ob es eine Werbung oder andere Durchsage war. Weitere Auftraggeber für Werbespots im Jahr 1922 waren eine Ölfirma, eine Bank, ein Warenhaus, eine Versicherungsgesellschaft und die Colgate-Zahnpasta.

Rundfunk: Wunschkonzert

Das erste Wunschkonzert im Rundfunk wurde am 25. Oktober 1936 vom Deutschlandsender Berlin ausgestrahlt und in unregelmäßigen Abständen bis zum 26. März 1939 fortgesetzt. Bei der Premiere unter der Conférence von Heinz Goedecke spielten sechs Orchester, darunter das Musikcorps von Hitlers Leibstandarte. Die Idee für das Wunschkonzert war am Weihnachtsabend des Vorjahres geboren worden, als ein Radiohörer aus Weimar während einer Darbietung des Orchesters Barnabás von Géczy den Deutschlandsender anrief und um ein spezielles Musikstück bat. Er bot sogar an, dafür zu bezahlen, aber Heinz Goedecke, der den Anruf entgegennahm, meinte, das wäre unzulässig. So schlug der Anrufer vor, er würde dem Winterhilfswerk 20 Reichsmark spenden. Dieses Angebot wurde angenommen, und kurz darauf erklang die erste Wunschnummer im Rundfunk, »Weinende Geige«, gespielt von Géczys Violinorchester.
Das Wunschkonzert wurde in ganz Deutschland ungemein populär und brachte beträchtliche Summen für die Winterhilfe ein.

Rundfunk: Zeitzeichen

Das erste Zeitzeichen im Rundfunk, das dann regelmäßig gesendet wurde, wurde vom Pariser Sender auf dem Eiffelturm im Jahr 1913 ausgestrahlt. Die Zeitung »Illustrated London News« berichtete darüber:

»Mit Hilfe eines billigen und einfachen Apparates, der aus kurzen Antennendrähten im Garten, einem Empfänger mit veränderlicher Induktivität und aus Kopfhörern besteht, kann man zu Hause gemütlich den Signalen lauschen, die in bestimmten Intervallen jeden Tag von Paris ausgesandt werden.«

Rundfunkempfänger

Die ersten Rundfunkempfänger wurden im Jahr 1910 von der Radio Telephone Co. in New York gebaut und in einem Vorführraum des Metropolitan Life Building an begeisterte Radiobastler verkauft, die sich die Geräte selbst zusammenbauten. Lee de Forest, der Begründer des Unternehmens, bemerkte dazu in seiner Autobiographie:

»Dies war das erste Geschäft der Welt, das sich ausschließlich dem Verkauf von Radioapparaten an die Öffentlichkeit verschrieben hatte. Quincy R. Brackett, der kürzlich in Harvard graduiert hat, wurde mit der Leitung dieses schnell aufblühenden Zweiges unseres Unternehmens betraut. Brackett wurde also zum ersten Radioverkäufer der Welt.«

Der Zeitschrift »Wireless Experimenter« konnten die Käufer eines Empfangsgerätes die Zeiten entnehmen, an denen Versuchssendungen ausgestrahlt wurden.
Fertige Rundfunkgeräte für den Heimempfang wurden erstmals von der Westinghouse Co. für die Zuhörer der von Frank Conrad betriebenen Versuchsstation 8 XK (später KDKA) hergestellt. Das Joseph-Horne-Warenhaus bot sie in einer am 29. September 1920 in der »Pittsburgh Sun« erschienenen Anzeige zum Preis von 10 Dollar aufwärts an. Diese Geräte unterschieden sich zwar nicht wesentlich von denen für die Radiobastler, aber sie waren die ersten, die nicht mehr nur zum Hobbyexperimentieren angeboten wurden.
Die ersten speziell für den Empfang konstruierten Radioapparate wurden im Oktober 1920 von Westinghouse im Zweigwerk East Springfield produziert. Dies erfolgte in Zusammenhang mit der bevorstehenden Eröffnung der ersten regulären Rundfunkstation KDKA Pittsburgh am 2. November 1920.

Einer der ersten Rundfunkempfänger, der Marconiphone V.2, England, 1922.

Rundfunksendung

Die erste Rundfunksendung präsentierte der gebürtige Kanadier Reginald Aubrey Fessenden am 24. Dezember 1906 über den 130 m hohen Mast der National-Electric-Signalling-Co.-Radiostation in Brant Rock, Massachusetts. Das Programm begann mit Gounods »O Heilige Nacht«, von Fessenden selbst auf der Violine vorgetragen; dann sang und rezitierte er einige Strophen aus dem Lukasevangelium. Der nächste Programmpunkt war eine Grammophonwiedergabe von Händels »Largo«. Mit der Übermittlung von Weihnachtsgrüßen an seine Zuhörer beschloß Fessenden die Sendung.
Die Übertragung wurde von einer

Reihe von Bordfunkern, deren Schiffe sich innerhalb einer 8-km-Zone der Radiostation befanden, aufgefangen. Am Abend des Neujahrstags 1907 wurde eine zweite Sendung ausgestrahlt; die atmosphärischen Bedingungen waren weitaus besser, so daß sie sogar auf den Westindischen Inseln empfangen werden konnten.

Regelmäßige Versuchssendungen
Die ersten regelmäßigen Versuchssendungen wurden im Februar 1907 vom obersten Geschoß des Parker Building in der New Yorker Fourth Avenue von der De Forest Radio Telephone Co. veranstaltet. Lee De Forest schrieb darüber in seinem Tagebuch:

»Meine gegenwärtige (glückliche) Aufgabe besteht darin, süße Melodien über die Stadt und das Meer zu senden, so daß mit der Zeit sogar der Seemann weit draußen über den schweigenden Wogen die Musik seines Heimatlandes wird hören können . . .«

Zu Anfang setzte sich das Programm nur aus Columbia-Grammophonaufnahmen zusammen. Die erste Stimme, die live in den Äther gesandt wurde, gehörte der schwedischen Sopranistin Eugenia Farrar, die im September 1907 in einer Übertragung von Bord der im Navy Yard in Brooklyn ankernden »Connecticut« zwei Lieder zum besten gab.
Zwar konzentrierte sich De Forest auf musikalische Darbietungen, aber im Jahr 1909 brachte er seine allseits bekannte Schwiegermutter Harriet Stanton Black ins Studio und veranstaltete mit ihr die erste Talk-Sendung der Welt: die Dame konferierte über das damals aktuelle Thema des Frauenwahlrechts.
Bemerkenswert ist ferner die erste Direktsendung, die nicht in einem Studio aufgenommen wurde. Im Januar 1910 wurde aus der Metropolitan Opera ein Opernabend mit Enrico Caruso gesendet (siehe Rundfunk: Opernübertragung). Die erste Rundfunkübertragung aus einem Studio mit einem Künstler von internationalem Ruf fand im folgenden Monat mit der Primadonna Mariette Mazarin statt.
Man nimmt an, daß De Forest im Jahr 1911 seine Sendungen einstellte, da sein Unternehmen in wirtschaftlichen Schwierigkeiten steckte. Weitere frühe Rundfunkübertragungen veranstaltete Thomas E. Clark von der Clark Wireless Telegraph & Telephone Co. in Detroit, der ab 1907 Schallplattenprogramme für die Dampfschiffe der umliegenden Seen ausstrahlte. Im Januar 1909 begann Charles D. Herrold vom Garden City Bank Building in San José, Kalifornien, mit Übertragungen von Platten, Direktübertragungen von Sängern und – angeblich – mit Nachrichten, die einmal wöchentlich gesendet wurden. In zwei Jahren strahlte diese Radiostation ein regelmäßiges tägliches Programm aus. Das genaue Datum, wann das tägliche Programm eingeführt wurde, ist nicht bekannt, aber einige Amateurfunker im Bereich von San José haben glaubwürdige schriftliche Aussagen gemacht, daß sie Sendungen der Herrold-Station schon seit dem Jahr 1910 an jedem Wochentag empfangen haben. Unter der im Jahr 1949 zugeteilten Kodenummer KCBS (SJN 1912, KQW 1921) ist die Herrold-Station als die älteste Rundfunkstation der Welt bekannt geworden.
Eine Reihe anderer amerikanischer Stationen erhebt ebenfalls den Anspruch, die erste mit regelmäßig gesendeten Programmen gewesen zu sein. Die De-Forest-Station etwa strahlte ab 1907 vier Jahre lang »regelmäßig«, d. h. ohne größere Unterbrechungen, Sendungen aus. Im Jahr 1916 wurde die Station mit einem Sender im New Yorker Stadtteil Bronx wieder eröffnet und brachte fünf Abende pro Woche Konzertaufnahmen von Platten, bis Amerikas Kriegseintritt allen nicht kriegswichtigen Einsätzen drahtlosen Funkverkehrs ein Ende setzte. Im Jahr 1919 nahm die Station unter der Bezeichnung 2 XG ihren Betrieb wieder auf und brachte den Rundfunk als Unterhaltungsmedium einen tüchtigen Schritt vorwärts, indem sie die Ansager Bill Gowen und Bill Garity einführte sowie den ersten in der Welt bekannten Programmdirektor, nämlich Richard Klein, engagierte.
Zu Beginn des Jahres 1920 entschloß sich De Forest, seinen Sender nach Manhattan in das World's Tower Building zu verlegen, und besiegelte damit – unwissentlich – das vorzeitige Ende seiner Station, weil sein Sender für diesen Stadtteil keine Lizenz besaß. Der zuständige Rundfunkinspektor bestimmte, daß De Forest sein Programm einstellen müsse und daß »im Äther kein Platz für Unterhaltung sei«.
Man kann also die Station 2 XG als einen Zwitter aus Versuchsrundfunk und Unterhaltungsprogrammdienst bezeichnen.
De Forest selbst gebührt die Ehre, die moderne Ära des Rundfunks mit seiner Station WWJ in Detroit eingeführt zu haben. Er nannte sie »die erste kommerzielle Radiostation in Amerika, die regelmäßige tägliche Programme ausstrahlt«. Anfang des Jahres 1920 begann die Station vom Bürogebäude der Zeitung »Detroit News« aus, Versuchsprogramme zu senden. Regelmäßige Rundfunksendungen mit Plattenmusik wurden erstmals am 20. August 1920 in den »News« angekündigt – das erste Mal, daß das Rundfunkprogramm des Tages in einer Zeitung aufschien.
Der zweite mächtige Widersacher von KCBS (Herrold-Station) hinsichtlich des Erstanspruchs ist die

Rundfunkstation KDKA in Pittsburgh. Ihren Ursprung verdankt KDKA einem Inserat des Joseph-Horne-Warenhauses in der »Pittsburgh Sun« vom 29. September 1920, dessen Schlagzeile »Hier gibt es durch Radio aufgefangenes Ätherkonzert« lautete. Es informierte den Leser weiterhin, daß Kunden, die sich für drahtlose Experimente interessierten, über einen kürzlich installierten Empfänger die Übertragungen von Frank Conrads Amateurstation 8 XK hören konnten. Ähnliche Empfangsgeräte waren – wie das Blatt weiter berichtete – von 10 Dollar aufwärts erhältlich.
Conrad war ein bei Westinghouse angestellter Radioingenieur. Der Vizepräsident des Unternehmens, H. P. Davies, las die Anzeige des Warenhauses und machte am nächsten Tag den Vorschlag, daß Westinghouse im Osten Pittsburghs eine täglich sendende Station errichten solle, »damit die Leute sich angewöhnen zuzuhören, so, wie sie eine Tageszeitung lesen«. Am 27. Oktober 1920 wurde die Station unter den Kodebuchstaben KDKA registriert. Die Firma Westinghouse hatte bereits mit der Herstellung von speziellen Heimempfängern in ausreichender Stückzahl begonnen, so daß jeder Interessierte in der Lage war, dem Eröffnungsprogramm am 2. November zu lauschen. Diese Apparate stellen demgemäß die ersten Radios dar, die nur zum Zuhören und nicht für Versuchszwecke bestimmt waren.
Zum Zeitpunkt, an dem KDKA unter Frank Conrads Leitung zu senden begann, wurde Detroits 8 MK (von De Forest, später WWJ) noch als Amateurversuchsstation betrieben, die von William Scripps, dem Herausgeber der »Detroit News«, persönlich finanziert und in keiner Weise kommerziell betrieben wurde.
KDKAs Prioritätsanspruch, die erste nicht experimentelle Sendestation

Eine der frühen Vorführungen des Rundfunks, England 1922.

gewesen zu sein, fußt auf der Tatsache, daß der Sender als kommerzielles Unternehmen gegründet worden war, dessen einziger Zweck darin bestand, ein unterhaltsames und informatives Programm auszustrahlen und so Käufer von Radioapparaten zu werben. Darin unterscheidet sich die KDKA von allen vorhergegangenen Rundfunkstationen, deren primäres Interesse der Weiterentwicklung der Radiotechnik gegolten hatte. Der Sender in Detroit sprach seine Zuhörer als »Radiofunker« und Forschungskollegen an, Westinghouse wollte die ganze Familie erreichen, nicht nur die Radioamateure.

Internationale Rundfunksendung

Die erste Radioübertragung über den Ärmelkanal gelang am 27. März 1899 Guglielmo Marconi. Am nächsten Tag erschien in der »Times« von ihrem Korrespondenten aus Boulogne der folgende Bericht, der zugleich die erste Pressemeldung war, die jemals von einem Land in ein anderes über Radio gesandt wurde:

»Eine Nachrichtenverbindung wurde gestern früh zwischen England und dem Kontinent mit Hilfe des Marconischen Systems der drahtlosen Telegrafie hergestellt. Die Orte, zwischen denen die Versuche durchgeführt werden, sind South Foreland und Wimereux, ein Dorf an der französischen Küste, zwei Meilen nördlich von Boulogne. Dort wurde ein normaler Draht 150 Fuß hoch senkrecht aufgespannt. Die Entfernung betrug 32 Meilen. Die Experimente wurden im Morsekode ausgeführt. Signor Marconi leitet selbst die Versuche, und er ist mit den erzielten Ergebnissen hoch zufrieden. Diese Nachricht wurde mit dem Marconi-System von Wimereux nach Foreland übertragen.«

Rundfunksendung nach Übersee

Die erste Rundfunksendung nach Übersee fand am 11. März 1927 von der Station PCJJ der Philips-Werke in Holland statt und wurde über Kurzwelle in die niederländischen Kolonien in Ostindien ausgestrahlt. Sie bestand aus Musikdarbietungen. Am 1. Juni 1927 wurde die erste Übertragung einer Rede von Königin Wilhelmina in ihr Kolonialreich veranstaltet.

S

Sanitätswagen

Der erste Sanitätswagen wurde im Jahr 1792 von Baron Dominique Jean Larrey, dem Leibarzt Napoleons, konstruiert. Zweck der Erfindung war, die verwundeten Soldaten möglichst schonend vom Schlachtfeld zu transportieren. Die bisher üblichen ungefederten Karren bedeuteten, über unwegsames Gelände holpernd, meist zusätzliche Qualen für die Verletzten. Baron Larrey organisierte in Zusammenarbeit mit dem Sanitätschef der französischen Armee, Pierre François Percy, ein Sanitätskorps, das aus Feldärzten, Krankenträgern und von Pferden gezogenen Verwundetenwagen bestand.
Jede Division war mit zwölf dieser Sanitätswagen ausgestattet. Sie kamen in den Jahren 1796/97 während Napoleons Italienfeldzug erstmals zum Einsatz.

Motorisierte Sanitätswagen
Der erste motorisierte Sanitätswagen wurde auf dem »Salon du Cycle« im Palais de l'Industrie im Dezember 1895 in Paris gezeigt.
Den Wagen hatte die Firma Panhard et Levassor hergestellt, das Fahrzeug war mit einem Daimler-Motor ausgestattet. Es gibt keinen Nachweis darüber, daß es jemals für den Krankentransport verwendet wurde.
Das erste regelmäßig eingesetzte Sanitätsauto wurde im Juli 1900 vom 9. Armeekoprs des französischen Heeres angeschafft.
Der erste Krankentransportwagen für den zivilen Gebrauch kam im selben Jahr in der französischen Stadt Alençon zum Einsatz. Die Zeitschrift »Autocar« berichtete darüber:

»Ein Lagogue-Sanitätswagen ist an ein vierrädriges Motorfahrzeug angekoppelt. Fahrer und Arzt sitzen im Motorfahrzeug, im Krankenwagen befindet sich nur der Patient.«

Sanitätsauto im militärischen Einsatz
Die ersten im Krieg eingesetzten motorisierten Sanitätswagen waren zehn Fahrzeuge der italienischen Armee, die während des Italienisch-Türkischen Krieges in Tripolis bei der Schlacht von Zanzur am 8. Juni 1912 zum Einsatz kamen. Die Sanitätswagen transportierten 70 Verwundete in das Lazarett nach Gargaresh und 40 gefallene Soldaten auf den Friedhof.

Der erste Sanitätswagen von Dominique Jean Larrey, 1792

Schach

Das erste Dokument über Schach in Westeuropa datiert aus dem Jahr 1010, als der spanische Graf von Urgel seine Schachfiguren aus Bergkristall dem Kloster St-Giles in Nîmes schenkte.
Das Schachspiel ist vermutlich in Nordwestindien während oder kurz nach der Huri-Periode (455–543 n. Chr.) entstanden.
Zwar gab es zahlreiche Versuche, die Erfindung des königlichen Spiels anderen Kulturen zuzuschreiben, der anerkannte Schachhistoriker Professor D. W. Fiske macht jedoch geltend:

»Vor dem 7. Jahrhundert unserer Zeitrechnung gibt es für die Existenz des Schachspiels, in welchem Land auch immer, nicht die geringste Spur eines zeitgenössischen, zuverlässig belegbaren Beweises.«

Der älteste bekannte sprachliche Nachweis ist das aus dem 7. Jahrhundert stammende Sanskritwort »chaturanga« (etwa: Heeresspiel). Die einzelnen Figuren repräsentieren dabei die Heerführer und Mannschaften zweier (manchmal vier) indischer Armeen, die einander in Schlachtordnung gegenübergestellt werden. Das Ziel des Spiels war wie in der indischen Kriegführung die Gefangennahme des gegnerischen Königs. Bei den Indern wurde der Sieg nämlich meistens durch die Gefangennahme oder Tötung des Königs, seltener durch die Aufreibung eines Heeres errungen.
Man nimmt an, daß das Schachspiel von Indien aus nach Persien gelangte, und zwar während der Herrschaft von Khusraw I. Nushirwan (521–578), und von dort aus um das Jahr 802 in das byzantinische Griechenland.
Der Volksmeinung entsprechend soll das Schachspiel von König Knut

(1017–1035) aus Rom nach England gebracht worden sein, obwohl es dafür keinen stichhaltigen Beweis gibt. Es ist vielmehr anzunehmen, daß das Spiel von Frankreich durch die normannischen Eroberer im Jahr 1066 oder kurz danach nach England gelangte.
Die Entwicklung des »Chinesischen Schachs« verläuft völlig getrennt von der des indischen Schachspiels und kann keinesfalls als Vorläufer des Schachs gelten, das in Europa gespielt wird.

Schachklub
Der erste Schachklub wurde um das Jahr 1747 in London gegründet. Die Treffen fanden in Slaughter's Coffee House, St. Martin's Lane statt.

Schachfernpartien
Fernpartien zwischen Einzelpersonen gab es bereits im 13. Jahrhundert; die jeweiligen Züge wurden von Fahrenden übermittelt.
Das erste Briefschachspiel zwischen zwei Vereinen begann Anfang des Jahres 1824 zwischen den holländischen Klubs V. A. S. und Rotterdam.

Schachturnier
Das erste Schachturnier der Welt wurde im Jahr 1849 in London abgehalten. Sieger wurde Henry Thomas Buckle, ein aufstrebender Schriftsteller, der praktisch keine Ausbildung genossen hatte, jedoch über eine Bibliothek mit 22 000 Bänden verfügte und 18 Sprachen beherrschte.

Internationales Schachturnier
Das erste internationale Schachturnier wurde von Howard Staunton im St. George's Club in London organisiert und begann am 27. Mai 1851 mit Teilnehmern aus Deutschland, Ungarn, Rußland und Großbritannien. Sieger wurde der Mathematiklehrer Adolf Anderssen aus Breslau, ein fanatischer Schachspieler. Er war in diesem Jahr vermutlich der einzige Tourist vom europäischen Festland, der auf einen Besuch der Weltausstellung in London verzichtete. Als er auf diese Unterlassung aufmerksam gemacht wurde, erwiderte der Schachmeister trocken: »Ich bin nach England gekommen, um Schach zu spielen, ich habe mein Versprechen gehalten.«

Schachweltmeister
Als erster Schachweltmeister wird gemeinhin der Wiener Wilhelm Steinitz bezeichnet, dem nach seinem Sieg über Adolf Anderssen im Jahr 1866 der Titel eines Weltmeisters zugesprochen wurde. Die Spiele, die er nach diesem Zeitpunkt bestritt, galten als Weltmeisterschaftsturniere, obwohl die erste offizielle Schachweltmeisterschaft erst im Jahr 1886 ausgetragen wurde; damals schlug Steinitz Zuckertort 10 : 5.
Die ersten international anerkannten Weltmeisterschaftsregeln wurden im Jahr 1914 für das Weltmeisterschaftsturnier in St. Petersburg aufgestellt.

Computerprogramme für Schachspiele
Die ersten Computerprogramme für Schachspiele wurden im Jahr 1955 von Prof. van der Poel für einen kleinen, in Holland gebauten Rechner namens Ptera zusammengestellt.
Das erste internationale Computerschachturnier wurde zwischen einem amerikanischen Rechner, den Prof. John McCarthy von der Stanford University betreute, und einer russischen Maschine, unter Aufsicht von Abram Alichanow vom Institut für theoretische und experimentelle Physik, abgehalten. Das Spiel begann am 23. November 1966 und endete einige Monate später mit einem 3 : 1-Sieg der Sowjetunion.

Schallplatte

Die ersten Schallplatten wurden von der Firma Berliner Gramophone Co. im Jahr 1887 in Philadelphia hergestellt. Der Schellack stammte von der Firma Durinoid Co., New Jersey.

Elektrisches Aufnahmeverfahren
Das erste elektrische Aufnahmeverfahren wurde von Lionel Guest und H. O. Merriman aus London entwickelt. Sie nahmen damit am 11. November 1920 versuchsweise die gesamten Begräbnisfeierlichkeiten für den Unbekannten Soldaten in der Westminster Abbey auf. Obwohl das Verfahren im damaligen Zustand noch nicht marktreif war, zeigte die Aufnahme doch, daß es möglich war, ein Mikrofon anstatt eines Studiohorns zu verwenden und damit Außenaufnahmen in einer gewissen Entfernung von der Schallquelle zu machen.
Ein kommerziell verwertbares elektrisches Aufnahmeverfahren wurde unabhängig davon von J. P. Masefield und H. C. Harrison von der Bell-Telephone-Forschungsanstalt in den USA entwickelt. Es wurde von Victor und Columbia in Amerika und von HMV und Columbia in Großbritannien übernommen. Die erste gewerblich hergestellte elektrische Aufnahme war eine Platte mit 25 cm Durchmesser, die mit zwei Liedern von der jährlichen Aufführung des Mask and Wig Club (Masken- und Perückenklubs) der Universität von Pennsylvania bespielt wurden. Diese Platten wurden von Victor nur im April 1925 an die Händler in Philadelphia ausgeliefert.

High-Fidelity-Qualität
Die ersten Schallplatten in High-Fidelity-Qualität wurden im Dezember 1944 von der englischen Firma Decca herausgebracht. Der

erste Hi-Fi-Plattenspieler hieß Decca Picadilly und verfügte über einen Frequenzbereich von 50 bis 14 000 Hz. Er wurde im Jahr 1945 ausgeliefert.

Kunststoffschallplatte
Die erste Kunststoffschallplatte auf Vinylgrundlage hieß »Till Eulenspiegel« und wurde von RCA-Victor im Oktober 1946 herausgebracht. Sie war die erste praktisch unzerbrechliche Schallplatte, seit Berliner ein halbes Jahrhundert früher damit aufgehört hatte, Platten aus vulkanisiertem Gummi zu verwenden. Mit der Einführung der Langspielplatte zwei Jahre später begannen die Vinylplatten die Schellackplatten zu verdrängen.

Stereoschallplatte
Die erste Stereoschallplatte brachte die Firma Audio Fidelity im April 1958 in den USA auf den Markt.

Schallplatte mit rundem Papieretikett
Bei den Platten von Berliner waren die Titel auf einem freien Platz in der Mitte eingraviert. Die ersten Grammophonplatten mit einem von Eldridge Johnson gestalteten runden Papieretikett wurden von der Consolidated Talking Machine Co. (der späteren Victor Co.) in Camden, New Jersey, im Jahr 1900 herausgebracht. Das Warenzeichen auf diesen Etiketten zeigte, in Anlehnung an ein Gemälde von Francis Barraud, einen Foxterrier, der aufmerksam einem Horngrammophon lauscht: His Master's Voice. Für dieses Markenzeichen erhielt die Consolidated Co., die mit der Gramophone Co., der Vorgängerin von HMV, assoziiert war, das US-Copyright.
Barrauds Gemälde hatte ursprünglich den Hund Nipper seines kürzlich verstorbenen Bruders gezeigt, wie er der aus einer Zylindermaschine tönenden Stimme seines Herrn zuhört; da er aber das Gemälde nicht an einen Phonographenerzeuger verkaufen konnte, ließ er sich von der Gramophone Co. dazu überreden, den Phonographen auf dem Bild durch ein Grammophon zu ersetzen.

Doppelseitig bespielte Schallplatte
Die ersten Schallplatten, die auf beiden Seiten Aufnahmen hatten, wurden im Jahr 1904 von der International Talking Machine Co. in Weißenberg, Berlin, unter dem Namen Odeon erzeugt.

Schallplatte: goldene Schallplatte

Die erste goldene Schallplatte, die für 1 Million verkaufte Exemplare verliehen wurde, war Glen Millers »Chattanooga Choo Choo«. Die Melodie stammt aus dem im Jahr 1941 gedrehten Film »Sun Valley Serenade« und wurde im gleichen Jahr von RCA-Victor auf Platten aufgenommen. Innerhalb weniger Monate war die Millionengrenze überschritten. RCA ließ eine Schallplatte mit Gold überziehen und am 10. Februar 1942 an Glen Miller überreichen.
Es kann nicht mit Sicherheit festgestellt werden, von welchem Plattentitel erstmalig 1 Million Stück verkauft wurden, weil die genaue Errechnung der Verkaufsziffern eine relativ neue Einführung ist. Der in diesem Zusammenhang am häufigsten genannte Titel ist die Arie »Vesti la Giubba« (Hüll dich in Tand nur) aus dem Bajazzo, gesungen von Enrico Caruso. Er nahm die Arie ursprünglich am 12. November 1902 für die Gramophone Co. in London auf, eine zweite Version, mit Orchesterbegleitung, für RCA-Victor im Jahr 1907. Innerhalb der nächsten 40 Jahre sollen von dieser Aufnahme mehr als 1 Million Exemplare verkauft worden sein.
Viele aber glauben, daß Al Jolsons »Ragging the Baby to Sleep«, aufgenommen am 17. April 1912, die erste Millionenschallplatte ist. Die Platte wurde sofort nach ihrem Erscheinen ein Hit; man nimmt an, daß innerhalb der ersten zwei Jahre 1 Million Stück davon abgesetzt wurden. Sie war vermutlich die einzige Schallplatte, die vor dem Ersten Weltkrieg einen derartigen Verkaufserfolg erzielte.

Goldene Langspielplatte
Die erste goldene Langspielplatte (33 U/min) war eine Aufnahme des Musicals »Oklahoma!« von Rodgers und Hammerstein, die im Jahr 1949 bei Decca in der originalen Bühnenbesetzung produziert wurde. Bis zum Jahr 1956 waren 1 750 000 Stück davon verkauft worden, noch ehe irgendeine andere Langspielplatte die Millionenhürde überwunden hatte.

Schallplatte: Jazzaufnahme

Die erste Jazzaufnahme wurde von Nick LaRoccas Original Dixieland Jazz Band gemacht, die für die Victor Co. in Camden, New Jersey, die Nummern »The Dixie Jazz Band One Step« und »Livery Stable Blues« spielte. Die Platte kam am 7. März 1917 auf den Markt.

Schallplatte: Langspielplatte

Die ersten Langspielplatten wurden zwischen 1904 und 1906 von der Londoner Plattenfirma Neophone Co. hergestellt. Die Schallplatten hatten einen Durchmesser von 50 cm und eine Spieldauer bis zu 12 Minuten; sie waren vorwiegend mit Operettenmusik bespielt, z. B. »Leichte Kavallerie«, »Dichter und Bauer«,und kosteten 10 Shilling und 6 Pence pro Stück.

Langspielplatte mit Mikrorillen
Die ersten Langspielplatten mit Mikrorillen hatten einen Durchmesser von 25 und 30 cm (450 Rillen, 80 U/min). Sie wurden im Jahr 1926 von der Firma Edison Co. in den Vereinigten Staaten herausgebracht. Ihre Spieldauer betrug 12 oder 20 Minuten, der Preis 1,75 bzw. 2,75 Dollar. Sie wogen zwischen 500 und 750 g und waren 6 mm dick. Die ersten zwei Langspielplatten, die herauskamen, waren eine Opernplatte mit Ausschnitten aus Carmen und Aida, die 24 Minuten lief und vom American Orchestra aufgenommen wurde, und eine Platte, die »Dinner Music« hieß. Sie lief 40 Minuten und bestand aus acht Melodien, die vom Hotel-Commodore-Ensemble unter Bernhard Levitow aufgenommen worden waren.
Die Edison-Langspielplatten bestanden aus überspielten Aufnahmen alter Singles, und deshalb waren sie wahrscheinlich nicht so erfolgreich. 40 Minuten aus einer Sinfonie oder einer Oper hätten bei Musikfreunden sicher mehr Anklang gefunden als diese Bruchstücke von verschiedenen Komponisten, die willkürlich zusammengestellt worden waren. Nachteilig wirkte sich bei den Edison-Platten auch aus, daß die Rillen zu dicht nebeneinander lagen und sie häufigem Gebrauch nicht standhielten. Andererseits konnten sie auf einem normalen Grammophon abgespielt werden, das lediglich mit einer speziellen Diamantnadel versehen werden mußte.

Langspielplatte mit $33^1/_3$ Umdrehungen pro Minute
Die ersten Langspielplatten mit $33^1/_3$ U/min sowie die ersten Plattenspieler für Langspielplatten wurden von der Firma RCA-Victor auf den Markt gebracht. Am 17. September 1931 wurde die Neuheit im Savoy Plaza Hotel in New York vorgestellt.
Im November desselben Jahres erschien die erste Langspielplatte, Beethovens 5. Sinfonie, gespielt vom Stokowski Philadelphia Orchestra unter Leopold Stokowski. Sie war die erste Langspielplatte in Standardgröße, die ein vollständiges Orchesterwerk enthielt.
Die dazugehörigen Plattenspieler hatten ein Radio eingebaut und kosteten zwischen 247,50 und 995 Dollar, stolze Preise, die zweifellos schuld am Scheitern dieses riskanten Unternehmens waren.
Die »Langspielrevolution«, die die 78er Platten endgültig vom Markt verdrängte, fand am 21. Juni 1948 auf einer Händlertagung der Columbia in Atlantic City statt. Hier wurden die ersten wirklich erfolgreichen Langspielplatten mit Mikrorillen vorgestellt, die von Peter Goldmark entwickelt worden waren. Es handelte sich um Vinylplatten mit 23 Minuten Spieldauer auf jeder Seite und mit 90 bis 120 Rillen pro Zentimeter. Der Durchschnittspreis betrug 4,85 Dollar. Die ersten Platten enthielten das Violinkonzert von Mendelssohn-Bartholdy, Tschaikowskis 4. Sinfonie sowie das Broadway-Musical »South Pacific«. Der Erfolg dieser Neueinführung ist auf eine verbesserte Herstellungstechnik, die langlebigere Schallplatten und billigere Plattenspieler (ein Zusatzgerät für einen Standardplattenspieler kostete nur 29,95 Dollar) ermöglichte, und auf ein wesentlich günstigeres wirtschaftliches Klima zurückzuführen.

Schallplatte: Opernaufnahme

Die ersten kommerziell hergestellten Opernaufnahmen auf Zylindern wurden im Jahr 1896 von Gustavello Affre, Adolphe Maréchal, Léon Melchissédec, Albert Vaguet und Maximilien-Nicolas Bouret für die Pathé Frères in Frankreich hergestellt.
Die ersten Opernaufnahmen auf Schallplatten wurden im selben Jahr von der United States Gramophone Co. in Philadelphia herausgebracht. Ferruccio Giannini sang die Arien »La Donna è mobile« und »Questa o quella« aus Rigoletto.

Vollständige Opernaufnahme
Die erste komplette Oper auf Schallplatten war eine Aufnahme des Bajazzo, dirigiert von Ruggiero Leoncavallo, dem Komponisten des Werkes. Sie wurde von Fred Gaisberg von der Londoner Gramophone Co. in Mailand im Jahr 1903 aufgenommen.

Schallplatte: Sprachkurs

Der erste Sprachkurs auf Schallplatten war der Original Language Course von Richard Rosenthal, der im Jahre 1893 vom Internationalen Sprachinstitut, New York und London, in Zusammenarbeit mit der Columbia Phonograph Co. auf 50 Wachszylindern aufgenommen wurde. Den Aufnahmen waren gedruckte Texte und Erläuterungen beigegeben. Die Gebühr für den Sprachkurs berechtigte die Käufer, mit Rosenthal zu korrespondieren.

Schallplattenfabrik

Die erste Fabrik, die ausschließlich Grammophonplatten herstellte, wurde von der Grammophon-Gesellschaft in Hannover im Jahr 1898 gegründet. Sie erzeugte die Platten für den englischen Markt. Das Unternehmen verfügte über 14 Plattenpressen zur

Massenerzeugung von 12,5-cm-Schellackplatten. Dieses neue Verfahren stellte einen Wendepunkt in der Plattenindustrie dar. Früher bestand die einzige Methode der Vervielfältigung von Aufnahmen darin, vor dem Interpreten eine Reihe von sechs oder mehr Aufnahmegeräten mit ihren Schalltrichtern aufzustellen und das Stück so oft singen zu lassen, bis eine der Nachfrage entsprechende Anzahl hergestellt war. Die neuen Pressen arbeiteten mit einer Matrixplatte aus Kupfer, die ihrerseits aus der in Wachs aufgenommenen Originalaufnahme hergestellt wurde. So konnte eine unbegrenzte Anzahl von Kopien zu einem entsprechend niedrigen Preis erzeugt werden.

Schallplattenstudio

Das erste kommerziell betriebene Schallplattenstudio wurde im Jahr 1897 von der Berliner Gramophone Co. in Philadelphia eröffnet. Das Aufnahmestudio war gleichzeitig das erste Plattengeschäft.

Schaumgummi

Das erste Schaumgummi wurde mit einem gewöhnlichen elektrischen Haushaltsmixer in den Entwicklungslaboratorien der Firma Dunlop Latex im Jahr 1929 in Birmingham hergestellt. Die Idee, Latex mit einer Schneerute zu Schaum zu schlagen, stammte von E. A. Murphy. W. H. Chapman, ein anderes Mitglied des Forscherteams, entwickelte ein Gelierungsverfahren, mit dessen Hilfe es den Wissenschaftlern schließlich gelang, Schaumgummi zu erzeugen, das in Gußformen weiterverarbeitet werden konnte.

Der erste Schaumgummiartikel, der auf den Markt kam, war der »Dunlopillo«-Soziussitz für Motorräder, im Jahr 1931 in begrenzter Auflage produziert. Im nächsten Jahr lieferte Dunlop die Schaumgummipolsterung für 300 Londoner Busse und für die Sitze des Shakespeare Memorial Theatre in Stratford on Avon. Mit der Produktion von Matratzen wurde im Jahr 1935, mit der von Schaumgummiunterlagen für Teppiche im Jahr 1937 begonnen.

Der elektrische Haushaltsmixer, mit dem von der Firma Dunlop Latex das erste Schaumgummi hergestellt wurde, 1929.

Schiffsschraube

Das erste Schiff, bei dem eine Schiffsschraube am Heck, also an der günstigsten Stelle, angebracht wurde, war das österreichische Versuchsschiff »Civetta«, das Josef Ressel zu Versuchszwecken für die von ihm erfundene Schiffsschraube bauen ließ.
Der Österreicher Josef Ressel hatte am 11. Februar 1827 ein Privileg auf eine Schiffspropellerschraube erhalten. Es handelte sich dabei um eine Archimedische Schraube von einer Ganghöhe, die Länge war so groß wie der Durchmesser. Zuvor hatte er in einem Kahn mit handbetriebener Schraube die Funktionstüchtigkeit erprobt.
Ressel ordnete die Schiffsschraube als erster an der günstigsten Stelle des Schiffes, nämlich dem Heck, an und durchbohrte zu diesem Zweck den Achtersteven. Dahinter plazierte er das Steuerruder am Rudersteven. Diese Anordnung von Propeller und Ruderblatt setzte sich allgemein in der Schiffahrt durch.
Ressels Versuche gipfelten in dem Bau des Versuchsschiffes »Civetta«. Nach Schwierigkeiten mit der Dampfmaschine konnte im Herbst 1829 eine amtliche Probefahrt in Triest unternommen werden, bei der nach einer kurzen Strecke die Dampfmaschine abermals versagte; eine Lötstelle war aufgegangen, wodurch die Dampfzufuhr unterbrochen wurde. Die Tauglichkeit des Propellers und dessen Anordnung waren trotzdem erwiesen, weitere Fahrten wurden jedoch von der Polizei verboten.

Schilift

Der erste Schilift, der als solcher konstruiert wurde, war die Parsennseilbahn von Davos nach Höhenweg

in den Schweizer Alpen, im Jahr 1932 auf Betreiben von Bill Edlin gebaut. Zwei Jahre später wurde sie bis auf den Weißfluhgipfel erweitert.
Die Parsennabfahrten waren auch die ersten Schipisten, auf denen planmäßig Felsgestein und andere Hindernisse entfernt wurden. Sie wurde damals als das »meistfrequentierte und bestgeschützte Schigebiet der Welt« bezeichnet.
Die ersten Schlepplifte wurden im Jahr 1935 in Davos und in Zürs am Arlberg angelegt.

Schlankheitsdiät

Die erste Schlankheitsdiät, die auf wissenschaftlicher Basis zusammengestellt wurde, stammte von dem Ohrenfacharzt Harvey, der sie im Jahr 1862 dem an Fettleibigkeit leidenden Leichenbestatter William Banting verschrieb. Die Diät basierte, wie die meisten heutigen Fastenkuren, auf der Reduzierung von Kohlehydraten.
Banting mußte auf Brot, Kartoffeln, Pasteten und alle Arten von Süßigkeiten verzichten und sich mit magerem Fleisch, Fisch und Obst begnügen.
Sein Tagesmenüplan bestand aus:
Frühstück: 120 g mageres Fleisch, Fisch oder Schinken, 30 g Toast;
Mittagessen: »etwas mehr Fleisch«, Gemüse (keine Kartoffeln), Obst, 30 g Toast;
Nachmittag: Tee ohne Milch, Obst, 1 Zwieback;
Abendessen: 120 g Fleisch oder Fisch.
Nach einem Jahr hatte der 100 kg schwere Leichenbestatter 25 kg abgenommen und ermutigte andere Leidensgenossen in einem »Letter on Corpulence«, seinem Beispiel zu folgen.
Ursprünglich schien das Abmagern vor allem eine Sorge der Männer zu sein, es wurde jedoch nach 1914 auch für die Damen modern, als die täuschenden Effekte der Korsette und Mieder aus der Mode kamen.

Schnellwäscherei

Die erste Schnellwäscherei war die »Washateria«, die am 18. April 1934 in Fort Worth, Texas, von J. F. Cantrell eröffnet wurde. Vier elektrische Waschmaschinen, die man stundenweise mieten konnte, standen den Kunden zur Verfügung.

Schokolade

Die erste Schokolade, die fabriksmäßig hergestellt wurde, erzeugte der damals 23jährige François-Louis Cailler in Vevey, Schweiz, im Jahr 1819. Es handelte sich gleichzeitig auch um die erste Schokolade, die blockförmig hergestellt wurde.
Die Ursprünge der Eßschokolade liegen im dunkeln, man weiß lediglich, daß französische und italienische Süßwarenhersteller in kleinem Rahmen Schokolade produzierten, bis Cailler maschinelle Erzeugungsmethoden einführte. Die Schokolade aus Italien wurde im allgemeinen zu dicken Rollen geformt, die später in Scheiben geschnitten wurden.

Das erste künstlerisch gestaltete Verpackungsetikett für Cadbury's dragees, 1868.

Milchschokolade
Die erste Milchschokolade wurde im Jahr 1875 von Daniel Peter, Caillers Schwiegersohn, ebenfalls in Vevey hergestellt. Im Jahr 1878 erhielt Peter bei der Pariser Weltausstellung einen Preis. In den folgenden Jahren verbesserte er sein Schokoladerezept, bis er im Jahr 1883 seine Schokolade »Gala-Peter« herausbrachte, mit der er auch den ausländischen Markt eroberte.
Die Idee, Eßschokolade mit Milch herzustellen, hatten schon lange vor ihm andere Schokoladenerzeuger, sie scheiterte aber an der Herstellung von Trockenmilchpulver, für die noch kein brauchbares Verfahren entwickelt war.

Schönheitskonkurrenz

Die erste Schönheitskonkurrenz fand am 19. September 1888 in Spa, Belgien, statt. Die Vorauswahl dieses »Concours de Beauté« wurde an Hand von Fotos der 350 Bewerberinnen getroffen; nur 21 durften zum Finale antreten. Der Wettbewerb wurde unter größter Schicklichkeit und Diskretion abgehalten. »Die Bewerberinnen mußten für die Öffentlichkeit unsichtbar bleiben«, berichtete eine skandinavische Zeitung. »Sie wohnten in einem abgesonderten Gebäude und wurden in geschlossenen Wagen zur Festhalle

Die erste Schönheitskonkurrenz, Spa, 1888

gebracht, in der ihre Reize beurteilt wurden.«
Den Sieg und einen Preis von 5 000 Franc heimste die 18jährige Bertha Soucaret ein, eine Kreolin aus Guadalupe. Das Blatt erzählte weiter: »Es heißt, daß Mademoiselle Soucaret nun zur Bühne gehen will; kein Wunder, Schönheit öffnet alle Türen.«

Schönheitskonkurrenz im Badeanzug
Die erste Schönheitskonkurrenz im Badeanzug um den Titel einer Miß America wurde am 7. September 1921 in Atlantic City, New Jersey, ausgetragen. Der Reporter Herb Test, von der »Atlantic City Press«, hatte als erster den Einfall gehabt, den Siegerinnen den Titel ihres Geburtslandes zu verleihen, wie es heute allgemein üblich ist. Die erste Miß America, Margaret Gorman, war als Miß Washington zur Konkurrenz angetreten. Sie war erst 15 Jahre alt, Schülerin an der Western High School in Georgetown, ihre Maße betrugen bei einer Körpergröße von nur 1,52 m 75 – 62 – 80. Margaret war und blieb die jüngste, leichteste und kleinste Miß Amerika, die es je gegeben hat.

Miß-Welt-Wahl
Der erste Schönheitswettbewerb um den Titel einer Miß Welt wurde am 19. April 1951 von Eric Morley, Werbebeauftragter der Firma Mecca Ltd., in Szene gesetzt. Morley war von der Geschäftsleitung beauftragt worden, während der Feierlichkeiten des »Festival of Britain« eine international attraktive Veranstaltung auf die Beine zu stellen. Allerdings befanden sich unter den 30 Bewerberinnen nur fünf aus dem Ausland. Neu an den Wettbewerbsbedingungen war, daß die Mädchen im Bikini antraten, der damals in England noch unbekannt war.
Miß World und Gewinnerin von 1 000 Pfund wurde die 21jährige Miß Schweden, Kiki Haakonson, die Tochter eines Stockholmer Polizisten.

Schreibmaschine

Die erste Schreibmaschine von praktischem Nutzen wurde im Jahr 1808 von dem Italiener Pellegrino Turri aus Reggio nell'Emilia für seine blinde Freundin, die Gräfin Carolina Fantoni, gebaut. Die beiden korrespondierten regelmäßig miteinander, 16 mit der Schreibmaschine geschriebene Briefe der Gräfin aus der Zeit zwischen 1808 und 1810 sind im Archiv von Reggio aufbewahrt. Einzelheiten über die Konstruktion der Maschine sind nicht bekannt, außer der Tatsache, daß die Lettern ursprünglich mit Kohlepapier, später mit Tinte gefärbt wurden. Man darf jedoch annehmen, daß die Typen an Stößeln angebracht wurden, die direkt auf das Papier gedruckt wurden.
Es gab 27 verschiedene Typen, die 22 Buchstaben des italienischen Alphabets in der oberen Reihe sowie vier Satzzeichen.
In den Jahren 1866/67 baute der Tischler Peter Mitterhofer in Meran drei Schreibmaschinenmodelle aus Holz, die ersten mit Typenkorb und Schreibwalze. Die Konstruktion bildete die Grundlage für weitere Entwicklungen.
Die erste in Serienproduktion erzeugte Schreibmaschine war die dänische »Skrivekugle« (Schreibball), die von Pastor Malling Hansen erfunden und im Oktober 1870 von dem Unternehmen Jürgens Mekaniske in Kopenhagen erzeugt wurde. Hansens Maschine war aus Messing und Stahl gefertigt, wog über 80 kg und arbeitete nach dem Radialprinzip. Ihre 52 Typen waren halbkugelförmig angeordnet, und zwar so, daß sie beim Niederdrücken an ein und derselben Stelle auftrafen. Das Papier lag flach auf und wurde auf Schienen jeweils einen bestimmten Abstand pro Type seitwärts bewegt.
Schreibmaschinen von Hansen wurden in ganz Europa und in Amerika verkauft, viele Modelle waren zur Zeit des Ersten Weltkrieges noch in Betrieb.

Moderne Schreibmaschinen
Die erste für den Handel erzeugte Maschine mit Tastatur, der Vorläufer der heutigen Schreibmaschinen, wurde von Christopher Latham Sholes entwickelt und ab Juni 1872 von seinem Geldgeber James Densmore in einer Wagnerwerkstatt in Milwaukee hergestellt. Zu Beginn gab es keine Standardmodelle, jede Maschine enthielt die neuesten

Die erste für den Handel erzeugte Schreibmaschine mit Tastatur, Milwaukee 1872

Einfälle ihrer Konstrukteure, daher war jede anders zu bedienen.
Die Tasten waren ursprünglich in alphabetischer Reihenfolge angeordnet, aber Sholes und Densmore entschlossen sich zu einer neuen Ordnung, die die Sortierung der Druckersetzkästen zum Vorbild hatte.
Die erste Schreibmaschine mit der Universal-Tastatur (die heute, mit geringen Änderungen, noch immer benützt wird) wurde am 8. November 1872 fertiggestellt.
Im ersten Jahr wurde fast die gesamte Produktion an Telegrafisten, Reporter, die in Kurzschrift notierten, Rechtsanwälte und andere Berufstätige verkauft – kaum an irgendwelche Geschäftsunternehmen. An ein staatliches Verwaltungsbüro wurde nur eine einzige Maschine verkauft, wie aus den Unterlagen hervorgeht. Eines der Modelle aus dem Jahr 1872 wurde an Allan Pinkerton geliefert, den Begründer der gleichnamigen Privatdetektei. Eine Anzahl von Maschinen wurde von James O. Clephane bestellt, der im selben Jahr die ersten gewerblichen Schreibbüros in Washington und New York etablierte.
Im Winter des Jahres 1873 eröffnete James Densmore in der Hanover Street 4 in New York das erste Schreibmaschinengeschäft. Sholes' Maschine, die nun für die Serienproduktion standardisiert war, wurde in diesem Geschäft um 125 Dollar verkauft.
Die Hauptkonstruktionsmerkmale dieses Modells ähnelten denen der meisten heutigen Schreibmaschinen bis auf drei Ausnahmen: es gab nur Großbuchstaben; während man schrieb, konnte man den Text nicht sehen; und es gab auch noch keine Rücktaste.
Am 1. März 1873 unterschrieben die Partner Sholes und Densmore einen Vertrag mit der Firma Remington Small Arms Co. in Ilion, New York, die ihre Maschine in Massenanfertigung herstellen wollte. Am 1. Juli 1874 kam die Maschine unter der Bezeichnung Sholes & Glidden Type-Writer auf den Markt (Carlos Glidden hatte Sholes in verschiedenen Stadien der Entwicklungsarbeit unterstützt). Das Modell wurde im Jahr 1876 in Remington No. 1 umbenannt.
In technischer Hinsicht glich diese Schreibmaschine den in Milwaukee hergestellten fast aufs Haar, die einzige bedeutsame Änderung: sie hatte ein Gehäuse aus Metall anstatt aus Holz. Der Preis blieb unverändert 125 Dollar.
Unter den 400 Kunden, die zwischen Juli und Dezember 1874 eine Remington-Maschine erstanden, war Mark Twain der bemerkenswerteste. Auf einem Spaziergang mit seinem Freund und Humoristenkollegen Petroleum V. Nasby entdeckte er ein Exemplar im Schaufenster eines Bostoner Geschäftes. Die beiden Männer konnten sich nicht einigen, welchem Zweck diese Maschine dienen sollte, und so gingen sie hinein, um zu fragen. Der Verkäufer erklärte es ihnen und fügte hinzu, daß man auf der Maschine 57 Wörter in einer Minute schreiben könne.

Twain aber bezweifelte diese Tatsache. Eine Tippmamsell wurde daher gerufen und begann draufloszuschreiben, während Twain und Nasby mit ihren Uhren in der Hand dabeistanden. Nach einer Minute hatte sie genau 57 Wörter getippt. Twain meinte, das wäre pures Glück gewesen, und so machte sie sich abermals an die Arbeit. Der Rest des Nachmittags verging vergnüglich mit weiteren Demonstrationen; kaum waren die beschriebenen Seiten aus der Maschine genommen, stopften sie die beiden Zuschauer als Souvenir in ihre Taschen. Erst nach ihrer Rückkehr ins Hotel betrachteten sie die Seiten genauer und entdeckten, daß immer der gleiche Satz getippt worden war. Ob Twain sich hereingelegt fühlte oder nicht – er konnte die Tatsache nicht mehr rückgängig machen, daß er als erster Schriftsteller im Besitz einer Schreibmaschine war.
In den ersten zehn Erzeugungsjahren blieben die Verkaufsziffern von Remington-Schreibmaschinen enttäuschend niedrig. Einer der Hauptgründe: die für die Farbbänder verwendete Anilintinte, die leicht verblaßte. Der Durchbruch gelang im Jahr 1885, als dauerhafte Tinte eingeführt und die Schreibmaschine zum unentbehrlichen Bestandteil jeder Büroausstattung wurde und nicht wie vordem lediglich als interessante Neuheit oder als Statussymbol galt. Ein Jahr später schätzte die Zeitschrift »Scientific American«, daß in den USA an die 50 000 Schreibmaschinen in Verwendung wären; im Jahr 1890 gab es bereits 30 Erzeugerfirmen, die um die Kundschaft wetteiferten.

Schreibmaschine mit Umschalttaste
Die erste Schreibmaschine mit Umschalttaste, mit der in Groß- und Kleinbuchstaben getippt werden konnte, war das Modell Remington No. 2, das im Jahr 1878 in den Handel kam.
Die erste Schreibmaschine, die dem Typisten das sofortige Lesen des Geschriebenen ermöglichte, war die Horton, die im Jahr 1883 in Toronto erzeugt wurde.

Tragbare Schreibmaschine
Die erste tragbare Schreibmaschine wurde im Jahr 1889 von George C. Blickensderfer aus Erie, Pennsylvania, entworfen und im Jahr 1893 von der Blickensderfer Manufacturing Co. in Stamford, Connecticut, unter der Bezeichnung Blick No. 5 hergestellt. Obwohl leichtgewichtige Schreibmaschinen schon früher erzeugt worden waren und die in den Jahren 1883/84 gebaute Hall-Maschine trotz 3,5 kg auch als tragbar bezeichnet wurde, war die Blick doch die erste, die bequem in einem passenden Koffer zu transportieren war.

Elektrische Schreibmaschine
Die erste elektrische Schreibmaschine, die für den Handel produziert wurde, wurde von Thaddeus Cahill aus Washington entworfen und im Jahr 1901 von der Cahill Writing Machine Co. hergestellt. Die Entwicklungskosten betrugen 157 000 Dollar.
Es wurden aber nur 40 Stück erzeugt, dann wurde die Produktion eingestellt.
Die erste erfolgreiche elektrische Schreibmaschine wurde ein Jahr später, 1902, von der Firma Blickensderfer auf den Markt gebracht. Die Maschine arbeitete nach dem gleichen Prinzip wie die heutigen Kugelkopfschreibmaschinen. Vermutlich hätte die technisch hochentwickelte Maschine noch mehr Beachtung gefunden, wenn mehr Büros über elektrische Anschlüsse verfügt hätten. (Siehe Typistin)

Schulpflicht

Das erste Land, das die Schulpflicht einführte, war Schottland. Im Jahr 1496 wurde ein Gesetz erlassen, das bestimmte, daß

»Freiherren und Grundbesitzer, die über Vermögen verfügen, ihre ältesten Söhne oder Erben im Alter von acht oder neun Jahren zur Schule schicken sollten, bis sie sich ein Grundwissen angeeignet und Latein gelernt hätten«.

Eine weitere Regelung besagte, daß sie drei Jahre die »Schools of Art and Jure« besuchen müßten, um für die Ausübung des Richteramtes gerüstet zu sein. Das Strafausmaß für Nichteinhaltung belief sich auf 20 Pfund.

Allgemeine Schulpflicht
Die erste allgemeine Schulpflicht für Kinder aller sozialen Schichten wurde im Jahr 1619 in Weimar eingeführt. Jede Gemeinde mußte eine Liste aller Kinder zwischen sechs und zwölf Jahren erstellen, damit diejenigen Eltern, die den Schulbesuch ihrer Sprößlinge verweigerten, ermahnt und nötigenfalls dazu gezwungen werden konnten, ihrer Pflicht nachzukommen. Das Schuljahr bestand aus zwei Semestern, die durch vierwöchige Ferien während der Erntezeit und die üblichen Festtage unterbrochen waren. Andere deutsche Staaten folgten – mit mehr oder weniger Erfolg – dem Beispiel Weimars: Sachsen-Gotha im Jahr 1643, Hildesheim 1663, Celle 1689, Preußen 1717.
Da es keine regulären Lehrerbildungsanstalten gab, geschah es häufig, daß die Lehrer, selbst kaum des Lesens und Schreibens kundig, nicht in der Lage waren, ihren Schülern angemessenen Unterricht zu erteilen. Da es auch an Lehrbüchern fehlte, konnten begabte Kinder sich auch

nicht selbst weiterbilden, und der magere Stundenplan war weit davon entfernt, universale Bildung zu vermitteln. Im besonderen war es das nutzlose Auswendiglernen sinnloser Regeln, das Johann Heinrich Pestalozzi veranlaßte, die Pflichtschule als »Mord an der Seele« zu bezeichnen. Seine Verbesserungsbemühungen sowie die anderer Schulreformer begannen erst Früchte zu tragen, als – wenn auch minimale – Rechtsstatuten und Inspektionen eingeführt wurden.

Schwimmbad

Das erste überdachte Schwimmbad wurde am 28. Mai 1742 in London eröffnet. Der »Daily Advertiser« kündigte an:

»Das Vergnügungs- oder Schwimmbad, dessen Länge mehr als 13 m beträgt, wird täglich frisch und warm gehalten und ist zum Schwimmen oder Schwimmenlernen geeignet. Jeden Tag stehen Wärter zur Verfügung, die den Gentlemen Unterricht geben oder helfen, falls es gewünscht wird. Es gibt auch ein gutes Bad mit kaltem Wasser. Subskribenten können beide Becken für eine Guinea benützen.«

Das erste Schwimmbad im Freien, das als solches angelegt wurde, war das Peerless Pool (ursprünglich »Perilous Pool« genannt), das im Jahr 1743 in London an einem vorhandenen Weiher entstand. Es hatte die Maße 51 × 32 m. Das Bad war mit Arkaden und Umkleidekabinen ausgestattet, Baumgruppen schirmten die Badegäste gegen neugierige Blicke ab. Dauerbenützer bezahlten jährlich 1 Pfund und 10 Shilling, eine Einzelkabine kostete 1 Shilling.
Der Besitzer des Schwimmbades, William Kent, legte auch einen vom Becken getrennten künstlichen Bach mit eingesetzten Fischen an, der gegen eine kleine Gebühr an Angler vermietet wurde.

Senf

Der erste pastenartige Senf wurde im Jahr 1720 für den Handel von einer gewissen Mrs. Clements aus Durham hergestellt und in London verkauft. Er wurde in Steinguttöpfen angeboten, die mit alten Dokumenten aus Pergament bedeckt waren. Senf war schon seit dem Mittelalter bekannt, aber nur in Form von Senfkörnern.

Smoking

Der erste Smoking wurde von Griswold Lorillard anläßlich des Herbstballes im Tuxedo Park Country Club in New York am 10. Oktober 1886 getragen. Lorillards Anzug, der in Amerika unter dem Namen »Tuxedo« bekannt wurde, bestand aus einem kurzen schwarzen Jackett mit Satinaufschlägen. Er war dem »smoking-jacket«, das damals in England modern war, nachempfunden. Seine Kühnheit, in derartiger Kleidung auf einer aus Damen und Herren bestehenden Gesellschaft zu erscheinen, hat zweifellos einiges Stirnrunzeln hervorgerufen, weil »dinnerjackets« vor dem Ersten Weltkrieg als legere Abendkleidung galten, die in Abwesenheit des zarten Geschlechts getragen wurde.

Spielautomat

Der erste Spielautomat war die »Liberty Bell«, die im Jahr 1889 entworfen und von dem deutschen Emigranten Karl Frey aus San Francisco gebaut wurde. Die Gewinnausschüttung lag zwischen einer Münze (für zwei Hufeisen) und zehn Münzen (für drei Glocken = Bells). Die originale »Liberty Bell« ist in dem gleichnamigen Kasino in Reno aufbewahrt.

Spielkarten

Die ersten Spielkarten sind vermutlich im 10. Jahrhundert in China entstanden. Nach Meinung einiger Wissenschaftler handelte es sich ursprünglich um Blätter mit Würfelzeichen, um die gewürfelten Augen festzuhalten. Andere Wissenschaftler leiten sie von chinesischem Papiergeld her; man nimmt sogar an, daß einige der ältesten Kartenspiele mit echten Banknoten gespielt wurden.
In der T'u-shu-chi-ch'êng-Enzyklopädie heißt es dazu:

»Gemäß der Geschichte der Liao-Dynastie machte der Kaiser Mu Tsung im 19. Jahr der Ying-li-Periode (969 n. Chr.) . . . einen Hinweis auf das Kartenspiel. Er sagte zu seinen Ministern: ›Im Haus des Herzogs Ch'ien wurde Karten gespielt, und er wurde in eben diesem Jahr im zweiten Mond von Siaoh-ho ermordet. Herr und Untertanen wurden Opfer dieser Barbarei, und ein Mißgeschick folgte dem anderen. Und jetzt sind so unglückselige Gegenstände jeden Tag in der Hand von Beamten und Gelehrten. Heißt das nicht, einem schlechten Beispiel folgen?‹«

Die vermutlich älteste, noch erhaltene chinesische Spielkarte wurde im Jahr 1905 von A. von Le-log zusammen mit schriftlichen Fragmenten aus der Uigur-Periode im Sangimtal im chinesischen Turkestan gefunden. Diese Karte – sie entspricht der Roten Blume des heutigen chinesischen Kartenspiels – stammt wahrscheinlich aus dem 11. Jahrhundert. Sie hat die Form eines länglichen Rechtecks, dreimal so lang als breit, und zeigt die von einer dicken schwarzen Linie eingefaßte Figur eines Mannes. Am oberen und unteren Ende der Karte steht der Name des Herstellers.
Das Aufkommen der Spielkarten in Europa liegt im dunkeln. Der erste schriftliche Hinweis befindet sich in einem italienischen Traktat von

Sandro di Pipozzo, »Trattato del governo della famiglia«, das in das Jahr 1299 datiert wird.
Die ältesten europäischen Spielkarten, die uns erhalten sind, stammen aus Frankreich. Charles Poupart, der Schatzkanzler Karls VI., verzeichnete im Jahr 1392 in den Ausgabenlisten des königlichen Haushalts die Bezahlung einer Rechnung über drei Kartenspiele in Gold und verschiedenen Farben an den Maler Jacquemin Gringonneur. Die Karten sollten den König in seinen immer wiederkehrenden Wahnsinnsanfällen aufheitern. 17 Karten eines Tarockpakets, die fast sicher aus dem letzten Viertel des 14. Jahrhunderts stammen, sind in der Nationalbibliothek in Paris aufbewahrt; die Experten nehmen an, daß sie von Gringonneur gemacht wurden.
Aus dieser Zeit stammt auch der erste Hinweis auf Spielkarten in Deutschland, als im Jahr 1321 der Bischof von Würzburg ein Verbot gegen das Kartenspiel erließ.
Die ersten uns bekannten Spielkarten, die in Europa gedruckt wurden, gleichzeitig auch die ersten mit den heute üblichen vier Farben, wurden im Jahr 1841 von dem französischen Altertumsforscher M. Henin im Umschlag eines alten Buches, das er in Lyon gekauft hatte, gefunden. Die zehn Karten hatten als Versteifung des Einbandes gedient. Alle zehn sind Figurenkarten, die Abbildungen sind mit bräunlicher Tinte gedruckte Holzschnitte, die später koloriert wurden. Man nimmt an, daß sie um das Jahr 1440 in der Provence entstanden sind. Zweifelsohne wurde damit Piquet gespielt, das älteste bekannte Kartenspiel, das mit konventionellen Karten (im Gegensatz zu Tarockkarten) gespielt wurde. Acht Karten sind im Britischen Museum zu besichtigen, zwei in den USA, in Cincinnati.

Doppelte Figurenkarten
Die ältesten doppelten Figurenkarten gehören zu einem Kartensatz, der im Jahr 1813 in Deutschland ausgegeben wurde und in dem die Schlacht von Leipzig verherrlicht wird. Die Monarchen der vier siegreichen Länder sind die Könige; die Feldherren der Schlacht stellen die Buben dar; Pomona, Flora, Diana und Ceres sind die Damen. Spiele mit Doppelfiguren traten bis zur Mitte des 19. Jahrhunderts jedoch nur selten in Erscheinung.

Joker
Der erste Joker ist in einem Kartensatz eines Londoner Klubs enthalten, der von der Firma Samuel Hart, New York, 1857 herausgegeben wurde.

Staatliche Schule

Die ersten staatlichen Schulen wurden im Jahr 1543 von Moritz von Sachsen eingerichtet; es handelte sich um die drei sogenannten Fürstenschulen in Pforta (1543), Meißen (1543) und Grimma (1550). Diese Anstalten waren nicht als Wegbereiter eines nationalen Schulsystems geplant, sondern als Erziehungsstätten für zukünftige Staatsdiener (Theologen, Beamte, Gelehrte). Dementsprechend wurden die Schulen auf Staatskosten errichtet und unterhalten, erhielten aber auch Zuwendungen aus den Besitztümern säkularisierter Klöster. Die drei Fürstenschulen waren für 230 ausgewählte Schüler vorgesehen, 100 davon kamen aus den umliegenden Städten, 76 aus dem Adel, und 54 wählte der regierende Fürst selbst aus. Die Schüler wurden im Alter von zwölf Jahren aufgenommen und konnten nach fünf oder sechs Jahren die Universität besuchen. Die Einrichtung wurde nach und nach von anderen deutschen Staaten übernommen: im Jahr 1543 von Pommern, 1559 von Württemberg, 1582 von Ansbach, 1605 von Coburg.

Staatliche Schulen für Mädchen
Die ersten staatlichen Schulen für Mädchen wurden von Katharina der Großen in Rußland am 12. März 1764 durch ein Generalstatut über die Erziehung der Jugend beiderlei Geschlechts ins Leben gerufen. Zunächst wurden zwei Schulen in Petersburg gegründet: im Jahr 1764 das Smolny-Institut, in dem die Töchter von Adeligen Aufnahme fanden, und ein Jahr später die Nowodewichy-Klosterschule für Mädchen bürgerlicher Abstammung. Die Schülerinnen am Smolny-Institut wurden vor allem auf ihre künftigen gesellschaftlichen Verpflichtungen vorbereitet; die Mädchen im Nowodewichy-Kloster auf den Alltag als Hausfrau, sie genossen Unterricht unter anderem in Haushaltskunde, Stricken und Nähen. Fast alle Mädchen an den beiden Schulen erhielten staatliche Zuschüsse. Obwohl die ursprüngliche Idee der Zarin, Kindern aller Klassen und jeden Geschlechts eine kostenlose, weltliche Erziehung angedeihen zu lassen, nicht zum Tragen kam, ist es doch bemerkenswert, daß Rußland einen ersten Versuch in dieser Richtung unternommen hat.

Staatliches Schulsystem auf nationaler Ebene
Das erste staatliche Schulsystem auf nationaler Ebene wurde von Johann Ignaz von Felbiger im Jahr 1774 in Österreich eingeführt. Am 6. Dezember dieses Jahres trat die »Allgemeine Schulordnung für die deutschen Normal-, Haupt- und Trivial-Schulen« in Kraft. Die Verordnung sah die Errichtung einer Trivial-(Volks-)schule in allen Orten vor,

wo sich Pfarr- oder abgelegene Filialkirchen befanden; Hauptschulen sollten in größeren Städten, je eine für ein Landesviertel oder einen Landkreis, eingerichtet werden.
Der Besuch der Trivialschulen war für Kinder zwischen sechs und zwölf Jahren auf dem Papier verpflichtend, da aber für das Nichteinhalten der Vorschrift keine Strafen vorgesehen waren, konnte die Bestimmung leicht umgangen werden. Kinder, die in die Hauptschule aufstiegen, wurden zusätzlich zu den auch an der Volksschule vorgesehenen Fächern in Zeichnen, Baukunst, etwas Latein, in landwirtschaftlichen, geographischen und historischen Fächern unterrichtet.
Jede Provinz unterhielt eine staatliche Normalschule, die Lehrer für beide Schultypen ausbildete. Die Trivalschulen wurden auf Kosten der Gemeinden (aus Kirchenvermögen und Abgaben der Großgrundbesitzer) unterhalten, die Haupt- und Normalschulen auf Kosten des Staatssäckels. Oberste Aufsichtsbehörde war die Generaldirektion des Deutschen Schulwesens in Wien. Die Verwaltung erfolgte von Bezirksschulkommissionen unter Kontrolle der Generaldirektion, die Schulinspektoren wurden auf Bezirks- und Gemeindeebene bestellt, wobei der Einfluß der Geistlichkeit beträchtlich war.
In den Nachbarländern erregte das österreichische Schulsystem beträchtliches Interesse; Frankreich und Preußen beispielsweise versuchten es nachzuahmen, jedoch nur mit geringem Erfolg. Ende des 18. Jahrhunderts war Österreich noch immer das einzige Land der Welt, das über ein staatlich kontrolliertes Schulsystem verfügte. Erst im Jahr 1806 verabschiedeten die Niederlande (damals Republik Batavien) als nächstes Land ein zielführendes Schulgesetz.

Staatlicher Gesundheitsdienst

Der erste staatliche Gesundheitsdienst wurde durch ein am 14. März 1818 erlassenes Edikt im Herzogtum Nassau eingeführt. Das Herzogtum, damals ein kleiner, unabhängiger Staat mit etwa 300 000 Einwohnern, wurde – entsprechend den Verwaltungsbezirken – in 28 medizinische Bezirke aufgeteilt, die von je einem qualifizierten Mediziner, einem Apotheker, einem oder mehreren ärztlichen Assistenten und einer Anzahl von Hebammen betreut wurden.
Der leitende Arzt wurde für seine Dienste vom Staat mit 1 200 bis 1 500 Gulden jährlich entlohnt, die Assistenten mit 50 bis 150 Gulden; sie durften die Hälfte dieser Summen in Form von Privathonoraren dazuverdienen. Nach 40 bis 50 Jahren wurden die Beamten bei vollen Gehaltsbezügen pensioniert, später wurde die Dienstzeit auf 60 Jahre hinaufgesetzt.
Personen, die eine bestimmte Einkommensgrenze überschritten, waren nicht berechtigt, die kostenlose Behandlung in Anspruch zu nehmen. Die Honorare waren vom Staat festgesetzt. In den Heilquellen von Bad Ems, Schwalbach und Wiesbaden waren speziell ausgebildete Ärzte im Einsatz. Im Jahr 1866, als Nassau dem preußischen Staat einverleibt wurde, kam es zur Einstellung dieses ersten Gesundheitsdienstes.

Stacheldraht

Der erste Stacheldraht wurde am 25. Juni 1867 von Lucien B. Smith aus Kent, Ohio, zum Patent angemeldet. Die Stacheln ragten aus kleinen Holzklötzchen heraus, die an der Drahtlitze aufgereiht waren. Bis heute konnte noch kein Stück eines von Smith gefertigten Stacheldrahts ausgeforscht werden, so daß man nicht weiß, ob er je hergestellt wurde.
Im Jahr 1868, ein Jahr später, meldete M. Kelly ein Patent an, das aus einem doppelt gewickelten Draht mit rautenförmigen Stacheln bestand. Von dem neuen Zaun wurde behauptet, er sei beschaffen wie eine »starke Dornenhecke«. In manchen Gegenden der Vereinigten Staaten sind Kellys Zäune heute noch aufgestellt.
Die Erfindung des Stacheldrahts war eine der notwendigen Voraussetzungen zur Erschließung des amerikanischen Westens, da es nicht genügend Holz für die Einzäunung der riesigen Weideflächen gab.
Das Sammeln von Stacheldraht, ein Sport nur für eingeweihte Liebhaber von Altwaren, beginnt jetzt in Europa Mode zu werden, im Südwesten der USA hingegen ist es bereits weit verbreitet. Über 1 500 verschiedene Arten von Stacheldraht sind den Kennern geläufig, seltene Exemplare bringen auf Auktionen bis zu 65 Dollar pro Stück (zu 45 cm).
Zu Verteidigungszwecken wurde Stacheldraht erstmals im Jahr 1898 während des Spanisch-Amerikanischen Krieges von den US-Streitkräften in Kuba verwendet.

Stadt mit 1 Million Einwohnern

Die erste Stadt mit 1 Million Einwohnern war London, das im Jahr 1811 laut Volkszählung 1 009 546 Einwohner hatte. 70 Jahre später gab es erst sieben Städte auf der Welt, die die Millionengrenze überschritten hatten: London (3 452 350), Paris (2 269 023), Peking (1 648 814), Kanton (1 500 000 geschätzt), New York (1 206 299), Wien (1 103 857) und Nanking (1 000 000 geschätzt). London blieb bis zum Jahr 1957 die größte Stadt der Welt, dann wurde es von Tokio überrundet.

Stadt mit 10 Millionen Einwohnern
Die japanische Metropole Tokio zählte im Januar 1962 als erste Stadt 10 Millionen Einwohner, ein enormer Zuwachs, wenn man die Bevölkerungszahlen vor und nach dem Krieg vergleicht: 6 779 100 im Jahr 1940, 1945 sogar nur 2 777 000.

Staubsauger

Der erste Staubsauger wurde im Jahr 1901 von dem Brückeningenieur Hubert Cecil Booth gebaut. Den Anstoß gab die Beobachtung, wie auf der St.-Pancras-Station in London ein Waggon mit komprimierter Luft mehr schlecht als recht gereinigt wurde. Der Staub wurde einfach weggeblasen, und die Staubwolken sanken, weil sie nicht aufgefangen wurden, einfach wieder auf die gesäuberten Stellen zurück. Zusammen mit anderen Augenzeugen dieses unvollständigen Säuberungsvorgangs saß Booth später in einem Restaurant und behauptete, die Lösung wäre, den Schmutz in einen Behälter zu saugen, anstatt zu versuchen, ihn wegzublasen. Die Zuhörer blieben skeptisch, also legte Booth sein Taschentuch auf die Sessellehne, hielt seine Lippen darauf und saugte. Ringförmig angeordnete schwarze Flecken auf dem Taschentuch bewiesen, daß seine Annahme richtig war. Er baute den ersten Staubsauger, und am 25. Februar 1902 gab Booth in einer Werbeschrift die Gründung der Firma Vacuum Cleaner Co. Ltd. bekannt.
Weil damals erst wenige Haushalte elektrifiziert waren und der Apparat teuer und umständlich zu handhaben war, beschloß man, die Staubsauger vorläufig nicht zu verkaufen, sondern einen Reinigungsdienst auf Verlangen einzurichten. Eine starke Saugpumpe, entweder mit einem Benzinmotor oder elektrisch betrieben, war auf einem vierrädrigen, von Pferden gezogenen Wagen montiert, der an der Bordsteinkante vor dem Haus des Kunden abgestellt wurde. Durch einen 240 m langen Schlauch, der durch die Fenster ins Haus gelegt wurde, wurde der Staub aus Teppichen und Polstermöbeln abgeleitet.
In einer Rundfunksendung trat Booth öffentlich der Beschuldigung entgegen, der Lärm der Maschine sei so gräßlich, daß angeblich Pferde scheu wurden, was besonders Droschkenbesitzer feindselig behaupteten. Ein solcher Präzedenzfall kam schließlich zur Berufungsverhandlung, in der Booth das Recht zugestanden wurde, seine Maschine auf der Straße in Betrieb zu nehmen.
Einen seiner ersten Erfolge konnte das junge Unternehmen im Zusammenhang mit der Krönung König Edwards VII. im Jahr 1902 verbuchen. Als die Vorbereitungen in der Westminster Abbey abgeschlossen waren, entdeckte man, daß sich die blauen Teppiche unter dem Doppelthron in beklagenswertem Zustand befanden. Es war jedoch zu spät, sie zu entfernen und auf die herkömmliche Weise reinigen zu lassen. Booth kam das Mißgeschick zu Ohren, und er bot den Verantwortlichen seine Unterstützung an. Binnen einer Stunde stand die Maschine an Ort und Stelle, der Schlauch wurde in die Abbey geleitet. Der König zeigte sich entzückt, als er von dem Vorfall hörte, und ordnete eine Vorführung im Buckingham-Palast an, der er und Königin Alexandra persönlich beiwohnten. Booth sah sich gezwungen, eine Ausnahme in seinem Geschäftsgrundsatz, keine Staubsauger zu verkaufen, zu machen, denn er erhielt den Auftrag, je eine komplette Ausrüstung für den Buckingham-Palast und für Schloß Windsor zu liefern. Als Folge der königlichen Gönnerschaft gewannen die Staubsauger bei den Gastgeberinnen der High-Society ungemein an Beliebtheit, nicht nur wegen ihrer Nützlichkeit, sondern auch als Attraktion zum Nachmittagstee. Es wurden sogar Soireen abgehalten, auf denen die Gäste durch ein Team von Arbeitern, das mit dem Staubsauger den Teppichen und Möbeln zu Leibe rückte, unterhalten wurde. Als zusätzliche Neuheit ließ Booth durchsichtige Rohrstücke anbringen, so daß die Zuschauer ganz genau beobachten konnten, wie der Staub von der Maschine geschluckt wurde.

Tragbarer elektrischer Staubsauger
Der erste tragbare elektrische Staubsauger wurde im Jahr 1905 von der Firma Chapman & Skinner in San Francisco auf den Markt gebracht; er wog 46 kg und war auf einem Rollkarren montiert.
Ein ähnlicher, aber bedeutend leichterer Apparat des Unternehmens Vacuum Cleaner Co. in London kam bereits im nächsten Jahr in England in den Handel.
Den Prototyp des aufrecht stehenden Staubsaugers, dessen Staubbehälter am Griff angebracht war, baute im Jahr 1907 J. Murray Spangler, ein Warenhauspförtner aus New Berlin, heute Canton in Ohio. Das Modell war ziemlich primitiv aus Holz und Blech hergestellt, mit einem Besenstiel und einem alten Polsterüberzug, den Spangler sich von seiner Frau erbeten und als Staubsack verwendet hatte. Nichtsdestoweniger erregte es das Interesse eines ebenfalls in New Berlin ansässigen Sattlers namens W. H. Hoover. Mit dem Aufkommen

des Autos war das Geschäft des Sattlers zurückgegangen, und so sah sich Hoover nach einer neuen Verdienstquelle um. Er erwarb von Spangler die Herstellungsrechte und brachte im Jahr 1908 zum Preis von 80 Dollar sein erstes Modell auf den Markt. Der neue Erwerbszweig entwickelte sich so vielversprechend, daß Hoover binnen drei Jahren eine eigene Fabrik in Kanada, die Suction Sweeper Co., einrichten konnte, die im Jahr 1912 auch zu exportieren begann. Während Spangler in Vergessenheit geraten ist, wurde Hoovers Name in angelsächsischen Ländern zum Synonym für Staubsauger.

Stenografiesystem

Das erste Stenografiesystem der Neuzeit wurde von Timothy Bright entwickelt und in seiner im Jahr 1588 in London erschienenen Schrift »Characterie; the art of short, swift, and secret writing« erläutert. Im Gegensatz zu den meisten nachfolgenden Systemen, die auf dem Alphabet aufgebaut waren, verwendete Bright willkürliche Kürzel zur Kennzeichnung bestimmter Wortgruppen.
Entgegen der Versicherung ihres Schöpfers, man könne die Methode innerhalb eines Monats erlernen und in zwei Monaten perfekt beherrschen, scheint es mehr als fragwürdig, daß irgend jemand mit ihr ein in normaler Sprechgeschwindigkeit vorgetragenes Diktat hätte mitstenografieren können. James Lewis, ein späterer Stenografieerfinder, stellte fest, daß Brights System ebenso schwer zu erlernen war wie eine Fremdsprache.
Der erste uns bekannte Stenografielehrer war Jeremiah Rich, der im Jahr 1646 Schüler in dem von ihm geschaffenen System unterrichtete. Er hielt damals Stunden im Haus von Mrs. Williams, einer Hebamme in der Gemeinde St. Olave in Southwark, ab. Richs Stenomethode war die erste mit überregionaler Bedeutung; noch im Jahr 1847 wurde sie von einem Reporter des »Oxford University Herald« verwendet. Man schätzt, daß es zu Lebzeiten von Rich etwa 1 000 Stenografen in England gab.
Die erste Zeitung, die Stenografen als Berichterstatter beschäftigte, war der »Morning Chronicle«, dessen Eigentümer Mr. Perry im Jahr 1785 eine Gruppe von Stenografen für die Mitschrift der Parlamentsdebatten einstellte. Obwohl der »Morning Chronicle« keineswegs die erste Zeitung war, die Parlamentsberichte brachte, war das Blatt doch vermutlich als erstes imstande, seinen Lesern eine wortwörtliche Wiedergabe der Debatten zu geben.

Phonographische Stenografie
Das erste brauchbare phonographische Stenografiesystem wurde im Mai 1837 von Isaac Pitman ausgearbeitet, der damals als Lehrer in Wotton-under-Enge, Gloucestershire, tätig war. Samuel Bagster veröffentlichte es am 15. November desselben Jahres unter dem Titel »Stenographic Sound-hand« in London, der Preis des Buches betrug 4 Pence. Die weltweite Ausbreitung von Pitmans Methode nahm schon ein paar Tage später ihren Anfang, als sich sein Bruder Jacob mit 100 Exemplaren des Buches im Gepäck nach Australien einschiffte.
Im Sommer 1839 wurde in Bath im »Mechanics' Institute« erstmals Schulunterricht in Stenografie abgehalten. Im folgenden Jahr begann Pitman, sein neues System per Post zu lehren.
Erst im Jahr 1823 erschein erstmals ein preislich tragbares Handbuch der Stenografie nach der Methode von Samuel Taylor. Taylors schon im Jahr 1783 erschienene »Universal Stenography« wurde weltbekannt und diente als Basis der Kurzschriftsysteme in Italien (1796), Spanien (1800), Schweden (zirka 1800), Ungarn (1802), Portugal (1802), den USA (1819) und Polen (1838).
Im deutschsprachigen Raum tauchten im Laufe der Zeit über 600 Stenografiesysteme auf, die Bezeichnung Kurzschrift wurde im Jahr 1819 eingeführt. Die bedeutendsten Schöpfer von Stenomethoden waren Franz Xaver Gabelsberger, der 1834 als erster ein System ersann, dessen fließende Schriftzüge sozusagen leicht von der Hand gingen; im Jahr 1841 veröffentlichte der Berliner Wilhelm Stolze sein »Theoretisch-praktisches Lehrbuch der deutschen Stenographie«; Karl Faulmanns »Phonetische Stenographie« aus dem Jahr 1883 ist ebenfalls zu erwähnen. Im Jahr 1924 einigte man sich in Deutschland auf die sogenannte Einheitskurzschrift, die im Jahr 1936 noch vereinfacht wurde. Sie fußt im wesentlichen auf den Grundsätzen von Stolze und Faulmann, während die Einzelzeichen auf Gabelsberger zurückgehen.

Stewardeß

Die erste Stewardeß war Miß Ellen Church, eine diplomierte Krankenschwester aus Iowa. Am 15. Mai 1930 begrüßte sie ihre ersten elf Passagiere an Bord einer dreimotorigen Boeing 80 A der United Airlines am Flughafen von Oakland, Kalifornien, zum Flug nach Cheyenne, Wyoming. Selbst Privatpilotin, hatte Miß Church zwei Monate vorher an die Fluggesellschaft geschrieben und vorgeschlagen, daß qualifizierte junge Frauen wie sie als Kabinenbesatzung

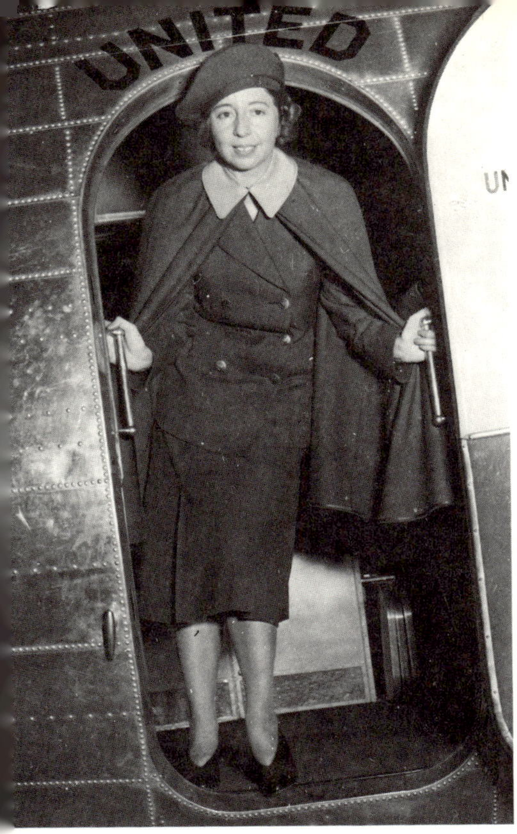

Die erste Stewardeß, Ellen Church, 1930

engagiert werden sollten. Sie wurde angestellt und überdies mit der Aufgabe betraut, sieben andere Mädchen für diesen Beruf auszuwählen und zu schulen.
Ernsthafte Bewerberinnen mußten ausgebildete Krankenschwestern sein, durften nicht über 25 Jahre alt, nicht mehr als 52 kg schwer und nicht größer als 1,62 m sein. Die Auserwählten erhielten eine schicke Uniform in Dunkelgrün mit grauem Kragen und silbernen Knöpfen, ein monatliches Gehalt von 125 Dollar und hatten das oft zweifelhafte Vergnügen, mindestens 100 Flugstunden im Monat in einem ungeheizten Flugzeug ohne Druckkabine zu absolvieren. Sie mußten die Fluggäste während des Flugs betreuen, ihr Gepäck tragen, die Flugzeugkabine reinigen, den Piloten und Mechanikern beim Schieben der Maschine aus oder in den Hangar und beim Auftanken helfen. Während des Fluges mußten sie die Flugscheine einsammeln und das Menü servieren, das immer gleich war: Früchtecocktail, gebratenes Huhn mit Gebäck und Tee oder Kaffee. Planmäßig sollte die 1 500 km lange Strecke zwischen Oakland und Cheyenne (mit fünf Zwischenstationen) in 18 Stunden zurückgelegt werden, normalerweise dauerte der Flug jedoch fast 24 Stunden.
Am Anfang litten Miß Church und ihre Kolleginnen unter der Feindseligkeit der Piloten und noch mehr unter der ihrer Frauen, die die Gesellschaft mit Briefen bombardierten, die Mädchen wieder zu entlassen. Aber die Zufriedenheit der Passagiere mit dem Dienst der Mädchen war ausschlaggebend. Bald darauf folgten andere Gesellschaften den United Airlines und stellten Stewardessen ein.
Außerhalb der USA wurden die ersten Hostessen im Jahr 1931 von der Air France angestellt; sie waren auch gleichzeitig die ersten, die internationale Strecken beflogen. Die Swissair folgte im Jahr 1934, die KLM 1935.
In Deutschland wurden die ersten Stewardessen im Jahr 1938 von der Lufthansa eingesetzt. Es war ihnen verboten, Puder, Rouge, Lippenstift oder Parfum zu benutzen.

Stipendium

Die ersten Stipendien für Schüler höherer Schulen wurden vom sächsischen Staat für die Absolventen der im Jahr 1543 gegründeten Fürstenschulen (siehe staatliche Schule) zur Verfügung gestellt, um ihnen den Besuch der Universitäten zu Leipzig und Wittenberg zu ermöglichen.
Von den Stipendiaten wurde erwartet, daß sie später in den Staatsdienst oder in den Kirchendienst eintreten würden.
Die ersten allgemeinen Stipendien für Mittelschüler waren Zuschüsse für die österreichischen Normalschulen, die am 6. Dezember 1774 durch das österreichische Schulgesetz gegründet worden waren.
Die ersten Universitätsstipendien für männliche Absolventen höherer Schulen wurden den russischen Studenten durch das im Jahr 1804 von Zar Alexander I. erlassene Schulgesetz zuerkannt. Das Gesetz garantierte gleiche Bildungschancen für Schüler aller sozialen Schichten, die Universitäten wurden zur Gänze vom Staat erhalten, die Unterrichtsgebühren abgeschafft. Studierende bäuerlicher Herkunft oder aus sonstigen ärmlichen Verhältnissen hatten Anspruch auf ein Stipendium und auf kostenlose Lehrbücher. Die Kinder von Leibeigenen konnten mit Erlaubnis ihres Herrn ebenfalls um ein Stipendium ansuchen.
Obwohl Rußland das erste Land war, das den Kindern der Arbeiterklasse ein Universitätsstudium ermöglichte, hielt sich die Zahl der Stipendiaten in Grenzen, da es an höheren Schulen fehlte, die Voraussetzung für den Besuch der Universität waren.
Die ersten Universitätsstipendien für Mädchen wurden im Jahr 1869 in Rußland eingeführt. Die ersten weiblichen Stipendiaten wurden am 20. Januar 1870 an der Universität von St. Petersburg aufgenommen.

Straßenbahn

Die erste Straßenbahn war die New York and Harlem Railway, die am 26. November 1832 ihren Passagierbetrieb entlang der Bowery und der Fourth Avenue zwischen Prince Street und 14th Street aufnahm.
Der erste Straßenbahnwagen wurde nach dem Präsidenten der Gesellschaft »James Mason« genannt und bestand aus drei teppichbelegten

Salons mit Polstersitzen, die je zehn Passagieren Platz boten. Weitere 30 Sitzplätze befanden sich auf dem offenen Oberdeck. Der Tramwagen war von einem 23 Jahre alten irischen Emigranten namens John Stephenson gebaut worden, der auch der Hauptinitiator des Projekts war. Der Fahrer war ein Landsmann Stephensons mit Namen Lank O'Dell. Der Fahrpreis betrug $6^3/_4$ Cent.
Die ersten Straßenbahnen mit Selbstantrieb wurden mit Dampf betrieben und auf den Namen »New York« und »Harlem« getauft. Ihr Erbauer hieß H. R. Denham. Die beiden Tramwagen wurden im Jahr 1887 in Betrieb genommen, als die Schienenstrecke bis Harlem ausgebaut wurde. Der Preis für die gesamte Strecke lag bei 25 Cent. Im folgenden Jahr wurden zwei weitere Dampfwagen, die »Yorkville« und die »Manhattanville«, eingesetzt. Die New York and Harlem Tramway blieb, unter wechselnder Leitung, bis zum 31. Januar 1935 in Betrieb.
Die erste benzinbetriebene Straßenbahn wurde im oder vor Juni 1888 in Stuttgart in Betrieb genommen; die Triebwagen waren mit Daimler-Motoren ausgestattet und befuhren die Strecke der Pferdeeisenbahn.
Die erste elektrisch betriebene Straßenbahn war ein von Werner Siemens gebauter 26sitziger Wagen, der ab 12. Mai 1881 die 2,5 km lange Strecke zwischen Lichterfelde bei Berlin und der Kadettenschule befuhr. Die Stromversorgung (180 V) erfolgte mit einer Stromschiene. Aus Sicherheitsgründen war die Schienenanlage durch einen Zaun von der Straße getrennt. Der fahrplanmäßige Verkehr setzte am 16. Mai 1881 ein, der Fahrpreis betrug 20 Pfennig.

Städtisches Straßenbahnnetz
Das erste städtische elektrische Straßenbahnnetz war die Union Passenger Railway in Richmond, Virginia, errichtet von der Sprague Electric Railway and Motor Co. Der Betrieb wurde im Februar 1888 aufgenommen, vorerst mit zehn Wagen, die in kurzer Zeit auf vierzig aufgestockt wurden.

Straßenbeleuchtung

Die erste elektrische Straßenbeleuchtung wurde im Jahr 1841 in Form von Bogenlampen versuchsweise am Quai Conti und an der Place de la Concorde in Paris von der Firma Deleuil et Archerbau installiert.
Die erste ständige Straßenbeleuchtung wurde im Jahr 1857 in Lyon in der Rue Impériale von dem Unternehmen Lacassagne et Thiers montiert; es handelte sich ebenfalls um Bogenlampen. Bis zum Juni 1878, als die Avenue de l'Opéra in Paris in elektrischem Licht erstrahlte, scheint Frankreich in dieser Hinsicht keine großen Fortschritte gemacht zu haben.
Die erste Stadt, in der das Gaslicht zur Gänze durch elektrische Beleuchtung ersetzt wurde, war Wabash, Indiana, wo am 31. März 1880 das Geschäftszentrum mit vier 4000-Normalkerzen-Bogenlichtanlagen, in 15 m Höhe angebracht, beleuchtet wurde.
Elektrische Straßenbeleuchtung mit Glühlampen wurde erstmals im Jahr 1881 in Newcastle upon Tyne, England, von der Firma Mawson & Swan installiert. Die ersten fünf Lampenpfeiler wurden am 11. April in Betrieb gesetzt.

Straßenmarkierung

Die erste Straßenmarkierung wurde von Edward Norris Hines eingeführt, einem Beamten des Straßenamtes von Wayne County, Michigan. Die von ihm erdachten weißen »Sicherheitsstreifen« wurden zum erstenmal im Herbst 1911 in der Mitte der River Road bei Trenton aufgemalt.

Streichholz

Das erste Streichholz wurde im Jahr 1826 von dem Apotheker John Walker aus Stockton-on-Tees in der Grafschaft Durham erfunden. Die Entdeckung war ein purer Zufall, eigentlich war Walker auf der Suche nach einer leicht entflammbaren Substanz für Vogelflinten. Sein erstes Streichholz war ein Stab, mit dem er eine Mischung aus Pottasche und Antimon verrührt hatte; als er die Klümpchen, die sich festgelegt hatten, auf dem Steinboden abstreifen wollte, flammten sie auf.
Der erste namentlich bekannte Käufer war laut Walkers Journal der Rechtsanwalt Hixon, der am 7. April 1827 eine Schachtel Streichhölzer erstand. Der Preis betrug 1 Shilling für 100 Zündhölzer, zuzüglich 2 Pence für die Blechröhre, in der sie verpackt waren.
Ursprünglich bestanden Walkers Streichhölzer aus Pappe, wie manche heutigen Flachzünder, sie wurden jedoch wenig später aus flachen Holzspänen hergestellt, die von den Insassen des Armenhauses in Stockton mit der Hand zugeschnitten wurden. Walker unternahm noch einen zweiten Versuch, billige Arbeitskräfte anzuheuern: er engagierte Buben aus der Lateinschule, denen er 6 Pence für 100 Hölzer bezahlte. Ein hoffnungsvoller Jüngling kam auf die Idee, die Späne mit einem Hobel herzustellen, was zwar einen enormen Anstieg der Produktion, leider auch verbogene Zündhölzer zur Folge hatte, so daß die Kinder ihren Job verloren.
Inzwischen war Walker von den

Blechdosen, in denen die Streichhölzer aufbewahrt wurden, zu Pappkartonschachteln übergegangen, die ihm der ortsansässige Buchbinder John Ellis zu $1^1/_2$ Pence pro Stück anfertigte. An der Innenseite der Schachtel war ein Streifen Sandpapier angebracht.
Walkers Kundschaft beschränkte sich im großen und ganzen auf die Umgebung von Stockton, aber die zunehmende Beliebtheit seiner Zündhölzer regte andere Apotheker dazu an, die Neuheit auf eigene Faust herzustellen, da Walker es versäumt hatte, seine Erfindung patentieren zu lassen.

Sicherheitszünder
Das Sicherheitszündholz wurde im Jahr 1855 von Johan Edvard Lundström aus Jönköping in Schweden erfunden und noch im selben Jahr in dessen Fabrik hergestellt.

Flachzünder
Die ersten Flachzünder wurden im Jahr 1892 von dem amerikanischen Anwalt Joshua Pusey aus Lima, Pennsylvania, zum Patent angemeldet und von der Firma Diamond Match Co. in Barberton, Ohio, ab dem Jahr 1896 erzeugt. Das Unternehmen stellte auch die ersten Briefchen mit aufgedruckter Reklame her. Um das Jahr 1898 warb die Mendelson Opera Co. auf diese Weise für eine ihrer Shows.

Striptease

Der Striptease geht auf einen Vorfall auf einem am 9. Februar 1893 veranstalteten Künstlerball im Moulin Rouge in Paris zurück: Ein Künstlermodell namens Mona entledigte sich zum Gaudium der Pariser Studenten seiner Kleidung. Als Mona deshalb zu 100 Franc Geldstrafe verurteilt wurde, kam es zu einem regelrechten Aufstand im Quartier latin; die Studenten belagerten die Polizeipräfektur und mußten durch Armee-Einheiten zerstreut werden.
Die Öffentlichkeit nahm regen Anteil an Monas Auftritt und seinen Folgen, so daß die Nachahmung nicht lange auf sich warten ließ: Das erste Bühnenstriptease der Welt fand am 13. März 1894 in Paris in der Musikhalle Divan Fayouau in der Rue des Martyrs statt. Die Darbietung nannte sich »Yvette geht zu Bett«. Variationen des Themas trugen Titel wie »Liane beim Arzt«, »Ein Mädchen im Bad«, »Susanne und die große Hitze« oder »Der Floh« – ein Mädchen zieht sich aus, um einen lästigen Floh loszuwerden.

Supermarkt

Der erste Nachweis über Lebensmittelläden mit Selbstbedienung stammt aus Kalifornien, wo im Jahr 1912 zwei Selbstbedienungsläden ihre Pforten öffneten, der Alpha Beta Food Market in Pomona und Ward's Grocetaria in Ocean Park. Etwa zur gleichen Zeit begann das Unternehmen Bay Cities Mercantile Co.
eine Kette von Selbstbedienungs-Lebensmittelgeschäften zu eröffnen, die unter dem Namen Humpty Dumpty Stores bekannt wurden. Es bestehen gewisse Zweifel, ob diese Läden groß genug waren, um als Supermärkte im heutigen Sinn bezeichnet werden zu können; außerdem mußten die Kunden, soweit bekannt ist, noch immer am Ladentisch für ihre Waren bezahlen.
Den nächsten bedeutsamen Schritt in der Entwicklung der Supermärkte unternahm Clarence Saunders, der in seinem im Jahr 1916 in Memphis, Tennessee, eröffneten Piggly-Wiggly-Markt Drehkreuzeingänge und kontrollierte Ausgänge einführte. Die Neuerungen bewährten sich so ausgezeichnet, daß Saunders binnen sieben Jahren über eine Kette von 2 800 Piggly-Wiggly-Läden in den USA verfügte.
Die ersten Supermärkte, deren Einkaufsfläche den heutigen (mindestens 1 000 m^2) entsprach, waren die King-Cullen-Läden, die im Jahr 1930 von Michael Cullen in Long Island eröffnet wurden. Cullen nützte die infolge der Depression schmalen Haushaltsbudgets und betrieb eine exzessive Schleuderpreispolitik. Bis zu 300 Artikel wurden zum Selbstkostenpreis angeboten.
Die Bezeichnung Supermarket war schon damals üblich, allerdings wurde sie anscheinend für alle großen Lebensmittelgeschäfte, die zu Niedrigstpreisen verkauften, verwendet, also auch für Läden ohne Selbstbedienung.
Das erste Unternehmen, das den Ausdruck in seinen Firmennamen einbezog, war die Albers Super Markets Inc., die im November 1933 ihren ersten Selbstbedienungsladen gründete.

Tabak

Der erste Tabak, den ein Europäer zu Gesicht bekam, wuchs auf der Watlinginsel auf den Bahamas. Als Christoph Kolumbus am 12. Oktober 1492 auf der Insel landete, machte er als erster Europäer die Bekanntschaft mit den getrockneten Blättern der Tabakpflanze. Drei Wochen später erreichte die Expedition eine andere Insel – man nimmt an, daß es sich entweder um Kuba oder Hispaniola handelte. Dort wurden zwei Spanier, Luis de Torres und Rodrigo de Jérez, zur Erkundung an Land gesetzt. Sie fanden zwar keine sagenhaften Schätze, dafür aber machten sie eine weitaus bedeutendere Entdeckung: sie sahen, wie die Eingeborenen Tabak rauchten. Der Bischof Bartolomé de Las Casas schilderte die Episode später folgendermaßen:

»Diese zwei Christen begegneten auf ihrem Weg . . . vielen Leuten, die Männer mit halb verkohlten Holzstücken und bestimmten Pflanzen in den Händen, um ihren Rauch einzuatmen. Diese getrockneten Pflanzen sind wie eine Muskete aus Papier in ein ebenfalls getrocknetes Blatt gerollt . . . Ein Ende wird angezündet, und an dem anderen saugen sie und inhalieren den Rauch, wovon sie benommen und fast betrunken werden und, so heißt es, nicht ermüden. Diese Musketen, wie wir sie nennen wollen, bezeichnen sie als ›tabacas‹ . . .«

In Europa wurde Tabak erstmals von André Thevet angepflanzt, der im Jahr 1556 Tabakpflanzen aus Brasilien mitbrachte und in seinem Garten in Angoulême in der Charente kultivierte. Francisco Hernandez, der Leibarzt Philipps II., führte den Tabak etwa zwei Jahre später in Spanien ein.
Der erste namentlich bekannte Tabakliebhaber, der das Rauchen aufgab, war Johan Kastu, Richter in Turku, Finnland. Er notierte am 5. April 1679 in seinem Tagebuch: »Ich habe dem Tabakrauchen abgeschworen.« Einen Monat später starb er.
(Siehe Zigaretten)

Tankstelle

Die erste Tankstelle mit Vorratstank wurde im Jahr 1905 von der Automobile Gasoline Co., gegründet von Harry Grenner und Clem Laessing, in St. Louis, Missouri, in Betrieb genommen. Der Treibstoff wurde mit einem Gartenschlauch in einen höherliegenden Tank gepumpt, von dem er abgezapft wurde.
Die erste Tankstelle mit Vorhof und Überdachung, wie sie heute üblich sind, wurde im Jahr 1907 von Standard Oil of California in Seattle eröffnet. Im allgemeinen jedoch waren die frühesten amerikanischen Tankstellen durch eine geradezu spartanische Ausstattung gekennzeichnet. Eine bemerkenswerte Ausnahme bildete eine im Jahr 1912 in Memphis, Tennessee, eröffnete Servicestation mit 13 Zapfstellen, einem Erholungsraum für Damen und einer weiblichen Hilfskraft, die Eiswasser austeilte.

Tapete

Die ersten Tapeten aus Papier wurden im Jahr 1911 im Zuge der Restaurierung des Wohnsitzes des Leiters vom Christ's College in Cambridge entdeckt und sollen aus dem Jahr 1509 stammen. Die schwarzweiße Musterung stellt eine Imitation von orientalischem Samt oder Brokat dar, das Hauptmuster besteht aus einem Tannenzapfen, umgeben von Bänder- und Blattschmuck. An der linken Seite ist in mittlerer Höhe ein lombardisches »H« angebracht, an

Die erste Tankstelle in England, Aldermaston, 1920

der gegenüberliegenden Seite die Darstellung eines Vogels. Diese beiden von dem ansonsten symmetrischen Muster abweichenden Dekormerkmale deuten mit Wahrscheinlichkeit auf den Drucker Hugo Goes hin, der das »H« und das Bild einer Gans als Signatur zu benützen pflegte. Goes stammte ursprünglich aus Beverley, Yorkshire, setzte aber im Jahr 1509 seine Druckertätigkeit in Steengate, York, fort.
Das Tapetenpapier bestand aus abgelegten Dokumenten, auf deren Rückseite das Muster mit einem Druckstock mit den Maßen 40 mal 18 cm aufgedruckt worden war. Unter den Dokumenten befand sich auch ein Gedicht auf den Tod König Heinrichs VII. (21. April 1509) sowie eine Proklamation anläßlich der Thronbesteigung Heinrichs VIII. und ein etwa aus derselben Zeit stammender Ablaß, der mit dem Wappen der römischen Familie della Rovere verziert war. Die Datierung dieser Dokumente stimmt mit der Tatsache überein, daß das Gebäude des Collegeleiters gegen Ende des Jahres 1509 fertiggestellt worden war.
Im übrigen Europa gibt es bis zum Jahr 1568 keine authentischen Hinweise auf die Existenz von Tapeten; in diesem Jahr wurde ein gewisser Herman Schinkel aus Delft wegen der Herstellung eines ketzerischen Buches vor Gericht gestellt.
Aus den Verfahrensunterlagen geht hervor, daß Schinkel altes, mit Balladen bedrucktes Papier auf der Rückseite mit Streifen oder Rosen bedruckte und als Tapeten verkaufte.
Die frühesten aus China stammenden Tapeten sind in der Mitte des 16. Jahrhunderts entstanden und wurden gewöhnlich ausländischen Kunden von chinesischen Kaufleuten als Geschenk überreicht. Es gibt keinen Beweis dafür, daß die Chinesen für ihr eigenes Heim Tapeten benützten, vielmehr waren ihre Wände im allgemeinen mit handbemalten seidenen Wandbehängen geschmückt. Im 18. Jahrhundert entwickelte sich ein beachtlicher Exporthandel mit Tapeten, und die chinesischen Dekors fanden in Europa weitverbreitete Nachahmung.

Tapetenmuseum
Das erste Tapetenmuseum wurde im Jahr 1923 in Kassel gegründet. Es ist bis heute das bedeutendste Tapetenmuseum der Welt.

Taschenlampe

Die erste elektrische Taschenlampe war eine viereckige, bullaugenförmige Laterne, die im Jahr 1891 von der Electric Lamp Co. in Bristol hergestellt wurde. Ihre Leuchtstärke war 2 Candelar. Inklusive Batterie hatte die Lampe ein Gewicht von ungefähr 1 kg. Den ersten großen Auftrag erhielt die Firma von der Bristoler Omnibusgesellschaft, die zu Beginn des Jahres 1892 50 Stück für die Fahrscheinkontrolleure bestellte.
Die erste zylindrische Taschenlampe wurde im Jahr 1898 von dem New Yorker Unternehmen American Electric & Novelty Manufacturing Co. (später American Everready Co.) erzeugt. Das erste Modell, das auf den Markt kam, bestand aus einer Pappröhre mit Metallverschlüssen, hatte einen Messingreflektor, aber kein Glas.

Taxi

Die ersten Taxi waren zwei Benz-Kraftdroschken, die der Droschkenbesitzer Dütz im Frühjahr 1896 für je 8 000 Mark anschaffte und in Stuttgart betrieb. Die schwäbische Hauptstadt war die erste, die mit zwei Taxiunternehmen mit benzinbetriebenen Wagen renommieren konnte, noch ehe irgendeine andere Metropole, mit Ausnahme von Paris, auch nur eines hatte. Im Mai 1897 startete nämlich Friedrich Greiner ein Konkurrenzunternehmen, dessen Fahrzeuge, nach einem zeitgenössischen Bericht der Zeitschrift »Der Motorwagen«, im Durchschnitt 70 km pro Tag zurücklegten. Genaugenommen waren Greiners Mietdroschken die ersten wirklichen Taxis, da sie die ersten mit Taxametern ausgestatteten Automobile waren.
Das Pariser Taxiunternehmen, das von der Société Anglo-Française betrieben wurde und aus einem einzigen Roger-Benz-Fahrzeug bestand, nahm im November 1896 seinen Dienst auf, scheint aber nicht länger als ein paar Monate überdauert zu haben.

Teddybär

Den Anspruch, den ersten Teddybären hergestellt zu haben, stellen zwei heute noch existierende Unternehmen in Deutschland und den USA. Beide Firmen behaupten, im Jahr 1902 als erste die Neuheit produziert zu haben, aber keines der beiden Unternehmen kann seine Behauptungen dokumentarisch belegen.
Die einzige nachweisbare Tatsache ist, daß am 18. November 1902 die Zeitung »Washington Evening Star« eine Karikatur von Clifford Berryman mit dem Titel »In Mississippi wird die Grenze gezogen« veröffentlichte. Sie zeigte den Präsidenten der USA, Theodore (Teddy) Roosevelt, der sich weigerte, ein gefangenes Bärenjunges zu erschießen. Zu dieser Zeit weilte der Präsident in Mississippi, um in

einem Grenzstreit zwischen Mississippi und seinem Nachbarstaat Louisiana zu intervenieren.
Berrymans Karikatur spielt auf einen Zwischenfall an, der sich während einer Bärenjagd, an der Roosevelt teilnahm, tatsächlich ereignet haben soll. Die Zeichnung wurde von einigen anderen Zeitungen übernommen, und auch der russische Emigrant Morris Mitchom aus Brooklyn bekam das Bild mit dem niedlichen, kuscheligen kleinen Bären zu Gesicht. Mitchom war Inhaber eines kleinen Geschäftes, in dem er Süßigkeiten und Spielzeug feilbot, das teilweise von ihm und seiner Frau angefertigt wurde.
An diesem Punkt setzt die mündliche Überlieferung ein. Wie Mitchoms Sohn Benjamin aussagt, faßte sein Vater sofort den Entschluß, das Bärenjunge der Karikatur aus braunem Plüsch, mit beweglichen Armen und Beinen, aus Stoff herzustellen. Der Spielzeugbär wurde dann im Schaufenster des Süßwarenladens neben einem Zeitungsausschnitt der Karikatur ausgestellt und trug das Schild: »Teddys Bär«.
Da Morris Mitchom aus einem autoritären Staat stammte, war er besorgt, ob er den Namen des Präsidenten als Reklame für sein Spielzeug benützen könnte. Er nahm all seinen Mut zusammen und fragte schriftlich bei Roosevelt an. Die vom Präsidenten persönlich geschriebene Antwort lautete: »Ich glaube nicht, daß mein Name dem Spielzeugbärengeschäft viel nützen wird, aber Sie können ihn gerne verwenden.« Wenn dieses Beweisstück zum Vorschein käme, wäre Mitchoms Anspruch zweifellos erwiesen; man vermutet, daß es im Besitz von Mitchoms ältestem Sohn Joseph war, aber es konnte nach seinem Tod (1951) nicht in seiner Hinterlassenschaft gefunden werden.
Laut Benjamin Mitchom übernahm im Jahr 1903 die Großhandelsfirma Butler Bros die gesamte Teddybärenproduktion seines Vaters und stand für den Kredit bei den Plüschlieferanten gerade. Von 1903 bis 1938 nannte sich das Unternehmen Ideal Novelty and Toy Company; heute heißt sie Ideal Toy Co. und ist der größte Puppenerzeuger der Welt.
In Deutschland schreibt man die Erfindung des Teddybären der Firma Steiff zu, die im Jahr 1880 von der gelähmten Näherin Margarete Steiff im schwäbischen Giengen (etwa 50 km nordwestlich von Augsburg) als Heimwerkstatt begründet wurde und zunächst Filzelefanten herstellte. Im Jahr 1902 umfaßte die Produktion ein reichhaltiges Sortiment an Stofftieren, darunter Katzen, Hunde, rosa Schweinchen, Affen, Pferde und Kamele, aber noch keinen Bären. Im Laufe dieses Jahres soll Fräulein Steiffs Neffe Richard, der als Kunststudent häufig Bären im Stuttgarter Zoo skizziert hatte, einen Entwurf für einen Plüschbären mit beweglichen Gliedern und drehbarem Kopf geschaffen haben, von dem seine Tante alles andere als angetan war. Auch die Einkäufer auf der im Jahr 1903 abgehaltenen Leipziger Messe zeigten sich uninteressiert; erst am letzten Tag der Messe, so heißt es in der Steiff-Version, sei ein Vertreter eines unbekannten amerikanischen Unternehmens aufgetaucht und so begeistert von dem Pelztier gewesen, daß er 3 000 Stück davon bestellt hatte.
Daß Steiff einer der ersten Plüschtiererzeuger war, ist unbestritten. Die Glaubhaftigkeit ihres Pionieranspruches hat allerdings Sprünge erlitten, da die Firma über den Namen »Teddybär« eine ganz und gar unwahrscheinliche Geschichte aufgetischt hat: Die Tischdekoration zu Alice Roosevelts Hochzeit im Jahr 1906 soll aus Steiff-Bären bestanden haben. Als ihr Vater, der Präsident, gefragt wurde, was das für Tiere seien, soll er geantwortet haben: »Eine neue Gattung, die Teddybär heißt.« Die Roosevelt-Gesellschaft und auch Archibald Roosevelt, der Bruder der Braut, bestritten jedoch energisch, daß bei dieser Gelegenheit Steiff-Tiere verwendet wurden.
Der Schauspieler Peter Bull, einer der ältesten Teddybärfans, glaubt, daß die Mitchom-Version vermutlich zutreffend ist, räumt aber gleichzeitig ein, daß der erste Steiff-Bär schon etwas früher entstanden ist.
Schließlich muß erwähnt werden, daß der Ausdruck »Teddybär«, soweit bekannt ist, nirgendwo vor September 1906 gedruckt aufscheint. Damals berichtete das amerikanische Handelsjournal »Playthings«, daß diese Plüschtiere als Automaskottchen äußerst beliebt wären. Zu dieser Zeit wurde Amerika bereits mit Spielzeugtieren überschwemmt, die unter den verschiedensten Bezeichnungen angeboten wurden. Es entwickelte sich geradezu ein Kult, so daß ein Geistlicher aus Michigan rundweg erklärte, daß der Teddybär alle Mutterinstinkte zerstörte und das Volk zum rassischen Selbstmord triebe.

Tee

Die erste Erwähnung des Tees findet sich bei Marco Polo. Im Jahr 1285 berichtete er, daß ein chinesischer Minister wegen der Erhöhung der Teesteuer abgesetzt wurde.
Der erste schriftliche Hinweis auf die Einfuhr von Tee nach Europa stammt von Giovanni Battista Ramusio, der um das Jahr 1550 schrieb, daß ihm arabische Händler unter anderem »Chiai Catai« (Tee der Chinesen) überbracht hätten.
Die erste Teeladung, die zum

allgemeinen Verbrauch bestimmt war, wurde im Jahre 1610 von der Holländisch-Ostindischen Kompanie aus Formosa nach Europa gebracht. Der Kaufmann Jan Snyder versuchte allerdings vergeblich, die Fracht zuerst in Amsterdam und dann in London zu löschen, und geriet dadurch sogar in Zahlungsschwierigkeiten.
Der holländische Arzt C. Dekker führte im Jahr 1657 den Tee am Hof Friedrich Wilhelms I. von Brandenburg-Preußen ein. Der Arzt hielt Tee für eine wirksame Medizin gegen verschiedene Krankheiten und soll manchen Patienten bis zu 60 Tassen pro Tag verordnet haben.
Aus den sechziger Jahren des 17. Jahrhunderts ist aus England eine Preisliste erhalten:

»Teeblätter waren in England für sechs Pfund und manchmal sogar für zehn Pfund pro Pfund verkauft worden. In Anbetracht seiner Kostbarkeit und seines hohen Preises wurde Tee als Delikatesse nur zu besonderen Anlässen und Lustbarkeiten gereicht und war bis zum Jahr 1651 Prinzen und Edelleuten zum Geschenk gemacht worden. Der genannte Thomas Garway erwarb eine gewisse Menge davon und verkaufte den erwähnten Tee erstmals öffentlich in Blätterform oder als Getränk, das gemäß den Anweisungen der erfahrensten Kaufleute und Reisenden nach diesen östlichen Ländern zubereitet wurde ... Der erwähnte Thomas Garway bietet Tee zum Preis von sechzehn bis fünfzig Shilling pro Pfund zum Verkauf an.«

Vor dem Jahr 1839 stammte aller in England getrunkener Tee aus China. Am 10. Januar dieses Jahres wurde erstmals Tee aus Indien, fünf Kisten Assam Pekoe und zwei Kisten Assam Souchong, auf einer Auktion der Ostindischen Kompanie versteigert. Alle acht Kisten kaufte ein gewisser Kapitän Pitting zum Schleuderpreis von 16 Shilling im Vergleich zum normalen Pfundpreis von 34 Shilling.
Den ersten paketierten Tee verkaufte John Horniman aus Ryde, Isle of Wight, im Jahr 1826: Packungen zu $^1/_8$ kg und $^1/_4$ kg, die garantiert nur reinen, unverschnittenen Tee enthielten.

Teebeutel
Die ersten Teebeutel wurden etwa im Jahr 1920 von Joseph Krieger in San Francisco hergestellt. Zu Beginn wurden sie fast ausschließlich von Gastwirten verwendet, aber um 1935 ergab eine Erhebung, daß die meisten Teebeutel in den USA von Hausfrauen gekauft wurden.

Telefon

Das erste Telefon, das in der Lage gewesen sein mag, mit Hilfe elektrischer Impulse die Sprache verständlich zu übertragen, wurde von dem gebürtigen Florentiner Antonio Meucci in Havanna im Jahr 1849 gebaut. Er behauptete später, mit seinem Apparat imstande gewesen zu sein, sich vom Erdgeschoß seines Hauses aus mit seiner kranken Frau im dritten Stock zu unterhalten. Meucci war zu arm, um seine Erfindung patentieren zu lassen, doch konnte er im Jahr 1871 mit Hilfe eines Darlehens von 20 Dollar eine einstweilige Verfügung erwirken. Obwohl seine Erfindung niemals öffentlich vorgeführt worden war, scheint doch aus der Beschreibung in der Verfügung hervorzugehen, daß der Apparat zur wohl unvollkommenen, aber doch verständlichen Übertragung der Sprache geeignet war.
Das erste Telefon, das öffentlich vorgeführt wurde, wurde im Jahr 1860 von dem Lehrer Johann Philipp Reis aus Friedrichsdorf bei Frankfurt gebaut. Es bestand aus einem Violinkasten als Resonator, einem ausgehöhlten Spund eines Bierfasses als Mundstück und einer gespannten Wursthaut als Membrane. Ein verbessertes Modell wurde am 26. Oktober 1861 der Physikalischen Gesellschaft in Frankfurt vorgeführt, wobei Lieder über eine 90 m lange Leitung zwischen dem Tagungsraum und dem Allgemeinen Krankenhaus übertragen wurden. Die Zuhörer behaupteten, die Melodien erkannt zu haben, doch es ist zweifelhaft, ob sie mehr als einige Worte verstehen konnten.
Moderne Versuche mit den Reisschen Telefonen haben nämlich ergeben, daß die Übertragung verständlicher Sprache nur stoßweise möglich war.
Das erste Telefon, mit dem man Sprache deutlich und zusammenhängend übertragen konnte, wurde am 9. März 1876 Alexander Graham Bell aus Edinburgh patentiert.
Die erste zusammenhängende Botschaft wurde am 10. März 1876 im Haus Exeter Place 5 in Boston, Massachusetts, übermittelt, als Bell seinen Assistenten Thomas Watson mit den Worten zu sich rief: »Kommen Sie, Watson, ich brauche Sie!«
Bells erstes sprechendes Telefon wurde am 25. Juni 1876 im Rahmen der 100-Jahr-Feiern in Philadelphia öffentlich vorgeführt. Zunächst erregte es wenig Aufmerksamkeit und wäre von den Sachverständigen vielleicht unbeachtet geblieben, hätte sich nicht der Kaiser von Brasilien dafür interessiert: Er eröffnete die erste Telefonunterhaltung mit den Worten: »Mein Gott – es spricht!«
Bereits im Jahr 1877 wurde die erste Telefonverbindung Europas zwischen dem Generalpostamt und dem Generaltelegraphenamt in Berlin eröffnet.

Ständige Telefonanlage
Die erste ständige Telefonanlage für den privaten Gebrauch wurde am 4. April 1877 bei Charles Williams jr. in dessen Haus in Somerville, Massachusetts, und in seinem Büro in der Court Street 109 in Boston installiert, und zwar von ihm selbst. Williams, ein Elektroingenieur, nahm im selben Monat die Erzeugung der Bellschen Telefonzellen auf.
Die erste Errichtung eines Telefons für den Geschäftsbetrieb (von Bell und seinen Gesellschaftern abgesehen) erfolgte im Mai 1877 durch die Wasserwerke von Cambridge, Massachusetts, die ihr Büro in Cambridge mit ihrem Werk am Fresh Pond telefonisch verbanden. Die Miete für ein Geschäftstelefon betrug 40 Dollar pro Jahr, für ein privates Telefon das Doppelte.

Telefonvermittlung
Die erste Telefonvermittlung wurde von Edwin Holmes, dem Eigentümer der Holmes Burglar Alarm Co., in der Washington Street 342 in Boston installiert und am 17. Mai 1877 in Betrieb genommen. Fünf der Klienten von Holmes, davon vier Banken, waren über die bestehenden Einbruchsalarmleitungen verbunden. Die Vermittlung war nur tagsüber besetzt, während der Nacht dienten die Leitungen ihrem ursprünglichen Zweck. Für den Telefondienst wurde keine Gebühr eingehoben.
Die erste zentrale Telefonvermittlung wurde von Isaac D. Smith, dem Vertreter der New England Telephone Co. in Hartford, Connecticut, nach einer Ankündigung im »Hartford Courant« vom 17. August 1877 eingerichtet:

»Bei der regelmäßigen Sitzung der allopathischen Ärzte am Montagabend wurden erfolgreiche Versuche mit Telefonen durchgeführt. Es wurde vorgeschlagen, mit Hilfe der neuen Erfindung ein Kommunikationssystem zwischen den Ärzten einzurichten, so daß nach Anruf bei der Zentrale in der Capitol-Avenue-Apotheke leicht eine Verbindung zwischen den Ordinationen zum Zweck des Meinungsaustausches hergestellt werden kann.«

Am 8. Oktober 1877 pries Smith in einem Inserat die Telefonvermittlung als gewerbliches Unternehmen an, ein Monat später hatte er 17 Teilnehmer.

Hauptberuflicher Telefonist
Der erste hauptberufliche Telefonist war George Willard Coy, der am 28. Januar 1878 seine Arbeit in der Telefonzentrale der District Telephone Co. in New Haven, Connecticut, aufnahm. Zunächst war die auf einen Anruf übliche Antwort »Ahoi! Ahoi!«, doch wurde diese später durch »Hallo« ersetzt.

Telefonistin
Die erste Telefonistin war Miß Emma Nutt, die am 1. September 1878 in der Telefonzentrale der Edwin Holmes Telephone Despatch Co. in Boston zu arbeiten begann. Mitte der achtziger Jahre waren die meisten Telefonzentralen mit Frauen besetzt; man fand, daß Burschen für diese Tätigkeit zu geschwätzig waren.

Automatische Telefonzentrale
Die erste automatische Telefonzentrale wurde am 12. März 1889 dem Unternehmer Almon B. Strowger aus Kansas City patentiert. Es heißt, daß Strowger zur Erfindung der automatischen Telefonvermittlung dadurch veranlaßt wurde, daß die Frau seines ärgsten Geschäftsrivalen als Telefonistin der Telefonzentrale von Kansas City alle Kunden an ihren Mann vermittelt. Der Prototyp der Automatik wurde unter Verwendung einer Kragenschachtel und einer Anzahl gebrauchter Zündhölzer improvisiert.
Die erste Anlage von Strowger wurde am 3. November 1892 in La Porte, Indiana, eröffnet. Sie wurde bald im amerikanischen Jargon als das »girlless, cussless telephone« (das Telefon ohne Mädchen und ohne Flüche) bekannt. Strowger verwendete bei seinem ersten System noch keine Wählscheibe, sondern man mußte drei Tasten bedienen, je eine für die Einer-, Zehner- und Hunderterstelle. Zum Herstellen einer Verbindung drückte der Teilnehmer jede der Tasten so oft, als es der gewünschten Nummer entsprach.

Telefon mit Wählscheibe
Die ersten Telefone mit Wählscheiben wurden im Jahr 1896 an die Private Automatic Exchange im Rathaus von Milwaukee angeschlossen. Die Scheibe wurde mit Hilfe herausstehender Flügel gedreht, die Idee mit den Löchern kam erst später.

Telefon: Zeitansage

Die erste telefonische Zeitansage wurde von Esclangon, dem Direktor der Pariser Sternwarte, für das französische Post- und Telegraphenministerium ersonnen und im Bereich von Paris am 14. Februar 1933 in Betrieb genommen. Die Idee einer telefonischen Zeitansage kam Monsieur Esclangon, weil er der vielen Telefonanrufe mit der Bitte um genaue Zeitangabe überdrüssig war, mit denen seine Mitarbeiter am Observatorium belästigt wurden. Wählte man ODEon 84 00, konnten die Pariser die Stimme des bekannten Radiosprechers Marcel Laporte hören, der die präzise Zeit in Stunden, Minuten und Sekunden ansagte.
Da die »Horloge Parlante« (telefonische Zeitansage) mit den Chronometern der Sternwarte synchronisiert war, gab es über ihre Genauigkeit

keine Zweifel. Offenbar blieb das nicht so. Kurz vor dem Zweiten Weltkrieg, nachdem das System auch auf die Provinzen ausgedehnt worden war, besuchte ein hoher Ministerialbeamter das Hauptpostamt von Marseille und fragte den für die Zeitansage verantwortlichen Ingenieur, wie er die genaue Zeit regulierte. »Höchst einfach«, war seine Antwort, »ich halte mich an das Zeitsignal von Radio Marseille«. Der Beamte rief daraufhin bei der Rundfunkstation an, um dort zu erfahren, woher sie die genaue Zeit für ihr Zeitzeichen hätten. »Das ist ganz leicht«, kam prompt die Antwort, »wir rufen einfach die Zeitauskunft an.«

Telefonzelle

Die erste Telefonzelle für die Öffentlichkeit wurde am 1. Juni 1880 von der Connecticut Telephone Co. in New Haven in Betrieb genommen. Die erste mit Münzeinwurf wurde im Jahr 1889 in der Hartford Bank in Hartford, Connecticut, von der Southern New England Telephone Co. installiert. Im Jahr 1891 gründete der Erfinder des Münzautomaten, William Gray, die Gray Telephone Pay Station Co., die Telefone mit Münzeinwurf an Geschäftsinhaber vermietete.

Telegraf

Der erste elektrische Telegraf wurde im Jahr 1787 von Monsieur Lomond in Paris konstruiert und von dem englischen Reisenden Arthur Young in dessen Tagebuch am 16. Oktober desselben Jahres beschrieben:

»Am Abend zu M. Lomond, einem sehr klugen und erfinderischen Mechaniker . . . Er hat auf dem Gebiet der Elektrizität eine bemerkenswerte Entdeckung gemacht: Man schreibt zwei oder drei Worte auf ein Stück Papier; er nimmt es mit in ein Zimmer, wo er eine in einem zylindrischen Gehäuse eingeschlossene Maschine dreht, an deren Oberseite sich ein Elektrometer mit einem kleinen Kügelchen befindet. Ein Draht führt zu einem ähnlichen Zylinder mit einem Elektrometer in einem anderen Raum, wo seine Frau die entsprechenden Bewegungen des Bällchens beobachtet und die Wörter niederschreibt, die sie bedeuten. Es scheint, als ob er die Bewegungen in ein Alphabet übersetzte. Da der erzielte Effekt unabhängig von der Länge des Drahtes ist, könnte man über jede Entfernung hinweg korrespondieren; beispielsweise mit einer belagerten Stadt oder aus einem noch wichtigeren Anlaß und einem tausendmal harmloseren Grund – zwischen zwei heimlichen oder verhinderten Liebenden.«

Der zweite funktonierende elektrische Telegraf, der im 18. Jahrhundert gebaut wurde, zugleich der erste, der außer Haus installiert war, stammt von dem Spanier Don Francisco Salvá. Er führte seine Erfindung am 16. Dezember 1795 der Akademie der Wissenschaften in Barcelona vor. Zwei aus je 17 Drähten bestehende Kabel wurden von der Akademie aus über den Fluß Ramblas zum Fort Ataranzanas gespannt, eine Entfernung von 1 km. Jedes Kabel verband eine Reihe von 17 Leidener Flaschen mit einem Satz der 17 wichtigsten Buchstaben des Alphabets, die aus Zinnblech ausgeschnitten waren. Wurde durch Entladung einer Leidener Flasche ein elektrischer Impuls ausgesandt, blitzte der entsprechende Buchstabe aus Zinnblech auf. Später entwickelte Don Salvá einen verbesserten Telegrafen mit einem Kabel, der im Jahr 1798 zwischen Madrid und Aranjuez (40 km) errichtet wurde.

Nadeltelegraf

Der erste Nadeltelegraf wurde in Poitiers von Jean Alexandre, dem angeblichen illegitimen Sohn von Jean-Jacques Rousseau, gebaut und am 5. November 1801 in Alexandres Haus vor dem Präfekten von Vienne, Monsieur Cochon, demonstriert. In seinem Bericht an den Innenminister bemerkte Cochon:

»Wir wurden in einen Raum im Erdgeschoß geführt, in dessen Mitte ein Kasten von annähernd 1,5 m Höhe und etwa 30 cm Breite und Tiefe stand. Oben befand sich eine Scheibe, um die herum alle Buchstaben des Alphabets nachgezeichnet waren. Eine ausbalancierte Nadel oder ein Zeiger bewegte sich auf Kommando eines entfernten und unsichtbaren Vermittlers um den Kreis und stoppte über denjenigen Buchstaben, die er übermitteln wollte . . . Zwischen dem Vermittler und uns entwickelte sich eine regelrechte Korrespondenz, und der Erfolg ließ keine Wünsche offen.«

Alexandre wiederholte seine Demonstration im Juni 1802 in Tours, und bei dieser Gelegenheit übermittelte General Pommereul die erste Botschaft mit einem elektrischen Telegrafen, deren Wortlaut überliefert ist: »Das Genie kennt keine Grenzen.« In der Folge ging Alexandre mit einem gewissen Monsieur Beauvais eine Partnerschaft ein, um seine Erfindung kommerziell auszuwerten; es gelang ihm jedoch nicht, die nötige staatliche Unterstützung aufzutreiben.
Der erste regelmäßig betriebene elektrische Telegraf wurde von Carl Friedrich Gauß, dem Leiter der Sternwarte Göttingen, und dem Physiker Wilhelm Weber in Göttingen im Jahr 1833 errichtet. Die Linie war etwa 2 km lang und wurde zur Übermittlung von astronomischen Daten des Observatoriums benützt.

Schreibender Telegraf

Der erste schreibende Telegraf wurde von Carl August von Steinheil auf der 20 km langen Strecke zwischen

München und Bogenhausen eingerichtet und im Juli 1837 in Betrieb genommen. Steinheil hatte ein System ersonnen, in dem die Buchstaben des Alphabets in Punkten dargestellt wurden, ähnlich wie bei der Blindenschrift von Braille. Die Nachrichten wurden dabei automatisch auf Papierstreifen gedrückt.

Der erste kommerziell erfolgreiche elektromagnetische Schreibtelegraf wurde von Samuel Morse erfunden. Die erste Telegrafenlinie wurde am 27. Mai 1843 zwischen Washington und Baltimore eröffnet.

Seine ersten praktischen Experimente unternahm Morse am 2. Oktober 1837 mit einem Kode, der aus zickzackförmigen Linien bestand. Im folgenden Jahr führte Morse ein System ein, das aus Punkten und Strichen zusammengesetzt und von seinem Partner Alfred Vail erfunden worden war. Eine Feder zeichnete Linien und Punkte auf, die den Intervallen entsprachen, in denen der Telegrafist am anderen Ende der Leitung auf seine Taste drückte. Die Nachricht sollte dann an Hand des mit Strichen und Punkten bedeckten Papierstreifens entziffert werden, aber die Angestellten in der Empfangsstation fanden bald heraus, daß sie die Botschaften durch bloßes Abhören des Tickens entschlüsseln und gleich niederschreiben konnten.

Ohne die Verdienste Morses schmälern zu wollen, muß an dieser Stelle dennoch festgehalten werden, daß er weder den ersten elektrischen Telegrafen erfunden noch den ersten kommerziellen Telegrafendienst betrieben hat. Professor Henry vom Smithonian Institute sagte im Jahr 1850 in Washington, daß es ihm

»nicht bekannt ist, daß Mr. Morse ... jemals eine einzige originale Entdeckung auf den Gebieten der Elektrizität, des Magnetismus oder Elektromagnetismus gemacht habe, die auf den Telegrafen anwendbar gewesen wäre. Ich habe sein Verdienst stets dahingehend betrachtet, die Entdeckungen anderer miteinander kombiniert und daraus einen speziellen Apparat und ein System für telegrafische Zwecke entwickelt zu haben.«

Nichtsdestoweniger können Morse die Meriten nicht abgesprochen werden, daß sein Apparat im 19. Jahrhundert weiter verbreitet war als alle anderen.

Fernschreiber

Der erste Fernschreiber (Schreibtelegraf, der die empfangenen Botschaften in römischen Schrifttypen niederschreibt) wurde im Jahr 1846 von Royal E. Hous in Vermont erfunden und im März 1849 von der New Jersey Magnetic Telegraph Co. zwischen New York und Philadelphia in Betrieb genommen. Eine zweite Leitung, die im darauffolgenden Jahr zwischen Boston und New York fertiggestellt wurde, war ausschließlich Pressetelegrammen vorbehalten.

Faksimiletelegraf

Der erste Faksimiletelegraf, der gewerblich verwendbar war, hieß »Pentelegraph« und wurde im Jahr 1854 von Abbé Giacomo Caselli entwickelt und später von Gustave Fromen perfektioniert. Am 16. Februar 1863 wurde der Pentelegraph auf der Eisenbahn-Telegrafenlinie Paris—Lyon zur öffentlichen Benützung freigegeben; er diente zur Übermittlung von Autografen, Dokumenten usw. Die Gebühren wurden nach dem Gesamtumfang des Textes oder der Zeichnung berechnet, ursprünglich betrug sie 20 Centimes pro Quadratzentimeter. Eine zweite Faksimiletelegrafenlinie wurde im Jahr 1867 zwischen Marseille und Lyon eingerichtet.

Das erste System zur telegrafischen Übermittlung von Fotografien wurde im Jahr 1904 von Prof. Arthur Korn von der Universität München entwickelt. Der Apparat konnte ein Foto mit den Ausmaßen 9 × 16 cm in etwa 30 Minuten reproduzieren. Die Rechte wurden von den Blättern »L'Illustration« in Paris und »Daily Mirror« in London erworben. Die erste Übermittlung einer zur Veröffentlichung bestimmten Fotografie fand am 8. November 1907 zwischen den beiden Zeitungen statt.

Das erste Foto, das auf diesem Weg empfangen wurde, war eine 5,5 mal 7,5 cm große Aufnahme von König Edward, die innerhalb von 12 Minuten über ein Unterwasserkabel des Ärmelkanals von Paris nach London geschickt wurde. Am nächsten Tag erschien sie in einer Vergrößerung von 11,5 × 16,5 cm im »Daily Mirror«. Fotos des damaligen französischen Präsidenten Faileres und eines Mitglieds des britischen Parlaments wurden als Gegenleistung von London an »L'Illustration« gesandt.

Der erste kommerziell betriebene drahtlose Faksimileübermittlungsdienst wurde im April 1926 von der Marconi Co. in London und der RCA in New York aufgenommen. Die erste übertragene Aufnahme war ein Foto vom jährlichen Dinner der Pilgrims Society, das von London aus in 1 Stunde und 25 Minuten an die »New York Times« ging und in der nächsten Ausgabe der Zeitung publiziert wurde.

Ein schneller funktionierendes System zur fotografischen Übermittlung, der Marconi-Wright-Radiofaksimileapparat, wurde am 3. November 1929 in Betrieb genommen.

Transatlantisches Kabel

Das erste transatlantische Kabel zwischen Europa und Amerika wurde im Jahr 1858 von Valentia, Irland, nach Neufundland gelegt. (Siehe Telegramm)

Telegramm

Der erste öffentliche Telegrafendienst wurde im Mai 1843 auf der Telegrafenleitung der Great Western Railway von Paddington nach Slough (bei London) aufgenommen. Auf einer Vorstandssitzung im Januar desselben Jahres war beschlossen worden, daß William Cooke, der Patentinhaber des Systems, der Gesellschaft die freie Benützung des Telegrafen gestattete und daß er bzw. die Lizenzinhaber dafür die Telegrafenlinie als kommerzielles Unternehmen für die Öffentlichkeit betreiben dürfen.
Thomas Home erwarb die Rechte von Cooke gegen eine Jahresrente von 170 Pfund. Am 16. Mai 1843 wurden die ersten bezahlten Telegramme der Welt auf der 32 km langen Strecke mit Cookes elektrischem Telegrafen durchgegeben. Die Telegrammgebühr betrug, ungeachtet der Zahl der Worte, 1 Shilling. Auf beiden Seiten standen ständig Boten in Bereitschaft, um die Telegramme an jede Adresse in London, Windsor, Eton, Slough oder in den benachbarten Bezirken auszutragen. Kunden, die das neue Kommunikationsmittel ausprobieren wollten, in der Umgebung von Slough aber keine Bekannten hatten, konnten Fragen an den Telegrafisten am anderen Ende der Leitung stellen, oder eine Glocke läutete im Aufgabebüro zum Zeichen, daß die Nachricht empfangen worden war.
Das Telegrafenamt in Paddington befand sich auf dem Ankunftsbahnsteig, während es in Slough in einem eigenen Gebäude untergebracht war, das »Telegraph Cottage« genannt wurde. Neugierige konnten die Ämter gegen eine Gebühr von 1 Shilling zwischen 9 Uhr früh und 8 Uhr abends besichtigen. Home vermerkte stolz, daß »in der Besucherliste die illustren Namen einiger gekrönter Häupter

Das Telegrafenamt in Slough, England, wo das erste bezahlte Telegramm aufgegeben wurde, 16. Mai 1843.

Europas und fast der ganze englische Adel« aufschienen.
Nach viereinhalb Jahren Betrieb übertrug Home seine Lizenz der Electric Telegraph Co.; im Juni 1849 wurde die Linie eingestellt. Über die weitere Laufbahn von Thomas Home, dem Pionier auf dem Gebiet der bezahlten Telegramme, ist wenig bekannt. Man weiß nur, daß er sich 1865 als Ziegel- und Abflußröhrenerzeuger in Brill, Buckinghamshire, niederließ und im Jahr 1898 dort starb.
Das Wort Telegramm wurde im Druck zum erstenmal am 6. April 1852 von der Zeitung »Albany Evening Journal« aus Albany (New York) veröffentlicht: »Ein Freund wünscht bekanntzugeben, daß er um Erlaubnis bitten wird, ... ein neues Wort einzuführen ... Es ist Telegramm an Stelle von telegrafischer Depesche oder telegrafischer Nachricht.«
Der »Freund«, von dem die Rede war, hieß E. P. Smith aus Rochester, New York. Sein Vorschlag erweckte die Kritik der humanistisch Gebildeten, die ihm entgegenhielten, daß das Wort, vom Griechischen abgeleitet, eigentlich Telgraphem heißen müßte. Smiths Wortbildung jedoch war kürzer und einprägsamer und hatte um 1860 schließlich die umständlicheren Bezeichnungen verdrängt.

Pressetelegramm

Das erste Pressetelegramm wurde am 25. Mai 1844 mit einem

Morsetelegrafen von einem Reporter aus Washington an den Herausgeber des »Baltimore Patriot« geschickt. Es lautete: »1 Uhr – Gerade wurde über die Oregonfrage abgestimmt. Abgelehnt. 79 Jas, 86 Neins.« Die New Yorker »Daily Sun« kommentierte: »Das ist wahrhaftig die Überwindung des Raumes.«

Glückwunschtelegramm
Das erste Glückwunschtelegramm wurde von Rex Whistler entworfen und von Sir Kingsley Wood am 24. Juli 1935 herausgebracht. Für einen Aufschlag von 3 Pence konnten Glückwünsche auf einer festlich gestalteten Karte in einem goldenen Umschlag bestellt werden. Das erste Glückwunschtelegramm wurde am 14. Februar 1936 zum St.-Valentins-Tag aufgegeben

Telegramm rund um die Erde
Das erste Telegramm rund um die Erde wurde im Jahr 1903 von der Pariser Zeitung »Le Temps« aufgegeben. Es brauchte für die 40 000 km lange Strecke ohne besondere Vorbereitung von 11.35 Uhr bis 17.55 Uhr.

Teleskop

Das erste Teleskop wurde am 2. Oktober 1608 von dem Brillenmacher Hans Lippershey dem Statthalter der Niederlande überreicht, um sein Ansuchen um ein Patent zu unterstützen. Zwei Tage später prüfte ein Ausschuß das Instrument und kam am 6. Oktober überein, dem Erbauer dafür 600 Gulden zuzuerkennen.
Das Gesuch um ein Patent wurde mit der Begründung abgelehnt, daß »die Mittel, um in die Ferne zu sehen«, auch schon anderen bekannt seien. Dies legt die Annahme nahe, daß Lippersheys Erfindung nicht die erste ihrer Art war, es sei denn, das Komitee war lediglich der Meinung, daß das Vergrößerungsvermögen von Linsen schon bekannt war.
Der erste, der ein Teleskop für astronomische Beobachtungen benützte, war der Mathematiker Thomas Harriott, der »Vater der modernen Algebra«. Er fertigte im Juni 1609 mit einem Instrument, das er sich aus Holland besorgt hatte, zwei Mondskizzen an. Harriott wohnte damals in Isleworth, Middlesex, in einem Haus mit vier Türmen. Von einem machte er wahrscheinlich seine Beobachtungen. Zwischen Dezember 1610 und Januar 1611 machte er 199 Beobachtungen von Sonnenflecken. Die frühen holländischen Teleskope vergrößerten lediglich im Verhältnis 3 : 1, Harriott jedoch hatte vor seinem Tod im Jahr 1621 Geräte mit 50facher Vergrößerung in Gebrauch.
Die erste bedeutsame astronomische Entdeckung mit Hilfe eines Teleskops gelang Galileo Galilei am 10. Januar 1610 mit der Identifizierung der Jupitersatelliten. Die Beobachtungen erfolgten von dem Haus aus, das Galilei in Padua bewohnte; er verwendete dazu ein Teleskop, das er selbst entworfen hatte.

Teppichkehrer

Der erste Teppichkehrer, der brauchbar war, wurde von Melville R. Bissell am 19. September 1876 zum Patent angemeldet. Bissell, Eigentümer eines Chinaladens in Grand Rapids, Michigan, litt an Kopfschmerzen, die von dem staubigen Stroh herrührten, in das seine Waren verpackt waren. Daher konstruierte er einen Kehrer mit einer gefederten Bürstenrolle, die durch Druck auf den Griff betätigt wurde. Bissell gründete mit seiner Frau die Firma Bissell Carpel Sweeper Co., um sein Produkt auf den Markt zu bringen. Die meisten Einzelteile wurden von Frauen in Heimarbeit angefertigt und dann von Mr. und Mrs. Bissell zusammengesetzt.

Theater

Das erste Theater als ständige und öffentliche Einrichtung, das schriftlich überliefert ist, gab es um 1531 im norditalienischen Ferrara.
Das erste gedeckte Theater war eine Halle im Hôtel de Bourgogne in Paris, die im Jahr 1548 von der Confrérie de la Passion übernommen und für die Bühne adaptiert wurde. Die Gesellschaft war im Jahr 1402 entstanden, um Mysterienspiele aufzuführen. Nach 146 Jahren wurde ihr die Befugnis dazu entzogen. Eine neuerliche Bewilligung, Bühnenstücke aufzuführen, wurde unter der Bedingung zugesagt, daß sich die Gesellschaft auf weltliche Dramen beschränken würde. Dieser Vorbehalt regte die Künstler dazu an, sich auf die Suche nach einem ständigen Schauspielhaus zu begeben. Nach dem Umbau wurde das Theater im Hôtel de Bourgogne mit einer erhöhten Bühne ausgestattet, vor der sich ein Stehparterre befand. Die Bankreihen verliefen ansteigend nach hinten; an den Seiten des engen Zuschauerraums waren Galerien angebracht, die am teuersten waren. Die Räumlichkeiten wurden bis zum Jahr 1673, als die Gesellschaft in die Comédie Française übersiedelte, als Theater benutzt.
Das erste gedeckte Theater, das als solches geplant und gebaut wurde, war das Teatro Olimpico in Vicenza, Italien, das von dem berühmten Architekten Andrea Palladio kurz vor seinem Tod im Jahr 1580

entworfen wurde. Das Gebäude wurde von seinem Schüler Vicenzo Scamozzi fertiggestellt und am 3. März 1585 mit einer Aufführung von »Oedipus Rex« eröffnet. Das Teatro Olimpico ist heute noch in Betrieb.

Bühnendekoration
Die erste Bühnendekoration wurde in einer Aufführung von »Cassaria« von Ludovico Ariosto in Ferrara im Jahr 1508 verwendet. Ein zeitgenössisches Dokument beschreibt sie als »ein Gemälde und eine Szenerie mit Häusern, Kirchen, Türmen und Gärten«, angefertigt von dem Renaissancekünstler Pellegrino da Udine.
Fast das ganze 16. Jahrhundert hindurch verwendete man auf italienischen Bühnen für ein Stück eine einzige Dekoration, entweder einen bemalten Hintergrund oder, häufiger, eine aus Holz und Stoff gefertigte dreidimensionale Nachahmung eines Stadtplatzes.
Das erste Theater, in dem während einer Aufführung die Szenerie gewechselt wurde, wurde im Jahr 1585 von Bernardo Buontalenti in den Uffizien in Florenz gebaut. Seine Dekorationsentwürfe enthielten auch Spezialeffekte, wie etwa eine winterliche Landschaft, die sich vor den Augen der staunenden Zuschauer in eine Frühlingslandschaft verwandelte.
Kulissen im heutigen Sinn wurden im Jahr 1606 von Giovanni Battista Aleoti in der Academia degli Interpreti in Ferrara eingeführt.

Drehbühne
Die erste Drehbühne wurde von dem japanischen Dramatiker Namiki Shozo erdacht und erstmals am 22. Dezember 1758 am Kado-za-Puppentheater in Osaka vorgeführt. Der drehbare Teil war über der Hauptbühne angebracht.
Die erste Drehbühne moderner Bauart (in gleicher Höhe mit der Vorbühne) und die erste, die in ein reguläres Schauspielhaus eingebaut wurde, hatte das Nakamura-za-Theater in der japanischen Stadt Tokio. Die drehbare Bühne wurde im Jahr 1793 anläßlich einer Aufführung des Stückes »Die Geschichte von Azuma« verwendet. Die Drehscheibe der frühen japanischen Drehbühnen war mit Seilen an handbetriebenen Winden befestigt, die sich an beiden Seiten der Bühne befanden.
Nach Europa kam die Neuerung im Jahr 1896, als Direktor Lautenschlager im Münchner Residenztheater eine Drehbühne installieren ließ.

Thermometer

Das erste Thermometer wurde von Galileo Galilei während seiner Lehrtätigkeit als Professor für Mathematik an der Universität von Padua in den Jahren 1592 bis 1610 ersonnen. Das genaue Datum der Erfindung ist nicht bekannt. Galileis Biograph Vincenzo Viviani behauptete im Jahr 1654, daß Galilei es schon zwischen 1592 und 1597 konstruiert hätte. Andererseits erwähnte sein Freund Benedetto Castelli in einem Brief vom 20. September 1638, daß Galilei ein »Instrument zum Messen von Hitze- und Kältegraden . . . vor mehr als 35 Jahren« konstruiert habe. Diese Behauptung hatte einige Experten dazu veranlaßt, das Jahr 1603 als Entstehungsjahr des Thermometers anzunehmen.
Der früheste zeitgenössische Beleg sind drei Briefe eines venezianischen Regierungsbeamten namens Giovanfrancesco Sagredo an Galilei, die aus den Jahren 1612 und 1613 stammen. Im ersten dieser Briefe schreibt Sagredo die Erfindung Sanctorius zu, von dem man weiß, daß er ein Thermometer gebaut hat, das er sowohl zur Messung der Körper- als auch der Lufttemperatur benützte. Im zweiten Brief gibt der Schreiber Galilei den Vorrang; im dritten, datiert vom 27. Juli 1613, liefert er uns den ersten Hinweis, daß das Thermometer regelmäßig zur Temperaturmessung herangezogen wurde:

»Das Eintreffen Ihres besonders köstlichen Weines und die derzeit herrschende Hitze veranlassen mich zu der Überlegung, die Hitze zu messen und den Wein zu kühlen. Die Hitzemessung ist schon fast bis zur Perfektion gelungen, und ich habe in den letzten 15 Tagen darüber Aufzeichnungen gemacht.«

Das erste offiziell geförderte Messungsunternehmen wurde auf Veranlassung von Ferdinand II., Großherzog von Toskana, im Jahr 1654 in Angriff genommen. Luigi Antinori erhielt den Auftrag, in Parma, Mailand, Bologna und Florenz meteorologische Stationen mit Beobachtern einzurichten. Die Ablesung der Temperatur erfolgte mit Hilfe von spiritusgefüllten Glasthermometern, deren Skala 50 Grad umfaßte. Die einzigen noch erhaltenen Aufzeichnungen der täglich vorgenommenen Messungen stammen aus dem Engelskloster in Florenz, wo sie zwischen 15. Oktober 1654 und 31. März 1670 gemacht wurden.
(Siehe Zentesimal-Temperaturskala)

Tiefkühlkost

Die Idee, Tiefkühlobst für den Verkauf einzeln zu verpacken, stammt von Clarence Birdseye. Sie wurde am 6. März 1930 das erste Mal von zehn Lebensmittelhändlern in Springfield, Massachusetts, zum Verkauf angeboten. Birdseye hatte sich für die Möglichkeit, leicht verderbliche Lebensmittel durch Tiefgefrieren haltbar zu machen, während seiner

Tätigkeit in Labrador zu interessieren begonnen, wo er zwischen 1912 und 1915 im Auftrag der US-Regierung an einer Studie über den Fisch- und Wildtierbestand arbeitete. Er schrieb darüber:

»In diesem ersten Winter sah ich, daß die Eingeborenen bei tiefen Minustemperaturen Fische fingen, die sofort gefroren waren, nachdem man sie aus dem Wasser gezogen hatte. Monate später, als sie auftauten, waren einige dieser Fische sogar noch am Leben.«

Ebenfalls in Labrador lernte Birdseye, daß man frisches Gemüse konservieren konnte, indem man es in ein Faß mit Wasser legte und fest einfrieren ließ.
Im Jahr 1924 gründete er in Gloucester, Massachusetts, die Firma General Seafoods Corp., um das Verfahren kommerziell weiterzuentwickeln. Fünf Jahre später verkaufte er das Unternehmen um 22 Millionen Dollar an die Firma Postum Co. Es wurde vereinbart, daß Birdseyes Name (Vogelauge), in zwei Hälften geteilt, als Markenname dienen sollte.
Das Anfangssortiment, mit dem die Postum Co. in Springfield den Markt belieferte, umfaßte Erbsen, Spinat, Himbeeren, Kirschen, Fische und verschiedene Fleischsorten. Der Absatz war zunächst schlecht, zum Teil, weil die Tiefkühlwaren in den Schränken für Eiscreme untergebracht und schlecht zu sehen waren, zum Teil aber auch wegen der relativ hohen Preise. Einer der ersten Händler, der Tiefkühlkost verkaufte, erinnerte sich später, daß er »ungefähr fünf Minuten eindringlich auf eine zögernde Hausfrau einreden mußte, damit sie endlich ein Päckchen Erbsen um 35 Cent kaufte«.
Aber schon im Jahr 1933 gab es in den USA 516 Geschäfte, die Tiefkühlkost vertrieben.

Tiefgekühlte Fertiggerichte
Die ersten tiefgekühlten Fertiggerichte waren Hühnerfrikassee und Hackbraten, eingeführt von Birds Eye im Jahr 1939. Andere Hersteller brachten im selben Jahr Huhn in Sauce, Rindsgulasch und gebratenen Truthahn auf den Markt.

Tischtennis

Die ersten Tischtennisausrüstungen wurden von der Firma John Jaques & Son Ltd. erzeugt und im Jahr 1898 unter dem Namen »Gossima« von dem Londoner Unternehmen Hamley Bros auf den Markt gebracht. Der Erfinder des Spieles war der Ingenieur James Gibb, ein bekannter Sportler, der im Jahr 1870 als Cambridge-Schüler die englische Meisterschaft über vier Meilen gewonnen hatte.
Wann er »Gossima« – wie er es nannte – erfunden hat, ist nicht genau zu sagen, man vermutet im Jahr 1889. Es begann als improvisierter Schlechtwetterzeitvertreib am Eßtisch der Familie Gibb, mit Zigarrenschachteldeckeln als Schläger und aus Sektkorken zurechtgemachten Bällen. Da die Bälle zu unregelmäßig waren, versuchte es Gibb mit kleinen Kautschukbällen, die mit weißem Zigarettenpapier umhüllt waren. Diese waren wiederum zu schwer für ein schnelles Spiel, so daß Gibb auf die Idee verfiel, hohle Zelluloidbälle zu verwenden. Er schrieb an das amerikanische Unternehmen Celluloid und erhielt zustimmende Antwort. John Jaques, war von der Idee begeistert. Unter der Bezeichnung Gossima ließ sich das Spiel aber nur schleppend absetzen, und John Jaques beschloß, es »Pingpong« zu nennen. Der Erfolg war durchschlagend. Tischtennis wurde im Jahr 1901 geradezu ein Modefimmel in England. Auch in anderen Ländern wurde das Spiel populär. Nur die Franzosen verhielten sich distanziert; eine Pariser Tageszeitung stellte sogar fest, daß die neue Modetorheit ein Beweis für Englands moralischen Niedergang sei, wenn man sich für Pingpong begeistert, während die englischen Soldaten in Südafrika ihr Leben opferten.
Die Tischtennisschläger waren ursprünglich aus Holz oder mit Pergament überzogene Raketts. Der erste Pingpongschläger mit Gummiauflage wurde im Jahr 1902 hergestellt.
Im Jahr 1901 wurde der erste Tischtennisklub in der City von London gegründet. Im selben Jahr wurde auch das erste offene Tischtennisturnier ausgetragen.

Todesstrafe: Abschaffung

Die ersten Staaten, die in Friedenszeiten die Todesstrafe abgeschafft haben, waren Rußland und Finnland, und zwar im Jahr 1826. Zar Nikolaus I., der im Dezember 1825 die Nachfolge seines Bruders Alexander I. antrat, hatte schon bald Gelegenheit, seine Einstellung zur Todesstrafe zu demonstrieren. Nach der Dezemberrevolution, die unmittelbar nach seiner Thronbesteigung ausgebrochen und nach kurzen Kämpfen niedergeschlagen worden war, wurden 579 Aufständische vor Gericht gebracht. Fast die Hälfte von ihnen wurde freigesprochen; von den Verurteilten wurden 31 nach Sibirien verbannt, 85 ins Gefängnis geworfen, und die meisten auf eine andere Weise in Gewahrsam genommen. Nur fünf der Rädelsführer endeten am Galgen – eine für diese Zeit außerordentliche Demon-

stration von Milde. Nachdem die Ordnung wiederhergestellt war, verkündete der Zar in einer Proklamation, daß er grundsätzlich gegen die Vollstreckung der Todesstrafe sei, und bekräftigte seine Absicht, in Zukunft alle Todesurteile in Verbannungsverdikte umzuwandeln, außer in Fällen von Hochverrat.
Diese Verfügungen galten auch für Finnland, das damals unter russischer Herrschaft stand. Als Finnland im Jahr 1882 seine Selbständigkeit erlangte, sah das neue Strafgesetz zwar die Todesstrafe für bestimmte Verbrechen vor, in der Praxis wurde sie jedoch stets in Freiheitsstrafen umgewandelt. Obwohl die Todesstrafe bis zum Jahr 1949 gesetzlich verankert war, fand die letzte Hinrichtung in Finnland im Jahr 1824 statt.
In einer Reihe von Regierungs- und UN-Publikationen wird behauptet, daß die Todesstrafe erstmals in Liechtenstein, im Jahr 1798, abgeschafft wurde. Es gibt jedoch keine Beweise dafür. Im Gegenteil, Liechtenstein ist heute einer der wenigen Staaten Westeuropas, in denen die Todesstrafe noch gesetzlich verankert ist.
In England wurde die Todesstrafe im Jahr 1965 abgeschafft, in der Bundesrepublik Deutschland 1949, in Österreich 1968 (lt. Bundesgesetzblatt v. 7. 2.) und in der Schweiz 1879.

Tonbandgerät

Das erste Tonbandgerät war das »Telegraphon«, für das der dänische Ingenieur Valdemar Poulsen von der Telefongesellschaft in Kopenhagen im Jahr 1898 ein Patent erhielt. Das Telegraphon verwendete magnetisierten Klaviersaitendraht, der sich mit einer Geschwindigkeit von 2 m pro Sekunde zwischen zwei Spulen bewegte. Die Aufnahmen konnten beliebig gelöscht werden.
Die gewerbliche Erzeugung wurde im Jahr 1903 von der American Telegraphone Co. in Springfield, Massachusetts, aufgenommen; der Apparat wurde als Diktiergerät und automatischer Telefonbeantworter angepriesen. Ein verbessertes Modell mit Gleichstromvormagnetisierung wurde von Lee De Forest im Jahr 1913 bei seinen Tonfilmexperimenten in den Biograph Studios in New York verwendet.
Das Telegraphon hatte noch eine Reihe von Nachteilen, z. B. die geringe Verstärkung – die Aufnahme erfolgte über Kopfhörer – und die unhandliche Größe, die es für den Heim- und Bürogebrauch ungeeignet machten. Daß es aber auf dem Markt nicht richtig ankam, lag eher an dem unfähigen Firmenmanagement als an einem gravierenden Fehler im Poulsenschen Aufnahmesystem; dieses war nicht nur dem Prinzip nach richtig; es stellte auch die Grundlage dar, nach der spätere Erfinder ihre kommerziell erfolgreichen Geräte konstruierten.

Modernes Tonbandgerät
Das erste magnetische Tonaufzeichnungsgerät, bei dem ein Band anstatt eines Drahtes als Tonträger verwendet wird, war das Blattnerphon: Es wurde im Jahr 1929 ursprünglich in den Blattner Colour and Sound Studios in Elstree, London, zur Synchronisation der dort hergestellten Filme benützt. Der Konstruktion durch den Filmproduzenten Louis Blattner lagen die Patente des deutschen Toningenieurs Dr. Kurt Stille zugrunde. Das Gerät war auch das erste Magnettongerät mit elektronischer Verstärkung. Im Jahr 1931 erwarb die BBC das erste für den Handel erzeugte Blattnerphon. Im Jahr 1932 wurde das wahrscheinlich erste ganz aus Bandaufnahmen zusammengestellte Radioprogramm, »Pieces of Tape«, aufgenommen. Im selben Jahr nahm man die Weihnachtsansprache von König George V. auf einem Blattnerphon auf, und zu Beginn des Jahres 1933 richtete die BBC eine eigene Abteilung für Tonbandprogramme ein.
Das Blattnerphon benützte ein Stahlband als Tonträger, das auf großen Spulen aufgewickelt war. Das Gerät war daher so wuchtig und unhandlich, daß man es im allgemeinen nicht transportierte, sondern den zur Aufnahme bestimmten Ton per Draht in die stationäre Maschine einspielte.

Tonbandgerät mit Plastikband
Das erste Bandaufnahmegerät mit Plastikband war das im Jahr 1935 von AEG in Berlin hergestellte Magnetophon. Die Bandgeschwindigkeit betrug 78 cm/s, und obwohl die frühen Modelle dem Blattnerphon in der Leistung unterlegen waren, so sprachen doch die wesentlich niedrigeren Betriebskosten deutlich für die neuen Geräte.
Während die Magnettontechnologie in England und den USA während der Kriegsjahre nicht verbessert wurde, gab es in Deutschland eine Reihe wichtiger Fortschritte. Der hervorstechendste war die Hochfrequenzvormagnetisierung des mit Oxygen beschichteten Tonbandes, die von H. J. von Braunmühl und W. Weber im Jahr 1940 entwickelt wurde. Zu Kriegsende wurden 18 vollständige Magnetophone im AEG-Werk in Berlin von den Alliierten sichergestellt und unter den britischen, französischen und amerikanischen Besatzungsmächten aufgeteilt. Jedes Tonband, das nach 1945 entwickelt wurde, kann als direkter Nachkomme der eroberten deutschen Magnetophone gelten, die bereits alle

wesentlichen Merkmale der gegenwärtig gebauten monauralen Maschinen aufwiesen.

Tonbandgerät für den Heimgebrauch
Das erste Tonbandgerät für den Heimgebrauch war das Modell »Soundmirror«, das von der Brush Development Co. in Cleveland, Ohio, im Jahr 1947 auf den Markt gebracht wurde. Mit den zugehörigen Bändern konnte man bereits eine halbe Stunde lang spielen, sie kosteten 2.50 Dollar pro Stück.

Bespielte Tonbänder
Bespielte Tonbänder wurden erstmals von der Firma Recording Associates in New York im Jahr 1950 angeboten. Der erste Katalog enthielt eine Auswahl von acht Aufnahmen auf Plastikband; Band Nr. 001 hatte den Titel »Cocktail Time« und bestand aus elf populären Liedern.

Stereotonbandgerät
Das erste gewerblich erzeugte Stereotonbandgerät war das Magnecord, das im Jahr 1949 von der Magnecord Co. aus Chicago bei der US-Tontechnikausstellung vorgestellt wurde. Seine Entwicklung erfolgte auf Wunsch von General Motors nach einem binauralen (d. h. stereophonen) Aufnahmegerät, um Motorengeräusche analysieren zu können, wozu die monauralen Apparate nicht imstande waren.
Das Unternehmen Livingston Electronics aus New York erzeugte im Jahr 1954 das erste Stereotonbandgerät für den Heimgebrauch; im Mai desselben Jahres erschien auch der erste Katalog mit stereophonen Tonbandaufnahmen. Die erste Aufnahme bestand aus Schuberts »Unvollendeter«, der »Finlandia« von Jean Sibelius. Die Spule hatte einen Durchmesser von 18 cm und kostete 10 Dollar. Erst fast vier Jahre später kamen stereophone Schallplatten auf den Markt.

Torpedo

Der erste Torpedo mit Selbstantrieb, der sich als kriegstaugliche Waffe erwies, wurde im Jahr 1865 von Kapitän Luppius von der österreichischen Marine in Fiume entworfen. Der englische Ingenieur Robert Whitehead, Direktor einer Maschinenbaufirma in Fiume, baute danach einen abgeänderten Prototyp. Der 150 kg schwere Torpedo war 3,30 m lang, sein Durchmesser betrug 35 cm. Er hatte eine Ladung von 9 kg Dynamit, die beim Aufprall explodierte. Der Antrieb erfolgte durch einen mit Druckluft betriebenen Motor, die Reichweite betrug fast 600 m bei einer Geschwindigkeit von 10,5 km/h. Das zweite fertiggestellte Modell war um 1,35 m länger und schaffte 12,4 km/h. Dieser Typ wurde nach sechsmonatigen Versuchen in Fiume im Jahr 1868 von der österreichisch-ungarischen Marine übernommen. Das Kanonenboot »Genese« wurde als erstes Marinefahrzeug der Welt mit einem Torpedo ausgerüstet.
Der erste Angriff mit einem Torpedo fand am 29. Mai 1877 vor der Küste von Peru statt. Die englische »Shah« feuerte einen Whitehead-Torpedo auf die peruanische gepanzerte »Huascar« ab, die von dem Revolutionär Nicolas de Pierolas in Besitz genommen worden war. Pierolas hatte als Pirat und Plünderer von Postschiffen die Aufmerksamkeit der britischen Marine erregt. Nach einem ergebnislosen Feuerwechsel mit konventionellen Waffen zwischen den beiden Schiffen versuchte die »Huascar« die »Shah« zu rammen. Die Briten schossen daraufhin ihren Torpedo ab, der zwar sein Ziel verfehlte, aber die Peruaner doch zum Abdrehen veranlaßte.
Die erste erfolgreiche Torpedoattacke wurde während des Russisch-Türkischen Krieges am 25. Januar 1878 durchgeführt: zwei russische Torpedoboote versenkten bei Batumi einen türkischen Zolldampfer mit zwei Volltreffern aus etwa 70 m Entfernung.
Das erste Kriegsschiff, das durch Torpedos zerstört wurde, war das chilenische 3 500-t-Schachtschiff »Blanco Encalada«, das während des Chilenischen Bürgerkrieges am 13. April 1891 bei Anchor sank.
Den ersten nennenswerten Sieg in der Torpedokriegführung errangen die Japaner, die am 12. Februar 1895 vier chinesische Schiffe bei Wei-Hai-Wei versenkten.
Vor der Entwicklung des Torpedos mit Selbstantrieb wurde die Bezeichnung Torpedo für Minen angewendet, die entweder vor dem Schiff auf einer Spiere mitgeführt oder an einem Kabel nachgezogen wurden. Diese Minen unterschieden sich durch das Fehlen eines Antriebs grundsätzlich von den Geschossen, die heute als Torpedos definiert werden.

Totalisator

Der erste automatische Totalisator wurde von George Alfred Julius von der Firma Julius, Poole & Gibson in Sydney erfunden und erstmals im März 1913 auf der Rennbahn von Ellerslie in Neuseeland aufgestellt. Julius war übrigens der Sohn des Erzbischofs von Neuseeland. Seine Erfindung wurde nach und nach von dem Unternehmen Automatic Totalisators Ltd. übernommen, das in den Jahren 1917/18 die Apparate auf dem Rennplatz in Sydney installierte und sie später in die ganze Welt exportierte.

Tragflächenboot

Das erste Tragflächenboot wurde im Jahr 1897 von Comte de Lambert und dem englischen Flugpionier Horatio Phillips gebaut und im selben Jahr auf der Seine erprobt. Es handelte sich um ein leichtes, dampfbetriebenes Fahrzeug mit einem Doppelrumpf, der in einen Rahmen mit vier schrägen Tragflächen eingelassen war. Es konnte relativ hohe Geschwindigkeiten erreichen. Die Zeitschrift »Yachting World« berichtete am 21. Januar 1898, daß sich der Vorderteil des Bootes bei einer Geschwindigkeit von 16 km/h zur Gänze vom Wasser abhob und bei 32 km/h nur noch die rückwärtigen Teile der Tragflächen die Wasseroberfläche berührten. De Lambert setzte seine Versuche weitere zehn Jahre fort, sein ausgereiftestes Modell, das benzinbetriebene Tragflächenboot »Antoinette«, erreichte Geschwindigkeiten bis zu 55 km/h.
Das erste kommerziell brauchbare Tragflächenboot war ein Passagierboot, das Baron Hans von Schertel im Jahr 1936 auf dem Rhein vorführte. Der Krieg setzte den Plänen zur Serienproduktion ein Ende, Schertels Entwürfe wurden für militärische Zwecke umgearbeitet: Das erste Marinetragflächenboot, ein Minensuchboot mit der Bezeichnung VS6, wurde im Jahr 1940 von der Sachsenberg AG in Hamburg-Harburg nach dem Entwurf von Schertel und Sachsenberg gebaut. Zwischen 1940 und 1943 wurden in derselben Werft vier weitere Tragflächenboote für die deutsche Marine fertiggestellt. Obzwar die meisten von ihnen umfassende Testfahrten auf See ablegten, wurde bis Kriegsende kein einziges in Dienst gestellt.
Das erste Tragflächenboot für den regelmäßigen Passagierverkehr war die 30sitzige Supramar PT 10, gebaut von der Luzerner Firma Supramar AG. Das Boot nahm im Mai 1953 am Lago Maggiore seinen Dienst auf.

Traktor

Der erste Traktor für landwirtschaftliche Zwecke, der mit Benzin betrieben wurde, war der »Burger«, der im Jahr 1889 von der Charter Engine Co. aus Chicago gebaut worden war. Ein einzylindriger Charter-Motor für Benzinantrieb wurde in das Fahrgestell einer Rumely-Dampfmaschine eingebaut. Die Feuerung, der Kessel und der Rauchfang, die den Rahmen der Dampfmaschine bildeten, wurden durch ein Chassis ersetzt, und es wurde ein Rückwärtsgang hinzugefügt.
Der erste Traktor, der auch das erste benzinbetriebene Fahrzeug in Nordamerika war, wurde im selben Jahr einem Weizenfarmer in der Nähe von Madison, Süddakota, verkauft. Er erfüllte die in ihn gesetzten Erwartungen, so daß die Charter Engine Co. sechs weitere Traktoren baute, die alle von Weizenfarmern in den beiden Dakotastaaten erworben wurden.
Die Pionierrolle in der Traktorentwicklung, die die USA spielten, steht in scharfem Gegensatz zur Tatsache, daß sich der Benzinmotor nur zögernd durchsetzen konnte; in dieser Beziehung waren die USA einige Jahre hinter den führenden europäischen Nationen zurück. Dampfmaschinen hingegen waren in den Prärien des Westens ziemlich gebräuchlich. Das flache Gelände, das trockene Klima sowie die Knappheit an Arbeitskräften machten die Verwendung der Dampfkraft in der Landwirtschaft äußerst wirtschaftlich. Die Versorgung mit Treibstoff machte allerdings Schwierigkeiten, der Transport war umständlich und teuer. Mit der Entwicklung eines leistungsfähigen Verbrennungsmotors war dann das Verdrängen der Dampfkraft durch benzinbetriebene Motoren ein logischer Schritt zur weiteren Mechanisierung der Landwirtschaft.
Das erste Serienmodell, das zum Verkauf gelangte, war der Sterling-Traktor, der im Jahr 1893 von der Charter Engine Co. erzeugt wurde. Er wurde von einem Mr. Hockett vertrieben, der seinerseits von den Farmern von Sterling, Kansas, finanziellen Rückhalt erhielt. Es ist nicht bekannt, wie viele Modelle verkauft wurden, aber zu dieser Zeit gab es schon Konkurrenten auf dem Markt. Die Firma William Deering & Co. brachte im Jahr 1891 einen Traktor heraus, ein Jahr später Case Co. aus Wisconsin und John Froelich von Froelich aus Iowa; die beiden letztgenannten Unternehmen gründeten im Jahr 1893 die Waterloo Gasoline Traction Engine Co. Einer der erfolgreichsten dieser frühen landwirtschaftlichen Zugmaschinen war der Otto-Traktor, von dem zwischen 1894 und 1896 14 Modelle verkauft wurden. Ein anderes Modell aus derselben Zeit, das von der Ohio Manufacturing Co. hergestellt wurde, ist deshalb bemerkenswert, weil es das erste war, das ein speziell zum Einbau eines Benzinmotors vorgesehenes Chassis besaß. Es gibt allerdings keinen Hinweis dafür, daß irgendeines dieser Modelle in einer Stückzahl hergestellt wurde, die darauf hindeuten würde, daß man über das Experimentierstadium bereits hinaus war, bis dann der Huber-Traktor (Prototyp 1894) auf den Markt kam, von dem im Jahr 1898 30 Stück produziert wurden.

Traktor mit Luftreifen
Der erste Traktor mit Luftreifen war der französische Latil-Traktor mit

17 PS, der im Juni 1930 bei den World Tractor Trials in Wallingford, Berkshire, vorgestellt wurde. Im Jahr 1932 begannen Firestone in den USA und Dunlop in England mit der Herstellung von Luftreifen für Traktoren.

Dieseltraktor
Dieselbetriebene Traktoren wurden in einer Reihe von Ländern fast zur selben Zeit im Jahr 1930 hergestellt. Unter den bei den World Tractor Trials dieses Jahres gezeigten Modellen befand sich ein Munktell aus Schweden, ein Mercedes-Benz aus Deutschland und ein ungarischer Hofherr-Schrantz. Britische Modelle waren der Marshall, der McLaren, der Aveling & Porter sowie der Blackstone. Der erste amerikanische Traktor mit Dieselmotor wurde im selben Jahr von der Cummins Engine Co. in Columbus, Indiana, herausgebracht.

Transportunternehmen

Das erste Frachtunternehmen, das Autos verwendete, war die Firma von M. Felix Dubois, der im Sudan ein Service über eine Route von 400 km, zwischen Kayes und Bamako im damaligen Französisch-Sudan, im Herbst des Jahres 1899 eröffnete. Die Autos waren $9^1/_2$ PS starke, benzinbetriebene De-Dietrich-Wagen, die nach dem Entwurf von Amédée Bollée in Lunéville, Frankreich, gebaut wurden. Dubois stellte chinesische Kulis als Fahrer an. Angeblich waren zu Beginn des Jahres 1900 60 Autos und Autobusse in Betrieb, aber die Zahl scheint übertrieben hoch zu sein. Das Service dauerte nur einige Monate. Nachdem es keine Straßen gab, waren die Motoren bald mit Sand verstopft, und das Unternehmen mußte aufgeben.

Turnanzug

Der erste Turnanzug wurde im Oktober 1892 von Margaret Tait entworfen, einer Schülerin von Frau Bergman-Osterbergs Physical Training College in Hampstead. Getragen wurde er zum erstenmal von ihrer Kollegin Anna Pagan, die am 25. Oktober in einem Brief an ihre Familie schrieb:

»Meine Schuhsohlen sind schon durchgewetzt, weil ich auf Geheiß von Madame endlos die Stufen auf- und absteigen muß, um mein Kostüm vorzuführen, und die anderen sind in Reparatur. Madame will, daß der neue Anzug in den Schulen eingeführt wird. Er besteht aus Jacke und Hose mit einer Kittelbluse.«

Unverdienterweise verlacht, war der Turnanzug die Voraussetzung dafür, daß die Mädchen an Teamspielen teilnehmen konnten, denn vorher gab es keine geeignete Kleidung, die ihnen die nötige Bewegungsfreiheit verschaffte.

Typistin

Die ersten Typistinnen wurden in einer Anzeige der New Yorker Zeitung »The Nation« vom 15. Dezember 1875 erwähnt, die von der Remington-Vertretung Locke, Yost & Bates aufgegeben wurde:

»Jedes Mädchen kann nun 10 bis 20 Dollar pro Woche mit der ›Schreibmaschine‹ verdienen, und wir können für hundert geübte Typistinnen gute Posten in Kontoren dieser Stadt gewährleisten.«

Diese Gehälter waren damals für weibliche Arbeitskräfte ungewöhnlich hoch und signalisierten vermutlich den Mangel an fingerfertigen Tippfräulein, da erst ein Jahr vergangen war, seit Remington mit der vollen Produktion von Schreibmaschinen begonnen hatte. In den folgenden Jahren sank ihr Anfangsgehalt beträchtlich ab, lag aber immer noch günstiger als das von Verkäuferinnen. Ein Schreibmaschinenverkäufer namens Harry Hodgson, der im Jahr 1888 in New Orleans vor einem Frauenklub einen Vortrag hielt, führte aus, daß eine leidlich geübte Typistin anfangs mit 6 Dollar pro Woche rechnen und bei guter Bewährung bis zu 20 Dollar verdienen könne. Der Spitzenverdienst einer Verkäuferin betrug lediglich 6 Dollar. Überdies arbeitete eine Maschineschreiberin nur von 8.30 Uhr bis 17.30 Uhr und hatte eine halbe Stunde Lunchpause, während eine Ladenangestellte bis zu 12 Stunden oder mehr auf den Beinen war. Vorher hatten Frauen im Bereich der Büroarbeit äußerstenfalls als Telegrafistinnen arbeiten können. Mit der Schreibmaschine und dem etwas später aufkommenden Telefon hielten die Frauen Einzug in Büros und Ämter, wo sie ihre Aufgaben oft besser erfüllten als ihre männlichen Arbeitskollegen.

Schreibmaschinenkurs
Der erste Schreibmaschinenkurs für Bürotypistinnen wurde im Jahr 1877 von der Yong Women's Christian Association (YWCA) in New York City abgehalten. Die ersten acht Schülerinnen wurden mehr nach ihrer physischen Konstitution als nach ihrer Begabung ausgewählt, da die Meinung herrschte, daß der schwierige sechsmonatige Kurs die weiblichen Kräfte übersteigen würde. Trotz der vielfachen Ablehnung – ein Kritiker meinte, es wäre eine »offensichtlich falsche Entscheidung von gutwilligen, aber schlechtberatenen Damen« – bestanden alle acht Mädchen unbeschadet den Kurs und fanden sofort eine Anstellung. Daraufhin wurde die YWCA mit Nachfragen nach weiteren ausgebildeten

Typistinnen bestürmt und war dadurch imstande, die Lehrkurse als ständige Einrichtung zu etablieren.

Blindschreiber
Der erste Blindschreiber war Frank McGurrin, der Amtsstenograf des Bundesgerichtes von Salt Lake City, der seine Fingerfertigkeit am 25. Juli 1888 bei einem Schnellschreibwettbewerb in Cincinnati erstmals der Öffentlichkeit demonstrierte.
McGurrin tippte mit allen zehn Fingern auf seiner Remington und blickte dabei kein einziges Mal auf die Tastatur; sein Konkurrent, der Schreibmaschinenlehrer Louis Taub, tippte mit vier Fingern und hielt seine Augen die ganze Zeit über auf die Tasten seiner Caligraph-Maschine gerichtet. Taub verlor nicht nur seine Wette, über 500 Dollar, sondern auch seinen Ruf als Schnellschreiber, während sein Herausforderer außer dem Sieg auch noch die Genugtuung errang, daß sein System die Unterrichtsmethoden im Maschineschreiben auf der ganzen Welt nachhaltig beeinflußte.

Uhr

Die erste mechanische Uhr wurde im Jahr 1088 in China von dem kaiserlichen Hofmeister Su Sung in seiner Schrift »Hsin I Hsiang Fa Yao« beschrieben. Sie war 10 m hoch und hatte ein wassergetriebenes Räderwerk.
Wann die erste mechanische Uhr in Europa konstruiert wurde, ist unbekannt, sie dürfte aber bereits im Mittelalter bekannt gewesen sein.
Als frühester Erfinder wird Pazificus, der Archidiakon von Verona (gest. 846), genannt, als berühmtester Erfinder gilt hier aber wohl Papst Silvester II.
Wenn auch keine Beweise für das Vorhandensein von Uhren existieren, kann man doch annehmen, daß Uhren in Europa seit dem Beginn des 13. Jahrhunderts bekannt waren.
Der erste Nachweis über Uhren in Europa stammt aus dem Jahr 1364. Aus diesem Jahr datiert die Beschreibung einer Uhr von dem italienischen Uhrmacherssohn Giovanni Dondi, der sie angeblich auch konstruierte. Es handelt sich dabei um eine Gewichtsuhr aus Messing (früher aus Schmiedeeisen) mit Hemmung.

Öffentliche Uhr
Von der ersten öffentlichen Uhr wurde aus dem Jahr 1335 berichtet. Sie soll in Mailand aufgestellt worden sein und ein 24-Stunden-Zifferblatt gehabt haben.

Weckuhr
Die erste Weckuhr stammt aus Würzburg und muß zwischen 1350 und 1380 hergestellt worden sein. Sie war als Wanduhr gedacht. Heute ist sie im Mainfränkischen Museum in Würzburg aufbewahrt. Weckuhren wurden im Mittelalter hauptsächlich in Klöstern verwendet, wo sie wegen der pünktlichen Einhaltung der vorgeschriebenen Gebetsstunden gebraucht wurden.

Pendeluhr
Die erste Pendeluhr wurde von dem niederländischen Wissenschaftler Christiaan Huygens im Dezember 1656 in Den Haag konstruiert. Sie beruht auf dem Prinzip der Schwingungsbewegung, das Galileo Galilei etwa 70 Jahre vorher in seinen Schriften erläutert hatte.
Um das Jahr 1658 begann Samuel Coster, der Uhrmacher von Huygens, mit der gewerblichen Herstellung von Pendeluhren.

Taschenuhr
Der erste schriftliche Hinweis, der sich möglicherweise auf eine Taschenuhr bezieht, stammt aus einem Brief an den Marchese di Manta vom November 1462. Der italienische Uhrmacher Bartolomeo Manfredi offerierte ihm darin die Anfertigung einer »Taschenuhr«, besser als die des Herzogs von Modena.
Die älteste erhaltene Taschenuhr (Federuhr aus Eisen) wurde von Peter Henlein aus Nürnberg gefertigt und ist in der Philadelphia Memorial Hall aufbewahrt. Als mutmaßliches Entstehungsjahr wurde 1504 angegeben, tatsächlich stellt dieses Datum lediglich den frühestmöglichen Zeitpunkt der Anfertigung dar. Henlein erhielt seinen Meisterbrief als Schlosser im Jahr 1509, und es erscheint logischer, daß seine Tätigkeit als Uhrmacher erst nach diesem

Datum einsetzte. Der erste gesicherte Nachweis über diesen Bereich seiner Handwerkskunst datiert auch aus dem Jahr 1511. In diesem Jahr verfaßte der Nürnberger Bürger Johannes Cochläus eine Beschreibung der Uhr von Henlein, die kaum Zweifel darüber läßt, daß Henlein in seiner Geburtsstadt als der Erfinder der Taschenuhr angesehen wurde:

»Er baute aus wenig Eisen Uhren mit sehr vielen Rädern, die, wie man sie auch legen mag, ohne jedes Gewicht 40 Stunden gehen und schlagen, auch wenn sie auf der Brust oder in der Börse getragen werden.«

Die sogenannten »Nürnberger Eierlein« wurden auch auf der Brust getragen. Es handelte sich dabei um »Bisamäpfel«, ein eiförmiges, durchbrochenes Schmuckstück, das man um den Hals trug und das mit einem parfümierten Schwamm gefüllt war. Henleins feinmechanische Fertigkeit war demnach schon so groß, daß er kleine Uhren in diese Schmuckstücke einbauen konnte.
Der Bericht von Cochläus diente als Beweis dafür, daß die Taschenuhrindustrie in Nürnberg ihren Anfang genommen habe; aber selbst wenn man die Erwähnung der Taschenuhr in Manfredis Brief vom Jahr 1462 außer acht läßt, gibt es noch eine Anzahl von Hinweisen, daß zur gleichen Zeit auch die Franzosen, unabhängig von Henlein, Uhren gebaut haben.

Uhr mit zwei Zeigern
Uhren mit zwei Zeigern wurden erst mit der zunehmenden Entwicklung der Präzisionsarbeit möglich, also kaum vor dem Jahr 1660. Frühere Uhren hatten lediglich einen Zeiger, der die Stunde anzeigte.
Eine der ersten Uhren mit Minutenzeiger fertigte der Engländer John Fitter aus Bermondsey etwa 1665 an.

Uhr mit Lagersteinen aus Rubinen
Die erste Uhr mit Lagersteinen aus Rubinen wurde am 1. Mai 1704 von dem Schweizer Mathematiker und Optiker Facio de Duillier und dem französischen Uhrmacher Pierre Debaufre, beide in London ansässig, zum Patent angemeldet. Debaufres erste Uhr mit Rubinen soll von Sir Isaac Newton getragen worden sein. Uhrwerke mit Rubinen blieben jedoch bis zum Jahr 1825 selten; damals entwickelte sich das Zubereiten von Lagersteinen in La Chaux-de-Fonds in der Schweiz zu einer regelrechten Industrie.

Kuckucksuhr
Die erste Kuckucksuhr fertigte Anton Ketterer in Schönwald im Schwarzwald um das Jahr 1730 an. Die Räder der ersten Kuckucksuhren waren noch aus Holz geschnitzt, die Glöckchen bestanden aus Glas.

Armbanduhr
Die erste Armbanduhr, von der wir wissen, stammt aus dem Jahr 1790 und ist in den Konten der Genfer Uhrmacherfirma Jaquet-Droz & Leschot verzeichnet.
Die älteste noch erhaltene Armbanduhr ist ein goldenes Chronometer, das in ein edelsteinbesetztes Armband eingelassen ist; der Pariser Juwelier Nitot hat es im Jahr 1806 angefertigt, es gehörte ursprünglich der Kaiserin Joséphine. Es gibt noch einige Exemplare dieser frühesten Armbanduhren, vorwiegend aus der Mitte des 19. Jahrhunderts, aber eigentlich sind sie mehr der Juwelier- als der Uhrmacherkunst zuzuordnen.
Die ersten Armbanduhren für Männer, gleichzeitig die ersten, die nicht Schmuckstücke waren, sondern dem täglichen Gebrauch dienten, wurden von der deutschen Admiralität im Jahr 1880 bei der Schweizer Firma C. Girard-Perregaux in La Chaux-de-Fonds in Auftrag gegeben. Sie waren für die Offiziere der Marineartillerie bestimmt. Die Gehäuse bestanden aus poliertem Gold und waren an einem schwarzen Lederband befestigt. In der Folge begann Girard-Perregaux Armbanduhren für den Handel herzustellen, aber es scheint, daß keine Nachfrage bestand – außer in Peru. Die Weigerung der amerikanischen Händler, Armbanduhren für Männer in ihr Sortiment aufzunehmen, sowie eine allgemeine Kaufunlust in anderen Ländern bereiteten der aufstrebenden schweizerischen Armbanduhrenindustrie ein vorzeitiges Ende. Erst etwa 1908, als bei den Damen in Paris das Tragen von Armbanduhren Mode wurde, fand die Neuerung in Europa allmählich Anklang.
Armbanduhren für Männer galten bis zum Ersten Weltkrieg als weibisch, aber dieses Vorurteil wurde revidiert, als man die Erfahrung machte, daß im Militärdienst Armbanduhren wesentlich praktischer waren als Taschenuhren.

Elektrische Uhr
Die erste elektrische Uhr baute Carl August von Steinheil in München im Jahr 1839. Er legte das Projekt am 16. Februar 1839 der Münchner Akademie vor.
Die erste öffentliche Steinheil-Uhr wurde im Jahr 1853 am Rathaus in Brüssel angebracht.

Untergrundbahn

Die erste Untergrundbahn wurde von Charles Pearson konzipiert, einem Stadtanwalt und liberalen Mitglied des Londoner Stadtteils Lambeth. Er unterbreitete im Jahr 1846 der Royal Commission on Metropolitan Railways Pläne. Im Jahr 1853 wurde die North Metropolitan Railway Co. gegründet

und, nach erheblicher Verzögerung wegen finanzieller Schwierigkeiten, im Januar 1860 der erste Schacht am Londoner Euston Square angelegt. Am 10. Januar 1863 um 6 Uhr früh wurde die über 6 km lange U-Bahn-Strecke für zahlende Passagiere eröffnet. Die Strecke hatte sieben Haltestellen und wurde in 33 Minuten bewältigt, die beiden Endstationen befanden sich in der Farrington Street und in Paddington. Die Abteile wurden mit Gaslicht erhellt, das, laut »Daily Telegraph«, »in den Abteilen erster Klasse manchmal so hell war,... daß man gut die Zeitung lesen konnte«. Am Eröffnungstag fuhren sechs Lokomotiven mit je vier Waggons in Abständen von 15 Minuten; insgesamt legten sie die Strecke 120mal in beiden Richtungen zurück und beförderten 30 000 Passagiere.
Die erste U-Bahn in Röhrenbauweise war die Tower Subway, die unter der Themse von der Londoner City nach Südlondon führte. Sie wurde in den Jahren 1869/70 von James Greathead aus Grahamstown, Südafrika, konstruiert. Mit seiner Greathead-Schildvortriebsmaschine war es möglich, den Tunnel unterirdisch zu bauen, ohne die Bodenoberfläche aufgraben zu müssen. Vom 2. August bis 23. Dezember 1870 verkehrte in dem 430 m langen Tunnel eine seilbetriebene Bahn; der Fahrpreis betrug 2 Pence für die erste Klasse, 1 Pence für die zweite Klasse. Der Betrieb rentierte sich jedoch nicht, so daß der Tunnel nach Entfernung der Geleise bis zur Eröffnung der Tower Bridge im Jahr 1894 als unterirdischer Fußgängerweg diente.
Die erste amerikanische Untergrundbahn wurde im Jahr 1892 in Chicago gebaut, die erste am europäischen Kontinent in Budapest im Jahr 1897. Die erste Untergrundbahn Deutschlands bekam Berlin im Jahr 1902.

Elektrische Untergrundbahn
Das erste elektrisch betriebene U-Bahn-Netz (gleichzeitig das erste rentable) war die City & South London Railway, offiziell eingeweiht am 4. November 1890 vom Prinzen von Wales.
Am 18. Dezember desselben Jahres begann der reguläre Passagierbetrieb, der Fahrpreis für eine beliebige Anzahl von Stationen betrug 2 Pence. Es gab keine Fahrscheine, die Gebühr wurde an einem Drehkreuz entrichtet. Vierzehn 12 t schwere Elektrolokomotiven zogen je drei Waggons und fuhren mit einer Durchschnittsgeschwindigkeit von 18 km/h. Die Waggons erhielten den Spitznamen »gepolsterte Zellen«, weil sie mit 1,5 m hohen gepolsterten Sitzreihen ausgestattet waren, die einen kleinen waagrechten Sehschlitz in Augenhöhe hatten. Sie waren aber immerhin die ersten elektrisch beleuchteten U-Bahn-Wagen.
Die ersten von Motorwagen (Lokomotive und Waggon in einem) gezogenen Garnituren wurden am 18. August 1898 in London von der Waterloo & City Railway in Betrieb genommen. Diese kombinierten U-Bahn-Wagen wurden von der Firma Jackson & Sharp in Wilmington, USA, erzeugt.

Fahrscheinautomaten
Die ersten Fahrscheinautomaten mit Münzeinwurf wurden im Jahr 1904 in London installiert. Man betätigte sie mit einem Handhebel.

Untergrundbahn-Plankarte
Der erste Plan, der eine Übersicht über die einzelnen (verschieden kolorierten) Linien bot, wurde im Jahr 1908 auf Betreiben von Albert Stanley (später Lord Ashfield) herausgegeben. Im ersten Jahr wurden bereits 6 Millionen Exemplare abgesetzt.

Wagen mit automatischen Türen
Die ersten Wagen mit automatischen Türen wurden von der Firma Cammell Laird erzeugt und im Jahr 1922 auf der Piccadillylinie eingesetzt.

Unterseeboot

Das erste Unterseeboot wurde in London von dem holländischen Physiker Cornelius Drebbel im Jahr 1624 erbaut. Das Schiff bestand aus einem hölzernen Rahmen, der mit einer eingefetteten Lederhaut überzogen war; die Riemen von zwölf Ruderern standen in abgedichteten Öffnungen aus dem Schiffskörper heraus. Drebbel und seine Mannschaft sollen bei einer Vorführung für König James I. zwei Stunden unter der Oberfläche der Themse verbracht haben. Am bemerkenswertesten daran ist wohl die Lösung des Problems der Atemluft, wodurch das Unternehmen erst ermöglicht wurde. Robert Boyle schreibt in diesem Zusammenhang über die

»... Verwendung einer Flüssigkeit bestimmter Zusammensetzung, die imstande war, rasch in der verbrauchten Luft in einem derartigen Ausmaß lebenswichtige Anteile zu ersetzen, daß die Luft wieder für eine ganze Weile zum Atmen geeignet war«.

Man nimmt heute an, daß Drebbel eine Methode zur Erzeugung von Sauerstoff besaß, 150 Jahre vor ihrer offiziellen Entdeckung durch Joseph Priestley. Obwohl das Unterwasserboot als Marinefahrzeug gedacht war, entschied die Admiralität doch gegen seine Verwendung.

Unterseeboot im militärischen Einsatz
Das erste zum Tauchen geeignete Schiff, das als Offensivwaffe verwendet wurde, war die »American Turtle«. Sie war von David Bushnell aus

Saybrook, Connecticut, als Waffe der Kolonien gegen die britische Seestreitmacht im Amerikanischen Unabhängigkeitskrieg entworfen worden. Sergeant Ezra Lee versuchte mit dem kleinen Einmann-U-Boot am 7. September 1776 einen Angriff auf das Flaggschiff Admiral Howes, die »Eagle«, als dieses im Hafen von New York vor Anker lag. Der Versuch, das Schiff in die Luft zu jagen, mißlang, da die Mine, die Lee an der »Eagle« befestigt hatte, abgetrieben worden war, bevor sie, ohne Schaden anzurichten, explodierte. Der »Turtle« gebührt aber noch ein anderes Verdienst: Sie war das erste mit einer Schiffsschraube angetriebene Schiff, wobei der Antrieb von Hand erfolgte. Der erste erfolgreiche Angriff mit einem U-Boot fand am 17. Februar 1864 statt, als die »H. L. Hunley« von den Konföderierten, mit einem Rammtorpedo bewaffnet, unbemerkt in den Hafen von Charleston gelangte und die erst kurz zuvor in Dienst gestellte Corvette »Housatonic« der Unionstruppen versenkte. Die Explosion war so stark, daß beide Schiffe in die Luft flogen und dabei auch die achtköpfige Mannschaft des U-Bootes und deren Kommandant, Leutnant George Dixon, umkamen. Die »H. L. Hunley« war eines einer ganzen Reihe von tauchfähigen Schiffen, die von der Firma Hunley, McClintock & Watson in Mobile, Alabama, im Auftrag der Südstaatenmarine in den Jahren 1863/64 hergestellt wurden. Man gab diesen kleinen, handbetriebenen Propellerschiffen den Namen »David«, da sie dazu bestimmt waren, gegen den »Goliath«, die Unionsmarine, anzukämpfen.
Die ersten Unterseeboote im regulären Marineeinsatz waren eine Serie von 50 tauchfähigen Drzweiki, die im Jahr 1879 von der russischen Regierung bestellt wurden. Sie waren zur Verteidigung der Küste gedacht und können kaum als seetüchtig gelten.

Kraftgetriebenes Unterseeboot
Das erste kraftgetriebene U-Boot war die »Le Plongeur«. Sie hatte 420 t, wurde mit komprimierter Luft angetrieben und in Rochefort im Jahr 1863 vom Stapel gelassen. Reichweite und Geschwindigkeit waren aber für den Marineeinsatz zu gering. Das erste kraftgetriebene Unterseeboot, das normale Größe besaß, seetüchtig war und im Marinedienst stand, war die in Schweden gebaute »Nordenfelt«; der Entwurf stammte von dem Geistlichen Samuel Garratt aus Liverpool; gebaut wurde es im Jahr 1883 in Landskrona. Es wurde im Jahr 1886 von der griechischen Regierung erworben; sein Gewicht betrug 60 t Wasserverdrängung, die Oberwassergeschwindigkeit 16,70 km/h. Es war auch das erste Unterseeboot, das mit selbstangetriebenen Torpedos bewaffnet war.

Atombetriebenes Unterseeboot
Das erste atombetriebene U-Boot war die »Nautilus« der US-Marine. Sie wurde von der Electric Boat Co. in Groton, Connecticut, gebaut und am 21. Januar 1954 auf dem River Thames vom Stapel gelassen. Das 97 m lange Schiff wurde von Admiral Hyman George Rickover konstruiert. Seine Kraftzentrale war ein S2W-Reaktor von Westinghouse. Die Höchstgeschwindigkeit betrug 37 km/h, die Wasserverdrängung in getauchtem Zustand 3,747 t. Die Besatzung bestand aus elf Offizieren und 85 Matrosen. Unter dem Befehl von Eugene Parks Wilkinson funkte die »Nautilus« anläßlich ihrer ersten Versuchsfahrt am 17. Januar 1955 die Meldung: »Unterwegs mit Atomkraft.« Nachdem sie 110 620 km zurückgelegt hatte, wurde sie zum erstenmal nach zwei Jahren aufgetankt.

Ventilator

Der erste elektrische Ventilator, der für den Handel hergestellt wurde, war im Jahr 1882 von Schuyler Skaats Wheeler, dem Chefingenieur der Crocker & Curtis Electric Motor Co. in New York entwickelt worden. Im folgenden Jahr wurde mit der Erzeugung begonnen; die frühesten Typen waren zweiblättrige Tischmodelle.
Später wurden Modelle hergestellt, deren Gehäuse sich um 360 Grad drehte und dadurch den Luftstrom in sämtliche – auch unerwünschte – Richtungen lenkte. Dieser Typ wurde schließlich von Ventilatoren abgelöst, deren Gehäuse eine Pendelbewegung ausführten. Die amerikanische Firma Eck Dynamo & Electric Co. stellte sie im Jahr 1908 erstmals her.

Verkaufsautomaten

Die ersten Verkaufsautomaten, die nach dem Prinzip des Münzeinwurfs funktionierten, wurden in englischen Wirtshäusern schon um das Jahr 1615 eingeführt. Es handelte sich um die sogenannten »honesty tobacco-boxes« (Ehrlichkeitstabakbehälter); wenn man einen Penny in den Schlitz steckte, öffnete sich das Schloß am Deckel des Behälters, der Kunde konnte sich eine Portion Tabak für seine Pfeife entnehmen. Diese Verkaufsmethode setzte ein großes Maß an Vertrauen in die Ehrlichkeit der Kunden voraus. Höchstwahrscheinlich befand sich der Behälter jedoch sicherheitshalber stets im Gesichtsfeld des Schankwirtes. Bis in das 19. Jahrhundert blieben diese Verkaufsapparate in Gebrauch.

Moderner Verkaufsautomat

Der erste Verkaufsautomat im heutigen Sinn und der erste, der einigermaßen zufriedenstellend funktionierte, wurde im Jahr 1867 von Carl Ade in Deutschland zum Patent angemeldet. Der Apparat sollte Taschentücher, Zigaretten und Süßigkeiten abgeben, aber es steht nicht fest, ob er jemals in Betrieb genommen wurde.

Der erste kommerziell erfolgreiche Verkaufsautomat wurde von Percival Everitt entworfen. Er wurde im Jahr 1883 auf der Londoner U-Bahn-Station Mansion House aufgestellt und war für den Verkauf von Postkarten bestimmt. Das viktorianische Publikum, so scheint es, hat sich auch nicht besser als die Vandalen späterer Generationen benommen. »Die Praxis zeigte«, schrieb Everitt in seiner amerikanischen Patentschrift im Jahr 1886, »daß Dinge wie Papier, Orangenschalen und anderer Abfall böswillig in den für die Münze bestimmten Schlitz gesteckt wurden, obwohl der Apparat völlig einwandfrei arbeitet, wenn nicht absichtlich Mißbrauch mit ihm getrieben wird.« Ungeachtet dieser entmutigenden Rückschläge trieb Everitt die Entwicklung seiner Maschine energisch voran. Am 25. November 1887 etablierte sich das Unternehmen Sweetmeat Automatic Delivery Co. zum Zweck der überregionalen Verbreitung der Apparate. Das Warenangebot umfaßte binnen zwei Jahren außer Konfekt noch Zigaretten, Eier, Chinin, Kekse, Parfüm, Taschentücher, Kondensmilch, Handtücher, Hustenpastillen, Zucker und Unfallversicherungsformulare.

Die Verkaufsautomaten breiteten sich rapide auf andere Länder aus; in den USA kamen die ersten Kaugummi auswerfenden Automaten im Jahr 1888 in Gebrauch, in Frankreich wurden ein Jahr später von einer Blindengesellschaft Verkaufsmaschinen auf Bahnhöfen aufgestellt. Die Amerikaner wandten die neue Verkaufsmethode für alle nur denkbaren Zwecke an, vom Spielautomaten (1889) bis zum Erdnußabsatz (1901). Um 1895 konnten die Bürger von Corinne, Utah, für 2,5 Dollar sogar Scheidungsanträge aus einem Automaten beziehen.

Den Gipfel bizarrer Münzeinwurf-Phantasie bildete eine Maschine, die für den Gegenwert von 1 Dollar eine rechtsgültige amerikanische Doktorurkunde ausspuckte, wie eine Berliner Zeitung im Jahr 1924 vermerkte.

Verkehrsampel

Die erste Verkehrsampel befand sich auf einer 7 m hohen eisernen Säule an der Ecke Bridge Street und New Palace Yard in der Nähe des Parliament Square in London und wurde am 10. Dezember 1868 in Betrieb genommen. Die Aufstellung erfolgte auf Weisung von Richard Mayne von der Metropolitan Police und diente vorwiegend dem Zweck, den Parlamentsmitgliedern den Zugang zum Parlament zu erleichtern. Das neue Verkehrszeichen war ein Erzeugnis der Firma Saxby & Farmer und hatte an der Spitze eine drehbare Gaslaterne mit roten und grünen Signalen. Rot bedeutete »Stop«, Grün »Vorsicht«. Die Signale wurden mittels eines Hebels am Fuß der Säule bewegt, so daß das gewünschte Signal für den herankommenden Verkehr sichtbar war. Die Bedienung des Hebels war nicht ungefährlich, wie der am 2. Januar 1869 diensttuende Konstabler erfahren mußte: das Gas explodierte und verletzte sein Auge schwer. Auch in der Öffentlichkeit war das Verkehrszeichen unpopulär, ein Droschkenfahrer beschwerte sich, es sei »wieder einer dieser Kniffe, um armen Kutschern das Leben schwerzumachen«. Die im Jahr 1872 entfernte Ampel blieb vorläufig das einzige Lichtverkehrssignal in London, über ein halbes Jahrhundert lang wurden keine weiteren Versuche in dieser Richtung unternommen.

Elektrische Verkehrsampel

Die ersten elektrischen Verkehrsampeln an Kreuzungen wurden am 5. August 1914 von der American Traffic Signal Co. in Cleveland, Ohio, installiert. Das 4,5 m hohe Verkehrszeichen stand an der Kreuzung Euclid Avenue und 105. Straße. Das Rot- und Grünlicht wurde in Verbindung mit einem akustischen Warnsignal verwendet.

Auch die Franzosen benützten ein optisch-akustisches System für ihre erste Verkehrsampel, die im Jahr 1923 an der Kreuzung Grands Boulevards – Boulevard de Strasbourg aufgestellt wurde. Das Verkehrszeichen bestand aus einem einzigen handbetriebenen Lichtsignal, auf dessen Glaslinse das Wort »arrêtez!« (halten) geschrieben war. Ein Gong machte die motorisierten Verkehrsteilnehmer auf das Ein- oder Abstellen des Lichtzeichens aufmerksam.

Verkehrsampel mit rotem, grünem und gelbem Licht

Die erste Verkehrsampel mit rotem, grünem und gelbem Licht wurde im Jahr 1918 in New York eingesetzt.

Verkehrsvergehen

Das erste Verkehrsvergehen, das zu einer gerichtlichen Vorladung führte, wurde am 17. Oktober 1895 von dem

Motorradfahrer John Henry Knight aus Barfield, Franham in Surrey, und James Pullinger begangen. Knight hatte Pullinger auf seinem selbstgebauten, benzinbetriebenen Dreiradler fahren lassen. Ein Ortsstatus des Surrey County Council verfügte jedoch die Genehmigung aller nicht für die Straßenmeisterei oder die Landwirtschaft verwendeten Fortbewegungsmittel durch die Bezirksverwaltung und daß auf öffentlichen Straßen nur während vorgeschriebener Stunden gefahren werden durfte. Der Fall wurde am 31. Oktober 1895 in Farnham vor Richter R. H. Combe verhandelt. Knight und Pullinger wurden schuldig befunden und zu einer Strafe von 2 Shilling und 6 Pence zuzüglich der Gerichtskosten verurteilt, weil Knight »ohne Erlaubnis die Inbetriebnahme eines Fortbewegungsmittels« in der Castle Street gestattet und Pullinger »dieses Fortbewegungsmittel während der Verbotsstunden in Betrieb genommen hatte«.

Verurteilung wegen Trunkenheit am Steuer

Der erste Kraftfahrer, der wegen Trunkenheit am Steuer verurteilt wurde, war der 25jährige Taxifahrer George Smith aus London, wohnhaft in der Portnall Road 192, der am 10. September 1897 vor dem Marlborough-Verkehrsgericht beschuldigt wurde, um 12.45 Uhr desselben Tages in betrunkenem Zustand in der Bond Street ein elektrisches Taxi gelenkt zu haben. Nach der Zeugenaussage des Polizeibeamten Russell (Dienstnummer 247C) war der Angeklagte auf den Gehsteig geraten und im Vordereingang des Hauses Bond Street 165 gelandet. »Der Verhaftete gab zu, zwei oder drei Glas Bier getrunken zu haben«, hieß es. Er wurde für schuldig befunden und zu 20 Shilling Strafe verurteilt.

Das Fahren in betrunkenem Zustand wurde durch den Licensing Act von 1872 zum Vergehen erklärt; dieses Gesetz sah Strafen für denjenigen vor, der »in betrunkenem Zustand auf einer Straße oder einem anderen öffentlichen Ort für eine Kutsche, ein Pferd, Vieh oder eine Dampfmaschine verantwortlich war«. Obwohl die Gerichte zu Kutschen auch Motorkutschen zählten, dauerte es doch bis zum Jahr 1925, bis der Paragraph 49 des Strafgesetzes so erweitert wurde, daß er auch »mechanisch angetriebene Fahrzeuge aller Art« umfaßte.

Verurteilung wegen Schnellfahrens

Der erste Kraftfahrer, der wegen Schnellfahrens verurteilt wurde, war der Müller Walter Arnold aus East Peckham, Kent, der am 28. Januar 1896 im Polizeigericht von Tonbridge vor dem Richter C. W. Powell beschuldigt wurde, die Höchstgeschwindigkeit von 3 km/h im verbauten Gebiet überschritten zu haben, als er acht Tage vorher durch Paddock Wood gefahren war. Es verlautete, daß Arnold das Haus des dortigen Polizeikonstablers passierte, als dieser gerade sein Mittagessen einnahm; der Konstabler ließ Essen Essen sein, ergriff seinen Helm und verfolgte das Fahrzeug auf dem Fahrrad; er holte den Wagen ein und schrieb Arnold wegen Schnellfahrens auf. Nach Aussage des Hauptbelastungszeugen hatte sich »das Fahrzeug mit etwa 13 km/h genähert«. Der Beklagte, der zu 1 Shilling und den Gerichtskosten verurteilt wurde, war später der erste Hersteller benzinbetriebener Motorfahrzeuge in Großbritannien.

Verkehrszeichen

Die ersten Verkehrszeichen, die landeseinheitlich die Verkehrsteilnehmer auf Gefahrenstellen aufmerksam machten, wurden im Jahr 1903 auf Veranlassung der Association Generale Automobile in Frankreich eingeführt. Die Schilder bestanden aus einem schwarzen Rechteck, auf dem in weißer Farbe die jeweiligen Symbole aufgemalt waren. Noch bis heute in Verwendung sind die Hinweise: Rechtskurve, Linkskurve, Brücke, Bahnübergang und steiles Gefälle.

Internationale Verkehrszeichen

Die ersten international standardisierten Verkehrszeichen – ein rotes Dreieck über einem Symbolschild – wurden nach der Internationalen Straßenverkehrstagung, die in Paris im Jahr 1909 abgehalten worden war, von den meisten europäischen Staaten eingeführt.
Das gegenwärtig auf dem Kontinent gültige Verkehrszeichensystem wurde im Jahr 1949 auf der in Genf abgehaltenen, unter UN-Patronanz stehenden Welt-Verkehrskonferenz von 30 europäischen Staaten beschlossen.

Vermittlung von Begleitpersonen

Die erste Vermittlung von Begleitpersonen wurde im Jahr 1937 von Mrs. Horace Farquharson in London eröffnet.
Die Tarife variierten je nach den Bedingungen des Vertrages, der sich stets durch äußerste Wohlanständigkeit auszeichnete. Der jüngere Sohn eines Peers konnte beispielsweise für 3 Pfund pro Abend gemietet werden.
Mrs. Farquharsons Service offerierte sogar Vorstellungen bei Hof, für die ein Interessent allerdings tief in den Geldbeutel greifen mußte: für 5 000 Pfund stand er unter der Patronanz einer Herzogin, für 3 000 Pfund immerhin noch unter der einer Marquise.

Verpackungsmaterial

Das erste bedruckte Verpackungsmaterial, das uns bekannt ist, wurde von Andreas Bernhardt aus Braunschweig vermutlich in der Mitte des 16. Jahrhunderts verwendet, und zwar als Hülle für das Papier, das er erzeugte. Der Aufdruck bestand aus einem wappenähnlichen Entwurf, an dessen Spitze sich die reichverzierte Abbildung eines Pferdes befand, sowie aus der Inschrift in gotischen Lettern: »Andreas Bernhardt, Papiermacher auf der Ocker«. Das Pferdemotiv wiederholte sich auch im Wasserzeichen des Papiers.
Das älteste noch erhaltene bedruckte Verpackungsmaterial, das genau datiert werden kann, ist eine aus England stammende Tabakverpackung, deren Aufdruck das königliche Wappen mit dem Motto »Patria prodest« sowie die Adresse des Händlers und die Jahreszahl zeigt: »Thos Lacy Tobacco Merchant in Martins Lane by Cannon street London 1669«.
Die Mehrzahl der Papieretiketten und Verpackungen des 17. und 18. Jahrhunderts war für Tabak, Nadeln, Tinkturen, Salben und Elixiere bestimmt. Es gibt aber auch ein frühes Beispiel für eine Nahrungsmittelverpackung, und zwar für »Bowen's Patent Sago Powder« (Sagopulver), das etwa aus dem Jahr 1780 stammen dürfte und heute im Victoria and Albert Museum in London aufbewahrt wird.

Vervielfältigungsmaschine

Die erste Vervielfältigungsmaschine wurde von James Watt erfunden, um die Vervielfältigung der zahlreichen Unterlagen zu beschleunigen, die er für seinen Dampfmaschinenbetrieb in Soho, Birmingham, benötigte.
Er beschreibt den Apparat erstmals in einem Brief an Dr. Black am 24. Juli 1778:

»Ich habe kürzlich eine Methode zum sofortigen Kopieren von Schriftstücken entdeckt, vorausgesetzt, daß diese am selben Tag oder innerhalb der letzten 24 Stunden geschrieben wurden. Ich kann damit alle meine Geschäftsbriefe kopieren.«

Der Apparat bestand aus einer Flachpresse, an der ein seitlicher Hebel oder eine Schraubvorrichtung mit horizontalen Querbalken angebracht war. Das zu kopierende Schriftstück oder die Zeichnung wurde in die Presse gelegt, gegen ein Stück transparentes Pauspapier oder ungeleimtes Zeichenpapier gepreßt, das mit einem Fixativ aus Essig, Borax, Austernschalen, zerstoßenen Galläpfeln und destilliertem Wassser getränkt worden war. Die Formel der Mischung ist in Watts Patent »für eine neue Methode, Briefe zu kopieren«, das am 14. Februar 1780 angemeldet wurde, angegeben. Da die Tinte direkt durch das ungeleimte Kopierpapier drang, konnte der spiegelverkehrte Abdruck als Vorlage für eine Anzahl von Duplikaten auf gewöhnlichem geleimtem Papier verwendet werden. So kann Watts Apparat sozusagen auch als erste Offsetdruckmaschine bezeichnet werden.
Am 20. März 1780 wurde die Firma James Watt & Co. zur Herstellung von Kopiermaschinen gegründet. Watts Partner Matthew Boulton startete eine gewaltige Werbekampagne, mit dem Ziel, 1 000 Bestellungen zum Subskriptionspreis von 5 Pfund und 5 Shilling zu erhalten, noch ehe der neue Apparat auf den Markt kam. An die Parlamentsmitglieder wurden Rundschreiben verschickt, in Westminster wurden praktische Vorführungen abgehalten, die so viel Aufmerksamkeit erregten, daß der Vorsitzende des Unterhauses sich häufig gezwungen sah, die Mitglieder der beiden Häuser für Abstimmungen von einem Beamten holen zu lassen. Muster von Schriftstücken jeder Art wurden samt Kopi n in den führenden Kaffeehäusern verteilt. Es wurde auch der Versuch unternommen, sich der königlichen Patronanz zu versichern: nachdem Boulton gehört hatte, daß der König ein eifriger Briefschreiber war, wurde eine Vorführung bei Hof abgehalten.
Die Vielseitigkeit der neuen Methode wurde immer wieder hervorgehoben, z. B. die Möglichkeit, Noten für Orchestermusiker oder militärische Anordnungen zur Verbreitung in den Kampfgebieten zu vervielfältigen. Für Reisende wurde ein spezielles tragbares Modell entworfen, für Indien eines mit Federn aus Edelstahl, die dem Klima standhielten.
Trotz all dieser Anstrengungen fand die Neuerung keineswegs den erwünschten Anklang. Die Direktoren der Bank of England zeigten wenig Interesse, befürchteten vielmehr eine Vorschubleistung für Fälschungen, so daß Boulton nicht umhinkonnte, ihr Benehmen »dumm und grob« zu nennen, ja er fügte sogar unversöhnlich hinzu: »Manche der Direktoren sind gemeine Lümmel.«
Im ersten Jahr wurden nur 150 Maschinen verkauft, 30 davon nach Übersee. Eine spezielle Art von Tinte, mit Klebstoff vermischt, wurde in Pulverform von Watts Firma vertrieben. Nach und nach mehrten sich die Bestellungen: binnen einiger Jahre gehörte die Kopiermaschine zur Standardausrüstung der meisten großen Unternehmen. Briefkopierer, die sich kaum von Watts Maschine unterschieden, wurden bis zum Ersten Weltkrieg in den Büros verwendet, bis sie vom Kohlepapier und, für eine größere Anzahl von Duplikaten, von Matrizen abgelöst wurden.

Vervielfältigungsmaschine mit Wachsmatrize
Die erste Vervielfältigungsmethode unter Verwendung einer Wachsmatrize wurde von Thomas Alva Edison im Jahr 1875 erfunden, als er mit Wachspapier experimentierte, aus dem er Papierstreifen für den Telegrafen herstellen wollte. Edison ließ sich am 8. August 1876 »eine Methode zur Herstellung von Originalschablonen zum Drucken« patentrechtlich schützen, eine verbesserte Methode im Jahr 1880. Obwohl Edison keinen Versuch unternahm, seinen »Mimeograph« zur kommerziellen Verwertung weiterzuentwickeln, erwarb der Chicagoer Holzhändler Albert Blake Dick die Rechte und konstruierte in der Folge eine Vervielfältigungsmaschine für Bürozwecke. Die Matrize wurde in einen hölzernen Rahmen gespannt, der Text mit einem Griffel in die Wachsoberfläche eingeritzt; mit einer Walze wurde Tinte aufgetragen und durch die Matrize auf das darunterliegende Blatt gepreßt. Die Firma A. B. Dick & Co. verkaufte ihren ersten Diaphragm Mimeograph am 17. März 1887.
In London kam der erste Vervielfältigungsapparat mit Wachsmatrize unter dem Namen »Cyclostyle« auf den Markt, entwickelt und hergestellt im Jahr 1881 von dem ungarischen Emigranten David Gestetner.
Er brachte im Jahr 1888 auch die erste Schreibmaschinenmatrize heraus, A. B. Dick folgte ihm zwei Jahre später mit einer Mimeographversion. Die Funktionsweise der beiden Apparate unterschied sich nur beim Auftragen der Tinte auf die Schablone.

David Gestetner mit seiner Vervielfältigungsmaschine »Cyclostyle«, 1881.

Rotationskopiermaschine
Die Rotationskopiermaschine wurde von dem Österreicher A. D. Kleber erfunden, der seinen Apparat nach London brachte und dort im Jahr 1899 mit der Herstellung des »Neostyle Rotary« begann. Im Jahr 1908 erhielt die Firma den Namen Roneo.

Volkszählung

Die erste Volkszählung eines ganzen Landes in der Neuzeit wurde in Kanada (damals Neu-Frankreich) im Jahr 1666 vorgenommen und ergab eine Bevölkerungszahl von 3 215 Einwohnern, die Eingeborenen ausgenommen. Die Zählung schloß Angaben über Familiengröße, Geschlecht, Altersgruppen, Stand und Arbeitsplatz ein.
Das erste Land, das regelmäßige periodische Volkszählungen einführte, war Schweden im Jahr 1749. Damals wurde eine Bevölkerung von 1 800 000 Einwohnern festgestellt. Bis zum Jahr 1775 wurde dann alle drei Jahre eine Volkszählung abgehalten, bis zum Jahr 1860 alle fünf Jahre, seitdem alle zehn Jahre.
Schweden war auch das erste Land, das im Jahr 1756 ein statistisches Zentralamt einrichtete, das sich mit der fortlaufenden Analyse der Bevölkerungsziffern befaßte.

W

Wahlrecht für Frauen

Das erste Wahlrecht für Frauen wurde in der autonomen britischen Kolonie Neuseeland eingeführt. Die Wahlreform wurde am 19. September 1893 vom Gouverneur genehmigt. Außer der erreichten Volljährigkeit gab es keine Vorbedingung zur Wahlberechtigung.
Obwohl das Wahlrecht für Frauen schon im Jahr 1843 von Alfred Saunders vorgeschlagen wurde (der 50 Jahre später die Realisierung noch erlebte), gab es keine organisierten Bestrebungen in dieser Richtung. Die einzige Ausnahme war die Gründung der Wahlrechtskommission der Women's Christian Temperance Union unter Leitung von Mrs. K. W. Sheppard im Jahr 1886.
In der relativ kurzen Zeitspanne von sieben Jahren gelang es Mrs. Sheppard und ihren Anhängern, sich die Unterstützung der Mehrheit des Parlaments zu sichern. Eine Minderheit von andersgesinnten Parlamentsmitgliedern erhob beim Gouverneur gegen den Antrag Einspruch mit der Begründung, daß das Wahlrecht für Frauen »die Rechte und Besitztümer der Untertanen Ihrer Majestät, die nicht in der Kolonie ansässig sind, schmälern . . . und die Finanzen der Kolonie ernsthaft gefährden könnte«. Der Antrag wurde schließlich mit Hilfe der regierenden liberalen und der oppositionellen konservativen Partei in der dritten Lesung im Oberhaus mit der knappen Mehrheit von zwei Stimmen angenommen.
Die erste Gelegenheit, bei der die Frauen von Neuseeland zur Urne gehen konnten, waren die allgemeinen Wahlen am 28. November 1893. William Pember Reeves, der liberale Kandidat von Christchurch, schrieb darüber:

Frauen gehen das erste Mal zur Wahl, Neuseeland, 28. November 1893.

»Die Frauen gingen schon früh zur Wahl – um ungefähr neun Uhr –, und es standen in den Städten freundlicherweise bis Mittag bestimmte Wahlzellen ihnen allein zur Verfügung . . . Jede Frau hatte ihre Nummer bei sich, und im großen und ganzen bestanden die Neulinge ihre Feuerprobe mit großem Anstand. Die Quote der ungültigen Stimmzettel war wesentlich niedriger als bei früheren Wahlen. Als die Wahllokale um sieben Uhr abends schlossen, hatten 90 000 Frauen ohne jeden Zwischenfall ihre Stimme abgegeben.«

Warenhaus

Das erste Warenhaus war der Marble Dry Goods Palace am Broadway in New York, der im Jahr 1848 von Alexander Turney Stewart eröffnet wurde. Stewart war in Irland ein schlechtbezahlter Schulmeister gewesen, ehe er im Jahr 1823 nach New York emigrierte und sich selbstständig machte. Der Marble Dry Goods Palace war zur Zeit seiner Gründung das größte Geschäft der Welt, es erstreckte sich über die Länge eines ganzen Häuserblocks.
Im Jahr 1876, als Stewart starb, hatte sein Unternehmen einen Jahresumsatz von 70 Millionen Dollar, sein persönliches Vermögen wurde auf 80 Millionen geschätzt.
Stewart war ein Mann, der an seinen Reichtümern eisern festhielt, was ihm in seiner Umwelt wenig Sympathien eintrug.
Die erste Lebensmittelabteilung mit Selbstbedienung in einem Warenhaus wurde im Kaufhaus Woodward in Vancouver, Kanada, im Jahr 1919 eröffnet.

Wasserklosett

Das erste Wasserklosett wurde von dem elisabethanischen Dichter John Harington entworfen und im Jahr 1589 auf seinem Landsitz in Kelston bei Bath von einem dort ansässigen Handwerker installiert, der in die Sanitätsgeschichte lediglich mit seinen Initialen T. C. eingegangen ist.
Im Jahr 1596 beschrieb Harington seine Erfindung in einem Buch mit dem Titel »The Metamorphosis of Ajax« (ein Wortspiel mit dem Slangausdruck »jakes«, der damals soviel wie Abort bedeutete). Darin werden die verwendeten Materialien und der Preis – 30 Shilling und 6 Pence – für die komplette Installation angegeben. Zeichnungen erläutern die Funktionsweise der Toilette. Aus einer Zisterne wurde Wasser – zum Teil mit darin schwimmenden Fischen – in das Klosettbecken gepumpt und

Das erste Wasserklosett, Anlaß für Satire: Der Benützer schwört den Teufel herbei.

rauschte in eine darunterliegende Senkgrube, wenn mittels eines Griffs am Sitz eine Klappe geöffnet wurde. Haringtons Wasserklosett besaß alle wichtigen Merkmale einer modernen Spülanlage: im Becken befand sich stets eine bestimmte Menge Wasser, um zu verhindern, daß der Gestank aus der Abflußröhre aufstieg, und der Wasserstrahl rauschte rund um die Innenwände.
Trotz der detaillierten Anweisungen in Haringtons Buch wurden lediglich zwei dieser Wasserklosetts gebaut, soweit bekannt ist: das in Kelston und ein weiteres in Richmond Palace, auf ausdrücklichen Wunsch der Königin Elisabeth, die Haringtons Taufpatin war. Harington und die Königin waren bekannt für ihr in der damaligen Zeit ungewöhnliches Interesse an Hygiene. Bei Hof galt Elisabeth als anspruchsvoll, was ihre Körperpflege betraf, sie nahm einmal monatlich ein Bad, »ob sie es brauchte oder nicht«. Harington ging noch weiter und badete sogar täglich, eine Angewohnheit, die seine Freunde für ein Zeichen höchster Exzentrizität hielten.
Der Umstand, daß kein einziger Untertan dem königlichen Beispiel folgte, deutet keineswegs auf die Unbrauchbarkeit von Haringtons Erfindung hin, sondern vielmehr auf die unhygienischen Zustände der elisabethanischen Zeit. Immerhin gab es auch praktische Hindernisse, die die Installation von Spülanlagen erschwerten. Das Fehlen von Abzuggräben oder Sielen bedeute, daß, wenn nicht ein Rohr direkt von der Toilette in einen Fluß oder Bach geleitet werden konnte, die Jauche in einer Sickergrube gesammelt werden mußte – eine nur unerhebliche Verbesserung gegenüber den üblichen Mistgruben. Auch die Wasserversorgung war außerordentlich beschränkt. Die Mehrheit der Haushalte war auf eine allgemeine Pumpstelle angewiesen, das Wasser wurde in Butten ins Haus getragen. Die wenigen Glücklichen, denen Leitungswasser zur Verfügung stand, mußten ihre Tanks in der zwei- bis dreistündigen Zeitspanne auffüllen, in denen die Wasserwerke an drei Tagen der Woche lieferten.
Bis zur Einführung von Kugelventilen im Jahr 1748 hing die Wasserversorgung von der Pünktlichkeit der Hausfrau oder ihrer Dienstboten ab, den Wasserhahn rechtzeitig auf- und – noch wichtiger – wieder rechtzeitig abzudrehen. Wasser galt als kostbare Annehmlichkeit, und die Wasserwerke verübelten es jedem Kunden, wenn er mehr als die ihm zustehende Menge verbrauchte. Als ein gewisser Mr. Melmouth aus Bath im Jahr 1770 ein Wasserklosett in seinem Haus installieren ließ, drehte ihm die Gesellschaft den Hahn ab, bis er die Entfernung der Anlage zusicherte.
Trotz dieser Probleme ließen sich einige wenige reiche und risikofreudige Herrschaften im 17. und frühen 18. Jahrhundert Wasserklosetts einbauen, noch vor deren regulärer Erzeugung. Eines der bemerkenswertesten war die automatische Anlage im Haus von Sir Francis Carew in Beddington, Surrey. John Aubrey, der im Jahr 1678 dort zu Besuch weilte, beschrieb es als

»einen hübschen Mechanismus, um eine Klosettmuschel zu reinigen, nämlich durch einen kleinen fingerbreiten Wasserstrahl, der in eine Vorrichtung lief, die aussah wie ein Teil einer Kohlenschaufel und an ihrem Schwerpunkt hing, so daß, wenn sie voll war, eine beträchtliche Wassermenge mit ziemlich viel Schwung herabschoß«.

Der erste Hersteller, der eine größere Anzahl von Wasserklosetts erzeugte, war Joseph Bramah aus London, der zwischen 1778 – dem Jahr der Patentierung – und 1797 etwa 6 000 Anlagen produzierte. Bramah-Toiletten wurden noch bis etwa 1890 hergestellt. Bis gegen Ende des 19. Jahrhunderts war es üblich, daß die Toilettebecken von einer hölzernen Verschalung umgeben waren.
Das erste Wasserklosett mit Sockel stammte von der Firma Jennings und wurde im Jahr 1884 auf einer Ausstellung mit einer Goldmedaille prämiert, weil es »so perfekt ist, wie ein Klosett nur gemacht sein kann«. Jennings führte auch als erster den ovalen Brillensitz ein.

Weiblicher Autofahrer

Der erste weibliche Autofahrer war Mme. Levassor, die Frau des Teilhabers des Pariser Automobilunternehmens Panhard et Levassor, besser bekannt unter ihrem früheren Namen Sarazin. Nach dem Tod ihres ersten Gatten und noch vor ihrer zweiten Heirat hatte Mme. Sarazin im Jahr 1889 die Herstellungslizenz

des Daimler-Benzinmotors für Frankreich und Belgien erworben. Im darauffolgenden Jahr heiratete sie Émile Levassor, und die Patentrechte wurden auf die Firma ihres Mannes übertragen; im Jahr 1891 setzte die Produktion von Automobilen unter ihrem eigenen Namen ein. Wahrscheinlich hat Mme. Levassor in diesem Jahr Autofahren gelernt. Der früheste Nachweis ihrer Fahrkunst stammt allerdings erst aus dem Jahr 1892: eine Fotografie, die sie am Steuer eines Panhard-Automobils zeigt.
Daher ist Mme. Levassor die erste Autofahrerin, aber nicht die erste Frau, die ein benzinbetriebenes Fahrzeug im Straßenverkehr lenkte: diese Ehre gebührt Mrs. Edward Butler, die schon im Jahr 1889 in Kent auf dem Motorrad ihres Mannes fuhr. Die erste Frau, die die Fahrprüfung ablegte, war die Duchesse d'Uzès, die sich ihren Titel als »conducteur d'automobile« im Mai 1898 erwarb, nachdem sie den Prüfer davon überzeugt hatte, daß sie den Gefahren des verkehrsreichen Bois de Boulogne gewachsen war.

Weiblicher Autorennfahrer

Der erste weibliche Autorennfahrer war Mme. Labrousse aus Paris, die an dem Rennen Paris–Spa vom 1. bis 2. Juli 1899 teilnahm und in der Klasse der Wagen, die mindestens drei Personen befördern konnten, Fünfte wurde.

Weiblicher Berufsfotograf

Der erste weibliche Berufsfotograf war die aus Paris stammende Französin Antoinette de Correvont, die im Jahr 1843 in München ein Daguerreotypie-Porträtstudio eröffnete.

Weiblicher Börsenmakler

Die ersten weiblichen Börsenmakler waren Victoria Claflin Woodhull und Tennessee Claflin, die am 19. Januar 1870 in New York das Maklerbüro Woodhull, Claflin & Co. eröffneten. In die Geheimnisse der Hochfinanz waren die beiden Schwestern von Commodore Vanderbilt zum Dank für ihre Dienste als Hellseherin bzw. Geliebte eingeweiht worden. Obwohl keine der beiden Mitglied des New York Stock Exchange war, tätigte ihre Firma lebhafte Geschäfte, vor allem mit weiblichen Klienten. Neben dem Börsengeschäft fanden die Schwestern noch Zeit, eine Zeitschrift herauszugeben, die den Titel »Woodhull and Claflin's Weekly« trug und die Ideen der Gedankenfreiheit und der freien Liebe propagierte. Im April 1870 stellte sich Victoria als erste Frau als Kandidatin zur Präsidentenwahl zur Verfügung. Die beiden verstanden es auch vorzüglich, die Maklerei mit der Bewunderung für den Marxismus unter einen Hut zu bringen. Aber als sich Victoria in der Steinway Hall in aller Öffentlichkeit der freien Liebe rühmte, wurde es den Klienten, die bisher alle Überspanntheiten der zwei Schwestern toleriert hatten, zu bunt; der Geschäftsgang nahm rapide ab. Einen weiteren Skandal verursachte Tennessee, als sie die Ernennung zum Ehrenoberst von zwei farbigen Regimentern annahm. Nach drei Jahren sah sich das Unternehmen Woodhull, Claflin & Co. gezwungen, seine Pforten zu schließen.

Weiblicher Botschafter

Der erste weibliche Botschafter war Alexandra Kollontai, die Tochter eines russischen Aristokraten, die sich im Jahr 1915 den Bolschewiken anschloß. Im Herbst 1922 kam sie als Mitglied der sowjetischen Gesandtschaft nach Norwegen, zu deren Geschäftsträgerin sie im folgenden Jahr ernannt wurde.
Damals hatte Norwegen die Sowjetunion noch nicht offiziell anerkannt, so daß sie zwar den Amtspflichten eines Botschafters nachkam, aber am norwegischen Hof nicht akkreditiert war. Am 15. Februar 1924 wurde die Sowjetunion von Norwegen anerkannt, und Alexandra Kollontai wurde in das diplomatische Corps aufgenommen. Ihre Designation als außerordentlicher bevollmächtigter Minister erfolgte im August desselben Jahres, und sie überreichte dem König ihr Beglaubigungsschreiben »in dem üblichen Zeremoniell« am 8. September 1924. Bis 1926 blieb Alexandra Kollontai auf diesem Posten, später war sie Botschafterin in Mexiko und Schweden, bis sie im Jahr 1946 in den Ruhestand trat.
(Siehe weiblicher Staatsminister)

Weiblicher Bürgermeister

Der erste weibliche Bürgermeister war die 27jährige Susanna Medora Salter, die am 4. April 1887 mit Zweidrittelmehrheit zum Bürgermeister von Argonia, Kansas, gewählt wurde. Die Women's Christian Temperance Union hatte sie für dieses Amt nominiert, es aber aus irgendeinem Grund unterlassen, sie davon zu unterrichten. Erst als Susanna Medora Salter das Wahllokal betrat, um zu wählen, entdeckte sie, daß sie selbst zu den Kandidaten zählte.

Weiblicher Doktor der Medizin

Der erste weibliche Doktor der Medizin war Elizabeth Blackwell. Ausschlaggebend für den Entschluß,

die medizinische Laufbahn einzuschlagen, war eine an Krebs erkrankte Freundin, die überzeugt war, daß ihr die schlimmsten Schmerzen erspart geblieben wären, hätte eine Ärztin sie behandelt.
Elizabeth Blackwell wurde im Jahr 1821 in Bristol geboren. Als sie elf Jahre alt war, wanderte ihre Familie nach New York aus. Ihre ersten Versuche, an einer renommierten medizinischen Fakultät zu studieren, schlugen fehl, sie wurde sowohl in Philadelphia als auch in New York abgewiesen. Der einzige Hoffnungsstrahl war ein Professor, der ihr die Teilnahme an seinen Vorlesungen gestatten wollte, unter der Voraussetzung, daß sie sich als Mann verkleide. Als sie sich an das Medizinische Institut der kleinen Universität von Geneva, New York, wandte, überließ der Dekan, Dr. Lee, die Entscheidung über ihre Aufnahme den Studenten, im Vertrauen darauf, daß diese einen negativen Entschluß fassen würden. Am 20. Oktober 1847 beantwortete Dr. Lee ihr Gesuch, dem Brief war eine Kopie des Studentenbeschlusses beigefügt:

»Es wurde entschieden, daß die umfassende Erziehung beider Geschlechter eines der fundamentalen Prinzipien einer republikanischen Regierung ist; daß für alle in gleichem Maß das Tor zu jedem Zweig einer wissenschaftlichen Fortbildung offen sein soll; daß der Antrag von Elizabeth Blackwell, ein Mitglied unserer Klasse zu werden, unsere volle Zustimmung findet; und daß wir über unsere einmütige Einladung hinaus geloben, daß unser Verhalten ihr niemals Anlaß geben soll, ihre Anwesenheit in diesem Institut zu bedauern.«

Elizabeth Blackwell begann ihr Studium am Geneva Medical Institute und absolvierte ihre klinische Praxis während der Sommerferien 1848 in den Blockley Almshouses in Philadelphia, wo sie typhuskranke Patienten behandelte. Zum Doktor der Medizin graduierte sie am 23. Januar 1849.
Nach einem weiteren Klinikum am Hospital La Maternité in Paris kehrte Dr. Blackwell nach New York zurück, fand jedoch keine Anstellung in einem Krankenhaus und eröffnete im März 1852 eine eigene Praxis, deren erste Patientinnen in der Hauptsache Quäkerfrauen waren. Zusammen mit der polnischen Ärztin Marie Zakrzewska gründete sie dann im Mai 1857 das New York Infirmary of Women and Children. Im Jahr 1874 ließ sich Elizabeth Blackwell in England nieder, wo sie in London an der kurz zuvor eröffneten School of Medicine for Women den Lehrstuhl für Gynäkologie innehatte. Im Jahr 1879 zog sie sich jedoch wegen ihrer angegriffenen Gesundheit nach Hastings zurück.

Weiblicher Friedensrichter

Der erste weibliche Friedensrichter war Mrs. Esther Morris, »eine mächtige, einfach sprechende, warmherzige Frau eines Geschäftsbesitzers«, wie sie beschrieben wird. Sie wurde am 17. Februar 1870 zum Friedensrichter von South Pass, Wyoming, ernannt. Während ihrer Amtsdauer hatte sie 70 Fälle zu behandeln.

Weiblicher Geistlicher

Der erste weibliche Geistliche war Reverend Antoinette Brown, geboren im Jahr 1825 in Henrietta, New York. Sie besuchte als erster weiblicher Theologiestudent das Oberlin College und hielt, noch als Seminaristin, im Jahr 1848 ihre erste Predigt in New York. Am 15. September 1853 wurde sie zum Geistlichen der South Butler Congregational Church in New York ernannt. Ihr Jahresgehalt betrug rund 300 Dollar.
Obwohl Miß Brown in ihrer Gemeinde akzeptiert wurde, gab es unliebsame Reaktionen von außen. Als sie einmal als Delegierte bei einer Temperenzlertagung erschien, wurde sie mit Gejohle und Geschrei empfangen. Später wurde sie Universalistin, heiratete Samuel C. Blackwell und predigte noch im Jahr 1912 in der All-Souls-Kirche in Elizabeth, New Jersey.

Weiblicher Geschworener

Die ersten weiblichen Geschworenen wurden am 22. September 1656 für das Verfahren gegen Judith Catchpole einberufen, die des Mordes an ihrem Kind angeklagt war. Die Verhandlung fand in Patuxent, Maryland, statt. Die Geschworenen, allesamt Frauen, schenkten der Beteuerung der Angeklagten, sie habe überhaupt kein Kind gehabt, Glauben und fällten den Spruch »nicht schuldig«. Ein Geschworenengericht, das aus sechs Männern und sechs Frauen bestand und im Jahr 1701 in Albany, New York, zusammentrat, ist ebenfalls urkundlich belegt.

Gesetzliche Verfügung weiblicher Geschworener
Die erste gesetzliche Verfügung zur Heranziehung weiblicher Geschworener wurde am 10. Dezember 1869 in Wyoming erlassen. Oberrichter J. H. Howe, der die ersten Frauen auf die Geschworenenbank des Supreme Court in Cheyenne berief, schrieb darüber im Jahr 1872:

»Nachdem das große Geschworenengericht zwei Tage lang getagt hatte, verließen Tanzdielenbesitzer, Spieler und Angehörige der Halbwelt fluchtartig und schreckerfüllt das Staatsgebiet, um der Anklage der weiblichen Geschworenen zu entgehen.«

Weiblicher Jockey

Der erste weibliche Jockey war die damals 22jährige Alicia Meynell, die Geliebte von Colonel Thornton. Sie trat am 25. August 1804 auf der vier Meilen langen Rennstrecke in York auf dem Pferd Vingarillo, das dem Colonel gehörte, gegen Captain William Flint an, der sein eigenes Pferd Thornville startete. Miß Meynell ritt unter dem Namen Mrs. Thornton im Damensattel und trug ein lederfarbenes Kleid mit blauen Ärmeln und blauer Kappe. Die Wetten standen 5 : 4 für sie. Zwar lag sie die ersten drei Meilen der Strecke in Führung, dann jedoch ermüdete ihr 20jähriges Pferd, und Captain Flint ging mit einer Zeit von 9 Minuten und 59 Sekunden als Sieger durchs Ziel. Miß Meynell erwies sich als schlechte Verliererin, sie bezichtigte ihren Gegner im »York Herald« der mangelnden Ritterlichkeit. Colonel Thornton, ihr Geliebter, entpuppte sich als noch schlechterer Verlierer, indem er sich weigerte, für den Wetteinsatz in Höhe von 1 000 Pfund geradezustehen, und zwar unter dem Vorwand, daß dies nur als Lockmittel für die Zuschauer dienen sollte.
Zum Rennen im August 1805 in York trat Miß Meynell erneut an und gewann zwei Rennen, das erste durch vorzeitiges Ausscheiden aller übrigen Teilnehmer, das zweite um eine halbe Halslänge. Außer ihr und einer irischen Lady namens Miß Ouzley, die im September 1805 ein Rennen in Loughrea in der Grafschaft Galway gewann, sind aus dem 19. Jahrhundert keine weiteren Frauen bekannt, die an Pferderennen teilgenommen haben.
Der erste weibliche Jockey, der ein offenes Rennen gewann, war Miß Eileen Joel, die Tochter des millionenschweren Rennstallbesitzers Solly Joel, die am 8. Oktober 1925 beim 4-Meilen-Rennen in Newmarket auf Hogier den Sieg davontrug. In Ablehnung prächtiger Kleidung gewann Miß Joel mit einem Topfhut am Kopf. Acht andere Teilnehmer waren am Start, darunter fünf Frauen.
Das Newmarket-Rennen ist deshalb ungewöhnlich, weil es nach eigenen Regeln abgehalten wird, die von König Charles II. im Jahr 1665 eingeführt wurden. Die Regeln besagen, daß die Teilnahme am Rennen jedem Amateurreiter offensteht, daher setzte sich in den zwanziger Jahren dieses Jahrhunderts die Auffassung durch, daß auch Frauen daran teilnehmen könnten.
Das erste Rennen in Newmarket, bei dem ausschließlich Damen antraten, fand am 13. Oktober 1927 statt. Miß Iris Rickaby wurde Siegerin, Miß Joel errang den zweiten Platz.

Der erste weibliche Jockey, der ein offenes Rennen gewann, Eileen Joel, 8. Oktober 1925

Weiblicher Berufsjockey
Der erste weibliche Berufsjockey war die aus England stammende Judy Johnson, die ihr Debüt auf Lone Gallant bei einem am 27. April 1943 stattfindenden Hindernisrennen auf dem Turnierplatz von Pimlico, Maryland, gab. Ihr Pferd ging als zehntes von insgesamt elf gestarteten Pferden durchs Ziel. Miß Johnson hatte schon im Jahr 1927 beim Maryland Jockey Club um eine Lizenz angesucht, war jedoch mit dem Bescheid, daß bisher keine Frau eine erhalten habe, abgewiesen worden. Ihre neuerliche Bewerbung hatte Erfolg, weil Mangel an geeigneten Jockeys herrschte. Nach Absolvierung einiger weiterer Rennen kehrte Miß Johnson in ihren früheren Beruf als Trainerin zurück.

Weibliches Parlamentsmitglied

Die ersten weiblichen Parlamentsmitglieder wurden zwischen 15. und 17. März 1907 in Finnland gewählt. Aus 19 Wahlbezirken kamen Frauen in den Reichstag. Neun gehörten der herrschenden sozialdemokratischen Partei an, darunter eine Journalistin, eine Schneiderin, eine Lehrerin, eine Weberin und eine Frauenrechtlerin. Unter den übrigen waren sechs Vertreterinnen der Zentrumspartei, die meisten von ihnen Lehrerinnen, aber auch eine Restaurantbesitzerin und eine Pastorenfrau. Die Damen bezogen am 23. Mai ihre Sitze im Parlament in Helsinki und benahmen sich, wie der Korrespondent von »Times« berichtete, »ganz ungezwungen«.

Weiblicher Rechtsanwalt

Der erste weibliche Rechtsanwalt war Mrs. Carrie Brunham Kilgore, die im Alter von 34 Jahren 1870 in Pennsyl-

vania als Jusstudentin eingetragen war, der jedoch im nächsten Jahr die Zulassung zur juristischen Fakultät der Universität von Pennsylvania verweigert wurde. Erst im Jahr 1881 erkämpfte sie sich den Zutritt und graduierte im Jahr 1883 zum Bachelor of Laws.
Ein Jahr später wurde sie beim Grafschaftsgericht in Delaware und bei einem der Zivilgerichtshöfe in Philadelphia zugelassen, im Jahr 1890 schließlich zog sie im Obersten Bundesgericht der Vereinigten Staaten ein.

Weiblicher Schauspieler

Die ersten Schauspielerinnen, die öffentlich auftraten, tauchten in der zweiten Hälfte des 16. Jahrhunderts auf italienischen Bühnen auf.
Die erste Akteurin, die sich einen nennenswerten Ruf erwarb, war Isabella Canali (geboren 1562), der Star der Schauspieltruppe Gelosi, eines der ältesten und bekanntesten Ensembles der Commedia dell'arte. Isabella starb im Jahr 1604 im Kindbett, ihr Gatte löste daraufhin die Truppe auf.
Die erste namentlich bekannte französische Zeitgenossin der Canali war Marie Venier, deren Vater im Jahr 1600 als Schauspielmanager auf dem Jahrmarkt von St-Germain tätig war.
Marie begann vermutlich im Jahr 1590 aufzutreten. Nach der Rückkehr ihres Vaters nach Paris spielte sie gemeinsam mit ihrem Gatten Laporte als Mitglied der Valleran-Lecomte-Truppe im Hôtel de Bourgogne. Die Überlieferung besagt, daß ihre Schönheit atemberaubend und ihre beste Rolle tragische Königinnen waren. Marie Vernier starb im Jahr 1619.

Weiblicher Staatsminister

Der erste weibliche Staatsminister war Alexandra Kollontai (siehe weiblicher Botschafter), die der am 8. November 1917 von Lenin gebildeten bolschewistischen Regierung als Minister für soziale Wohlfahrt angehörte.
Obwohl Alexandra Kollontai aus einer Aristokratenfamilie stammte, hatte sie sich im Jahr 1899 den Revolutionären zugewandt. Sie verbrachte in der Folge viele Jahre im Exil und kehrte unmittelbar nach der Februarrevolution nach Rußland zurück. Während ihrer sechsmonatigen Amtszeit als Volkskommissar (Minister) war sie zuständig für Kriegsversehrte, Krankenhäuser, Renten, Leprakolonien, Waisenhäuser, Frauenerziehungswesen und für die Spielkartenerzeugung (damals schon ein Staatsmonopol).
Ihre erste Amtshandlung als Minister war die Entschädigung eines aufgebrachten Bauern, dessen Pferd requiriert worden war. Eigentlich fiel das nicht in ihren Zuständigkeitsbereich, erläuterte sie in ihrer Autobiographie, aber der Bauer hatte es rätselhafterweise geschafft, eine Audienz bei Lenin zu erhalten, der ihn zu Frau Kollontai mit einer hingekritzelten Notiz geschickt hatte, die Angelegenheit irgendwie zu regeln. Das Kommissariat für Wohlfahrt war nämlich das einzige, das über etwas Bargeld verfügte.
Zu ihren Aufgaben gehörte auch die Abschaffung des Religionsunterrichts und die Versetzung von Priestern in den Staatsdienst sowie die Einrichtung eines medizinischen Komitees zur Planung eines nationalen Gesundheitswesens. Als ihre bedeutendste Leistung betrachtete Frau Kollontai die Gründung einer zentralen Stelle zur Betreuung von Schwangeren und Kindern im Januar 1918.
Im März desselben Jahres trat Alexandra Kollontai von ihrem Regierungsposten »wegen völliger Mißbilligung der gegenwärtigen Politik« zurück. Die stets freimütig und unabhängig ihre Meinung äußernde Frau hatte von da an immer größere Schwierigkeiten mit der Partei und wurde im Herbst 1922 aus Sicherheitsgründen als Gesandte der russischen Legation nach Norwegen entsandt, wo sie später zum ersten weiblichen Botschafter avancierte.

Weiblicher Premierminister
Der erste weibliche Premierminister war Frau Sirimawo Bandaranaike, die am 21. Juli 1960 ihr Amt als Premier von Ceylon antrat.

Weihnachtsbaum

Der erste Weihnachtsbaum stand in Straßburg. Ein unbekannter Besucher schrieb darüber im Jahr 1605:
»Zu Weihnachten haben sie Tannenbäume in ihren Zimmern, geschmückt mit Papierrosen, Äpfeln, Zuckerwerk, Gold und Oblaten.«
Man nimmt an, daß der Christbaum schon um 1521 im Elsaß bekannt war. Es herrschte dort die Sitte, am 1. Mai geschmückte Tannenbäume, sogenannte Maien, aufzustellen.
In den Rechnungsbüchern der elsässischen Gemeinde Schlettstadt ist vermerkt, daß nicht nur unmittelbar vor dem Monat Mai viele Bäume gefällt, sondern auch im Dezember etwa die gleiche Anzahl Bäume geschlägert wurde, und zwar in den Jahren 1521, 1546 und 1556.
Der früheste Hinweis auf einen mit Kerzen geschmückten Weihnachtsbaum findet sich in einem Brief von Liselotte von der Pfalz aus dem Jahr 1660, in dem sie von diesem Brauch in Hannover berichtet.

Elektrisch beleuchteter Weihnachtsbaum
Den ersten elektrisch beleuchteten Christbaum stellte Edward H. Johnson, ein Kollege von Thomas Edison, im Dezember 1882 in seinem Heim in New York auf.
Die ersten für den Handel bestimmten elektrischen Christbaumkerzen wurden von der Edison General Electric Co. in Harrison, New Jersey, hergestellt und in der Dezemberausgabe des »Ladies' Home Journal« vom Jahr 1901 angekündigt. Jede Kerze bestand aus einer Miniaturkohlenfadenlampe (2 Normalkerzen) und hatte 32 Volt.
Der erste gemeindeeigene Weihnachtsbaum wurde im Jahr 1909 in der kalifornischen Stadt Pasadena aufgestellt.

Weihnachtskarte

Die erste Weihnachtskarte wurde im Jahr 1843 auf Anregung von Sir Henry Cole von John Calcott Horsley entworfen. Die Karte zeigte drei Generationen einer viktorianischen Familie an der Festtafel, die ihre Gläser auf den abwesenden Gast, also auf den Empfänger der Karte, erhebt. Diese reizende und anscheinend völlig harmlose Szene provozierte wütende Proteste, da sie angeblich zum Alkoholgenuß und zur Trunksucht aufforderte. Der Überlieferung nach hatte Sir Henry die Weihnachtskarte deshalb in Auftrag gegeben, weil er wegen Arbeitsüberlastung keine Zeit hatte, seinen Freunden wie gewohnt Weihnachtsbriefe zu schreiben.
Die Firma Jobbins aus Warwick Court, Holborn, druckte 1 000 Stück im Format 12,5 × 8 cm. Die Karten wurden mit der Hand koloriert. Nachdem Cole und Horsley ihren Bedarf gedeckt hatten, verkaufte der Drucker Joseph Cundall den Rest in London um 1 Shilling pro Stück.
Obwohl in den folgenden Jahren ein paar ähnliche Exemplare auftauchten begann die reguläre Produktion von Weihnachtskarten erst im Jahr 1862, als die Londoner Druckerei Charles Goodall & Sons die Marktlücke erkannte. Luke Limmer schrieb, daß die Weihnachtskartenindustrie

»im Jahr 1862 begann. Die ersten Versuche waren gewöhnliche Karten mit Aufschrift ›Fröhliche Weihnachten‹ oder ›Ein glüchliches neues Jahr‹. Dann kamen Rotkehlchen und Stechpalmenzweige, eingeprägte Figuren und Landschaften dazu«.

Der Umfang der Weihnachtskartengrüße war im Jahr 1871 derart angewachsen, daß eine führende englische Tageszeitung über die Leute klagte, die sich gegenseitig mit der Anzahl der erhaltenen Karten zu übertrumpfen versuchten. Es überrascht auch nicht, daß die übermäßige Begeisterung der mittleren Bevölkerungsschichten zu einer Gegenreaktion reizte: im Jahr 1873 erschien in der Rubrik »Persönliches« der »Times« eine Anzeige, in der der Inserent um Entschuldigung dafür bat, daß er dieses Jahr keine Weihnachtskarten verschickt habe.

Weihnachtskarte für karitative Zwecke
Weihnachtskarten für karitative Zwecke, die derzeit etwa 20% des gesamten Umsatzes darstellen, wurden im Jahr 1949 von der UNICEF eingeführt. Das Motiv war von der sieben Jahre alten Jitka Samková aus Rudolfo, Tschechoslowakei, entworfen worden. Wie viele andere tschechische Ortschaften war Rudolfo im Krieg zerstört worden, es herrschte großer Mangel an Nahrungsmitteln und Medikamenten. Die UNICEF versorgte die hungernde Bevölkerung und half bei der Bekämpfung der Tuberkulose. Aus Dankbarkeit malte Jitka ein Bild mit buntgekleideten Kindern, die um einen Maibaum tanzen. Da sie kein Papier zur Verfügung hatte, malte sie das Bild auf Glas. Sie fügte erklärend hinzu, die Szene solle die rundum herrschende Freude ausdrücken.
Jitkas Lehrer sandte das Bild zu einem Wettbewerb der UNICEF, bei dem es den ersten Preis errang. Der Leiter der Organisation wurde auf das Werk aufmerksam und ordnete an, es für die erste UNICEF-Weihnachtskarte zu verwenden.

Weihnachtsmarke

Die erste Weihnachtsausgabe von Briefmarken war eine 2-Cent-Marke, auf der eine Weltkarte abgebildet war. Die Marke wurde von der Post in Kanada im Dezember 1898 herausgegeben. Der ursprüngliche Anlaß der Ausgabe war die Einführung der allgemeinen Postgebühren.
Wie aus den Aufzeichnungen von Sir John Henniker Heaton, dem damaligen Reichspostminister, hervorgeht, war beabsichtigt, die Postgebühren am 9. November, dem Geburtstag des Prinzen von Wales, in Kraft treten zu lassen. Als Sir John Königin Viktoria das neue System auseinandersetzte, fragte sie, wann es eingeführt werden solle. »Wir beabsichtigen, es am Geburtstag des Prinzen zu tun«, antwortete Sir John. Die Königin empfand dies als Schmälerung ihrer Würde und erkundigte sich kühl:
»Welches Prinzen?«
Der Reichspostminister erwiderte ohne Zögern:
»Des Friedensprinzen, Eure Majestät.«
Der Entwurf der Briefmarke, der schon das Datum 9. November enthielt, wurde abgeändert in »Weihnachten 1898«.

Weltumseglung

Die erste Weltumseglung konnte Kapitän Juan Sebastian de Elcano aus Guetaria in der baskischen Provinz Guipúzcoa mit seinem 85-t-Segler »Vittoria«, zusammen mit 17 weiteren Überlebenden der Magellanschen Entdeckungsreise, beenden. Kapitän Elcano und seine Leute erreichten am 7. September 1522 den Hafen Lucar de Barrameda, aus dem sie drei Jahre vorher ausgelaufen waren. Die Flotte bestand aus fünf Schiffen mit 266 Mann Besatzung, darunter vier Deutsche, und setzte am 20. September 1519 unter dem Kommando des portugiesischen Kapitäns Fernao de Magalhaes aus Villa Real Segel. Ihr Hauptziel war es, eine Westroute nach Ostindien zu finden.
Über die Ostküste Südamerikas gelangte die Expedition bis Tierra del Fuego. Als sie die Magellanstraße erreichte, erlitt ein Segler, die »Santiago«, Schiffbruch, ein zweiter, die »San Antonio«, war desertiert und nach Spanien zurückgekehrt. Die übrigen drei Schiffe passierten am 28. November 1520 als erste die Meeresstraße zwischen Atlantischem und Pazifischem Ozean: Magellans Flaggschiff »Trinidad«, die »Concepción« mit Elcano als zweitem Kapitän, und die »Vittoria«.
Auf der Philippineninsel Matan wurde Magellan am 27. April 1521 bei einem Gefecht mit Eingeborenen getötet.
Von den ursprünglich 266 Mann blieben nur noch 114 übrig, die anderen waren im Kampf gefallen, durch Schiffbruch, Hunger, Krankheit umgekommen oder desertiert. Es wurde daher beschlossen, die »Concepción« zu verbrennen, weil nicht mehr genug Leute für drei Schiffe verfügbar waren. Elcano wurde zum Kapitän der »Vittoria« ernannt, deren früherer Kommandant wegen verschiedener Vergehen abgesetzt worden war.
Am 8. November 1521 landeten zwei Schiffe auf den Molukken. Die seeuntüchtig gewordene »Trinidad« mußte wegen Reparaturarbeiten in Triclore bleiben und trat später den Heimweg über den Pazifik an. Die »Vittoria« segelte, beladen mit Gewürznelken, deren Wert die Kosten der gesamten Expedition deckte, über den Indischen Ozean, um das Kap der Guten Hoffnung und die Westküste Afrikas nach Spanien zurück. Die Überlebenden dieser entbehrungsreichen Fahrt – auf der Rückfahrt waren die meisten Matrosen an Unterernährung gestorben – waren elf Spanier, ein Portugiese, ein Franzose, zwei Griechen, zwei Italiener und ein Deutscher. Auch das jüngste Mitglied von Magellans Mannschaft, Juan de Zubileta, der die Reise als 14jähriger Schiffsjunge begonnen hatte, befand sich darunter.
Insgesamt hatte die Expedition 185 Seeleuten das Leben gekostet.

Einmannweltumseglung
Die erste Einmannweltumseglung gelang Kapitän Joshua Slocum, der am 24. April 1895 mit seinem 9-t-Austernboot »Spray« von Boston auslief und nach einer Reise über 46 000 Meilen am 3. Juli 1898 den Hafen von Fairhaven, Massachusetts, erreichte. Slocum war übrigens Nichtschwimmer.

Nonstopweltumseglung
Die erste Nonstopweltumseglung schaffte der 30jährige Robin Knox-Johnston mit seiner 10 m langen Ketsch »Suhaili«. Er lief am 14. Juni 1968 in Falmouth aus und kehrte 312 Tage später, am 22. April 1969, wieder zurück.

Welt»umseglung« mit einem Unterseeboot
Die erste Fahrt rund um die Welt mit einem Unterseeboot unternahm das US-Atomboot »Triton«, das am 16. Februar 1960 von New London, Connecticut, auslief. Die 183 Matrosen umfassende Mannschaft stand unter dem Kommando von Kapitän Edward Latimer Beach. Am 24. Februar ging die »Triton« bei St. Paul's Rock im südlichen Atlantik in die Tiefe und tauchte nach einer 30 708-Meilen-Fahrt an der gleichen Stelle am 25. April 1960 wieder auf. Vor Montevideo mußte das U-Boot einmal an die Oberfläche, um einen kranken Matrosen an Land bringen zu lassen.

Werbeagentur

Die erste Werbeagentur, die ihren Kunden ein kreatives Service anbot, war die Firma Ayer & Son in Philadelphia, die im Jahr 1888 einen jungen Mann namens Jarvis A. Wood anstellte. Seine Hauptaufgabe war, Werbetexte zu schreiben. Der erste hauptberufliche Werbetexter war John J. Geisinger, den die Firma im Jahr 1892 aufnahm.
Vorher bestand die Aufgabe der Werbeagenten darin, auf möglichst billige Weise Platz für Werbeinserate zu vermitteln, Aufträge einzutreiben und Platz für Werbeinserate zu »verpachten«, den sie von den Zeitungsherausgebern gekauft hatten und mit dem sie regelrecht spekulierten. Zu dieser Zeit schrieben sich die Inserenten die Werbetexte selbst, oder sie beauftragten damit Lohnschreiber. Erst zu Beginn unseres Jahrhunderts wurde es üblich, das Texten auch den Werbeagenturen zu überlassen. Die Firma Ayer & Son, die auch hier unter den ersten war, begann im Jahr 1888 mit der Abfassung von Werbetexten.

Im Jahr 1905 mußte auch die führende New Yorker Werbeagentur George P. Rowell & Co. eine kreative Abteilung für Werbetexte einführen.

Werbeinserat mit Fotoillustration

Das erste Werbeinserat mit einer Fotoillustration erschien am 11. November 1887 im »Parrot«, einer humoristischen Lokalzeitschrift in Manchester. Auftraggeber war die Firma Knitting Machine Co. in der Portland Street. Die Abbildung zeigt den Ausstellungsstand und das Personal der Firma auf der Jubiläumsausstellung von Manchester. Das ganzseitige Foto (Autotypie) wurde im Meisenbach-Verfahren reproduziert, die Werbung von der Agentur Pratt & Co., Manchester, durchgeführt.

Werkskantine

Die erste Werkskantine wurde in der Baumwollspinnerei von New Lanark, Schottland, nach einem im Jahr 1812

Das erste Werbeinserat mit Fotoillustration, Manchester, 11. November 1887.

vorgelegten Plan ihres Direktors Robert Owen eingerichtet. Er schrieb daß die Anlage den Besitzern die Möglichkeit gebe, die Bevölkerung des Ortes, bis zu 2 200 Menschen, für 1 Shilling und 6 Pence pro Woche billiger mit Mahlzeiten zu versorgen, als sie es selbst können.
Obwohl einige Historiker Zweifel anmeldeten, daß das Projekt jemals realisiert worden sei, scheint nach dem Buch von Dr. Henry Grey MacNab die Kantine um das Jahr 1819 doch in Betrieb gewesen zu sein. Folgender Abschnitt ist seiner Beschreibung der Spinnerei entnommen:

»Das Gebäude wurde erst kürzlich errichtet und dient als öffentliche Küche. Es hat beträchtliche Ausmaße, 45 m in der Länge, 13,5 m in der Breite, drei Stockwerke hoch. Das Erdgeschoß enthält zwei geräumige Küchen, ein Backhaus und die Abteilung des Oberaufsehers. Die oberen Etagen sind in gleich große Räumlichkeiten unterteilt, im ersten Stock als Speisesäle, in den beiden nächsten als Vortragsräume eingerichtet . . .«

Was die Sorge für seine Belegschaft anbelangt, war Robert Owen seiner Zeit weit voraus, und es dauerte einige Jahrzehnte, bis andere Fabriken seinen Vorstellungen nacheiferten. Erst um das Jahr 1850 begannen einige Unternehmer, ihren Angestellten einen Raum zum Essen zur Verfügung zu stellen, und selbst in diesem Fall mußten die Arbeiter das Essen mitbringen, das dann an Ort und Stelle gewärmt wurde. Eine der ersten Firmen, die gekochte Mahlzeiten anboten, war die Senferzeugung Colman in Norwich, die im Jahr 1868 eine Kantine eröffnete, in der die Arbeiter am Morgen um 5.45 Uhr, wenn die Arbeit begann, eine Pinte Kaffee um 1 Penny und mittags ein warmes Fleischgericht um 3 oder 4 Pence erhielten.
Die Bereitstellung von Verpflegung in Fabriken blieb bis zum Ersten Weltkrieg philanthropischen und vorausschauenden Unternehmern vorbehalten. Dann hatte sich die Stellung der Arbeiter geändert, immer mehr Frauen strömten in die Fabriken, und die Arbeitgeber mußten die Arbeitsbedingungen ändern. Während im Jahr 1914 in England nur etwa 100 Werkskantinen existierten, gab es zum Zeitpunkt des Waffenstillstandes schon etwa 1 000 Kantinen.

Wettervorhersage

Die ersten Wettervorhersagen oder vielmehr deren Vorläufer sind in John Houghtons Wochenblatt »A Collection for the Improvement of Husbandry and Trade« zu finden. In der Ausgabe vom 14. Mai 1692 wurde das Thema erstmals angeschnitten: »Es wäre von größtem Nutzen, die wahre Geschichte des Wetters zu kennen, von der man am ehesten Vorhersagen ableiten könnte.« Beigefügt war eine Wochentabelle mit Angaben über Luftdruck und Windstärken der gleichen Zeit des vorangegangenen Jahres. Diese Angaben hatte Houghton von Henry Hunt vom Gresham College erhalten, wo sie mit Hilfe des »Baraskops oder Quecksilber-Wetterglases« errechnet worden waren. Die Spalte erschien jede Woche, und die Leser waren aufgefordert, sich an Hand der gegebenen Daten ihre eigene Wettervorhersage zu erstellen. Houghtons völlig unwissenschaftliche Neuerung fand bald eine Anzahl von Nachahmern; im Jahr 1711 erschien sogar ein Journal, das sich »Monthly Weather Paper« nannte und ausschließlich mit meteorologischen Vorhersagen beschäftigte. Prognosen dieser Art waren im allgemeinen aus einer Mischung von Astrologie, Raterei und ganz wenig fundierter

Wissenschaft zusammengestellt und konnten daher auch kaum korrekte Vorhersagen liefern.
Genaue, wissenschaftlich erarbeitete Wetterstandsberichte wurden erstmals am 31. August 1848 in der von Charles Dickens herausgegebenen Zeitung »Daily News« veröffentlicht. Jeden Morgen um 9 Uhr wurden nach einem einheitlichen Plan an einer Anzahl von meteorologischen Stationen Messungen vorgenommen und die Ergebnisse nach London telegrafiert, wo sie James Glaisher vom königlichen Observatorium Greenwich für die nächste Ausgabe der Zeitung auswertete. Dies war gewiß ein Fortschritt, dennoch stellte es noch keine echte Wettervorhersage dar, da es dem Leser überlassen blieb, seine eigenen Schlüsse aus den Angaben zu ziehen.
Am 6. Februar 1861 begann Admiral Robert Fitzroy, der Leiter des Meteorologischen Amtes, offizielle Sturmwarnungen für in See stechende Schiffe herauszugeben. Er führte damals auch die Bezeichnung »weather forecast« (Wetterbericht) ein, da er der Meinung war, das Wort würde weniger an Wahrsagerei, Prophezeiung und Vorhersage erinnern. Kurze Zeit später dehnte der Admiral das Service seines Amtes auf einen täglichen amtlichen Wetterbericht für die Öffentlichkeit aus. Der erste derartige Bericht erschien am 1. August 1861 in der »Times«; er sagte schönes Wetter für das ganze Land voraus.

Wetterbericht im Radio
Der erste Wetterbericht im Radio wurde am 3. Januar 1921 von der Rundfunkstation 9XM der Universität von Wisconsin in Madison durchgegeben. Seit die Station im Jahr 1917 gegründet worden war, waren Wetterberichte im Morseverfahren gefunkt worden.

Wetterbericht im Fernsehen
Den ersten Wetterbericht im Fernsehen brachte das englische Fernsehen am 29. Juli 1949.

Wohnwagen

Die ersten Wohnwagen wurden wahrscheinlich zu Beginn des 19. Jahrhunderts von kontinentalen Schaustellern verwendet. Es ist uns wenig über ihren Gebrauch überliefert, bekannt ist aber, daß um 1830 in Paris eine »voiture nomade«, ein sehr aufwendiger Wohnwagen mit Küche, Speisezimmer und Schlafzimmer, für den Zirkusbesitzer Antoine Franconi gebaut wurde.
Vor 1800 bezeichnete der Ausdruck »caravan« im Englischen und Französischen eine Postkutsche bzw. eine einfache Kutsche zum Transport der Dienerschaft. Er rührt von dem persischen Wort »karwan« her, d. h. Karawane.

Wohnwagenreise
Die erste Wohnwagenreise unternahm Samuel White Baker. Er erwarb 1878 in London einen Zigeunerwagen, um damit eine Ferien- und Forschungsreise auf Zypern zu machen. Bevor er damit England verließ, wurde der Wagen frisch gestrichen, lackiert und von der Londoner Firma Glover ausgestattet. Baker schrieb:

»Dieser Wohnwagen war mit einem richtigen Bett, mit Regalen, einem Kleiderschrank, einer Kommode, einem Klapptisch, der sich, falls nicht gebraucht, gegen die Wand klappen ließ, einer Kredenz für Gläser und Küchengeschirr und einem Ofen samt Rauchfang eingerichtet. Tatsächlich hatte er Ähnlichkeit mit einer Schiffskabine. Er war 2,85 m lang und 1,70 m breit.«

Begleitet von seiner Frau, einem halben Dutzend Dienern und drei Spaniels, verließ Baker Larnaca am 29. Januar 1879. Da der Wohnwagen von Ochsen gezogen wurde, war die Reisegeschwindigkeit naturgemäß außerordentlich gering; Baker war sechs Monate unterwegs. Der Komfort, den er und Lady Baker des Abends genossen, entschädigte sie für die Unbill des Tages. Über die erste Station schreibt er:

»Der Zigeunerwagen bietet einen derartigen Luxus, daß ich, wäre die Erde von einer guten Straße anstatt eines unnützen Äquators umgürtet, sie ständig umreisen würde.«

Der erste Wohnwagen auf Weltreise, Zypern 1879

Der erste Wohnwagen, der speziell für Urlaubsfahrten gebaut wurde, 1885

Der erste Ferienwohnwagen war der 3,60 m lange und 2 t schwere »Wanderer«, den der Abenteuerschriftsteller Gordon Stables im Frühling 1885 von der Bristol Wagon Co. bauen ließ. Er enthielt zwei Abteile, nämlich eine Küche sowie ein Wohnzimmer, das mit Sofa, Kästen, einer hohen Kommode mit Spiegelaufsatz, einem Klavierhocker, vergoldeten Kerzenleuchtern, einem Perserteppich, einem Musikschrank, einem kleinen Harmonium und einer Schlafkoje ausgestattet war. Gordon schlief in der Koje, sein Kammerdiener Foley pflegte sich sein Bett auf dem Fußboden zu machen. Der Kutscher John schließlich schlief draußen in einem Zelt. Foleys Hauptaufgabe auf der 2 080 km langen Reise durch Großbritannien während des Jahres 1885 war es, auf einem Dreirad vor dem Wohnwagen herzufahren und die anderen Straßenbenützer vor seiner Ankunft zu warnen.

Wohnwagenanhänger

Der erste Wohnwagenanhänger, der zum Schleppen durch eine Zugmaschine bestimmt war, wurde im Jahr 1897 von Jeantaud in Paris für den Prinzen von Oldenburg, einen Onkel des russischen Zaren, konstruiert. Der einachsige Anhänger, in dem der Prinz den Kaukasus bereisen wollte, wurde von einer 30 PS starken De-Dion-Dampfmaschine gezogen; das ganze Gefährt war fast 10 m lang und entwickelte angeblich eine Geschwindigkeit von rund 30 km/h. Die faltbaren Doppeltüren führten wie bei einem Eisenbahnwaggon auf einen Seitenkorridor. Dieser Anhänger war damals der luxuriöseste, der je gebaut worden war. Er besaß eine Reihe erstaunlicher Neuerungen, wie etwa Fließwasser in der Küche, ein Wasserklosett nach dem letzten Stand, einen unter dem Wagenboden angebrachten Hundezwinger und schließlich ein Promenadendeck auf dem Dach, samt Sesseln, um im Freien sitzen zu können. Auf dem Dach war auch der Kohlenbehälter angebracht, der Kohle für 500 km faßte. Außen war der Wagen blaßgrün gestrichen, innen mit poliertem Mahagoni getäfelt. Das gesamte Gespann kostete 1 200 Pfund.

Motorisierter Wohnwagen

Den ersten benzinbetriebenen Wohnwagen baute die Pariser Firma Panhard et Levassor in den Jahren 1901/02 für den Deutschen E. E. Lehwess, der mit dem 25 PS starken Wagen, der 3 000 Pfund gekostet hatte, rund um die Erde reisen wollte. Der kanariengelbe »Passe-Partout« begann seine Expedition in London im April 1902, durchquerte Europa über Paris, Berlin, Warschau und Petersburg. Das Schicksal ereilte ihn in der Nähe von Nischni Nowgorod (Gorki): die Zylinder waren geborsten. Nachdem er nur ein Fünftel des geplanten Weges zurückgelegt hatte, mußte Lehwess den Wagen in einer Schneeverwehung stehenlassen.

Wohnwagenhändler

Der erste Wohnwagenhändler war G. J. Hay-Moulder, der im Jahr 1919 die Firma Grosvenor Caravans in Chelsea gründete. Er verkaufte ehemalige Rotkreuzwagen und fahrbare Kommandostände aus dem Weltkrieg, nachdem er sie für Urlaubszwecke umgebaut hatte.

Wohnwagenerzeugung

Die erste Wohnwagenerzeugung wurde von der Firma Eccles Motor Transport Ltd. in Gosta Green, Birmingham, betrieben. Sie stellte ihren ersten Wohnwagen im Dezember 1919 vor den Toren der Motorschau in Olympia aus (aus längst vergessenen Gründen durfte er nicht auf dem Ausstellungsgelände gezeigt werden). Das Modell war aus Stahl gebaut, innen mit Mahagoni getäfelt und mit Filz isoliert; es gab eine Schlafstelle für zwei Personen, einen Primuskocher, ein Waschbecken, einen Fliegenschrank, eine feuersichere Ablage und einen feuchtigkeitssicheren Schrank für das Bettzeug.
Während der Motorschau gab es bloß eine Bestellung, und zwar von Sybil Dowager, Vicomtesse von Rhondda. Auf Grund dieses Verkaufes wurden die ersten 50 Stück

zu einem Preis von 300 Pfund auf Serie gelegt. Die frühen Modelle sahen wie kleine Häuschen aus, hatten gewölbte Seitenwände, laternenartige Dächer und vergitterte Bogenfenster. In den dreißiger Jahren wurde dann die Stromlinienform eingeführt.

Wohnwagenverleih
Den ersten Wohnwagenverleih unterhielt der Autosalon Luxe in Ostende, Belgien. Dort wurde ab 1920 ein »luxuriöser Pullman-Wohnwagen« mit vier Betten an Interessenten vermietet, die die Schlachtfelder in Flandern besichtigen wollten. Das Fahrzeug war wie eine Jacht gebaut und besaß eine elektrische Küche; es war von einem reichen Belgier bestellt worden, der Kauf war aber dann nicht zustande gekommen.

Zahnarzt

Der erste Zahnarzt, der seiner Kunst Anerkennung als eine medizinische Wissenschaft verschaffte, war Pierre Fauchard, der im Jahr 1696 in der französischen Stadt Angers eine Praxis eröffnete und sich als erster Zahnarzt nannte. Bis dahin – und in den meisten Ländern weit bis in das 19. Jahrhundert hinein – war die Zahnbehandlung ein Nebenerwerb für Barbiere, Hufschmiede, Roßärzte und Jahrmarktskrämer. Fauchard, ursprünglich Chirurg bei der Marine, gilt als »Vater der modernen Zahnheilkunde«, weil er als erster medizinisch fundierte Techniken (siehe Zahnbohrer) anwandte, die schrittweise jenes Herumwerken mit Zange und Meißel ablösten, das zahllose Opfer früher erdulden mußten.
Ein Berufsbefähigungsnachweis für Zahnärzte wurde das erste Mal durch ein Edikt von König Ludwig XIV. von Frankreich im Jahr 1699 gefordert, das die Medizinische Akademie zur Abnahme von Prüfungen ermächtigte. Vorgeschrieben war ein zweijähriges Studium, nach bestandenem Examen durfte sich der Kandidat »Expert pour les Dents« nennen. Fast anderthalb Jahrhunderte vergingen, ehe ein anderes Land diesem Beispiel folgte, und zwar der amerikanische Bundesstaat Maryland, dessen Vollversammlung im März 1841 dem College of Dental Surgery in Baltimore die Befugnis erteilte, Examina zur Erlangung des Doktorgrades der Zahnheilkunde abzuhalten.

Zahnärztin
Die erste Zahnärztin mit Berufsausbildung, war Miß Lucy B. Hobbs, die am 21. Februar 1866 am Ohio College of Dental Surgery in Cincinnati den Befähigungsnachweis erhielt. Zu dieser Zeit übte Miß Hobbs bereits ihren Beruf aus, weil vorher kein Befähigungsnachweis erforderlich war. Nachdem sie aber Berufspraxis aufweisen konnte, mußte sie das Ohio College nur ein Semester besuchen.

Zahnbohrer

Der erste Zahnbohrer wurde im Jahr 1728 von dem Pariser Zahnarzt Pierre Fauchard (siehe Zahnarzt) in seinem Buch »Le Chirurgien-Dentiste« beschrieben. Der Bohrer wurde mit den Fingern abwechselnd nach links und nach rechts gedreht und diente vorwiegend zum Entfernen schlechter Zahnsubstanz.
Der erste maschinell betriebene Bohrer war ein Gerät mit einem Federwerk und wurde von George Fellows Harrington im Juni 1863 konstruiert und in der Folge in seiner eigenen Fabrik auf der Isle of Wight hergestellt. Der Bohrer kostete im Handel 6 Guineas.
Der erste elektrisch betriebene Zahnbohrer war ein batteriebetriebenes Modell, das am 26. Januar 1875 von George F. Green aus Kalamazoo, Michigan, zum Patent angemeldet wurde.
Erst ab 1908 wurden Bohrer hergestellt, die mit normalem elektrischem Strom arbeiteten.

Zahnbürste

Die erste Zahnbürste soll nach einer chinesischen Enzyklopädie aus dem 17. Jahrhundert in China im Jahr 1498

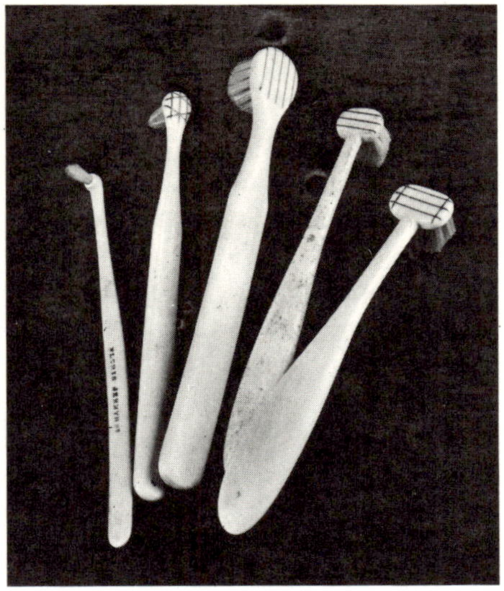

Zahnbürstenset von Floris, Paris, um 1800

erfunden worden sein. Nach der Beschreibung hatte sie rechtwinkelig angeordnete Borsten am Stiel und scheint in der Form ihren heutigen Nachfahren sehr ähnlich gewesen zu sein.
Aus der Mitte des 17. Jahrhunderts ist bekannt, daß Zahnbürsten in Paris hergestellt wurden, wie aus einem im Jahr 1649 datierten Brief an Sir Ralph Verney hervorgeht, in dem er gebeten wird, von seiner bevorstehenden-Reise nach Paris einige dieser »kleinen Bürsten zum Reinigen der Zähne« mitzubringen, die »meist mit Silber überzogen sind«.
Aus dem Tagebuch eines Herrn Anthony à Wood geht hervor, daß Zahnbürsten um 1690 bei einem gewissen J. Barret in London erhältlich waren. Die Firma Messrs. Floris pflegte im 18. Jahrhundert Zahnbürstensets zu verkaufen, die aus fünf oder sechs verschiedenen Größen bestanden, warum, ist unbekannt. Die Borsten bei diesen Zahnbürsten waren kreisförmig angeordnet, von unterschiedlicher Länge und liefen in der Mitte spitz zu.

Nylonzahnbürste
Die ersten Nylonzahnbürste bestand aus Du-Pont-Borsten und hieß Dr. Wests Miracle Tuft Toothbrush. Sie kam im September 1938 in den USA auf den Markt.

Elektrische Zahnbürste
Die erste elektrische Zahnbürste wurde im Jahr 1961 von der Firma Squibb Co. in New York hergestellt.

Zahnersatz

Der erste vollständige Zahnersatz wurde aus einem Feld in der Schweiz ausgegraben und soll aus dem späten 15. Jahrhundert stammen. Die falschen Zähne waren aus Knochen geschnitzt und mit Darmsaiten an beweglichen Seitenstücken befestigt. Vermutlich diente dieser Zahnersatz nur der optischen Verschönerung und mußte vor den Mahlzeiten entfernt werden.
Um 1770 verfertigte Alexis Duchâteau, ein Apotheker aus Saint-Germain-en-Laye bei Paris, den ersten Zahnersatz aus Porzellan. Nach wiederholten Fehlschlägen – das Porzellan schrumpfte unter Hitzeeinwirkung, so daß es äußerst schwierig war, die passende Größe der Gußform abzuschätzen – gelang es ihm schließlich, ein Paar so perfekt sitzender Zahnprothesen herzustellen, daß er sie bis zu seinem Lebensende tragen konnte.
Der Pariser Zahnarzt Dubois de Chemant, der Duchâteau bei seinen Experimenten assistiert hatte, begann den neuen Zahnersatz in größerem Umfang zu erzeugen. Diese erstmals wirklich zufriedenstellenden dritten Zähne vereinigten laut Expertise der Medizinischen Fakultät der Universität Paris »Schönheit, Haltbarkeit und Bequemlichkeit mit den Erfordernissen der Hygiene«.

Zahnpastatube

Die ersten faltbaren Zahnpastatuben wurden im Jahr 1892 von dem Zahnarzt Washington Sheffield in New London, Connecticut, hergestellt und später in seinem Unternehmen Sheffield Tube Corp. erzeugt.
Die ersten faltbaren Tuben wurden allerdings schon mehr als 50 Jahre früher, und zwar im Jahr 1841, von dem amerikanischen Künstler John Rand zum Patent angemeldet. Sie wurden jedoch zur Verpackung von Ölfarben von der Firma Devoe & Reynolds verwendet.

Kunststofftube
Die erste Kunststofftube wurde von der Firma Bradley Container Corp. in Delaware im Jahr 1953 hergestellt, und zwar für die Sonnencreme »Sea and Ski«.

Zeitung

Die ersten Zeitungen im Sinne von periodisch erscheinenden Publikationen, die Neuigkeiten enthielten und ein gleichbleibendes Impressum aufwiesen, waren zwei Blätter, die etwa zur gleichen Zeit, Mitte Januar des Jahres 1609, in Deutschland erschienen: Das erste war »Avisa Relation oder Zeitung« und wurde ab 15. Januar wöchentlich herausgegeben. Vor kurzem konnte zweifelsfrei bewiesen werden, daß das Blatt in Wolfenbüttel gedruckt wurde. Man nimmt an, daß der fürstliche Buchdrucker Julius Adolph von Söhne Drucker und Verleger war. Die Zeitung setzte ihr Erscheinen bis zum Jahr 1616 fort; danach wurde sie nach einer Pause von vier Jahren von Elias Holwein fortgesetzt. Ihre Existenz ist bis zum Jahr 1624 nachweisbar.

Avisa
Relation oder Zeitung.
Was sich begeben vnd zugetragen hat / in Deutsch: vnd Welschland / Spannien / Niederlandt / Engellandt / Franckreich / Vngern / Osterreich / Schweden / Polen / vnnd in allen Provintzen / in Ost: vnnd West Indien etc.
So alhie den 15. Januarij angelangt.
Gedruckt im Jahr / 1609.

Eine der ersten Zeitungen, gedruckt in Wolfenbüttel 1609.

Die zweite Zeitung mit dem Titel »Relation: Aller Fürnemmen und Gedenckwürdigen Historien« wurde ebenfalls wöchentlich in Straßburg herausgegeben. Sie war numeriert, aber nicht datiert. Herausgeber war Johann Carolus. In der Nummer 37 vom September 1609 ist ein Bericht über Galileis Teleskop enthalten. Das Blatt erschien mindestens bis zum Jahr 1622.
Es gab auch schon früher, nämlich seit 1588, in regelmäßigen Abständen erscheinende Publikationen, die zwei- oder dreimal jährlich – jeweils zu den Verkaufsmessen – herausgegeben wurden und die über die Geschehnisse der Zwischenzeit berichteten. Die früheste dieser sogenannten »Meßrelationen« erschien in Köln im Jahr 1588 unter dem Titel »Postrema Relatio historica«. Ihr Herausgeber Michael Freiherr von Eyzinger (Aitzing), stammte aus Österreich. Schon für das Jahr 1502 ist das erste Neuigkeitsblatt belegt, das das Wort »Zeytung« in seinem Titel führte (Newe Zeytung von orient und auffgange).

Monatsschrift
Die älteste Monatsschrift ist aus dem Jahr 1597 überliefert. Verfasser und Herausgeber war Samuel Dilbaum aus Augsburg. Da die Schrift in Rorschach am Bodensee gedruckt wurde, kennt man sie unter dem Namen »Rorschacher Monatsschrift«.

Tageszeitung
Die erste täglich erscheinende Zeitung trug den Titel »Neueinlaufende Nachricht von Kriegs- und Welt-Händeln« und wurde zwischen Juli und September 1650 von Thimotheus Ritzsch in Leipzig herausgegeben. Auch diese Zeitung trug Nummern, aber kein Datum. Man nimmt jedoch an, daß sie erstmals am 1. Juli erschien, zwei Tage nachdem die schwedische Besatzung die Stadt verlassen hatte. Die Zeitung setzte vermutlich bis Mitte Juni 1652 ihr Erscheinen fort. 68 Exemplare sind erhalten, und zwar von den Nummern 6 bis 83 (einige in dieser Reihe fehlen). Sie befinden sich derzeit in der Universität von Uppsala.

Zeitung mit Weihnachtsbeilage
Die erste Weihnachtsbeilage einer Zeitschrift erschien am 23. Dezember 1848 als Beilage der »Illustrated London News« und umfaßte 16 Seiten. Sie enthielt unter anderem ein Weihnachtsgedicht von Charles McKay, »Unter dem Stechplamenkranz«, Bilder wie »Großpapas Weihnachtskorb« und »Der Weihnachtspudding« und eine Zeichnung von Leech mit dem Titel »Das Weihnachtsessen wird nach Hause gebracht«. Außerdem gab es eine Seite mit Vorhersagen für das kommende Jahr und eine geistvolle Attacke gegen die Kommerzialisierung des Weihnachtsfestes: »Vor dreißig oder vierzig Jahren . . . wußten die Leute auch ohne Reklame, daß Weihnachten war.«

Zeitung mit einer ständigen Frauenspalte
Die erste Zeitung mit einer ständigen Frauenspalte war der »Star«, eine Londoner Abendzeitung, die ab 2. August 1890 eine jeden Samstag erscheinende Kolumne mit dem Titel »Was Frauen tun« einführte. Bei der Premiere der Neueinführung wurde über die Notwendigkeit geschrieben, den Geschmack der Arbeiterfrauen beim Wohnungeinrichten zu verbessern; über die Probleme der Dienstmädchen und die Erfahrungen eines Mädchens, das von seiner Herrin mit einer Haarbürste geschlagen worden war; über die Tatsache, daß die in Newington ausgestellten Modeneuheiten mehr Chic haben als die von Islington.

Zeitung mit farbiger Beilage
Die erste Zeitung mit einer farbigen Beilage erschien am 19. November 1893. Es war die Sonntagsausgabe der »New York World«. Die Beilage umfaßte vier Seiten und zeigte zwei halbseitige Illustrationen, die in fünf Farben gedruckt waren.
Auch die heute üblichen, magazinartigen Kupfertiefdruckbeilagen sind ein Produkt des amerikanischen Erfindergeistes: am 29. März 1914 erschien die erste Beilage als eine Art Gemeinschaftsproduktion von insgesamt sieben Zeitungen, darunter auch die »New York Times«. Sie hatte acht Seiten.
Die Zeitungsbeilagen hatten hauptsächlich aktuelle Kulturberichte zum Inhalt. Die Beilage aus dem Jahr 1914 bestand aus einem achtseitigen Artikel über die Altmann Collection des Metropolitan Museum in New York und hatte 13 Reproduktionen.

Zeitung: Frauenzeitschrift

Die erste Frauenzeitschrift hieß »The Ladies' Mercury« und wurde erstmals von dem Londoner Buchhändler John Dunton am 27. Juni 1693 herausgegeben. Mit diesem wöchentlich erscheinenden Blatt schuf Dunton die in der heutigen Frauenzeitschriftenpresse als »Kummerspalte« bekannte Einrichtung. Duntons Publikation bestand in der Tat nur aus Fragen und Antworten, der Umfang beschränkte sich auf ein einziges, beidseitig bedrucktes Blatt. In seiner ersten Ausgabe versprach Dunton den ratsuchenden Damen Antworten

»auf alle besonders schwierigen und ausgefallenen Fragen bezüglich Liebe, Ehe, Kleidung und Würde des weiblichen Geschlechts, seien es nun Jungfrauen, Ehegattinnen oder Witwen . . ., mit der Beflissenheit und Behutsamkeit, die diesem Geschlecht gebühren«.

Sowohl die Anfragen als auch die Antworten waren im allgemeinen in unverblümter und kräftiger Sprache formuliert, ja der Autor scheute nicht einmal davor zurück, Themen wie Ehebruch und voreheliche Beziehungen aufzugreifen. Diese freimütige Behandlung von weiblichen Problemen blieb bis in die zweite Hälfte des 18. Jahrhunderts charakteristisch für die englischen Frauenzeitschriften.
Die erste Frauenzeitschrift, die von einer Frau herausgegeben wurde, gleichzeitig die erste, die ihren Leserinnen gemischten Lesestoff anbot, war »The Female Tatler«, die im Juli 1709 von Mrs. Crackenthorpe eingeführt wurde. Hinter diesem Pseudonym verbarg sich die berüchtigte Mary de la Rivière Manley, die im Oktober desselben Jahres wegen Verleumdung in ihrem skandalösen Werk »Secret Memoirs and Manners of Several Persons of Quality« (Geheime Memoiren verschiedener Standespersonen) zu einer Gefängnisstrafe verurteilt wurde. Ähnlich intime Enthüllungen im »Female Tatler« trugen der Zeitschrift kurz darauf eine Anklage wegen Erregung öffentlichen Ärgernisses ein, die anscheinend den Charakter des Blattes nachhaltig veränderte; man sagte, es wäre so fade geworden wie alles Gedruckte.

Zeitung: Kinderzeitung

Die erste Kinderzeitung war »The Lilliputian Magazine; or the Young Gentleman's and Lady's Golden Library« (Das Liliput-Magazin oder die goldene Bücherei des jungen Gentleman und der jungen Dame). Sie wurde von dem Kinderbuchverleger John Newbery (siehe Zeitung: Universitätszeitschrift) wahrscheinlich im Juni 1751 zum erstenmal herausgegeben. Die erste Ausgabe enthielt die Ankündigung, daß die Zeitung monatlich erscheinen und 3 Pence kosten würde.
Übereinstimmend mit dem Titel war die Zeitung wirklich winzig klein, sie maß nur 10,1 × 6,4 cm enthielt kurze Geschichten, Rätsel, Witze, Lieder und Bilder, und im Gegensatz zu ihren Nachfolgern aus dem frühen 19. Jahrhundert wollte sie die Kinder nur unterhalten, nicht moralisch erbauen. Die letzte Ausgabe der Zeitung – sie erschien am 3. Juli 1752 – enthält eine Liste der sogenannten »Lilliputian Society«, der jugendlichen Subskribenten. Daraus geht hervor, daß die Zeitung auf beiden Seiten des Atlantiks gelesen wurde, weil eine Anzahl von Kindern aus Maryland genannt wurde.
Die erste deutsche Kinderzeitung erschien im Jahr 1772 und hieß »Leipziger Wochenblatt für Kinder«. Die Ausgabe der Zeitung diente einem karitativen Zweck, der Reinertrag sollte nämlich die Not der Armen lindern helfen.

Knabenzeitung
Die erste Knabenzeitung war »Boy's Own Magazine«, das von Mr. S. O. Beeton gegründet und herausgegeben wurde. Die erste Ausgabe erschien im Januar 1855, ein Heft kostete 2 Pence. Die Zeitung enthielt Geschichten von bekannten Autoren, Biographien großer Helden, Berichte über Sport, Abenteuergeschichten über Wilde, Bösewichte und wilde Tiere. Die reich illustrierte Zeitung hatte einen ungeheuren Erfolg und erreichte im Jahr 1862 eine Auflage von 40 000 Stück. Beeton veranstaltete in dieser Zeitung auch das erste Preisausschreiben für Kinder, bei dem die Sieger einen silbernen Bleistifthalter im Wert von 21 Shilling erhielten.

Zeitung: Magazin

Das erste Magazin mit buntgemischtem Inhalt war der »Mercure Galant«, der von Jean Donneau de Vise gegründet wurde und zum erstenmal im März 1672 in Paris erschien. Das Blatt brachte vorwiegend Tratsch aus der Stadt und erfreute sich allgemeiner Beliebtheit, vor allem in feinen Kreisen.

Illustriertes Magazin
Das erste Magazin mit Illustrationen war das monatlich erscheinende Magazin »Memoirs for the Curious« (Untertitel: oder eine Darstellung von allem, was vorkommt und selten, geheimnisvoll, außerordentlich, erstaunlich und wunderbar auf der Welt ist, gleichgültig ob im Bereich der Natur, Kunst oder Bildung). Es wurde zum erstenmal im Jahr 1701

in London von R. Janeway für A. Baldwin gedruckt. Diese und ähnliche Magazine des 18. Jahrhunderts enthielten nur selten Abbildungen. Häufiger tauchten sie erst mit dem Erscheinen von »The Penny Magazin« im Jahr 1832 auf.

Magazin mit einer Fotoillustration
Das erste Magazin, das eine Fotografie veröffentlichte, war »Art Union«, und zwar im Juni 1846. Der Fotograf William Henry Fox Talbot lieferte dafür etwa 7 000 Kalotypiepositive, von denen acht zur Illustration eines Artikels über die Kalotypie ausgesucht wurden. Der Fotohistoriker Helmut Gernsheim schreibt, daß die Fotos der Juniausgabe von »Art Union«, die sich in seiner Sammlung befinden, verschiedene Gegenstände zeigen.
Das erste Magazin, das regelmäßig mit Fotos illustriert wurde, war »Stereoscopic Magazine«, das vom 1. Juli 1858 bis Februar 1865 erschien. Jede Nummer dieses Magazins, das monatlich erschien, enthielt drei stereoskopische Studien.

Zeitung: Modezeitschrift

Die erste Modezeitschrift war »Le Cabinet des Modes«, die im Jahr 1758 zum erstenmal in Paris erschien. Der Herausgeber erklärte als Ziel seiner Zeitschrift, daß der modeinteressierte Leser nicht länger gezwungen sein sollte, sich an Vertreter zu wenden oder Puppen anfertigen zu lassen, die niemals gleichwertig und extrem teuer wären und bestenfalls einen blassen Hinweis auf die neue Mode geben könnten.
Die erste deutsche Modezeitschrift war das »Journal des Luxus und der Moden«, das im Jahr 1786 bei F. J. Bertoch in Weimar zum erstenmal erschien.

Zeitung: Schülerzeitung

Die erste Schülerzeitung war ein handgeschriebenes Blatt Papier, das von George Foster und Caspar Wistar, zwei Schülern der William Penn Charter School in Philadelphia (damals Latin School), verfaßt worden war und zum erstenmal am 27. Juli 1774 erschien. Es ist kein Exemplar erhalten, der Titel ist ebenfalls unbekannt.
Nachfolger war das »Gentleman's Magazine«, das von einem Verfasser namens Robinson alle 10 Tage herausgegeben wurde und von dem drei Ausgaben erschienen. In den nächsten drei Jahren tauchten noch sechs weitere Titel auf, deren letzter, »The Students Gazette« aus dem Jahr 1777, bereits Ähnlichkeit mit heutigen Untergrund-Schülerzeitungen hatte. In den handgeschriebenen Artikeln findet sich manch bösartige Bemerkung über Lehrer und Schulleiter.

Zeitung: Universitätszeitschrift

Die erste Universitätszeitschrift trug den Titel »Student« und erschien vom 31. Januar 1750 bis zum Juli 1751 an der Universität von Oxford unter dem Impressum des Londoner Verlegers und Buchhändlers John Newbery (siehe Zeitung: Kinderzeitung). Herausgeber war der Dichter Christopher Smart, der von einem unhöflichen Biographen als »Lohnschreiber eines Buchhändlers« bezeichnet wurde, der »einige Jahre ein anstrengendes, zwischen Leichtsinn, Ausschweifung und Frau und Kindern hin- und hergerissenes Leben führte«. Die Frau war übrigens Newberys Tochter. Smart wurde später in eine Irrenanstalt gesteckt, wo er sein berühmtes Gedicht »Ein Lied für David« verfaßte. Er kratzte die 86 Strophen mit einem Schlüssel in die Holzwand, weil ihm Schreibpapier verweigert worden war.
Vom »Student« erschienen insgesamt 19 Ausgaben. Im allgemeinen billigt man der Zeitschrift nur geringen literarischen Wert zu, abgesehen von einem Beitrag von Samuel Johnson.

Zeitung: Wissenschaftliche Zeitschrift

Die erste wissenschaftliche Zeitschrift war das »Journal des Savants«, das der Franzose Denis de Sallo am 5. Januar 1665 zum erstenmal herausgab. Sallo plante eine umfassende Information über die Wissenschaften seiner Zeit: er wollte jede Woche einen Katalog samt Besprechungen der wichtigsten Buchneuerscheinungen Europas, einen Nekrolog der berühmtesten Gelehrten, Besprechungen der neuesten Forschungsergebnisse aus den Naturwissenschaften und der Technik, die Veröffentlichung der wichtigsten Urteile der weltlichen und geistlichen Gerichte und Information über alles, was die Aufmerksamkeit der Gelehrten verdiente, bringen.
Religiöse und kirchliche Themen wurden vorsichtig behandelt, denn Sallo hatte schon zu Beginn Schwierigkeiten mit der kirchlichen Obrigkeit bekommen. Sie war schließlich auch der Grund für die Einstellung seiner Zeitung. Nachdem Sallo mit dem Kommentar eines Inquisitionsdekrets Anstoß erregt hatte, wurde er aufgefordert, sich der Zensur zu unterwerfen. Er zog es jedoch vor, seine Zeitung einzustellen.
Das »Journal des Savants« war in Französisch geschrieben, für die damalige Zeit eine Neuerung, weil alle wissenschaftlichen Texte in Latein abgefaßt waren. An diese Forderung hielt sich auch noch die erste deutsche

wissenschaftliche Zeitung, »acta eruditorum«. Sie wurde im Jahr 1682 von Otto Mencke, dem Leipziger Professor für Moral und Politik, nach dem Vorbild des »Journal des Savants« gegründet.

Zeitungsfotografie

Die erste Fotografie in einer Zeitung war ein Halbtonbild, das Stephan H. Horgan von einer Fotografie herstellte, die Henry J. Newton aufgenommen hatte und ein schäbiges New Yorker Vorstadtviertel zeigte. Das Bild erschien am 4. März 1880 im »New York Daily Graphic«.
Die erste Zeitung der Welt, die einen eigenen Stab von Fotografen beschäftigte, war der in London ab Februar 1904 erscheinende »Daily Illustrated Mirror«. Sie war auch das erste Blatt, das aktuelle Fotos veröffentlichte (im Gegensatz zu Porträts und Fotostudien) und eine Fotografie auf der Titelseite plazierte, und zwar am 22. März 1904.

Die erste Zeitungsfotografie, erschienen im »New York Daily Graphic«, 4. März 1880.

Zeitungsinserat

Die ersten Zeitungsinserate veröffentlichte das »Journal Général d'Affiches«, besser bekannt als »Petites Affiches«, das am 14. Oktober 1612 erstmals in Paris erschien. Obwohl kein Exemplar aus dieser Zeit erhalten ist, scheint die Annahme gerechtfertigt, daß schon damals Annoncen in dem Blatt erschienen sind, denn sein Name deutet darauf hin.
Die erste Zeitung mit Informationscharakter, die ein Inserat druckte, war ein namenloses holländisches Blatt in Amsterdam. Am 21. November 1626 kündigte es die Versteigerung einer Ladung Zucker, Elfenbein, Pfeffer, Tabak und Holz an.

Zeitungskarikatur

Die erste Zeitungskarikatur erschien Anfang des Jahres 1814 in der Washingtoner Zeitung »Federal Republican« und hatte die Aufhebung der amerikanischen Handelssperre durch Präsident James Madison zum Inhalt.
Die Zeichnung stammte von dem an sich als Porträtmaler bekannten John Wesley Jarvis und zeigte eine auf dem Rücken treibende Schildkröte, die den Präsidenten umklammert hielt, der ihr mit dem Messer den Kopf abgetrennt hatte. Der Kopf der Schildkröte wiederum hatte sich ins Ohr des Präsidenten verbissen. Die Embargoverfügung war, wie die Leser wohl gewußt haben dürften, als »Schildkrötenpolitik« bekannt.
Dann wurden 50 Jahre lang keine Karikaturen mehr in Amerika veröffentlicht; erst seit dem Jahr 1870 wurden regelmäßig Karikaturen vom »New York Evening Telegram« und vom »New York Daily Graphic« gebracht.

Zeitungskolumnist

Der erste Zeitungskolumnist war John Hill aus Peterborough, der am 11. März 1751 mit seiner täglichen Kolumne im »London Advertiser« und in der »Literary Gazette« begann. Er schrieb unter dem Pseudonym »Der Inspektor«. Man schätzt, daß Hill in den zwei Jahren, in denen seine Kolumnen veröffentlicht wurden, jährlich etwa 1 500 Pfund verdiente, ein zu dieser Zeit vermutlich unübertroffener Betrag.
Anscheinend hatte er Ähnlichkeit mit seinen heutigen Kollegen, denn der ältere Disraeli definierte seine Kolumne als »eine kleine Skandalchronik während der Woche und eine Moralpredigt am siebenten Tag«. Daß sie aber auch beleidigend wirkte, beweist der Umstand, daß Hill einmal von einem wütenden Iren in aller Öffentlichkeit verprügelt wurde.

Zentesimal-Temperaturskala

Die erste Zentesimalskala für Thermometer wurde von Anders Celsius, Professor für Astronomie im schwedischen Uppsala, entwickelt und auf einem Delisle-Thermometer angebracht, das er am 25. Dezember 1741 für Beobachtungen benützte. Eine betreffende Schrift, die in der Universitätsbibliothek in Uppsala aufbewahrt wird, stellt den frühesten Existenznachweis der Celsius-Gradeinteilung dar, obwohl es durchaus möglich ist, daß Celsius die Skala schon zu einem früheren Zeitpunkt entwickelte, da er das Thermometer schon im Dezember 1737 von Delisle erhalten hatte.
Die Skala war ursprünglich der heutigen entgegengesetzt: bei null Grad war der Siedepunkt angesetzt, bei 100 Grad der Gefrierpunkt. Die

heute gebräuchliche Zentesimaleinteilung wurde erstmals an einem Treibhausthermometer in Stockholm angebracht, angefertigt von dem Instrumentenmacher Daniel Ekström für den berühmten Naturforscher Carl von Linné, der das Thermometer am 2. Dezember 1745 dem Senat von Uppsala vorführte.

Zigaretten

Die ersten Zigaretten, die gewerblich produziert wurden, wurden im Jahr 1843 in Frankreich von der staatlichen Manufacture Française des Tabacs hergestellt. Das erste, 20 000 Stück umfassende Kontingent wurde bei einem Wohltätigkeitsbasar verkauft, der von Königin Marie-Amélie in Paris abgehalten wurde. Die Zigaretten wurden ausschließlich händisch hergestellt, und der Ausstoß war streng begrenzt. Erst im Jahr 1872 erreichte der Zigarettenkonsum in Frankreich die 100-Millionen-Grenze. Die erste auf Massenproduktion eingestellte Zigarettenfabrik wurde in der kubanischen Hauptstadt Havanna von Luis Susini im Jahr 1853 errichtet. Die Handarbeit wurde durch dampfbetriebene Maschinen ersetzt. Die Produktion betrug angeblich 2 580 000 Zigaretten pro Tag; es ist aber anzunehmen, daß damit der monatliche Ausstoß gemeint war.

Zirkus

Der erste Zirkus wurde im Jahr 1769 von dem ehemaligen Kavallerieoffizier Major Philip Astley in London gegründet. Er verkaufte einen Diamantring, den er auf der Westminster Bridge gefunden hatte, und erwarb mit dem Erlös von 60 Pfund eine Pferdebahn im Londoner Stadtteil Lambeth. Der Eintritt war frei, aber wie bei anderen damals stattfindenden Reitervorführungen wurde nach jeder Vorstellung eine Sammlung veranstaltet. Anscheinend spendeten die Zuschauer reichlich, denn im nächsten Jahr übersiedelte Astley auf ein besseres Grundstück in der Nähe der Westminster Bridge. Hier zäunte er die Tribünen mit Seilen ein und erhob ein Eintrittsgeld von 1 Shilling für einen Sitzplatz und 6 Pence für einen Stehplatz. Zur selben Zeit wurde ein Trommler engagiert, der für die musikalische Umrahmung sorgte.
Das genaue Datum, wann aus Astleys Kunstreitervorführungen ein Zirkus im modernen Sinn wurde, läßt sich schwer festlegen. Man weiß lediglich, daß er im Jahr 1777 einen Kraftmenschen mit Namen Signor Colpi und innerhalb der nächsten drei Jahre die zwei Clowns Fortunelly und Burt (der oft als der erste Zirkusclown bezeichnet wird) beschäftigte.
Weiters gab es eine Anzahl von Akrobaten, die verschiedene Seilkunststücke vorführten, und eine besonders beliebte Attraktion, genannt »Das dressierte Militärpferdchen«.
Die Kunstreiter, die eigentlichen Stars der Show, drei Männer namens Griffin, Jones und Miller, traten unter der persönlichen Leitung von Major Astley auf, der von vielen Kennern für den besten Reiter seiner Zeit gehalten wurde.
Der Zirkus als Vergnügungsstätte breiter Schichten gewann rasch an Beliebtheit. Der Spanier Juan Porte gründete im Jahr 1780 in Wien den ersten Zirkus auf dem Kontinent. Zwei Jahr später kam Astley selbst mit seiner Schau nach Paris. In den Vereinigten Staaten öffnete im Jahr 1792 Rickett's Circus in Philadelphia seine Pforten, Präsident Washington wohnte ein Jahr später einer Vorstellung bei. In Rußland gab es ebenfalls seit dem Jahr 1793 einen Zirkus. Philip Astley soll nicht weniger als 19 Zirkusunternehmen zur Gründung verholfen haben.
Das original »Astley's Amphitheatre« blieb, am selben Platz an der Südseite der Westminster Bridge, bis zum Jahr 1893 in Betrieb.

Vorführungen mit Tieren
Abgesehen von den Pferden gab es nur wenige Tiere in Astleys Arena. Außer einem militärisch abgerichteten Affen namens General Jackoo, der sich im Jahr 1768 zeigte, ist über größere Zirkustiere nichts bekannt. Erst aus dem Jahr 1816 sind zwei Elefanten, Baba und Ki ouny, vom Pariser Zirkus Franconi überliefert. Sie fingen Äpfel mit ihren Rüsseln auf, entkorkten Flaschen, tranken daraus und spielten auf einem Leierkasten. Erst im Jahr 1828 folgte Astley diesem Beispiel und heuerte einen Elefanten aus einer Menagerie an. Der Dickhäuter wurde den staunenden Zuschauern aber nur vorgeführt, er zeigte keine Kunststücke. Im Jahr 1832 tauchten in Astleys Zirkus ein Löwe, ein Tiger und vier Zebras auf, die ebenfalls nur zur Schau gestellt wurden.
Der erste wirkliche Dressurakt mit wilden Tieren fand im Jahr 1838 statt, als der Amerikaner Van Amburgh, auch als »Morok, der Raubtierbändiger« bekannt, bei Astley eine gemischte Gruppe mit Löwen, Tigern und Leoparden zeigte (siehe Löwenbändiger).

Trapezkünstler
Der erste Trapezkünstler im Zirkus war Jules Leotard, der am 12. November 1859 im Zirkus Napoléon in Paris erstmals einen Trapezakt vorführte. Die Idee für einen Trapezakt hatte Leotard, als er an den Seilen und Ringen trainierte, die über dem Schwimmbecken seines Vaters angebracht waren. In den

frühen sechziger Jahren des vorigen Jahrhunderts trat Leotard mit sensationellem Erfolg in der Alhambra in London auf, als er von Trapez zu Trapez über die Köpfe der an gedeckten Tischen sitzenden Zuschauer hinwegflog. Unsterblichkeit erlangte Leotard durch den von George Leybourne gesungenen Gassenhauer »That Daring Young Man on the Flying Trapeze« (Der wagemutige junge Mann am fliegenden Trapez).

Sicherheitsnetz für Trapezkünstler
Das erste Sicherheitsnetz im Zirkus wurde im Jahr 1871 von den Rizarellis, einer spanischen Artistentruppe, im Holborn Empire in London benützt. Leotard hatte sich nur auf die weniger wirkungsvolle Absicherung durch am Boden gestapelte Matratzen verlassen.

Menschliche Kanonenkugel
Die erste menschliche Kanonenkugel im Zirkus wurde am 2. April 1877 im West's Amphitheatre in London abgefeuert: es war die Artistin Zazel, die als »die schöne Dame, die aus einer gewaltigen Kanone geschossen wird«, angekündigt wurde. Mit Hilfe von Federn wurde Zazel zwei Jahre lang an jedem Wochentag ohne Zwischenfall sanft in ein großes Sicherheitsnetz geschleudert. Ihre Wochengage betrug 120 Pfund.

Register
der wichtigsten Stichwörter und Personen

A

B

C

D

E

F

G

H

I

J

K

L

M

N

O

P

R

S

T

U

V

W

Y

Z